Paramahansa Yogananda
En el «Santuario del Lago» de *Self-Realization Fellowship*, 1950

La Segunda Venida de Cristo

La resurrección del Cristo que mora en tu interior

Un revelador comentario sobre las enseñanzas originales de Jesús

Paramahansa Yogananda

Volumen II

Título de la obra original en inglés publicada por
Self-Realization Fellowship, Los Ángeles (California):
The Second Coming of Christ: The Resurrection of the Christ Within You
ISBN-13: 978-0-87612-555-7
ISBN-10: 0-87612-555-0

Traducción al español: *Self-Realization Fellowship*

Los textos bíblicos han sido tomados de la edición española de la BIBLIA DE JERUSALÉN editada por Desclée De Brouwer S.A., Bilbao (España) —salvo unas pocas citas señaladas a lo largo de la obra (véase la nota de la página VIII).

La sección de agradecimientos aparece en la página 626.

Esta edición ha sido autorizada
por el Consejo de Publicaciones Internacionales
de *Self-Realization Fellowship*

Self-Realization Fellowship fue fundada en 1920 por Paramahansa Yogananda, como el órgano difusor de sus enseñanzas en el mundo entero. En todos los libros, grabaciones y demás publicaciones de SRF aparecen el nombre y el emblema de *Self-Realization Fellowship* (tal como se muestran en esta página), los cuales garantizan a las personas interesadas que una determinada obra procede de la sociedad establecida por Paramahansa Yogananda y refleja fielmente sus enseñanzas.

Primera edición en español de la editorial
Self-Realization Fellowship: 2012 (volumen II)

Tercera impresión en rústica: 2014 (volumen II)

ISBN-13: 978-0-87612-136-8
ISBN-10: 0-87612-136-9

Impreso en Estados Unidos de América
1438-J3353

Dedicado a mi reverenciado gurú,
Swami Sri Yukteswar Giri,
cuya sabiduría universal esclareció por vez primera ante mi mirada
la unidad de la verdad eterna
que subyace en las enseñanzas de Jesucristo
y la antigua ciencia de la religión de la India;

y a las almas devotas de todas partes,
a quienes convoco a penetrar
en la luz interior de la percepción divina que revela
la infinita Conciencia Crística
que busca resucitar en el interior de cada ser.

EL LEGADO ESPIRITUAL DE PARAMAHANSA YOGANANDA

Todos sus escritos, conferencias y charlas informales

Paramahansa Yogananda fundó *Self-Realization Fellowship*[1] en 1920 con la finalidad de difundir mundialmente sus enseñanzas y preservar su pureza e integridad para las generaciones futuras. Desde sus primeros años en América, fue un prolífico escritor y conferenciante, y creó un renombrado y vasto volumen de obras sobre la ciencia de la meditación del yoga, el arte de llevar una vida equilibrada y la unidad que constituye el fundamento de todas las grandes religiones. En la actualidad, este extraordinario y trascendente legado espiritual sigue vivo y es fuente de inspiración para millones de buscadores de la verdad en el mundo entero.

De conformidad con el deseo expreso del gran maestro, *Self-Realization Fellowship* continúa llevando a cabo la incesante tarea de publicar permanentemente *Las obras completas de Paramahansa Yogananda.* Éstas incluyen no sólo las ediciones finales de todos los libros que él publicó durante su vida, sino también numerosos títulos nuevos: obras que todavía permanecían inéditas en el momento de su deceso, en 1952, o que a lo largo de los años habían aparecido en series de artículos, de manera incompleta, en la revista de *Self-Realization Fellowship,* así como cientos de charlas informales y conferencias profundamente inspiradoras que se hallaban grabadas o transcritas pero que no se imprimieron antes de su fallecimiento.

Paramahansa Yogananda escogió y entrenó personalmente para este propósito a varios de sus discípulos más cercanos que dirigen el Consejo de Publicaciones de *Self-Realization Fellowship,* dándoles pautas específicas para la preparación y publicación de sus enseñanzas. Los miembros del Consejo de Publicaciones de SRF (monjes y monjas que han profesado votos perpetuos de renunciación y de servicio desinteresado) se atienen al cumplimiento de tales directrices como un deber sagrado, a fin de que el mensaje universal de este amado maestro mundial perdure con su fuerza y autenticidad originales.

El emblema de *Self-Realization Fellowship* (que se muestra en la parte superior) fue diseñado por Paramahansa Yogananda para identificar la organización sin fines de lucro que él fundó como la fuente autorizada para difundir sus enseñanzas. En todas las publicaciones y grabaciones de SRF aparecen el nombre y el emblema de *Self-Realization Fellowship,* los cuales aseguran al lector que una determinada obra procede de la sociedad fundada por Paramahansa Yogananda y expresa fielmente sus enseñanzas, tal como él deseaba que se impartiesen.

SELF-REALIZATION FELLOWSHIP

[1] Literalmente, «Confraternidad de la realización del Ser». Paramahansa Yogananda ha explicado que el nombre de *Self-Realization Fellowship* significa «confraternidad con Dios a través de la realización del Ser, y amistad con todas las almas que buscan la verdad». Véase «realización del Ser» y «*Self-Realization Fellowship*» en el Glosario y también «Metas e ideales de *Self-Realization Fellowship*».

Índice del volumen II

Índice de ilustraciones

(página opuesta)

Nota del editor:

La Biblia de referencia utilizada —con el permiso correspondiente de su editor— a lo largo de toda esta obra es la edición en español de la *Biblia de Jerusalén* (Ed. Desclée De Brouwer, Bilbao), excepto en el caso de unos pocos versículos cuya transcripción responde al texto de la *King James Bible* —la versión inglesa de la Biblia preferida por Paramahansa Yogananda—, cuando se ha considerado que el contenido literal de la citada Biblia en inglés era el más pertinente en el contexto de las enseñanzas de Paramahansa Yogananda. A fin de evitar cualquier confusión sobre la autoría de tales versiones en español de la *King James Bible,* éstas siempre se señalizan con un asterisco volado (*).

En medio de unas pocas citas bíblicas, se pueden encontrar incisos entre corchetes: éstos siempre indican la traducción al español de alguna palabra o expresión homóloga contenida en la *King James Bible,* o bien una aclaración complementaria, y el editor los ha incluido con el fin de facilitar la comprensión del comentario de Paramahansa Yogananda.

Los incisos entre paréntesis que aparecen en varias citas bíblicas a lo largo del comentario son siempre glosas de Paramahansa Yogananda.

DISCURSO 31

Por qué Jesús se relacionaba con «publicanos y pecadores»

El poder de la voluntad humana unida a la voluntad divina

❖

«Tus pecados te son perdonados»: erradicar, por disposición divina, los efectos kármicos de las acciones erróneas del pasado

❖

Cómo puede el hombre liberarse de los resultados de sus malas acciones

❖

La misión cualitativa y cuantitativa de un salvador universal

❖

El compasivo mensaje de misericordia y perdón divino para quien se arrepiente

«Seré misericordioso y compasivo con aquellos que se encuentran espiritualmente enfermos y no los abandonaré; procuraré sanarlos y salvarlos en vez de permitir que sean sacrificados en el altar de su destino kármico».

Se le acercó un leproso que, puesto de rodillas, le decía suplicante: «Si quieres, puedes limpiarme». Compadecido, extendió su mano, lo tocó y le dijo: «Quiero. Queda limpio». Al instante le desapareció la lepra y quedó limpio. Le despidió al instante prohibiéndole severamente: «Mira, no digas nada a nadie. Pero vete, muéstrate al sacerdote y haz por tu purificación la ofrenda que prescribió Moisés, para que les sirva de testimonio». Pero él, así que se fue, se puso a pregonar con entusiasmo y a divulgar la noticia, de modo que ya no podía Jesús presentarse en público en ningún pueblo, sino que se quedaba a las afueras, en lugares solitarios. Y acudían a él de todas partes.*

Entró de nuevo en Cafarnaún, y al poco tiempo corrió la voz de que estaba en casa. Se agolparon tantos que ni siquiera ante la puerta había ya sitio, mientras él les anunciaba la palabra. Entonces vinieron a traerle a un paralítico, llevado entre cuatro. Al no poder presentárselo a causa de la multitud, abrieron el techo encima de donde él estaba y, a través de la abertura practicada, descolgaron la camilla donde yacía el paralítico. Viendo Jesús la fe que tenían, dijo al paralítico: «Hijo, tus pecados te son perdonados». Estaban allí sentados algunos escribas, que pensaban para sus adentros: «¿Por qué éste habla así? Está blasfemando. ¿Quién puede perdonar pecados, sino Dios sólo?». Pero, al instante, conociendo Jesús en su espíritu lo que ellos pensaban en su interior, les dijo: «¿Por qué pensáis así en vuestro interior? ¿Qué es más fácil, decir al paralítico "Tus pecados te son perdonados" o decirle "Levántate, toma tu camilla y anda"? Pues para que sepáis que el Hijo del hombre tiene en la tierra poder de perdonar pecados —dice al paralítico—: "A ti te digo, levántate, toma tu camilla y vete a tu casa"». Se levantó y, tomando la camilla, salió al instante a la vista de todos, de modo que quedaron asombrados y alababan a Dios diciendo: «Jamás vimos cosa parecida».

Salió de nuevo por la orilla del mar. Toda la gente acudía a él, y él les enseñaba. Al pasar, vio a Leví, hijo de Alfeo, sentado en el despacho de impuestos, y le dijo: «Sígueme». Él se levantó y le siguió.

En cierta ocasión, estando él a la mesa en casa de Leví, muchos publicanos y pecadores se sentaron a la mesa con Jesús y sus discípulos, pues eran muchos los que le seguían. Al ver los escribas de los fariseos que comía con los pecadores y publicanos, dijeron a los discípulos: «¿Es que come con los publicanos y pecadores?». Al oír esto Jesús, les dijo: «No necesitan médico los que están fuertes, sino los que están mal; no he venido a llamar a justos, sino a pecadores».

Marcos 1:40–2:17

DISCURSO 31

Por qué Jesús se relacionaba con «publicanos y pecadores»

«Se le acercó un leproso que, puesto de rodillas, le decía suplicante: "Si quieres, puedes limpiarme". Compadecido, extendió su mano, lo tocó y le dijo: "Quiero. Queda limpio". Al instante le desapareció la lepra y quedó limpio»* (*Marcos* 1:40-42)[1].

«*Quiero»:* esta respuesta afirmativa de Jesús a la súplica del leproso es una expresión de la voluntad humana en sintonía con la omnipotente voluntad de Dios. La voluntad humana se halla circunscrita al cuerpo; puede mantenerlo en buenas condiciones o hundirlo en el abismo de la enfermedad o del sufrimiento, e incluso destruirlo. Puede utilizar el instrumento corporal para llevar a cabo transformaciones en el mundo —de mayor o menor magnitud, según el grado de desarrollo mental de la persona—, mas siempre de manera limitada. Pero cuando, mediante la meditación extática, la voluntad humana se identifica con la omnipotente voluntad de Dios, le es posible operar a través de todos los canales de las fuerzas e inteligencias cósmicas que gobiernan el universo. El devoto que ha alcanzado la unión con Dios y cuenta así con una voluntad acrecentada puede efectuar cualquier cambio en su vasto cuerpo cósmico del universo con tanta naturalidad como un ser

El poder de la voluntad humana unida a la voluntad divina

[1] Compárese con las referencias paralelas que aparecen en *Mateo* 8:1-3 y *Lucas* 5:12-13.

humano común es capaz de poner en movimiento su fuerza vital, sus nervios y sus músculos por medio de la voluntad, a fin de promover los efectos deseados en el cuerpo físico o en su entorno.

Jesús, que era uno con el Padre omnipresente y con la Energía Cósmica Inteligente que impregna el universo entero, se percibía a sí mismo no sólo en su pequeño cuerpo, sino en todos los cuerpos, incluido el del leproso. Le ordenó entonces a la energía cósmica presente en el cuerpo del enfermo que desalojara la imperfección de la enfermedad al reorganizar las vibraciones vitales de modo que éstas realizasen los cambios atómicos necesarios en las células y tejidos afectados. La curación se produjo inmediatamente.

~

«Le despidió al instante prohibiéndole severamente: "Mira, no digas nada a nadie. Pero vete, muéstrate al sacerdote y haz por tu purificación la ofrenda que prescribió Moisés, para que les sirva de testimonio"[2]*. Pero él, así que se fue, se puso a pregonar con entusiasmo y a divulgar la noticia, de modo que ya no podía Jesús presentarse en público en ningún pueblo, sino que se quedaba a las afueras, en lugares solitarios. Y acudían a él de todas partes»* (Marcos 1:43-45).

Referencia paralela:

«Su fama se extendía cada vez más, y una numerosa multitud afluía para oírle y ser curados de sus enfermedades. Pero él se retiraba a los lugares solitarios, donde oraba» (*Lucas* 5:15-16).

Jesús, como todos los grandes profetas, vino a predicar la palabra de Dios con el fin de curar el alma del hombre, sumida en el engaño de la ilusión. Mas no deseaba que su objetivo central se viese menguado por causa de sus extraordinarias y compasivas proezas de curación física. Por eso le pidió al leproso que no atrajera una atención injustificada hacia su curación milagrosa, sino que diera testimonio del poder de Dios sólo ante las autoridades sacerdotales, que dudaban de la divina misión de Jesús. Con el objeto de despejar

---

[2] Compárese con las referencias paralelas que aparecen en *Mateo* 8:4 y *Lucas* 5:14.

aún más las dudas de esas autoridades espirituales, Jesús expresó su creencia en la grandeza de Moisés y mostró respeto por las creencias de quienes practicaban la ley mosaica, para lo cual le indicó al leproso que realizara en la sinagoga la oblación pertinente: «*haz por tu purificación la ofrenda que prescribió Moisés*».

Sin embargo, como es comprensible, el leproso ya curado no pudo refrenar su entusiasmo y se convirtió, sin que le fuera requerido, en un eficiente publicista de Jesús. Por este motivo, grandes multitudes buscaban a Jesús para recibir curación y oír su santa palabra. Este asedio le hacía imposible desplazarse abiertamente por la ciudad. Se apartó entonces de la presión de las multitudes y se refugió en la soledad del desierto —y en el silencioso reino de su ser interior, donde los pensamientos inquietos jamás osaban importunarle— y allí comulgaba con Dios a fin de renovarse en cuerpo y en espíritu.

~

> «*Entró de nuevo en Cafarnaún, y al poco tiempo corrió la voz de que estaba en casa. Se agolparon tantos que ni siquiera ante la puerta había ya sitio, mientras él les anunciaba la palabra. Entonces vinieron a traerle a un paralítico, llevado entre cuatro. Al no poder presentárselo a causa de la multitud, abrieron el techo encima de donde él estaba y, a través de la abertura practicada, descolgaron la camilla donde yacía el paralítico. Viendo Jesús la fe que tenían, dijo al paralítico: "Hijo, tus pecados te son perdonados"*» (Marcos 2:1-5).

> *Referencia paralela:*

> «*En esto le trajeron un paralítico postrado en una camilla. Viendo Jesús la fe que tenían, dijo al paralítico: "¡Ánimo!, hijo, tus pecados te son perdonados"*» (Mateo 9:2)[3].

Cuando Jesús se hallaba predicando nuevamente en Cafarnaún ante una multitud, bajaron a un paralítico postrado en una camilla por el techo de la casa donde se llevaba a cabo la reunión y lo colocaron ante Jesús (único modo de llegar a su curativa presencia

[3] Compárese con otra referencia paralela que aparece en *Lucas* 5:17-20.

debido al tumulto)[4]. Al ver la inquebrantable perseverancia y la inmensa fe en Dios del paralítico y de quienes le habían llevado para que le sanara, Jesús se dirigió al hombre que yacía en la camilla y le perdonó sus pecados. Las palabras de Jesús le anunciaron la erradicación de los efectos kármicos de sus acciones erróneas del pasado, los cuales se habían manifestado bajo la forma de su presente afección: «Hijo, regocíjate en el Espíritu, porque los pecados que, consciente o inconscientemente, cometiste en el pasado, pero cuya existencia desconoces ahora, te son perdonados por la misericordia de Dios; por lo tanto, tu enfermedad, que es el efecto kármico de esos pecados, se ha curado».

«Tus pecados te son perdonados»: erradicar, por disposición divina, los efectos kármicos de las acciones erróneas del pasado

Por medio de la voluntad y de la energía cósmica, aquellos que, como Jesús, son divinos canales de Dios pueden eliminar en las personas receptivas el residuo kármico de encarnaciones que ha afectado astralmente a su cerebro. Este residuo kármico es el registro mental y físico del pecado, que repite un nefasto estribillo de calamidades físicas y mentales. Así como los ácidos disuelven los surcos de las grabaciones fonográficas y las inutilizan, de manera semejante los «surcos» mentales y fisiológicos de las huellas kármicas almacenadas en las células cerebrales pueden borrarse mediante la transmisión de la fuerza vital. Una vez incinerados los registros internos del pecado, también cesa la reproducción de las «cantinelas» del mal, causantes de sufrimiento. El mal karma del pasado, que había ocasionado en el enfermo la aflicción física de la parálisis, fue aniquilado por disposición divina mediante las palabras de Jesús: *«tus pecados te son perdonados»*.

~

«Estaban allí sentados algunos escribas, que pensaban para sus adentros: "¿Por qué éste habla así? Está blasfemando. ¿Quién puede perdonar pecados, sino Dios sólo?". Pero, al instante, conociendo Jesús en su espíritu lo que ellos pensaban en su interior, les dijo: "¿Por qué pensáis así en vuestro interior? ¿Qué es más fácil, decir al paralítico "Tus pecados te son perdo-

[4] En *Lucas* 5:17 se dice: *«[...] había allí sentados algunos fariseos y doctores de la ley, que habían venido de todos los pueblos de Galilea y Judea, y de Jerusalén».*

nados" o decirle "Levántate, toma tu camilla y anda"? Pues para que sepáis que el Hijo del hombre tiene en la tierra poder de perdonar pecados —dice al paralítico—: "A ti te digo, levántate, toma tu camilla y vete a tu casa". Se levantó y, tomando la camilla, salió al instante a la vista de todos, de modo que quedaron asombrados y alababan a Dios diciendo: "Jamás vimos cosa parecida"» (Marcos 2:6-12).

Referencia paralela:

«Entonces algunos escribas dijeron para sí: "Éste está blasfemando". Jesús, sabiendo lo que pensaban, dijo: "¿Por qué pensáis mal en vuestro interior? ¿Qué es más fácil, decir 'Tus pecados te son perdonados' o decir 'Levántate y anda'? Pues para que sepáis que el Hijo del hombre tiene en la tierra poder de perdonar pecados —dice entonces al paralítico—: 'Levántate, toma tu camilla y vete a tu casa'". Él se levantó y se fue a su casa. La gente, al ver aquello, temió y alabó a Dios, que había dado tal poder a los hombres» (Mateo 9:3-8)[5].

Los fariseos y los doctores de la ley, intelectuales de mentalidad materialista e incapaces de percibir la estatura divina de Jesús, no comprendían el derecho y el poder que él poseía para perdonar los pecados. Si un ser humano pudiese evitar que otro cosechara los justos resultados de sus acciones equivocadas —reduciendo a cero las legítimas consecuencias que debería padecer—, entonces uno podría mediante un simple «perdón» aliviar a otras personas de los efectos de ingerir veneno. Cuando un glotón come demasiado y sufre de indigestión aguda, se requiere algo más que una palabra de perdón para hacer que sane de los dolorosos efectos de su avidez por la comida.

No obstante, si el enfermo se vale de los conocimientos de un médico especialista capacitado, y sigue sus indicaciones, logrará aliviarse de su malestar digestivo. De modo similar en el ámbito espiritual, aquel que se encuentra psicológicamente enfermo puede ser perdonado —librado de los dolorosos resultados de sus acciones— si sigue el consejo de un auténtico maestro de sabiduría, a quien revelará sus faltas (confesión) a fin de obtener un diagnóstico

[5] Compárese con otra referencia paralela que aparece en *Lucas* 5:21-26.

espiritual que permita determinar y prescribir el remedio adecuado. La curación que un especialista espiritual pueda efectuar de las enfermedades fisiológicas —dolencias cuya raíz kármica se halla oculta en pecados olvidados del pasado— requiere no sólo un diagnóstico espiritual y la prescripción de remediadoras acciones terapéuticas, sino también la práctica de la fe en Dios por parte de quien sufre la enfermedad, así como las bendiciones curativas y el perdón de los pecados kármicos que otorgue aquel que sirve de canal de la gracia divina.

Cómo puede el hombre liberarse de los resultados de sus malas acciones

«Pecar» significa proceder de manera equivocada. Los seres humanos, originalmente creados por el Hacedor Todopoderoso conforme a su Imagen Perfecta, decidieron profanar y distorsionar su individualidad y la convirtieron en una imagen mortal imperfecta debido al mal uso de la independencia que Dios les concedió. Ellos mismos rectifican su mal proceder al sufrir las consecuencias de su conducta errónea o neutralizar el mal karma mediante la ejecución de acciones correctas. A su vez, Dios, su Creador, a través de la gracia merecida de su perdón transformador, puede redimir al mortal arrepentido que se encuentra bajo el distorsionante influjo de la ignorancia. También los Hijos de Dios tienen la posibilidad de actuar en nombre del Padre para aliviar a sus semejantes de los sufrimientos físicos, mentales y espirituales. Ellos son capaces de enviar una invisible corriente curativa mental y espiritual para contrarrestar los efectos del mal karma —las malas acciones del pasado— alojados en las células cerebrales. Los hábitos erróneos que una persona ha creado pueden convertirse en buenos hábitos. Por ello, Jesús explicó la razón para decirle al paralítico «Tus pecados te son perdonados por Dios», o bien «Yo (como reflejo consciente del poder y de la verdadera imagen del Padre Celestial) te digo: *"Tus pecados te son perdonados"*», o «*Levántate, toma tu camilla y anda* (tu deuda kármica te ha sido perdonada)».

La conciencia omnipresente de Jesús percibió los pensamientos de los incrédulos escribas y fariseos, a cuyos sentimientos de crítica respondió: «¿Por qué os preocupa que perdone los pecados de los hombres? ¿Cuál es la diferencia entre aliviar a la gente de sus sufrimientos mediante el poder de Dios que obra a través de mí o hacerlo por el poder que Dios me ha concedido?».

Jesús hablaba desde su estado de completa unidad con Dios, libre de todo egoísmo proveniente del engaño. Los clérigos u otros instructores espirituales que no han hallado el perdón ni el alivio para sus propios pecados —lo cual invalida su pretendida perfecta sintonía con Dios— no pueden de ningún modo perdonar ni aliviar a otros hombres sumidos en el error. A fin de que una persona sea capaz de servir como canal de la gracia de Dios para eliminar el karma de los demás, no debe existir obstrucción alguna debida a la identificación con su propia naturaleza egoica. Los auténticos devotos, incluso cuando se hallan completamente despiertos desde el punto de vista espiritual, jamás se consideran gurús o salvadores de los demás. Sólo contemplan como Único Hacedor dentro de sí mismos nada más que a Dios. El gurú es el Dios despierto que, en el discípulo, despierta al Dios durmiente.

La multitud de espectadores *«temió y alabó a Dios, que había dado tal poder a los hombres»* y se sentía colmada de inspiración y alegría al presenciar que Jesús, dentro de una forma humana tal como la de ellos, podía manifestar los poderes de la Omnipotente Divinidad. Se encontraban maravillados y profesaban un reverente respeto ante estas demostraciones, pues eran lecciones de esperanza que les enseñaban que todos los hijos humanos de Dios, incluidos ellos mismos, podían obtener de Dios la bendición de la transformación divina.

~

> *«Salió de nuevo por la orilla del mar. Toda la gente acudía a él, y él les enseñaba. Al pasar, vio a Leví, hijo de Alfeo, sentado en el despacho de impuestos, y le dijo: "Sígueme". Él se levantó y le siguió»* (*Marcos* 2:13-14)[6].

Al ver a Mateo, Jesús percibió intuitivamente que era un discípulo al que había conocido en numerosas encarnaciones anteriores. Mateo había nacido en esa época y en ese lugar a fin de que Dios pudiera ser glorificado a través de la asistencia apostólica que él estaba destinado a prestar en el divino designio de Jesús. Aunque Mateo era publicano (recaudador de impuestos), su conciencia interna, que se había desarrollado espiritualmente en una encarnación previa, permanecía inalterada. Jesús conocía a Mateo como a un hijo divino,

[6] También se conocía a Leví con el nombre de «Mateo». Compárese con las referencias paralelas que aparecen en *Mateo* 9:9 y *Lucas* 5:27-28.

de elevada estatura espiritual, a pesar de la baja categoría de su ocupación, y le llamó con voz firme y confiada que denotaba reconocerle como su discípulo del pasado.

Los científicos de las ciencias físicas exponen las verdades de la naturaleza acerca de la evolución de la materia; pero los maestros espirituales revelan, en ocasiones de modo espectacular, las verdades más sutiles acerca de la evolución que experimenta el alma a lo largo de las sucesivas encarnaciones. Imagina lo que significa que, en medio de la multitud que le rodeaba, Jesús distinguiera al publicano Mateo, a quien no había visto antes en ese cuerpo en particular, e inmediatamente le ordenase: «Sígueme». Y asimismo fue notable que Mateo le siguiera —como si hubiesen transcurrido apenas unos instantes en vez de una vida entera—, mas no por encontrarse bajo el efecto de un hechizo hipnótico, sino porque él también sintió el llamado que le llevó a reconocer una relación de vidas pasadas. Por medio del magnetismo espiritual que emana de los grandes maestros —el cual expande la conciencia del devoto—, ellos atraen seguidores valiéndose de su poder para despertar y estimular el discernimiento del alma y la voluntad divina que se hallan latentes en tales devotos.

~

«En cierta ocasión, estando él a la mesa en casa de Leví, muchos publicanos y pecadores se sentaron a la mesa con Jesús y sus discípulos, pues eran muchos los que le seguían. Al ver los escribas de los fariseos que comía con los pecadores y publicanos, dijeron a los discípulos: "¿Es que come con los publicanos y pecadores?". Al oír esto Jesús, les dijo: "No necesitan médico los que están fuertes, sino los que están mal; no he venido a llamar a justos, sino a pecadores"» (*Marcos* 2:15-17).

Referencias paralelas:

«Leví le ofreció en su casa un gran banquete. Les acompañaban a la mesa un gran número de publicanos, aparte de otras personas» (*Lucas* 5:29).

* * *

«En cierta ocasión, estando él a la mesa en la casa, vinieron muchos publicanos y pecadores, que se sentaron a la mesa con Jesús y sus discípulos. Al verlo los fariseos, dijeron a los discípulos: "¿Por qué come vuestro maestro con los publicanos y pecadores?". Mas él, al oírlo, dijo: "No necesitan médico los que están fuertes, sino los que están mal. Id, pues, a aprender qué significa 'Misericordia quiero, que no sacrificio'. Porque no he venido a llamar a justos, sino a pecadores"» (*Mateo* 9:10-13).

Hay en Oriente una antigua tradición devocional que consiste en ofrecer alimento a los personajes santos. La mayoría de las ceremonias espirituales se suelen acompañar con banquetes. Todos los pueblos —ya sean cristianos, hindúes, judíos o musulmanes— ofrecen banquetes en ocasión de determinadas fechas sagradas. Si bien estos ágapes se transformaban a menudo en el objeto mismo del festejo y ensombrecían el propósito ceremonial, resultaban necesarios cuando, provenientes de lugares cercanos o distantes, estas santas personalidades se reunían con sus discípulos. En la época de Cristo, por lo general se viajaba a pie y había pocos lugares donde hospedarse a lo largo del camino. No sólo era una cortesía sino una bendición ofrecer alimento a los viajeros, sobre todo cuando éstos eran hombres santos. Sin duda, Mateo se sintió doblemente bendecido al honrar con un banquete en su propia casa a su Maestro de vidas pasadas, al que había encontrado de nuevo.

Jesús, médico de almas, comió, bebió y se reunió con los *«publicanos y pecadores»*, que eran rechazados por la sociedad y que necesitaban de él para sanar de la enfermedad espiritual provocada por los hábitos materialistas[7]. Cuando los fariseos y los escribas —a quienes obsesionaba la desigualdad de castas y solían relacionarse con

---

[7] «En Judea, bajo el sistema romano, se combinaban todas las circunstancias para que los publicanos fueran objeto de un amargo odio, ya que representaban el aborrecido poder de Roma y lo ejercían en contacto directo con la ofendida población del lugar. El impuesto mismo se consideraba intrínsecamente una injusticia en el sentido religioso, así como también una imposición civil, y muchos creían que su pago era un pecaminoso acto de deslealtad a Dios. El recaudador de impuestos, si era judío, llevaba el estigma de renegado a los ojos de sus patrióticos conciudadanos. Pagaba una suma fija de impuestos y retenía para sí mismo lo que pudiera recaudar por encima de ese monto. El sistema estaba viciado por el antiguo y difundido azote de la arbitrariedad. Las tarifas impositivas eran vagas e imprecisas. Por lo tanto, el recaudador se encontraba siempre bajo la sospecha de ser un extorsionista» *(International Standard Bible Encyclopedia).*

los miembros de las clases superiores y con los religiosamente ortodoxos— criticaron a Jesús por frecuentar una compañía tan indigna, él les dio a entender lo siguiente con su respuesta:

«Son aquellos cuyo cuerpo está enfermo los que necesitan la ayuda del médico y no quienes se encuentran físicamente sanos. Lo mismo ocurre con las almas espiritualmente enfermas. Me alegra ser bien recibido entre ellas, pues necesitan de la divina curación mental, moral y espiritual que se lleva a cabo por medio de la vida celestial que se manifiesta a través de mí».

Los grandes maestros abren la puerta que conduce a la liberación del alma a aquellas personas justas que avanzan continuamente hacia Dios, pero también bendicen al mundo entero sembrando las semillas de la iluminación en las mentes de quienes necesitan encaminar sus vidas por mejores rumbos. ¿Existe acaso demostración más convincente del triunfo del amor de Dios sobre el mal que el poder de ese amor divino para lograr la conversión de un corazón malvado?

Aquellos que son virtuosos espiritualmente se comportan de modo debido e ideal en las diversas situaciones de la vida y en armonía con las leyes de la rectitud. Recorren el camino hacia la redención mediante la práctica de las acciones correctas, las cuales realizan siguiendo los dictados de su conciencia, y reciben como recompensa la silenciosa satisfacción que experimentan sus almas. Las personas justas necesitan poca o ninguna disciplina correctiva porque su sentido espiritual innato les permite mantenerse en el sendero apropiado e impide que se desvíen hacia las tentaciones de la ignorancia.

La misión cualitativa y cuantitativa de un salvador universal

Los «pecadores» son aquellas personas cuyo discernimiento es deficiente y que no tienen conciencia de la sintonía del alma; por ello actúan de modo incorrecto, pues hacen mal uso del raciocinio que Dios les ha otorgado. Mediante la repetición de las acciones equivocadas, se desarrollan los malos hábitos, los cuales llevan a los pecadores hacia los inextricables y laberínticos caminos del error. Son ellos quienes necesitan las prescripciones de un médico espiritual crístico a fin de que sane su devastada conciencia y los ayude a practicar el autocontrol.

En el contexto metafísico de estos versículos se enuncia el papel que, por mandato de Dios, Jesús vino a desempeñar como salvador universal. Como salvador personal, Jesús otorgó bendiciones y gracia en forma cualitativa, o liberadora, a sus discípulos contemporáneos y también a todas las generaciones futuras que acudieran a él en busca de salvación. Pero Jesús vino, además, a dar cumplimiento a un designio más universal —el bien cuantitativo— que consiste en establecer una directriz moral y espiritual para toda la humanidad: vino a «llamar a pecadores». Por esa razón, él se relacionaba con quienes necesitaban curarse de la enfermedad del mal con el objeto de demostrar personalmente a las muchedumbres, mediante el ejemplo, su ministerio cuantitativo: enseñar el poder transformador de la virtud, la cual atrae la respuesta del corazón misericordioso de Dios.

Sólo un alma sumamente evolucionada puede en verdad curar a los demás del mal de la engañosa ignorancia (que es una enfermedad del alma), y sólo puede hacerlo con la participación de quien la padece. Al frecuentar la compañía no sólo de personas religiosas y cultivadas intelectualmente sino también de pecadores y publicanos, y al curar las enfermedades físicas y mentales que muchos padecían, el principal propósito de Jesús fue iniciar en ellos el proceso curativo del despertar espiritual. Cada cual se beneficiaba de acuerdo con la capacidad que poseía en ese momento, pero al establecer contacto con la sagrada presencia y con las bendiciones de Jesús comenzaba el proceso de curación. Al relacionarse con sus discípulos, Jesús aumentó enormemente el desarrollo espiritual de ellos; y cuando se encontraba en compañía de pecadores, aplicaba sus poderes curativos para sanarlos de las enfermedades del alma e iniciarlos en el camino de la redención.

El compasivo mensaje de misericordia y perdón divino para quien se arrepiente

Jesús les dice además a los escribas y fariseos, que se jactaban de sus conocimientos intelectuales, «Aprended lo que significa "*Misericordia quiero, que no sacrificio*"[8]: cuidar de los que se hallan espiritualmente enfermos y necesitados, en vez de asistir sólo a quienes están espiritual y moralmente sanos y no plantean incómodas exigencias. Seré misericordioso y compasivo con aquellos que se encuentran espiritualmente enfermos y no los abandonaré; procuraré sanarlos y salvarlos en vez de permitir que sean sacrificados en el altar de su destino kármico. No estoy aquí para llamar sólo a aquellos que ya están redimidos —que han desechado el mal para aceptar la rectitud—, sino para ayudar en especial a toda clase de pecadores de cualquier condición

[8] Jesús cita del libro de *Oseas* (6:6), en el Antiguo Testamento: «*Porque Yo quiero amor, no sacrificio, conocimiento de Dios mejor que holocaustos*».

que, debido a sus ignorantes ideas mundanas acerca del verdadero significado de la vida, permanecen tenazmente identificados con el cuerpo y con los padecimientos y preocupaciones que éste les acarrea. Si no reciben ayuda para descubrir sus errores, no se arrepentirán, pues se conformarán con la mezcla de placer y dolor de su heterogénea existencia, sin ser conscientes de la gracia salvadora del contacto con Dios, que se halla en la ilimitada bienaventuranza de la divina comunión interior».

Despertar el arrepentimiento en quienes están habituados al mal equivale a mostrarles el camino a la redención. El libre albedrío del que están irrevocablemente dotadas todas las almas les impone asumir la responsabilidad de sus propias decisiones. Jesús sabía que para influir sobre el carácter inflexible de los malhechores inveterados debía despertar primero el raciocinio espiritual de éstos a fin de que se arrepintieran de sus malas acciones y, de ese modo, procurasen finalmente enmendar su mal comportamiento e inclinarse por la rectitud. La redención se encuentra cercana sólo cuando el pecador se convence de lo equivocado de su proceder. Es habitual que quienes actúan mal en forma reiterada comiencen a desarrollar una poderosa atracción compulsiva hacia ese comportamiento, a pesar del sufrimiento que pueda ocasionarles. Sin comprender ni reconocer la nefasta naturaleza de las acciones pecaminosas —causantes de sufrimiento—, quienes sucumben a la tentación jamás pueden hallar dentro de sí la voluntad necesaria para arrepentirse. Primero es preciso tratar de razonar con quienes son propensos a caer en el error a fin de poder resucitar en ellos su paralizado discernimiento.

Una vez que la razón discernidora ha despertado, suele sobrevenir el arrepentimiento; cuando uno se siente apenado por sus malas acciones desea liberarse de tales hábitos. Sin arrepentimiento, aquellos que están sumidos en el engaño no realizan el esfuerzo de liberarse espiritualmente. Por lo tanto, cuando uno comprende la inutilidad de sus malas acciones es preciso que se arrepienta y que haga uso de su libre albedrío para llevar a cabo reiteradas acciones redentoras que refuercen su buen karma liberador.

Los grandes maestros espirituales jamás afirman perdonar a los pecadores impenitentes; su tarea consiste en despertar la rectitud natural en quienes proceden de manera errónea hasta lograr que hagan el esfuerzo personal de liberarse. Nadie puede evitar que los malhechores recalcitrantes cosechen los frutos de sus acciones erróneas; pero si salen de su letargo y se esfuerzan por actuar correctamente, los efectos de sus malas acciones del pasado pueden verse neutralizados por los efectos de sus buenas acciones y por la intercesión de la gracia divina[9].

El arrepentimiento es el precursor de la liberación espiritual, e indefectiblemente precede a cualquier esfuerzo constante y sincero que se realice para liberarse del mal. A quien es perezoso en el sentido metafísico, los grandes médicos de almas pueden inspirarle para que reencauce sus pasos hacia Dios y también darle apoyo en su viaje; pero el recorrido en sí debe efectuarlo aquel mismo que ha caído en el error. Una vez que está sinceramente convencido de la locura y del sufrimiento implícitos en las ilusorias pesadillas de las malas acciones, el penitente alienta el despertar de su alma —por largo tiempo sumida en ese absurdo letargo— y, con el impulso de ese poder vivificante, se lanza a la búsqueda de su libertad espiritual.

[9] La remisión de los pecados por la gracia de Dios, o por intercesión de un santo que conoce a Dios, se comenta en el discurso 35.

DISCURSO 32

«El sábado ha sido instituido para el hombre, y no el hombre para el sábado»

La expansión de la conciencia
que se experimenta en presencia de un maestro

❖

La conciencia espiritual es incompatible
con la estrechez mental del dogmatismo

❖

En toda la creación cósmica se observa el espíritu del sábado

❖

Las normas religiosas deben seguirse con sabiduría
y no con ciega adhesión a la literalidad

❖

La observancia del sábado es necesaria
para llevar una vida apacible y equilibrada

❖

La verdadera observancia del sábado:
percibir la presencia de Dios en la comunión interior

«En ocasiones, Jesús se apartaba de "la letra de la ley" a fin de demostrar el espíritu interior de cada precepto, como ocurrió durante sus enfrentamientos con los fariseos en relación con la apropiada observancia del sábado».

Como los discípulos de Juan y los fariseos solían ayunar, vinieron a preguntarle: «¿Por qué tus discípulos no ayunan, siendo así que los discípulos de Juan y los de los fariseos practican el ayuno?». Jesús respondió: «¿Pueden acaso ayunar los invitados a la boda mientras el novio está con ellos? Mientras tengan consigo al novio no pueden ayunar. Días vendrán en que les será arrebatado el novio; entonces ayunarán, cuando llegue aquel día. Nadie cose un remiendo de paño sin tundir en un vestido viejo, pues de otro modo, lo añadido tiraría de él, el paño nuevo del viejo, y se produciría un desgarrón peor. Nadie echa tampoco vino nuevo en pellejos viejos; de otro modo, el vino reventaría los pellejos y se echarían a perder tanto el vino como los pellejos. Hay que echar el vino nuevo en pellejos nuevos».

Un sábado en que Jesús cruzaba por los sembrados, sus discípulos empezaron a abrir camino arrancando espigas. Los fariseos le dijeron: «Mira, ¿por qué hacen en sábado lo que no es lícito?». Él les respondió: «¿Nunca habéis leído lo que hizo David cuando tuvo necesidad, cuando él y los que lo acompañaban sintieron hambre, cómo entró en la Casa de Dios, en tiempos del Sumo Sacerdote Abiatar, y comió los panes de la presencia, que sólo a los sacerdotes es lícito comer, y cómo les dio también a los que estaban con él?». Y añadió: «El sábado ha sido instituido para el hombre, y no el hombre para el sábado. De suerte que el Hijo del hombre también es señor del sábado».

Entró de nuevo en la sinagoga, donde casualmente había un hombre que tenía la mano paralizada. Estaban al acecho a ver si le curaba en sábado, para poder acusarle. Dijo al hombre que tenía la mano seca: «Levántate y ponte ahí en medio». Luego les preguntó: «¿Es lícito en sábado hacer el bien en vez del mal, salvar una vida en vez de destruirla?». Pero ellos callaban. Entonces, mirándolos con ira, apenado por su cerrazón de mente, dijo al hombre: «Extiende la mano». Él extendió su mano y quedó restablecida. En cuanto salieron los fariseos, se confabularon con los herodianos contra él, para ver cómo eliminarlo.

Jesús se retiró con sus discípulos hacia el mar, y le siguió una gran muchedumbre de Galilea. También de Judea, de Jerusalén, de Idumea, del otro lado del Jordán, de los alrededores de Tiro y Sidón, una gran muchedumbre, al oír lo que hacía, acudió a él. Entonces, a causa de la multitud, dijo a sus discípulos que le prepararan una pequeña barca, para que no le aplastaran. Como había curado a muchos, todos cuantos padecían dolencias se le echaban encima para tocarle. Y los espíritus inmundos, al verle, se arrojaban a sus pies y gritaban: «Tú eres el Hijo de Dios». Pero él les mandaba enérgicamente que no le descubrieran.

Marcos 2:18–3:12

DISCURSO 32 

«El sábado ha sido instituido para el hombre, y no el hombre para el sábado»

«Como los discípulos de Juan y los fariseos solían ayunar, vinieron a preguntarle: "¿Por qué tus discípulos no ayunan, siendo así que los discípulos de Juan y los de los fariseos practican el ayuno?". Jesús respondió: "¿Pueden acaso ayunar los invitados a la boda mientras el novio está con ellos? Mientras tengan consigo al novio no pueden ayunar. Días vendrán en que les será arrebatado el novio; entonces ayunarán, cuando llegue aquel día"» (Marcos 2:18-20).

Referencia paralela:

«Entonces se le acercaron los discípulos de Juan y le dijeron: "¿Por qué tus discípulos no ayunan, siendo así que nosotros y los fariseos practicamos el ayuno?". Jesús les respondió: "¿Pueden acaso los invitados a la boda ponerse tristes mientras el novio está con ellos? Días vendrán en que les será arrebatado el novio; entonces ayunarán"» (Mateo 9:14-15)[1].

Jesús, como solía hacer, respondió con una metáfora a las preguntas que con afán de crítica le fueron planteadas; pero el significado de su réplica resultaba evidente: «¿Acaso no sería impropio que los

[1] Compárese con otra referencia paralela que aparece en *Lucas* 5:33-35.

invitados a la boda se dedicasen a practicar penosas austeridades en vez de regocijarse con la presencia del novio? De igual modo, en la compañía de un maestro (el novio), sus discípulos o hijos espirituales, al permanecer en la conciencia divina (la cámara nupcial) del maestro, reciben gozosa inspiración y purificación en una medida que excede a la que podría proporcionarles la práctica ritual de cualquier austeridad, como hubiese sido la disciplina del ayuno». Por hallarse cerca de Jesús, sus discípulos automáticamente se solazaban en la bienaventuranza del contacto con Dios, que se manifestaba a través del «novio», la unidad de Jesús con el Espíritu Crístico universal desposado con el Espíritu Creativo universal presente en la Naturaleza[2]. La sola presencia de Jesús entre sus discípulos era suficiente para que ellos permanecieran envueltos en la conciencia divina mediante el intercambio de vibraciones y por su receptividad a la ilimitada fuente del poder espiritual de Jesús.

La expansión de la conciencia que se experimenta en presencia de un maestro

Jesús no desestimaba el valor del ayuno y su poder para espiritualizar la mente de los hombres. Si se practica periódica y correctamente, el ayuno no sólo promueve la salud del cuerpo y la claridad de la mente, sino que ayuda a liberar el alma de las ataduras que le impone la conciencia corporal. Además, graba en la conciencia el concepto de que el cuerpo no depende únicamente del alimento para subsistir, sino del Espíritu Divino[3]. El ayuno y la meditación son, por lo tanto, instrumentos efectivos para percibir nuestra propia relación con Dios. Sin embargo, la disciplina mental y corporal no constituye un fin en sí misma, sino un medio para alcanzar la conciencia de Dios y es necesaria mientras se hace el esfuerzo por lograr dicha meta. Jesús fue un ejemplo supremo de quien se ha convertido en un ser divino; todas las personas receptivas que tenían la fortuna de estar en contacto con él sentían, a través de una gracia que trascendía toda austeridad, una elevación automática (aunque fuera sólo momentánea) ante las emanaciones de libertad espiritual del maestro.

Sin embargo, Jesús también indicó que a los discípulos se les exigiría más cuando la personalidad que él encarnaba, dotada de magnetismo divino, se retirase de la manifestación terrenal y regresara a

---

2 Véase el discurso 16 (volumen I).

3 *«No sólo de pan vive el hombre, sino de toda palabra que sale de la boca de Dios»* (*Mateo* 4:4; véase el discurso 8, en el volumen I).

los reinos celestiales. Sería preciso entonces que ellos realizaran un mayor esfuerzo personal en la meditación y en el cumplimiento de los mandamientos espirituales relativos al ayuno y otras disciplinas, a fin de mantenerse libres del apego al cuerpo y conservar e intensificar el elevado estado de conciencia divina del que habían disfrutado en la presencia de Jesús.

Todos los maestros auténticos continúan «viviendo» incluso después de abandonar su cuerpo mortal. Sus bendiciones son omnipresentes y están a disposición del devoto fervoroso, bien sea que el maestro y el discípulo se hallen encarnados en el mismo plano o no.

Los discípulos son aquellos que se esfuerzan por alcanzar la sintonía con su maestro —es decir, desean permanecer siempre en la «presencia» espiritual de éste, ya sea que sus formas físicas se encuentren cercanas o distantes—. Una bendición vibratoria desciende sobre el discípulo que con reverente devoción establece contacto interior con el gurú que conoce a Dios. El magnetismo de esa sutil corriente ayuda a neutralizar los efectos del engaño, inducidos por el karma y por los hábitos, y permite que fluya hacia el devoto una renovada corriente de iluminadora sabiduría. La conciencia que se identifica con «el mismo y viejo yo» es desplazada, y se revelan las potencialidades del alma que el Señor creó a fin de que el hombre las manifestara.

La receptividad del discípulo facilita y, finalmente, hace que sea perenne la transferencia de la conciencia divina que proviene de un maestro que está en contacto con Dios. El gurú ofrece la misma riqueza espiritual a todos los estudiantes, pero el grado de receptividad de cada uno hará que ellos la absorban en mayor o menor medida. Quienes ya han formado hábitos rígidos cuando acuden al maestro suelen siempre cuestionar y desdeñar la sabiduría impartida por él, y defienden con vehemencia el derecho a aferrarse a esos hábitos que constituyen su segunda naturaleza. Por el contrario, aquellos que pueden deshacerse de su obstinación descubren que en su interior se produce un maravilloso renacimiento espiritual. Por eso, Jesús hizo notar la diferencia entre la actitud entusiasta de sus discípulos cercanos —dispuestos a acoger las nuevas revelaciones y la bienaventuranza que recibían a través de la percepción directa— y la actitud crítica de los escépticos —que no estaban dispuestos a desviarse de los dogmas heredados ni aceptaban ninguna nueva verdad revitalizadora.

~

«Nadie cose un remiendo de paño sin tundir en un vestido viejo, pues de otro modo, lo añadido tiraría de él, el paño nuevo del viejo, y se produciría un desgarrón peor. Nadie echa tampoco vino nuevo en pellejos viejos; de otro modo, el vino reventaría los pellejos y se echarían a perder tanto el vino como los pellejos. Hay que echar el vino nuevo en pellejos nuevos» (Marcos 2:21-22).

Referencia paralela:

«Les dijo también una parábola: "Nadie rompe un vestido nuevo para echar un remiendo a uno viejo, porque, si lo hace, desgarraría el nuevo, y al viejo no le iría el remiendo del nuevo.

»"Nadie echa tampoco vino nuevo en pellejos viejos; porque, si lo hace, el vino nuevo reventaría los pellejos, el vino se derramaría y los pellejos se echarían a perder. Hay que echar el vino nuevo en pellejos nuevos. Nadie, después de beber el vino añejo, quiere del nuevo, porque dirá: El añejo es el bueno"» (*Lucas* 5:36-39)[4].

Jesús consideró imprudente que se utilizara la reciente inspiración emanada directamente de su espíritu para remendar la raída prenda de las costumbres espirituales. Los retazos de tela nueva no combinan con el paño gastado y, por otra parte, esos retazos de tela nueva y fuerte desgarrarían el paño viejo y lo tornarían aún más inservible. Jesús vivía inmerso en la Verdad. A través de la revelación dinámica de la conciencia de la verdad —incompatible con los estereotipos religiosos de la época—, él impulsaba la emancipación del espíritu de aquellos discípulos que podían comprenderle. Para confeccionar la túnica de la percepción de Dios que Jesús ofrecía a sus seguidores, no bastaba con aplicar retazos de frescas percepciones en el desgarrado paño del dogma que vestía el común del pueblo. Una nueva inspiración y una nueva forma de vivir la verdad reemplazaron la predominante interpretación superficial de la teología de los códigos, rituales y observancias espirituales.

La conciencia espiritual es incompatible con la estrechez mental del dogmatismo

Así como la fuerza expansiva del vino nuevo puede reventar un frágil envase viejo, así también la inspiración nueva y poderosa vertida

[4] Compárese con otra referencia paralela que aparece en *Mateo* 9:16-17.

en las mentes gastadas por el dogma, sin lugar a duda, destrozaría las viejas creencias y provocaría una rebelión mental. Las nacientes ideas espirituales de Jesús necesitaban otros receptáculos: almas espiritualmente poderosas y dotadas de renovado entusiasmo, capaces de llenarse hasta rebosar con las divinas revelaciones del Espíritu.

Esto fue lo que Jesús quiso expresar: «Sería necio que el conocimiento divino de las nuevas revelaciones de la verdad lo guardaran mis discípulos en una atmósfera vieja basada en reglas mecánicas de superstición popular y en códigos dogmáticos de conducta. Así como el vino nuevo debe guardarse en recipientes nuevos, así también mis discípulos han recibido una nueva conciencia, una nueva atmósfera de vida espiritual en la cual pueden preservar sus nuevas percepciones espirituales. Se hallan embriagados con la presencia de Dios, es decir, experimentan ya aquello para lo cual fueron creadas las reglas».

Jesús además señaló que quienes están acostumbrados al vino del antiguo dogma no desean paladear las nuevas revelaciones de la verdad. Dicen: «¡Oh, ya lo sé todo! Las prácticas tradicionales de los antepasados (por anticuadas que sean) fueron suficientemente buenas para ellos; por lo tanto, lo son también para mí». Debido a la fuerza del hábito prefieren las viejas y dogmáticas formas de vivir, en lugar de los nuevos hábitos de emancipación espiritual.

Jesús trajo un nuevo designio divino y en él educó a sus discípulos. *«Él nos capacitó para ser ministros de una nueva alianza, no de la letra, sino del Espíritu»*, escribió San Pablo[5]. En ocasiones, Jesús se apartaba de «la letra de la ley» a fin de demostrar el espíritu interior de cada precepto, como ocurrió durante sus enfrentamientos con los fariseos en relación con la apropiada observancia del sábado.

~

> *«Un sábado en que Jesús cruzaba por los sembrados, sus discípulos empezaron a abrir camino arrancando espigas. Los fariseos le dijeron: "Mira, ¿por qué hacen en sábado lo que no es lícito?". Él les respondió: "¿Nunca habéis leído lo que hizo David cuando tuvo necesidad, cuando él y los que lo acompañaban sintieron hambre, cómo entró en la Casa de Dios, en tiem-*

---

[5] *II Corintios* 3:6.

Jesús echa del templo a los cambistas

Entró Jesús en el Templo y echó fuera a todos los que vendían y compraban en él; volcó las mesas de los cambistas y los puestos de los vendedores de palomas. Y les dijo: «Está escrito: 'Mi Casa será llamada Casa de oración'. ¡Pero vosotros estáis haciendo de ella una cueva de bandidos!».

Mateo 21:12-13

Quien es un verdadero ejemplo de paz se halla centrado en su Ser divino. Todas sus acciones se encuentran impregnadas del incomparable poder vibratorio del alma —ya sea que se expresen bajo la forma de una serena orden o de un enérgico acto de la voluntad—. […] Sin embargo, a veces, las acciones de las personalidades divinas son desconcertantes con toda intención, pues tienen la finalidad de sacudir las mentes complacientes y sacarlas de su infundada aceptación de ciertas situaciones habituales. Tener un concepto preciso de lo que es espiritualmente apropiado en el mundo de la relatividad requiere una rápida inteligencia y firme sabiduría. […]

La espiritualidad aborrece la debilidad de carácter. Se debe tener siempre la valentía y la firmeza moral de mostrar fortaleza cuando la situación lo requiere.

Paramahansa Yogananda

Dibujo: Heinrich Hofmann

pos del Sumo Sacerdote Abiatar, y comió los panes de la presencia, que sólo a los sacerdotes es lícito comer, y cómo les dio también a los que estaban con él?"» (*Marcos* 2:23-26).

Referencia paralela:

> *«Por aquel entonces, un sábado en que Jesús cruzaba por los sembrados, sus discípulos sintieron hambre y se pusieron a arrancar espigas y a comerlas. Al verlo los fariseos, le dijeron: "Mira, tus discípulos hacen lo que no es lícito hacer en sábado". Pero él les respondió: "¿No habéis leído lo que hizo David cuando sintieron hambre él y los que lo acompañaban, cómo entró en la Casa de Dios y comieron los panes de la presencia, que no le era lícito comer a él ni a sus compañeros, sino sólo a los sacerdotes? ¿Tampoco habéis leído en la Ley que en día de sábado los sacerdotes, en el Templo, quebrantan el sábado sin incurrir en culpa? Pues yo os digo que hay aquí algo mayor que el Templo. Si hubieseis comprendido lo que significa 'Misericordia quiero, que no sacrificio', no condenaríais a los que no han incurrido en culpa"»* (*Mateo* 12:1-7)[6].

A través de Moisés nos llega este mandamiento bíblico: «*Recuerda el día del sábado para santificarlo. Seis días trabajarás y harás todos tus trabajos, pero el día séptimo es día de descanso en honor de Yahvé, tu Dios. No harás ningún trabajo, ni tú, ni tu hijo, ni tu hija, ni tu siervo, ni tu sierva, ni tu ganado, ni el forastero que habita en tu ciudad. Pues en seis días hizo Yahvé el cielo y la tierra, el mar y todo cuanto contienen, y el séptimo día descansó. Por eso bendijo Yahvé el día del sábado y lo santificó*» (*Éxodo* 20:8-11).

En toda la creación cósmica se observa el espíritu del sábado

El sábado fue concebido con la finalidad de que fuese un tiempo de descanso y de reposo, para que la naturaleza externamente activa del hombre encontrara su equilibrio al estar en contacto con la quietud trascendental de su ser interior. El día séptimo es un día de reposo que sucede a seis días de intensa actividad material. Este esquema se asemeja a los seis días que supuestamente Dios dedicó a la actividad

---

[6] Compárese con otra referencia paralela que aparece en *Lucas* 6:1-4.

creativa, seguidos de un séptimo día de descanso[7]. (No se trataba, claro está, de días solares, sino de ciclos de eones de duración). La creación de la Tierra y su entorno galáctico llevó un tiempo inmensurable con el objeto de que el mundo fuera apto para que el ser humano lo habitase. Cuando el plan divino y sus leyes de funcionamiento, así como la concepción de las formas y de los seres, cobraron existencia bajo la dirección de la inteligencia activa de Dios —el Padre de la creación—, la inteligencia directamente activa de Dios se volvió inactiva o indirectamente activa, y con ello permitió que su reflejo, la Inteligencia Crística Universal, y su activa Vibración Cósmica Creativa del Espíritu Santo (la Madre Naturaleza) continuaran con el desarrollo de los planes cósmicos. De este modo, cuando Dios hubo ideado la mayor parte de lo que deseaba crear, la voluntad y la inteligencia divinas pudieron disfrutar de un período de reposo, en tanto que el universo continuaba su existencia, regido por su propio impulso que provenía de la ley cósmica y de los agentes divinos: la Inteligencia Reflejada y la Vibración Creativa. Toda la creación ha heredado el modelo por el cual después de una etapa de intensa actividad creativa se presenta un período de descanso. Este ritmo se evidencia en el nacimiento y muerte de las estrellas, en los ciclos solar y lunar, en las estaciones, en la vida de las plantas, así como en los animales y en el hombre. Parece ser que nosotros y el universo en que nos hallamos estamos compartiendo una vibración similar por la cual después de la actividad es preciso el reposo. Por consiguiente, el sábado fue hecho para el hombre —un espacio de tiempo destinado no sólo a la relajación física, sino al trascendente descanso espiritual que rejuvenezca el espíritu que mora en el ser humano.

Jesús cumplía los mandamientos bíblicos enunciados por los profetas; él enseñó, sin embargo, que lo que se debe seguir es el espíritu de las leyes establecidas en los libros sagrados, a fin de evitar que la observancia literal de la norma conduzca a la degeneración del propósito para el cual fue creada.

Los dogmáticos sacerdotes de la antigüedad eran tan fanáticos acerca de la observancia del sábado que no abandonaban su casa ni para ir en carruaje a buscar un médico que atendiera a su hermano

---

[7] *«Concluyéronse, pues, el cielo y la tierra con todo su aparato. El séptimo día Dios dio por concluida la labor que había hecho; puso fin el día séptimo a toda la labor que había hecho»* (*Génesis* 2:1-2).

agonizante, a su sirviente o a un huésped[8]. La observancia de la ley del sábado a costa de desatender una necesidad crítica y justificada —como la de prestar ayuda a una persona indefensa— es un pecado, pues quebranta la ley suprema del amor y del servicio divinos y desoye los dictados de la conciencia, lo cual perturba la armonía interior con Dios. Al dedicar el descanso del sábado a comulgar con Dios, el hecho de romper ocasionalmente el voto de recogimiento interior a causa de un propósito legítimo no contradice el espíritu de observancia de ese día sagrado. Por eso, Jesús enseñó a sus discípulos que las normas de conducta eran para que ellos se perfeccionaran, y por lo tanto no se debían seguir ciegamente, sino que podían modificarse, en caso necesario, cuando existiese una razón justa (mas no a la ligera).

Las normas religiosas deben seguirse con sabiduría y no con ciega adhesión a la literalidad

Jesús defendió a sus discípulos, pues respetaban interiormente la observancia del sábado en su santa compañía y a su servicio, a pesar de que, a causa del hambre, no tuvieron otra opción que arrancar algunas espigas para alimentarse. A quienes se habían erigido en críticos, Jesús les recordó entonces la historia de David, que vivía en gracia de Dios y que, en una ocasión, hallándose necesitado y hambriento, entró en la Casa de Dios y solicitó al sacerdote los panes de la presencia para él y sus compañeros, aun cuando era contrario a la ley que quienes no fueran sacerdotes al servicio de Dios comieran de esas ofrendas[9]. Si fue lícito que el piadoso David hiciera caso omiso de una adhesión literal al mandamiento de las Escrituras para cumplir un propósito de más trascendencia, cuánto mayor sería el derecho que asistía a Jesús —que era uno con Dios— de no tomar en

[8] «Los fariseos que se oponían [a Jesús] [...] habían inventado numerosas prohibiciones en las que se guardaba el sábado, acerca de las cuales nada encontramos en la institución original. Algunas de estas prohibiciones eran fantasiosas y arbitrarias. [...] El hecho de que esta perversión del sábado se había generalizado en la época de nuestro Salvador resulta evidente tanto por las objeciones que aparecen registradas en referencia a los actos que él realizó en ese día como por su notoria conducta en aquellas ocasiones en que ellos sin duda esgrimieron tales objeciones» *(Smith's Bible Dictionary)*.

[9] Este episodio aparece registrado en *I Samuel* 21:1-6. Los panes de la presencia eran una ofrenda ritual de doce hogazas de pan recién horneado que se colocaba cada sábado sobre una mesa en el santuario del templo y se rociaba con incienso. Se dejaba allí hasta el sábado siguiente, momento en que se quemaba el incienso. Los sacerdotes comían los panes y se reemplazaban por doce hogazas nuevas. Estaba prohibido retirar los panes del santuario.

consideración los matices externos de una ley cuyo espíritu él constataba que se estaba cumpliendo fielmente.

Jesús se refiere luego a los sacerdotes que se hallaban exonerados del pecado de trabajar en sábado cuando realizaban sus tareas en beneficio de la comunidad y prestaban sus servicios en el templo. La transformadora vibración espiritual de Jesús, en quien estaba encarnado el Espíritu Santo, era mayor que la santidad exculpatoria del templo, y por eso dijo a los fariseos: «Si supierais que el Espíritu Santo que mora en mi interior ha hecho que mi templo corporal sea mucho más santo que la atmósfera del antiguo templo, y que la sabiduría del Espíritu guía todas mis acciones y, a través de mí, dirige las acciones de aquellos que se hallan conmigo, no condenaríais a mis discípulos, que son intachables a los ojos de Dios y ante el juicio de las eternas leyes divinas. Debéis comprender que Dios no desea vuestros rituales ni vuestro juicio despiadado sobre el comportamiento humano, sino más bien vuestra sabiduría compasiva y vuestro entendimiento divino. Yo restituiría entonces vuestra misericordia, y la sabiduría no sería sacrificada en el altar de vuestra ignorancia»[10].

~

«Y añadió: "El sábado ha sido instituido para el hombre, y no el hombre para el sábado. De suerte que el Hijo del hombre también es señor del sábado"» (*Marcos* 2:27-28)[11].

El código espiritual de conducta en cuanto a la observancia del sábado —especialmente al considerarlo como un día dedicado a la comunión divina— se implantó para beneficio y elevación espiritual del hombre. El sábado no fue instituido como una entidad especial que el hombre deba observar ciegamente, sin ton ni son. De hecho, la observancia dogmática y sin entendimiento del sábado puede, en ocasiones, resultar perjudicial.

Por eso, Jesús declaró que el Hijo del hombre —su encarnación física dotada de sabiduría discernidora— era la autoridad que habría de determinar cómo se aplicaba la obligación de guardar el sábado.

[10] Al igual que en *Mateo* 9:13 (discurso 31), Jesús cita nuevamente de *Oseas* 6:6: *«Porque Yo quiero amor, no sacrificio, conocimiento de Dios mejor que holocaustos».*

[11] Compárese con las referencias paralelas que aparecen en *Mateo* 12:8 y *Lucas* 6:5.

El sábado es un día conveniente para la ocupada gente mundana, a la que brinda un día de cada siete para liberarse del intenso ajetreo, de modo que su naturaleza materialista y externamente activa pueda recargarse desde el interior con la serenidad y la bienaventuranza del alma. El domingo[12] (el «día del Señor», del latín *dies Dominicus,* día del Señor) debe dedicarse a actividades que despierten nuestra conciencia de Dios, en conformidad con el verdadero propósito del sábado[13]. Realizar durante el sábado labores materiales que distraen la mente, en vez de dedicarse a la contemplación espiritual y a la comunión con Dios, podría significar el incumplimiento del espíritu de este día. Sin embargo, lo mismo ocurre con el hombre de negocios que permanece inactivo externamente pero que en su interior continúa pensando en los negocios. Una persona espiritual que medita diariamente, que ayuna de manera periódica y que se esfuerza por permanecer consciente de Dios durante todas sus actividades, pero que quizás en ocasiones es poco estricta en la observancia del sábado, tal vez transgreda la ley en apariencia, mas no en espíritu. El sábado se encuentra a su servicio, y no a la inversa.

Una norma consiste en un conjunto de acciones prescritas que se emprenden para producir determinados resultados físicos o mentales. En su gran mayoría, se hallan condicionadas por la época y por el estado social y evolutivo del ser humano. De ahí que sean variables conforme a las modificaciones que sufre el entorno del hombre. Las disciplinas de carácter físico, higiénico, social, mental y espiritual se crearon de modo temporal o permanente para adaptarse al desarrollo del hombre y al de la civilización. Con el debido respeto por la inexorable esencia de la verdad que se halla presente en las divinas leyes universales de la justicia y que ha de mantenerse en la formulación de las normas, es posible que los preceptos deban sufrir modificaciones y aplicarse en forma diferente de acuerdo con los cambios en las necesidades que experimenta el hombre en las diversas culturas y épocas.

Jesús señala que si los hombres comunes pueden modificar las reglas de conducta del sábado sin que ello implique una transgresión,

---

[12] En inglés, *Sunday:* el día del Sol o de la Sabiduría.

[13] Durante la época de Jesús, el sábado era el día tradicional dedicado a Dios y continúa siéndolo en la religión judía. Si bien la mayoría de las iglesias cristianas modernas dedican el domingo para ese propósito, observar el sábado es beneficioso en cualquier día que sea apropiado, según las circunstancias personales o las costumbres de la comunidad a la que uno pertenezca.

ciertamente el Hijo del hombre (el espíritu que moraba en su cuerpo) era también señor del sábado y podía adaptar la observancia de ese día —sin que menguara el espíritu de la ley— para que se ajustase a las necesidades físicas y espirituales tanto de él mismo como de sus discípulos.

La observancia del sábado es necesaria para llevar una vida apacible y equilibrada

Jesús apoyaba la observancia del sábado como una ocasión esencial para recargar la vitalidad con el reposado silencio del recogimiento interior. Durante la semana entera, la gente mundana recibe el bombardeo de las preocupaciones y de los estímulos sensoriales, y sobrecarga su cuerpo con un exceso de alimentos inapropiados y con los perniciosos venenos que éstos producen. Un día de ayuno y de silencio introspectivo, durante el cual se pueda beber del apacible reservorio de la sabiduría del alma, ofrece la oportunidad de reflexionar detenidamente y de reorganizar la vida de un modo más equilibrado. Los sermones religiosos y los períodos de silencio y meditación del sábado recargan el cuerpo, la mente y el alma. Esta paz, si se infunde profundamente en la conciencia, puede perdurar toda la semana y ayudar a combatir los perturbadores estados de ánimo, las tentaciones y las preocupaciones económicas. Si una persona mundana dedica seis días a la semana a ganar dinero, a comer y a divertirse, ¿no debería dedicar al menos un día a pensar en Dios, ya que sin Él la vida misma, el funcionamiento del cerebro, la actividad física, los sentimientos y el disfrute de las diversiones serían imposibles?

La observancia del sábado como día dedicado a Dios y a cultivar el espíritu supone la cesación voluntaria de todas las actividades que dispersan y desvían la mente hacia cauces materiales. Cerrar los teatros y otros lugares de diversión durante el sábado sólo sería una formalidad superficial, desprovista de sentido, a no ser que las personas religiosas permanecieran por propia voluntad alejadas de las distracciones materiales y dedicasen el día a actividades que fortalecieran su espiritualidad y que les recordasen a Dios. Con tantas atracciones materiales disponibles durante el sábado, la mente se descontrola. ¿Qué tiempo queda para disfrutar de la calma restauradora, practicar la introspección y cultivar el pensamiento creativo que nos ayude a adoptar los mejores cursos de acción a fin de llevar una existencia plena durante la semana? Un sábado bien empleado en el silencio, en la meditación y en el pensamiento creativo —no en el razonamiento vertiginoso, sino en el aquietamiento de los pensamientos, lo cual da lugar a la percepción intuitiva— proporciona al alma un refuerzo de armonía, de paz y de fortaleza física y mental que le permite al ser humano usar el discernimiento para progresar física, mental y espiritualmente de la mejor manera posible. El trabajador empedernido que se dedica sin cesar a su labor los siete días de la semana termina sometiendo su alma a la actividad mecánica. Esa persona no logra emplear el libre albedrío, el discernimiento y la paz para gobernar sus acciones; se convierte en una ruina física y mental carente de felicidad espiritual. Es preciso cultivar la actividad y la calma y mantener un equilibrio entre ellas con el objeto de crear paz y felicidad tanto en los períodos de actividad como en los de silencio.

El lector tal vez dirá que en los tiempos modernos resulta imposible observar el auténtico espíritu del sábado —es decir, dedicarlo al recogimiento, al ayuno, a la introspección y a la meditación—. Mi respuesta es: «También podrías argumentar que es imposible mantener la serenidad en estos tiempos». La paz y la percepción de Dios se alcanzan pagando un precio: dedicar el tiempo necesario para cultivarlas. Mahatma Gandhi, uno de los grandes reformadores espirituales y políticos contemporáneos, un hombre que desarrollaba una intensa actividad, dedicaba no obstante un día a la semana a permanecer en absoluto silencio. De esa práctica obtuvo la fortaleza para lograr la liberación nacional de toda la India.

Una de las razones por las cuales la generación actual es tan propensa a la inquietud es que no se educa a los niños en el cultivo de los ideales y prácticas espirituales. Por el contrario, a fin de mantenerlos fuera de casa, se les envía a los cines o a otras actividades que suscitan inquietud, después de haber quizás asistido por la mañana a una clase breve e insulsa en la escuela dominical de la iglesia. Se debe estimular la espiritualidad (y no forzarla como disciplina) desde temprana edad. Debe darse ejemplo en el hogar.

Al principio, parece difícil llevar a cabo actividades espirituales, salvo que se emprendan con un entusiasmo que genere un constante impulso de fervor divino. Llega un momento en que el sábado se convierte en la experiencia más interesante y atractiva de nuestra vida porque alcanzamos la completa comunión extática con Dios. No existe felicidad que pueda superar el gozoso contacto con Dios en la meditación profunda.

En mis clases y lecciones animo a los estudiantes y discípulos de *Self-Realization Fellowship* a observar el auténtico espíritu del sábado, en cualquier día de la semana acorde con sus posibilidades. Si no pueden destinar un día completo al silencio y a la comunión divina, les sugiero dedicar al menos seis horas exclusivamente a la contemplación espiritual y a la meditación profunda. Dios no se rige por el calendario ni está disponible sólo un cierto día de la semana. En la eternidad no existen segmentos de tiempo; por lo tanto, Él tampoco utiliza un reloj para determinar cuándo comienza o termina el sábado. El sábado es aquel día o aquellas horas que se dedican a la comunión interior con Dios —sin importar lo que uno haga exteriormente— a fin de que los demás días u horas del día, aunque estén llenos de responsabilidades, puedan transformarse interiormente en un sábado al percibir la presencia de Dios en todas las actividades. Éste es el espíritu de la ley del sábado acerca del cual hablaba Jesús, en contraste con la rígida interpretación literal que simplemente suponía la cesación de toda actividad que implicase algún esfuerzo. De cualquier manera, la inactividad física no detiene el trabajo funcional del cuerpo, ni controla sus movimientos involuntarios, ni aquieta la carrera de los pensamientos internos, todo lo cual constituye una actividad que ata la conciencia del hombre al mundo.

La verdadera observancia del sábado: percibir la presencia de Dios en la comunión interior

La ciencia del yoga define el verdadero significado del estado de inacción que eleva el alma hacia la comunión con Dios. La enseñanza del *Bhagavad Guita* acerca de la acción y la inacción —el estado de «ausencia de actividad» en el que se alcanza la unión con el Espíritu en el reino no vibratorio, más allá de la creación activa— es análoga a la doctrina de Jesús en cuanto al verdadero significado de la observancia interior del sábado[14] en contraposición a su observancia externa: «El estado libre de actividad no se logra simplemente evitando las acciones. Nadie que huya del trabajo alcanza la perfección. En verdad, nadie puede permanecer inactivo ni por un instante; todos están obligados a ejecutar acciones —quiéranlo o no—, impulsados por las cualidades *(gunas)* que surgen de la Naturaleza *(Prakriti)*. Se dice que quien controla por la fuerza los órganos de la acción, en tanto que su mente gira en torno a los objetos de los sentidos, es un hipócrita que se engaña a sí mismo. Pero el hombre supremamente exitoso, ¡oh Arjuna!, es aquel que disciplina sus sentidos por medio de la mente, con desapego, y mantiene los órganos de la actividad fijos en el sendero de las acciones

[14] El término deriva del hebreo *shabath*, «dejar de hacer; descansar».

que conducen a la unión con Dios[15] [la meditación yóguica]».

En tanto la mente y la fuerza vital se encuentren sujetas a los sentidos, el ser humano estará «trabajando». Sólo cuando aprenda a desconectar las corrientes de fuerza vital de los nervios que conectan la mente con los sentidos alcanzará el verdadero estado de inactividad del Espíritu trascendental. Si la «inactividad» es la medida de la apropiada observancia del sábado, puede afirmarse entonces que únicamente honra tal mandamiento el yogui que ha alcanzado el estado de *savikalpa samadhi,* en el cual se suspende toda actividad corporal durante el trance extático de la unión con Dios.

En el *Guita* se hace referencia a un estado aún más elevado: el estado supremo de comunión divina, *nirvikalpa samadhi,* en el cual el yogui retiene su unidad consciente con el Espíritu sin que sea necesario suspender la actividad externa. Identificado en forma perfecta con Dios en su faceta de Único Hacedor, se dice que el devoto se encuentra «inactivamente activo»: su instrumento corporal externo se halla ocupado en cumplir la voluntad de Dios, en tanto que su ser interno está libre de todas las ataduras que, nacidas del deseo, lo mantenían enredado en el mundo.

«Aquel que contempla la inactividad en la acción y la acción en la inacción es un yogui, un sabio entre los hombres. Ha alcanzado la meta de todas las acciones (y se ha liberado)». Y «A semejanza de la hoja de loto que permanece impoluta en el agua, el yogui que, renunciando al apego, lleva a cabo sus acciones y las consagra al Infinito se mantiene desligado de las redes de los sentidos»[16].

---

15 *God Talks With Arjuna: The Bhagavad Gita* III:4-7. (Véase *El Yoga del Bhagavad Guita*).

16 *God Talks With Arjuna: The Bhagavad Gita* IV:18 y V:10. (Véase *El Yoga del Bhagavad Guita*).

En sus obras maestras *Camino de perfección* y *El castillo interior,* la célebre mística Santa Teresa de Ávila ofrece una descripción metódica, basada en su experiencia personal, de los estados interiores de comunión divina. En esencia, éstos se corresponden de manera exacta con los estados de conciencia progresivamente más elevados expuestos en la antiquísima ciencia universal del alma originaria de la India: el yoga.

La santa describe las etapas cada vez más profundas de la comunión con Dios, que comienza con las diversas formas de oración vocal y mental, avanza a través de los estados de recogimiento interior denominados «recogimiento infuso», «oración de quietud» y «oración de unión», y culmina con la unión perfecta con Dios o «matrimonio espiritual».

Acerca de la «oración de quietud», ella escribe en *Camino de perfección:* «[En ese estado,] todas las potencias se sosiegan. Entiende el alma —por una manera muy fuera de entender con los sentidos exteriores— que está ya junto cabe su Dios, que, con

La observancia especial del sábado es necesaria para aquellos que se encuentran continuamente enredados en los asuntos materiales y no dedican tiempo alguno a Dios. Jesús se hallaba en todo momento colmado del Espíritu; para él, cada minuto de cada día era sábado, ya sea que se encontrara en medio del torbellino humano o se retirase para entrar en la quietud trascendente. Así, en cualquier día de la semana podía realizar acciones lícitas —tales como aplacar el hambre o efectuar curaciones— sin profanar el espíritu del sábado.

~

> *«Entró de nuevo en la sinagoga, donde casualmente había un hombre que tenía la mano paralizada. Estaban al acecho a ver si le curaba en sábado, para poder acusarle. Dijo al hombre que tenía la mano seca: "Levántate y ponte ahí en medio". Luego les preguntó: "¿Es lícito en sábado hacer el bien en vez del mal, salvar una vida en vez de destruirla?". Pero ellos callaban»* (*Marcos* 3:1-4).

---

poquito más, llegará a estar hecha una misma cosa con Él por unión. [...]

»Siéntese grandísimo deleite en el cuerpo y grande satisfacción en el alma. Está tan contenta de sólo verse cabe la fuente, que aun sin beber está ya harta; no parece hay más que desear: las potencias sosegadas, que no querrían bullirse, todo parece le estorba a amar».

La santa continúa describiendo tres etapas definidas de la unión: la unión simple, la unión extática y la unión perfecta (el matrimonio espiritual). En el libro *Mystical Phenomena* [Fenómenos místicos] (Burns, Oates, and Washbourne, Londres, 1926), el erudito católico Albert Farges sintetiza los escritos de Santa Teresa acerca de estos estados de elevación en la siguiente forma: «Mientras que en la unión simple los sentidos se hallan más o menos adormecidos, o despiertos si se perturban, en el éxtasis, por el contrario, están totalmente suspendidos, o más bien anestesiados, hasta tal punto que ni siquiera una perturbación violenta logrará despertarlos. Si se acerca la llama de una vela a la mano de una persona que ora en estado de éxtasis, no sentirá el más mínimo dolor. [...] Es como si el alma ya no se hallara en el cuerpo; a tal grado que filósofos y teólogos se han preguntado, por ejemplo, si el alma de San Pablo de hecho dejaba de animar su cuerpo durante sus estados de éxtasis. [...]

»Todos los estudiosos de teología mística están de acuerdo en establecer, por encima de la unión extática, un grado de unión aún más perfecto: el estado supremo de contemplación terrenal previo al goce de la bienaventuranza eterna. [...] En dicho estado, el trance extático suele presentarse sólo en raras ocasiones. [...] Señala Suárez que nuestro Señor, durante su vida mortal, gozaba de la visión beatífica sin caer jamás en el desvanecimiento del éxtasis. [...] La cima suprema de la vida contemplativa aquí, en la tierra, parece pues ser sinónimo de estar libre de esta debilidad y natural imperfección de la vida de los sentidos; esto es, los desvanecimientos del éxtasis se experimentan sólo ocasionalmente o, incluso, están ausentes por completo». *(Nota del editor).*

Referencia paralela:

«Se fue de allí y entró en su sinagoga, donde casualmente había un hombre que tenía una mano seca. Algunos, con ánimo de acusarle, le preguntaron si era lícito curar en sábado. Él les dijo: "¿Quién de vosotros, si tiene una sola oveja y cae en un hoyo en sábado, no la agarra y la saca? ¡Pues cuánto más vale un hombre que una oveja! Por tanto, es lícito hacer bien en sábado"» (*Mateo* 12:9-12)[17].

Jesús conocía el pensamiento de los fariseos y sabía que querían tenderle una trampa. No obstante, audazmente le ordenó al enfermo: «Levántate y ponte ahí en medio de la multitud, a la vista de todos, a fin de que puedan ver las buenas obras curativas que realiza Dios en sábado».

Cuando el hombre se puso de pie, Jesús se dirigió a la multitud y le preguntó si la observancia del sábado impedía realizar buenas acciones. Lo que Jesús quiso dar a entender con su pregunta fue que, dado que la observancia del sábado era en sí misma una buena acción, resultaba contradictorio proscribir de los sábados otras buenas acciones. Los fariseos no podían responderle sin caer ellos mismos en la trampa y, por lo tanto, guardaron silencio.

Jesús señaló que ninguno de los que se hallaban entre la multitud se abstendría de rescatar en sábado a su única y valiosa oveja si ésta hubiera caído en un pozo; así pues, cuánto mayor resulta entonces la necesidad de sacar del pozo de los problemas a un hombre, cuya vida es aún más preciosa. Dado que el sábado fue instituido para expandir la conciencia espiritual del hombre, ¿cómo puede ser ilícito realizar cualquier actividad que perfeccione dicha conciencia?

~

«Entonces, mirándolos con ira, apenado por su cerrazón de mente, dijo al hombre: "Extiende la mano". Él extendió su mano y quedó restablecida» (*Marcos* 3:5)[18].

[17] Compárese con otra referencia paralela que aparece en *Lucas* 6:6-9.

[18] Compárese con las referencias paralelas que aparecen en *Mateo* 12:13 y *Lucas* 6:10.

La ignorancia es lamentable; pero la ignorancia que endurece el corazón es despreciable. La insensibilidad que aniquila toda compasión despertó la indignación espiritual en Jesús —no una ira innoble, sino intensa sed de justicia—. Dijo al hombre cuya mano estaba seca: *«Extiende la mano»*.

A fin de recuperar la salud, debe tomarse alguna medida para que la mente y el espíritu se tornen receptivos. La voluntad del enfermo de extender la mano fue un acto de fe que complementó el divino poder curativo que emanaba de Jesús. La orden de Jesús significaba: «Haz un esfuerzo de voluntad para extender tu mano, hasta ahora inútil, y envíale la energía que todo lo sana. Si así lo haces y te sintonizas conmigo, mi divina voluntad, que controla la energía cósmica del universo y que está también presente en tu voluntad y en la energía de tu cuerpo, te curará».

~

En otra ocasión, Jesús reiteró sus argumentos sobre las buenas obras realizadas en sábado, tal como lo relata el Evangelio según San Lucas:

> *«Estaba un sábado enseñando en una sinagoga. Había allí casualmente una mujer a la que un espíritu tenía enferma hacía dieciocho años; estaba encorvada y no podía en modo alguno enderezarse. Al verla, Jesús la llamó y le dijo: "Mujer, quedas libre de tu enfermedad". Y le impuso las manos. Al instante se enderezó y empezó a alabar a Dios.*
>
> *»Pero el jefe de la sinagoga, indignado de que Jesús hubiese hecho una curación en sábado, comentaba con la gente: "Hay seis días en que se puede trabajar. Venid, pues, esos días a curaros, y no en día de sábado". Replicole el Señor: "¡Hipócritas! ¿No desatáis del pesebre todos vosotros en sábado a vuestro buey o vuestro asno para llevarlos a abrevar? Y a ésta, que es hija de Abrahán, a la que ató Satanás hace ya dieciocho años, ¿no estaba bien desatarla de esta ligadura en día de sábado?". Cuando decía estas cosas, sus adversarios quedaban abochornados; la gente, en cambio, se alegraba con las maravillas que hacía»* (*Lucas* 13:10-17).

~

Después que Jesús curó la mano seca del enfermo, las autoridades del templo se encolerizaron ante lo que consideraban un desafío de Jesús a la ley de las escrituras:

> *«En cuanto salieron los fariseos, se confabularon con los herodianos contra él, para ver cómo eliminarlo.*
>
> *»Jesús se retiró con sus discípulos hacia el mar, y le siguió una gran muchedumbre de Galilea. También de Judea, de Jerusalén, de Idumea, del otro lado del Jordán, de los alrededores de Tiro y Sidón, una gran muchedumbre, al oír lo que hacía, acudió a él. Entonces, a causa de la multitud, dijo a sus discípulos que le prepararan una pequeña barca, para que no le aplastaran. Como había curado a muchos, todos cuantos padecían dolencias se le echaban encima para tocarle. Y los espíritus inmundos, al verle, se arrojaban a sus pies y gritaban: "Tú eres el Hijo de Dios". Pero él les mandaba enérgicamente que no le descubrieran»* (Marcos 3:6-12).

Referencia paralela:

> *«Pero los fariseos, en cuanto salieron, se confabularon contra él para eliminarlo.*
>
> *»Jesús, al saberlo, se retiró de allí. Le siguió una gran muchedumbre, y los curó a todos. Luego les mandó enérgicamente que no le descubrieran, para que se cumpliera lo dicho por el profeta Isaías: 'Éste es mi Siervo, a quien elegí, mi Amado, en quien me complazco. Pondré mi Espíritu sobre él, y anunciará el juicio a las naciones. No disputará ni gritará, ni oirá nadie en las plazas su voz. La caña cascada no la quebrará, ni apagará la mecha humeante, hasta que lleve a la victoria el juicio: en su nombre pondrán las naciones su esperanza'»* (Mateo 12:14-21).

Debido a las confabulaciones que se tramaban para destruirle, Jesús no quiso despertar un entusiasmo aún mayor sobre su capacidad de realizar milagros espirituales; no quería que las exasperadas fuerzas hostiles se sintieran amenazadas por sus poderes. Por esa razón, se retiró prudentemente con sus discípulos en dirección al mar y se apartó durante algún tiempo de la proximidad de la controversia. Pero como lo había seguido una gran multitud, Jesús pidió a sus discípulos que preparasen una barca en la cual pudiera apartarse del asedio de la muchedumbre. Después de predicar ante la multitud y de sanar a todos, quiso refugiarse en la soledad. Incluso los más grandes entre los grandes seres, que sirven a la humanidad con su espíritu unido por completo a Dios, jamás olvidan su deber y gozo supremos: la comunión extática en soledad. Jesús se alejó de la adulación de las multitudes para solazarse en la única aprobación importante, la del Padre Celestial —sin cuyo poder no podría curar a los enfermos, y de quien obtenía la gracia de su fortaleza, de su amor y de su inspiración.

Cómo entender la profecía de Isaías sobre la misión y el designio de Jesús

Hallándose su vida misma en peligro y estando su misión aún inconclusa, Jesús pidió a aquellos a quienes curaba y a los que habían sido testigos de sus poderes milagrosos que no hablasen a nadie sobre esas bendiciones, pues de lo contrario aumentaría la ira de sus enemigos. Mateo cita la antigua profecía de Isaías para explicar en detalle los acontecimientos que estaban desarrollándose. Esa profecía anunciaba las condiciones futuras que rodearían la aparición y el designio de Jesús en la tierra[19]. Dios le dice al profeta Isaías que enviará a su siervo, *«mi Amado, en quien me complazco»*. Se refiere a Jesús, el hijo bienamado de Dios, de estatura divina, elegido por Él para actuar como su siervo en la tarea de llevar al mundo el gran mensaje que redimiría a numerosas almas. Dios prometió además: *«Pondré mi Espíritu sobre él»*, es decir, la voluntad, las bendiciones y la sabiduría de Dios agraciarán la armoniosa alma de Jesús, a fin de que pueda enseñarle a la gente del mundo el divino juicio de salvación que la sabiduría y el recto vivir ofrecen.

Además, Dios le indicó a Isaías que ese mensajero no sería un alma santa común que aún debiera «disputar» para alcanzar la espiritualidad y «gritar» en las tinieblas de la ilusión clamando por sabiduría, sino que Jesús, en su venidera encarnación en el estado de

[19] *«Éste es mi siervo a quien Yo sostengo, mi elegido en quien me complazco. He puesto mi espíritu sobre él para que dicte el derecho a las naciones. No vociferará ni alzará el tono, y no hará oír por las calles su voz. No partirá la caña quebrada ni apagará la mecha mortecina; proclamará la justicia con lealtad. No desmayará ni se quebrará hasta implantar en la tierra el derecho, hasta que las islas esperen su enseñanza»* (Isaías 42:1-4).

Conciencia Crística, ya se encontraría recargado espiritualmente con la voluntad y la sabiduría de Dios. Aun así, *«no oirá nadie en las plazas su voz»*, es decir, la divinidad de Jesús, envuelta en el ropaje mortal, no iba a ser evidente a la mirada de los seres humanos comunes, que todavía transitaban las calles de la materia; ellos no podrían oír la voz de la vibración cósmica del Espíritu de Dios encerrada en el cuerpo de Jesús.

«La caña cascada no la quebrará»: la conciencia trascendente de Jesús como Hijo de Dios no se vería afectada en absoluto, aun cuando su espíritu estuviese encerrado en la frágil «caña» de un cuerpo que podía ser lacerado o crucificado. *«Ni apagará la mecha humeante»:* su espíritu, ardiente de sabiduría como una mecha humeante, no se apagaría ni sería aniquilado por las persecuciones de la carne. *«Hasta que lleve a la victoria el juicio»:* aun vilipendiado y amenazado, no abandonaría su cuerpo hasta haber expresado con éxito su doctrina acerca de la sabia justicia liberadora del alma, en cumplimiento del designio que Dios le había encomendado. El triunfo de Jesús se vería coronado con su retorno a la tierra después de su muerte, lo cual proclamaría la victoria suprema del Espíritu sobre la materia. No abandonaría su encarnación en la tierra hasta haber anunciado al mundo que —incluso durante la crucifixión de su cuerpo— podía conservar intactas la magnanimidad y las cualidades de la conciencia divina del alma, sin ser afectado por las torturas de la carne, el odio de los hombres o el insulto final de la muerte.

Isaías profetizó que «las naciones» —el mundo entero más allá de las fronteras de Israel— aceptarían ampliamente a Jesús como su gurú o salvador. Aun cuando él ya no estuviera en un cuerpo físico, en forma intuitiva experimentarían al Espíritu como el Cristo presente en Jesús. Las palabras finales de la profecía (*Isaías* 42:4) confirman la estatura de Jesús como salvador universal: *«No desmayará ni se quebrará hasta implantar en la tierra el derecho* (los códigos de justicia), *hasta que las islas* (todos los continentes) *esperen su enseñanza»*.

Las profecías de los grandes maestros sólo pueden comprenderse e interpretarse correctamente mediante la realización del Ser y la desarrollada intuición de los verdaderos devotos. Los intelectuales escriben discursos filosóficos que toda persona inteligente puede comprender. A diferencia de ello, los dichos de Jesús y las palabras de los profetas provienen de su pura realización del Ser y no de las inciertas divagaciones del razonamiento. Como tales, esas verdades jamás pueden ser captadas por completo por el simple intelecto del ser humano, ya que el raciocinio sólo infiere indicios de su significado. Las revelaciones de santos y profetas que surgen de su estado de realización del Ser adquieren pleno sentido sólo cuando son percibidas y comprendidas intuitivamente por quienes meditan y han desarrollado su propia realización del Ser y la percepción directa de la verdad que ésta proporciona.

DISCURSO 33

La elección de los doce apóstoles y el Sermón del Llano

Los «hijos espirituales» de un maestro unido a Dios: el círculo interno de discípulos

❖

¿Por qué incluyó Jesús al traidor Judas en su selecto grupo de apóstoles?

❖

Las advertencias de Jesús a quienes ignoran el sabio consejo de buscar a Dios

❖

El restablecimiento de la visión espiritual de aquellos cuyo discernimiento está cegado por el ego

❖

Cómo el árbol de la vida en el hombre produce los buenos y malos frutos de las sensaciones y de los deseos

❖

La ciencia del yoga para liberar el corazón de la influencia del mal

«Aquellos a quienes el gurú elige como sus discípulos pasan a formar parte de su extensa familia y permanecen bajo su responsabilidad hasta que todos ellos se liberan en Dios. Jesús siguió esta tradición y, a pesar de que uno de sus discípulos le traicionó, los otros once llevaron a cabo la obra que él había iniciado».

Por aquellos días, se fue al monte a rezar y se pasó la noche orando a Dios. Cuando se hizo de día, llamó a sus discípulos y eligió doce de entre ellos, a los que llamó también apóstoles: A Simón, a quien puso el nombre de Pedro, y a su hermano Andrés; a Santiago y Juan, a Felipe y Bartolomé, a Mateo y Tomás, a Santiago de Alfeo y Simón, llamado Zelota; a Judas de Santiago y a Judas Iscariote, que fue el traidor.

Bajó con ellos y se detuvo en un paraje llano. Había allí un nutrido número de discípulos suyos y una gran muchedumbre llegada de toda Judea, de Jerusalén y de la región costera de Tiro y Sidón, que habían venido para oírle y ser curados de sus dolencias. Y los que eran molestados por espíritus inmundos quedaban curados. Toda la gente procuraba tocarle, porque salía de él una fuerza que sanaba a todos.

Él, dirigiendo la mirada a sus discípulos, dijo:

«Bienaventurados los pobres, porque vuestro es el Reino de Dios.

»Bienaventurados los que tenéis hambre ahora, porque seréis saciados.

»Bienaventurados los que lloráis ahora, porque reiréis.

»Bienaventurados seréis cuando los hombres os odien, cuando os expulsen, os injurien y proscriban vuestro nombre como malo por causa del Hijo del hombre. Alegraos ese día y saltad de gozo, que vuestra recompensa será grande en el cielo. Pues de ese modo trataron sus antepasados a los profetas.

»Pero ¡ay de vosotros, los ricos!, porque ya habéis recibido vuestro consuelo.

»¡Ay de vosotros, los que ahora estáis hartos!, porque tendréis hambre.

»¡Ay de los que reís ahora!, porque os afligiréis y lloraréis.

»¡Ay, cuando todos los hombres hablen bien de vosotros!, pues de ese modo trataron sus antepasados a los falsos profetas.

»Pero a vosotros que me escucháis os digo: Amad a vuestros enemigos, haced bien a los que os odien, bendecid a los

que os maldigan, rogad por los que os difamen. Al que te hiera en una mejilla, preséntale también la otra; y al que te quite el manto, no le niegues la túnica. A todo el que te pida, da, y al que tome lo tuyo, no se lo reclames. Y tratad a los hombres como queréis que ellos os traten. Si amáis a los que os aman, ¿qué mérito tenéis? También los pecadores aman a los que les aman. Si hacéis bien a los que os lo hacen a vosotros, ¿qué mérito tenéis? ¡También los pecadores hacen otro tanto! Si prestáis a aquellos de quienes esperáis recibir, ¿qué mérito tenéis? También los pecadores prestan a los pecadores para recibir lo correspondiente. Más bien, amad a vuestros enemigos; haced el bien y prestad sin esperar nada a cambio. Entonces obtendréis una gran recompensa y seréis hijos del Altísimo, porque él es bueno con los desagradecidos y los perversos.

»Sed compasivos como vuestro Padre es compasivo. No juzguéis y no seréis juzgados; no condenéis y no seréis condenados; perdonad y seréis perdonados. Dad y se os dará: una medida buena, apretada, remecida, rebosante pondrán en el halda de vuestros vestidos. Porque seréis medidos con la medida con que midáis».

Les añadió una parábola: «¿Podrá un ciego guiar a otro ciego? ¿No caerán los dos en el hoyo? No está el discípulo por encima del maestro. Será como el maestro cuando esté perfectamente instruido. ¿Cómo eres capaz de mirar la brizna que hay en el ojo de tu hermano y no reparas en la viga que hay en tu propio ojo? ¿Cómo puedes decir a tu hermano: "Hermano, deja que saque la brizna que hay en tu ojo", si no ves la viga que hay en el tuyo? Hipócrita, saca primero la viga de tu ojo y entonces podrás ver para sacar la brizna que hay en el ojo de tu hermano.

»Porque no hay árbol bueno que dé fruto malo; y, a la inversa, no hay árbol malo que dé fruto bueno. Cada árbol se conoce por su fruto. No se recogen higos de los espinos, ni de la zarza se vendimian uvas. El hombre bueno saca lo bueno del buen tesoro del corazón, y el malo, del malo saca lo malo, pues su boca habla de lo que rebosa el corazón.

»¿Por qué me decís "Señor, Señor" y no hacéis lo que digo?

»Voy a explicaros a quién se parece todo el que viene a mí, escucha mis palabras y las pone en práctica. Se parece a un hombre que, al edificar una casa, cavó profundamente y puso los cimientos sobre roca. Al sobrevenir una inundación, rompió el torrente contra aquella casa, pero no pudo destruirla por estar bien edificada. Pero el que las ha escuchado y no las ha puesto en práctica se parece a un hombre que edificó una casa sobre tierra, sin cimientos, contra la que rompió el torrente: la casa se desplomó al instante y su ruina fue estrepitosa».

Lucas 6:12-49[1]

[1] Muchos de los conceptos que expresó Jesús en los versículos 20 al 49, conocidos como el «Sermón del Llano», son similares a los versículos del Sermón del Monte que aparecen en el Evangelio de San Mateo. Véase el comentario correspondiente en los discursos 26 al 30 (volumen I).

DISCURSO 33

La elección de los doce apóstoles y el Sermón del Llano

«Por aquellos días, se fue al monte a rezar y se pasó la noche orando a Dios. Cuando se hizo de día, llamó a sus discípulos y eligió doce de entre ellos, a los que llamó también apóstoles: A Simón, a quien puso el nombre de Pedro, y a su hermano Andrés; a Santiago y Juan, a Felipe y Bartolomé, a Mateo y Tomás, a Santiago de Alfeo y Simón, llamado Zelota; a Judas de Santiago y a Judas Iscariote, que fue el traidor» (*Lucas* 6:12-16).

Referencia paralela:

«Subió al monte y llamó a los que él quiso. Cuando estuvieron junto a él, creó un grupo de Doce, para que estuvieran con él y para enviarlos a predicar con poder de expulsar los demonios. Creó a los Doce: a Simón, a quien llamó Pedro; a Santiago el de Zebedeo y a Juan, el hermano de Santiago, a quienes puso por nombre Boanerges, es decir, hijos del trueno; a Andrés, Felipe, Bartolomé, Mateo, Tomás, Santiago el de Alfeo, Tadeo, Simón el Cananeo y Judas Iscariote, el mismo que lo entregó» (*Marcos* 3:13-19)[2].

---

[2] Véase también otra referencia paralela que aparece en *Mateo* 10:1-4 (discurso 40).

Había llegado el momento en que Jesús debía elegir de entre sus discípulos a los doce que iba a «enviar» como apóstoles para difundir su mensaje[3]. Luego de permanecer apartado por un tiempo en las altas y solitarias regiones de las montañas cercanas, Jesús pasó la noche en oración extática y en comunión con Dios. Tan profundamente absorto se hallaba en su unión con Dios y en el gozo de estar con Él que no advirtió el silencioso paso de las horas ni la llegada del amanecer. Cuando los fieles comunes y corrientes practican sus devociones miden mentalmente el acompasado transcurso del tiempo; en cambio, Jesús oraba concentrándose en la eternidad de la Infinita Bienaventuranza del Espíritu.

Los maestros siempre han considerado la cima de las montañas y las cuevas como lugares tranquilos para meditar. Son legendarios los yoguis del Himalaya cuyos esfuerzos encumbrados —tanto geográfica como espiritualmente— bendicen en silencio al mundo con las santas vibraciones procedentes de su comunión divina. En la historia bíblica acerca de Tierra Santa a menudo se hace referencia a las montañas sagradas que los profetas solían frecuentar. Dios habló por primera vez con Moisés en el monte Horeb (*Éxodo* 3:1 ss.) y le entregó los Diez Mandamientos en el monte Sinaí (*Éxodo* 19:15 ss.). Se cita el monte Carmelo con relación a Elías, a Eliseo y a otros profetas; en el relato de la mujer de Samaría se menciona el monte Garizín y el culto a los antepasados que se practicaba en dicho sitio [véase el discurso 18, en el volumen I].

Quienes buscan la oportunidad de meditar en el recogimiento de las montañas comprueban que estos lugares no sólo están libres de ruido, sino también de las emanaciones nocivas de la ciudad. Las alturas favorecen a quien se dispone a meditar porque su atmósfera enrarecida no se halla tan contaminada con gases perjudiciales. Los cuerpos físico y astral del ser humano se adaptan en forma más armoniosa a una atmósfera ligera que al aire relativamente más denso de las zonas bajas. La mayor concentración de oxígeno en las áreas montañosas favorece la práctica de ejercicios respiratorios, cuyo propósito es eliminar el dióxido de carbono que desecha el organismo, calmar el corazón y desconectar la corriente vital de los cinco sentidos a fin de que los estímulos sensoriales no produzcan inquietud mental ni

[3] La palabra «apóstol» proviene de un término griego que significa «enviar».

aparten de Dios la atención del meditador[4]. En cuanto al sentido estético, las montañas promueven la espiritualidad ya que elevan la visión del ser humano desde su confinamiento en los edificios construidos por el hombre hacia el vasto e ilimitado cielo, que es la personificación del Infinito en el espacio físico.

Los «hijos espirituales» de un maestro unido a Dios: el círculo interno de discípulos

De entre sus discípulos, Jesús eligió a doce apóstoles, lo cual tiene un significado trascendente. En la tradición india de la relación gurú-discípulo, a cada gran maestro que ha alcanzado la conciencia de Dios acuden dos clases de devotos con el objeto de recibir entrenamiento espiritual. A aquellos que, bien sean casados o solteros, acuden al maestro para recibir instrucción general se les considera «estudiantes», y se denomina «discípulos» a los estudiantes que dedican su vida entera a la búsqueda de su unidad con Dios. Tal dedicación les impone la tarea de difundir en el mundo las enseñanzas de su maestro mediante su propio ejemplo, es decir, a través del progreso espiritual que se manifiesta en sus vidas[5]. Entre los discípulos están quienes renuncian al mundo para buscar a Dios resueltamente y, dentro de la estructura de alguna orden religiosa, siguen una vida espiritual en la que prestan servicio a la obra de su maestro. Estos discípulos no sólo ayudan a difundir sus enseñanzas a través del ejemplo de sus propias vidas, sino también ejerciendo de instructores, bien sea que presten sus servicios en público o entre bastidores en el *ashram*. El solo hecho de vivir de manera exclusiva para Dios es, en sí mismo, un sermón que se dirige al mundo y resulta más elocuente que la más elaborada pieza de oratoria. El instructor que ha sido formalmente designado, que lleva una vida santa y transmite la verdad con claridad es un auténtico «apóstol» de su maestro,

[4] La ciencia ha demostrado que, como resultado de una mayor exposición a la radiación solar y a otras radiaciones, el aire de los sitios elevados contiene mayor cantidad de «iones negativos» —moléculas que han adquirido un electrón adicional, lo cual les confiere una carga eléctrica negativa—. Los iones negativos de oxígeno se combinan más fácilmente con la hemoglobina de la sangre; por lo tanto, se asimila más oxígeno en cada respiración. Así se explica la sensación de incremento de vitalidad que produce el aire fresco de la montaña. También generan iones negativos la brisa marina y la de las cascadas, así como el aire de la atmósfera inmediatamente después de una tormenta eléctrica. En su libro *El efecto de los iones* (Edaf, Madrid, 1982), Fred Soyka y Alan Edmonds publican un resumen de las investigaciones sobre los iones del aire y su efecto en el bienestar físico y mental. *(Nota del editor).*

[5] Véase también el discurso 9 (volumen I).

«enviado» para servirle como un exponente puro de su mensaje —un mensaje proveniente de Dios.

Tal como los hijos buenos se esfuerzan por honrar a sus familias forjándose una reputación respetable, así también los discípulos, como hijos espirituales de su maestro, buscan enaltecer el nombre de éste haciendo de sus vidas ejemplos de virtud. Cuando los padres traen al mundo un hijo, éste hereda —tanto por naturaleza como por la influencia del entorno— los rasgos buenos o malos de su familia. Aun en el caso de un hijo que termine comportándose de modo problemático o convirtiéndose en delincuente, su familia debe ocuparse de él. Los padres no eligen la clase de hijos que traen al mundo (a menos que conozcan el arte espiritual de la procreación gracias al cual se puede invitar a un alma buena del mundo astral a nacer en su familia por medio de la meditación y de un acto del poder superior de la voluntad). A diferencia de ello, el maestro tiene la ventaja de poder elegir discípulos capacitados —sus hijos espirituales— de entre un vasto número de seguidores e implantar en ellos la semilla de su vitalidad espiritual a fin de que tales discípulos logren perpetuar la influencia que ejerce la vida de su maestro.

En el caso de Jesús, él no sólo escogió a un grupo determinado para integrar el círculo interno de sus discípulos, sino que los eligió de entre aquellas almas que él había conocido en una encarnación anterior. Por ese motivo, al ver a Simón, Jesús le dijo: *«Sígueme»* y, sin dudarlo un instante, aquél le siguió[6]. Jesús seleccionó a sus discípulos por tres razones: en primer lugar, porque no habían llegado al estado de unión definitiva con Dios, aunque se hallaban muy próximos a lograrlo; por consiguiente, deseaba ayudarlos a alcanzar la perfección. En segundo lugar, tras despertar nuevamente en los discípulos su previo potencial espiritual —que les permitiría obtener la emancipación definitiva—, Jesús iba a necesitar la ayuda de ellos para que fuesen apóstoles o discípulos pioneros de conducta ejemplar que propagaran entre las muchedumbres el mensaje del cristianismo mediante el ejemplo de su vida ideal. Por último, Jesús sabía que, de acuerdo con el plan del Padre Celestial, tendría doce discípulos —estos doce en particular— para llevar su mensaje al mundo. Su misión como salvador universal, con la asistencia de doce apóstoles, había sido profetizada de manera simbólica en su anterior encarnación, cuando Jesús era

[6] Véase el discurso 23 (volumen I).

Eliseo, y el profeta Elías le eligió como discípulo: «*Partió de allí [Elías] y encontró a Eliseo, hijo de Safat, que estaba arando. Tenía frente a él doce yuntas y él estaba con la duodécima. Elías pasó a su lado y le echó su manto encima*» (*I Reyes* 19:19)[7]. Las doce yuntas de bueyes con las que Eliseo araba simbolizaban los doce discípulos que Jesús debía colocar bajo el yugo de la disciplina espiritual para que se perfeccionaran y se convirtiesen en instrumentos idóneos que iniciaran la propagación del mensaje de Jesús por todas las naciones.

Al aceptar a un discípulo para su entrenamiento espiritual, en ocasiones el maestro le cambia el nombre de pila (en el que se perpetúa el linaje y el parentesco mundano) por otro que indique el nuevo papel que se le asigna al discípulo: perpetuar el linaje del maestro espiritual y la existencia de sus ideales y enseñanzas. Simón, a quien Jesús dio el nuevo nombre de Pedro, «la roca», estaba destinado a representar la fe diamantina que constituiría el cimiento de la misión que Jesús llevaba a cabo; por esa razón, Pedro fue más tarde reprendido cuando, presa del temor, negó tres veces a Jesús[8]. Jesús reemplazó los apellidos de Santiago y de Juan, hijos de Zebedeo, por Boanerges *(«hijos del trueno»)*, a fin de indicar el poder con que contaban para cumplir con su misión apostólica, en calidad de discípulos del omnipotente maestro.

Existe un refrán popular que dice: «La sangre es más espesa que el agua». Me lo mencionaron en cierta ocasión como un supuesto recordatorio de que primero debe uno tener en cuenta los deseos de su familia, antes de pensar en entregar su vida a Dios; pero esto no es verdad. La sangre podrá ser más espesa que el agua, pero la sangre espiritual es aún más espesa. La relación espiritual que se establece entre las almas que se unen para buscar a Dios es más poderosa y vincula con mayor intensidad que cualquier otra relación. Cada persona nace en una familia en particular sólo por el lapso de una vida; pero aquel que establece un lazo espiritual con almas afines recorrerá con ellas, a lo largo de muchas vidas, el sendero que conduce hacia Dios. De los numerosos hijos de las incontables familias, aquellos a quienes el gurú elige como sus discípulos pasan a formar parte de su extensa familia y permanecen bajo su responsabilidad hasta que todos ellos se liberan en Dios. Jesús siguió esta tradición y, a pesar de que uno de sus discípulos le traicionó, los otros once llevaron a cabo la obra que él había iniciado.

---

[7] Véase el discurso 2 (volumen I).

[8] Véase el discurso 73 (volumen III).

¿Por qué incluyó Jesús al traidor Judas en su selecto grupo de apóstoles?

La llegada de Judas al grupo de los elegidos por Cristo muestra sin lugar a dudas que al discípulo se le ofrecen todas las oportunidades espirituales de recibir las bendiciones de un maestro, pero el discípulo tiene libertad de actuar en contra de la voluntad de Dios. La omnisciencia de Dios es sin duda capaz de conjeturar, como mínimo, la manera en que una persona, de acuerdo con sus tendencias kármicas, utilizará su libre albedrío —si lo empleará correctamente o hará mal uso de él—. Jesús conocía la ley de causa y efecto, así como las malas tendencias existentes en el karma de Judas, de modo que podía predecir la posibilidad de que le traicionara[9]. A pesar de ello, le eligió como discípulo. Debe comprenderse con toda claridad que Dios no había decretado que el destino de Judas fuera traicionar a Jesús; más bien, Judas se colocó en ese infame papel conforme a los efectos que —según la ley kármica— se derivaron de sus acciones prenatales y le predispusieron a ser la causa de que Cristo fuera traicionado. Ese acto de traición preparó el escenario para la prueba que Jesús debía atravesar y para su sacrificio en la cruz. Bajo la divina influencia de Jesús, Judas tuvo la oportunidad de modificar su configuración kármica, pero prefirió escuchar la voz de la egoísta ignorancia satánica en vez de seguir la guía de la sabiduría crística. Dios somete a sus devotos a grandes pruebas, y Judas fracasó rotundamente en ésta. Sin embargo, la paradoja es que fue Judas quien dio lugar a la victoria culminante de la vida de Jesús, la cual mostró al mundo —y a las generaciones futuras— la inmortalidad de Cristo como salvador universal y como sublime ejemplo del amor y del perdón de Dios. A causa de su desafortunada participación en el drama de la crucifixión y resurrección de Cristo, Judas se convirtió en su principal agente publicitario, pero ¡ay de Judas por su pérfido acto de traición!

~

«Bajó con ellos y se detuvo en un paraje llano. Había allí un nutrido número de discípulos suyos y una gran muchedumbre llegada de toda Judea, de Jerusalén y de la región costera de Tiro

[9] La presciencia de Jesús con respecto a la traición de Judas es evidente en numerosos versículos del Evangelio; por ejemplo, en *Juan* 6:71 (discurso 43), en *Juan* 13:21-27 (discurso 70, volumen III) y en *Mateo* 26:46-47 (discurso 73, volumen III).

y Sidón, que habían venido para oírle y ser curados de sus dolencias. Y los que eran molestados por espíritus inmundos quedaban curados. Toda la gente procuraba tocarle, porque salía de él una fuerza que sanaba a todos» (*Lucas* 6:17-19).

Y Jesús, envuelto en la gloria divina, permaneció con sus doce discípulos en el llano, en medio de una gran multitud que se había reunido para oír el evangelio y ser curada de sus dolencias. La muchedumbre se agolpaba en torno a Jesús tratando de tocarle porque de él emanaba una fuerza —la fuerza vital— que era atraída por la fe que mostraban los enfermos. La energía curativa que se encontraba aletargada en los enfermos despertó gracias a la fe de éstos y fue reforzada con el poder proveniente de Jesús. Dicha energía, más sutil que el más refinado de los rayos físicos, emana de la energía cósmica de Dios y tiene el poder de destruir no sólo los gérmenes físicos y los defectos fisiológicos, sino también las bacterias mentales de las tendencias erróneas y los infecciosos agentes espirituales de la ignorancia.

~

Él, dirigiendo la mirada a sus discípulos, dijo:

«Bienaventurados los pobres, porque vuestro es el Reino de Dios.

»Bienaventurados los que tenéis hambre ahora, porque seréis saciados.

»Bienaventurados los que lloráis ahora, porque reiréis.

»Bienaventurados seréis cuando los hombres os odien, cuando os expulsen, os injurien y proscriban vuestro nombre como malo por causa del Hijo del hombre. Alegraos ese día y saltad de gozo, que vuestra recompensa será grande en el cielo. Pues de ese modo trataron sus antepasados a los profetas.

»Pero ¡ay de vosotros, los ricos!, porque ya habéis recibido vuestro consuelo.

»¡Ay de vosotros, los que ahora estáis hartos!, porque tendréis hambre.

»¡Ay de los que reís ahora!, porque os afligiréis y lloraréis.

»¡Ay, cuando todos los hombres hablen bien de vosotros!, pues de ese modo trataron sus antepasados a los falsos profetas» (*Lucas* 6:20-26).

Las Bienaventuranzas —la enunciación de aquellos que son bienaventurados— se enumeran de forma más extensa en el Evangelio de San Mateo, que se comentó con anterioridad[10]. Habiendo señalado en las Bienaventuranzas el comportamiento práctico que se requiere para transitar el camino hacia la bienaventuranza celestial, Jesús hace una advertencia en el «Sermón del Llano» a quienes ignoran ese consejo. A diferencia de aquellos bienaventurados que buscan las recompensas del cielo, ¡ay de los que se sienten muy satisfechos con las recompensas materiales! Ellos cometen el error de no buscar la fuente misma de la Bienaventuranza Eterna, la cual extingue todo sufrimiento.

Las advertencias de Jesús a quienes ignoran el sabio consejo de buscar a Dios

Algunos seguidores de Jesús eran acaudalados. Cuando él dijo: «*¡Ay de vosotros, los ricos!*», no estaba condenando la posesión de riquezas, sino el apego a los tesoros terrenales y la acumulación egoísta de bienes que impide compartirlos con las personas que sufren necesidades. Las ansias de posesión hacen que uno se vuelva insensible al sufrimiento de los demás y desarrolle un falso sentimiento de seguridad. Las riquezas no pueden evitar la llegada de las enfermedades o de las catástrofes o de la muerte. Hallar satisfacción en las riquezas aporta el falso consuelo de creer que se posee todo, cuando en realidad es muy poco lo que se tiene; en efecto, hemos recibido esos bienes sólo para un uso transitorio, e instantáneamente seremos despojados de ellos al abandonar este mundo. La única prosperidad que uno se lleva consigo es el tesoro de sabiduría y de bienaventuranza obtenido al experimentar la verdad durante la meditación. Por lo tanto, Jesús advierte a los hombres que tengan cuidado de que las riquezas materiales no ejerzan sobre ellos el efecto narcotizante de aminorar su deseo por Dios, ya que sólo Él puede proporcionar satisfacción y seguridad eternas[11].

¡Ay de los que se satisfacen con los dones materiales y con los placeres terrenales, y no sienten un anhelo genuino por Dios y por

---

[10] Véase el discurso 26 (volumen I), donde se comentan las Bienaventuranzas según el Evangelio de San Mateo. En ese discurso se consignaron como referencias paralelas los versículos de *Lucas* 6:20-23 citados anteriormente.

[11] Compárese con el discurso 56: «*Guardaos muy bien de toda codicia, porque las riquezas no garantizan la vida de un hombre, por muchas que tenga*» (*Lucas* 12:15); y con el discurso 63 (volumen III): «*¡Hijos, qué difícil es entrar en el Reino de Dios! Es más fácil que un camello pase por el ojo de la aguja que el que un rico entre en el Reino de Dios*» (*Marcos* 10:24-25).

la verdad! Llegará el día en que, ante la proximidad de la muerte o a consecuencia de pérdidas sufridas antes de ese momento, sientan el angustioso anhelo de hallar seguridad y algún alivio a su desamparo o a sus innumerables carencias.

¡Ay de los que sonríen por la satisfacción que proporciona el placer material!, porque ese regocijo no habrá de perdurar, y a él le seguirá el remordimiento de haber perdido un tiempo precioso en insensateces efímeras, en vez de emplearlo en la búsqueda del eterno regocijo del alma[12].

Jesús no expresó los amorosos y sabios consejos de su Padre Celestial con el objeto de amenazar o condenar a los hombres, sino para ayudarlos a evitar un comportamiento ignorante que acaba en sufrimiento. También el Señor Krishna describe en el *Bhagavad Guita* el triste destino que se labra y que atrae aquel que no adora a Dios ni a su expresión divina en el alma, sino las riquezas, el poder y los placeres materiales:

> «En la creencia de que la satisfacción de los deseos corporales es el ideal supremo del hombre, y confiando en que este mundo lo es "todo", dichas personas permanecen absortas en los cuidados y preocupaciones terrenales hasta el momento de su muerte. Atados con cientos de cadenas de anhelos y expectativas egoístas, esclavizados por la ira y la pasión, amasan riquezas de modo deshonesto en un esfuerzo denodado por disponer de aquello que fomente sus placeres físicos.
>
> »"Esto he adquirido hoy; ahora satisfaré un nuevo deseo. Ésta es mi fortuna actual; sin embargo, aún poseeré más. He matado a este enemigo y aniquilaré también a mis demás adversarios. Soy soberano entre los hombres; disfruto de todas las posesiones; soy afortunado, poderoso y feliz. Soy rico y de ilustre cuna; ¿quién podría compararse a mí? De forma ostentosa, ofreceré limosnas y llevaré a cabo sacrificios formales y me regocijaré".
>
> »Así se expresan ellos, descarriados por su falta de sabiduría.

---

[12] *«Tú dices: "Soy rico; me he enriquecido; nada me falta". Pero no te das cuenta de que eres un desgraciado, digno de compasión, pobre, ciego y desnudo. Te aconsejo que me compres oro acrisolado al fuego para que te enriquezcas, vestidos blancos para que te cubras y no quede al descubierto tu vergonzosa desnudez, y un colirio para que te eches en los ojos y recobres la vista»* (*Apocalipsis* 3:17-18).

Abrigando pensamientos que les crean confusión, atrapados en la red del engaño, anhelando sólo placeres sensuales, se hunden en un fétido infierno»[13].

Quien se halla atrapado en la red del engaño, y procura hasta el fin de su vida satisfacer sus numerosos e inextinguibles deseos, es víctima de un sinfín de preocupaciones y frustraciones. Tal persona construye castillos en el aire; se ha dedicado a adquirir y a conservar una cantidad desmedida de posesiones, pero en vano espera que perdure la felicidad obtenida de los goces de los sentidos.

Los adictos a los deseos, ofuscados por beber un trago tras otro de vehementes anhelos, nunca logran satisfacer sus ansias. Y aunque beben hasta hartarse, su sed jamás se extingue; la muerte, por su parte, sólo les proporciona un alivio transitorio. Pronto renacen y comprueban que sus insaciables deseos materiales permanecen intactos y que, por añadidura, han traído consigo la carga de nuevos sufrimientos y preocupaciones. Aquellos que viven con una idea fija rinden culto a la gratificación de la lascivia humana y se hunden cada vez más profundamente en el pantano de las aflicciones.

Las buenas acciones y actividades y el comportamiento correcto son el camino que conduce directamente hacia la felicidad. Los senderos de los deseos y de la gratificación sensorial constituyen un desconcertante laberinto de problemas. Buscar el logro de metas materiales como lo único que importa en la vida aleja al ser humano cada vez más de la verdadera felicidad del alma y le hace llevar dentro de sí, adondequiera que vaya, el infierno portátil de sufrimiento que él mismo se ha creado. Por el contrario, dedicarse a actividades espirituales conduce sin rodeos al hombre a la recuperación de su bienaventuranza perdida.

Cuando Jesús dijo: *«¡Ay de los que reís ahora!»*, no estaba aconsejando llevar una vida triste. No es que no haya que reír en absoluto: la virtud es el crisol del gozo. Sin embargo, los placeres sensoriales no deben contrarrestar el deseo de saborear los placeres espirituales; de hecho, los criterios espirituales han de gobernar los gozos materiales. A no ser que se espiritualice el disfrute del bien y de la belleza del mundo por medio del comportamiento correcto, uno termina hastiándose de la embriaguez que producen los placeres sensoriales. Saciado así hasta

---

[13] *God Talks With Arjuna: The Bhagavad Gita* XVI:11-16. (Véase *El Yoga del Bhagavad Guita*).

hartarse, el corazón percibe con una intensidad aún mayor el contraste que produce el dolor ante la pérdida del placer. Es un hecho psicológico comprobado que el cumplimiento de un deseo proporciona placer, en tanto que un deseo insatisfecho produce dolor. El placer y el dolor son las crestas de las olas. El ser humano oscila constantemente entre ambos extremos. En la depresión que se produce entre dos olas se encuentra el estado de indiferencia o de aburrimiento. Quien cabalgue sobre la cresta del placer material deberá también cabalgar sobre la cresta del dolor, puesto que la ley de la relatividad impera en el mundo físico. El hombre lleva dentro de su ser estas relatividades, y debe neutralizarlas y trascenderlas con el poder de la mente. Aquellos que flotan en las serenas aguas de la paz interior jamás necesitan sufrir el dolor de la insatisfacción. «Quien mantiene una actitud desapegada dondequiera que vaya, sin exaltarse de gozo ante el bien que recibe ni perturbarse ante el mal, se encuentra sólidamente establecido en la sabiduría»[14].

¡Ay de quienes los hombres mundanos hablen bien y les aclamen por su riqueza material y su vida hedonista! Tales alabanzas ahogan la conciencia y la capacidad de razonamiento del ser humano. Las malas personas alientan con frases elogiosas a quienes glorifican el mal y en él prosperan; la gente mundana alaba a quienes se entregan al materialismo, y los fanáticos aclaman a los falsos profetas que no hablan acerca de la verdad, sino de aquello que sus seguidores quieren oír. Todos ellos están sumidos en la ignorancia; son como ciegos que guían a otros ciegos, y juntos se precipitan en el mismo pozo del error. Las alabanzas son perjudiciales cuando distorsionan hasta tal punto la percepción que una persona tiene de sí misma que ya no reconoce sus faltas. Las alabanzas son perniciosas cuando sobreestiman lo que hay de bueno en una persona y la cubren con una imagen falsa e hipócrita. Por el contrario, son beneficiosas cuando evalúan correctamente la medida de la virtud de una persona y la inspiran a ser aún más virtuosa. La alabanza, por sí misma, no convierte a nadie en una mejor persona, ni la censura la vuelve peor de lo que en realidad es. Las críticas son útiles si estimulan a una persona a corregirse, y las alabanzas son beneficiosas si infunden en los demás el deseo entusiasta de ser dignos de mérito.

~

[14] *God Talks With Arjuna: The Bhagavad Gita* II:57. (Véase *El Yoga del Bhagavad Guita*).

[Se han omitido aquí los versículos 27 a 38, que se comentan en los discursos 27 y 30 (volumen I) como versículos paralelos a los del Sermón del Monte].

«Les añadió una parábola: "¿Podrá un ciego guiar a otro ciego? ¿No caerán los dos en el hoyo? No está el discípulo por encima del maestro[15]*. Será como el maestro cuando esté perfectamente instruido. ¿Cómo eres capaz de mirar la brizna que hay en el ojo de tu hermano y no reparas en la viga que hay en tu propio ojo? ¿Cómo puedes decir a tu hermano: 'Hermano, deja que saque la brizna que hay en tu ojo', si no ves la viga que hay en el tuyo? Hipócrita, saca primero la viga de tu ojo y entonces podrás ver para sacar la brizna que hay en el ojo de tu hermano"»* (*Lucas* 6:39-42)[16].

Si aquellos que están física, mental o espiritualmente ciegos tratan de guiar a otros que también caminan en las tinieblas, todos ellos caerán en el mismo pozo de la ruina física, mental o espiritual. Todo maestro posee una divina visión intuitiva que le permite proteger a sus discípulos al guiarlos de forma tal que eviten los peligros y los obstáculos que se presentan en el sendero de su evolución. El discípulo que sigue a su maestro con entusiasmo y diligencia comprueba, con el tiempo, que recupera la visión del discernimiento antes cegada por el ego. Sin embargo, ese discípulo no se convierte en maestro de inmediato, como muchas veces suponen prematuramente algunos por el solo hecho de haber tenido breves destellos de iluminación. Un maestro es aquel que se ha perfeccionado en el arte de establecer contacto con Dios. Sólo cuando el discípulo avanzado alcanza también la unión con Dios, se convierte en un ser que «no está por encima del maestro», sino que «es como el maestro»[17]. Aun entonces, dicho discípulo

El restablecimiento de la visión espiritual de aquellos cuyo discernimiento está cegado por el ego

[15] Compárese con *Mateo* 10:24-25, donde Jesús reitera este consejo (discurso 41).

[16] Los versículos 41-42 aparecen también en *Mateo* 7:3-5 y se comentan en el discurso 30 (volumen I) con un énfasis diferente que concuerda con el contexto del Evangelio de Mateo.

[17] El iluminado maestro Swami Shankara, fundador de la antigua orden monástica de los Swamis, originaria de la India, escribió lo siguiente: «No existe, en los tres mundos, nada que se pueda comparar con un verdadero gurú. Si existiese realmente la

La mujer sorprendida en adulterio

Los escribas y fariseos le llevaron una mujer sorprendida en adulterio; la pusieron en medio y le dijeron: «Maestro, esta mujer ha sido sorprendida en flagrante adulterio. Moisés nos mandó en la Ley apedrear a estas mujeres. ¿Tú qué dices?». [...] Pero, al insistir ellos en su pregunta, se incorporó y les dijo: «Aquel de vosotros que esté sin pecado, que le arroje la primera piedra».

Juan 8:3-5, 7

Jesús lanza un explosivo contraataque a los hipócritas santurrones que ocultaban sus propios pecados y que le habían llevado a la mujer culpable para condenarla y, también, para acusar a Jesús de quebrantar la ley de Moisés si se atrevía a mostrar misericordia hacia ella. Jesús los avergonzó diciéndoles: «Ninguno de vosotros está libre de pecado. ¿No deberíais lanzar primero acusaciones de culpabilidad y piedras de condenación sobre vosotros mismos?». [...]

Jesús comprendía la naturaleza humana y sus debilidades, que inducen a las personas a ceder a las transgresiones sexuales. Él sabía que ni la persecución social ni la religiosa pueden extirpar los hábitos sexuales perniciosos que se arraigan de manera profunda en el cerebro y en la mente. También sabía que todo hombre arrepentido puede vencer este impulso perjudicial si comprende a fondo el efecto destructivo de esos hábitos y, para erradicarlos, adopta medidas apropiadas tales como el autocontrol, la fuerza de voluntad, las buenas compañías y la meditación. [...] De ahí la bendición de Jesús y su consejo: «Tampoco yo te condeno. Vete, y no vuelvas a pecar».

Paramahansa Yogananda

Dibujo: Heinrich Hofmann

muestra una reverente deferencia hacia su maestro, que ha sido para él un mensajero de Dios y el portal que le ha conducido a la liberación del alma. De ese modo honraba Jesús a Juan el Bautista, que había sido su gurú en encarnaciones anteriores.

¿Cómo puede el que se autoproclama guía espiritual decir con justicia a sus hermanos «Conozco el arte de erradicar la ignorancia de tu alma» cuando él mismo no se ha liberado de tal ignorancia? Desalojar la ignorancia de *maya,* profundamente incrustada en el alma, no es tarea sencilla. Para ello se requiere comprender en la práctica y vivir en la práctica la vida divina. ¿Cómo puede quien no es un joyero capacitado enseñar a otros a distinguir entre las joyas de buena calidad y las defectuosas, o a detectar las imitaciones que están mezcladas con las gemas auténticas? De modo similar, ¿cómo puede quien no posee la experiencia directa de la verdad enseñar a los demás a distinguir entre la ignorancia y la sabiduría?

Sacar la «brizna» de la ignorancia del alma de los demás presupone que uno ha logrado evolucionar exitosamente hasta cierto grado en el que ha desterrado primero la ignorancia de su propia alma. Jesús condena como «hipócritas» —insinceros en sus acciones— a aquellos cuya propia visión está ensombrecida por la ignorancia, pero que pretenden guiar y curar con su turbio entendimiento a otras personas que sufren de ceguera interior.

~

> *«Porque no hay árbol bueno que dé fruto malo; y, a la inversa, no hay árbol malo que dé fruto bueno. Cada árbol se conoce por su fruto. No se recogen higos de los espinos, ni de la zarza se vendimian uvas»* (*Lucas* 6:43-44).

La referencia que hace Jesús al árbol y a sus frutos no tiene sólo una connotación literal, como se explicó anteriormente [en el discurso 10, volumen I], sino también un significado metafísico. El ser humano está formado por tres clases de árboles: 1) el sistema nervioso físico, compuesto por las raíces que se hallan en el cerebro, por el tronco que

---

piedra filosofal, ésta sólo podría transformar el hierro en oro, mas no en otra piedra filosofal. El reverenciado maestro, en cambio, vuelve idéntico a sí mismo al discípulo que busca refugio a sus pies. El gurú es, pues, incomparable; más aún, trascendental» (*Cien aforismos,* I).

se encuentra en la espina dorsal (el eje cerebroespinal) y por los nervios eferentes y aferentes que se ramifican a partir de dicho eje, cuyos frutos, situados en el extremo de las ramas de los nervios, son los sentidos y sus sensaciones[18]; 2) el árbol de la vida astral, formado por las raíces que son los rayos del loto de mil pétalos (ubicado en el cerebro), por el tronco de fuerza vital que se encuentra en el *sushumna,* la espina astral, y por las nutridas ramas de fuerza vital que sostienen los frutos energizantes de la vitalidad y de las percepciones sutiles; 3) el árbol de la conciencia, cuyas raíces se encuentran en la inteligencia del cerebro, y cuyo tronco es la mente, y cuyas ramas —que producen los frutos de los buenos y malos deseos— son el raciocinio, la voluntad y el sentimiento. En conjunto, estos tres sistemas —los nervios, la energía vital y la conciencia— constituyen el árbol de la vida en el hombre[19].

Cómo el árbol de la vida en el hombre produce los buenos y malos frutos de las sensaciones y de los deseos

El árbol de los nervios del ser humano produce sensaciones buenas o malas según la naturaleza de su dueño y cuidador. Cuando una persona usa las aguas contaminadas de los estímulos negativos para regar las raíces (ubicadas en el cerebro) de este árbol de la vida, el árbol produce frutos de sensaciones dañinas que cuelgan de las ramas de los diversos nervios. Es decir, cuando uno alimenta su cerebro con malos pensamientos —cualquiera que sea la forma en que se originaron—, dicho estímulo crea en la conciencia el deseo de experimentar sensaciones perjudiciales. Cuando la voluntad obedece a dichos deseos, las terminaciones de las diversas ramas de los nervios ópticos, auditivos, táctiles, olfativos o gustativos se cargan con frutos de sensaciones dañinas en respuesta al contacto con los objetos deseados —por ejemplo, el deseo de contemplar imágenes morbosas, el deseo de escuchar palabras de adulación o de chismorreo malicioso, el deseo de entregarse a sensaciones lascivas táctiles u olfatorias, o el deseo de satisfacer un apetito desenfrenado—. Por el contrario, cuando uno alimenta el cerebro con buenos pensamientos, el árbol de la vida produce buenos frutos, como resultado de los buenos hábitos

[18] La ciencia del yoga identifica diez «sentidos» de los cuales está dotado el cuerpo físico: cinco instrumentos del conocimiento (la vista, el oído, el olfato, el gusto y el tacto) y cinco instrumentos de la acción (los poderes sutiles que animan las facultades corporales: la habilidad manual, la locomoción, el habla, la procreación y la eliminación).

[19] Véase también el discurso 7 (volumen I), el árbol de la vida en el Jardín del Edén; y el discurso 10 (volumen I), Natanael sentado debajo de la higuera.

y del anhelo de experimentar sensaciones beneficiosas.

Las raíces de todos los árboles de la vida crecen profundamente en el suelo de la conciencia para reabastecerse en la fuente de la Conciencia Cósmica. El sistema nervioso del ser humano fue creado originalmente por Dios para atraer tan sólo buenas sensaciones y disfrutar de ellas. Pero el hombre, abusando de su libre albedrío, ha hecho que su árbol de la vida sea portador de los frutos de las sensaciones perjudiciales. Una vez que el sistema nervioso queda condicionado por el deseo de experimentar sensaciones dañinas, resulta muy difícil transformar su naturaleza. Un sistema nervioso dispuesto al bien no producirá fácilmente frutos de deseos de sensaciones dañinas; en tanto que un árbol de vida inclinado al mal no tenderá a producir frutos de deseos de experimentar sensaciones beneficiosas.

El árbol astral, cuyas ramas se extienden sutilmente por todo el sistema nervioso físico, se alimenta de Energía Cósmica. Si no se han alojado hábitos físicos nocivos en el árbol astral, éste produce los frutos de las sutiles percepciones interiores que el devoto avanzado puede recoger y disfrutar. Así como una persona no puede probar los frutos de un oculto y desconocido árbol de mango, de igual manera, el devoto que aún no ha visto el árbol de la vida astral a la luz del éxtasis ni siquiera logra imaginar el gozo que puede obtener de sus paradisíacos frutos: la percepción de fuerzas sutiles, la posesión de poderes milagrosos, la contemplación de visiones reales y veraces, la posibilidad de oír sonidos celestiales que están fuera del alcance del oído humano, la capacidad de percibir las sensaciones corporales de otras personas, de aspirar fragancias astrales, de paladear sabores astrales, de desprender el cuerpo astral del cuerpo físico (y hacer que regrese a voluntad), y de aumentar o disminuir el tamaño del cuerpo astral; éstas son apenas algunas de las maravillas que se disfrutan al descubrir el celestial cuerpo astral.

Detrás del árbol de la vida astral se encuentra el árbol de la conciencia. Cuando el árbol de la conciencia se alimenta con el agua de la intuición y los pensamientos divinos que brotan de la fuente de la meditación, se convierte en un árbol totalmente bueno, que sólo produce frutos de nobles deseos, de aspiraciones espirituales y de sabiduría.

Oculta bajo estos tres árboles —los árboles del sistema nervioso físico, de la vida astral y de la conciencia— se encuentra la supraconciencia del alma, que los crea y los sustenta.

La supraconciencia tiene sus raíces en la Conciencia Cósmica de Dios. Ella sostiene el tronco del triple árbol de la vida, así como sus ramas de percepción supraconsciente, subconsciente y consciente. Cuando uno percibe la supraconciencia comprende que es la fuente de los frutos de la intuición supraconsciente, de los sueños espirituales subconscientes y de todas las buenas sensaciones y sentimientos.

En el plano macrocósmico, puede decirse que Dios es la raíz del árbol universal de la vida, que la Energía Cósmica es el tronco y que sus ramas son todos los rayos que se proyectan a partir de dicha Energía Cósmica para crear los universos. Los mundos y universos de naturaleza causal, astral y física son los frutos del árbol de la Conciencia Cósmica.

En un principio, Dios planeó que el árbol de la Conciencia Cósmica sólo diera los frutos de las buenas vibraciones; pero, a través de *maya* —el engaño cósmico—, Satanás inyectó el veneno de sus deseos malignos en la vivificante savia de la Energía Cósmica. Por esa razón existen los terremotos, la disolución de sistemas planetarios y toda clase de violentas colisiones que perturban la armonía de la naturaleza, además de la devastación que provoca el mal que anida en el ser humano.

~

«El hombre bueno saca lo bueno del buen tesoro del corazón, y el malo, del malo saca lo malo, pues su boca habla de lo que rebosa el corazón» (*Lucas* 6:45).

Un buen corazón se expresará por medio de buenas acciones, en tanto que los malos sentimientos se expresarán en forma de maldad. El uso que en este pasaje hace Jesús de la palabra «corazón» es significativo en el sentido esotérico. Patanjali, el gran maestro y exponente del yoga, señala que con el objeto de alcanzar la unión con Dios es necesario controlar el corazón, *chitta,* que en la conciencia del ser humano representa el aspecto del sentimiento[20]. Así como el reflejo de la luna en el agua de una vasija se ve distorsionado cuando el líquido se mueve, así también la bienaventurada imagen de la verdadera naturaleza del hombre —el

La ciencia del yoga para liberar el corazón de la influencia del mal

[20] *Yoga Sutras* I:2: «*Yoga chitta vritti nirodha:* el yoga (la unión científica con Dios) es la neutralización de los cambios de *chitta*». Véase el discurso 26 (volumen I), donde se comenta este *sutra* en el contexto de «*Bienaventurados los limpios de corazón, porque ellos verán a Dios*».

alma— se distorsiona al reflejarse en las aguas mentales que se hallan agitadas por las sensaciones de la conciencia corporal. Patanjali afirma que al aquietarse las aguas de las sensaciones por medio de la meditación se puede percibir la bienaventuranza pura del alma.

Las experiencias que invaden la mente no producen la perturbación de la inquietud hasta que afectan al corazón, es decir, al sentimiento. Si una persona guardara dentro de sí todas sus experiencias únicamente como un conocimiento académico, éstas no podrían herirla ni atarla. Es el corazón, con su naturaleza dual, el que se involucra íntimamente con todas las experiencias al desarrollar sentimientos de atracción o repulsión hacia ellas. Si uno observara las experiencias de la vida con el mismo desapego con que ve una película cinematográfica, abandonaría esta tierra como un maestro liberado. Pero en lugar de ello, el corazón, por causa de los gustos y de las aversiones, sujeta al hombre a la rueda de nacimientos y muertes y al sufrimiento inherente a la mortalidad. Así pues, el corazón es el archivo de la vida de una persona en el que se almacena el tesoro del bien o del mal. Una persona virtuosa, habituada a realizar buenas acciones y a abrigar buenos pensamientos, almacena hábitos saludables en el corazón; sus palabras y acciones reflejan dicha bondad. Por el contrario, debido a sus malas acciones, el individuo malvado crea malos hábitos y desarrolla en su corazón la afinidad por el mal; y cuando habla o actúa, la malicia se expresa en sus palabras o acciones.

Así pues, el bien o el mal que penetran en el cerebro de una persona no la convierten en buena o mala de manera automática; pero cuando esos estímulos se alojan en el corazón como sentimientos de atracción o de repulsión, se manifiestan, respectivamente, en forma de bien o de mal. El ser humano vive en una atmósfera plagada de males, pero ninguna experiencia o percepción perjudicial puede influir sobre él y convertirlo en una persona malvada, a no ser que absorba el mal porque su corazón es afín a él. Lo que sale del corazón del hombre muestra claramente cómo es él y le afecta en mayor medida que aquello que sólo entra en su cerebro como conocimiento[21].

---

[21] «Tanto nuestras investigaciones como las de otros científicos comprueban que el corazón es mucho más que un simple órgano de bombeo. En realidad, se trata de un centro de procesamiento de información sumamente complejo y autoorganizado», informan el Dr. Rollin McCraty y sus colegas en *Science of the Heart: Exploring the Role of the Heart in Human Performance* [La ciencia del corazón: Investigaciones sobre el

Cuando Jesús dijo: *«su boca habla de lo que rebosa el corazón»*, su intención era expresar que aquello que el hombre dice es un indicador de lo que contiene su corazón. Las vibraciones del corazón reverberan en la vibración de la voz. Las palabras de una persona poseen la resonancia de las tendencias internas de su corazón, aunque las adorne con un lenguaje esmerado. En el tono y en la vibración de la voz está presente el eco de las experiencias del corazón. Una mala persona puede imitar la voz de una persona buena, pero el mal que mora en su corazón sin duda vibrará en su fingida voz.

Por el tono y por las vibraciones de dulzura o de dureza de la voz de una persona se puede reconocer la naturaleza de los sentimientos

---

papel del corazón en el rendimiento humano] (Institute of HeartMath, Boulder Creek, California, 2001).

«Tradicionalmente, el estudio de las vías de comunicación entre la "cabeza" y el corazón se ha abordado desde una perspectiva bastante unilateral: la ciencia se enfoca ante todo en las respuestas del corazón a las órdenes provenientes del cerebro. Sin embargo, ahora sabemos que la comunicación entre el corazón y el cerebro es, en realidad, un diálogo dinámico y continuo en ambas direcciones, en el cual, cada órgano influye constantemente sobre las funciones del otro. Las investigaciones muestran que el corazón se comunica con el cerebro principalmente de cuatro formas: *neurológica* (a través de la transmisión de impulsos nerviosos), *bioquímica* (vía hormonas y neurotransmisores), *biofísica* (por ondas de presión) y *energética* (por medio de la interacción de campos electromagnéticos). La comunicación que se establece por todos estos conductos afecta de modo significativo a la actividad cerebral».

«Los neurocardiólogos han descubierto que un 60 o 65 % de las células del corazón son en realidad neuronas, no células musculares como se creía anteriormente», explica Joseph Chilton Pearce, experto en desarrollo infantil, en una entrevista publicada en 1999 en el *Journal of Family Life* (volumen 5, número 1). «Estas células son idénticas a las neuronas del cerebro. Operan a través de las mismas conexiones intermedias denominadas "ganglios", con las mismas conexiones de axones y dendritas que se producen en el cerebro, así como mediante el mismo tipo de neurotransmisores que se encuentran en el cerebro. En otras palabras, literalmente hay un "cerebro" en el corazón cuyos ganglios están conectados con cada órgano importante del cuerpo, y con todo el sistema de husos musculares que de manera singular posibilita que el ser humano exprese sus emociones».

«Las conexiones neuronales de nuestro cerebro cognitivo-emocional con el corazón son directas, sin intermediarios», informa Pearce. Él explica que el cerebro «efectúa una evaluación cualitativa de nuestra experiencia acerca del mundo y envía esa información a cada instante hacia el corazón. A su vez, el corazón exhorta al cerebro a emitir la respuesta apropiada. [...] En otras palabras, las respuestas del corazón afectan al organismo humano en su conjunto». Por eso, la conclusión a la que llegan estos científicos es que, aunque es el cerebro el que provee de percepciones al corazón, es el corazón, en respuesta a los informes del cerebro, el que devuelve instrucciones positivas o negativas a los centros cerebrales que gobiernan las emociones (y, al cuerpo entero, por medio de hormonas que se liberan en el flujo sanguíneo). *(Nota del editor).*

ocultos en su corazón. Toda la historia de un ser humano —cómo vive interiormente su vida y qué trato tiene con su familia, amigos y conocidos— se exterioriza a través de su voz. La historia prenatal y postnatal de nuestra vida también está escrita en los ojos, pero aquellos que son incapaces de leer estas señales en la mirada podrían —valiéndose de la percepción que brinda la calma— intuir el mal o el bien ocultos en las características vibratorias de la voz de los demás.

~

Véase el comentario de los versículos de Lucas 6:46-49 *en el discurso 30 (volumen I), donde se citan los versículos paralelos del Sermón del Monte según el Evangelio de San Mateo.*

DISCURSO 34

Jesús cita sus obras maravillosas para dar testimonio a Juan el Bautista y alaba la grandeza de Juan

La dinámica de la fe: cómo conectar nuestra vida con el invisible Poder Superior

❖

Cómo el yoga libera al hombre del sometimiento a la ley de causa y efecto (karma)

❖

Paralelismo entre los milagros de Jesús y aquellos que realizó en su vida anterior como discípulo de Elías

❖

Jesús identifica fehacientemente a Juan como la reencarnación de Elías

❖

La analogía en que Jesús compara con chiquillos a las personas espiritualmente perezosas

❖

¿En qué consiste el auténtico «día del Juicio»?

«Jesús honra a Juan con las más sublimes alabanzas. Juan era el profeta Elías, que había alcanzado la unión con Dios en su encarnación anterior».

Cuando Jesús terminó de hablar así a la gente, entró en Cafarnaún. Un siervo de un centurión, muy querido de éste, se encontraba enfermo y a punto de morir. El centurión, que había oído hablar de Jesús, le envió unos ancianos de los judíos para rogarle que viniera y salvara a su siervo.

Cuando éstos llegaron ante Jesús, le suplicaron con insistencia: «Merece que se lo concedas, porque ama a nuestro pueblo y él mismo nos ha edificado la sinagoga». Jesús se fue con ellos. Estando ya no lejos de la casa, envió el centurión a unos amigos a decirle: «Señor, no te molestes, porque no soy digno de que entres bajo mi techo; por eso ni siquiera me consideré digno de salir a tu encuentro. Mándalo de palabra y quede sano mi criado. Porque también yo, que soy un subalterno, tengo soldados a mis órdenes, y digo a éste "Vete", y va; y a otro "Ven", y viene; y a mi siervo "Haz esto", y lo hace». Al oír esto, Jesús quedó admirado de él, y volviéndose a la muchedumbre que le seguía, les dijo: «Os aseguro que ni en Israel he encontrado una fe tan grande». Cuando los enviados volvieron a la casa hallaron al siervo sano.

A continuación fue Jesús a un pueblo llamado Naín. Lo acompañaban sus discípulos y una gran muchedumbre. Cuando se acercaba a las puertas del pueblo, sacaban a enterrar a un muerto, hijo único de una viuda. La acompañaba mucha gente del pueblo. Al verla, el Señor se compadeció de ella y le dijo: «No llores». Luego, acercándose, tocó el féretro, y los que lo llevaban se pararon. Dijo Jesús: «Joven, a ti te digo: Levántate». El muerto se incorporó y se puso a hablar, y él se lo dio a su madre. El temor se apoderó de todos y alababan a Dios, diciendo: «Un gran profeta ha surgido entre nosotros», y «Dios ha visitado a su pueblo». Y el suceso se propagó por toda Judea y por toda la región circunvecina.

Los discípulos de Juan le llevaron todas estas noticias. Entonces él, llamando a dos de ellos, los envió a preguntar al Señor: «¿Eres tú el que ha de venir, o debemos esperar a otro?». Aquellos hombres se acercaron a él y le dijeron: «Juan el Bautista nos ha enviado a preguntarte si eres tú el que ha de venir o debemos esperar a otro». En aquel momento curó a muchos

de sus enfermedades y dolencias y de malos espíritus, y dio vista a muchos ciegos. Después les dijo: «Id y contad a Juan lo que habéis visto y oído: Los ciegos ven, los cojos andan, los leprosos quedan limpios, los sordos oyen, los muertos resucitan y se anuncia a los pobres la Buena Nueva. ¡Y dichoso aquel a quien yo no le sirva de escándalo!».

Cuando los mensajeros de Juan se alejaron, se puso a hablar de Juan a la gente: «¿Qué salisteis a ver en el desierto? ¿Una caña agitada por el viento? ¿Qué salisteis a ver, si no? ¿Un hombre elegantemente vestido? ¡No! Los que visten magníficamente y viven con molicie están en los palacios. Entonces, ¿qué salisteis a ver? ¿Un profeta? Desde luego que sí, y más que un profeta. De éste es de quien está escrito: 'Voy a enviar a mi mensajero delante de ti, que preparará por delante tu camino'.

»Os digo que, entre los nacidos de mujer, no hay ninguno mayor que Juan; sin embargo, el más pequeño en el Reino de Dios es mayor que él». Toda la gente que le escuchó, incluso los publicanos, reconocieron la salvación que Dios les ofrecía y se hicieron bautizar con el bautismo de Juan. Pero los fariseos y los legistas, al no aceptar su bautismo, frustraron el plan que Dios tenía para con ellos.

«¿Con quién podré comparar a los hombres de esta generación? ¿A quién se parecen? Se parecen a los chiquillos que están sentados en la plaza y se gritan unos a otros: "Os hemos tocado la flauta, pero no habéis bailado, os hemos entonado endechas, pero no habéis llorado".

»Porque resulta que ha venido Juan el Bautista, que no comía pan ni bebía vino, y decís: "Está endemoniado". Ha venido el Hijo del hombre, que come y bebe, y decís: "Ahí tenéis un comilón y un borracho, amigo de publicanos y pecadores". Pero la Sabiduría se ha acreditado por todos sus hijos».

Lucas 7:1-35

Entonces se puso a maldecir a los pueblos en los que se habían realizado la mayoría de sus milagros, porque no se habían convertido:

«¡Ay de ti, Corazín! ¡Ay de ti, Betsaida! Porque si en Tiro y en Sidón se hubieran hecho los milagros que se han hecho en vosotras, hace tiempo que se habrían convertido, cubiertos de sayal y sentados en ceniza. Por eso, os digo que el día del Juicio habrá menos rigor para Tiro y Sidón que para vosotras. Y tú, Cafarnaún, ¿pretendes encumbrarte hasta el cielo? ¡Pues hasta el Hades te hundirás! Porque si en Sodoma se hubieran hecho los milagros que se han hecho en ti, todavía existiría hoy. Por eso os digo que el día del Juicio habrá menos rigor para la tierra de Sodoma que para ti».

Mateo 11:20-24

 DISCURSO 34 

Jesús cita sus obras maravillosas para dar testimonio a Juan el Bautista y alaba la grandeza de Juan

«Cuando Jesús terminó de hablar así a la gente, entró en Cafarnaún. Un siervo de un centurión, muy querido de éste, se encontraba enfermo y a punto de morir. El centurión, que había oído hablar de Jesús, le envió unos ancianos de los judíos para rogarle que viniera y salvara a su siervo.

»Cuando éstos llegaron ante Jesús, le suplicaron con insistencia: "Merece que se lo concedas, porque ama a nuestro pueblo y él mismo nos ha edificado la sinagoga". Jesús se fue con ellos. Estando ya no lejos de la casa, envió el centurión a unos amigos a decirle: "Señor, no te molestes, porque no soy digno de que entres bajo mi techo; por eso ni siquiera me consideré digno de salir a tu encuentro. Mándalo de palabra y quede sano mi criado. Porque también yo, que soy un subalterno, tengo soldados a mis órdenes, y digo a éste 'Vete', y va; y a otro 'Ven', y viene; y a mi siervo 'Haz esto', y lo hace". Al oír esto, Jesús quedó admirado de él, y volviéndose a la muchedumbre que le seguía, les dijo: "Os aseguro que ni en Israel he encontrado una fe tan grande". Cuando los enviados volvieron a la casa hallaron al siervo sano» (*Lucas* 7:1-10).

Referencia paralela:

«Luego dijo Jesús al centurión: "Ve y que te suceda como has creído". Y en aquella hora sanó el criado» (*Mateo* 8:13)[1].

A fin de sanar a su querido siervo de aquella enfermedad, que era casi mortal y no remitía con la aplicación de los métodos físicos de curación, el centurión romano recurrió a la ayuda suprafísica de un maestro. Puesto que el centurión era un hombre familiarizado con la autoridad, acudió a Jesús por considerarlo una persona capaz de dominar las leyes mismas que gobiernan el cielo y la tierra. Colmado de reverente respeto por el poder soberano de Jesús, el centurión incluso se sentía indigno de recibir al Señor en su hogar. Jesús, profundamente conmovido por la humildad y por la inmensa fe de este hombre que no pertenecía a la comunidad hebrea, dispuso que se produjera la curación instantánea que el centurión solicitaba.

La dinámica de la fe: cómo conectar nuestra vida con el invisible Poder Superior

El término sánscrito para designar al Señor en su aspecto de Director Cósmico es Ishvara (que proviene de la raíz *is,* «regir»), el Espíritu Universal que sostiene los universos en un diminuto punto de su pensamiento y que hace girar sus engranajes en torno al eje de su voluntad. Cuando se dirigió a Jesús llamándole «Señor», el funcionario romano tuvo la certeza intuitiva de hallarse ante la manifiesta divinidad de Jesús. Él sabía que el Maestro sólo necesitaba «mandarlo de palabra y su criado quedaría sano». Una orden proveniente de Jesús, por hallarse unida a la Palabra —el *Om* cósmico o Amén—, llevaba consigo el poder de manifestación de la Omnipotencia. En los *Yoga Sutras* de Patanjali se hace referencia al *Om* (la Palabra) como el «símbolo» (la manifestación) de Ishvara, el poder creativo mediante el cual adquiere existencia todo el cosmos, hecho de materia y energía[2]. Unido al omnipotente Señor, Jesús cargó sus palabras con la vibratoria Palabra cósmica, la cual le dio potestad para curar o para manifestar cualquier otra cosa en el mundo material.

Dios, en su aspecto de Soberano de la Creación, produjo

[1] El relato completo de este episodio figura en *Mateo* 8:5-13, con ligeras variaciones respecto a la versión del Evangelio según San Lucas.

[2] *Yoga Sutras* I:27.

originalmente todos los fenómenos por medio de una orden directa de su voluntad. Él es la suprema autoridad soberana; aun así, después de haber manifestado a partir de sus ideaciones la variada y onírica creación cósmica, delegó en sus leyes universales la tediosa tarea de ejercer la autoridad gubernamental. El poder de *maya* —la ilusión cósmica— posibilita el efectivo funcionamiento de la ley y, por su naturaleza misma, oculta al Soberano y Omnipresente Espíritu que subyace a la creación entera. La Realidad Única, el Hacedor que anima todos los sucesos cósmicos, parece hallarse ausente de su universo; sin embargo, se le puede ver —inmanente y accesible— con los ojos de la fe, que es el conocimiento intuitivo.

La fe revela un Dios que se halla muy próximo, en el fondo mismo del latir del corazón, un Dios que escucha cada palabra de nuestra plegaria. Sus ojos y sus oídos se encuentran en todo lugar y su conciencia está en sintonía con cada detalle de nuestros pensamientos y circunstancias. A su debido tiempo, Dios responde a cada ruego sincero —con mayor prontitud de la que uno podría pensar, siempre y cuando se recurra a Él con fe absoluta—. Es la duda la que nos hace creer que Él se encuentra muy lejano. Si uno le ofrece a Dios oraciones tibias, con la mente atrapada por los tentáculos de la duda, se contrarresta la receptividad con una corriente subterránea que repite: «¡Ah!, probablemente Él ni siquiera me oye, y menos aún va a responder a mis necesidades». Casi lo único que se consigue con ese tipo de oración es ¡obstaculizar la ayuda divina! Dios debe permitir que la ley kármica imparta su justicia imparcial, para bien o para mal. No obstante, si uno invoca a Dios con amor, confianza y fe, se puede trascender la ley, y los resultados son sorprendentes. «Fe» significa «confianza plena»; es decir, la convicción intuitiva —un conocimiento que surge del alma— de que Dios es real y de que su ayuda siempre está pronta a fluir hacia la vida del hombre. Ésa es la clase de fe que Jesús elogiaba: un canal abierto a través del cual él podía sanar a muchos de los enfermos y transformar la vida de innumerables creyentes.

A pesar de sus alardeados avances en materia científica y en las artes curativas, el hombre debe reconocer que en cada área de la vida él depende por completo de un Poder superior. En algunos aspectos, el hombre moderno disfruta de una existencia más segura que la de sus antecesores, pero, aun así, sus días están plagados de terribles incertidumbres. Uno nunca sabe en qué instante pueden acometerle los accidentes o las enfermedades, el fracaso financiero o los desastres naturales. Tarde o temprano, en la vida de toda persona, llega un momento en que establecer contacto con ese Poder Superior se vuelve una necesidad apremiante. Ese imperativo le hace caer de rodillas, movido por la dolorosa desesperación o por la reverente devoción —él habrá de elegir—. Tendrá que reconocer que ni un solo latido de su corazón ni una sola respiración serían posibles sin el auxilio de la voluntad de Dios. Esa conciencia de que dependemos por completo del Señor y hemos de confiar en Él es el poder que anima la dinámica de la fe. Tal confianza no es una sumisa cobardía que paraliza la voluntad constructiva de una persona, sino que es un acto de deferencia consagrada a Dios, que se lleva a cabo por amor a Él y como signo de veneración a su supremacía.

Por ese motivo, Jesús hizo referencia a la excepcional fe del centurión romano, que contrastaba con el escepticismo racional de su propio pueblo. El soldado contaba con la humildad suficiente como para inclinarse ante una autoridad superior a su propio rango e intelecto; y también poseía la fe que le permitió reconocer el poder divino y las leyes superiores, a pesar de que no eran visibles. Así, Jesús pudo decirle: «*Ve y que te suceda como has creído*».

Toda la creación se rige por la ley según la cual el efecto es equivalente a la causa. La fe del centurión fue lo suficientemente intensa como para ser la causa necesaria que produjera la curación de su siervo —con la ayuda de Jesús, que aceleró el cumplimiento de dicha causa—. En conformidad con la ley metafísica, se puede transferir el poder curativo desde un alma hacia otra que se encuentre en armonía con la primera[3]. En este caso, la fe del centurión fue el conducto por el

---

[3] Véase también el comentario sobre *Juan* 4:45-54 en el discurso 20 (volumen I), en que Jesús cura al hijo de un funcionario real utilizando el mismo principio.

En su libro *Be Careful What You Pray For... You Just Might Get It* [Cuidado con lo que pides... podrías obtenerlo] (HarperCollins, Nueva York, 1997), el Dr. Larry Dossey, investigador en medicina y espiritualidad, reseña la verificación experimental del mecanismo que subyace a esta forma de «curación a distancia»: «Durante una década, un grupo de investigadores de la Universidad Nacional Autónoma de México (situada en la ciudad de México), dirigido por Jacobo Grinberg-Zylberbaum, realizó experimentos en los que se examinan los electroencefalogramas (registros de las ondas cerebrales) de personas separadas entre sí por una gran distancia. [...] Cuando estas personas, ubicadas a cierta distancia unas de otras, están sentadas en calma, no hay correlación alguna en el registro de sus respectivos electroencefalogramas. Pero cuando permiten que se desarrolle entre ellos un sentimiento de cercanía emocional o de empatía, los trazos de los electroencefalogramas comienzan a parecerse entre sí, muchas veces en grado sorprendente. No se detecta el paso de ningún tipo de energía

cual él recibió el poder curativo de Jesús; ese poder curativo luego se transfirió del alma del centurión hacia su siervo, a quien estaba unido por una cordial afinidad.

Según sea el desarrollo de sus facultades perceptivas, el ser humano experimenta en mayor o menor medida el funcionamiento visible o sutil de la ley cósmica. Una persona claramente materialista reconoce la operación de la ley de causa y efecto en el plano físico: sabe que si pone la mano en el fuego, sufrirá una terrible quemadura. A pesar de ello, con actitud arrogante suele negar el funcionamiento más sutil de las leyes morales de la acción correcta, las cuales podrían poner límites a la gratificación de sus esclavizantes deseos sensuales. Además, se burla cuando se le hace saber que existen leyes incluso superiores que rigen el pensamiento, el libre albedrío y la expansión de la conciencia y que le dan un propósito espiritual a su vida. El Trascendente Autor de toda la legislación que gobierna los planos material, moral y espiritual, el Artífice de la Ley, escapa por

Las personas de mentalidad materialista perciben el funcionamiento de las leyes naturales, pero niegan a su Autor

o señal entre estas personas situadas a distancia. Es más: las correlaciones estadísticas entre los gráficos de los electroencefalogramas de las personas que se hallan separadas no disminuyen cuando éstas se alejan aún más. Este hecho contradice una de las propiedades de la energía según se define en la ciencia física: que su intensidad decrece cuando aumenta su distancia con respecto a la fuente. Además, los electroencefalogramas mantienen la misma correlación si las personas se sitúan en cabinas recubiertas de metal, lo cual bloquea la energía electromagnética ambiental. [...]

»El grupo de Grinberg-Zylberbaum y el físico Amit Goswami (perteneciente al Departamento de Física y al Instituto de Ciencia Teórica de la Universidad de Oregón) sostienen que esta "transferencia de potenciales" entre un cerebro y otro demuestra "correlaciones [...] no locales [...] de un cerebro a otro". Las correlaciones no locales han sido de interés para los físicos desde que Einstein, Rosen y Podolsky postularon su existencia en 1935. [...] El físico Alain Aspect y sus colegas demostraron experimentalmente estas correlaciones en un célebre estudio realizado en el año 1982. Los físicos suponían que las conexiones no locales existían tan sólo entre partículas subatómicas, por ejemplo, entre electrones y fotones. Pero el estudio de pioneros como Grinberg-Zylberbaum, Goswami y sus colegas —que ellos lograron reproducir— demuestran plenamente que las conexiones no locales ocurren también entre seres humanos. [...]

»Sin embargo, las conexiones a distancia que se establecen entre los seres humanos no son automáticas. Los investigadores pedían a las personas que hicieran el esfuerzo de "sentir la presencia del otro incluso a distancia". Si no lo hacían, no se presentaba correlación alguna entre los electroencefalogramas a distancia. Esto significa que para que tengan lugar las conexiones a distancia entre personas deben existir el amor y la empatía, y esta premisa es congruente con la creencia universal de que la curación a distancia depende del amor, del interés y de la compasión». *(Nota del editor).*

completo a su conocimiento y comprensión. A diferencia del centurión, tal hombre declara egoístamente —ya sea de forma abierta, por medio de su falta de respeto, o de manera tácita, con su indiferencia— que no está sujeto a la autoridad divina.

Uno de los aforismos del Sankhya[4] dice: *Ishvar asiddhe* («El Señor de la Creación no puede ser deducido» o «Dios no es demostrable»). Mi gurú, Swami Sri Yukteswar, lo explicaba de este modo: «Este versículo no es ateísta. Tan sólo quiere decir que para el hombre no iluminado, cuyos juicios finales dependen de sus sentidos, la prueba de Dios permanece ignorada y, por lo mismo, no existente».

Con frecuencia, las personas de mentalidad materialista, acostumbradas a racionalizar todos los fenómenos según las categorías de causa y efecto, no encuentran sitio dentro de su filosofía para un Dios que trasciende el funcionamiento de la creación y las leyes que la rigen. Es una ironía que el hombre racional desconfíe de la existencia de Dios debido al funcionamiento manifiesto de la ley de causa y efecto que ¡Dios mismo ha creado! Si tan sólo se detuviera un momento a reflexionar en que debe existir un Autor de dicha ley, bastaría para que emprendiera la búsqueda de la Verdad Suprema.

La postura de no aceptar lo que se encuentre más allá de las leyes que gobiernan *maya* significa permanecer atado en la región del engaño; es decir, estar sometido a la ley de causa y efecto en vez de ejercer dominio sobre ella. Al identificarse con la creación, y no con el Trascendente Creador, el hombre abdica de la autoridad que se le concedió junto con el alma y que le permitiría tener dominio sobre los fenómenos cósmicos. Cuando duerme, el hombre se percibe a sí mismo como un ser libre de las limitaciones físicas; en sus sueños no necesita alimentarse en absoluto, ni ganar dinero, ni consultar al médico, ni experimentar el nacimiento y la muerte, porque (al menos en forma subconsciente) se halla en contacto con el alma, que todo lo puede y vive por siempre. Pero en cuanto despierta, recupera la conciencia de tener un cuerpo joven o viejo, enfermo o saludable, rico o pobre. Se limita a sí mismo de modo tan convincente que dichas percepciones comienzan a hacer de él lo que habitualmente es cuando no duerme.

Los fenómenos que le son impuestos al hombre por sus creencias están delimitados por las fuerzas de la causalidad que él sea capaz de comprender —a no ser que, al igual que el centurión, tenga fe en

[4] Uno de los seis sistemas clásicos de la filosofía hindú. (Véase la página 77).

aquello que existe más allá de los anales del intelecto—. Los científicos han investigado y descubierto las causas de muchas maravillas de la creación que generaciones anteriores consideraban inexplicables; la aplicación de dichos conocimientos nos ha proporcionado «milagros» modernos tales como el radar, la energía atómica, la televisión y los viajes supersónicos. Sin embargo, como no les es posible reconocer ninguna causalidad conocida en los milagros que realizan los santos y los maestros, consideran que se trata de absurdas supersticiones.

Aquellos que poseen un entendimiento más profundo, como Albert Einstein, William James, Jagadis Chandra Bose y James Jeans —todos los que han establecido un contacto intuitivo con la ciencia y la filosofía fundamentales—, comprenden que existe un supremo Poder o Inteligencia que se encuentra más allá de las variadas formas de la materia. Lo que resulta absurdo suponer es que las diversas formas de vida y los grandiosos potenciales de la conciencia del hombre sean simples accidentes de la naturaleza. Sólo cuando comprendemos las leyes de la vida y de nuestra individualidad, las cuales se hallan inexorablemente relacionadas, descubrimos la homogeneidad y armonía que existe entre todas las fuerzas. El cuerpo no es otra cosa que vida materializada. La vida es conciencia materializada, y la conciencia proviene de Dios.

Cómo el yoga libera al hombre del sometimiento a la ley de causa y efecto (karma)

Nuestro mundo, cuya existencia se debe a que Dios ha implantado la idea de la relatividad del tiempo y del espacio, es tan sólo un pensamiento condensado del Señor. La maravilla que observo es que todo cuanto hay en el universo lo ha creado Él a partir únicamente de su propio sueño, de sus propias ideaciones. La dificultad que se le plantea al hombre es que este sueño le ha sido impuesto, como si él se hallara sometido a un estado de hipnosis cósmica. Cuando por apatía permite que su voluntad se deje vencer por la somnolencia del engaño, el control que puede ejercer sobre los sucesos oníricos es escaso o inexistente.

En virtud de las leyes de causalidad de *maya,* todo resultado se logra llevando a cabo un determinado número de operaciones. Para obtener el pan con el que alimentarnos, el agricultor debe sembrar el trigo, regarlo y cuidar de su desarrollo; luego, debe trillarlo, molerlo y enviarlo a un almacén. Seguidamente, el panadero debe comprar la harina de trigo en el almacén, hacer con ella una masa y cocinarla en el horno. El hombre cree que le fue posible producir ese pan mediante la aplicación de las leyes materiales de causa y efecto. Pero ¿quién le dio vida a la semilla que produce el trigo? ¿Y quién creó la tierra en la que creció el trigo y creó el calor del combustible con que se alimenta el horno?

Es la conciencia de Dios la que da vida a todo cuanto existe. Es la vibración de su pensamiento la que se ha condensado para producir la luz; esa luz se ha condensado en fuerza vital; esa fuerza vital se ha condensado en protones y electrones, y éstos a su vez se han condensado en las moléculas y átomos que forman la tierra, el cuerpo del hombre y todo cuanto existe en el universo. Cuando uno experimenta, al igual que Jesús, la unidad del Ser (el alma) con Dios, y percibe a ese Ser como una manifestación de la única Luz Cósmica, y contempla todas las cosas como una manifestación de esa Luz, puede controlar estas radiaciones cósmicas tal como Dios lo hace. Jesús demostró semejante poder y proclamó: «Haréis obras mayores que las que yo hago»[5]. Por medio de la meditación cada vez más profunda, el aspirante se libera de *maya* en la Luz que se encuentra más allá de los átomos. Únicamente despertando del ensueño de la ilusión cósmica, el hombre se dará cuenta de que ha estado soñando. Cuando disuelva este sueño en el éxtasis de Dios, será capaz de requerir al orden universal que realice cualquier milagro.

El oficial romano reconoció la divina autoridad de Jesús por medio de la cual él podía hacer que la materia obedeciera su voluntad —en otras palabras, prescindir de los procesos que conforme a la ley física de causa y efecto habrían sido necesarios para curar al siervo—. Solamente los maestros que han alcanzado el supremo estado de unión con Dios, como en el caso de Jesucristo, pueden actuar en un ámbito no condicionado por las limitaciones de la causalidad. Unidos a la omnipotencia del Creador, pueden generar cualquier objeto o condición mediante la materialización directa, sin que exista otra causa precedente más que un acto de su divina voluntad.

La ley de la causalidad no tiene vigencia cuando se conoce la ley del Infinito. Aquel que se halla en sintonía con la mente de Dios es capaz de hacer cualquier cosa que desee[6]. Así como un emperador terrenal puede ordenar que todos sus súbditos obedezcan las leyes de

---

[5] Paráfrasis de *Juan* 14:12. (Véase el discurso 70, en el volumen III).

[6] Véase el discurso 11 (volumen I), donde se comenta cómo transformó Jesús el agua en vino mediante el control del patrón creativo de pensamiento que subyace a todas las materializaciones de la energía y de las formas.

su reino sin que él mismo esté sujeto a ellas, el Monarca Absoluto del reino de la manifestación ha dado origen a todas las leyes necesarias para el perfecto funcionamiento de su creación finita, incluyendo la ley de causa y efecto, sin que Él esté sujeto a ellas.

Por esa razón, el Señor Krishna advirtió a su discípulo Arjuna: «Te he dado a conocer la suprema sabiduría del Sankhya. Mas, ahora, escucha la sabiduría del Yoga y, provisto de ella, ¡oh Arjuna!, romperás los lazos del karma»[7].

La filosofía Sankhya explica los metódicos principios mediante los cuales esta creación de Dios (sujeta a la ley de causa y efecto) se desarrolla a partir de su Ser Indiferenciado y se mantiene como una realidad onírica objetiva (aunque ilusoria)[8]. La ciencia del yoga le proporciona al hombre la clave para liberarse del sometimiento a esas leyes: el camino para salir de la prisión del karma consiste en disipar —mediante técnicas precisas de meditación para lograr el despertar del alma— ese engaño que le hacer creer que él es un ser mortal cuyas acciones están regidas por la ley del karma que gobierna la creación.

En tanto el hombre se considere como un ser creado, será servil a todas las correspondientes fuerzas de causa y efecto. En su calidad de hombre mortal, es una creación de Dios; en su calidad de ser inmortal unido a Dios, se conoce a sí mismo como parte de Dios, poseedor de la voluntad creativa del Padre y de dominio sobre el cosmos.

Una vez que ha despertado y percibe la verdad de que la esclavitud mortal no es la parte que realmente le corresponde, la plegaria de todo hijo pródigo de Dios debería hacerle tomar plena conciencia de lo siguiente:

> «Tú eres mi Padre; yo soy tu vástago. Tú eres Espíritu; yo estoy hecho a tu imagen. Tú eres el Creador y el Dueño del Universo, y yo, bueno o malo, soy tu hijo y tengo derecho a gobernar el cosmos. [...]
>
> »Por tu gracia, volveré a descubrir mi verdadera naturaleza,

---

7 *God Talks With Arjuna: The Bhagavad Gita* II:39. (Véase *El Yoga del Bhagavad Guita*).

8 La explicación acerca de los veinticuatro principios de la creación cósmica —desde Prakriti (la creativa Madre Naturaleza o Espíritu Santo) hasta las cinco formas elementales de la materia densa— se encuentra en el comentario de la estrofa 39 del capítulo II de *God Talks With Arjuna: The Bhagavad Gita.*

la del Espíritu Omnipresente, y a tener dominio[9] sobre el mundo de la materia»[10].

En el éxtasis de la meditación, Dios hace que el más humilde de sus siervos se siente en el trono del soberano.

~

«A continuación fue Jesús a un pueblo llamado Naín. Lo acompañaban sus discípulos y una gran muchedumbre. Cuando se acercaba a las puertas del pueblo, sacaban a enterrar a un muerto, hijo único de una viuda. La acompañaba mucha gente del pueblo. Al verla, el Señor se compadeció de ella y le dijo: "No llores". Luego, acercándose, tocó el féretro, y los que lo llevaban se pararon. Dijo Jesús: "Joven, a ti te digo: Levántate". El muerto se incorporó y se puso a hablar, y él se lo dio a su madre. El temor se apoderó de todos y alababan a Dios, diciendo: "Un gran profeta ha surgido entre nosotros", y "Dios ha visitado a su pueblo". Y el suceso se propagó por toda Judea y por toda la región circunvecina» (*Lucas* 7:11-17).

En su encarnación como Eliseo, Jesús ya tenía poder para devolver la vida a los muertos, tal como se relata en *II Reyes* 4:8-37:

Paralelismo entre los milagros de Jesús y aquellos que realizó en su vida anterior como discípulo de Elías

«Eliseo pasó un día por Sunén, donde vivía una mujer principal que le porfió a que se quedara a comer. Desde entonces, cada vez que pasaba, se detenía allí a comer. Ella dijo a su marido: "Estoy segura de que es un santo hombre de Dios, que pasa siempre junto a nosotros. Construyamos en la terraza una pequeña habitación y pongamos allí para él una cama, una mesa, una silla y una lámpara, para que, cuando venga junto a nosotros, pueda retirarse allí arriba".

»Llegó el día en el que Eliseo se acercó por allí y se retiró a la habitación de arriba, donde se acostó. Él dijo a Guejazí, su criado:

[9] *«Dijo Dios: "Hagamos al ser humano a nuestra imagen, como semejanza nuestra; que manden en [...] la tierra"»* (*Génesis* 1:26).

[10] Citado del libro *Susurros de la Eternidad*, de Paramahansa Yogananda (publicado por *Self-Realization Fellowship*).

"Llama a esta sunamita". Éste la llamó y ella se presentó ante él. Eliseo dijo a su criado: "Dile: 'Ya que te has tomado todas estas molestias por nosotros, ¿qué podemos hacer por ti?'". [...] Guejazí respondió: "Por desgracia no tiene hijos, y su marido es ya anciano". [...] Él dijo: "El año próximo, por esta época, estarás abrazando un hijo". [...] La mujer concibió y dio a luz un niño por la época que le había dicho Eliseo.

»El niño creció y un día fue donde estaba su padre con los segadores. De pronto dijo a su padre: "¡Ay, mi cabeza, mi cabeza!". El padre dijo a un criado: "Llévalo a su madre". Lo cogió y lo llevó a su madre. Estuvo sentado en las rodillas de la madre hasta el mediodía, y luego murió. Entonces ella lo subió y lo acostó sobre el lecho del hombre de Dios. Lo dejó cerrado y salió. Llamó a su marido y le dijo: "Envíame a uno de los criados y una de las burras. Voy corriendo junto al hombre de Dios y vuelvo". [...] Hizo el camino hasta llegar al monte Carmelo, donde el hombre de Dios. [...]

»Eliseo entró en la casa; allí estaba el niño, muerto, acostado en su lecho. Entró, cerró la puerta con ellos dos dentro, y oró a Yahvé. Se metió en la cama y se tumbó sobre el niño, boca con boca, ojos con ojos, manos con manos. Se mantuvo recostado sobre él, y la carne del niño iba entrando en calor. Se bajó y se puso a caminar por la casa de acá para allá. Subió y se recostó insuflando sobre él hasta siete veces. El niño estornudó y abrió sus ojos. Llamó a Guejazí y le dijo: "Llama a la sunamita". Y la llamó. Cuando llegó, él le dijo: "Toma a tu hijo". Ella entró y se echó a sus pies postrada en tierra. Luego tomó a su hijo y salió».

~

Aun después de ser encarcelado, Juan el Bautista siguió con gran interés la evolución del ministerio de Jesús[11].

«Los discípulos de Juan le llevaron todas estas noticias. Entonces él, llamando a dos de ellos, los envió a preguntar al

[11] También Juan el Bautista, en su encarnación como Elías, había resucitado al hijo de una viuda de entre los muertos. De hecho, cuando Jesús en su papel de Eliseo resucitó a un niño muerto tendiendo su propio cuerpo sobre el cadáver, como se describe arriba, utilizó el mismo método que su gurú Elías había empleado previamente para volver a la vida al hijo de una viuda. (Véase *I Reyes* 17:17-24, citado en el discurso 39).

Señor: "¿Eres tú el que ha de venir, o debemos esperar a otro?". Aquellos hombres se acercaron a él y le dijeron: "Juan el Bautista nos ha enviado a preguntarte si eres tú el que ha de venir o debemos esperar a otro". En aquel momento curó a muchos de sus enfermedades y dolencias y de malos espíritus, y dio vista a muchos ciegos. Después les dijo: "Id y contad a Juan lo que habéis visto y oído: Los ciegos ven, los cojos andan, los leprosos quedan limpios, los sordos oyen, los muertos resucitan y se anuncia a los pobres la Buena Nueva"» (Lucas 7:18-22).

Referencia paralela:

«Juan, que en la cárcel había oído hablar de las obras de Cristo, envió a sus discípulos a preguntarle: "¿Eres tú el que ha de venir, o debemos esperar a otro?". Jesús les respondió: "Id y contad a Juan lo que oís y veis: los ciegos ven y los cojos andan, los leprosos quedan limpios y los sordos oyen, los muertos resucitan y se anuncia a los pobres la Buena Nueva"» (Mateo 11:2-5).

De ningún modo Juan cuestionó a Jesús ni dudó que fuese el salvador que según la profecía debía encarnar en esa época. Juan ya había anunciado la llegada de Jesús a sus discípulos y a las muchedumbres. Sin embargo, en el cruel confinamiento de la prisión, la naturaleza mortal de Juan buscó el solaz de la confirmación proveniente de los labios de Jesús mismo. Procuró, además, que sus discípulos oyeran directamente ese testimonio, en bien de la evolución espiritual de todos ellos. Juan se enfrentaba a una muerte inminente y deseaba que la fe de sus seguidores se fortaleciera con la palabra de Dios expresada a través de Jesús[12].

---

[12] La muerte de Juan se registra más adelante, en el Evangelio de Marcos 6:14-29: «*El rey Herodes se enteró de todo esto, pues su nombre se había hecho célebre. Algunos decían: "Juan el Bautista ha resucitado de entre los muertos, y por eso actúan en él fuerzas milagrosas". Otros decían: "Es Elías"; otros: "Es un profeta como los demás profetas". Al enterarse Herodes, comentó: "Seguro que aquel Juan, a quien yo decapité, ha resucitado".*

»Es que Herodes había ordenado prender a Juan y le había encadenado en la cárcel por causa de Herodías, la mujer de su hermano Filipo, con quien Herodes se había casado. Porque Juan decía a Herodes: "No te está permitido tener la mujer de tu hermano". Herodías le aborrecía y quería matarle, pero no podía, pues Herodes temía a Juan; sabía que era hombre justo y santo, y lo protegía. Cuando le oía hablar, quedaba muy perplejo, y le escuchaba con gusto.

La respuesta que Jesús dio a los discípulos de Juan el Bautista, para que éstos la transmitiesen al profeta encarcelado, confirmaba, gracias al ejemplo de sus obras celestiales, que Jesús era una encarnación crística: «Relatad todo lo que habéis visto y oído acerca de las demostraciones que Dios hace a través de mí: quienes están física y espiritualmente ciegos reciben el don de la visión física o de la percepción espiritual interior. Los cojos andan; los que son física, moral y espiritualmente leprosos reciben curación física y se purifican por dentro mediante la sabiduría. Quienes están sordos físicamente vuelven a oír; los sordos espirituales oyen la voz de la sabiduría. Aquellos cuyo cuerpo físico está muerto vuelven a la vida por acción de la energía cósmica; los que están espiritualmente muertos resucitan por medio de la sabiduría y del bautismo espiritual. Los pobres de espíritu reciben el contacto viviente de la sabiduría y de la vibración de Dios».

Por qué Juan el Bautista le pide a Jesús confirmar que él es el salvador al que se refiere la profecía

Jesús habla acerca de su mensaje que vibra con la conciencia divina («la Buena Nueva» —la vibración divina de la Verdad—)[13]. Nadie puede predicar la vibrante verdad de Dios a menos que la experimente dentro de sí mismo. Los instructores espirituales comunes hablan de lo que han aprendido en la lectura de libros y de lo que han memorizado; en cambio, los maestros como Jesús expresan la verdad que se halla vibrantemente vivificada por la sabiduría de Dios que mora en el interior de su conciencia.

»Pero llegó el día oportuno, cuando Herodes, con ocasión de su cumpleaños, dio un banquete a sus magnates, a los tribunos y a los principales de Galilea. Entró la hija de la misma Herodías, que danzó y gustó mucho a Herodes y a los comensales. El rey, entonces, dijo a la muchacha: "Pídeme lo que quieras y te lo daré". Incluso le juró: "Te daré lo que me pidas, hasta la mitad de mi reino". Salió la muchacha y preguntó a su madre: "¿Qué quieres que pida?". Ella le respondió: "La cabeza de Juan el Bautista". Entrando al punto apresuradamente adonde estaba el rey, le pidió: "Quiero que ahora mismo me traigas, en una bandeja, la cabeza de Juan el Bautista". El rey se llenó de tristeza, pero no quiso desairarla a causa del juramento y de los comensales. Así que mandó al instante a uno de su guardia, con la orden de traerle la cabeza de Juan. El guardia fue y le decapitó en la cárcel; trajo su cabeza en una bandeja y se la dio a la muchacha, que a su vez se la entregó a su madre. Al enterarse sus discípulos, vinieron a recoger el cadáver y le dieron sepultura». (Véase también el discurso 42).

[13] Véase el discurso 22 (volumen I).

«¡Y dichoso aquel a quien yo no le sirva de escándalo!» (*Lucas* 7:23 y *Mateo* 11:6).

«Y dichoso aquel que no juzgue erróneamente mis excepcionales obras considerándolas una blasfemia, que no me acuse ni me encuentre culpable de realizar milagros, argumentando que sirvo a mis propósitos personales y que de manera egoísta alabo mi propia gloria. Dichoso aquel que, por el contrario, aprecie los milagros espirituales que realizo con el consentimiento y con la voluntad de Dios para aliviar a los que sufren, y para llevar de regreso a Él a las almas sujetas al engaño».

Los poderes fenoménicos de las almas que se encuentran en un estado intermedio de evolución bien pueden engañar a la todavía inmadura conciencia espiritual de éstas, que se echan fácilmente a perder con las alabanzas de los admiradores, pues dichas almas comienzan a considerarse las hacedoras de las obras santas y olvidan que toda la gloria y el honor le pertenecen sólo a Dios. Los poderes fenoménicos ejercen cierta influencia sobre el funcionamiento de las leyes naturales, pero sin la conciencia de Dios no es posible realizar milagros que trasciendan dichas leyes. Por consiguiente, hallar deleite en elogiarse a uno mismo es una insensatez[14]. Durante la etapa superior del desarrollo espiritual, el devoto recibe el don de realizar milagros. Sin embargo, emplear sin la aprobación de Dios ese poder divino que Él le ha concedido es un pecado y trae consigo la degradación espiritual.

Jesús comprendió que la casta sacerdotal consideraba la exhibición de milagros como una ofensa a la Divinidad. Dichosos eran, en cambio, todos aquellos que reconocían que él realizaba milagros para anunciar la gloria de Dios, pues esa percepción interior que tenían de Jesús como un canal de Dios significaba que en ellos estaba despertando el estado de comunión divina.

~

«Cuando los mensajeros de Juan se alejaron, se puso a hablar de Juan a la gente: "¿Qué salisteis a ver en el desierto? ¿Una caña agitada por el viento? ¿Qué salisteis a ver, si no? ¿Un hom-

---

14 *«¡No a nosotros, Yahvé, no a nosotros, sino a tu nombre da gloria, por tu amor y tu lealtad!»* (*Salmos* 115:1).

bre elegantemente vestido? ¡No! Los que visten magníficamente y viven con molicie están en los palacios. Entonces, ¿qué salisteis a ver? ¿Un profeta? Desde luego que sí, y más que un profeta. De éste es de quien está escrito: 'Voy a enviar a mi mensajero delante de ti, que preparará por delante tu camino'"» (*Lucas* 7:24-27)[15].

Con el objeto de expresar sus alabanzas a Juan el Bautista, Jesús se dirigió a la multitud, entre la cual se hallaban numerosos seguidores de Juan que le habían buscado en su ascética morada del desierto:

«Cuando salisteis al desierto, no fue para ver las cañas en la ribera del río, ni esperabais hallar a un hombre vestido con ropajes de delicada seda, sino para buscar a Juan el Bautista, vestido por la naturaleza sólo con pieles: una caña divina que vibraba con el viento de Dios. No esperabais verle magníficamente vestido como las autoridades políticas que uno encontraría en la corte de un rey. Salisteis a ver a un hombre espiritual cuya autoridad es muy superior a la que poseen quienes están en las cortes terrenales de los reyes[16]. Sí, fuisteis a ver a un profeta que habla de Dios. Pero él es mucho más que un profeta común, porque fue especialmente designado por Dios no sólo para ser mi preceptor en una encarnación anterior, sino también para desempeñar un papel destacado y predestinado en el plan divino: venir a la tierra en esta época para anunciar al Hijo de Dios encarnado en mí».

A fin de confirmar sus palabras, Jesús hace referencia a un pasaje de las escrituras: «*[Yo],* (Dios), *voy a enviar a mi mensajero* (Juan el Bautista) *delante de ti* (antes de tu llegada), *que preparará por delante tu camino* (y está decretado que mi divino mensajero Juan abrirá las mentes de las personas para que reconozcan al Cristo encarnado en ti, ¡oh, mi hijo Jesús!)»[17].

---

15 Compárese con los versículos paralelos que aparecen en *Mateo* 11:7-10.

16 Compárese con el Evangelio de Tomás, versículo 78: «¿Por qué salisteis al campo? ¿Para ver una caña agitada por el viento? ¿O para ver a un hombre que lleva encima vestidos delicados? Mirad: vuestros reyes y vuestros magnates son los que llevan encima vestidos delicados y no podrán conocer la verdad» —citado de la obra de Antonio Piñero y col., *Textos gnósticos: Biblioteca de Nag Hammadi* Vol. II (Trotta, Madrid, 1999).

17 Compárese con *Marcos* 1:2: «*Conforme está escrito en el profeta Isaías: 'Voy a enviar a mi mensajero delante de ti, el que ha de preparar tu camino'*». Se trata de una referencia al libro del profeta Malaquías, en el Antiguo Testamento: «*Voy a enviar a*

Aun cuando Dios le ha concedido independencia a toda la creación, sin embargo, en este cosmos perturbado por Satanás, Dios ha implantado determinadas pautas para vencer la influencia satánica y restablecer el reinado de la Divinidad. De tiempo en tiempo, los profetas anuncian estos planes por anticipado. Por ese motivo, Jesús declara que, con el fin de ser presentado ante el mundo, la aparición de Juan el Bautista había sido decretada por Dios mucho tiempo atrás, como afirmaban las escrituras, y que por lo tanto Juan era *«más que un profeta»*, pues contaba con la bendición del Señor y había sido elegido para representar un papel en el grandioso plan universal de Dios.

~

«"Os digo que, entre los nacidos de mujer, no hay ninguno mayor que Juan; sin embargo, el más pequeño en el Reino de Dios es mayor que él". Toda la gente que le escuchó, incluso los publicanos, reconocieron la salvación que Dios les ofrecía y se hicieron bautizar con el bautismo de Juan. Pero los fariseos y los legistas, al no aceptar su bautismo, frustraron el plan que Dios tenía para con ellos» (*Lucas* 7:28-30).

Referencias paralelas:

«Os aseguro que, entre los nacidos de mujer, no ha aparecido uno mayor que Juan el Bautista; sin embargo, el más pequeño en el Reino de los Cielos es mayor que él. Desde los días de Juan el Bautista hasta ahora, el Reino de los Cielos sufre violencia, y los violentos se hacen con él. Pues todos los profetas, lo mismo que la Ley, profetizaron hasta Juan. Y, si queréis admitirlo, él es Elías, el que iba a venir. El que tenga oídos, que oiga» (*Mateo* 11:11-15).

* * *

«La Ley y los profetas llegan hasta Juan; a partir de ahí comienza a anunciarse la Buena Nueva del Reino de Dios, y todos emplean la violencia frente a él» (*Lucas* 16:16).

---

mi mensajero a allanar el camino delante de mí» (*Malaquías* 3:1). Que el mensajero prometido sería la reencarnación del profeta Elías se anuncia en un pasaje posterior, *Malaquías* 3:23 (véase la página 86).

«Os aseguro que entre los que pertenecen al linaje de los santos profetas no ha habido uno mayor que Juan el Bautista». Acto seguido, Jesús honra a Juan con las más sublimes alabanzas. Juan era el profeta Elías, que había alcanzado la unión con Dios en su encarnación anterior. Dios lo eligió para el papel que habría de desempeñar en ese momento: bautizar en el Espíritu a Cristo Jesús, reformador de un ciclo mundial.

Jesús identifica fehacientemente a Juan como la reencarnación de Elías

Jesús hace luego una distinción (sin el propósito de denigrar la grandeza de Juan) entre el estado de elevación espiritual de Juan el Bautista en la vida terrenal y aquel estado en que el alma ha alcanzado la completa liberación en el reino de Dios —la unidad con el Espíritu Absoluto—. En ese punto, el alma ya no necesita someterse a la imposición cósmica que le obliga a residir en alguna de las tres prisiones corporales y a interactuar con las manifestaciones de la triple creación onírica de Dios.

Desde una época anterior a Juan el Bautista, *«los profetas, lo mismo que la Ley, profetizaron»;* es decir, enunciaban la voluntad de Dios existente en la ley y en las profecías. *«A partir de ahí comienza a anunciarse la Buena Nueva del Reino de Dios»;* es éste el momento en que Juan proclamó: «El Reino de los Cielos ha llegado», y Jesús después predica: *«El Reino de Dios está dentro de vosotros»**. Desde entonces hasta el presente, y por todos los tiempos futuros, *«el Reino de los Cielos sufre violencia* (permite que lo conquisten mediante la voluntad y la determinación)», y todos los buscadores sinceros se han esforzado por entrar en ese reino. Jesús dice, al igual que el gran sabio Patanjali, que *«los violentos se hacen con él»*, es decir, que los devotos resueltos alcanzan la salvación y el bienaventurado estado celestial dirigiendo hacia Dios su visión, su fuerza vital y su concentración. Como señaló Patanjali: «Se hallan más próximos de alcanzar dicho estado [la meta del yoga: la unión con Dios] aquellos que poseen *tivra-samvega,* fervor divino (ardiente devoción por Dios y esfuerzo por alcanzarle, y desapasionamiento extremo hacia el mundo de los sentidos)»[18].

Aquel que medita en forma profunda, intensa y continua bajo la guía de su gurú o salvador conoce el modo de lograr que la conciencia se desligue rápidamente del cuerpo, valiéndose de la fuerza de voluntad divina. Para ello, la conciencia atraviesa los portales del reino

[18] *Yoga Sutras* I:21.

celestial interior y se une a la vida cósmica que se halla en el espacio entero. El alma se libera así de la prisión corporal y se une a la omnipresencia de la Conciencia Crística Universal; experimenta entonces aquello que Jesús dijo: *«Yo y el Padre somos uno»*. Juan el Bautista fue un ejemplo característico de los aspirantes que poseen un intenso fervor divino y que merced a su supremo ascetismo y a la vehemencia de su voluntad alcanzan rápidamente el reino celestial[19].

Jesús luego reafirma que la encarnación de Juan el Bautista no había sido un hecho fortuito, sino que era, en verdad, el cumplimiento de la profecía: *«Voy a enviaros al profeta Elías antes de que llegue el día de Yahvé, grande y terrible»*[20]. De manera inequívoca, Jesús proclama: *«Y, si queréis admitirlo, él es Elías, el que iba a venir. El que tenga oídos, que oiga»*, lo cual significa: «Quienes tengan la capacidad para entenderlo, que oigan, admitan y comprendan esta verdad: Juan el Bautista no es otro sino aquel que era Elías en una encarnación anterior».

En este pasaje, Jesús reconoce sin lugar a duda la existencia de la reencarnación. Sólo esta sublime filosofía puede explicar cómo aquellas almas que han sido arrebatadas por la muerte y abandonan las costas de la vida sin alcanzar la salvación pueden emprender nuevos esfuerzos y alcanzar la emancipación definitiva a través de otra serie de encarnaciones humanas. Las almas liberadas, o aquellas que se hallan libres del karma mortal pero aún están progresando en los mundos astral o causal, no reencarnan en la tierra debido a una exigencia del karma, sino por mandato de Dios, con una misión especial que cumplir para bendición de la humanidad. El regreso del alma de Elías a la vida terrenal en un cuerpo llamado «Juan el Bautista» tenía como propósito llevar a cabo todas aquellas actividades que contribuyeran a apoyar y a anunciar el plan divino que se manifestó en la grandiosa misión universal de Jesús.

Cuando Jesús se dirigió a las almas receptivas que formaban parte de la multitud y dijo: «Los que tengan oídos espirituales para oír y para sentir la vibración de la verdad, que comprendan la verdad que respalda mis palabras», él sabía que entre los presentes había numerosos incrédulos que buscaban un motivo para acusarle. La mayoría de quienes escuchaban a Jesús comprendían la palabra de Dios que él

---

[19] Compárese con *Lucas* 10:27: *«Amarás al Señor tu Dios [...] con todas tus fuerzas»*. (Véase el comentario que aparece en el discurso 53).

[20] *Malaquías* 3:23.

anunciaba, ya que habían recibido el bautismo y la preparación espiritual por parte de Juan el Bautista. En cambio, los incrédulos, «*los fariseos y los legistas*», que no se encontraban entre los iniciados ni entre los seguidores manifiestos de Juan, rechazaban categóricamente las revelaciones de Dios que se expresaban a través de Jesús y que eran un mensaje que podría haber despertado sus conciencias del letargo en que se hallaban sumidas.

~

> *«¿Con quién podré comparar a los hombres de esta generación? ¿A quién se parecen? Se parecen a los chiquillos que están sentados en la plaza y se gritan unos a otros: "Os hemos tocado la flauta, pero no habéis bailado, os hemos entonado endechas, pero no habéis llorado".*
>
> *»Porque resulta que ha venido Juan el Bautista, que no comía pan ni bebía vino, y decís: "Está endemoniado". Ha venido el Hijo del hombre, que come y bebe, y decís: "Ahí tenéis un comilón y un borracho, amigo de publicanos y pecadores". Pero la Sabiduría se ha acreditado por todos sus hijos»* (*Lucas* 7:31-35)[21].

La analogía en que Jesús compara con chiquillos a las personas espiritualmente perezosas

Resulta inevitable que los que prodigan sabiduría, cuyas mentes tienen acceso al conocimiento superior de la verdad, vean a las incultas multitudes como chiquillos cuyo entendimiento y forma de actuar están limitados a su habitual —y a menudo frívolo— modo de ser. Así comparó Jesús a los hombres de su generación carentes de entendimiento. Él trazó un paralelo entre los hombres desprovistos de espiritualidad y los chiquillos que se sientan ociosamente en el mercado, sin dedicarse a la adquisición de bienes provechosos ni al jubiloso juego, y que no sienten arrepentimiento por derrochar en pasatiempos inútiles los valiosos y efímeros momentos con que cuentan. De manera metafórica, Jesús describió el mundo como un mercado en el que, de entre todo cuanto se ofrece, la gente elige y adquiere con su esfuerzo bienes materiales o espirituales. Sin embargo, pocos son

[21] Compárese con la referencia paralela que aparece en *Mateo* 11:16-19.

los que escuchan el consejo de los más sabios: dedicarse a aquello que realmente vale la pena. Los que son diligentes acusan a los perezosos de carecer de la iniciativa para progresar, diciendo: «Hemos tocado la flauta de la oportunidad, pero no habéis bailado al son de lo que os ofrecíamos». Jesús vino a ofrecer el camino hacia el reino de los cielos, pero la gente ignorante, en vez de ocuparse en actividades espirituales, continúa malgastando el tiempo en la pereza física y mental. Algunos se lamentan con indiferencia por la pérdida negligente del valioso tiempo de la vida, en tanto que otros, sin aprender de ejemplo alguno de arrepentimiento, jamás derraman siquiera una lágrima ante el hecho de estar malgastando inútilmente su vida.

Los devotos diligentes, al comprender el valor de ese algo más que trasciende lo normal, se ocupan de invertir su tiempo en el desarrollo de las cualidades espirituales. Algunas personas se deleitan de modo superficial con las cuestiones espirituales, en tanto que otras no sienten ningún gozo en cultivarse espiritualmente. Hay algunos, cuyos pensamientos más profundos son estimulados por el sufrimiento o por una sensación de vacío, que se lamentan por no poder hallar la verdad de la existencia; hay otros que jamás lloran por su falta de percepción de la verdad, pues no relacionan los sufrimientos de la vida con su ignorancia espiritual.

La analogía de Jesús alude también a la actitud pueril de las personas que abrigan expectativas con respecto al comportamiento y a las creencias de los demás, a quienes acusan —cuando no responden a sus requerimientos— de no progresar espiritualmente conforme a tales criterios. Y como conclusión, Jesús hace referencia a los incrédulos y a los escépticos, que se comportan de manera indolente, pero se acusan unos a otros de sus pecados de omisión. Por estar absortos en la necedad de creerse superiores y por comportarse con pedantería en vez de desarrollar la religiosidad, no podían reconocer ni aprovechar la sabiduría y la gracia que Dios les ofrecía a través del Cristo presente en Jesús.

A continuación, Jesús señala el falso razonamiento de quienes carecen de entendimiento: «Vosotros, que tanto perdéis el tiempo en el mercado de la vida, donde podríais hallar a Dios, habéis demostrado que sois ignorantes, indiferentes y ciegos, y que por tener la mente tan dispersa no habéis podido reconocer la grandeza espiritual de Juan el Bautista y el bien inapreciable que él podía haberos hecho. Neciamente considerasteis que estaba poseído por un demonio porque, a diferencia de vuestra naturaleza amante de la comodidad, él practica un austero autocontrol y es parco en el comer y en el beber. Si creéis que su santo ascetismo indica que está poseído por un demonio, ¿cómo podéis justificar entonces, de acuerdo con ese criterio, vuestras críticas hacia alguien que se acerca a vosotros y que come, bebe y alterna con la gente, como se acostumbra en estos tiempos? Y sin embargo me acusáis de comilón, y de bebedor, y de tratar con publicanos y pecadores. Sin duda alguna, habéis sido incapaces de reconocer en mí al hijo de Dios oculto tras el hijo del hombre (la naturaleza humana). Ignoráis que todos los hijos de la sabiduría divina, hagan lo que hagan y aunque los demás no los comprendan externamente, son absueltos por las sutiles e inmutables leyes que rigen su estado de unión con Dios».

En la época oscura en que vivió Jesús, las técnicas científicas para alcanzar la comunión y la unidad con Dios no estaban al alcance de las muchedumbres. Quienes llegaban a esa cumbre de la búsqueda espiritual hallaban el camino para recoger la mente en su interior principalmente por medio de la práctica intensa de la devoción y de la disciplina corporal y mental. A fin de representar el papel menos avanzado que ahora le tocaba desempeñar a Juan el Bautista, el profeta estableció rigurosos preceptos de autodisciplina religiosa tales como el ayuno y la observancia de determinadas leyes físicas y ritos espirituales. Jesús, sin embargo, vino a ejemplificar la conciencia de Dios; cuando participaba en las costumbres sociales establecidas, sólo intervenía su naturaleza física (el hijo del hombre) y eso no afectaba en absoluto su naturaleza espiritual que se manifestaba en él como el Hijo de Dios. El Hijo de Dios, el Cristo interior, se mantenía completamente apartado de las acciones del hijo del hombre —la personalidad externa de Jesús—. Lo que Jesús quería expresar es que quienes los criticaban, tanto a él como a Juan el Bautista, estaban tan ciegos espiritualmente que no podían reconocer ni la espiritualidad de la naturaleza de Juan el Bautista, ascética en el exterior, ni al Cristo presente en Jesús, oculto tras los hábitos comunes y sin aparentes modificaciones de su sencilla vida.

Jesús defendió el hecho de tratar con *«publicanos y pecadores»* sosteniendo que seguía los dictados de la sabiduría. El propósito de su sociabilidad era romper las barreras de casta y predicar sin distinciones a todos aquellos que necesitaran de él y, asimismo, mostrar cómo el poder redentor de Dios podía auxiliar y elevar a quienes habían caído en el error, si éstos tenían confianza en la capacidad de Jesús como instrumento divino, en virtud de su empatía y compasión hacia los demás.

~

«Entonces se puso a maldecir a los pueblos en los que se habían realizado la mayoría de sus milagros, porque no se habían convertido:

»"¡Ay de ti, Corazín! ¡Ay de ti, Betsaida! Porque si en Tiro y en Sidón se hubieran hecho los milagros que se han hecho en vosotras, hace tiempo que se habrían convertido, cubiertos de sayal y sentados en ceniza. Por eso, os digo que el día del Juicio habrá menos rigor para Tiro y Sidón que para vosotras[22]*. Y tú, Cafarnaún, ¿pretendes encumbrarte hasta el cielo? ¡Pues hasta el Hades te hundirás! Porque si en Sodoma se hubieran hecho los milagros que se han hecho en ti, todavía existiría hoy. Por eso os digo que el día del Juicio habrá menos rigor para la tierra de Sodoma que para ti"»*[23] (*Mateo* 11:20-24).

«¡Oh vosotros, habitantes de Corazín y de Betsaida!, habéis sido favorecidos con la oportunidad de presenciar las imponentes obras del poder de Dios, habéis sido testigos de la demostración espiritual de lo que la gracia y las bendiciones de Dios pueden hacer por vosotros, pero fuisteis incapaces de beneficiaros lo suficiente como para cambiar vuestro proceder. Vuestra falta de receptividad finalmente os conducirá por los senderos del error hacia el abismo del sufrimiento. Incluso los habitantes de Tiro y de Sidón, a pesar de no poseer vuestra tradición espiritual, habrían sido más receptivos que vosotros. Si ellos hubiesen presenciado

¿En qué consiste el auténtico «día del Juicio»?

[22] La ciudad de Corazín ya no existe; se cree que pudo haber estado situada a tres kilómetros al norte de Cafarnaún. Betsaida, pueblo natal de Pedro, Andrés y Felipe, se encontraba a la orilla del mar de Galilea donde desemboca el río Jordán. Tiro y Sidón eran opulentas ciudades comerciales ubicadas en Fenicia (el Líbano actual) sobre la costa del Mediterráneo, de las cuales los judíos habían sido ocasionalmente enemigos; véase, por ejemplo, *Joel* 4:4-6: *«Y vosotros, Tiro y Sidón y provincias filisteas, ¿qué queréis de Mí? [...] Vosotros robasteis mi plata y mi oro, os llevasteis mis mejores tesoros a vuestros templos, y a los hijos de Judá y Jerusalén los vendisteis a los griegos, para alejarlos de su territorio».*

[23] Compárese con los versículos paralelos que aparecen en *Lucas* 10:13-15.

tales manifestaciones divinas, se habrían arrepentido profundamente de su mal proceder y habrían realizado actos de contrición. Yo profetizo que cuando abandone este cuerpo y me encuentre en la Conciencia Crística veré a las almas de los muertos de Tiro y Sidón ascender a una región más elevada de existencia vibratoria que la que os corresponderá a vosotros en suerte cuando seáis juzgados por vuestras acciones».

El «día del Juicio» no es un determinado momento de la eternidad que Dios haya fijado, sino que se refiere, en general, al período posterior a la muerte en que el alma desencarnada recibe los frutos de sus acciones —el juicio— de acuerdo con las acciones acumuladas en sus vidas anteriores.

La vida entera es una escuela y cada persona, bien sea que lo sepa o no, está preparándose para el «examen final» que tendrá lugar el último día de su encarnación terrenal. En la vida diaria puede resultar difícil juzgar el carácter de una persona basándose en su apariencia externa (salvo que se conozca el arte intuitivo de interpretar la personalidad), pero en el momento de la muerte, la fachada de la simulación se desprende de cada hombre y éste queda completamente expuesto ante el tribunal del «juicio final», en el que él mismo se enjuicia.

*«Porque cual es su pensamiento en su corazón, tal es él»**[24]. Cada alma tiene, en esencia, la pureza de la divinidad, pero se ha colocado la máscara de la personalidad y del carácter externos —una cubierta vibratoria compuesta por el conjunto de todos los pensamientos, sentimientos, experiencias sensoriales, deseos y hábitos que la persona ha acumulado a lo largo de su vida—. Cada ser humano es único; no existen dos expresiones vibratorias idénticas, porque los pensamientos, elecciones y reacciones de cada persona en la escuela de la vida le pertenecen solamente a ella. Desde la niñez y hasta el último aliento, todas esas experiencias se almacenan en el cerebro como patrones vibratorios o registros condensados. Estas tendencias kármicas influyen sobre el comportamiento, la personalidad y las experiencias que acontecen en la vida de cada ser humano.

La mayor parte de las personas tiene dificultad para recordar incluso los acontecimientos principales de la vida cotidiana una vez que ha transcurrido cierto tiempo; la mente consciente por lo general comienza a olvidar los detalles de los sucesos después de algunos

[24] *Proverbios* 23:7.

minutos, y la mayoría de estos detalles se desvanece por completo de la mente al cabo de unos pocos días, meses o años. Sin embargo, bajo la mente consciente se encuentra la mente subconsciente, donde se registran todas las experiencias relevantes de la vida, y desde donde se pueden traer nuevamente a la memoria mediante el estímulo apropiado. Pero a un nivel aún más profundo se encuentra la mente supraconsciente, que jamás olvida ninguna de las experiencias por las que una persona haya atravesado en esta encarnación o en encarnaciones anteriores. Los seres humanos que están atados al cuerpo y cuyo estado habitual es la conciencia de vigilia no tienen, por lo general, acceso a la región supraconsciente. Mas, en el momento de la muerte, cuando la fuerza vital y la conciencia se retiran a la columna vertebral y al cerebro con el objeto de abandonar el cuerpo mortal, se activan los «registros» kármicos condensados de cada acción, pensamiento, sentimiento y deseo acumulados desde la niñez y se vuelven visibles. En un instante, el alma ve un panorama de toda su encarnación: todo el bien y todo el mal que esa persona ha hecho, pese a que pueda haberlos «olvidado» por completo.

Al contemplar el resumen total del uso que ha dado a esa encarnación, el moribundo se ve embargado por el profuso conjunto de todos los sentimientos y deseos que predominaron a lo largo de su vida. Si ha llevado una vida básicamente buena, experimentará un sentimiento de felicidad o de satisfacción; si por el contrario, el principal «logro» de su vida ha sido causarse dolor a sí mismo o provocarlo a los demás, su mente se verá abrumada por grandes remordimientos o por sentimientos de culpabilidad. La impresión preponderante —ya sea fuertemente positiva o negativa o de algún grado intermedio— que le produzca este repaso de su vida es el «juicio» que determinará el sitio al que habrá de dirigirse en el interludio astral que existe entre una encarnación y la siguiente y, asimismo, también dictará las condiciones de su renacimiento en un cuerpo físico[25].

La tendencia general de los pensamientos y sentimientos que una persona alberga a lo largo de su vida terrenal es la que determina el «veredicto» del «día del Juicio». La impresión decisiva que permanece en la conciencia, la esencia destilada de sus hábitos predominantes de toda una vida es, pues, el juez kármico que anuncia, al toque de la «trompeta

---

[25] «El pensamiento que una persona abriga en el momento de morir y abandonar el cuerpo determina —por la prolongada fijeza en él— su próximo estado de existencia» *(God Talks With Arjuna: The Bhagavad Gita* VIII:6. Véase *El Yoga del Bhagavad Guita).*

de Gabriel», el siguiente destino al que se dirigirá esa persona[26].

El día del Juicio es, por lo tanto, un período posterior a la muerte en que el alma, de acuerdo con su karma individual, recibe la sentencia emitida por la ley cósmica, que determina la clase de renacimiento o ascenso espiritual que le corresponderá en la tierra o en otro plano más elevado de existencia.

«Y por ese motivo yo sé y puedo profetizar, ¡oh habitantes de Corazín y de Betsaida!, que por causa de vuestra indiferencia espiritual cosecharéis malos frutos el día del juicio de vuestro karma, después de la muerte. Mi conciencia —omnisciente y eterna, que no sufre interrupciones debido a la muerte— percibe ahora todo lo que os sucederá en el futuro por haber desdeñado esta oportunidad espiritual. Yo profetizo que, ciertamente, en el día de vuestro juicio me lamentaré por vuestra insensatez».

Jesús se refiere en términos similares a Cafarnaún. (Se ha señalado que en este lugar residió durante su vida pública; por ese motivo, es la ciudad más favorecida por Dios, «encumbrada hasta el cielo»). Él explicó que esa ciudad sufriría en el futuro debido al karma individual y colectivo de sus habitantes, que con ingratitud espiritual desdeñaron sus enseñanzas. Si quienes vivieron incluso en la condenada Sodoma hubiesen contemplado semejantes testimonios de glorificación a Dios como los manifestados en la vida y en las obras de Cristo, la acogida más favorable de sus habitantes habría permitido que la ciudad siguiese existiendo y que sus moradores gozaran de mejores condiciones en el más allá[27].

---

[26] Véase el discurso 21 (volumen I).

[27] «Aun cuando la civilización de la India es más antigua que cualquier otra, pocos historiadores han reparado en el hecho de que su supervivencia no es un mero accidente, sino el resultado lógico de su devoción a las verdades eternas, verdades que la India ha ofrecido a través de sus mejores hombres en cada generación. Por medio de la tremenda continuidad de su existencia y su inmutabilidad a lo largo de las edades (¿pueden los empolvados eruditos decirnos con certeza cuántas?), la India ha respondido en la forma más meritoria entre todos los pueblos al desafío del tiempo.

»La historia bíblica habla de la súplica de Abraham al Señor para que la ciudad de Sodoma fuera perdonada, si diez hombres justos se hallasen en ella. Y la respuesta divina fue: "*Tampoco los destruiría, en atención a los diez*". Esta historia adquiere un nuevo significado a la luz de la India, que escapó del olvido. Extintos se hallan los imperios de las poderosas naciones diestras en el arte de la guerra, que fueron en un tiempo contemporáneas de la India, tales como el antiguo Egipto, Babilonia, Grecia y Roma.

»La respuesta del Señor claramente muestra que una nación no vive por sus proezas

En este pasaje se hace hincapié en el hecho de que la Ley Cósmica determina efectos kármicos proporcionales a las acciones que los causan; sin embargo, a la acción misma debe sumársele la motivación. La ignorancia no detiene el funcionamiento de la ley; pero una vez que resulta evidente cuál es el curso correcto de acción, rechazarlo premeditadamente aumenta la carga kármica correspondiente. Por ello, el juicio de la Ley Cósmica contra los ignorantes pecadores de Sodoma habría sido menos severo que el juicio de la Ley contra los transgresores espirituales de Cafarnaún, que blasfemaban contra Dios al rechazar y denigrar al representante supremo de la Inteligencia Crística que Él mismo les había enviado.

materiales, sino por sus hombres convertidos en supremos modelos» *(Autobiografía de un yogui).*

DISCURSO 35

El perdón de los pecados

El concepto bíblico de pecado
ha sido malinterpretado durante siglos

❖

La percepción de la divinidad del alma
nos libera de los efectos de los errores del pasado

❖

Cómo el amor puro por Dios atrae el perdón de los pecados

❖

La compasión y la sabiduría que Jesús expresó
al dirigirse a la mujer adúltera

❖

La actitud de perdón hacia los demás
atrae hacia uno mismo el perdón de Dios

❖

Cuando alguien perdona una ofensa, ¿se libera el ofensor
de las consecuencias kármicas de su mal proceder?

❖

Cinco métodos para obtener la absolución
de los efectos kármicos procedentes de las acciones erróneas

«El hombre fue creado esencial y eternamente a imagen de Dios; los pecados de un millón de vidas no pueden borrar la perfección de su alma».

Un fariseo le rogó que comiera con él. Jesús entró en la casa del fariseo y se puso a la mesa. Había en el pueblo una mujer pecadora pública. Al enterarse de que estaba comiendo en casa del fariseo, llevó un frasco de alabastro de perfume y, poniéndose detrás, a los pies de él, comenzó a llorar. Con sus lágrimas le humedecía los pies y con los cabellos de su cabeza se los secaba; besaba sus pies y los ungía con el perfume.

El fariseo que le había invitado, al ver la escena, se decía para sí: «Si éste fuera profeta, sabría quién y qué clase de mujer es la que le está tocando: una pecadora». Jesús le dijo: «Simón, tengo algo que decirte». Él respondió: «Di, maestro». «Un acreedor tenía dos deudores: uno debía quinientos denarios y el otro cincuenta. Como no tenían para pagarle, perdonó a los dos. ¿Quién de ellos le amará más?». Respondió Simón: «Supongo que aquel a quien perdonó más». Jesús le dijo: «Has juzgado bien». Después, volviéndose hacia la mujer, dijo a Simón: «¿Ves a esta mujer? Entré en tu casa y no me diste agua para los pies. Ella, en cambio, ha humedecido mis pies con lágrimas y los ha secado con sus cabellos. No me diste el beso, pero ella, desde que entró, no ha dejado de besarme los pies. No ungiste mi cabeza con aceite, pero ella ha ungido mis pies con perfume. Por eso te digo que quedan perdonados sus numerosos pecados, porque ha mostrado mucho amor. A quien poco se le perdona, poco amor muestra». Y le dijo a ella: «Tus pecados quedan perdonados». Los comensales empezaron a decirse para sí: «¿Quién es éste, que hasta perdona los pecados?». Pero él dijo a la mujer: «Tu fe te ha salvado. Vete en paz».

Lucas 7:36-50[1]

[1] En el presente discurso se comentan también otros pasajes acerca del perdón de los pecados: *Juan* 8:3-11, *Marcos* 11:25-26, *Lucas* 17:3-4 y *Mateo* 18:21-35.

Jesús perdona a la mujer pecadora

«Quedan perdonados sus numerosos pecados, porque ha mostrado mucho amor». [...] Los comensales empezaron a decirse para sí: «¿Quién es éste, que hasta perdona los pecados?». Pero él dijo a la mujer: «Tu fe te ha salvado. Vete en paz».

Lucas 7:47, 49-50

En todas las épocas, la misericordia sin límites del amor divino se pone de manifiesto en quienes son devocionalmente receptivos al Cristo presente en Jesús. Las palabras que Jesús dirigió a la mujer de mala reputación expresaban la compasión redentora con la que Dios responde pródigamente a la ofrenda rebosante de amor que le hace el devoto sincero. [...]

Muchos siglos de malas interpretaciones del concepto bíblico de pecado y de la supuesta abominación del pecado a los ojos de Dios han creado una imagen popularmente aceptada del Todopoderoso que lo presenta como un ser cuya ira contra los pecadores es despiadada y cuya severidad es rigurosa y vengativa. [...] Sin embargo, los santos de todas las religiones, que en el recogimiento interior de su comunión personal han logrado experimentar la Divina Presencia, declaran, sin excepción, que la omnipotencia de Dios no se expresa como venganza, sino como compasión, amor y bondad. [...]

No hay duda alguna acerca de la siguiente promesa divina: Cualquier pecado —y sus consecuencias— puede serle perdonado al devoto arrepentido cuyo amor a Dios es suficientemente profundo y que, por lo tanto, sintoniza su vida con el Señor todo misericordioso.

Paramahansa Yogananda

Dibujo: Heinrich Hofmann

DISCURSO 35 

El perdón de los pecados

En todas las épocas, la misericordia sin límites del amor divino se pone de manifiesto en quienes son devocionalmente receptivos al Cristo presente en Jesús. Las palabras que Jesús dirigió a la mujer de mala reputación expresaban la compasión redentora con la que Dios responde pródigamente a la ofrenda rebosante de amor que le hace el devoto sincero. Esta gracia que el Señor derrama con toda generosidad sobre sus devotos la expresa en términos semejantes el *Bhagavad Guita:* «Incluso un malhechor consumado que se aparta de todo para adorarme exclusivamente a Mí puede contarse entre los hombres buenos a causa de su virtuosa resolución. Rápidamente se convertirá en un hombre justo y obtendrá paz sin fin»[2].

El concepto bíblico de pecado ha sido malinterpretado durante siglos

La ley del karma gobierna cada una de las acciones de los seres humanos. El bien produce buenos resultados, en tanto que el mal engendra malas consecuencias. Una mala acción perpetrada contra la sociedad es un delito, en tanto que una mala acción que se realiza contra el bienestar del alma es un pecado. El funcionamiento de la ley kármica en relación con las acciones humanas difiere del funcionamiento de la ley del hombre. Esta última castiga a quienes han cometido un delito sólo si logra descubrirlos y condenarlos debidamente; pero si no puede descubrirlos, los delincuentes permanecen en libertad. En cambio, la ley del karma es infalible: todo lo sabe e imparte justicia de acuerdo con ese

2 *God Talks With Arjuna: The Bhagavad Gita* IX:30-31. (Véase *El Yoga del Bhagavad Guita*).

conocimiento. *«No os engañéis, pues de Dios nadie se burla. Cada cual cosechará lo que siembre»*[3].

Muchos siglos de malas interpretaciones del concepto bíblico de pecado y de la supuesta abominación del pecado a los ojos de Dios han creado una imagen popularmente aceptada del Todopoderoso que lo presenta como un ser cuya ira contra los pecadores es despiadada y cuya severidad es rigurosa y vengativa. El hombre, intimidado, se encoge de miedo ante el juicio de su Creador. Sin embargo, los santos de todas las religiones, que en el recogimiento interior de su comunión personal han logrado experimentar la Divina Presencia, declaran, sin excepción, que la omnipotencia de Dios no se expresa como venganza, sino como compasión, amor y bondad.

Si bien Dios es el Creador y el Sostenedor del ser humano, Él ha decretado la ley de causa y efecto —la ley del karma— para que gobierne la vida de modo tal que el hombre mismo sea el juez de sus propios actos. Con sus buenas acciones, obliga a la ley del karma a recompensarlo. Pero cuando prefiere actuar según los dictados del mal, crea su propio sufrimiento, pues invita a la ley del karma a operar de manera acorde con su decisión[4].

Cuando una persona obra mal, no hay una fuerza consciente pronta a abalanzarse sobre él para destrozarlo. La ley cósmica no determina deliberadamente la suerte o desgracia de una persona. «El Omnipresente Ser no toma en cuenta ninguna virtud ni pecado de nadie. La sabiduría está eclipsada por la ilusión cósmica y, por eso, la humanidad se halla desconcertada»[5]. Al avanzar a tientas en medio de los desconcertantes ofrecimientos de la creación ilusoria, el hombre va forjando la recompensa que obtendrá como resultado de sus decisiones virtuosas o el castigo que le corresponderá por aquellas que son pecaminosas, dependiendo de que sus actos se hallen o no en armonía con la ley cósmica.

Cuando el alma se identifica con el cuerpo y con los placeres sensoriales que éste proporciona, olvida su naturaleza divina. Este olvido, que es el resultado de dejarse llevar por el deseo indiscriminado

---

[3] *Gálatas* 6:7.

[4] «El crimen y el castigo nacen del mismo tronco. El castigo es un fruto que, sin que nadie lo sospeche, madura dentro de la flor del placer que lo mantenía oculto» (Ralph W. Emerson, en su ensayo *Compensación*).

[5] *God Talks With Arjuna: The Bhagavad Gita* V:15. (Véase *El Yoga del Bhagavad Guita*).

de gratificación sensorial, es pecaminoso porque la conciencia se aparta de Dios y sigue el camino de la ignorancia. Así pues, el hombre «peca» al actuar contra los intereses de su verdadero Ser. Por lo tanto, si un hijo de Dios decide identificarse con los sentidos y con la felicidad que éstos parecen aportar, peca contra su alma y viola la divina felicidad que de ella proviene. Amar los placeres sensuales y desestimar el bienaventurado contacto con el alma (conocedora de Dios), que se experimenta en la meditación, es el pecado básico que engendra, por causa de la ignorancia, todas las demás formas de comportamiento pecaminoso. Quien no busca ni encuentra la felicidad superior que se siente en la meditación —el eternamente renovado gozo del alma— queda a merced de las ansias materialistas del ego (el engañoso ser inferior) y olvida la divinidad de su Ser. Si un príncipe dilapida todas sus riquezas en su afán de agasajar con banquetes y abundante bebida a sus perversos amigos, locos por los placeres, pecará contra su propio interés. De modo similar, si el hombre olvida su principesca naturaleza —el alma bienaventurada— y se gratifica con los placeres temporales del cuerpo dominado por el ego, pierde su derecho y su capacidad de acceder a la innata riqueza del eterno y siempre renovado gozo que, oculto a su mirada, se halla dentro de su Ser soberano.

Por qué Dios parece hallarse tan distante y alejado de los asuntos humanos

Cuando el hombre que se encuentra bajo el dominio del pecado se ve aquejado por las dolorosas consecuencias de sus errores, llora lastimosamente clamando por la misericordia de Dios. A cada alma se le ha otorgado esa misericordia, pero el individualismo egoísta, que mantiene al ser humano amortajado en la ignorancia, le impide aceptar dicho don. El hombre mundano cree entonces que Dios le ha olvidado —o que se encuentra tan distante y alejado de los asuntos humanos que los esfuerzos del hombre carecen de importancia para Él—. Mas esto no es verdad: Dios es el más cercano de cuantos están cerca de nosotros, y en todo momento se preocupa amorosa y silenciosamente por el bienestar de sus hijos. Es el ser humano el que se mantiene muy apartado de Dios cuando le abandona por hallarse absorto en las ocupaciones materiales. Y entonces, cuando repentinamente necesita la urgente ayuda de Dios, ya no puede recordar cómo establecer su conexión con la Divina Inmanencia.

En el origen, cuando Dios creó al ser humano, Él no le negó la posibilidad de conocerle o de revelarle su divina presencia. Tal como se relata en las escrituras, en la creación primigenia la comunión entre Dios y el hombre era natural y se hallaba libre de todo obstáculo. Pero el hombre desobedeció la ley divina y de ese modo erigió los muros del pecado y de la ignorancia, que le impidieron percibir a Dios. En el principio, Adán y Eva se reunían con el Benéfico Creador en el curso cotidiano de sus vidas. El Señor jamás rehusaba visitarlos, hasta que ellos quebrantaron deliberadamente el código divino de conducta. En realidad, Dios no los expulsó del Paraíso, sino que fueron Adán y Eva mismos quienes se alejaron de allí a causa de su desobediencia. Sus propias acciones construyeron en torno a ellos el muro del comportamiento pecaminoso cuya opacidad les impidió ver al Espíritu Resplandeciente.

El hombre se mantiene exiliado y apartado de la conciencia de Dios debido a su persistencia en el error. Sería incorrecto, sin embargo, culpar a Dios de ser egoísta y de permanecer sentado en un dorado trono celestial, disfrutando de lo mejor y más selecto de su creación, mientras les encomienda a los pobres habitantes de la tierra la tarea de cultivar el duro suelo de la vida. La verdad es que si Dios es omnipresente, entonces Él sufre en aquellos que lloran, se esfuerza con los que trabajan y se regocija en quienes experimentan la bienaventuranza del alma. El Gran Espíritu deseó multiplicarse y por ello se convirtió en muchos; pero los muchos no le reconocen: han quedado segregados a causa de su individualismo. Aferrándose al engaño de que su ego posee una existencia separada, han olvidado por completo que su individualidad no es más que una burbuja en la superficie del Océano Cósmico. Uno alcanza la salvación cuando rompe el engaño del individualismo y permite que la diminuta burbuja se disuelva en el océano del Espíritu.

Cada alma, originalmente creada a imagen de Dios, permanece siempre inmutable, por pecaminosa que parezca la conciencia del ego que se expresa externamente a través de la instrumentalidad del cuerpo y de la mente. El pecado actúa como una corteza que encierra al alma e impide que ésta manifieste su unidad con el Espíritu. Cuando se rompe la corteza del pecado, el alma siempre pura se convierte en la conciencia predominante y de nuevo expresa la percepción de su identidad con Dios.

Cuando el alma se reconoce de nuevo como hija de Dios, como auténtica descendiente del Inmaculado Infinito, y comprende que fue sólo el influjo de la ilusión onírica lo que le hizo imaginar temporalmente que era un ser pecador, la conciencia abriga entonces una fe inquebrantable en esa realidad. La convicción de ser un pecador es imaginaria y efímera; la convicción latente de que el alma es hija de Dios es eterna e inmutable, aun cuando se encuentre oculta de manera transitoria en una matriz de pecado propia de la mortalidad. Cuando uno tiene fe en la divinidad de su alma y en su todopoderosa naturaleza que se halla en sintonía con Dios, se libera con prontitud de los resultados de las acciones pecaminosas del pasado.

La percepción de la divinidad del alma nos libera de los efectos de los errores del pasado

Si una habitación ha permanecido a oscuras durante mil años, no podemos disipar las tinieblas golpeándolas con un palo. En cambio, al encender una luz en la habitación, la oscuridad de eones desaparece al instante. De modo similar, si un alma permanece durante encarnaciones en la oscuridad de la ignorancia y de las malas acciones, al hacer entrar en ella la luz de la sabiduría y de la fe en el alma y en Dios, toda la ilusoria oscuridad se desvanece de inmediato.

Así pues, el método supremo para que el hombre se libre de cosechar los resultados de sus acciones equivocadas del pasado consiste en abandonar su condición de ser humano y convertirse en hijo divino. Las acciones indebidas de un alma identificada con el cuerpo (es decir, en el papel de ego) deben recibir el castigo que procede, de acuerdo con la ley del karma. Pero si el alma, por medio de la meditación extática, se libera por completo de su identificación con el cuerpo y se contempla a sí misma como una imagen pura del Espíritu, ya no estará sujeta al castigo que le corresponda por los errores que cometió en su condición de ser humano.

Supongamos que un poderoso monarca se disfraza y entra en una de las tabernas de su reino; allí se emborracha, olvida por completo su rango e inicia una virulenta reyerta con uno de los clientes. Los taberneros lo llevan ante un juez, que había sido designado para ese puesto por el rey mismo. Cuando el juez está a punto de sentenciar al monarca, éste recupera la sobriedad, se quita el disfraz y exclama: «Soy el rey que te nombró juez y tengo el poder de enviarte a prisión. ¿Cómo te atreves a condenarme?». De modo semejante, el alma regia y siempre perfecta puede hacer el mal y ser condenada por el juez del karma mientras se halla identificada con el cuerpo. Pero cuando la conciencia del alma se identifica con Dios —el Creador del juez kármico—, el alma regia ya no se halla bajo la jurisdicción de ese tribunal que juzga su pasada negligencia.

Cuanto más establezca uno su identidad con el Absoluto y deje de considerarse un pecador, en mayor medida sentirá la misericordia de Dios.

Cómo el amor puro por Dios atrae el perdón de los pecados

El amor por Dios —la entrega a Dios— destruye en el hombre el karma de la ignorancia. El amor puro —el amor divino— elimina las barreras que se interponen entre el hombre y su Creador. La mujer pecadora que había *«mostrado mucho amor»* se transformó con el toque santificador de ese amor.

«Soy imparcial con todos los seres —declara el Señor en el *Bhagavad Guita*—. A nadie desprecio y a nadie prefiero. Pero quienes me dan a Mí el amor de su corazón están en Mí, como Yo estoy en ellos»[6].

Dios es amor. Aunque la conciencia externa se encuentre bajo la influencia del engaño o del mal, toda alma es un sagrado recipiente colmado de ese amor divino. Pese a lo profundamente identificados con los placeres sensoriales que puedan estar quienes se hallan sumidos en el error, cuando por medio de la meditación sienten conscientemente el amor de Dios dentro de sí, comienzan a elevarse por encima de sus malos hábitos. Sea cual sea la intensidad de sus pecados, cuando el hombre dirige su mente hacia el interior de su ser y, tras buscar con sinceridad, alcanza finalmente la bienaventuranza y el amor de Dios que se encuentran en el templo de su alma, ya no debe padecer los sufrimientos relacionados con su anterior apego a los sentidos. Ésa es la gracia que le fue concedida a la mujer que amó mucho. En su interior, su conciencia estaba saturada de amor a Dios; y con la ayuda de Jesucristo, la conciencia de esa mujer se liberó del hábito del pecado y de su identificación con los compulsivos placeres de la carne.

Jesús perdonó a la mujer porque era una potencial hija divina creada a imagen de Dios. A pesar de sus múltiples pecados, ella comprendió —gracias a las enseñanzas de Jesús— que tenía en su interior el poder de Dios y que, además, el poder de Jesús poseía la capacidad de despertar dentro de ella la divina conciencia que la liberaría de las consecuencias de sus errores del pasado. Ése es el significado del perdón de los pecados.

---

[6] *God Talks With Arjuna: The Bhagavad Gita* IX:29. (Véase *El Yoga del Bhagavad Guita*).

Cuando un delincuente infringe una ordenanza municipal, se le condena de acuerdo con las disposiciones de dicha ley. No obstante, si existen circunstancias atenuantes, el gobernador del estado tiene la potestad de indultar al transgresor. De igual modo, Dios —que es todopoderoso— y también los santos, que están en sintonía con Él y utilizan la divina fuerza de voluntad con la que están dotados, pueden suspender el cumplimiento del mal karma de cualquier ser humano. Sólo Dios y los hijos de Dios que son uno con Él tienen la capacidad de perdonar total o parcialmente los pecados que una persona haya cometido contra su propia alma, siempre que tal persona busque con devoción y sinceridad el perdón y que no trate de obtenerlo tan sólo por medio de súplicas, sino a través del amor divino.

Las plegarias superficiales y el miedo egoísta a las consecuencias no lograrán que Dios contradiga arbitrariamente el funcionamiento justo y autorizado de su ley kármica. Tal situación haría que el ser humano persistiera en su error sin sufrir las consecuencias. Tampoco Dios se deja conmover por los raptos emocionales de alabanza ni por las promesas de corregir errores pasados por medio de un buen comportamiento. El hombre puede recurrir a la intercesión de la gracia y del perdón de Dios para que lo salve del destino que él mismo se ha forjado —y que lo deja a merced de la despiadada aplicación de la ley— porque Dios es, a la vez, la ley y el amor. El devoto que busque la redención sintonizando sus acciones con la recta guía de la ley divina y que, además, implore el amor incondicional de Dios con fe y devoción puras se transformará gracias a la luz de la misericordia divina. No hay duda alguna acerca de la siguiente promesa divina: Cualquier pecado —y sus consecuencias— puede serle perdonado al devoto arrepentido cuyo amor a Dios es suficientemente profundo y que, por lo tanto, sintoniza su vida con el Señor todo misericordioso.

El amor es superior a la ley; es el lazo que une el corazón del devoto con el corazón incondicional de Dios. La ley se basa en la justicia impersonal ponderada según el principio de causa y efecto; el amor, en cambio, reconoce que Dios es nuestro misericordioso Padre-Madre cuyo ilimitado perdón está siempre presente, bien sea que se haya cumplido o no totalmente con las disposiciones de la ley[7].

La mujer pecadora a la que Jesús perdonó mostraba mucho amor

---

[7] «Para la misericordia de Dios, toda la maldad del mundo que el hombre pueda consumar o idear no es más que una brasa en el océano» (William Langland, poeta místico inglés del siglo XIV).

porque, a pesar de la magnitud de sus pecados, en la presencia del amor divino ella no se sentía condenada, sino que abrigaba fe en el poder redentor de ese amor. Y al igual que el hombre de la parábola al que le fue perdonada una deuda mayor que la del deudor al que se le perdonó poco, el amor de esta mujer se engrandeció ante el impresionante perdón que recibió gracias a su propia devoción y fe, así como a través de las bendiciones del Cristo presente en Jesús[8].

Si por medio de su gracia Dios anula una pequeña deuda kármica a un hombre justo que se siente satisfecho de sí mismo y seguro en su amor por Dios, él lo advertirá y responderá a este hecho con menor efusión que el hombre cuya devoción y fe le han hecho merecedor de que el Señor lo libere de las terribles consecuencias kármicas de sus pecados, pues en éste surgirá, como resultado, una gratitud y un amor arrolladores.

Así pues, a quien ama mucho se le perdona mucho; y a quien mucho se le perdona, ése ama aún más.

~

> *«Y le dijo a ella: "Tus pecados quedan perdonados". Los comensales empezaron a decirse para sí: "¿Quién es éste, que hasta perdona los pecados?". Pero él dijo a la mujer: "Tu fe te ha salvado. Vete en paz"»* (*Lucas* 7:48-50).

Las diversas declaraciones de Jesús acerca del perdón de los pecados causaban consternación entre la gente de su época que creía que sólo Dios podía perdonar los pecados de los seres humanos. Poco podían comprender aquellas personas que el poder de Jesús manifestaba su unión con Dios y le posibilita realizar todas las maravillas permitidas por la Voluntad Divina.

Como se señaló anteriormente, sólo Dios y los santos muy avanzados pueden perdonar a otras personas y evitar que sufran los resultados de las transgresiones que ellas han cometido. Este perdón es posible debido a que Dios y los santos comprenden la relación exacta

[8] Santa Teresa escribió: «Almas hay que les aprovecha más creer cierto que es Dios, que todos los temores que la puedan poner; porque, si de suyo es amorosa y agradecida, más la hace tornar a Dios la memoria de la merced que la hizo, que todos los castigos del infierno que la representen. Al menos la mía [...] esto me acaecía» (*Libro de la vida* [Vida de Santa Teresa de Jesús], capítulo XV).

que existe entre la mente, los hábitos y el cerebro y pueden modificar la naturaleza de las células cerebrales y de la mente de una persona con el fin de lograr una transformación favorable de sus patrones kármicos[9]. Algunos transgresores crédulos creen que basta con confesar los pecados ante un clérigo común para recibir el indulto divino de las malas acciones que han realizado. Debido a que la confesión les proporciona cierto consuelo mental, y como no pueden ver el mecanismo sutil de la ley del karma —cuyos juicios punitivos tal vez no logren relacionar claramente con las causas, ya que éstas y aquéllos se manifiestan en momentos y circunstancias diferentes—, suponen que han sido perdonados.

Perdonar los pecados significa anular los patrones kármicos que las acciones erróneas dejan en el cerebro

El concepto de la confesión proporciona algún grado de moderación en la conducta del pecador y cierta unidad de propósito moral en sus acciones; pero aún mejor que confesarse ante otros es hacerlo ante Dios, con arrepentimiento y ofrendándole un amor puro. Resulta inapropiado decirle al Señor: «Soy un pecador». Lo que Dios desea oír es que el hombre recuerda su verdadera relación con su Padre-Madre Celestial: «Señor, soy tu hijo. Me has traído a un mundo plagado de engaños y tentaciones. Aunque haya cometido errores, aun así, soy tu hijo». De Dios venimos, hemos sido creados a imagen de su propio Ser Único, y en Él nos fundiremos de nuevo. Sólo esta fe y convicción puede hacer que el alma obtenga la libertad.

Jesús le dijo a la mujer a quien le había perdonado sus muchos pecados que su fe la había salvado. La fe de la mujer, fortalecida por la humilde deferencia que su amor había mostrado, liberó su mente de las ataduras de los sentidos y la centró en el interior de su verdadero Ser. Al ver que ella estaba dispuesta a abandonar su identificación con el comportamiento disoluto, Jesús estimuló por medio de su energía cósmica la fuerza vital concentrada en el cerebro de la mujer y borró, «perdonó», las tendencias negativas que impregnaban su mente.

Al afirmar *«Tus pecados quedan perdonados»*, Jesús dejó claro que la energía de Dios que pasaba a través de él y que se dirigía hacia la mujer había sido el factor principal que la sanó. Luego dijo: *«Tu fe te ha salvado»*, y con ello señaló que la receptividad de la mujer

---

[9] Véanse los discursos 13 y 25 (volumen I) y el discurso 31.

y su convicción en el ilimitado poder de Dios habían constituido el segundo requisito para efectuar la curación.

El poder divino de Jesús despertó la Voluntad Divina omnipresente a fin de enviar la energía cósmica curativa hacia las células cerebrales de la mujer pecadora. La liberación concomitante de la energía vital curativa que se hallaba latente en las células cerebrales de la mujer se debió a su «fe» —es decir, al restablecimiento de su voluntad, paralizada por el pecado, en respuesta a la voluntad de Dios, cuyo canal había sido Jesús.

«¡Oh mujer!, tu voluntad, paralizada por el pecado, se ha recargado con la Voluntad Divina gracias a tu fe en el poder infinito de la curación divina. Se ha liberado así la energía acumulada en el cerebro, la cual, reforzada con la energía cósmica proveniente de mí, ha cauterizado las tendencias pecaminosas alojadas en tus células cerebrales. Ahora, ya liberada de las reacciones e impulsos automáticos causados por los malos hábitos y por la esclavitud a los sentidos, puedes tomar conciencia del renacimiento de la paz de tu alma: "*Vete en paz*"».

~

En otro incidente, narrado en el Evangelio de San Juan, Jesús ofrece un vívido ejemplo acerca de la actitud divina que debe observarse con respecto a los hijos de Dios que han caído en el error:

> *«Los escribas y fariseos le llevaron una mujer sorprendida en adulterio; la pusieron en medio y le dijeron: "Maestro, esta mujer ha sido sorprendida en flagrante adulterio. Moisés nos mandó en la Ley apedrear a estas mujeres. ¿Tú qué dices?". Esto lo decían para tentarle, para tener de qué acusarle. Pero Jesús se inclinó y se puso a escribir con el dedo en la tierra. Pero, al insistir ellos en su pregunta, se incorporó y les dijo: "Aquel de vosotros que esté sin pecado, que le arroje la primera piedra". E inclinándose de nuevo, siguió escribiendo en la tierra. Ellos, al oír estas palabras, se fueron retirando uno tras otro, comenzando por los más viejos. Jesús se quedó solo con la mujer, que seguía en medio. Jesús se incorporó y le preguntó: "Mujer, ¿dónde están? ¿Nadie te ha condenado?". Ella respondió: "Nadie, Señor". Jesús replicó: "Tampoco yo te condeno. Vete, y no vuelvas a pecar"»* (*Juan* 8:3-11).

En esta tensa confrontación, Jesús demuestra su sabiduría divina, su compasión y su capacidad espiritual para manejar una situación sumamente difícil. Lanza un explosivo contraataque a los hipócritas santurrones que ocultaban sus propios pecados y que le habían llevado a la mujer culpable para condenarla y, también, para acusar a Jesús de quebrantar la ley de Moisés si se atrevía a mostrar misericordia hacia ella. Jesús los avergonzó diciéndoles: «Ninguno de vosotros está libre de pecado. ¿No deberíais lanzar primero acusaciones de culpabilidad y piedras de condenación sobre vosotros mismos?».

La compasión y la sabiduría que Jesús expresó al dirigirse a la mujer adúltera

Las palabras de Jesús se pueden aplicar de diversas formas en los asuntos prácticos de la vida: 1) Sólo la persona de muy elevada espiritualidad y que se encuentre libre de pecado se halla justificada para arrojar la piedra de la crítica a quienes tienen mentalidad materialista, con el objeto de despertarlos. 2) Cualquier persona que refrene exitosamente sus actos pecaminosos mediante el autocontrol puede arrojar la piedra de la bienintencionada advertencia a un pecador desenfrenado. 3) No se deben arrojar las piedras de la crítica a los demás por ninguna falta si el acusador adolece de la misma falta. Quienes son espiritualmente ignorantes no tienen derecho a criticar a los demás por su ignorancia espiritual. Las personas que albergan ciertos apegos sensoriales no deben criticar a otros que posean las mismas debilidades. Sólo aquellos que no cometan faltas están justificados para criticar los errores de los demás.

Lo que Jesús en efecto dijo es: «Ninguno de cuantos se hallaban entre la multitud estaba libre de pecado y, por lo tanto, no había nadie entre ellos que tuviera la conciencia limpia como para condenarte. Tampoco yo, que poseo divina percepción y sabiduría, te condeno ante Dios, a pesar de que has pecado por ignorancia. De ahora en adelante sigue el sendero de la virtud. La Conciencia Crística presente en mí te ha salvado de cosechar las consecuencias de tus acciones adúlteras del pasado. Jamás identifiques de nuevo tu mente con esos deseos insaciables que han sido devastadores para el verdadero gozo de tu alma. Si repites tus acciones pecaminosas, pronto volverán a convertirse en hábitos que te obligarán a actuar de modo incorrecto, incluso en contra de tu voluntad. En esa desventurada esclavitud, padecerás una atroz condena social, mental, moral, espiritual y física de la cual te será muy difícil ser perdonada e incluso liberarte, ya sea por tus propios esfuerzos o con la ayuda de los demás».

El adulterio no sólo es un delito social, sino también un pecado contra la felicidad divina. El comportamiento adúltero conduce a la ruptura matrimonial, a la desarmonía social y a la pérdida de los auténticos valores del amor. Quienes adoptan una conducta sexualmente promiscua en lugar de transmutar la energía sexual para emplearla con fines constructivos privan de energía vital a su cuerpo, de paz y felicidad a su mente, y de bienaventuranza y sabiduría divinas a su alma.

Jesús comprendía la naturaleza humana y sus debilidades, que inducen a las personas a ceder a las transgresiones sexuales. Él sabía que ni la persecución social ni la religiosa pueden extirpar los hábitos sexuales perniciosos que se arraigan de manera profunda en el cerebro y en la mente. También sabía que todo hombre arrepentido puede vencer este impulso perjudicial si comprende a fondo el efecto destructivo de esos hábitos y, para erradicarlos, adopta medidas apropiadas tales como el autocontrol, la fuerza de voluntad, las buenas compañías y la meditación. La persona arrepentida podrá liberarse de la fascinación que despiertan en ella los hábitos sexuales si recurre a la meditación profunda, ya que gracias a ella acumulará energía vital en el cerebro. Además, atraerá la intercesión de su gurú o salvador y la gracia redentora de Dios. Llegado a este punto, el penitente no debe reavivar los hábitos perniciosos ni los sufrimientos que los acompañan sembrando nuevas semillas de actividades sexuales ilícitas sobre el blando suelo de su mente. De ahí la bendición de Jesús y su consejo: *«Tampoco yo te condeno. Vete, y no vuelvas a pecar».*

La ley del karma no debe hacernos adoptar una actitud fatalista. Más bien ha de permitir un diagnóstico científico de las semillas ocultas de sufrimiento potencial que uno mismo haya creado, a fin de lograr, a su debido tiempo, destruirlas apropiadamente o, por lo menos, detener su crecimiento por métodos físicos, mentales y espirituales. Las semillas de las acciones erróneas que hayan sido desprovistas de su poder no podrán germinar repentinamente y, por lo tanto, no causarán ningún sufrimiento inesperado.

De acuerdo con las leyes de algunos países, un juez tiene autoridad para sentenciar a un delincuente juvenil a permanecer tres años en un reformatorio; pero el juez tiene, por lo general, el privilegio de conmutar dicha sentencia y reemplazarla por el beneficio de la libertad condicional si el joven transgresor se arrepiente y promete comportarse correctamente. De modo similar, según la ley del karma una persona que actúa mal debe cosechar las consecuencias de sus acciones. Sin embargo, si el malhechor corrige su comportamiento erróneo e implora la misericordia de Dios con intensa devoción, orando y meditando, entonces Dios, que es el Autor de la ley del karma, puede concederle el perdón y evitarle el castigo, lo cual le permitirá expiar su sentencia mediante la aplicación de medidas que contrarresten errores pasados, tales como la acción correcta y la transformación de su conciencia a través de la meditación.

~

> *«Y si, cuando os pongáis de pie para orar, tenéis algo contra alguno, perdonadle, para que también vuestro Padre, que está en los cielos, os perdone vuestras ofensas. [Más si vosotros no perdonáis, tampoco vuestro Padre que está en los cielos perdonará vuestras ofensas]»* (*Marcos* 11:25-26)[10].

La actitud de perdón hacia los demás atrae hacia uno mismo el perdón de Dios

En este pasaje, Jesús hace hincapié en otra verdad aplicable al devoto que implora que se le perdonen sus acciones erradas del pasado: si uno muestra misericordia hacia aquellos que le han ofendido, entonces el Padre omnisciente —la invisible pero siempre presente Conciencia Cósmica, que envuelve al devoto que ora pidiendo redención— también perdonará las ofensas espirituales de ese suplicante. Pero si el Padre omnisciente descubre una actitud inmisericorde por parte de su hijo hacia aquellos que han ofendido a éste, entonces Él puede, asimismo, negarle a ese hijo el perdón de sus pecados espirituales. No es que Dios juegue caprichosamente con sus hijos al «ojo por ojo y diente por diente». Se trata más bien de la ley cósmica de causa y efecto, que se encuentra activa incluso en la relación del hombre con Dios, sobre todo en las etapas iniciales cuando la unión divina no se ha establecido aún de manera irrevocable. El ser humano es quien genera las causas que atraen la respuesta de Dios.

El alma del hombre es un reflejo de Dios, y cuando aquél hace mal uso de su libre albedrío y se comporta en contra de la imagen divina de

[10] Véase el pasaje paralelo, *Mateo* 6:14-15, en el discurso 28 (volumen I).

su alma, crea una distorsión en su conciencia en la que Dios hace que se refleje sobre él la reacción que él mismo ha provocado con sus acciones. Es propio de la naturaleza del alma el expresar amor incondicional. Cuando alguien le niega a un ofensor esta innata misericordia por causa del resentimiento y de la mala voluntad, Dios, de igual modo, se muestra poco benévolo con esa persona que posee una actitud vengativa. Por el contrario, si en forma abierta y bondadosa uno manifiesta el perdón del alma hacia sus semejantes, por mucho que le hayan ofendido, se embebe entonces del correspondiente reflejo del perdón redentor de Dios.

Jesús señala que el código de conducta humana no ha de imponerse sólo por la justicia, sino que su rigor debe atemperarse por medio de la misericordia y el amor —un ruego que el devoto debería sabiamente tener en cuenta—. Es el deber de la ley civil o federal ocuparse del delito; no le corresponde al ciudadano particular procurar castigar por su cuenta a quien le ha ofendido —incluso si resulta obvio que merece la sanción—. El comportamiento divino consiste en procurar perdonar al ofensor porque, aunque sea un hermano que ha caído en el error, se trata de un hijo de Dios cuya alma inmutable no está manchada por la maldad humana. Una persona que ha sido objeto de una ofensa seguramente es también responsable de numerosas ofensas contra Dios y los hombres. Pero si el Padre omnisciente comprueba que uno de sus hijos perdona a un hermano que le ha ofendido, entonces, por el efecto mitigante de ese amor divino, Él suavizará la rigurosidad de la ley de causa y efecto, y perdonará algunas de las ofensas espirituales de la persona misericordiosa, del mismo modo en que ella perdonó a su hermano caído en el error.

~

«Andad, pues, con cuidado. Si tu hermano peca, repréndele; y si se arrepiente, perdónale. Y si peca contra ti siete veces al día, y siete veces se vuelve a ti, diciendo: "Me arrepiento", le perdonarás» (*Lucas* 17:3-4).

«Andad, pues, con cuidado y tened presente estas verdades: si tu hermano actúa contra tus nobles deseos y buenos principios, corrígele diciéndole cuáles son los efectos de sus malas acciones; y si se arrepiente sinceramente de su mal proceder, perdónale, incluso si repite su ofensa siete veces al día».

Jesús afirma que por muchas que sean las veces que un hombre caiga presa del mal, la divina imagen que mora en su interior permanece inmaculada y es digna de consideración. Tan pronto como el malhechor se arrepiente, la envoltura del mal desaparece y se revela el resplandeciente y verdadero Ser. Cuando un pecador se arrepiente, pero no recibe misericordia, y se le sigue acusando y haciéndole sentir culpable de un error que no volvió a cometer, se implanta de nuevo en él la conciencia del delito. Si su voluntad se debilita a causa del desaliento y absorbe esa sugerencia, puede sucumbir nuevamente al error. Por lo tanto, la psicología del perdón consiste en alentar al transgresor a que cultive el buen karma para ayudarle a eliminar permanentemente de su alma la máscara del mal.

Si bien uno no debe albergar sentimientos desconsiderados en su corazón, tampoco debe expresar indulgencia hacia un malhechor que no se arrepiente sinceramente de sus malas acciones; de lo contrario, sólo le daría motivo para reiterar en forma deliberada su mal comportamiento. No obstante, un hermano debería perdonar a otro hermano caído en el error tantas veces como le sea posible, si en verdad el ofensor procura abandonar su mal proceder aunque fracase ocasionalmente debido a la debilidad de su voluntad y a la fortaleza del hábito físico. Extender una y otra vez la mano en actitud de perdón a un hermano arrepentido es imitar el ejemplo del Padre Celestial, que nos perdona a todos en incontables ocasiones —infinitas veces.

~

«Pedro se acercó entonces y le preguntó: "Señor, ¿cuántas veces tengo que perdonar las ofensas que me haga mi hermano? ¿Hasta siete veces?". Le respondió Jesús: "No te digo hasta siete veces, sino hasta setenta veces siete.

»"Por eso, el Reino de los Cielos es semejante a un rey que quiso ajustar cuentas con sus siervos. Al empezar a ajustarlas, le fue presentado uno que le debía diez mil talentos. Como no tenía con qué pagar, ordenó el señor que fuese vendido él, su mujer, sus hijos y todo cuanto tenía, y que se le pagase. Entonces el siervo se echó a sus pies, y postrado le decía: 'Ten paciencia conmigo, que todo te lo pagaré'. Movido a compasión el señor de aquel siervo, le dejó ir y le perdonó la deuda. Al salir de allí

aquel siervo, se encontró con uno de sus compañeros, que le debía cien denarios. Lo agarró y lo ahogaba, mientras le decía: 'Paga lo que debes'. Su compañero, cayendo a sus pies, le suplicaba: 'Ten paciencia conmigo, que ya te pagaré'. Pero él no quiso. Entonces fue y lo metió en la cárcel, hasta que pagase lo que debía. Al ver sus compañeros lo ocurrido, se entristecieron mucho, y fueron a contar a su señor todo lo sucedido. Su señor entonces lo mandó llamar y le dijo: 'Siervo malvado, yo te perdoné a ti toda aquella deuda porque me lo suplicaste. ¿No debías tú también compadecerte de tu compañero, del mismo modo que yo me compadecí de ti?'. Y encolerizado su señor, lo entregó a los verdugos hasta que pagase todo lo que le debía. Esto mismo hará con vosotros mi Padre celestial, si no perdonáis de corazón cada uno a vuestro hermano"» (*Mateo* 18:21-35).

El anterior relato acerca del rey y sus siervos constituye una ilustración más del modo en que funciona la ley del karma —la ley de causa y efecto—. En ese relato, Jesús señala que los efectos de las malas acciones que se han llevado a cabo pueden modificarse mediante el poder neutralizador de la oración y de las buenas acciones. Pero al recibir la gracia mitigante de la ayuda y del perdón de Dios, el receptor contrae también la obligación de aprender a perdonar los pecados que sus hermanos arrepentidos hayan cometido contra él.

Cuando los seres humanos se sintonizan con Dios en la meditación mediante la práctica de la oración profunda y toman plena conciencia de su naturaleza divina —la imagen perfecta del alma que mora en su interior—, no necesitan cosechar los sufrimientos resultantes de sus errores del pasado. Sin embargo, si después de atravesar por esa experiencia extática su conciencia vuelve a caer en los hábitos inherentes a la mortalidad, pierden la libertad que habían logrado con respecto a las ataduras del karma y quedan nuevamente sujetos al gobierno de la rigurosa ley de causa y efecto.

Jesús emplea el ejemplo del perdón de nuestras deudas para referirse a la anulación de las deudas kármicas —el hecho de poder escapar a la ley del karma si uno se identifica con Dios mediante la fe, el amor y la oración extática, del mismo modo en que el siervo recibió el perdón de su deuda cuando se lo pidió a su rey—. Pero si una persona ha obtenido en meditación el perdón divino de su karma y pese a ello vuelve a comportarse de forma mezquinamente humana y no perdona a sus hermanos que han pecado contra ella, esta nueva identificación con la vida y la conducta humanas la atará de nuevo a las inexorables leyes del karma restrictivo. Una vez que en su calidad de hijo de Dios recibe el perdón, el devoto debe esforzarse concienzudamente por seguir identificándose con la verdadera imagen del alma, y mantener en todo momento una actitud de misericordia y de amor a semejanza de su Padre-Dios.

La pregunta que surge entonces es: si un hombre actúa con maldad hacia su hermano y, luego, se arrepiente y recibe el perdón de ese hermano *«hasta setenta veces siete»*, ¿se libera también el pecador de la acción de la ley del karma? La respuesta es sumamente compleja, pues es preciso tener en cuenta el mecanismo mediante el cual el hombre está atado a su karma.

Cuando alguien perdona una ofensa, ¿se libera el ofensor de las consecuencias kármicas de su mal proceder?

Aquellos que creen que por el solo hecho de arrepentirse están expiando sus malos hábitos, y que continúan arrepintiéndose después de cada reincidencia en su mal proceder, no por ello recibirán el perdón de su comportamiento pecaminoso, por muchas que sean las veces que reciban el perdón de parte de los hombres. El arrepentimiento no es un remedio para sanar las consecuencias de las acciones erróneas. Sirve sólo para mantener la mente al tanto de los dolorosos resultados de las malas acciones, con la esperanza de evitar futuras repeticiones de las experiencias dañinas. Una vez que uno se ha arrepentido, debe abandonar para siempre el hábito perjudicial.

Golpearse el pecho en actitud de autocondena o inútilmente «llorar sobre la leche derramada» no es arrepentimiento. Arrepentirse significa inculcar a tal grado en la mente la aversión al mal que uno se inhiba automáticamente incluso de pensar en las malas acciones, y ni qué decir de llevarlas a cabo. A no ser que la mente aprenda a aborrecer las acciones perjudiciales, será muy difícil mantenerla a salvo de los atractivos de la tentación.

En esencia, si un hombre culpable se muestra arrepentido cuando recibe el perdón y no repite su mal proceder, llegará el momento en que se verá liberado de repetir sus malas acciones impulsadas por influencia de los residuos subconscientes que dejaron las actividades perjudiciales. Así, no contraerá nuevo mal karma proveniente de la repetición de dichas acciones, y el buen karma resultante de la regeneración de su comportamiento podrá atenuar, al menos en forma parcial, los efectos de sus acciones equivocadas del pasado. Sin embargo, resulta evidente que si un hombre recibe de sus semejantes el perdón por su mal proceder, ello no le libra necesariamente del sufrimiento ordenado por la ley del karma que rige su comportamiento erróneo del pasado.

El único modo seguro de liberarse de los efectos de las malas acciones es arrancarlas de raíz. Los patrones kármicos perjudiciales que uno haya creado en las células cerebrales y en la mente deben cauterizarse, ya sea por intervención divina o borrando de manera consciente todo vestigio de mal proceder mediante el poder de la voluntad y la fuerza vital.

Como ya se explicó, además de la fe, la devoción, la oración profunda y las buenas acciones, el método más seguro con que cuenta el hombre para ayudarse a sí mismo a destruir todo vestigio de sus malas acciones pasadas consiste en practicar técnicas científicas de meditación. Durante la meditación profunda, la mente se recoge interiormente y toma contacto con la supraconciencia del alma, lo cual activa las impresiones de las buenas acciones que están almacenadas en la conciencia y en la subconciencia del cerebro, y neutraliza los rastros allí presentes de las malas acciones.

La atención y la energía vital son fuerzas inseparables que trabajan en el cerebro y en el sistema nervioso durante todas las actividades físicas y mentales del hombre. Al enfocar la atención en una atracción sensorial determinada, la energía se dirige hacia el exterior y se identifica con ese placer sensorial específico. Pero si uno se concentra profundamente en un pensamiento, ya sea beneficioso o perjudicial, la atención se dirige hacia el interior. Al interiorizar un mal pensamiento mediante la concentración en él —por ejemplo, cuando uno se obsesiona con deseos lujuriosos o con sentimientos de venganza—, se activan las impresiones de las acciones indebidas grabadas en el cerebro, se estimula su fructificación y, al mismo tiempo, disminuye la efectividad de los patrones kármicos beneficiosos. Al interiorizar un buen pensamiento por medio de la meditación profunda, la mente —que se encuentra enfocada hacia adentro— retira la fuerza vital del sistema nervioso y la concentra en las células cerebrales. La naturaleza serena y poderosa de la fuerza vital concentrada estimula las huellas armoniosas de las buenas acciones y arranca de raíz los inarmoniosos vestigios de las malas acciones.

En resumen, existen diversos métodos para liberarse de los efectos de las malas acciones del pasado; en otras palabras, para recibir «el perdón de los pecados», o sea, la absolución de los efectos kármicos de las acciones contrarias al bienestar de nuestro verdadero ser o que producen cualquier otro género de consecuencias indeseables:

Cinco métodos para obtener la absolución de los efectos kármicos procedentes de las acciones erróneas

1. La meditación divina —sobre todo cuando el devoto alcanza los estados más elevados de la realización del alma y de la conciencia de Dios— es el modo más seguro de incinerar los rastros de todas las malas acciones prenatales y postnatales y de estimular las huellas de las buenas acciones.

2. Un método efectivo pero más lento para neutralizar el mal karma de manera gradual consiste en armonizar todas las acciones físicas y mentales con las leyes eternas del comportamiento correcto, incluyendo la práctica de la oración profunda, la devoción y la fe.

3. Por medio de su fuerza de voluntad, las almas avanzadas —o los emisarios de Dios, como Jesús— tienen el poder de recargar de energía cósmica el cerebro del devoto receptivo, lo cual cauteriza las raíces de los males kármicos del pasado y de los hábitos perjudiciales que se alojan en las células cerebrales y que saturan la mente.

4. Existe una técnica metafísica excepcional por medio de la cual los grandes maestros y los yoguis avanzados pueden deshacerse de las huellas de las acciones que han acumulado a lo largo de numerosas encarnaciones y que los mantienen atados a la ley del karma. Cuando estas almas avanzadas identifican su conciencia con Dios durante el éxtasis de la meditación profunda, transforman su condición de seres humanos sujetos al karma y se convierten en la imagen perfecta de Dios, en almas divinas. Sin embargo, a menos que se encuentren totalmente liberados, deben volver a su condición humana al descender del estado de éxtasis meditativo. Es entonces cuando aparece la ley del karma, con su determinante juicio, para imponer el castigo correspondiente a esa persona cuya transformación ha sido temporal. Pero él le dice a esta inteligente ley: «No puedes castigarme por las faltas de ese ser humano que, a causa del engaño, soñé alguna vez que yo era. Gracias a la sabiduría, he recobrado la conciencia de mi verdadero Ser, que es la imagen perfecta de Dios, libre de las cadenas del karma». La ley del karma, no obstante, insiste: «No importa si ahora eres un maestro o si antes fuiste un ser humano común; aún eres el mismo

ser individualizado y, por lo tanto, debes pagar el karma humano que todavía adeudas del pasado».

El maestro, al verse desafiado de ese modo, adopta un ingenioso método para «pagar» y dejar saldada toda la deuda kármica que se le reclama. El maestro o el yogui se sumerge en el estado de realización del alma y busca en los archivos de su supraconciencia todos los rastros de las acciones del pasado que aún lo atan a la ley del karma. Procede entonces a saldar estas deudas utilizando como medio uno, dos o más cuerpos creados por él mismo en una visión que constituye una experiencia completamente real. Si el yogui, por ejemplo, llevó durante cinco encarnaciones una vida mundana en la que no pudo vencer sus hábitos materialistas o sus deseos quedaron insatisfechos, crea en su visión cinco cuerpos que pasan por las experiencias que él necesita atravesar y que en el término de algunas horas desempeñan los papeles correspondientes a estas cinco vidas diferentes. El maestro le dice entonces a la ley del karma: «Merced a la intensidad de mi concentración y a la conciencia divina, mediante estas cinco vidas materializadas en mi visión he experimentado todas las consecuencias de mi karma; ahora soy libre».

Tan pronto como se manifiestan y experimentan los efectos kármicos de las malas acciones, ya sea en un sueño o una visión conscientes creados por el penitente mismo (que duran sólo algunos minutos o unas pocas horas), o bien en los sucesos habituales de la vida (en el lapso de varios años), se ha cumplido con la ley kármica y el arrepentido penitente recibe el «perdón» —se libera de esa deuda kármica en particular.

Las almas sujetas a la ignorancia no aprenden la redentora lección que les imparten sus experiencias, ni siquiera cuando éstas se repiten varias veces durante un período de muchos años... ¡o de muchas vidas! El sabio, por el contrario, logra comprender en el lapso de pocos minutos, por medio de la concentración profunda, la verdad que encierra una determinada experiencia.

Este singular método para expiar el karma utilizando una visión no está al alcance del devoto aspirante común. Sólo pueden emplearlo quienes están muy avanzados y se encuentran en sintonía con la Conciencia Cósmica y, por consiguiente, poseen un control total sobre la Energía Cósmica —que todo lo crea—. Sirviéndose de ella y haciendo uso del poder de la voluntad, logran materializar visiones o copias de la realidad. De manera ocasional, las almas que se encuentran altamente desarrolladas pueden con este mismo método ofrecer su avanzada conciencia para ayudar a expiar el karma de otros en forma condensada o acelerada.

5. Existe un quinto método mediante el cual los grandes maestros agotan los residuos de sus acciones cuando además han tomado sobre sí el karma de otras personas. Los maestros y los salvadores como Jesús pueden ofrecer su cuerpo para que experimente no sólo su propio karma, sino también el de otras personas, a fin de ayudarlas en el camino hacia la liberación. La crucifixión de Jesús es un ejemplo de ello. Jesús no fue crucificado por voluntad de Dios tan sólo con el objeto de cumplir con un plan cósmico de gran espectacularidad. El sufrimiento que atravesó en la cruz fue el resultado de algunas de sus propias acciones y de haber tomado sobre sí parte de las consecuencias de los actos pecaminosos de sus discípulos y seguidores. Jesús sabía que predicar la verdad desafiando a la autoridad política y en oposición a los cánones y a las tradiciones de la religión atraería inevitablemente sobre él el karma de la muerte. Con la obra que llevó adelante durante su encarnación, creó una causa que, de acuerdo con la ley y el entendimiento prevalecientes en aquella época, estaba destinada a tener consecuencias fatales. Él sabía también que, al perdonar las malas acciones de sus discípulos y de otras personas, había tomado sobre sí una deuda kármica que debía pagar con el sufrimiento de su propio cuerpo. En forma consciente, con el fin de lograr una conciencia divina más elevada tanto para él como para los demás, y con el objeto de expiar su propio karma y el de otros, él permitió que su cuerpo fuese crucificado. Con ese sacrificio supremo, se liberó de las ataduras cósmicas que limitaban su encarnación mortal, y tanto él como otros recobraron su inmortalidad. En el plano más elevado de su inmortalidad y omnipresencia, Jesús, como salvador universal —al igual que otros salvadores y grandes maestros—, continúa con su misión redentora de almas.

Es evidente que existen muchos factores en juego en lo que respecta al perdón de los pecados, ya sea por parte de Dios o de la conciencia avanzada del hombre.

El consuelo primordial es que cada ser humano cuenta con la absoluta certeza de alcanzar su emancipación definitiva si se esfuerza al máximo por redimirse. El hombre fue creado esencial y eternamente a imagen de Dios; los pecados de un millón de vidas no pueden borrar la perfección de su alma. No hay razón por la cual deba continuar viviendo sumido en la ignorancia y en el sufrimiento. En el *Bhagavad Guita,* el Señor declara: «A quienes siempre piensan en Mí, reverenciándome con amor, les imparto esa sabiduría discernidora *(buddhi yoga)* mediante la cual logran conocerme por completo. Por infinita compasión, Yo, el Divino Morador, enciendo en ellos la radiante lámpara de la sabiduría, que disipa las tinieblas provenientes de la ignorancia»[11]. Merced a los métodos de meditación avanzada y a la gracia del perdón divino, el hombre puede expiar rápidamente los errores de sus numerosas vidas pasadas y alcanzar la liberación, recobrando así la perdida y olvidada perfección de su alma y su inmortalidad en Dios.

[11] *God Talks With Arjuna: The Bhagavad Gita* X:10-11. (Véase *El Yoga del Bhagavad Guita*).

DISCURSO 36

¿Qué significa blasfemar contra el Espíritu Santo?

Tanto los espíritus angélicos como los diabólicos ejercen influencia sobre la vida del hombre

❖

Las obras malignas de Satanás están en conflicto con las obras redentoras del Espíritu Santo

❖

El contacto reverente con el Espíritu Santo libera al hombre del engaño y del sufrimiento

❖

«El signo de Jonás»: Jesús profetiza el milagro de su resurrección

❖

Los peligros espirituales de una actitud de arrogante orgullo y autosuficiencia

❖

Jesús sostiene que el amor a Dios ha de estar por encima del apego a la familia

«Quienes jamás meditan rechazan el principal medio de que disponen para sintonizar su vida con la salvadora Conciencia Crística, inherente a la Vibración Cósmica de Om. *Mediante la práctica deliberada de la meditación en forma cada vez más profunda, el buscador espiritual [...] recobra la conciencia de bienaventuranza al establecer contacto vibratorio con Dios en su aspecto de Espíritu Santo».*

Recorrió a continuación ciudades y pueblos, proclamando y anunciando la Buena Nueva del Reino de Dios. Le acompañaban los Doce y algunas mujeres que habían sido curadas de espíritus malignos y enfermedades: María, llamada Magdalena, de la que habían salido siete demonios; Juana, mujer de Cusa, un administrador de Herodes; Susana y otras muchas que les servían con sus bienes.

Lucas 8:1-3

Entonces le fue presentado un endemoniado ciego y mudo. Jesús lo curó, de suerte que el mudo hablaba y veía. Todos los presentes, atónitos, se preguntaban: «¿No será éste el Hijo de David?». Mas los fariseos, al oírlo, comentaban: «Éste no expulsa los demonios más que por Beelzebul, Príncipe de los demonios».

Él, sabiendo lo que pensaban, les dijo: «Todo reino dividido contra sí mismo quedará asolado, y toda ciudad o casa dividida contra sí misma no podrá subsistir. Si Satanás expulsa a Satanás, quedará dividido contra sí mismo; ¿cómo podrá entonces subsistir su reino? Y si yo expulso los demonios por Beelzebul, ¿por quién los expulsan vuestros hijos? Por eso, ellos serán vuestros jueces. Pero si yo expulso los demonios por el Espíritu de Dios, señal de que ha llegado a vosotros el Reino de Dios.

»¿Cómo puede uno entrar en la casa de alguien fuerte y saquear su ajuar, si antes no lo maniata? Sólo entonces podrá saquear su casa.

»El que no está conmigo, está contra mí; y el que no recoge conmigo, desparrama.

»Por eso os digo que a los hombres se les perdonará todo pecado y blasfemia, pero la blasfemia contra el Espíritu no les será perdonada. Y al que diga una palabra contra el Hijo del hombre, se le perdonará; pero al que la diga contra el Espíritu Santo, no se le perdonará ni en este mundo ni en el otro.

»Podéis suponer que si un árbol es bueno, su fruto será bueno, y que si un árbol es malo, su fruto será malo, pues el árbol se conoce por el fruto. ¡Raza de víboras!, ¿cómo podéis vosotros hablar cosas buenas siendo malos? Porque la boca habla de lo que rebosa el corazón. El hombre bueno saca cosas buenas del buen tesoro, y el hombre malo saca cosas malas del tesoro

malo. Os digo que los hombres darán cuenta el día del Juicio de toda palabra ociosa que pronuncien. Porque por tus palabras serás declarado justo y por tus palabras serás condenado».

Entonces le interpelaron algunos escribas y fariseos: «Maestro, queremos ver un signo hecho por ti». Mas él les respondió: «¡Generación malvada y adúltera! Pide un signo, pero no se le dará otro signo que el del profeta Jonás. Porque así como Jonás estuvo en el vientre del cetáceo tres días y tres noches, así también el Hijo del hombre estará en el seno de la tierra tres días y tres noches. La gente de Nínive se levantará en el Juicio con esta generación y la condenarán, porque al menos ellos se convirtieron por la predicación de Jonás; y aquí hay algo más que Jonás. La reina del Mediodía se levantará en el Juicio con esta generación y la condenará, porque ella vino de los confines de la tierra a oír la sabiduría de Salomón; y aquí hay algo más que Salomón.

»Cuando el espíritu inmundo sale del hombre, anda vagando por lugares áridos en busca de reposo, pero no lo encuentra. Entonces piensa: "Me volveré a mi casa, de donde salí". Pero resulta que, al llegar, la encuentra desocupada, barrida y en orden. Entonces va y toma consigo otros siete espíritus peores que él; entran y se instalan allí, y el final de aquel hombre viene a ser peor que el principio. Así le sucederá también a esta generación malvada».

Todavía estaba hablando a la muchedumbre, cuando su madre y sus hermanos se presentaron fuera y trataban de hablar con él. Alguien le dijo: «¡Oye!, ahí fuera están tu madre y tus hermanos, que desean hablarte». Pero él respondió al que se lo decía: «¿Quién es mi madre y quiénes son mis hermanos?». Y, extendiendo su mano hacia sus discípulos, dijo: «Éstos son mi madre y mis hermanos, pues todo el que cumpla la voluntad de mi Padre de los cielos, ése es mi hermano, mi hermana y mi madre».

Mateo 12:22-50[1]

[1] Compárese con la referencia paralela que aparece en *Lucas* 11:14-32.

DISCURSO 36 

¿Qué significa blasfemar contra el Espíritu Santo?

«Recorrió a continuación ciudades y pueblos, proclamando y anunciando la Buena Nueva del Reino de Dios. Le acompañaban los Doce y algunas mujeres que habían sido curadas de espíritus malignos y enfermedades: María, llamada Magdalena, de la que habían salido siete demonios; Juana, mujer de Cusa, un administrador de Herodes; Susana y otras muchas que les servían con sus bienes» (*Lucas* 8:1-3).

A diferencia de la presuntuosa teología intelectualista, la prédica de Jesús manifestaba la inspiración y la autoridad divinas provenientes de su percepción de Dios. Su conciencia, en total sintonía con la conciencia divina, trascendía todo pensamiento de comodidad personal egoísta en su itinerante vida dedicada a revelar el estado de gozo eternamente renovado que es posible alcanzar en el reino de los cielos —es decir, en el estado de Conciencia Cósmica que se alcanza en la meditación interior—. La comitiva sagrada que lo acompañaba en sus viajes estaba compuesta por los doce apóstoles y algunas de las piadosas mujeres a quienes Jesús había sanado. Una de ellas era María Magdalena, a la que Jesús liberó de siete demonios —siete fuerzas del mal que la habían acosado en diferentes ocasiones[2].

~

[2] Véase el discurso 24 (volumen I), donde se comenta en forma detallada la posesión por parte de espíritus malignos.

«Entonces le fue presentado un endemoniado ciego y mudo. Jesús lo curó, de suerte que el mudo hablaba y veía. Todos los presentes, atónitos, se preguntaban: "¿No será éste el Hijo de David?". Mas los fariseos, al oírlo, comentaban: "Éste no expulsa los demonios más que por Beelzebul, Príncipe de los demonios"» (*Mateo* 12:22-24).

Referencia paralela:

«Los escribas que habían bajado de Jerusalén decían: "Está poseído por Beelzebul" y "por el Príncipe de los demonios expulsa los demonios"» (*Marcos* 3:22).

Cuando Jesús curó al hombre poseído, devolviéndole la vista y el habla, la gente sorprendida se preguntaba: «¿Será éste el hijo de David? Quien posee el poder de realizar semejantes obras divinas no puede ser una persona común que descienda de una familia humana común». Apoyándose en las escrituras, conjeturaban si él era en verdad aquel que, según la profecía, había de venir de la casa del rey David, nacido de su descendencia o linaje[3]. A pesar de la aclamación popular, los adversarios de Jesús (a los que por lo general se hace referencia como *«los escribas y fariseos»*) le acusaban de expulsar demonios —espíritus malignos— no por mandato divino, sino por el poder de Beelzebul, el príncipe de los demonios[4].

Tanto los espíritus angélicos como los diabólicos ejercen influencia sobre la vida del hombre

[3] Véase *II Samuel* 7:12: [Dios habla a David]: *«Y cuando tu vida llegue a su límite y te acuestes con tus padres, confirmaré después de ti a la descendencia que saldrá de tus entrañas, y consolidaré el trono de su realeza».*

Isaías 11:1-2: *«Dará un vástago el tronco de Jesé, un retoño de sus raíces brotará. Reposará sobre él el espíritu de Yahvé: espíritu de sabiduría e inteligencia, espíritu de consejo y fortaleza, espíritu de ciencia y temor de Yahvé».*

Jeremías 23:5-6: *«Mirad que vienen días —oráculo de Yahvé— en que suscitaré a David un Germen justo: reinará un rey prudente, practicará el derecho y la justicia en la tierra. En sus días estará a salvo Judá, e Israel vivirá en seguro; y éste es el nombre con que le llamarán: "Yahvé, justicia nuestra"».*

[4] Ciertas traducciones, como la *King James Bible,* lo citan como Beelzebub, del hebreo *Ba'al zebhubh,* deidad cananea («señor de las moscas»); en otras, como la *Biblia de Jerusalén,* aparece como Beelzebul, «Baal el Príncipe» (o, según algunas versiones, «señor del estiércol»).

La *Enciclopedia Británica* ofrece este breve resumen sobre el concepto de los demonios según las principales religiones del mundo:

En las subsiguientes palabras de Jesús, él establece un contraste entre la invisible e inteligente fuerza del mal —Satanás— y el poder invisible y omnipresente de Dios en la creación —el Espíritu Santo.

Como ya se explicó [en los discursos 1 y 7, en el volumen I],

---

«En el zoroastrismo, religión fundada por el profeta persa Zoroastro, que vivió alrededor del siglo VI a. C., la jerarquía de los demonios *(daevas)* se halla presidida por Angra Mainyu (más tarde llamado Ahrimán), el Espíritu del Mal o de la Destrucción. Los demonios están en constante batalla contra Ahura Mazda (más tarde llamado Ormuz), el Señor del Bien.

»La jerarquía de los demonios en el judaísmo —que tiene sus raíces en la antigua demonología zoroástrica y del Medio Oriente y que se sitúa en el período posterior al exilio (después del año 538 a. C.)— es sumamente variada. El príncipe de las fuerzas del mal (en hebreo *shedim,* que significa "demonios" y se aplica a los dioses foráneos, o *se'irim,* que significa "demonios peludos") —que según la creencia usual habitaba los parajes desolados, las ruinas y las tumbas y causaba a los seres humanos diversos trastornos físicos, psicológicos y espirituales— recibió diferentes nombres: Satanás (el Adversario), Belial (el espíritu de la perversión, de las tinieblas y de la destrucción), Mastema (la Enemistad u Oposición), entre otros. A pesar de que el Antiguo Testamento se refiere a Satanás como "el acusador" del tribunal celestial de Dios (*Zacarías* 3; *Job* 1–2), tanto en la literatura del período intertestamentario como en el judaísmo posterior se ha desarrollado toda una jerarquía de demonios bajo el mando de Satanás o de otros príncipes del mal.

»En el cristianismo, la jerarquía de demonios se basa en diversas fuentes: la judía, la zoroástrica, la gnóstica (un sistema religioso sincrético basado en creencias dualistas, en el cual se considera que la materia es maligna, que el espíritu es bueno y que se puede alcanzar la salvación a través del conocimiento esotérico o *gnosis*) y las religiones autóctonas que sucumbieron a la evangelización cristiana. En el Nuevo Testamento, Jesús se refiere a Beelzebul como el jefe de los demonios y lo equipara con Satanás. En el medioevo europeo y en el período de la Reforma se desarrollaron varias jerarquías de demonios, como por ejemplo, la relacionada con los siete pecados capitales: Lucifer (la soberbia), Mammón (la avaricia), Asmodeo (la lujuria), Satanás (la ira), Beelzebul (la glotonería), Leviatán (la envidia) y Belfegor (la pereza).

»La jerarquía islámica de demonios está presidida por Iblis (el diablo), también llamado *Shaytan* (Satanás) o *'aduw Allah* ("el enemigo de Dios"). Iblis, que se basa en gran medida en la demonología judía y cristiana, se convirtió en el líder de una hueste de *jinn,* espíritus que en general presagian el mal.

»En el hinduismo, los *asuras* son los demonios que se oponen a los *devas* (los dioses). Entre las diversas clases de *asuras* se encuentran los *nagas* (demonios con forma de serpiente), Ahi (el demonio de la sequía) y Kamsa (un archidemonio). Entre los demonios que atormentan a los seres humanos se encuentran los *rakshasas* (seres grotescos que frecuentan los cementerios, impulsan a cometer acciones necias y atacan a los *sadhus,* los hombres santos) y los *pishacas* (seres que merodean por los sitios en que se han producido muertes violentas).

»Los budistas con frecuencia ven a sus demonios como fuerzas que inhiben el logro del Nirvana (la bienaventuranza o extinción del deseo); un ejemplo relevante es Mara, el principal tentador, quien junto con sus hijas —Rati (el Deseo), Raga (el Placer) y Tanha (la Inquietud)— intenta disuadir a Siddhartha Gautama, el Buda, de alcanzar la iluminación. Conforme el budismo Mahayana (el Gran Sendero) se propagó por Tíbet, China y Japón, se incorporaron a las creencias budistas muchos de los demonios de las religiones que se profesaban en tales países (los *kuei-shen* chinos y los *oni* japoneses, por ejemplo)».

todas las cosas fueron creadas por mandato del Espíritu Santo —la Fuerza Cósmica Vibratoria; la Palabra, el *Om* o Amén—. El reflejo consciente de la Divinidad, es decir, la Inteligencia Crística, es inmanente al Espíritu Santo. Dicha Inteligencia Divina guía el Poder Vibratorio Cósmico para que origine y haga evolucionar todas las manifestaciones del bien en la creación. La Fuerza Satánica consciente, que engendra y dirige las fuerzas malignas del mundo, lucha por obstaculizar el plan del Espíritu Santo y se vale de los señuelos del engaño con el objeto de evitar que la creación finita se disuelva de nuevo en el Espíritu.

Si bien Dios es el Sumo Creador y nada existe que no esté dentro de su conciencia, aún así Él le ha otorgado al hombre la libertad de elegir entre la divina Inteligencia Crística presente en la creación o la inteligencia demoníaca de Satanás. En este sentido, el hombre participa de manera activa en la perpetuación del mal. La vida de las personas muestra si su naturaleza es bondadosa o maligna, lo cual depende del grado en que aparentemente se hallen separadas del bienaventurado Espíritu inmortal; es decir, en qué medida responden al poder redentor del Espíritu Santo y lo absorben o en qué medida ceden a la fuerza de la ilusión cósmica que las atrae hacia lo exterior. Las almas deben atravesar por un proceso de evolución gradual a lo largo de sucesivas encarnaciones en la tierra y en las esferas astrales. Sólo aquellas almas que responden al llamado del amor divino del Espíritu Santo, que está imbuido de Cristo, progresan hasta alcanzar el supremo estado de unidad con Dios —la manifestación perfecta de la imagen de Dios que mora en nuestro interior.

El destino de quienes sintonizan su vida con la fuerza satánica, que se proyecta hacia el exterior, es la ilusión de hallarse más separados de Dios. En consecuencia, sufren debido al mal karma que ellos mismos se han creado —por descuido o en forma deliberada— como resultado de sus preferencias y actos equivocados. Aquellos que son en extremo malignos y continúan hundiéndose en profundos abismos, alejándose cada vez más de Dios, se ven atraídos kármicamente, después de la muerte, hacia esferas astrales oscuras pobladas de espeluznantes horrores y conflictos de naturaleza demoníaca; o bien, en raras ocasiones y por el lapso de una vida, se reencarnan en la tierra, en cuerpos de animales a través de los cuales puedan dar adecuada expresión a las maldades por las cuales optaron en el pasado. Puesto que los animales se guían sobre todo por sus instintos y no poseen libre albedrío, no acumulan karma por sus acciones; por consiguiente, esta involución temporal les permite a las almas degradadas destruir parte de su mal karma sin generar nuevos pecados.

Así como existen diversas clases de seres angélicos en el mundo astral según los diferentes grados de percepción divina que las almas hayan alcanzado durante su existencia en la tierra, también existen varias categorías de seres astrales degradados. Hay espíritus malignos menores y espíritus malignos poderosos cuyo malvado comportamiento los ha destinado —por un período de tiempo determinado kármicamente— a un estado infernal posterior a la muerte. En ocasiones, vienen a la tierra seres angélicos y espíritus demoníacos con el propósito de ayudar o de hacer daño, respectivamente, a personas virtuosas o malvadas. Los detractores de Jesús no podían negar los evidentes poderes sobrenaturales que él poseía —y que le permitían liberar a quienes estaban atormentados por el mal—, pero tampoco deseaban atribuir sus poderes a la intervención de la gracia de Dios; entonces, difamaban las obras de Jesús y decían que las realizaba confabulado con *«el Príncipe de los demonios»*.

~

> *«Él, sabiendo lo que pensaban, les dijo: "Todo reino dividido contra sí mismo quedará asolado, y toda ciudad o casa dividida contra sí misma no podrá subsistir. Si Satanás expulsa a Satanás, quedará dividido contra sí mismo; ¿cómo podrá entonces subsistir su reino? Y si yo expulso los demonios por Beelzebul, ¿por quién los expulsan vuestros hijos? Por eso, ellos serán vuestros jueces. Pero si yo expulso los demonios por el Espíritu de Dios, señal de que ha llegado a vosotros el Reino de Dios"»* (*Mateo* 12:25-28)[5].

¿Por qué habría de expulsar Satanás —la Fuerza Cósmica del Mal— a las entidades y fuerzas demoníacas que se hallaban bajo su influencia y que llevaban a cabo sus viles deseos en el cosmos? Si los poderes que gobiernan un reino tienen objetivos opuestos y actúan unos contra otros, el dominio se disgrega. Es Satanás quien actúa a través del mal karma de las personas y las atormenta con bacterias

[5] Compárese con la referencia paralela que aparece en *Marcos* 3:23-26.

y con otros inteligentes agentes del mal causantes de enfermedades y padecimientos[6]. ¿Cómo podría Jesús haber empleado las mismas fuerzas satánicas, o fuerzas de Beelzebul, para acabar con enfermedades y casos de posesión demoníaca provocados por Satanás? Este concepto es insostenible e irrazonable.

Las obras malignas de Satanás están en conflicto con las obras redentoras del Espíritu Santo

Resulta igualmente indefendible la idea de que Dios, que es la Bondad misma y la Fuente de todo bien, pudiera de algún modo enviar enfermedades o sufrimientos a la humanidad —sea cual fuese la ofensa cometida por los hombres—. No es Dios, sino Satanás el que acosa a este mundo de relatividad con todo tipo de maldades. La buena salud, el raciocinio, el autocontrol, la paz, el deseo de meditar y toda ambición de bienestar para el cuerpo, la mente y el alma proceden de Dios. Y toda dolencia, ya sea física, mental o espiritual, que afecte al bienestar de los seres humanos proviene de Satanás. Por medio del mal, Satanás intenta perpetuar la separación entre la creación finita y el Espíritu. Dios procura redimir a todas las criaturas por medio del bien. Las malignas tentaciones de Satanás son la causa de que las almas regresen una y otra vez a la existencia material, hasta que finalmente, merced a la sabiduría, esas almas logren despojarse de todos los deseos imperfectos y de las consecuencias kármicas creadas por haber utilizado erróneamente su libre albedrío al elegir el camino del mal. El Arcángel de Dios, la centrífuga fuerza cósmica de la ilusión que se halla dotada con el poder para crear el espectáculo onírico del cosmos, se convirtió en el rebelde perpetuador de la finitud, Satanás, al engendrar la reencarnación, controlada por la ley de causa y efecto, la cual dictamina que todo deseo y apego terrenal tiene el efecto de propiciar la reencarnación en la tierra. Al sucumbir a las persuasivas tentaciones corporales, el hombre sujeto a la engañosa ilusión permanece prisionero de Satanás tras los barrotes de la carne. Entretanto, Dios abre una tras otra las puertas de la bondad y de la virtud, que invitan a las almas a entrar a su reino natal de omnipresencia en el Espíritu. La vida de Jesús fue un ejemplo del modo en que constantemente el ser humano debe elegir entre el bien y el mal. Él fue cruelmente injuriado y maltratado por gente perversa y, sin embargo, no utilizó su poder

[6] Véase también en el discurso 24 (volumen I), páginas 469 s., el comentario acerca de cómo Jesús *«conminó a la fiebre»* que aquejaba a la suegra de Pedro.

divino para destruirlos. Por el contrario, recurriendo a todo su amor e infinita compasión divina dijo: «*Padre, perdónalos, porque no saben lo que hacen*».

Jesús señala el defecto evidente de la acusación que trataba de inculparle de utilizar el poder de Satanás para expulsar demonios satánicos de las personas. Un propósito tan intrínsecamente divergente como el planteado, y que actuaría contra sí mismo, no podría sostenerse por mucho tiempo. Ciertamente, Beelzebul no desea que las personas se liberen de los sufrimientos perpetrados por las fuerzas del mal que él comanda y que hacen aún más tentadoras y deseables sus paliativas ofertas de logros y placeres materiales.

Además, Jesús advirtió que si le acusaban de expulsar a los demonios por Beelzebul, estarían dando a entender que otros sanadores procedían de igual manera; es decir: los sabios de la comunidad que habían sanado a otras personas y que habían expulsado demonios lo habrían hecho también por el poder del príncipe de los demonios. Sin duda, cuando estos hacedores de buenas obras oyeran tal calumnia, condenarían a quienes les acusaban de expulsar demonios y de curar enfermedades por el poder de Beelzebul. Jesús afirmó entonces: «Pero si yo expulso almas malignas desencarnadas, o sano otras enfermedades causadas por la fuerza del mal, mediante el despertar del invisible poder de la presencia espiritual de Dios que fluye en la creación entera, entonces quienes hayan recobrado la salud no sólo sentirán en su conciencia que están libres del mal, sino que también percibirán la presencia de la Omnipotente Conciencia Cósmica».

La declaración de Jesús de que «*Todo reino [...], ciudad o casa dividida contra sí misma no podrá subsistir*» es una ley importante que rige en todas las familias, ciudades, empresas, organizaciones religiosas, naciones y razas que perviven exitosamente. Si un grupo de personas desea conservar su individualidad y alcanzar sus metas, cada una de ellas debe actuar en sintonía con el objetivo común del grupo. Si existe una división entre los miembros de ese grupo, surgen los conflictos, la discordia y la desintegración. Conservar la armonía aun en medio de las diferencias debe ser el aliento vital que gobierne todas las comunidades humanas, todas las organizaciones —tanto seculares como religiosas— y todas las naciones.

«¿Cómo puede uno entrar en la casa de alguien fuerte y saquear su ajuar, si antes no lo maniata? Sólo entonces podrá saquear su casa.

»El que no está conmigo, está contra mí; y el que no recoge conmigo, desparrama.

»Por eso os digo que a los hombres se les perdonará todo pecado y blasfemia, pero la blasfemia contra el Espíritu no les será perdonada» (*Mateo* 12:29-31)[7].

Jesús explica con mayor detalle el poder que Dios le ha concedido y la reverencia que se le debe profesar a la manifestación de Dios en su faceta de Espíritu Santo: «¿De qué otro modo podría yo entrar en la sólida organización que Satanás ha establecido en el cosmos y cómo lograría destruir su maligno obrar en la naturaleza y su nefasta influencia sobre los seres humanos si no es maniatando a Satanás con mi sabiduría? Debido a que tengo la capacidad de contemplar conscientemente a Satanás y emplear mi voluntad contra él, me es posible expulsar de las personas poseídas los espíritus malignos y las entidades que son instrumento de la tentación. Beelzebul, que no está conmigo, está contra mí. De manera similar, todas las almas que no se encuentran en armonía con la Conciencia Crística presente en mí actúan contra las leyes de dicha Armonía Inteligente y Omnipresente y, como resultado de ello, son presa del sufrimiento.

»Las almas que desconocen el modo de cosechar la sabiduría mediante el contacto con el Cristo en la meditación dispersan su concentración en las grotescas diversiones del cuerpo y permanecen en un estado de aturdimiento, víctimas de la inquietud. Aquel que recoge la conciencia en su interior por medio de la meditación cosecha sabiduría y bienaventuranza, con el auxilio de mi Conciencia Crística que mora en su alma. En cambio, aquel que no está identificado con la Divina Presencia que mora en su interior disipa su conciencia en el cuerpo y en los placeres sensoriales y se ve invadido por el desasosiego y las preocupaciones.

»Por eso, afirmo esta verdad: a aquellos que, debido a la ceguera espiritual de su identificación con el cuerpo, actúen inconscientemente contra Dios les serán perdonados toda clase de errores —físicos, mentales y morales—, si mediante el arrepentimiento y el despertar de la

---

[7] Compárese con la referencia paralela que aparece en *Marcos* 3:27-28.

sabiduría de su alma experimentan en su interior la presencia de Dios en su aspecto de Espíritu Santo, que impregna la creación entera y disuelve todo karma.

»Sin embargo, los que perciban en forma consciente la sagrada vibración cósmica de *Om* (el Espíritu Santo) en la meditación y la ridiculicen por considerarla como un sonido físico, o bien ignoren deliberadamente el poder transformador de *Om* y retornen a la conciencia mundana, no recibirán el perdón de los efectos resultantes de sus errores; es decir, las bendiciones curativas de Dios que fluyen a través de esa Divina Vibración no podrán destruir el karma originado por su ignorancia».

El contacto reverente con el Espíritu Santo libera al hombre del engaño y del sufrimiento

Cuando una persona establece contacto con la Sagrada Vibración y percibe el siempre renovado gozo inherente a dicha Vibración y, luego, rechaza insensatamente ese gozo para volver a llevar una vida de inarmonía, «blasfema contra el Espíritu Santo» y no es posible salvarla de cosechar los resultados de su mal karma. Esto presupone entonces que nadie puede blasfemar contra el Espíritu Santo si no conoce primero la manifestación de Dios como el Sonido Cósmico que se oye en la meditación o como la Paz o el Gozo infinitos que vibran sutilmente en la conciencia de quienes se encuentran en sintonía con Dios. Si después de haber conocido los gozos más refinados que se perciben en la comunión interior con Dios, alguien elige de modo voluntario lo que el mundo ofrece a los sentidos, esa persona deberá atenerse a las consecuencias de sus acciones. Tendrá que expiar a través de sus propios esfuerzos el karma acumulado por haber llevado una vida controlada por los malos hábitos y por mantener la mente en un estado de ofuscación, al haberse apartado de la inspiradora gracia de Dios y de Cristo, que fluye abundantemente hacia la conciencia de quienes se sintonizan con el Espíritu Santo. Al ignorar la guía intuitiva de dicho sonido cósmico en la meditación —*«Pero el Paráclito [el Confortador], el Espíritu Santo, [...] os lo enseñará todo»*[8]—, se condena a sí mismo a la inquietud interna y a seguir atrapado absurdamente en el engaño y el sufrimiento.

Gracias a las bendiciones de las grandes almas, se puede recibir el perdón de todo tipo de errores físicos y mentales y, por lo tanto, aminorar o destruir por completo sus consecuencias kármicas; pero nadie

[8] *Juan* 14:26. (Véase el discurso 70, en el volumen III).

podrá eliminar la inquietud de un devoto ofuscado que blasfema contra su percepción de la Vibración Cósmica y de la bienaventuranza. Ni siquiera un Maestro puede otorgar el contacto con la Vibración Cósmica y el gozo de la meditación si el devoto no abandona la inquietud por su propia voluntad y esfuerzo. Los que son indolentes en la búsqueda del contacto vibratorio con Dios a través del Espíritu Santo deben meditar con profundidad y esforzarse por abandonar su irreverente indiferencia hacia esta manifestación divina del Creador Infinito.

La inquietud, el disipar hacia el exterior la atención del alma, es el arma más incapacitante con que cuenta el Maligno para perpetuar la fuerza siempre cambiante del engaño. Un cuerpo y una mente inquietos son el parque de diversiones de Satanás. A él le encanta ejecutar allí su astuta danza de distracción con el objeto de desviar la conciencia del hombre de su concentración en el Espíritu Inmutable y en su sereno reflejo que se encuentra en las profundidades del alma. Pero quien recoge su mente en el interior de su ser meditando con devoción, de modo asiduo y profundo, recibe la ayuda de las inspiradoras vibraciones del Espíritu Santo y permanece inmerso en Dios en todo momento —en la gracia redentora de la paz, del amor y del gozo divinos.

Uno de los principales enemigos del bienestar físico, mental y espiritual del hombre es su falta de voluntad para meditar. Esa «blasfemia» contra la atracción magnética interior del Espíritu Santo debe extirparse de la mente de manera consciente. Quienes jamás meditan rechazan el principal medio de que disponen para sintonizar su vida con la salvadora Conciencia Crística, inherente a la Vibración Cósmica de *Om*. Mediante la práctica deliberada de la meditación en forma cada vez más profunda, el buscador espiritual debe eliminar la inquietud a fin de recobrar la conciencia de bienaventuranza al establecer contacto vibratorio con Dios en su aspecto de Espíritu Santo, lo cual le permitirá sumergirse en el Cristo Infinito y en la conciencia cósmica del Espíritu.

~

> *«Y al que diga una palabra contra el Hijo del hombre, se le perdonará; pero al que la diga contra el Espíritu Santo, no se le perdonará ni en este mundo ni en el otro»* (Mateo 12:32)[9].

---

[9] Compárese con las referencias paralelas que aparecen en *Marcos* 3:29-30 y *Lucas* 12:10.

El que ofenda al «hijo del hombre» (la manifestación física de cualquier persona, en la cual Jesús se incluyó a sí mismo) será perdonado por Dios y por los Maestros, si busca dicho perdón y está arrepentido. En cambio, quien haya establecido contacto con la paz y con el gozo interiores del Espíritu Santo en la meditación, pero luego piense o hable de un modo negativo —es decir, genere una vibración contraria a esa armoniosa vibración espiritual— perderá su estado meditativo de paz y creará dentro de sí un conflicto que le causará internamente inquietud y perturbación, tanto en esta existencia como en su encarnación siguiente. El hombre debe disciplinar su vida externa a fin de que ésta se halle en sintonía con su armonioso espíritu interior. Si persiste en su comportamiento contradictorio, implantará de forma tan profunda el hábito de la inquietud mental en su conciencia de «hijo del hombre» que se sentirá como si estuviera eternamente condenado a la inquietud y creerá que se le niega la posibilidad de recuperar el gozoso y siempre renovado contacto con la Sagrada Vibración del Espíritu en la conciencia de su alma.

~

> *«Podéis suponer que si un árbol es bueno, su fruto será bueno, y que si un árbol es malo, su fruto será malo, pues el árbol se conoce por el fruto. ¡Raza de víboras!, ¿cómo podéis vosotros hablar cosas buenas siendo malos? Porque la boca habla de lo que rebosa el corazón. El hombre bueno saca cosas buenas del buen tesoro, y el hombre malo saca cosas malas del tesoro malo»* (*Mateo* 12:33-35).

Debido a que los fariseos insinuaban que Jesús realizaba las buenas obras mediante el poder del mal, él refutó sus palabras argumentando lo siguiente: «Si admitís que los resultados de mis acciones curativas son buenos, entonces debéis también aceptar que realizo mis obras con el poder del bien. Si fuese yo maligno, como vosotros sostenéis, ¿cómo podría, entonces, obtener estos buenos frutos de curación divina? El mal sólo puede engendrar el mal. Del mismo modo en que se conoce el árbol por sus frutos, por mis acciones debéis discernir que dentro de mí se encuentra el árbol del conocimiento divino, cargado de los frutos del Espíritu. ¡Oh, víboras humanas, que estáis henchidas del veneno de la ignorancia y del mal karma que vosotras mismas habéis creado!, ¿cómo podéis afirmar con certidumbre cuál es la verdad? Conforme a lo que hay en vuestro corazón, habla vuestra boca[10]. Sacáis de ese cúmulo de mal aquello que es malo, en vez de sacar del tesoro de bondad que se encuentra en vuestra alma, oculto bajo los escombros de vuestras malas acciones».

~

«Os digo que los hombres darán cuenta el día del Juicio de toda palabra ociosa que pronuncien. Porque por tus palabras serás declarado justo y por tus palabras serás condenado» (*Mateo* 12:36-37).

La palabra hablada está constituida por tres clases de vibraciones: la energía física (el sonido), la energía vital, que se activa con la voluntad del orador, y el pensamiento. Cada palabra que el hombre pronuncia deja rastros de vibraciones buenas o malas en su cuerpo y cerebro físicos, así como en su cuerpo astral de energía —que media entre el cuerpo físico y la conciencia— y en su mente (la conciencia), los cuales permanecen como archivos comprimidos de tendencias. La suma total de las tendencias mentales acumuladas como resultado de los pensamientos buenos y malos determina, después de la muerte, que la siguiente reencarnación de un alma sea buena o mala.

Así pues, lo que Jesús quiso decir fue: «Os aseguro que cada palabra ociosa (expresada de modo irreflexivo y sin tomar en consideración la verdad y la rectitud) que los hombres pronuncien dejará huellas en su cerebro y en su mente. Y cuando el alma abandone el cuerpo, la existencia que ésta tenga en el mundo astral y en su siguiente reencarnación en la tierra se verán influidas y gobernadas por el juicio del mal karma resultante de esas palabras dañinas. La persona de mente bondadosa que exprese buenas palabras almacenará resultados positivos que luego serán cosechados por su alma, en tanto que la persona de mente malvada que exprese palabras dañinas acumulará efectos perjudiciales que volverán a ella en vidas futuras».

~

[10] Véase también el comentario que aparece en el discurso 33 sobre los versículos paralelos (*Lucas* 6:43-45).

«Entonces le interpelaron algunos escribas y fariseos: "Maestro, queremos ver un signo hecho por ti". Mas él les respondió: "¡Generación malvada y adúltera! Pide un signo, pero no se le dará otro signo que el del profeta Jonás. Porque así como Jonás estuvo en el vientre del cetáceo tres días y tres noches, así también el Hijo del hombre estará en el seno de la tierra tres días y tres noches"» (*Mateo* 12:38-40).

El todopoderoso Padre Celestial está dotado de gracia plena y, por lo tanto, posee una humildad infinita. También tienen esta cualidad aquellos devotos que manifiestan la perfecta imagen de Dios.

«El signo de Jonás»: Jesús profetiza el milagro de su resurrección

Las almas divinas como Jesús no hacen exhibición de milagros o signos para contrarrestar la maldad de los hombres o para satisfacer la irreflexiva curiosidad de los incrédulos; utilizan sus poderes sólo como una benigna fuerza auxiliadora que humildemente expresa el poder oculto de Dios.

Cuando los fariseos le pidieron a Jesús que les mostrara un signo de la divina autoridad que poseía, él replicó: «¡Oh, generación adicta a los males de la ignorancia y de los hábitos sensuales!, ¿qué derecho tenéis de pedir un signo milagroso, algo que sólo merecen los virtuosos y las almas dignas de alabanza? No se os dará otro signo que el del profeta Jonás, que mostró haber alcanzado la conciencia de Dios y por ello su vida, saturada de vida inmortal, pudo permanecer en un estado de animación suspendida en el vientre de una ballena»[11].

Bien sea el relato de Jonás literalmente cierto o metafórico, son numerosos los casos que se conocen en la India de yoguis —almas en sintonía con el éxtasis divino— que, bajo el agua o enterrados, permanecieron en un estado de animación suspendida. Existen dos casos muy conocidos; uno de ellos tiene como protagonista al Swami Trailanga de la India, que solía sumergirse por largos períodos bajo las aguas del Ganges[12]. Otro es el bien documentado caso de Sadhu Haridas, del siglo XVIII, que indujo en su cuerpo un estado de muerte aparente; tras permanecer sepultado durante varias semanas, fue desenterrado y él mismo hizo que su cuerpo volviera a la vida

[11] Este relato aparece en el Antiguo Testamento (*Jonás* 1 y 2).

[12] En el capítulo 31 de *Autobiografía de un yogui* se relata una serie de hechos milagrosos de la vida de Swami Trailanga.

[este caso se mencionó en el discurso 8, en el volumen I].

No es intención de Dios que tales prodigios sean habituales en una época en que la iluminación continúa siendo apenas una aspiración del hombre; pero estos hechos demuestran que es posible vivir sin respirar y, de ese modo, controlar la vida y vencer a la muerte. Jesús dijo que la historia de Jonás —*«Yahvé hizo que un gran pez se tragase a Jonás, y Jonás estuvo en el vientre del pez tres días y tres noches»*[13]— era proféticamente análoga al hecho de que el cuerpo crucificado de Jesús permanecería en la sepultura tres días con sus noches, y luego volvería a la vida. Jesús predijo que el signo supremo que ofrecería al mundo sería la resurrección de su cuerpo físico —la demostración de su victoria total sobre la muerte.

Cuando Jesús habla de su permanencia en la sepultura se refiere a su cuerpo físico, el «hijo del hombre» —un cuerpo relacionado con una generación de seres humanos o árbol genealógico—. Ciertamente, era imposible que el Hijo de Dios —que moraba dentro del cuerpo de Jesús, pero que además era omnipresente— permaneciera enterrado en las entrañas de la tierra. Fue la resurrección del cuerpo físico de Jesús, ocurrida al cabo de tres días, lo que demostró a la humanidad la omnipotencia de Dios[14].

Mediante la aplicación de las ciencias materiales, el hombre puede construir aviones increíblemente útiles y veloces; pero cuando un avión se estrella y los pasajeros se convierten en una espantosa masa de carne y huesos destruidos, la ciencia no puede proporcionarle al hombre el modo de vencer su debilidad principal: el engaño, impuesto por Satanás, de la muerte y la destrucción física. La ciencia superior de la unión con Dios le permite al ser humano saber que el cuerpo y el alma, al ser ambos un reflejo del Espíritu Inmortal, son también inmortales. Jesús demostró que al seguir las leyes de la existencia suprafísica y comprender la relación que existe entre la materia y la mente, el alma puede vencer la ilusión de la conciencia del cuerpo o manifestar la inmortalidad en el vehículo físico, si así lo desea. Cuando el hombre comprenda plenamente la relación que existe entre la conciencia y el cuerpo, podrá entender por qué se desintegran las células corporales al separarse la conciencia y la vida del cuerpo

---

[13] *Jonás* 2:1.

[14] Jesús repite sus palabras acerca del «signo de Jonás» en *Mateo* 16:4. (Véase el discurso 44).

físico; además, sabrá cómo remodelar el cuerpo introduciendo en él a voluntad la vida y la mente, aunque haya experimentado la muerte física. Al resucitar su cuerpo físico, Jesús mostró que es posible lograr la inmortalidad consciente: éste es el «signo» supremo y la demostración metafísica más importante que él le ha brindado al mundo para toda la eternidad. Su propósito fue despertar la fe de los hombres y dar valor y esperanza a aquellos que estuviesen dispuestos a esforzarse por alcanzar, a través de la meditación, su propia inmortalidad en el reino de Dios.

~

> *«La gente de Nínive se levantará en el Juicio con esta generación y la condenarán, porque al menos ellos se convirtieron por la predicación de Jonás; y aquí hay algo más que Jonás. La reina del Mediodía se levantará en el Juicio con esta generación y la condenará, porque ella vino de los confines de la tierra a oír la sabiduría de Salomón; y aquí hay algo más que Salomón»* (*Mateo* 12:41-42).

Jesús señaló que los habitantes de Nínive —que se arrepintieron de sus hábitos materialistas y cuya espiritualidad se despertó en respuesta a la predicación de Jonás— juzgarían y condenarían a la generación de Jesús por no valorar la presencia del Cristo que se encontraba entre ellos, que era superior a Jonás y se hallaba por completo despierto en el Espíritu. La reina de Sabá, que había llegado de tierras lejanas a escuchar la sabiduría de Salomón[15], también condenaría a la generación de Jesús por no responder al Cristo cuya sabiduría aventajaba incluso a la proverbial sapiencia de Salomón. A pesar de que todas las almas —tantos los seglares comunes como los maestros— son potencialmente iguales y constituyen imágenes perfectas de Dios, muestran diferencias entre sí debido a su distinto grado de comunión con Dios y de expresión de las cualidades del alma. Jesucristo manifestaba plenamente todas las cualidades del alma y del Espíritu, en tanto que la conciencia espiritual de Salomón y la de Jonás aún no habían alcanzado tal perfección.

---

[15] *I Reyes* 10:1-10.

~

«Cuando el espíritu inmundo sale del hombre, anda vagando por lugares áridos en busca de reposo, pero no lo encuentra. Entonces piensa: "Me volveré a mi casa, de donde salí". Pero resulta que, al llegar, la encuentra desocupada, barrida y en orden. Entonces va y toma consigo otros siete espíritus peores que él; entran y se instalan allí, y el final de aquel hombre viene a ser peor que el principio. Así le sucederá también a esta generación malvada» (*Mateo* 12:43-45).

Los peligros espirituales de una actitud de arrogante orgullo y autosuficiencia

En este pasaje, Jesús hace referencia a aquellos logros espirituales carentes de solidez que degeneran en arrogancia y en un sentimiento de falsa superioridad. Observó que, entre la gente de su época, algunas almas habían alcanzado el desarrollo espiritual necesario que les permitía establecer contacto con la bendición vibratoria interior que emana del Espíritu Santo; con ello, lograron eliminar algunas de sus imperfecciones espirituales y expulsaron de su interior al demonio de los apegos sensoriales. Sin embargo, Jesús señaló que esas almas avanzadas mostraban animadversión hacia él y que, a causa de sus prejuicios, habían sido incapaces de reconocer al Espíritu que en él moraba, aun cuando ellas habían conjurado transitoriamente al demonio de los apegos materiales. Tal actitud haría retornar a ellas no sólo su conciencia materialista, sino también demonios aún mayores: la ignorancia, el apego a los sentidos, el orgullo, la autosuficiencia, la indiferencia espiritual, así como la falta de buen criterio espiritual y de aprecio a los valores espirituales, cuando bien podrían haber transformado su ser por medio de la receptividad espiritual y la esclarecedora ayuda de Jesús.

Advierte Jesús: «¡Oh, gente de esta generación!, vuestro antiguo desarrollo espiritual os ha vuelto autocomplacientes y os ha paralizado, de manera que no aprovecháis la oportunidad que Dios os ha enviado para redimir vuestras almas mediante la sintonía con la manifestación del Cristo que mora en mí. Acosados por los demonios de vuestra insensata arrogancia, sufriréis una ignorancia aún mayor que la que habíais experimentado anteriormente».

Jesús señala que el hombre es un ser libre y, si valora a los grandes maestros y establece contacto con ellos, puede perfeccionarse. Sin embargo, si manifiesta indiferencia espiritual hacia los emisarios de Dios y sus enseñanzas, puede permanecer en la ignorancia en que ya se encuentra; o si se mantiene aferrado a las creencias y tradiciones teológicas intolerantes, puede creerse autosuficiente y desestimar las enseñanzas redentoras de los grandes maestros.

~

> *«Todavía estaba hablando a la muchedumbre, cuando su madre y sus hermanos se presentaron fuera y trataban de hablar con él. Alguien le dijo: "¡Oye!, ahí fuera están tu madre y tus hermanos, que desean hablarte". Pero él respondió al que se lo decía: "¿Quién es mi madre y quiénes son mis hermanos?". Y, extendiendo su mano hacia sus discípulos, dijo: "Éstos son mi madre y mis hermanos, pues todo el que cumpla la voluntad de mi Padre de los cielos, ése es mi hermano, mi hermana y mi madre"»* (*Mateo* 12:46-50)[16].
>
> *Referencia paralela:*
>
> *«Se le presentaron su madre y sus hermanos, pero no podían llegar hasta él a causa de la gente. Le avisaron: "Tu madre y tus hermanos están ahí fuera y quieren verte". Pero él les respondió: "Mi madre y mis hermanos son aquellos que oyen la palabra de Dios y la cumplen"»* (*Lucas* 8:19-21).

«Los devotos que son receptivos a la inspiración de Dios que reciben a través de mí, que actúan conforme a ella y que experimentan la conciencia de Dios manifestada como la Palabra o el Sonido Cósmico —que se escucha en la meditación y está saturado de gozo eternamente renovado— se encuentran en sintonía con mi único Padre, la única Conciencia Cósmica; dado que comparten conmigo esa percepción, ellos constituyen mi verdadera familia. Todas las mujeres que han alcanzado la conciencia de Dios son mis madres y mis hermanas, y todos los hombres que han alcanzado dicha conciencia son mis hermanos».

[16] Compárese con la referencia paralela que aparece en *Marcos* 3:31-35.

Jesús no fomenta en sus enseñanzas la falta de respeto a los padres. En otro pasaje (*Mateo* 15:4), él cita este divino mandamiento: «*Honra a tu padre y a tu madre*»[17]. Él señalaba que aun cuando todas las personas deben ofrecer a sus padres el debido respeto y honrar en ellos los dones de la sabiduría y el amor protectores del Padre-Madre Divino, sin embargo, si esos padres blasfemaran y les pidiesen a sus hijos que desistieran de llevar adelante sus sinceras aspiraciones espirituales —ya sea seguir el camino de la renunciación o meditar en Dios—, es preciso que los hijos no estén apegados a sus padres a tal grado que los obedezcan sumisamente y abandonen a Dios. Jesús y todos los grandes maestros enseñan que Dios debe ocupar el primer lugar, antes que cualquier deseo o cualquier persona. Nuestro compromiso con Dios en la meditación debe ser la consideración más importante, porque en la vida nadie puede cumplir con ningún compromiso si no toma prestados de Dios la energía, la actividad cerebral y el poder muscular y mental.

Jesús sostiene que el amor a Dios ha de estar por encima del apego a la familia

No debe permitirse que ningún amor humano se halle por encima del amor por Dios, ya que es Él quien nos ha dado todos nuestros seres queridos. Si, por ser adorables nuestros parientes, sentimos por ellos un amor entrañable, ¡cuánto más debemos amar a Dios, quien sabiamente ha elegido para nosotros esos amorosos padres, hermanos y hermanas! Jamás hemos de olvidar que Dios es nuestro Padre-Madre por toda la eternidad —en todo tiempo: pasado, presente y futuro—. Él vela por nosotros, encarnación tras encarnación, a través de innumerables madres, padres y demás familiares. Los que adoran a los miembros de su familia pero olvidan por completo que Dios se encuentra presente en esas personas sufrirán un desengaño cuando la muerte corte esos lazos de relación familiar. El único vínculo eterno es el lazo invisible pero invulnerable que tenemos con Dios.

Jesús quiso dejar grabado en la mente de quienes se hallaban entre la multitud que él era consciente de esa verdad, al ser avisado de la presencia de sus familiares (*«Tu madre y tus hermanos están ahí fuera»*). Sólo Dios, a quien Jesús percibía en todas partes, era su único Familiar auténtico, oculto tras todas las relaciones de familia que le eran impuestas por el hecho de encarnarse.

Reflexiona: si alguien muere y se reencarna en una casa vecina,

[17] Véase el discurso 44.

su familia anterior, a la que tanto amaba, lo tratará como a un extraño. El misterioso mecanismo de la reencarnación tiene por objeto hacer evidente que es Dios mismo quien, al inculcar en nuestros padres terrenales el instinto del afecto, cuida del bebé a través de esa afinidad parental y, por extensión, cuando uno alcanza la sintonía con Dios, halla nuevamente en Él a todas aquellas almas —expresiones de Dios— que creía haber perdido.

Jesús quiso expresar su conciencia de que no podía considerar como su Padre-Madre Celestial a nadie que no fuese Dios mismo, y que veía como divinos parientes suyos a todos los que viviesen en sintonía con Dios. Por lo tanto, Jesús afirmaba no sólo la Paternidad absoluta de Dios, sino también la hermandad de los seres humanos. Los devotos que sienten que Dios es su Padre Celestial y el de todas las almas se encuentran unidos por el lazo familiar divino de la eterna hermandad universal.

DISCURSO 37

«Y les habló muchas cosas en parábolas»

El sermón de Jesús acerca del reino de los cielos

La parábola del sembrador: las verdades espirituales
bendicen al hombre de acuerdo con su receptividad mental

❖

Jesús ofrece una explicación más profunda
relativa a la semilla vibratoria de la sabiduría
que se recibe a través del contacto con la vibración de *Om*

❖

El trigo y la cizaña: cómo erradicar de la mente subconsciente
la maleza de los malos hábitos

❖

La «levadura» del gozo meditativo
eleva las mentes consciente, subconsciente y supraconsciente

❖

La «cosecha» del karma bueno y malo
que el hombre recoge «al fin del mundo»

«Aquellas almas que aún se encuentran totalmente identificadas con el cuerpo físico reciben sólo una velada explicación, en parábolas, acerca de todas las percepciones sutiles correspondientes a los estados celestiales, a la Conciencia Crística y a la Conciencia Cósmica. Así se evita que, por su falta de entendimiento, esas almas menosprecien los sagrados conocimientos de la verdad plenamente revelada».

Aquel día, salió Jesús de casa y se sentó a orillas del mar. Se reunió tanta gente junto a él, que hubo de subir a sentarse en una barca, mientras toda la gente se quedaba en la ribera. Y les habló muchas cosas en parábolas.

Decía: «Salió un sembrador a sembrar. Pero, al sembrar, unas semillas cayeron a lo largo del camino; y vinieron las aves y se las comieron. Otras cayeron en pedregal, donde no tenían mucha tierra, y brotaron enseguida por no tener hondura de tierra; pero, en cuanto salió el sol, se agostaron y, por no tener raíz, se secaron. Otras cayeron entre abrojos; pero crecieron los abrojos y las sofocaron. Otras cayeron en tierra buena y dieron fruto: una ciento, otra sesenta, otra treinta. El que tenga oídos, que oiga».

Sus discípulos se acercaron y le preguntaron: «¿Por qué les hablas en parábolas?». Él les respondió: «Es que a vosotros se os ha concedido conocer los misterios del Reino de los Cielos, pero a ellos no. Porque a quien tiene se le dará y le sobrará; pero a quien no tiene se le quitará hasta lo que tiene. Por eso les hablo en parábolas, porque mirando no ven, y oyendo no oyen ni entienden. En ellos se cumple la profecía de Isaías: 'Oír, oiréis, pero no entenderéis; mirar, miraréis, pero no veréis. Porque se ha embotado el corazón de este pueblo, han hecho duros sus oídos y han cerrado sus ojos; no sea que vean con sus ojos, con sus oídos oigan, con su corazón entiendan y se conviertan, y Yo los sane'.

»¡Pero dichosos vuestros ojos, porque ven, y vuestros oídos, porque oyen! Pues os aseguro que muchos profetas y justos desearon ver lo que vosotros veis, pero no lo vieron; y oír lo que vosotros oís, pero no lo oyeron.

»Vosotros, pues, escuchad la parábola del sembrador. Cuando alguien oye la palabra del Reino y no la comprende, viene el Maligno y arrebata lo sembrado en su corazón: éste es el que fue sembrado a lo largo del camino. El que fue sembrado en pedregal es el que oye la palabra y de momento la recibe con alegría, pero, como no tiene raíz en sí mismo, por ser inconstante, sucumbe en seguida, en cuanto se presenta una tribulación o persecución por causa de la pala-

bra. El que fue sembrado entre los abrojos es el que oye la palabra, pero las preocupaciones del mundo y la seducción de las riquezas sofocan la palabra, que queda sin fruto. Y el que fue sembrado en tierra buena es el que oye la palabra y la entiende; éste sí que da fruto y produce: uno ciento, otro sesenta, otro treinta».

Les propuso esta otra parábola: «El Reino de los Cielos es semejante a un hombre que sembró buena semilla en su campo. Pero, mientras su gente dormía, vino su enemigo, sembró cizaña entre el trigo y se fue. Cuando brotó la hierba y produjo fruto, apareció entonces también la cizaña. Los siervos se acercaron al amo y le preguntaron: "Señor, ¿no sembraste semilla buena en tu campo? ¿Por qué tiene entonces cizaña?". Él les contestó: "Algún enemigo ha hecho esto". Los siervos le dijeron: "¿Quieres, pues, que vayamos a recogerla?". Les respondió: "No, no sea que, al recoger la cizaña, arranquéis a la vez el trigo. Dejad que ambos crezcan juntos hasta la siega. Ya diré a los segadores, cuando llegue la siega, que recojan primero la cizaña y la aten en gavillas para quemarla, y que almacenen el trigo en mi granero"».

Les propuso otra parábola: «El Reino de los Cielos es semejante a un grano de mostaza que tomó un hombre y lo sembró en su campo. Es ciertamente más pequeña que cualquier semilla, pero, cuando crece, es mayor que las hortalizas, y se hace árbol, hasta el punto de que las aves del cielo vienen y anidan en sus ramas».

Les dijo otra parábola: «El Reino de los Cielos es semejante a la levadura que tomó una mujer y la mezcló con tres medidas de harina, hasta que fermentó todo».

Todo esto dijo Jesús en parábolas a la gente, y nada les hablaba si no era en parábolas, para que se cumpliese así lo dicho por el profeta: 'Abriré con parábolas mi boca, anunciaré lo que estaba oculto desde la creación del mundo'.

Entonces despidió a la multitud y se fue a casa. En esto se le acercaron sus discípulos y le dijeron: «Explícanos la parábola de la cizaña del campo». Él respondió: «El que siembra la buena semilla es el Hijo del hombre; el campo es

el mundo; la buena semilla son los hijos del Reino; la cizaña son los hijos del Maligno; el enemigo que la sembró es el diablo; la siega es el fin del mundo; y los segadores son los ángeles. De la misma manera, pues, que se recoge la cizaña y se la quema en el fuego, así será al fin del mundo. El Hijo del hombre enviará a sus ángeles, que recogerán de su Reino todos los escándalos y a los que actúan inicuamente, y los arrojarán en el horno de fuego. Allí será el llanto y el rechinar de dientes. Entonces los justos brillarán como el sol en el Reino de su Padre. El que tenga oídos, que oiga.

»El Reino de los Cielos es semejante a un tesoro escondido en un campo. Cuando un hombre lo encuentra, vuelve a esconderlo y, de tanta alegría que le da, va, vende todo lo que tiene y compra el campo aquel.

»También es semejante el Reino de los Cielos al caso de un mercader que anda buscando perlas finas. Cuando encuentra una perla de gran valor, va, vende todo lo que tiene y la compra.

»También es semejante el Reino de los Cielos a una red que se echa en el mar y captura peces de todas clases. Y cuando está llena, la sacan a la orilla, se sientan y recogen en cestos los buenos, al tiempo que tiran los malos. Así sucederá al fin del mundo: saldrán los ángeles, separarán a los malos de entre los justos y los echarán en el horno de fuego. Allí será el llanto y el rechinar de dientes.

»¿Habéis entendido todo esto?». Le respondieron: «Sí». Y añadió: «Así, todo escriba que se ha hecho discípulo del Reino de los Cielos es semejante al dueño de una casa que saca de su arca cosas nuevas y cosas viejas».

Cuando acabó Jesús estas parábolas, partió de allí.

Mateo 13:1-53

DISCURSO 37 

«Y les habló muchas cosas en parábolas»

El sermón de Jesús acerca del reino de los cielos

«Aquel día, salió Jesús de casa y se sentó a orillas del mar. Se reunió tanta gente junto a él, que hubo de subir a sentarse en una barca, mientras toda la gente se quedaba en la ribera. Y les habló muchas cosas en parábolas. Decía: "Salió un sembrador a sembrar. Pero, al sembrar, unas semillas cayeron a lo largo del camino; y vinieron las aves y se las comieron. Otras cayeron en pedregal, donde no tenían mucha tierra, y brotaron enseguida por no tener hondura de tierra; pero, en cuanto salió el sol, se agostaron y, por no tener raíz, se secaron. Otras cayeron entre abrojos; pero crecieron los abrojos y las sofocaron. Otras cayeron en tierra buena y dieron fruto: una ciento, otra sesenta, otra treinta. El que tenga oídos, que oiga"» (*Mateo* 13:1-9)[1].

Jesús utiliza la bien conocida parábola del sembrador, la semilla y la tierra para ilustrar cómo las semillas divinas de la verdad crecen o perecen según las características del suelo mental —es decir, la fe y la receptividad— de los aspirantes espirituales en los cuales se siembran dichas semillas: «Escuchad con atención y sabiduría esta verdad: entre los devotos en los que he sembrado las semillas de mis enseñanzas los hay con diversos grados de receptividad.

[1] Compárese con los pasajes paralelos que aparecen en *Marcos* 4:1-9 y *Lucas* 8:4-8.

»Algunas semillas de la verdad caen en el camino de la indiferencia espiritual de aquellos buscadores que actúan impulsados únicamente por la curiosidad. Esas semillas de las experiencias intuitivas, que tenían la potencialidad de otorgar la iluminación, fueron pisoteadas por los animales de los hábitos materiales y devoradas por las aves de la duda que sobrevuelan la atmósfera de la mente.

La parábola del sembrador: las verdades espirituales bendicen al hombre de acuerdo con su receptividad mental

»Algunas semillas de mis enseñanzas cayeron sobre el pedregal de las burdas mentes materialistas, donde la tierra era escasa —la percepción y la apreciación espiritual carecían de la necesaria hondura—. En tales personas, las enseñanzas brotaron y produjeron experiencias espirituales efímeras y con raíces superficiales. Cuando salió el sol de los hábitos materiales cotidianos, estas experiencias se secaron y murieron. Al no formar hábitos profundamente arraigados en la supraconciencia del alma, se agostaron por falta del alimento de la devoción constante y de las aspiraciones espirituales que provienen del esfuerzo renovado y ferviente en la meditación.

»Y otras semillas de mis enseñanzas fueron sembradas en personas cuyo suelo mental se encontraba plagado de los prolíficos abrojos del recelo espiritual y de las dudas teológicas. Entonces, aunque las semillas comenzaron a brotar en esas mentes, que parecían tener interés, ninguna de tales inspiraciones espirituales pudo sobrevivir porque las sofocó el predominio abrumador de los abrojos del escepticismo teológico. De ese modo, las malogradas plantas de la inspiración no pudieron dar los frutos de la sabiduría divina ni los del contacto con Dios.

»Otras semillas de mis enseñanzas cayeron en el suelo de aquellas mentes en que la receptividad había labrado fértiles surcos; luego recibieron las aguas de la continua bondad y del esfuerzo espiritual regular y profundo en la meditación, y se hallaban rodeadas por el cerco de la buena compañía; de ese modo, los animales y las aves de las mentes materialistas y de las dudas no pudieron invadir ni destruir el floreciente huerto de las abundantes cualidades del alma. En estas mentes protegidas y receptivas, las semillas de la verdad se convirtieron en árboles cargados con los frutos de la realización del Ser. Tales árboles humanos, fuertes y robustos, pudieron soportar todos los embates y, al mismo tiempo, produjeron una floreciente cosecha de sabiduría, de siempre renovado gozo y de progreso en la divina consecución de las cualidades del alma, cosecha que se multiplicó treinta, sesenta o cien veces».

Por medio de esta analogía, Jesús explica con toda claridad que un verdadero discípulo, en virtud de su dedicación a la vida espiritual, constituye el suelo fértil en el que pueden sembrarse con éxito las enseñanzas de un gurú enviado por Dios. Cuando la semilla de la instrucción apropiada se siembra en el corazón receptivo —el suelo— de un estudiante sincero y resuelto, y éste la nutre con la meditación diaria y profunda, practica la devoción y sigue con autodisciplina el *sadhana* —las prácticas espirituales— que su gurú ha prescrito, dicha semilla brota y crece hasta convertirse en el árbol de infinitas ramas de la realización de Dios.

En lo que respecta a la receptividad, lo importante es la intensidad del anhelo y de los esfuerzos del devoto por conocer la verdad. Quienes más responden a las enseñanzas de su gurú son aquellos que sienten un ardiente deseo por Dios.

La parábola del sembrador y la semilla muestra cómo los diversos hábitos buenos o malos de una persona determinan si el suelo de su mente es fértil o pedregoso. Pese a que los malos hábitos ya arraigados puedan hacer que el devoto se sienta frustrado, le es posible vencer esa oposición merced a sus poderosos deseos espirituales y a su lealtad absoluta a las enseñanzas del gurú. La más elevada inteligencia consiste en ser capaz de modificar aquello que debe modificarse en la vida con el objeto de posibilitar el progreso constante del alma.

Con toda seguridad, los estudiantes receptivos progresarán por medio de la ayuda de su gurú. La resistencia que ejercen los malos hábitos del pasado puede tornar difícil la obediencia a las enseñanzas divinas; pero si un estudiante sincero realiza el esfuerzo a pesar de su inclinación a resistirse, logrará transformarse. La resistencia es arrolladora si el estudiante presta atención a sus estados de ánimo. Si, por el contrario, escucha receptivamente la sabiduría del gurú, quien sólo desea lo mejor para el devoto, cada semilla del despertar divino que el gurú siembre en el interior del estudiante echará raíces en el fértil suelo de su conciencia.

«El que tenga oídos, que oiga». Jesús quiso expresar con estas palabras lo siguiente: «El que sea receptivo y oiga con entendimiento espiritual lo que digo, que aprecie la verdad de mis palabras y viva de acuerdo con ellas para alcanzar la completa emancipación de su alma». Es inútil escuchar las enseñanzas de Jesús descuidadamente o sin prestarles suficiente atención. Un seguidor de Cristo debe ser tan aplicado y diligente como un granjero espiritual, que emplea el arte de cultivar las plantas de la realización del Ser y, de ese modo, ara y

siembra su conciencia mediante las técnicas apropiadas de meditación y un estilo de vida moral y espiritual. La cosecha que obtenga serán los frutos de la divina sabiduría, de la bienaventuranza y de la completa liberación espiritual.

~

«Sus discípulos se acercaron y le preguntaron: "¿Por qué les hablas en parábolas?". Él les respondió: "Es que a vosotros se os ha concedido conocer los misterios del Reino de los Cielos, pero a ellos no. Porque a quien tiene se le dará y le sobrará; pero a quien no tiene se le quitará hasta lo que tiene. Por eso les hablo en parábolas, porque mirando no ven, y oyendo no oyen ni entienden"» (*Mateo* 13:10-13)[2].

Referencia paralela:

«Cuando quedó a solas, los que le seguían junto con los Doce le preguntaron sobre las parábolas. Él les dijo: "A vosotros se os ha concedido el misterio del Reino de Dios, pero a los que están fuera todo se les presenta en parábolas, para que por mucho que miren no vean, por mucho que oigan no entiendan, no sea que se conviertan y se les perdone"» (*Marcos* 4:10-12).

Jesús revelaba la verdad celestial a quienes eran receptivos y la ocultaba de las muchedumbres por medio de parábolas

Cuando los discípulos le preguntaron a Jesús por qué enseñaba a la gente por medio de las sutiles imágenes de las parábolas, él les respondió: «Porque ha sido decretado que vosotros, que sois mis verdaderos discípulos, que vivís una vida espiritual y guiais vuestras acciones de acuerdo con mis enseñanzas, merecéis, en virtud de vuestro despertar interior en la meditación, comprender la verdad de los arcanos del cielo y el modo de alcanzar el reino de Dios, es decir, la Conciencia Cósmica oculta tras la creación vibratoria de la ilusión cósmica. Pero las personas comunes, cuya receptividad es todavía insuficiente, no están capacitadas para comprender o practicar

[2] Compárese con las referencias paralelas que aparecen en *Marcos* 4:25 y *Lucas* 8:9-10 y 8:18. Véase también el discurso 63 (volumen III), en el cual se presenta un comentario sobre *Lucas* 19:26, versículo en que Jesús repite estas palabras.

las verdades más profundas de la sabiduría. Según su entendimiento, captan de las parábolas las verdades más sencillas contenidas en la sabiduría que yo les comunico. Mediante la aplicación práctica de lo que son capaces de recibir, realizan cierto progreso hacia la redención.

»Como sois receptivos y habéis avanzado en vuestro pensamiento espiritual, podéis retener en la copa expandida de vuestro entendimiento las oceánicas revelaciones de la verdad que he vertido sobre vosotros a partir de mi propia realización en el estado de Conciencia Crística y de Conciencia Cósmica, que constituyen el reino de los cielos y el reino de Dios, respectivamente».

El estado de Conciencia Cósmica recibe el nombre de «reino de Dios» porque es el reino infinito del único Rey que posee Existencia Absoluta, Conciencia Absoluta y Bienaventuranza Absoluta y se encuentra más allá de las manifestaciones vibratorias. El reino de los cielos es el maravilloso mundo astral de las fuerzas y seres celestiales y está imbuido de la Conciencia Crística omnipresente. Pueden sentir el estado de Conciencia Cósmica las almas que, en el estado meditativo, retiran la mente del territorio del cuerpo y, luego, trascienden el estado subconsciente y el de concentración en las percepciones de gozo supraconsciente, propios del reino astral de los cielos y del estado crístico inherente a dicho reino. En cambio, aquellas almas que aún se encuentran totalmente identificadas con el cuerpo físico reciben sólo una velada explicación, en parábolas, acerca de todas las percepciones sutiles correspondientes a los estados celestiales, a la Conciencia Crística y a la Conciencia Cósmica. Así se evita que, por su falta de entendimiento, esas almas menosprecien los sagrados conocimientos de la verdad plenamente revelada. Quienes carezcan de receptividad ni siquiera intentarán desentrañar estas verdades más profundas que les permitirían liberarse de sus malos hábitos materialistas, *«no sea que se conviertan»* en seres espirituales y, por la gracia de Dios y por sus propios esfuerzos, abandonen su estado de identificación con el cuerpo.

Jesús luego hace referencia a una ley rigurosa que gobierna todas las acciones: *«quien tiene»* —quien haya creado un hábito espiritual— atraerá percepciones de la realización del Ser desde su interior y, habiendo paladeado la sabiduría y la bienaventuranza del alma, formará nuevos hábitos espirituales y logrará obtener manifestaciones aún mayores de desarrollo espiritual. *«Pero [...] quien no tiene»* —es decir, quien no tiene interés alguno por poseer o por crear el hábito de la meditación o de la vida espiritual— perderá todo hábito espiritual que pueda hallarse en su interior en estado latente, porque no ha saboreado el gozo espiritual de la realización del Ser que se experimenta en la meditación[3].

¿Cómo es que perciben la verdad aquellos que son receptivos, en tanto que quienes no lo son *«mirando no ven, y oyendo no oyen ni entienden»*? Las verdades fundamentales relacionadas con el cielo y el reino de Dios, la realidad que se encuentra en el trasfondo de la percepción sensorial y más allá de las reflexiones de la mente racional, sólo pueden captarse a través de la intuición, es decir, mediante el despertar del saber intuitivo, o comprensión pura, del alma.

«Por eso, ¡oh discípulos míos!, os hablo en parábolas, cubriendo la esencia de la verdad con la "cáscara" de las palabras místicas y de los ejemplos esotéricos. Así como un ave no sabe cómo emplear un cascanueces para llegar hasta el meollo de la nuez, de igual manera las mentes comunes no ven la forma de utilizar la intuición para atravesar la cáscara de las parábolas y llegar hasta la sabiduría que se encuentra oculta en su interior. Dado que carecen de percepción intuitiva interior, tales personas no pueden oír las revelaciones de la verdad que acompaña a mis palabras, aun cuando oigan la sabiduría que fluye de mis labios; es como si jamás la hubieran oído».

~

> *«En ellos se cumple la profecía de Isaías: 'Oír, oiréis, pero no entenderéis; mirar, miraréis, pero no veréis. Porque se ha embotado el corazón de este pueblo, han hecho duros sus oídos y han cerrado sus ojos; no sea que vean con sus ojos, con sus oídos oigan, con su corazón entiendan y se conviertan, y Yo los sane'*[4].
>
> *»¡Pero dichosos vuestros ojos, porque ven, y vuestros oídos, porque oyen! Pues os aseguro que muchos profetas y justos desearon ver lo que vosotros veis, pero no lo vieron; y oír lo que vosotros oís, pero no lo oyeron»* (Mateo 13:14-17).

---

[3] Jesús repite estas palabras en *Lucas* 19:26, en una parábola diferente; dicho versículo se comenta de forma más detallada dentro de ese contexto en el discurso 63 (volumen III).

[4] *Isaías* 6:9-10.

Referencia paralela:

«Volviéndose a los discípulos, les dijo aparte: "¡Dichosos los ojos que ven lo que veis! Porque os digo que muchos profetas y reyes quisieron ver lo que vosotros veis, pero no lo vieron; y oír lo que vosotros oís, pero no lo oyeron"» (*Lucas* 10:23-24).

Jesús hace alusión a la percepción divina del profeta Isaías, quien había predicho que la ley de causa y efecto actuaría sobre aquellos que durante muchas encarnaciones no cultivasen sus percepciones espirituales. Tal como había ocurrido en la época de Isaías, las almas de quienes formaban las grandes multitudes que escuchaban las palabras de Jesús continuaban careciendo de receptividad. Aun cuando oían sus palabras, las comprendían sólo de modo superficial. A pesar de que veían los asombrosos poderes que se manifestaban en Jesús, seguían espiritualmente ciegos, y no percibían su estatura divina. Dado que sus corazones y sentimientos —es decir, su conciencia *(chitta)*— se habían acostumbrado durante encarnaciones a las inarmoniosas vibraciones de la materialidad, no resonaban al compás del repique de la verdad que vibraba en las palabras de Jesús. Puesto que de forma habitual la mente de tales personas responde a la inquietud y a los deseos de los sentidos, la visión interior de su receptividad espiritual y el deseo de meditar permanecen confinados en la oscuridad, y sus oídos están sordos a las enseñanzas de Cristo. No han abierto los ojos de la percepción interior, ni oyen con la razón espiritual, ni reciben en sus corazones el sentimiento puro de la intuición —no sea que en algún momento puedan ver la verdad con los ojos de la sabiduría y, al escuchar las palabras de Jesús, comprendan la verdad, la experimenten con el sentimiento intuitivo de sus corazones, cesen de ser individuos materialistas que se arrastran en el sufrimiento y se transformen en seres espirituales absortos en el gozo ilimitado del éxtasis—. Están tan prendados de la ilusión material que le temen al mensaje de Jesús, que propone sacarlos de la ignorancia en la que han vivido por tanto tiempo y con la cual están familiarizados[5].

La conciencia oscurecida por la materialidad es ciega y sorda a las percepciones espirituales

Jesús elogiaba, en cambio, la conciencia de sus discípulos:

[5] Véase también el discurso 66 (volumen III), donde se comenta *Juan* 12:37-43, pasaje en el que se repiten estos versículos de *Isaías*.

«¡Dichosos los ojos de vuestra sabiduría, que os permiten contemplar la verdad; y dichosos los oídos de vuestra receptividad, porque escucháis la verdad y la comprendéis! En verdad, la Conciencia Crística que mora en mí declara que, en muchas épocas, numerosos profetas que vieron y predijeron el plan de Dios, así como numerosos reyes de gran moralidad y rectitud, desearon presenciar estas divinas manifestaciones que, debido a vuestro buen karma, estáis viendo ahora en mi vida; pero ellos no tuvieron la fortuna de contemplar tales milagros de Dios ni de oír, como vosotros, las sabias palabras liberadoras del silencioso Dios que proceden directamente de mi Conciencia Crística».

Es raro tener la posibilidad de ver que el Dios viviente se manifieste en la vida y en la sabiduría de un alma que le conoce. Numerosos devotos han deseado tener una oportunidad semejante, pero son relativamente pocos los que han logrado disfrutar de ese privilegio. Sólo cada cierto tiempo, y en determinadas épocas, Dios envía grandes almas con la misión especial de proclamar su gloria. Por esa razón, Jesús les recordó a sus discípulos que tenían la extraordinaria dicha de contemplar la manifestación del amor y de los poderes de Dios, que únicamente en contadas ocasiones se demuestran de manera tan ostensible como ocurrió en la vida de Jesús —y en la de algunos grandes maestros de la India.

~

«Vosotros, pues, escuchad la parábola del sembrador. Cuando alguien oye la palabra del Reino y no la comprende, viene el Maligno y arrebata lo sembrado en su corazón: éste es el que fue sembrado a lo largo del camino. El que fue sembrado en pedregal es el que oye la palabra y de momento la recibe con alegría, pero, como no tiene raíz en sí mismo, por ser inconstante, sucumbe en seguida, en cuanto se presenta una tribulación o persecución por causa de la palabra. El que fue sembrado entre los abrojos es el que oye la palabra, pero las preocupaciones del mundo y la seducción de las riquezas sofocan la palabra, que queda sin fruto. Y el que fue sembrado en tierra buena es el que oye la palabra y la entiende; éste sí que da fruto y produce: uno ciento, otro sesenta, otro treinta» (*Mateo* 13:18-23).

Referencia paralela:

«Cuando quedó a solas, los que le seguían junto con los Doce le preguntaron sobre las parábolas. [...] Y añadió: "¿No entendéis esta parábola? ¿Cómo, entonces, vais a comprender todas las parábolas? El sembrador siembra la palabra. Los que están a lo largo del camino donde se siembra la palabra son aquellos que la oyen, pero al momento viene Satanás y se lleva la palabra sembrada en ellos. De igual modo, los sembrados en terreno pedregoso son los que oyen la palabra y de momento la reciben con alegría; pero, como no tienen raíz en sí mismos, por ser inconstantes, sucumben en seguida, en cuanto se presenta una tribulación o persecución por causa de la palabra. Otros son los sembrados entre los abrojos; son los que han oído la palabra, pero las preocupaciones del mundo, la seducción de las riquezas y las demás concupiscencias les invaden y sofocan la palabra, que queda sin fruto. Y los sembrados en tierra buena son aquellos que oyen la palabra, la acogen y dan fruto: unos treinta, otros sesenta, otros ciento"» (*Marcos* 4:10, 13-20)[6].

Después de transmitir la parábola del sembrador y la semilla en un lenguaje fácil de interpretar por la multitud, Jesús explicó a sus discípulos el significado metafísico más profundo de esta parábola, que ellos habían inferido pero no habían logrado comprender —de ahí que le solicitaran una explicación más detallada.

Jesús ofrece una explicación más profunda relativa a la semilla vibratoria de la sabiduría que se recibe a través del contacto con la vibración de Om

Jesús los reconvino suavemente: «¿No entendéis esta parábola? ¿Cómo comprenderéis, entonces, las sutiles enseñanzas que os ofrezco en todas las demás parábolas? Oíd ahora la parábola del sembrador, que os explicaré de un modo diferente.

»La semilla es la "palabra", la vibración de la sabiduría y del sonido cósmico que proviene de la Conciencia Cósmica y que el devoto percibe intuitivamente por medio de la meditación[7]. Sólo aquellos que

[6] Compárese con la referencia paralela que aparece en *Lucas* 8:11-15. (*Marcos* 4:11-12 se comenta en páginas anteriores del presente discurso, con su referencia paralela, que se halla en *Mateo;* véase la página 148).

[7] *«En el principio existía la Palabra* (la sagrada Vibración de *Om* o Amén imbuida de la divina Inteligencia Crística), *la Palabra estaba junto a Dios, y la Palabra era Dios»*

han experimentado el éxtasis del recogimiento interior de la conciencia, que se percibe al meditar profundamente en el sagrado sonido de *Om* o Amén, pueden sentir la sabiduría vibratoria de Dios y oír su Vibración Cósmica que resuena por todo el universo. Dios en su aspecto de Espíritu —infinito y sin forma— generalmente no habla con palabras, sino que se expresa a través de la vibración; es decir, transmite su conciencia en forma de percepciones por medio de un sonido vibratorio inteligible que sólo pueden comprender los devotos que han desarrollado su intuición.

»El sembrador es el devoto avanzado que en la meditación ha logrado establecer contacto con el Sonido Cósmico y la Sabiduría Cósmica. Aquellos que se quedaron en el camino donde se sembró la palabra son los devotos que han meditado profundamente sólo de manera temporal y recibieron en su conciencia durante un breve lapso, a través de los sentimientos intuitivos de su corazón, la Sabiduría Vibratoria y el Sonido Cósmico procedentes del interior de su ser; sin embargo, debido a que no comprendieron por entero que dichas percepciones eran las vibraciones de Dios mismo, después de un tiempo se volvieron espiritualmente indiferentes y perdieron interés en mantener ese contacto. Satanás llegó entonces a ellos bajo la forma del engaño cósmico, e hizo que de inmediato retornara en ellos el estado de identidad con el cuerpo y arrebató del interior de esos devotos la percepción de la Sabiduría Vibratoria y del Sonido Cósmico. Ambas percepciones habían venido a liberar a los devotos, pero no las supieron considerar y valorar como una manifestación de la bienaventurada Conciencia Cósmica de Dios.

»Cuando otros devotos menos preparados, cuya mente estaba plagada de hábitos materialistas tan duros como piedras, percibieron por primera vez la semilla de la Vibración Cósmica, el contacto en la meditación con esas extrañas vibraciones de sabiduría y con el sonido cósmico les produjo gran deleite. Pero no meditaron lo suficiente ni con la necesaria continuidad como para que pudiesen sentir la Vibración Cósmica no sólo en la mente consciente, sino también en los niveles más profundos de las mentes subconsciente y supraconsciente.

»Tales devotos, que meditan durante un tiempo relativamente breve en la manifestación vibratoria de Dios, comprueban que

---

(*Juan* 1:1; véase el discurso 1, en el volumen I). En el texto original en griego se emplea el término *logos* de manera metódica y con idéntico sentido tanto en el versículo de *Juan* como en los versículos de *Mateo* y de *Marcos*.

abandonan la meditación cuando los invade la tentación de disfrutar de los placeres materiales a que están habituados, o cuando padecen enfermedades físicas o los atormentan la pobreza o las pruebas espirituales. Y como los diversos brotes de su comunión vibratoria interior no han echado raíces profundas, se marchitan y caen».

Aquellos que oyen la Vibración Cósmica y durante algún tiempo experimentan en ella un placer hacen a menudo una comparación mental entre el gozo de la meditación y los placeres y hábitos del cuerpo; en cambio, los devotos faltos de dedicación, que no han perseverado lo suficiente en la meditación como para habituarse de manera inquebrantable a la percepción de Dios en su aspecto de Sabiduría Cósmica y de Bienaventuranza Cósmica, sucumben a las demandas y a los placeres sensoriales del cuerpo con los que han estado familiarizados por tanto tiempo.

«Y hay también algunos devotos cuyo campo mental está plagado de abrojos, es decir, de los intereses y preocupaciones mundanos. Al meditar, tales devotos logran establecer contacto con la manifestación cósmica vibratoria de Dios, pero son propensos a dejarse arrollar gradualmente por las influencias mundanas y por las promesas de felicidad que suponen las riquezas y los placeres sensuales de la vida. Al sucumbir a tales tentaciones, esos devotos destruyen sus percepciones surgidas de la meditación —mediante las cuales experimentaban las manifestaciones vibratorias de la paz de Dios— antes de que puedan darse los frutos de la sabiduría y la emancipación supremas.

»Por último, están aquellos devotos supremamente exitosos cuyo suelo mental ha sido arado y fertilizado gracias a la buena compañía, a los pensamientos positivos y a su constancia en la meditación profunda. El contacto de estos devotos con la sagrada manifestación vibratoria de Dios en la meditación, y con la sinceridad absoluta y la percepción intuitiva pura de sus corazones, se convierte en una continua experiencia del éxtasis de la comunión divina. Al perseverar con paciencia y al tomar contacto con Dios como el gozo de la divina presencia vibratoria que se experimenta durante el éxtasis de la meditación, esos devotos cosechan los frutos de la sabiduría y de la inmortalidad consciente, multiplicados en un grado mucho mayor de lo que jamás hubiesen soñado».

En los versículos de los Evangelios según San Marcos y San Lucas, Jesús pone de relieve, mediante nuevas metáforas, la importancia de que sus discípulos hagan uso de su propia e intuitiva realización del Ser para comprender las más profundas verdades ocultas en sus parábolas:

> *«Les decía también: "¿Acaso se trae la lámpara para ponerla debajo del celemín o debajo del lecho? ¿No es para colocarla en el candelero? Pues nada hay oculto si no es para que se manifieste, y nada sucede en secreto, sino para que acabe siendo descubierto. Quien tenga oídos para oír, que oiga".*
>
> *»Les decía también: "A ver si atendéis bien. Seréis medidos con la medida con que midáis, y aun con creces, pues al que tiene se le dará, y al que no tiene se le quitará hasta lo que tiene"»* (*Marcos* 4:21-25).

Referencia paralela:

> *«Nadie enciende una lámpara y la tapa con una vasija, o la pone debajo de un lecho, sino que la coloca en un candelero, para que los que entren vean la luz. Pues nada hay oculto que no quede manifiesto, y nada secreto que no acabe siendo conocido y descubierto. Mirad, pues, cómo oís; porque al que tenga se le dará, pero al que no tenga se le quitará hasta lo que cree tener»* (*Lucas* 8:16-18).

La verdad no permanece oculta para quien enciende la luz interior de su intuitiva realización del Ser

«Ningún devoto enciende la lámpara de la percepción intuitiva de la verdad con la vela de la meditación para ocultarla por ignorancia bajo el celemín de los pensamientos inquietos o en la oscuridad del olvido, bajo el lecho de su mente subconsciente. Por el contrario, mantiene la llama de su realización del Ser constantemente encendida en el candelero de la mente consciente, de modo que todos los pensamientos que se introduzcan en su conciencia reciban la luz de su realización interior. Aquel que mantiene siempre encendida la lámpara de la realización del Ser en los candeleros de su conciencia y de su memoria comprueba que ninguna verdad permanece oculta a su conocimiento; todo se manifiesta o se revela al experimentar la luz interior. Un devoto avanzado en el camino espiritual puede captar, a través de la telepatía y de la percepción de la omnipresencia de Dios, todos los secretos del corazón humano y de la naturaleza que vibran en el éter. Nada hay oculto en el universo que no pueda ser conocido por el devoto que posee luz interior. Todas las verdades ocultas en las entrañas más profundas de los misterios saldrán ineludiblemente a la luz ante la reveladora visión interior del devoto.

»Quien posea percepción aguda y oídos espiritualmente receptivos que oiga estas verdades acerca de cómo despertar su realización del Ser y que viva de acuerdo con tales verdades.

»Ocupaos de practicar las verdades que me oigáis decir y meditad en ellas. Según la medida de vuestros esfuerzos por conocer la verdad, así será la sabiduría que recibáis de mis palabras. Aquellos que mediten profundamente y que vivan de acuerdo con mis sermones recibirán la realización del Ser en mayor grado; y aquellos que presten menor atención a la práctica de mis enseñanzas recibirán proporcionalmente menos.

»El devoto diligente que cultiva así la realización del Ser recibirá, gracias a su receptividad, una mayor medida de la verdad, a través del supraconsciente contacto interior con la Conciencia Cósmica. Mas aquel que no se interese en desarrollar la receptividad y sea negligente en la aplicación de mis enseñanzas comprobará que incluso aquellas tendencias espirituales que ahora posee y que ha traído consigo de encarnaciones pasadas se desvanecen».

~

«Les propuso esta otra parábola: "El Reino de los Cielos es semejante a un hombre que sembró buena semilla en su campo. Pero, mientras su gente dormía, vino su enemigo, sembró cizaña entre el trigo y se fue. Cuando brotó la hierba y produjo fruto, apareció entonces también la cizaña. Los siervos se acercaron al amo y le preguntaron: 'Señor, ¿no sembraste semilla buena en tu campo? ¿Por qué tiene entonces cizaña?'. Él les contestó: 'Algún enemigo ha hecho esto'. Los siervos le dijeron: '¿Quieres, pues, que vayamos a recogerla?'. Les respondió: 'No, no sea que, al recoger la cizaña, arranquéis a la vez el trigo. Dejad que ambos crezcan juntos hasta la siega. Ya diré a los segadores, cuando llegue la siega, que recojan primero la

cizaña y la aten en gavillas para quemarla, y que almacenen el trigo en mi granero'"» (*Mateo* 13:24-30)[8].

El reino de los cielos, el reino supraconsciente de las percepciones y realizaciones de Dios, es semejante a un hombre que por medio de la constante meditación sembró y cultivó las buenas semillas de las experiencias espirituales en el campo de su conciencia; pero mientras dormía (es decir, mientras «su gente» —sus capacidades físicas— estaba sumida en el sueño engañoso de la actividad cotidiana y hacía caso omiso de sus percepciones espirituales), sus enemigos —los hábitos materialistas subconscientes— sembraron la cizaña de la materialidad entre las semillas de trigo de la realización del Ser. Estos enemigos surgieron de la mente subconsciente y, de nuevo, desaparecieron secretamente en ella. Con el transcurso del tiempo, cuando las espigas del desarrollo espiritual crecieron lo suficiente y comenzaron a dar los frutos de la bienaventuranza y de la sabiduría divinas, apareció simultáneamente la cizaña de la duda, de la aflicción y del temor interiores, así como un sentimiento de desesperanza ante la posibilidad de no poder alcanzar la comunión con Dios y de no ser capaz de resolver los misterios de la vida.

El trigo y la cizaña: cómo erradicar de la mente subconsciente la maleza de los malos hábitos

Entonces, los siervos del autocontrol y de la disciplina espiritual que forman parte del hogar o conciencia del devoto despertaron en él y, mediante una vibración, le preguntaron: «¡Oh, devoto!, ¿creías que, en el campo de tu conciencia, sólo habías sembrado semillas de la realización del Ser? ¿De dónde provienen, entonces, las malezas de los obstáculos espirituales que crecen dentro de ti?». El devoto, haciendo un análisis introspectivo, respondió a su autocontrol espiritual y a sus aspiraciones divinas: «Algún enemigo con malos hábitos subconscientes ha sembrado en secreto estas malezas en medio de mi cultivo de hábitos espirituales».

A través de la introspección, los siervos espirituales, deseosos de practicar la meditación, sugirieron al devoto: «¡Oh, amo de la

[8] «Esta cizaña, *lolium temulentum,* es común en Palestina; se parece al trigo excepto en que sus granos son negros. En sus primeras etapas es indistinguible de la planta del trigo, de manera que tiene que ser dejada hasta cerca de la cosecha» —citado de la obra de A. T. Robertson *Comentario al texto griego del Nuevo Testamento* (Clie, Barcelona, 2003).

casa de tu conciencia y de tus pensamientos!, ¿deseas que vayamos a recoger esa cizaña que se ha arraigado de modo tan profundo en tu subconsciente?».

El devoto respondió: «¡Oh, siervos míos!, no perdáis el tiempo poniendo vuestra concentración en los hábitos negativos, que engendran desaliento. Al hacerlo podríais arrancar también algunos hábitos espirituales al no prestar atención a su crecimiento. Cultivad los hábitos espirituales, y cuando llegue la cosecha del éxtasis divino trayendo consigo el gozo y la sabiduría del contacto con Dios, pediré a los segadores expertos de la percepción y de la realización espiritual que se sumerjan en lo profundo de mi subconsciente. Allí recogerán las malezas de los malos hábitos que proceden de todas mis encarnaciones pasadas y las arrojarán al fuego de la sabiduría y de la energía vital que se ha acumulado en el cerebro por medio del recogimiento interior de la mente; el poder del fuego destruirá la cizaña de inmediato».

En la meditación y en el sueño, la mente y la energía se retiran hacia la columna vertebral y hacia las células cerebrales y destruyen los hábitos de la preocupación y la intranquilidad. Durante el sueño, la mente subconsciente, que actúa en forma mecánica, utiliza la energía que se ha retirado del exterior para hacer que se desvanezcan, sólo transitoriamente, los molestos desórdenes mentales. Pero en la meditación profunda, la mente supraconsciente utiliza la calmada energía que se concentra en el cerebro para penetrar en los surcos de este órgano donde se ocultan los hábitos. Allí, busca conscientemente las tendencias negativas indeseables y las cauteriza.

«¡Oh, divinas percepciones!, después de haber separado y destruido toda la cizaña de los obstáculos espirituales, recoged el trigo de la sabiduría y de la bienaventuranza divinas que ha crecido en el campo de la conciencia y almacenadlo en el vasto receptáculo de mi supraconciencia».

~

Parábola adicional —incluida en el Evangelio según San Marcos— que guarda relación con el tema tratado:

> *«También decía: "El Reino de Dios es como el caso de un hombre que siembra el grano en la tierra; duerma o se levante,*

de noche o de día, el grano brota y crece, sin que él sepa cómo. La tierra da el fruto por sí misma: primero hierba, luego espiga, después trigo abundante en la espiga. Y cuando el fruto lo admite, en seguida se le mete la hoz, porque ha llegado la siega"» (Marcos 4:26-29).

El reino de Dios es la región de la Conciencia Cósmica donde Dios Padre mora más allá de los límites de la creación vibratoria, en la cual el reflejo único de Dios Padre se halla inmanente en su aspecto de Conciencia Crística universal. El reino de los cielos, situado dentro de la región astral vibratoria de las manifestaciones puras (que permanece oculta tras la vibración física de los electrones, de los protones y de la materia), es un estado que el devoto experimenta y que es inferior al reino de Dios.

Cómo crecen las semillas de las celestiales percepciones astrales hasta convertirse en la plena realización de la Conciencia Cósmica

En la parábola anterior, donde se comparan el trigo y la cizaña con el reino de los cielos, Jesús hace referencia al devoto que percibe las sutiles vibraciones del mundo astral en el éxtasis de la supraconciencia, pero en cuya conciencia se mezclan tanto las percepciones celestiales como los apegos materiales. En cambio, cuando en el presente pasaje Jesús menciona el reino de Dios, alude al progreso de aquellos devotos que van más allá del contacto celestial con la creación vibratoria y se unifican con la Conciencia de Dios Padre —la Conciencia Cósmica, la Bienaventurada Infinitud que se encuentra más allá de todo lo creado.

Jesús explica con metáforas cómo alcanzar el reino de Dios. Cuando el hombre espiritual siembra en el suelo de su conciencia las semillas del éxtasis supraconsciente —cuando se hace uno con las percepciones suprasensoriales de las fuerzas celestiales que forman parte del mundo astral— y siente el éxtasis astral tanto durante el estado de sueño como en el de vigilia, comprueba que ese éxtasis madura y se convierte en el contacto con la Inteligencia Crística, que se halla oculta en toda la creación vibratoria y que se encuentra apenas velada en las manifestaciones del Cielo. De manera automática, el estado crístico se desarrolla hasta convertirse en la conciencia cósmica de Dios Padre, que está más allá de la creación; pues la «tierra» o percepción astral que se experimenta dentro del cuerpo produce, por medio del éxtasis astral, el fruto de percibir la Inteligencia Crística y, gradualmente, permite también percibir la Conciencia Cósmica, que se extiende más allá de la creación vibratoria.

El devoto atraviesa varias etapas, del mismo modo en que la semilla de trigo se desarrolla y se convierte primero en hierba, luego en espiga y finalmente en trigo abundante. La hierba representa la supraconciencia del éxtasis astral. Allí se perciben luces y vibraciones celestiales, que son las primeras manifestaciones que surgen en la conciencia del devoto a medida que avanza en el sendero espiritual.

La segunda etapa se caracteriza por el contacto con la Inteligencia Crística presente en toda vibración, y la parábola se refiere a ella como la «espiga».

En la tercera etapa, el devoto establece contacto con la conciencia de Dios que se encuentra más allá de la creación, y que es el «trigo abundante» de la metáfora de Jesús.

Cuando el devoto cosecha en su conciencia el fruto del éxtasis supremo de la conciencia de Dios, utiliza la «hoz» de la sabiduría para separar su conciencia humana de la percepción de la finitud y, luego, fusiona esa conciencia humana —que está colmada de la cosecha del éxtasis vibratorio astral y del éxtasis experimentado en la Conciencia Crística— con el éxtasis del Absoluto Bienaventurado, la conciencia de la infinitud carente de vibración propia de Dios Padre.

~

«Les propuso otra parábola: "El Reino de los Cielos es semejante a un grano de mostaza que tomó un hombre y lo sembró en su campo. Es ciertamente más pequeña que cualquier semilla, pero, cuando crece, es mayor que las hortalizas, y se hace árbol, hasta el punto de que las aves del cielo vienen y anidan en sus ramas"» (Mateo 13:31-32).

Referencia paralela:

«Decía también: "¿Con qué podremos comparar el Reino de Dios, o con qué parábola lo explicaremos? Es como un grano de mostaza que, en el momento de sembrarlo, es más pequeño que cualquier semilla que se siembra en la tierra. Pero una vez sembrado, crece y se hace mayor que todas las horta-

lizas, y echa ramas tan grandes que las aves del cielo anidan a su sombra"» (*Marcos* 4:30-32)[9].

«El reino de los cielos, el éxtasis de la supraconciencia donde se perciben las celestiales vibraciones de las regiones astrales divinas, es semejante a un grano de mostaza de felicidad siempre renovada que se siembra en el campo de la conciencia humana. Una vez que estos incipientes éxtasis de la supraconciencia echan raíces firmes en la "tierra" de la diaria meditación extática, comienzan a crecer y se convierten en una parte potencialmente eficaz de la estructura consciente y subconsciente del cuerpo físico. Tales percepciones pueden parecer al principio menos importantes que todas las demás semillas de la felicidad sensorial o de las experiencias materiales; pero cuando la diminuta "semilla de mostaza" de la inspiración y gozo que se experimenta en la meditación diaria madura en el suelo de la conciencia humana, su influencia predomina en forma suprema sobre todas las demás hierbas de las percepciones sensoriales humanas.

»Esta semilla despliega sus ramas supraconscientes de gozo hacia las percepciones y las experiencias conscientes y subconscientes de la existencia cotidiana, y tales ramas proliferan hasta convertirse en un "árbol" de gozo cósmico y sabiduría. Las "aves del cielo" —los pensamientos y las percepciones de la atmósfera mental del devoto— se reúnen en las ramas de este gozo extático que se expande hasta abarcar por completo la conciencia humana.

»Con el transcurso del tiempo, las percepciones supraconscientes se expanden hasta transformarse en la Conciencia Crística y finalmente en la Conciencia Cósmica —el reino de Dios—. Nada hay comparable a dicho estado; únicamente cabe mencionar que todo su potencial para convertirse en realidad se encuentra, por así decirlo, en una "semilla de mostaza" espiritual cuyo tamaño es infinitesimal en términos relativos, pero que está dotada de un inmenso poder para multiplicarse. De aquel que, habiendo trascendido toda la creación vibratoria, ha alcanzado el éxtasis supremo de la Conciencia Cósmica en el reino de Dios Padre se puede afirmar con toda certeza que sólo él sabe. Nadie más sabe. La mente humana, con sus limitaciones, no puede comprender ni abarcar semejante estado de éxtasis. A fin de experimentar el reino de Dios, la mente y la conciencia humanas deben

[9] Compárese con la referencia paralela que aparece en *Lucas* 13:18-19.

expandirse hasta alcanzar la unidad con la Conciencia Cósmica».

~

«Les dijo otra parábola: "El Reino de los Cielos es semejante a la levadura que tomó una mujer y la mezcló con tres medidas de harina, hasta que fermentó todo"» (*Mateo* 13:33)[10].

«El reino del éxtasis astral y del gozo supraconsciente de la meditación es como la "levadura" que el devoto mezcla con las "tres medidas de harina", las tres divisiones de la conciencia: consciente, subconsciente y supraconsciente. Así como la levadura eleva o aumenta las tres medidas de harina, así también la levadura del gozo astral extático de la meditación, cuando se experimenta cada día, se expande por toda la conciencia, la subconsciencia y la supraconciencia y, a partir de ahí, la conciencia que estaba confinada en el cuerpo se expande hasta lograr experimentar la Vibración Cósmica, la Conciencia Crística y el reino de Dios de la Conciencia Cósmica».

La «levadura» del gozo meditativo eleva las mentes consciente, subconsciente y supraconsciente

En el éxtasis del «reino de los cielos» se perciben las fuerzas astrales que gobiernan la creación. En la fase inicial de este éxtasis supraconsciente se perciben ocasionalmente luces, sonidos y un sentimiento de dicha. De estas percepciones, las más importantes son las variaciones en la luz del ojo espiritual y en el sonido de la sagrada vibración de *Om,* con su efusión de paz y de gozo. En el «éxtasis» subconsciente, al igual que en el estado de sueño, el devoto experimenta un estado imaginario o pseudoestado de gozo inconsciente. En el éxtasis cósmico —el éxtasis de la Vibración Cósmica—, el devoto, colmado de gozo, siente que toda la creación vibratoria constituye su propio cuerpo. En el éxtasis crístico, el devoto siente que se halla sumergido en la trascendente imagen reflejada de la Inteligencia de Dios, en su aspecto de Conciencia Crística omnipresente en la creación. En el éxtasis de Dios Padre, el devoto siente que es uno con la infinitud de la Conciencia Cósmica, que se encuentra más allá de la creación vibratoria y que proporciona un indescriptible estado de gozo: «Aquel que sabe, sabe. Nadie más sabe».

---

10 Compárese con la referencia paralela que aparece en *Lucas* 13:20-21.

~

«Todo esto dijo Jesús en parábolas a la gente, y nada les hablaba si no era en parábolas, para que se cumpliese así lo dicho por el profeta: 'Abriré con parábolas mi boca, anunciaré lo que estaba oculto desde la creación del mundo'» (Mateo 13:34-35)[11].

Referencia paralela:

«Les anunciaba la palabra con muchas parábolas como éstas, según podían entenderle. No les hablaba si no era en parábolas, pero a sus propios discípulos se lo explicaba todo en privado» (Marcos 4:33-34).

Estas interpretaciones espirituales, que han llegado a mí por inspiración de Jesucristo, me han llevado a la convicción de que algunas de las verdades más significativas y profundas que él expuso al mundo no han sido expresadas en una terminología tan sencilla desde los comienzos de la evolución de este *yuga* o ciclo mundial.

Jesús transmitía mediante términos e imágenes que eran familiares a su generación las verdades eternas que recibía directamente de Dios. La gente común que vivía en la época de Jesús no comprendía, por ejemplo, la diferencia entre el reino de los cielos, que se alcanza mediante el éxtasis supraconsciente, y el trascendente reino de la conciencia de Dios. Jesús les enseñaba las verdades más profundas a sus discípulos cuando se hallaban a solas con él. Eran las mismas verdades que él protegía con parábolas al ofrecérselas a las multitudes carentes de entendimiento, pero que todas las almas avanzadas y facultadas para captar la sabiduría oculta podían discernir con los oídos de la intuición.

Las personas comunes, para las cuales las verdades metafísicas profundas resultaban ininteligibles, recibían las parábolas como simples ilustraciones con cuya guía podían hallar una ayuda para mejorar su vida y despertar su fe en Dios. Aun en la actualidad, las palabras de Cristo reciben una acogida similar, con variadas interpretaciones literales y teológicas alrededor de las cuales han proliferado un gran número de confesiones y sectas religiosas. La referencia de Mateo a

---

11 *«Lo dicho por el profeta»* es una referencia a *Salmos* 78:2.

«lo que estaba oculto desde la creación del mundo» indica la naturaleza esencial de la verdad, que sólo es posible comprender mediante la percepción infalible de la intuición del alma —es decir, la experiencia directa de la verdad que se logra al unificarse con ella—. Sin este conocimiento interior, la verdad continúa siendo un misterio para el hombre, un misterio que sólo le es posible imaginar o apenas conjeturar por medio del intelecto. Por esa razón, a fin de comprender la singular y única percepción de Jesucristo oculta tras las palabras de sus enseñanzas, los devotos deben tener la capacidad de percibir intuitivamente, en el santuario de la meditación, los misterios revelados acerca de los cuales él hablaba por medio de parábolas.

El hombre no puede develar el misterio de las verdades supremas si carece de la intuición del alma

El hecho mismo de que era sólo a sus discípulos cercanos a quienes Jesús *«explicaba todo»* lo relacionado con aquellas verdades que mantenía ocultas en las parábolas que ofrecía a las multitudes les hace saber a los modernos aspirantes a convertirse en discípulos de Cristo que no deben darse por satisfechos con recibir repetidamente los mismos sermones superficiales y remozados que se imparten en los oficios religiosos dominicales. Los ministros que sólo cuentan con un mero conocimiento teórico de las escrituras se conforman con inspirar momentáneamente a su congregación con aquello que deducen o imaginan que son las verdades enseñadas por Jesucristo. Sin embargo, los auténticos portavoces divinos, que meditan con el objeto de embeberse de la Conciencia Crística, inspiran a los demás a sumarse a ese propósito y a convertirse en un disciplinado grupo de propagadores de la verdad que, por medio de la meditación, se congregan en el santuario interior del silencio para aprender de Dios —que habla a través de los labios de la intuición del devoto— los misterios de la vida y de la liberación del alma.

Una verdadera casa de Dios no debe sentirse satisfecha con sólo predicar teorías acerca de Él; más bien habrá de enseñar el arte de establecer contacto con Dios y de convertir el alma del hombre en un templo luminoso donde el Señor mismo pueda venir a impartir sus homilías, a través de la divina voz de la intuición, a los sinceros y fervorosos pensamientos del devoto buscador.

«Entonces despidió a la multitud y se fue a casa. En esto se le acercaron sus discípulos y le dijeron: "Explícanos la parábola de la cizaña del campo". Él respondió: "El que siembra la buena semilla es el Hijo del hombre; el campo es el mundo; la buena semilla son los hijos del Reino; la cizaña son los hijos del Maligno; el enemigo que la sembró es el diablo; la siega es el fin del mundo; y los segadores son los ángeles. De la misma manera, pues, que se recoge la cizaña y se la quema en el fuego, así será al fin del mundo. El Hijo del hombre enviará a sus ángeles, que recogerán de su Reino todos los escándalos y a los que actúan inicuamente, y los arrojarán en el horno de fuego. Allí será el llanto y el rechinar de dientes. Entonces los justos brillarán como el sol en el Reino de su Padre. El que tenga oídos, que oiga"» (*Mateo* 13:36-43).

Jesús explica a sus discípulos cercanos la parábola de la cizaña con mayor riqueza de imágenes metafóricas: «El que siembra la buena semilla de la sabiduría divina (los hijos buenos) en su propia conciencia (el mundo) comprueba que su cuerpo (el hijo del hombre) se sintoniza con la Conciencia Cósmica (el reino); de este mismo modo, mi cuerpo (el Hijo del hombre) se encuentra en esa divina sintonía, y yo he venido a sembrar mis enseñanzas y mi vida en el campo de la conciencia del mundo.

La «cosecha» del karma bueno y malo que el hombre recoge «al fin del mundo»

»Pero el engaño cósmico de Satanás siembra la ignorancia, la cizaña de las preocupaciones, la ira, el miedo y la oscuridad mental en las mentes de las personas propensas al mal.

»El enemigo —la ignorancia cósmica— es el diablo, el arcángel de Dios que abusando de su independencia creó las semillas de todos los males para mantener al hombre prisionero del engaño. Cuando las almas abandonan esta tierra "al fin del mundo" —en el momento de la muerte, una vez concluida su existencia terrenal, o bien porque han trascendido la conciencia mundana— recogen la cosecha de su karma bueno o malo. Los segadores son los resplandecientes ángeles de la intuición del alma, que revelan la luz de la verdad.

»Después de la muerte, las almas que residen en un cuerpo astral y que han acumulado mal karma son "recolectadas" en el mundo astral, y allí su conciencia arde en el fuego de los sufrimientos resultantes de su propia ignorancia. El Hijo del hombre —la forma visible de Jesús o de cualquier otro ser que haya alcanzado la Conciencia Crística— envía a sus mensajeros angélicos de luz o acude él mismo para recibir a las almas después de su muerte. Ellos "recolectan" las almas que moran en un cuerpo astral y que han cometido ofensas o creado malas vibraciones por doquier y están llenas de iniquidad o de mal karma. A estos seres astrales se les hace comprender conscientemente que el fuego abrasador de sus sufrimientos es la conflagración del mal y de la ignorancia que ellos mismos se han creado. Entonces se lamentan y sienten remordimiento por sus errores y por las penosas condiciones que deben soportar en su existencia astral. Aquellos que estén en condiciones de recurrir a su provisión de debilitado buen karma y anhelo espiritual, que se arrepientan y procuren conscientemente adherirse al camino de la virtud, brillarán como el sol de la sabiduría que se manifiesta en sus almas por el contacto con la conciencia Divina[12]. Aquellos que tienen oídos para oír, que oigan. Dios no es un ser vengativo, sino un Dios de redención, que ayuda a las almas tanto si se castigan a sí mismas como si se recompensan conforme a sus propias acciones».

Un Dios bueno y misericordioso jamás arrojaría a un pecador a un horno de fuego para someterle a tormentos eternos; después de la muerte, incluso el mayor de los pecadores sigue siendo un alma inmutable e inmortal y posee un cuerpo astral luminoso que ningún fuego físico puede quemar[13]. Las almas encerradas en la corteza del karma maligno no sólo pueden arrepentirse y sanar con el ungüento de la sabiduría y de la paz de la meditación las quemaduras del mal proceder que adoptaron en vida, sino que también pueden hallar la redención en el estado posterior a la muerte, cuando los ángeles de Dios las despierten y les brinden, durante su existencia astral, la oportunidad de arrepentirse y de resucitar su sepultado buen karma. Por lo general, las almas con tendencias negativas mueren y abandonan el cuerpo en forma inconsciente. Pero los ángeles de Dios las despiertan temporalmente del estado inconsciente posterior a la muerte para conceder a estas almas —que sufren subconscientemente en el fuego de sus propias tendencias malvadas— una oportunidad de esforzarse por alcanzar la conciencia de Dios por medio de la meditación astral.

---

[12] «En quienes han destruido la ignorancia mediante el conocimiento del Ser, la sabiduría —como un sol radiante— pone de manifiesto al Ser Supremo» *(God Talks With Arjuna: The Bhagavad Gita* V:16. Véase *El Yoga del Bhagavad Guita).*

[13] El verdadero significado de las diversas referencias bíblicas al «fuego del infierno» se explica en los discursos 48 y 68 (éste último en el volumen III).

Si la habitual preferencia de estas almas por las inclinaciones impías de la condición mortal es arrolladora, la puerta de esa oportunidad se cierra rápidamente y las deja confinadas en su destino kármico.

Esta parábola es ambiguamente compleja por la amplitud del significado que Jesús quiso darle al «fin del mundo». En términos literales, el fin del mundo podría ser una referencia a la extinción de la Tierra una vez que ésta hubiese completado su ciclo de eones de vida útil en la creación. También podría indicar la disolución del universo entero cuando el Espíritu diese por concluidos sus sueños creativos después de billones de años de manifestación. La vasta extensión de estas dos posibilidades —a pesar de que ambas son verosímiles en principio— difícilmente guarda relación con la advertencia que hizo Jesús a los pecadores de que modificaran su mal proceder.

El concepto de «fin del mundo» se puede comprender con más provecho si se aplica al instante en que el mundo se acaba, de modo transitorio o permanente (según el caso), en la conciencia de cada persona. Este final puede ocurrir de diversas maneras: durante el sueño profundo, cuando la supraconciencia del alma se vuelve semiconsciente y le hace recordar al subconsciente del hombre que su esencia es la perfección que se oculta tras la cizaña de la conciencia mundana; cuando el hombre en toda justicia se libera de los deseos y de los apegos terrenales al romper los lazos kármicos que lo atan al mundo; en el momento de la muerte, cuando el mundo retrocede dentro de la conciencia y es reemplazado por las percepciones astrales; durante el estado meditativo de *samadhi,* en el que se experimenta a Dios como la Única Realidad; y en el estado supremo de *nirvikalpa samadhi,* en el cual el ser humano trasciende el engaño incluso mientras se encuentra ocupado en actividades materiales. La metáfora que Jesús ofrece se aplica a todas estas maneras de experimentar el fin del mundo, así como a la condición humana correspondiente a cada una de ellas.

Por lo tanto, la parábola anterior también puede explicarse del siguiente modo: el devoto que siembra las buenas semillas de la sabiduría en su conciencia y en sus actividades corporales se convierte en un buen ejemplo para el mundo; y todos los hijos de este devoto (las buenas tendencias) quedan inmersos en el bienaventurado estado del contacto con la Conciencia Cósmica, que es intrínseco al alma. La cizaña o las malezas son aquellas tendencias mentales hacia el egoísmo, la avaricia y la concupiscencia que brotan como hijos de la maligna ignorancia fruto del contacto de los sentidos con las engañosas tentaciones de Satanás;

tales tendencias aparecen en la conciencia del hombre sin que éste participe en su creación, por el simple hecho de sucumbir a ellas. Con la creación de estos males, Satán combate a Dios en todas partes —en el hombre y en la naturaleza— resistiendo y estropeando la perfección y la armonía divinas en toda oportunidad que se presenta. Cuando la conciencia mundana llegue a su fin, el devoto recogerá su cosecha divina con la ayuda de sus segadores: la intuición angélica, la realización del Ser y la sabiduría. Y en el fuego recién encendido de su sabiduría incinerará la cizaña, es decir, las malezas de los efectos kármicos acumulados por sus malas acciones del pasado.

El devoto, el hijo del hombre impregnado de la presencia divina, envía a sus ángeles de percepciones intuitivas a sumergirse en lo profundo de las mentes subconsciente y supraconsciente para recoger todas las tendencias ofensivas o pecaminosas de vidas pasadas, y luego las destruye en las llamas de su ardiente sabiduría que se ha difundido por sus mentes consciente, subconsciente y supraconsciente. Las tendencias erróneas se lamentan y se resisten a arder en el fuego de la sabiduría. En ese momento, la virtud pura del devoto se asoma por entre las nubes de todo su mal karma del pasado y brilla como el sol de la sabiduría cósmica con el fulgor de la conciencia pura trascendental del reino de Dios Padre, que se percibe en la unión del cuerpo, de la mente y del alma con la Inteligencia Crística, que se halla dentro de la creación, y con la Conciencia Cósmica, que se encuentra más allá de la creación[14]. Aquellos que tengan oídos espirituales, que oigan y asimilen en su conciencia, mediante la experiencia directa, la verdad que encierran estas palabras.

~

«El Reino de los Cielos es semejante a un tesoro escondido en un campo. Cuando un hombre lo encuentra, vuelve a esconderlo

[14] «¡Oh Arjuna!, para quienes conocen la verdad, a este cuerpo se le denomina *kshetra* ("el campo" donde se siembran y cosechan el buen y el mal karma); asimismo, a aquello que conoce el campo se le denomina *kshetrajna* (el alma). [...] Así como un único sol ilumina el mundo entero, así también el Señor del Campo (Dios y su reflejo como alma) ilumina el campo entero (la Naturaleza y la "pequeña naturaleza" corporal). Alcanzan la unión con el Supremo aquellos que ven con el ojo de la sabiduría la diferencia que existe entre el *Kshetra* y el *Kshetrajna* y que además conocen el método con el que los seres se liberan de Prakriti (la engañosa Naturaleza)» *(God Talks With Arjuna: The Bhagavad Gita* XIII:1, 33-34. Véase *El Yoga del Bhagavad Guita).*

y, de tanta alegría que le da, va, vende todo lo que tiene y compra el campo aquel.

»También es semejante el Reino de los Cielos al caso de un mercader que anda buscando perlas finas. Cuando encuentra una perla de gran valor, va, vende todo lo que tiene y la compra» (*Mateo* 13:44-46).

«El reino astral de las fuerzas y percepciones celestiales, que el devoto experimenta en el estado de éxtasis supraconsciente, se encuentra colmado de preciosos tesoros espirituales, ángeles divinos, almas santas y maestros que han abandonado el cuerpo físico, revelaciones de los misterios de la vida y de la muerte y del ir y venir de todas las manifestaciones, todo lo cual se halla oculto en el campo de la conciencia material y la percepción sensorial. Cuando estas verdades le son reveladas a la conciencia física del hombre, él esconde dichos tesoros en lo profundo de su conciencia y con gran alegría se desprende de todos sus deseos materiales y, por medio del poder de su intensa devoción y de su buen karma, se asegura la posesión de ese campo supraconsciente de la verdad.

La unión con Dios: la «perla de gran valor»

»Y también, cuando el reino celestial de las fuerzas astrales le es revelado al devoto, él se convierte en un mercader de estas preciadas perlas de la verdad y busca hasta hallar en su percepción divina la perla sin par y de inestimable valor de la sabiduría de Dios. Cuando, después de este descubrimiento, su conciencia se dirige nuevamente hacia el mundo, abandona todos los deseos materiales y, con el poder que ha acumulado al practicar la meditación trascendente y libre de todo deseo, adquiere esa incomparable perla de la sabiduría divina».

~

«También es semejante el Reino de los Cielos a una red que se echa en el mar y captura peces de todas clases. Y cuando está llena, la sacan a la orilla, se sientan y recogen en cestos los buenos, al tiempo que tiran los malos. Así sucederá al fin del mundo: saldrán los ángeles, separarán a los malos de entre los justos y los echarán en el horno de fuego. Allí será el llanto y el rechinar de dientes» (*Mateo* 13:47-50).

«Al echar la red de la realización del Ser en el mar de la meditación, el devoto logra percepciones astrales y también una visión clara de las tendencias de su mal karma. Cuando encuentra en la red de su introspección la pesca mezclada que ha arrastrado hasta las riberas de su mente externa, se sienta a meditar y se dedica a la tarea de recoger todo lo bueno que hay en la red de su devoción y a desechar, con la fuerza de la sabiduría, todas las malas tendencias ocultas.

»Todos los devotos pasarán por esta experiencia "al fin del mundo", es decir, cuando hayan cesado sus deseos terrenales. Ellos verán que los ángeles de la intuición y de la realización del Ser emergen de las profundidades de su conciencia para segar todo el mal karma que creció en medio de las buenas tendencias que han adquirido y para arrojar las inclinaciones malignas al fuego abrasador de la sabiduría interior que todo lo consume. Estas acérrimas tendencias kármicas negativas, cuyo origen son los malos hábitos, ofrecen una atroz resistencia interior; pero, a pesar de sus protestas, infaliblemente acaban consumiéndose en el fuego de la sabiduría que el devoto ha encendido».

~

> *«"¿Habéis entendido todo esto?". Le respondieron: "Sí". Y añadió: "Así, todo escriba que se ha hecho discípulo del Reino de los Cielos es semejante al dueño de una casa que saca de su arca cosas nuevas y cosas viejas"»* (*Mateo* 13:51-52).

«Por lo tanto, todo aquel que por medio de la meditación halle el reino celestial de la supraconciencia astral es un devoto consumado, el dueño divino de su existencia corporal, que posee una preciada arca del tesoro de la cual saca, gracias a su logro espiritual, nuevas revelaciones de la verdad y también antiguas verdades expresadas en una nueva forma».

DISCURSO 38

«Tu fe te ha salvado»

La tormenta, la enfermedad, los demonios y la muerte se someten a la voluntad de Jesús

La siempre despierta omnisciencia de los maestros iluminados

❖

Todas las fuerzas de la naturaleza se hallan sujetas al poder que Dios concedió al alma del hombre

❖

Un extraordinario exorcismo de «espíritus inmundos» o «almas errantes»

❖

Cómo puede la fe atraer la «fuerza» o energía curativa de los personajes divinos

❖

Jesús resucita de entre los muertos a la hija de Jairo

❖

Cómo pueden los «obreros» espirituales cosechar la «mies abundante» de la unión con Dios

«Un amor y compasión extraordinarios emanaban de Jesús cuando recorría las ajetreadas ciudades y aldeas, enseñando en las sinagogas el evangelio, la vibrante verdad de Dios, e irradiando su divino poder para sanar toda clase de sufrimientos».

Cierto día subió a una barca con sus discípulos y les dijo: «Pasemos a la otra orilla del lago». Y se hicieron a la mar. Mientras ellos navegaban, se quedó dormido. Se abatió entonces sobre el lago una borrasca tal que la barca se anegaba y estaban en peligro. Ellos, acercándose, le despertaron: «¡Maestro, Maestro, nos hundimos!». Él, habiéndose despertado, increpó al viento y al oleaje, que amainaron y sobrevino la bonanza. Entonces les dijo: «¿Dónde está vuestra fe?». Ellos, llenos de temor, se decían entre sí maravillados: «¿Quién es éste, que conmina a los vientos y al agua, y le obedecen?».

Arribaron a la región de los gerasenos, que está frente a Galilea. Al saltar a tierra, salió del pueblo a su encuentro un hombre poseído por los demonios, que hacía mucho tiempo que no llevaba ropa, ni moraba en una casa, sino entre los sepulcros.

Al ver a Jesús, se echó a sus pies y gritó con fuerte voz: «¿Qué tengo yo contigo, Jesús, hijo de Dios Altísimo? Te suplico que no me atormentes». Lo decía porque Jesús había mandado al espíritu inmundo que saliera de aquel hombre. Y es que en muchas ocasiones se apoderaba de él; y, aunque le sujetaban con cadenas y grillos para custodiarlo, rompía las ligaduras, y el demonio lo empujaba a lugares inhóspitos. Jesús le preguntó: «¿Cómo te llamas?». Él contestó: «Legión» —porque habían entrado en él muchos demonios—. Y le suplicaban que no les mandara irse al abismo.

Había allí una gran piara de puercos que pacían en el monte. Ellos le suplicaron que les permitiera entrar en ellos. Jesús se lo permitió. Los demonios salieron de aquel hombre y entraron en los puercos. Entonces la piara se arrojó al lago de lo alto del cantil y se ahogó.

Cuando los porqueros vieron lo que había pasado, huyeron y lo contaron en el pueblo y por las aldeas. La gente salió entonces a ver lo que había ocurrido. Cuando llegaron donde Jesús y encontraron al hombre del que habían salido los demonios, sentado, vestido y en su sano juicio, a los pies de Jesús, se llenaron de temor. Los que lo habían visto les contaron cómo había sido salvado el endemoniado. Entonces toda la gente del país de los gerasenos le rogaron que se alejara de ellos, porque estaban poseídos de gran temor. Jesús subió a la barca y regresó.

El hombre de quien habían salido los demonios le pidió quedarse con él; pero Jesús le despidió, diciendo: «Vuelve a tu casa y cuenta todo lo que Dios ha hecho contigo». Y recorrió el pueblo proclamando todo lo que Jesús había hecho con él.

Cuando regresó Jesús, la muchedumbre le recibió con agrado, pues todos le estaban esperando. Llegó entonces un hombre llamado Jairo, que era jefe de la sinagoga, y, cayendo a los pies de Jesús, le suplicaba que entrara en su casa, porque su hija única, de unos doce años, se estaba muriendo. Mientras iba, la gente lo oprimía.

Una mujer que padecía flujo de sangre desde hacía doce años, y que no había podido ser curada por nadie, se acercó por detrás y tocó la orla de su manto; y, al punto, se le detuvo la hemorragia. Jesús preguntó: «¿Quién me ha tocado?». Como todos lo negaban, dijo Pedro: «Maestro, las gentes te aprietan y te oprimen». Pero Jesús contestó: «Alguien me ha tocado, porque he sentido que una fuerza ha salido de mí». Viéndose descubierta, la mujer se acercó temblorosa y, postrándose ante él, contó delante de toda la gente por qué razón le había tocado, y cómo al punto había sido curada. Él le dijo: «Hija, tu fe te ha salvado. Vete en paz».

Estaba todavía hablando, cuando uno de casa del jefe de la sinagoga llegó diciendo: «Tu hija está muerta. No molestes ya al Maestro». Jesús, que oyó el comentario, le dijo: «No temas; basta con que tengas fe y se salvará». Al llegar a la casa, no permitió entrar con él más que a Pedro, Juan y Santiago, y al padre y a la madre de la niña. Todos la lloraban y se lamentaban, pero él dijo: «No lloréis, no ha muerto; está dormida». Los presentes se burlaban de él, pues sabían que estaba muerta. Pero él, tomándola de la mano, dijo en voz alta: «Niña, levántate». Entonces retornó el espíritu a ella y, al punto, se levantó. Jesús mandó que le dieran de comer. Sus padres quedaron estupefactos, y él les ordenó que no comentaran con nadie lo que había pasado.

Lucas 8:22-56

Cuando Jesús se iba de allí, le siguieron dos ciegos gritando: «¡Ten compasión de nosotros, Hijo de David!». Al llegar a casa, se le acercaron los ciegos. Jesús les preguntó: «¿Creéis que puedo hacer eso?». Respondieron: «Sí, Señor». Entonces les tocó los ojos diciendo: «Hágase en vosotros según vuestra fe». Y se abrieron sus ojos. Jesús les ordenó severamente: «¡Mirad que nadie lo sepa!». Pero ellos, en cuanto salieron, divulgaron su fama por toda aquella comarca.

Salían ellos todavía, cuando le presentaron un mudo endemoniado. Y, tras expulsar al demonio, rompió a hablar el mudo. La gente, admirada, decía: «Jamás se vio cosa igual en Israel». Pero los fariseos comentaban: «Por el Príncipe de los demonios expulsa a los demonios».

Jesús recorría todos los pueblos y aldeas, enseñando en sus sinagogas, proclamando la Buena Nueva del Reino y sanando toda enfermedad y toda dolencia.

Al ver tanta gente, sintió compasión de ellos, porque estaban vejados y abatidos, como ovejas que no tienen pastor. Entonces dijo a sus discípulos: «La mies es mucha y los obreros pocos. Rogad, pues, al Dueño de la mies que envíe obreros a su mies».

Mateo 9:27-38

DISCURSO 38 

«Tu fe te ha salvado»

La tormenta, la enfermedad, los demonios y la muerte se someten a la voluntad de Jesús

«Cierto día subió a una barca con sus discípulos y les dijo: "Pasemos a la otra orilla del lago". Y se hicieron a la mar. Mientras ellos navegaban, se quedó dormido. Se abatió entonces sobre el lago una borrasca tal que la barca se anegaba y estaban en peligro. Ellos, acercándose, le despertaron: "¡Maestro, Maestro, nos hundimos!". Él, habiéndose despertado, increpó al viento y al oleaje, que amainaron y sobrevino la bonanza. Entonces les dijo: "¿Dónde está vuestra fe?". Ellos, llenos de temor, se decían entre sí maravillados: "¿Quién es éste, que conmina a los vientos y al agua, y le obedecen?"» (*Lucas* 8:22-25).

Referencia paralela:

«Este día, al atardecer, les dijo: "Pasemos a la otra orilla". Despidieron a la gente y le llevaron en la barca, tal como estaba. Otras barcas iban con él. En esto, se levantó una fuerte borrasca y las olas irrumpían en la barca, de suerte que estaba a punto de anegarse. Él se encontraba en popa, durmiendo sobre un cabezal. Lo despertaron y le dijeron: "Maestro, ¿no te importa que perezcamos?". Él, habiéndose despertado, increpó al viento y dijo al mar: "¡Calla, enmudece!". El viento se calmó y sobrevino

una gran bonanza. Entonces les dijo: "¿Por qué estáis con tanto miedo? ¿Cómo no tenéis fe?". Ellos se llenaron de gran temor y se decían unos a otros: "¿Quién es éste que hasta el viento y el mar le obedecen?"» (*Marcos* 4:35-41)[1].

A pesar de que su cuerpo dormía, la conciencia interior de Jesús se hallaba despierta y en un permanente estado de percepción de la omnipresencia de Dios. La conciencia del hombre se encuentra enfocada en la mente consciente durante la vigilia, en la mente subconsciente durante el sueño y en la supraconciencia durante la meditación profunda. Cuando una persona se halla concentrada en el estado de vigilia, su subconciencia y supraconciencia permanecen en un segundo plano; cuando duerme, la conciencia y la supraconciencia permanecen en el fondo. No obstante, un maestro como Jesús, cuyo centro de conciencia es la Conciencia Cósmica, es omnisciente en el Espíritu, ya sea que su cuerpo se encuentre despierto o dormido, y puede observar su cuerpo que duerme y ser consciente de cualquier condición o circunstancia remota o del presente, del mismo modo en que Dios observa a todos los seres humanos y advierte por igual tanto la grandiosidad de los universos en evolución como la caída de un simple gorrión.

La siempre despierta omnisciencia de los maestros iluminados

La conciencia omnipresente de Dios percibe la vida y la muerte y las actividades del sueño y de la vigilia de todas las criaturas presentes en Él, así como nosotros conocemos todos los pensamientos que alberga nuestra propia mente. Un ser humano dotado de vida autónoma es consciente de las sensaciones de su cuerpo o del dolor que pueda sentir cualquier conjunto de los veintisiete billones de células que conforman su cuerpo; por su parte, la conciencia de Dios, que abarca el espacio entero, conoce todo cuanto sucede, incluso en cualesquiera de los átomos de tamaño infinitesimal que integran las miríadas de creaciones del cosmos.

Jesús puso en duda la fe de sus discípulos porque no comprendieron que, a pesar de que él estaba dormido, su conciencia se hallaba igualmente vigilante junto con el Padre, tanto en la tormenta como en la barca y en los discípulos y en todo lugar. Si ellos hubiesen tenido fe en la conciencia omnipresente de Jesús, habrían sabido que la

[1] Compárese con otra referencia paralela que aparece en *Mateo* 8:23-27.

conciencia interior de él se daba cuenta de su apremiante situación y que los protegía, incluso en esos angustiosos momentos.

Con el objeto de reavivar la confianza paralizada de sus discípulos, Jesús los reprendió: «¿Por qué permitís que la ignorancia os asalte provocando temor y haciendo que se desvanezca vuestra fe en la conciencia y el poder omnipresentes y supremamente protectores que moran en mi interior?». Contando con la aprobación de la Voluntad Divina para demostrar la omnipotencia de Dios que se hallaba en su interior, Jesús se levantó e increpó al mar, ordenándoles a las fuerzas de la naturaleza, a los vientos y a las aguas: «¡Oh, borrascoso viento y tumultuoso mar, gobernados por las fuerzas cósmicas, que habéis sido creados y os mantenéis activos por la voluntad de Dios Padre —con quien yo soy Uno—, os ordeno que cambiéis vuestra vibración y permanezcáis en paz y tranquilos!».

«¡Calla, enmudece!». Tan pronto como Jesús, en cuyo interior se hallaba la conciencia omnipresente y la voluntad omnipotente de Dios, emitió vibraciones de paz, las fuerzas de la naturaleza, guiadas por Dios, siguieron de inmediato su ejemplo y se aquietaron, inmersas en la vibración de la calma. La gente común cree que los procesos elementales de la naturaleza son el resultado de la acción de fuerzas fortuitas y ciegas que operan sin propósito alguno. Pero la armonía de la naturaleza, el ciclo de las estaciones, la precisión matemática del orden planetario y el sostenimiento de la vida revelan claramente que los gobierna una ley inteligente y un plan cósmico divino. Sólo un racionalista contumaz podría adjudicar al azar la ley y el orden que reinan en el universo y en la metódica generosidad de la tierra para sustentar la vida; el hombre de Dios percibe conscientemente que, en todas las cosas, Él sostiene con su divina voluntad las meticulosas leyes y fuerzas de su maravillosa creación.

Todas las fuerzas de la naturaleza se hallan sujetas al poder que Dios concedió al alma del hombre

Por consiguiente, al ser Jesús un maestro —no de manera imaginaria sino a través de la percepción de su unidad con el Espíritu—, podía invocar la voluntad de Dios manifestada en su propia voluntad a fin de controlar la violencia de la tempestad y la furia de las olas.

Tuve la bendición de presenciar el control que mi gran maestro, Swami Sri Yukteswarji, ejercía sobre la naturaleza. En cierta ocasión en que me hallaba con mi maestro en su *ashram* de Puri, situado junto al mar en el Golfo de Bengala, me pidió, con motivo del solsticio de verano, que guiara a sus estudiantes en una procesión a lo largo de la playa y por las calles de la población. Se pronosticaba un clima con el esperado calor propio de la estación, sin la más mínima perspectiva de lluvia o de nubes. Le expresé al Maestro mi objeción, diciéndole que sería casi imposible que los discípulos mantuvieran la compostura al caminar descalzos por las ardientes arenas y las calles de la ciudad. El Maestro me respondió: «Te voy a decir un secreto: El Señor va a mandar una sombrilla de nubes, y todos ustedes caminarán con comodidad».

Tan pronto como la procesión religiosa comenzó, el cielo entero se cubrió de nubes como por arte de magia y se desencadenó una ligera llovizna que refrescó las calles y las candentes arenas de la playa. Para asombro e inmensa gratitud de todos, la mitigadora llovizna cayó durante las dos horas que duró la procesión; pero en el instante mismo en que regresamos a la ermita, el cielo se encendió nuevamente con el sol oriental, y el camino recorrido volvió a arder con intenciones hostiles. El Maestro no se adjudicó crédito personal alguno por su participación en los numerosos milagros que le vi realizar. En cuanto al hecho de domar al implacable sol de la India, él simplemente señaló, como solía hacerlo: «¡Ya ves cómo Dios cuida de nosotros! Dios responde a todos y trabaja para todos. Así como Él envió la lluvia a mi ruego, así cumple cualquier deseo sincero del devoto. Rara vez el hombre se da cuenta de cómo Dios escucha nuestras oraciones. Él no es parcial para unos cuantos, sino que nos escucha a todos los que acudimos a Él confiadamente. Sus hijos deben siempre tener una fe implícita en la amorosa bondad de su Padre Omnipresente».

Ya sea que un maestro ore por una respuesta determinada de Dios o que, en divina sintonía con el Señor, ordene que se produzca el efecto deseado, está poniendo en acción el poder para manifestar la vibración creativa de Dios. Mucho antes de que la ciencia occidental reconociera la naturaleza vibratoria de la materia, los *rishis* de la antigua India afirmaron que todo el espectro de la naturaleza es una objetivación del *Om,* el Sonido o Palabra Vibratoria Original. Ellos demostraron que manipulando la vibración se pueden controlar todos los fenómenos naturales a través del uso de ciertos mantras o cantos[2].

[2] El folklore de todos los pueblos contiene referencias a los encantamientos que poseen poder sobre la naturaleza. Los indios americanos desarrollaron unos ritos de sonido para la lluvia y el viento. Tan Sen, el gran músico hindú, era capaz de apagar el fuego mediante el poder de su canción.

Existen documentos históricos que dan constancia de los asombrosos poderes que poseía Miyan Tan Sen, músico de la corte de Akbar el Grande, en el siglo XVI. Mandado por el emperador para que cantara una raga nocturna al mediodía, Tan Sen entonó un mantra que instantáneamente provocó el oscurecimiento de todo el palacio.

Al hombre le ha sido concedido ser el amo de la naturaleza; a su vez, las fuerzas de la naturaleza trabajan unidas para servirle. El ser humano invalida su señorío cuando gobierna su entorno terrenal de manera errónea y egoísta. El hombre guía la naturaleza —aunque por lo general lo hace sin saberlo—, no sólo a través de sus acciones sino también por medio de las vibraciones de sus pensamientos. Los catastróficos efectos de las inundaciones, de los tornados, de los terremotos y de los demás desastres naturales son el resultado de la acumulación de las acciones y pensamientos negativos de los seres humanos que habitan la tierra. Los males de la guerra, por ejemplo, crean tremendas vibraciones negativas que producen un desequilibrio en las fuerzas de la naturaleza y liberan una energía descontrolada. A la inversa, la bondad del hombre promueve la paz, la prosperidad y el bienestar. Cuando el ser humano se convierte en el amo de sí mismo, al sublimar las vibraciones negativas que yacen en su interior, recupera el poder de su alma que Dios le ha concedido; ejerciendo dicho poder con la autorización de Dios le es posible ordenarle a su sierva, la naturaleza, todo aquello que su voluntad disponga.

Dentro de algunos miles de años, con el advenimiento del cuarto *yuga* —la era espiritual del presente ciclo mundial—, existirá mayor control de los procesos elementales de la naturaleza, tanto en el entorno de la tierra como en la vida de las personas en general. En las esferas celestiales del mundo astral, es usual ejercer control sobre la atmósfera y las condiciones en que se encuentra una persona. (Los seres astrales de los niveles inferiores no poseen tal control). En las regiones más elevadas, es posible dominar, por medio de la voluntad, las fuerzas e imágenes luminosas vitatrónicas. En el denso mundo material, llueve cuando uno no desea que llueva; y cuando la tierra necesita de la lluvia, el sol resplandece. Imagínate viviendo en un mundo en el que fueras capaz de ordenarle a la tormenta que acuda a tu llamado y a la nieve que se derrita. Mediante el dominio de las fuerzas astrales que le otorgan poder a la naturaleza, Jesús calmó la devastadora tormenta y Sri Yukteswar atenuó con nubes los abrasadores rayos del sol. Si bien hay en la naturaleza cierto nivel de uniformidad, existe también un grado muy elevado de incertidumbre —extremos impredecibles cuyo objeto es poner de manifiesto el espíritu triunfador del ser humano, alentarle a mirar más allá del aparente desorden y a espiritualizar su voluntad con la voluntad de Dios presente en las maleables fuerzas astrales celestiales que activan el funcionamiento del mundo material.

~

> *«Arribaron a la región de los gerasenos, que está frente a Galilea. Al saltar a tierra, salió del pueblo a su encuentro un hombre poseído por los demonios, que hacía mucho tiempo que no llevaba ropa, ni moraba en una casa, sino entre los sepulcros.*
>
> *»Al ver a Jesús, se echó a sus pies y gritó con fuerte voz: "¿Qué tengo yo contigo, Jesús, hijo de Dios Altísimo? Te suplico que no me atormentes". Lo decía porque Jesús había mandado al espíritu inmundo que saliera de aquel hombre. Y es que en muchas ocasiones se apoderaba de él; y, aunque le sujetaban con cadenas y grillos para custodiarlo, rompía las ligaduras, y el demonio lo empujaba a lugares inhóspitos»* (*Lucas* 8:26-29)[3].

Hay raras ocasiones en que la locura no se debe a trastorno alguno de las funciones del cerebro, sino a la posesión por parte de almas errantes, algunas de las cuales son espíritus demoníacos malignos y pueden ser expulsados a través del exorcismo por sanadores como Cristo. Por eso, Jesús ordenó: «¡Oh tú, alma desencarnada!, que en otro tiempo eras un reflejo del Espíritu pero ahora te has envilecido con la impureza del mal karma: debes abandonar tu posesión ilícita del cuerpo de este hombre; lo has atormentado y privado de todo sano juicio». Cuando Jesús habló de este modo, un espíritu maligno que moraba en el hombre enloquecido imploró temeroso a Cristo que no lo echara de la que era su morada habitual.

Un extraordinario exorcismo de «espíritus inmundos» o «almas errantes»

Como se explicó anteriormente, un alma errante de naturaleza demoníaca es, en muchas ocasiones, el espíritu desencarnado de un

[3] Compárese con las referencias paralelas que aparecen en *Mateo* 8:28-34 y *Marcos* 5:1-20.

asesino o de algún otro perverso criminal o individuo licencioso —un «demonio»[4]—. Como resultado de su profana indiferencia hacia la santidad de la vida, su propio karma condena al espíritu de tales pecadores a una existencia plagada de pesadillas en las esferas inferiores del mundo astral, donde permanecen «apegados a la tierra», deambulando desconsoladamente en las tenebrosas regiones del espacio etérico astral. Tales espíritus, al no hallar el pronto renacimiento que tanto anhelan, buscan personas que sufran demencia y cuyo mal karma atraiga ese destino en particular, y toman posesión de la mente de esos enfermos. Los maestros capaces de distinguir entre la posesión por parte de un espíritu y los desórdenes mentales comunes tienen el poder de desalojar conscientemente a las almas errantes de los cuerpos humanos de los cuales se han apoderado.

~

> *«Jesús le preguntó: "¿Cómo te llamas?". Él contestó: "Legión" —porque habían entrado en él muchos demonios—. Y le suplicaban que no les mandara irse al abismo»* (*Lucas* 8:30-31).

Satanás es quien controla a los espíritus malignos del mundo astral, cada uno de los cuales tiene un nombre y rasgos característicos. Por ese motivo, al espíritu que le hablaba, Jesús le pidió que se identificara. El líder de los espíritus que se habían hacinado en el interior del hombre demente respondió que su nombre era *«Legión»*, lo cual significaba que muchos demonios, espíritus malignos desencarnados, se agolpaban en la casa mental de ese hombre para trastornarlo. Así como una sola mente puede abrigar muchos pensamientos, y un mismo actor puede representar diferentes papeles y estados de ánimo, así también varios espíritus desencarnados pudieron ocupar la misma mente y el mismo cuerpo del geraseno poseído, ya que eran entes sutiles y no físicos.

Estos seres astrales desencarnados conocían la influencia de la conciencia de Jesucristo en el mundo astral. Estaban al tanto de su poder sobre los espíritus malignos; por ello le imploraban que no los condenase a deambular de nuevo, desprovistos de la conciencia de un cuerpo físico, por las oceánicas profundidades de las tinieblas, donde

---

[4] Véase el discurso 24 (volumen I).

estarían atrapados en sus atormentadoras visiones de una existencia llena de pesadillas y sin una luz que los guiase.

Tales espíritus diabólicos que se apiñaban en el cerebro de su víctima se sentían sumamente deleitados dando rienda suelta a su libertad en medio de las percepciones de un mundo en el que existían objetos definidos y en el que podían disfrutar, a través del cerebro del ser poseído, de las sensaciones del sonido, la luz, el gusto, el olfato y el tacto. Temían que les fuese negada la posibilidad de seguir paseando en el vehículo corporal —que ellos habían lanzado a la deriva a través de un mundo de sensaciones y escenarios físicos— y que se les arrojase nuevamente al infierno y a las pesadillas de una oscura existencia subconsciente, «el abismo».

~

> *«Había allí una gran piara de puercos que pacían en el monte. Ellos le suplicaron que les permitiera entrar en ellos. Jesús se lo permitió. Los demonios salieron de aquel hombre y entraron en los puercos. Entonces la piara se arrojó al lago de lo alto del cantil y se ahogó»* (*Lucas* 8:32-33).

Puesto que Jesucristo, con su poder divino, estaba obligando a los espíritus inmundos a abandonar el cuerpo del hombre demente, ellos le suplicaron que al menos les permitiera disfrutar de sensaciones de naturaleza inferior en los cuerpos de una piara de cerdos que estaba cerca de allí, ya que preferían experimentar una transición desde las sensaciones humanas hasta las sensaciones animales antes que ser devueltos repentinamente al oscuro infierno subconsciente al que estaban condenados debido a su mal karma.

Jesús accedió a su petición y, con su ayuda, los espíritus inmundos abandonaron el cerebro del individuo poseído y entraron en los cuerpos de la piara de cerdos. La invasión de los espíritus malignos y el desenfrenado entusiasmo de éstos cuando experimentaron las percepciones del placer animal trastornaron el comportamiento instintivo normal de los puercos. Desquiciados, corrieron violentamente hacia el lago y se ahogaron. Los espíritus inmundos junto con las almas (la conciencia individualizada en proceso de evolución) de los puercos se vieron forzados a regresar a la oscura región astral donde moran los seres no evolucionados —los espíritus malignos fueron arrojados nuevamente al estado subconsciente de las pesadillas que ellos mismos creaban, en tanto que las almas de los puercos pronto habrían de reencarnar en formas de vida más desarrolladas, conforme al orden natural de la evolución ascendente.

~

> «*Cuando los porqueros vieron lo que había pasado, huyeron y lo contaron en el pueblo y por las aldeas. La gente salió entonces a ver lo que había ocurrido. Cuando llegaron donde Jesús y encontraron al hombre del que habían salido los demonios, sentado, vestido y en su sano juicio, a los pies de Jesús, se llenaron de temor. Los que lo habían visto les contaron cómo había sido salvado el endemoniado. Entonces toda la gente del país de los gerasenos le rogaron que se alejara de ellos, porque estaban poseídos de gran temor. Jesús subió a la barca y regresó*» (*Lucas* 8:34-37).

Fue una insensatez que los gerasenos, a causa de su propia falta de entendimiento, sintieran temor de Jesús. A lo que debían haber temido era a su propia ignorancia. Si hubiesen comprendido el poder redentor de Jesús, le habrían preguntado cómo podían liberarse de las garras de la ignorancia, el peor de los demonios.

Mostrar prudencia en relación a los temas espirituales es señal de sabiduría; pero, la estrechez mental es deplorable. Incluso en los tiempos actuales, en que han desaparecido muchas de las grotescas supersticiones que prevalecían en el pasado, aún existen personas que son cultas en muchos sentidos pero que se muestran escépticas, incluso temerosas, ante un auténtico maestro que puede demostrar, a la vez que enseñar, el arte de alcanzar estados superiores de conciencia mediante la práctica de la meditación extática —y también los poderes divinos que acompañan a esos elevados estados—. En la ciencia espiritual de la realización de Dios y de la unión con Dios —el yoga—, tal como la enseña un maestro conocedor de Dios, no hay nada relacionado con la superstición, la magia, la autohipnosis, el espiritismo a través de médiums, la brujería o cualesquiera de esas prácticas. El yoga es la más pura de las ciencias, porque abre en forma natural todas las puertas interiores permitiendo que se expresen los potenciales innatos del alma, la imagen de Dios que mora en el hombre, su verdadero Ser.

Mantenerse en la ignorancia espiritual es la causa de que se pierdan oportunidades de progreso para el alma, de igual modo que los incomprensibles temores de los gerasenos los impulsaron hace dos mil años a solicitar a Jesús que se alejara de sus costas, en vez de pedirle que les mostrara el camino hacia la salvación.

~

«El hombre de quien habían salido los demonios le pidió quedarse con él; pero Jesús le despidió, diciendo: "Vuelve a tu casa y cuenta todo lo que Dios ha hecho contigo". Y recorrió el pueblo proclamando todo lo que Jesús había hecho con él» (*Lucas* 8:38-39).

Jesús se hallaba libre de ego; ésa es una característica singular que distingue a los verdaderos maestros. Él no hablaba de sus propios poderes curativos, sino del Poder Divino que se manifestaba a través de él: *«todo lo que Dios ha hecho contigo»*. Jesús le pidió al hombre del que había expulsado la legión de demonios que diera publicidad a ese hecho, a fin de que otras almas enfermas se sintieran alentadas a buscar la ayuda del ilimitado poder divino. La publicidad que se utiliza para lograr beneficios materiales produce resultados materiales. La publicidad que se emplea con propósitos espirituales es útil para difundir la verdad y las manifestaciones divinas con el fin de inspirar y guiar a las almas; pero si se utiliza con el objeto de obtener la admiración de los demás y lograr beneficios materiales personales resulta perjudicial y repugnante para el hombre espiritual.

~

«Cuando regresó Jesús, la muchedumbre le recibió con agrado, pues todos le estaban esperando. Llegó entonces un hombre llamado Jairo, que era jefe de la sinagoga, y, cayendo a los pies de Jesús, le suplicaba que entrara en su casa, porque su hija única, de unos doce años, se estaba muriendo. Mientras iba, la gente lo oprimía.

»Una mujer que padecía flujo de sangre desde hacía doce años, y que no había podido ser curada por nadie, se acercó por detrás y tocó la orla de su manto; y, al punto, se le detuvo la

hemorragia. Jesús preguntó: "¿Quién me ha tocado?". Como todos lo negaban, dijo Pedro: "Maestro, las gentes te aprietan y te oprimen". Pero Jesús contestó: "Alguien me ha tocado, porque he sentido que una fuerza ha salido de mí". Viéndose descubierta, la mujer se acercó temblorosa y, postrándose ante él, contó delante de toda la gente por qué razón le había tocado, y cómo al punto había sido curada. Él le dijo: "Hija, tu fe te ha salvado. Vete en paz"» (*Lucas* 8:40-48)[5].

Debido a que la Conciencia Crística omnipresente que se hallaba en Jesús era consciente del mundo astral y de la fuerza vital inherente a todos los cuerpos, él pudo saber que, entre la multitud que le rodeaba y le oprimía, se encontraba una mujer en particular que, al hacer uso del poder de su voluntad intensificado por su fe, había atraído parte de la fuerza vital del cuerpo del Maestro hacia su propio cuerpo, al tocar reverentemente con sus manos la orla del manto de Jesús. Como un poderoso haz de rayos X, la fuerza vital de Jesús cauterizó la perniciosa enfermedad que la mujer padecía. Al igual que una persona enferma conectada a los electrodos de un aparato eléctrico médico puede beneficiarse con el estímulo de la corriente, así también la mujer, deseosa de sanar, estableció contacto con el magnetismo de Jesús y vigorizó la debilitada fuerza vital de su propio cuerpo gracias al aura sutil o corriente astral que rodeaba el cuerpo de Jesús y emanaba de él.

Cómo puede la fe atraer la «fuerza» o energía curativa de los personajes divinos

En la recuperación de la salud de todo cuerpo humano enfermo, el único efecto de la medicina o de la curación mental es despertar y complementar la fuerza vital inactiva, la cual es la causa directa de la sanación. A fin de sanar, una persona enferma puede robustecer su fuerza vital curativa mediante su propio poder de voluntad revitalizado con la poderosa voluntad de un sanador; o bien, por medio de la fe

---

[5] Compárese con las referencias paralelas que aparecen en *Mateo* 9:18-22 y *Marcos* 5:21-34.

Véase también *Marcos* 6:53-56 (y su paralelo en *Mateo* 14:34-36), en donde se citan casos similares de curación: «*Terminada la travesía, llegaron a tierra en Genesaret y atracaron. Apenas desembarcaron, le reconocieron en seguida. Recorrieron entonces toda aquella región y comenzaron a traer a los enfermos en camillas adonde oían que él estaba. Y dondequiera que entraba, en pueblos, ciudades o aldeas, colocaban a los enfermos en las plazas y le pedían que les dejara tocar siquiera la orla de su manto; y cuantos la tocaron quedaron curados*».

puede atraer fuerza vital del cuerpo de una persona dotada de magnetismo divino y despertar y fortalecer así su propia fuerza vital, que todo lo puede sanar. Esto último fue lo que ocasionó que Jesús manifestara: «La fe sutil de una persona en busca de curación ha tocado la emanación astral de mi cuerpo con una mano astral y ha extraído de mí una "fuerza": la fuerza vital».

Cuando Jesús dijo: *«una fuerza ha salido de mí»,* hacía énfasis en el poder curativo que había salido de él; cuando afirmó: *«tu fe te ha salvado»,* destacaba la receptividad de la mujer que había sido sanada. Ambos factores son necesarios. Los sanadores deben asegurarse de que los dos factores están presentes en la curación divina: la fe de la persona que desea ser sanada y la capacidad del sanador para recargarse de poder curativo divino a través del contacto profundo y cotidiano con Dios en la meditación. La fe de la mujer le permitió absorber la «fuerza» o energía cósmica consciente que emanaba de Jesús y que él sentía en todo momento en su interior; de ese modo se produjo la curación. Según el Evangelio, en la propia tierra de Jesús, a algunas personas no se les pudo sanar de sus enfermedades porque eran demasiado materialistas para recibir la bendición de la conciencia omnipotente de Dios que se manifestaba en él[6].

Al revelar Jesús lo que había sentido, *«una fuerza ha salido de mí»,* estaba expresando el principio del *darshan,* en el cual un personaje divino, con intención consciente o sin ella, otorga bendiciones a quienes con una mente y un corazón puros se acercan a la Divinidad que mora en todo ser humano. Los devotos receptivos atraen de ese modo bendiciones instantáneas por el solo hecho de ver o tocar a una persona santa.

La duda actúa como una interferencia perniciosa que perturba la recepción de las vibraciones curativas, sin importar cuán intenso sea el poder del sanador. Como en el caso de una radio, uno debe sintonizar su conciencia con la fe y la actitud mental correcta a fin de recibir la transmisión de las vibraciones curativas emitidas a distancia o en forma directa por el sanador. *«Tu fe te ha salvado»;* estas palabras de Jesús significaban: «Tu receptividad mental al poder divino presente en mí ha hecho posible la curación deseada».

~

[6] Véase el discurso 39.

«Estaba todavía hablando, cuando uno de casa del jefe de la sinagoga llegó diciendo: "Tu hija está muerta. No molestes ya al Maestro". Jesús, que oyó el comentario, le dijo: "No temas; basta con que tengas fe y se salvará". Al llegar a la casa, no permitió entrar con él más que a Pedro, Juan y Santiago, y al padre y a la madre de la niña. Todos la lloraban y se lamentaban, pero él dijo: "No lloréis, no ha muerto; está dormida"» (*Lucas* 8:49-52).

Referencia paralela:

«Mientras estaba hablando, llegaron unos de la casa del jefe de la sinagoga diciendo: "Tu hija ha muerto. ¿A qué molestar ya al Maestro?". Jesús, que oyó el comentario, dijo al jefe de la sinagoga: "No temas; basta con que tengas fe". Y no permitió que nadie le acompañara, a no ser Pedro, Santiago y Juan, el hermano de Santiago. Llegaron a la casa del jefe de la sinagoga y observaron el alboroto, unos que lloraban y otros que daban fuertes gritos. Jesús entró y les dijo: "¿Por qué alborotáis y lloráis? La niña no ha muerto; está dormida"» (*Marcos* 5:35-39).

Jesús aconsejaba: «No llenes tu mente con el temor y el desaliento; cree, en cambio, en la todopoderosa voluntad divina que mora en mí, y tu hija despertará del sueño de la muerte».

Jesús resucita de entre los muertos a la hija de Jairo

Debido al grave estado en que se encontraba la niña, se hacía necesario que Jesús la arrebatara de las garras de la muerte, y por ello no quiso él que los pensamientos inarmónicos de la multitud le importunaran; así pues, pidió que sólo sus discípulos avanzados, Pedro, Santiago y Juan, le siguieran a la casa de Jairo. A los miembros de la familia que lloraban y se lamentaban, Jesús les dijo: «¿Por qué hacéis tal alboroto y despliegue de desesperación? A pesar de que vuestros ojos físicos perciben a la niña como si estuviese muerta, yo veo que sólo está durmiendo en Dios y que puede despertar gracias a la voluntad divina».

~

«Los presentes se burlaban de él, pues sabían que estaba muerta. Pero él, tomándola de la mano, dijo en voz alta: "Niña, levántate". Entonces retornó el espíritu a ella y, al punto, se

levantó. Jesús mandó que le dieran de comer. Sus padres quedaron estupefactos, y él les ordenó que no comentaran con nadie lo que había pasado» (*Lucas* 8:53-56).

Referencia paralela:

«Los presentes se burlaban de él. Pero él, después de echar fuera a todos, tomó consigo al padre de la niña, a la madre y a los suyos, y entró donde estaba la niña. Tomó entonces la mano de la niña y le dijo: "Talitá kum", que quiere decir: "Muchacha, a ti te digo, levántate". La muchacha se levantó al instante y se puso a andar, pues tenía doce años. Quedaron fuera de sí, llenos de estupor; él, por su parte, les insistió mucho en que nadie lo supiera. Después les dijo que dieran de comer a la niña» (*Marcos* 5:40-43)[7].

Jesús se liberó de todas las vibraciones obstructivas de la duda haciendo que se alejaran de su alrededor aquellos que habían entregado sus pensamientos al credo de la muerte. Luego, con el cuerpo colmado de energía cósmica dinámica, Jesús tomó la mano de la joven muerta con su mano derecha y, haciendo vibrar dentro de ella su poder portador de vida, le ordenó: «Niña, por la vibración cósmica y la conciencia divina que están presentes tanto en mí como en tu cuerpo muerto, yo vibro y ordeno, con mi voluntad cósmica, que te vuelvas consciente de esa energía cósmica dadora de vida y abandones el sueño de la muerte. ¡Despierta!».

A través de la Inteligencia Crística, que gobierna todas las fuerzas y los seres astrales, y ejerciendo su voluntad universal, Jesús ordenó al alma de la muchacha —que ahora se hallaba envuelta en su cuerpo astral— que se introdujera de nuevo en el cuerpo físico, el cual él ya había recargado con fuerza vital proveniente de la energía cósmica. La niña sanó de inmediato y se levantó del lecho. El padre y la madre estaban llenos de regocijo a la vez que estupefactos al presenciar la reanimación de su hija que yacía sin vida. Con el propósito de respetar el secreto y la seriedad implícitos en la curación divina de una persona ya fallecida —hecho que Dios autoriza sólo en raras ocasiones—, Jesús pidió a los presentes que no comentaran el tema con otras personas.

Jesús ordenó luego que se le diera a la niña algo de comer para

---

[7] Compárese con otra referencia paralela que aparece en *Mateo* 9:23-26.

que su conciencia se acostumbrara nuevamente a las sensaciones del cuerpo físico, después de su corta experiencia como ser astral en el mundo astral de luz y energía vibratoria. Cuando los santos salen de un estado de éxtasis profundo, a menudo beben agua o ingieren algún alimento liviano a fin de revivir la conciencia del cuerpo.

Despertar a los que están físicamente muertos, requiriendo a su alma que se introduzca de nuevo en el cuerpo que han abandonado, y despertar a quienes están espiritualmente muertos, otorgándoles la conciencia de Dios, son consideradas las formas más elevadas de curación que puede realizar un maestro que ha alcanzado la unión con Dios. Transformar a una persona de mentalidad materialista en un alma cuya mente permanezca centrada en Dios constituye una proeza aún más grandiosa que sanar a aquellos que están físicamente muertos. Empleando una técnica especial de la voluntad y contando con el permiso divino, los grandes maestros pueden transmitir la conciencia divina a sus discípulos avanzados[8].

~

> *«Cuando Jesús se iba de allí, le siguieron dos ciegos gritando: "¡Ten compasión de nosotros, Hijo de David!". Al llegar a casa, se le acercaron los ciegos. Jesús les preguntó: "¿Creéis que puedo hacer eso?". Respondieron: "Sí, Señor". Entonces les tocó los ojos diciendo: "Hágase en vosotros según vuestra fe". Y se abrieron sus ojos. Jesús les ordenó severamente: "¡Mirad que nadie lo sepa!". Pero ellos, en cuanto salieron, divulgaron su fama por toda aquella comarca»* (Mateo 9:27-31)[9].

Puesto que la energía cósmica que Jesús envió hacia los ojos de los ciegos a través de su voluntad y del contacto físico era una fuerza inteligente, omnipotente y supremamente creativa, dicha energía

---

[8] Uno de los numerosos ejemplos que podrían citarse aparece en *Deuteronomio* 34:9: *«Josué, hijo de Nun, estaba lleno del espíritu de sabiduría, porque Moisés le había impuesto las manos. Y le obedecieron los israelitas, cumpliendo la orden que Yahvé había dado a Moisés»*.

[9] Este relato se repite con ligeras variantes en *Mateo* 20:29-34. Compárense las referencias paralelas que aparecen en *Lucas* 18:35-43 y en *Marcos* 10:46-52 (en este último pasaje, se menciona un solo ciego, que en la versión de Marcos recibe el nombre de *«el ciego Bartimeo, hijo de Timeo»*).

reorganizó los vitatrones astrales, así como los electrones y protones atómicos —que habían sufrido alteraciones en los ojos enfermos—. Se produjo así la curación requerida, que Jesús ordenó con este mandato: «*Hágase en vosotros según vuestra fe*».

Después de haber sanado a los ciegos, Jesús les recomendó: «Cuidad que ninguna persona de mentalidad materialista se entere de esta curación, pues tales personas, sean cuales sean las demostraciones espirituales que presencien, por lo general se aferran a su incredulidad hacia el omnipotente poder de Dios, que puede obrar en forma contraria a sus conceptos personales acerca de las normas de la naturaleza».

~

> «*Salían ellos todavía, cuando le presentaron un mudo endemoniado. Y, tras expulsar al demonio, rompió a hablar el mudo. La gente, admirada, decía: "Jamás se vio cosa igual en Israel". Pero los fariseos comentaban: "Por el Príncipe de los demonios expulsa a los demonios"*[10].
>
> »*Jesús recorría todos los pueblos y aldeas, enseñando en sus sinagogas, proclamando la Buena Nueva del Reino y sanando toda enfermedad y toda dolencia.*
>
> »*Al ver tanta gente, sintió compasión de ellos, porque estaban vejados y abatidos, como ovejas que no tienen pastor*» (*Mateo* 9:32-36)[11].

Un amor y compasión extraordinarios emanaban de Jesús cuando recorría las ajetreadas ciudades y aldeas, enseñando en las sinagogas el evangelio, la vibrante verdad de Dios, e irradiando su divino poder para sanar toda clase de sufrimientos. Su corazón universal se compadecía de la multitud de almas dispersas que vivían una existencia mecánica y ajetreada, absorta en las preocupaciones de la vida cotidiana y sumida en un estado de estupor por causa de los engaños de la ilusión. Como un rebaño de ovejas sin pastor, la muchedumbre no contaba con un guía espiritual o un gurú que la condujese a través del desierto de este mundo hacia el reino de la Conciencia Cósmica.

---

10 Compárese con *Mateo* 12:22-24 (que se comenta en el discurso 36).

11 Compárese con la referencia paralela que aparece en *Marcos* 6:6, 34.

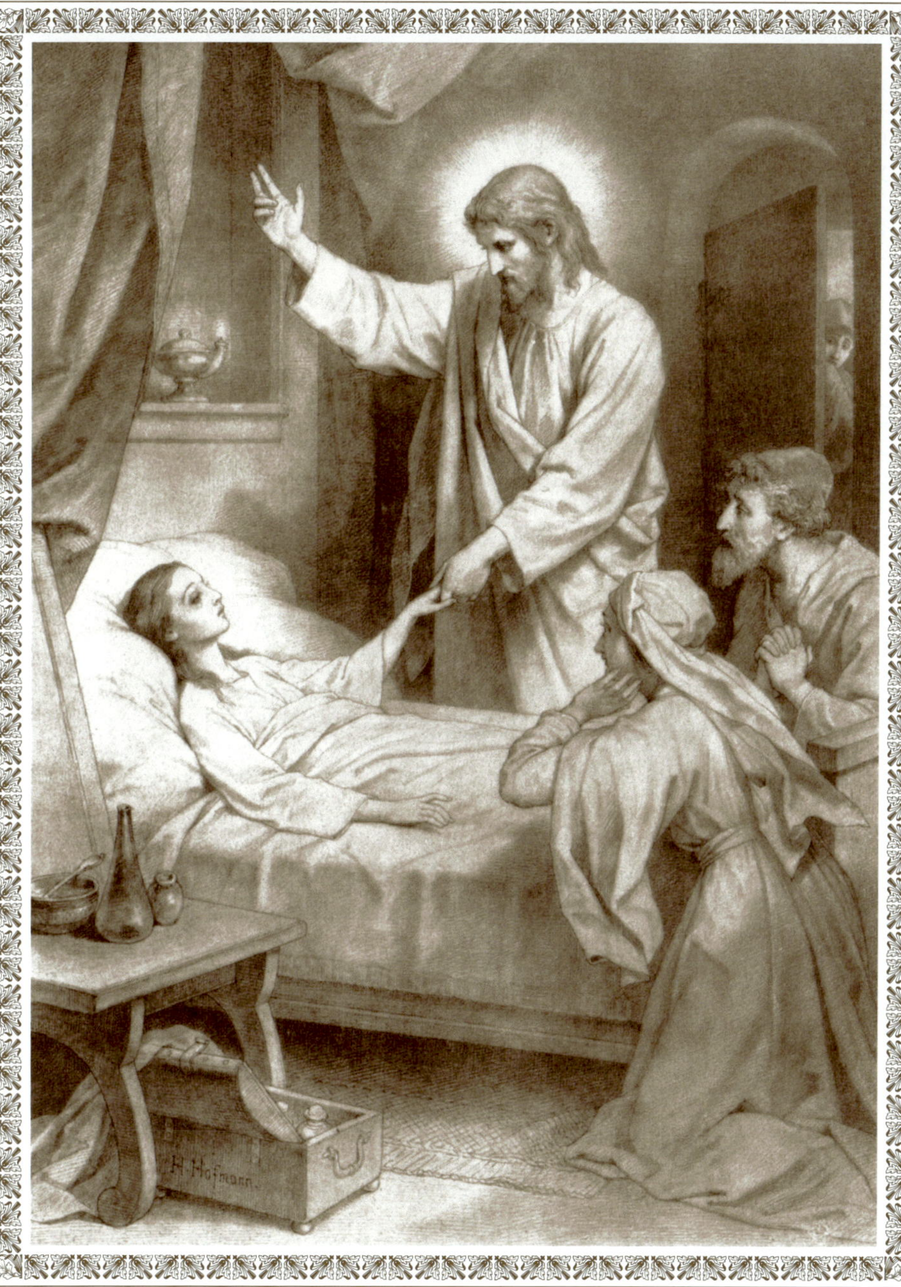
H. Hofmann.

Jesús resucita de entre los muertos a la hija de Jairo

Tomó entonces la mano de la niña y le dijo: «Talitá kum», que quiere decir: «Muchacha, a ti te digo, levántate». La muchacha se levantó al instante y se puso a andar.

Marcos 5:41-42

Parte de la misión de Jesús consistía en hacer visible la misericordia curativa de Dios. A través de sus milagros públicos, Jesús demostró que incluso las enfermedades «incurables» y los problemas «insolubles» se podían superar —en ocasiones de manera instantánea— por medio de la sintonía con la Voluntad Divina. Tales curaciones milagrosas no tenían como propósito glorificar el cuerpo perecedero, sino despertar la fe en la omnipresencia de Dios y en la capacidad innata del ser humano para establecer contacto con su Padre Celestial y conocerle personalmente. [...]

Jesús demostró qué significa estar en sintonía con la Dinamo Cósmica. Cuando se percibe la presencia de Dios y su energía vibratoria, así como la fuerza de su poder infinito, cualquier pensamiento que uno exprese se materializará.

Paramahansa Yogananda

Dibujo: Heinrich Hofmann

~

«Entonces dijo a sus discípulos: "La mies es mucha y los obreros pocos. Rogad, pues, al Dueño de la mies que envíe obreros a su mies"» (*Mateo* 9:37-38)[12].

«La mies de la conciencia cósmica es mucha, en verdad ilimitada, pero pocos son los devotos que se esfuerzan en la meditación por sembrar las semillas que les permitirán cosechar sus frutos. Rogad, pues, para que Dios, el dador de la conciencia cósmica, os bendiga a fin de que os convirtáis en verdaderos aspirantes a devotos, para que por medio de su gracia y de vuestros esfuerzos espirituales podáis obtener toda esa divina mies».

Cómo pueden los «obreros» espirituales cosechar la «mies abundante» de la unión con Dios

La mies de la unión con Dios tiene una abundancia ilimitada: sabiduría eterna, gozo eternamente renovado, conciencia eterna e inmortalidad. Sin embargo, pocos son los seres humanos dispuestos a vivir una existencia de disciplina y de constancia en la meditación que les permita cosechar, en la breve estación de la vida, la imperecedera mies del contacto con Dios.

El devoto alcanza su unidad con Dios no sólo como resultado de sus esfuerzos por manifestar la realización del Ser, sino también por la divina compasión del Señor. Esa gracia no se le concede a aquel devoto que, lleno de soberbia por causa de sus experiencias espirituales, exige a Dios que se entregue. El egoísmo ocasiona muchas dificultades en el logro de la meta espiritual suprema; aun cuando uno pueda obtener poderes fenoménicos, si no cuenta con el apoyo de su humildad corre un peligro cierto de caer del estado de gracia.

Tampoco le es posible al devoto recibir la misericordia divina si ciegamente profesa creer en Dios mientras quebranta con deliberación las leyes espirituales que han proclamado los profetas de Dios. Menospreciar las verdades eternas al llevar una vida disoluta, creyendo que la misericordia divina salvará de todos modos al pecador empedernido, es abrigar, en verdad, falsas esperanzas. Por esa razón, Jesús expresó que Dios es el Dueño que concede la mies definitiva, pero los

12 Compárese con la referencia paralela que aparece en *Lucas* 10:2. (Véase el discurso 40).

devotos obreros deben hacer su parte cultivando su espiritualidad en el suelo de su vida meditativa.

Cristo, conjuntamente con los maestros de la India, enseñó que cada devoto debe practicar con regularidad los métodos graduales para lograr una percepción elevada de Dios y, al mismo tiempo, orar con profunda devoción a su Padre Dios para que le conceda la liberación final. «Rogad a Dios, que tiene el poder de otorgar la salvación, con el objeto de que os envíe sus bendiciones para que podáis convertiros en obreros divinos dispuestos a labrar el suelo de la conciencia por medio de la meditación y sembrar en él las semillas de la sabiduría y de la realización del Ser, de manera que al final podáis recoger la abundante mies del liberador contacto con Dios». No es posible llegar hasta el Dueño de la mies a través de intermediarios, ni profesando creencias ciegas, ni por la súbita e inmerecida visitación divina de la iluminación, ni por abrigar la expectativa de estar en su presencia gracias a la muerte; sólo es posible lograrlo a través del esfuerzo espiritual en la práctica de la meditación científica y llevando una vida virtuosa, así como por la gracia divina que el Señor concede a sus devotos.

DISCURSO 39

«Un profeta no goza de prestigio en su patria»

La importancia de establecer períodos regulares de tiempo para comulgar con Dios

❖

El Cristo presente en Jesús cumplió la profecía de Isaías relativa a la curación y la salvación

❖

Si el ser humano carece de la receptividad de la fe, excluye de su vida el poder divino

❖

La devoción reverente, sin exceso de familiaridad, le permite al devoto ser receptivo a las bendiciones del maestro

❖

Citando experiencias de su vida anterior, Jesús hace referencia a las leyes divinas que gobiernan los milagros

❖

Los devotos sinceros obtienen un lugar de honor en el corazón de Dios

«La visión nublada por la familiaridad no puede penetrar en las amplias dimensiones celestiales de un alma que ha alcanzado la divinidad. Se requiere de la devoción para percibir el alcance inconmensurable de la conciencia de un maestro».

Vino a Nazará [Nazaret], donde se había criado, y entró, según su costumbre, en la sinagoga el día de sábado. Se levantó para hacer la lectura y le entregaron el volumen del profeta Isaías. Desenrolló el volumen y halló el pasaje donde estaba escrito:

'El Espíritu del Señor [está] sobre mí, porque me ha ungido para anunciar a los pobres la Buena Nueva, me ha enviado [a vendar los corazones rotos,] a proclamar la liberación a los cautivos y la vista a los ciegos, para dar la libertad a los oprimidos y proclamar un año de gracia del Señor'.

Enrolló el volumen, lo devolvió al ministro y se sentó. En la sinagoga todos los ojos estaban fijos en él. Comenzó, pues, a decirles: «Hoy se ha cumplido esta Escritura que acabáis de oír». Todos hacían comentarios sobre él y se extrañaban de la elocuencia y seguridad con que hablaba.

La gente se preguntaba: «¿Pero no es éste el hijo de José?». Él les respondió: «Seguramente me vais a aplicar el refrán que dice: Médico, cúrate a ti mismo. Todo lo que hemos oído que ha sucedido en Cafarnaún, hazlo también aquí en tu patria». Y añadió: «Os aseguro que ningún profeta es bien recibido en su patria.

»Os digo de verdad que en vida de Elías, cuando se cerró el cielo por tres años y seis meses y hubo gran hambre en todo el país, había muchas viudas en Israel; pero a ninguna de ellas fue enviado Elías, sino a una mujer viuda de Sarepta de Sidón. Y muchos leprosos había en Israel en tiempos del profeta Eliseo, y ninguno de ellos fue purificado sino Naamán, el sirio».

Al oír esto, todos los de la sinagoga montaron en cólera y, levantándose, lo sacaron fuera del pueblo y lo llevaron a una altura escarpada del monte sobre el que se elevaba el pueblo, con ánimo de despeñarlo. Pero él, pasando por medio de ellos, se marchó.

Lucas 4:16-30

DISCURSO 39 

«Un profeta no goza de prestigio en su patria»

«Vino a Nazará [Nazaret], donde se había criado, y entró, según su costumbre, en la sinagoga el día de sábado. Se levantó para hacer la lectura» (*Lucas* 4:16)[1].

La importancia de establecer períodos regulares de tiempo para comulgar con Dios

Si bien Jesús enseñaba que la adoración suprema de Dios se realiza en el templo interior de la silenciosa comunión meditativa, era *«su costumbre»* ir a la sinagoga en sábado, respaldando con su ejemplo la importancia de la adoración colectiva. «Todo cuanto hace un ser superior lo imitan las personas imperfectas —señala el *Bhagavad Guita*—. Sus actos establecen una norma para el resto del mundo»[2]. Aun cuando la observancia del sábado en la sinagoga era innecesaria para Jesús, cuya conciencia se hallaba unida al Espíritu en cada instante de cada día, la asistencia

---

[1] Esta narración acerca de la predicación de Jesús en Nazaret y el rechazo por parte de los habitantes de su ciudad natal se relata con mayor o menor detalle en los evangelios de Mateo, Marcos y Lucas. Cada uno sitúa el episodio en un momento diferente dentro de la cronología de la vida de Jesús; en *Lucas,* el hecho ocurre apenas comenzada la prédica pública de Jesús en Galilea, en tanto que en *Mateo* (13:54-58) y en *Marcos* (6:1-6) el hecho se describe como algo ocurrido más tarde en el ministerio de Jesús. En *Lucas,* el suceso se describe de forma más detallada, pero la mayoría de los eruditos reconoce que este evangelio sitúa el relato fuera de secuencia, dado que se hace referencia a los milagros de curación que Jesús realizó en Cafarnaún, y Lucas sitúa estos hechos antes de la visita de Jesús a Cafarnaún (véanse los discursos 23, 24 y 25, en el volumen I). Por consiguiente, el comentario de este discurso se basa principalmente en la detallada versión de Lucas, pero no en la ubicación cronológica que éste hace de los hechos.

[2] *God Talks With Arjuna: The Bhagavad Gita* III:21. (Véase *El Yoga del Bhagavad Guita*).

semanal a la iglesia o templo con el objeto de celebrar el culto proporciona a las masas —que se mueven en general por los hábitos sensoriales— un respiro vitalmente necesario para recargar el alma y descansar de su entorno repleto de actividades y preocupaciones materialistas. Al unirse a la congregación para la lectura de las escrituras y la práctica de la oración, Jesús quiso expresar que todos los seres humanos deben reservar ciertos períodos de tiempo —al menos una vez por semana— para celebrar un culto religioso que les haga recordar a Dios y que revivifique en sus vidas la paz y la sabiduría de sus almas.

La mayoría de quienes van a la iglesia consideran el culto religioso un asunto circunscrito únicamente al domingo y, por lo general, se encuentran con que la influencia erosiva de sus hábitos materialistas resulta predominante durante los seis días restantes de la semana, y pocas veces pueden retener lo suficiente de las sagradas influencias del oficio religioso como para mantener la conciencia centrada en la espiritualidad hasta el domingo siguiente. Por supuesto, es preferible contar con diez céntimos que carecer por completo de dinero. Aunque sólo sea una vez por semana, escuchar los sermones dominicales ayuda a una persona de mentalidad materialista a desarrollar un cierto grado de espiritualidad por los efectos tranquilizantes que obtiene de la sabiduría de las escrituras, de la oración y del silencio. Sin embargo, si durante toda la semana uno desea sentir de modo apreciable y constante la inspiración que le brinda la paz del domingo, debe convertir cada día de la semana en un verdadero «día del Señor»[3] o día de la Sabiduría, solazándose bajo la luz del Sol de la Sabiduría y cultivando una reparadora paz interior mediante la práctica regular de la meditación temprano por la mañana, al mediodía antes de almorzar, por la tarde antes de cenar y especialmente durante el período de quietud que precede al sueño. La auténtica iglesia de la paz a la que Jesús intentaba conducir a sus seguidores es el santuario interior del silencio, donde el ser humano se restablece espiritualmente al sumergirse en la reparadora sabiduría y gozo del alma. Si una persona adora a Dios en el templo de la meditación, dedicándole de quince minutos a una hora, aunque sólo sea dos veces al día —al amanecer y en la profundidad de la noche—, comprobará que el hábito espiritual de cultivar la paz debilita gradualmente sus hábitos materialistas, fuente de inquietud y preocupaciones.

Pero habrá quienes no puedan decidirse a dedicar a la meditación

[3] Véase la página 29.

ni siquiera media hora de las veinticuatro horas del día: las personas que supuestamente están demasiado ocupadas —ocupadas hasta el día de su muerte en perseguir, necia y miopemente, tesoros perecederos con el fin de satisfacer deseos que no les aportarán satisfacción—. Las acciones de la bolsa de valores, los bonos y los bienes materiales que se han acumulado inútilmente no pueden atravesar los perlados portales del más allá, de manera que el ser astral, después de la muerte, se lamentará de su escasez de riqueza espiritual. Esas personas deben al menos procurar esforzarse al máximo por comulgar semanalmente con Dios en la iglesia, en el templo o en otro lugar de adoración; es decir, han de asistir a los oficios no sólo con el cuerpo, mientras su corazón y su mente repasan las preocupaciones de las actividades de la semana, sino entregando su devoción a Dios con atenta sinceridad, con el cuerpo calmado y la mente serena. La inspiración temporal que proporciona este cumplimiento mínimo del mandamiento divino de «recordar el día del sábado»[4] tal vez con el tiempo induzca a los fieles a lograr que el efecto de la paz del domingo sea más perdurable, al dedicar cada día cierto tiempo a practicar la meditación.

El programar las actividades importantes de la vida genera la disposición para realizar dichas acciones y facilita su cumplimiento. El cuerpo asimila el alimento con menos esfuerzo si el desayuno, el almuerzo y la cena se llevan a cabo diariamente a la misma hora. La constancia en practicar la adoración el sábado desarrolla el hábito de pensar en Dios y de cultivarse espiritualmente al menos un día a la semana. La regularidad en la repetición de cualquier acción material o espiritual —comer, esforzarse por tener éxito en los negocios, asistir a la iglesia, meditar— creará sin duda un hábito fisiológico y, consecuentemente, un hábito psicológico.

Por lo general, los hábitos gobiernan a los seres humanos. Cuando los malos hábitos materiales ejercen su dominio, las personas posiblemente se pregunten por qué, a pesar de sus continuos y diligentes esfuerzos por deshacerse de tales déspotas, éstos las arrastran a comportarse de forma indeseable. No es posible destruir los malos hábitos con el simple deseo de erradicarlos; el único modo de deshacerse de ellos consiste en reformarse fisiológica y psicológicamente adoptando los buenos hábitos opuestos. La buena disposición no es suficiente. Se debe actuar conforme

---

[4] *Éxodo* 20:8. (Véase el discurso 32, donde se encontrarán comentarios adicionales sobre el propósito espiritual del sábado).

a esa buena disposición no sólo una vez o unas pocas veces, sino de manera repetida y constante hasta establecer el buen hábito opuesto. Sólo entonces puede uno esperar que el tiránico mal hábito desaparezca. El éxito radica en la continuada regularidad de la acción. Conociendo la ley del hábito que gobierna la naturaleza humana, Jesús dio ejemplo mediante su asistencia regular a la sinagoga el día de sábado.

~

«Entró, según su costumbre, en la sinagoga el día de sábado. Se levantó para hacer la lectura y le entregaron el volumen del profeta Isaías. Desenrolló el volumen y halló el pasaje donde estaba escrito:

»'El Espíritu del Señor [está] sobre mí, porque me ha ungido para anunciar a los pobres la Buena Nueva, me ha enviado [a vendar los corazones rotos,] a proclamar la liberación a los cautivos y la vista a los ciegos, para dar la libertad a los oprimidos y proclamar un año de gracia del Señor'[5].

»Enrolló el volumen, lo devolvió al ministro y se sentó. En la sinagoga todos los ojos estaban fijos en él. Comenzó, pues, a decirles: "Hoy se ha cumplido esta Escritura que acabáis de oír"» (*Lucas* 4:16-21).

Con el propósito de proclamar claramente que su venida había sido profetizada en las escrituras hebreas, Jesús empleó un pasaje del libro de Isaías que concordaba con las obras de la misión que le había sido divinamente encomendada. Es verdad que los charlatanes pueden citar las escrituras con el objeto de servir a sus propios fines nefastos, pero Jesús sabía que él era el Mesías prometido, el Cristo del cual hablaron los santos de siglos anteriores. Con su actitud humilde, Jesús leyó las palabras de Isaías para anunciar que él no era un maestro religioso común, sino que había sido elegido por Dios y que contaba con la autorización del Señor: *«me ha ungido»*, para llevar a cabo una misión predeterminada[6].

El Cristo presente en Jesús cumplió la profecía de Isaías relativa a la curación y la salvación

[5] *Isaías* 61:1-2.

[6] La palabra *Cristo* (y también *Mesías*) significa literalmente «El Ungido».

«El Espíritu del Señor (la Infinita Inteligencia de la Conciencia Crística, que dirige toda la creación) está sobre mi alma», no a través del bautismo simbólico con agua que imparte el hombre, sino por inmersión en el Océano del Espíritu. Cuando uno restablece la unión de su alma (que se hallaba identificada con la mortalidad) con el infinito Espíritu, recibe el bautismo de la inagotable sabiduría espiritual y puede entonces, de manera apropiada, «anunciar la Buena Nueva» —las verdades divinas percibidas en forma intuitiva— «a los pobres», es decir, a las mentes humildes y receptivas.

Asimismo, sólo las almas saturadas de la conciencia divina pueden «vendar los corazones rotos» —los corazones humanos gravemente heridos por la desilusión y la desesperación al depender de las traicioneras expectativas de la satisfacción material—. Como seres inmortales, las almas son enviadas a la tierra para disfrutar del drama cósmico de Dios; pero cuando el engaño atrapa y mantiene cautiva la conciencia del hombre por medio de los sutiles matices del engaño, la naturaleza divina (el alma) permanece abstraída en su identificación con la forma física y en el amor del cuerpo por los placeres materiales. Los objetos materiales jamás podrán proporcionar satisfacción al espíritu; tarde o temprano, a través de penosos esfuerzos, se logra comprender esta verdad. Entonces, las almas que conocen a Dios acuden al rescate de los corazones rotos, iluminándoles el camino de regreso hacia la imperecedera felicidad del Espíritu, oculta en el interior de su propia alma.

Sintonizadas con la Fuente de todo poder, las almas a las que Dios ha dado dicha potestad pueden devolver la vista a los ciegos empleando la Voluntad Divina —que controla la materia— para reorganizar los átomos desordenados de los ojos de una persona invidente, y también pueden lograr que «recobren la vista» aquellos que están espiritualmente ciegos.

Únicamente las almas que conocen a Dios pueden ofrecer *«la liberación* (de sus ataduras mortales) *a los cautivos»* y *«dar la libertad»* a los que han sido oprimidos durante largo tiempo por las desgracias, las preocupaciones y la deslealtad de los amigos inconstantes. Nadie sino los salvadores enviados por Dios pueden perdonar a aquellos que están dispuestos a arrepentirse y sólo ellos pueden impartirles la certeza de su salvación en el presente (en el *«año de gracia del Señor»*).

La raza humana atraviesa por repetidos ciclos que constan de cuatro períodos de evolución y decadencia, a lo largo de los cuales las capacidades mentales y morales del hombre se desarrollan gradualmente desde la oscuridad de la era materialista hasta la iluminación de la era espiritual, para luego descender lentamente, una vez más, hacia la era del materialismo[7]. Aunque, para redimir a sus hijos caídos en el error, Dios obra en todo momento y en todas las épocas a través de sus devotos que han alcanzado la realización divina, de tiempo en tiempo —durante los períodos más terribles de la civilización mundial en los que el sufrimiento de la ignorancia envuelve en tinieblas la existencia del hombre—, Dios envía una manifestación especial de Sí mismo, un emisario encarnado de la divina Conciencia Crística o Hijo, para redimir a los fieles y restablecer las pautas divinas que le permitan al ser humano reformarse. Dado que Jesús sabía que abundaban los falsos profetas, deseaba que la gente supiera que él no se había designado a sí mismo como maestro y que no servía a sus propios fines, sino que era el mensajero crístico enviado por Dios y cuya prometida llegada se anunciaba en las escrituras desde mucho tiempo atrás, lo cual se demostraba porque él concedía la curación divina del cuerpo, de la mente y del alma a los hijos de Dios, tal como señalaba la profecía en el libro de Isaías. Por esa razón, Jesús declaró: *«Hoy se ha cumplido esta Escritura que acabáis de oír»*.

~

«Todos hacían comentarios sobre él y se extrañaban de la elocuencia y seguridad con que hablaba.

»La gente se preguntaba: "¿Pero no es éste el hijo de José?". Él les respondió: "Seguramente me vais a aplicar el refrán que dice: Médico, cúrate a ti mismo. Todo lo que hemos oído que ha sucedido en Cafarnaún, hazlo también aquí en tu patria". Y añadió: "Os aseguro que ningún profeta es bien recibido en su patria"» (*Lucas* 4:22-24).

---

[7] Las escrituras de la India denominan estos cuatro períodos de la manera siguiente: *Kali Yuga* (la era en que la humanidad percibe únicamente los aspectos físicos más densos de la creación), *Dwapara Yuga* (en la que el intelecto humano se desarrolla lo suficiente como para comprender y dominar las sutiles fuerzas atómicas y electromagnéticas), *Treta Yuga* (la era mental, en la que los poderes latentes de la mente se desarrollan de forma extraordinaria) y *Satya Yuga* (la era de la iluminación espiritual, durante la cual la humanidad en su conjunto vive en sintonía con Dios, con sus leyes y con sus planes para la creación). (Véase *yugas* en el Glosario).

Referencia paralela:

«Cuando llegó el sábado, se puso a enseñar en la sinagoga. La multitud, al oírle, quedaba maravillada, y se preguntaba: "¿De dónde le viene esto? ¿Quién le ha dotado de esta sabiduría? ¿Y esos milagros hechos por sus manos? ¿No es éste el carpintero, el hijo de María y hermano de Santiago, Joset, Judas y Simón? ¿Y no están sus hermanas aquí, entre nosotros?". Y se escandalizaban a causa de él. Jesús les dijo: "Un profeta sólo carece de prestigio en su patria, entre sus parientes y en su casa". Y no pudo hacer allí ningún milagro, a excepción de la curación de unos pocos enfermos, a quienes sanó imponiéndoles las manos. Jesús se quedó asombrado de su falta de fe» (Marcos 6:2-6)[8].

Todos los que oyeron lo manifestado por Jesús y sintieron el magnetismo del sagrado poder con que hablaba del cumplimiento de la profecía percibieron la resonancia de la verdad en las profundas palabras que él expresó con dulce humildad. Sin embargo, aun cuando le oían maravillados, el hábito de la familiaridad, hondamente arraigado en su conciencia, retornó desacreditando a Jesús y manifestando escepticismo: «¿Cómo podría el hijo de José, alguien que pertenece a nuestra propia comunidad y a quien hemos conocido desde que era niño, ser diferente de una persona común como el resto de nosotros? Aunque tenga fama de realizar obras excepcionales, ¿no es acaso un atrevimiento, si no una blasfemia, que se atribuya el poder de interpretar las escrituras y afirme que la profecía se refiere a él?».

Cuando los profetas se encarnan en este mundo, y aunque por lo general nacen en una familia buena y devota, a menudo lo hacen en un ambiente muy poco receptivo o incluso desafiante, porque ellos vienen a traer la luz a quienes se encuentran sumidos en las tinieblas de la ilusión. Por ese motivo, en el *Bhagavad Guita* el Señor dice: «Siempre que la virtud declina y la maldad prevalece, Yo me encarno para ayudar a los virtuosos y protegerlos de los malvados»[9]. Así fue como Jesús vino a predicar en una época de oscuridad, en medio de la ignorancia y de la corrupción

Si el ser humano carece de la receptividad de la fe, excluye de su vida el poder divino

[8] Compárese con otra referencia paralela que aparece en *Mateo* 13:54-58.

[9] Paráfrasis de IV:7-8. (Véase *El Yoga del Bhagavad Guita*).

de los principios religiosos. Él realizó sólo buenas obras, pero sus reformas espirituales tropezaron con un pueblo que carecía de entendimiento y que lo llevó a su cruel crucifixión —y según la cita bíblica, al parecer las gentes de su propio pueblo natal se encontraban entre las menos receptivas[10].

En respuesta al desafío implícito que le habían lanzado, Jesús dio a entender lo siguiente: «Mi querido pueblo, esperáis que os proporcione pruebas de mis palabras realizando curaciones divinas aquí tal como sané a los enfermos en Cafarnaún. Os preguntáis por qué, como médico espiritual, sano a la gente de otros pueblos, pero no a los de mi propia comunidad. La razón es que no aceptáis que el poder de Dios actúa a través de mí. Aceptarlo significaría tener fe; y sin el suelo fértil de la fe, ninguna semilla curativa puede germinar y fructificar, ni siquiera por obra de un hombre de Dios. El Todopoderoso hace que sus profetas estén sujetos al acatamiento de las leyes espirituales que Él ha implantado. Estamos obligados a honrar el código que otorga al hombre libre albedrío, facultad que ni Dios mismo contradice. No existe un sanador superior al Dios omnipotente. Él está tratando de liberar a sus hijos mortales de todos los problemas; pero puesto que ha otorgado independencia al ser humano, éste es libre de excluir de su vida el poder divino o permitirle brillar a través de la ventana de la fe.

»La curación divina se basa en la ley de reciprocidad. Aquí, en mi propio pueblo, soléis pensar que soy un hombre mortal común y, por consiguiente, no abrigáis fe en la Divinidad presente en mí. Sin vuestra fe, no os puedo sanar. El don irrevocable del libre albedrío permite que el hombre pueda resistirse a las influencias divinas, incluida la intercesión de los santos».

Un farol del alumbrado público arroja luz en todas direcciones, excepto directamente detrás de su opaca cubierta protectora, donde se proyecta una sombra. De modo similar, un profeta iluminado por Dios arroja luz sobre todos y es ampliamente respetado y apreciado, con la excepción frecuente de las personas de su entorno que mantienen con él una relación familiar o social, pero no devocional. El énfasis excesivo y miope que ponen estas personas en las relaciones humanas las ciega y no les permite ver la grandeza espiritual de un personaje divino.

Un juez cuya autoridad y amonestaciones son temidas o admiradas

[10] Posiblemente Natanael se refería a este hecho cuando le preguntó a Felipe, en *Juan* 1:46: «*¿De Nazaret puede haber cosa buena?*». (Véase el discurso 10, en el volumen I).

en la sala del tribunal se ve despojado de ese poder cuando trata con su esposa en el hogar; en efecto, ¡es él quien queda sujeto a las reprimendas de ella! La familiaridad sin respeto engendra menosprecio; eso es un hecho psicológico. Existe una prosaica tendencia natural a que aquellos que viven en íntima relación no se valoren mutuamente como almas, sino desde el punto de vista de sus expectativas personales, lo cual produce como resultado un deterioro en el respeto mutuo, falta de cortesía, exceso de familiaridad, recelo y lenguaje o acciones insultantes. Si se mantiene una cierta distancia dentro de la intimidad, el amor perdura. Si prevalece una familiaridad inapropiada, el amor muere.

La devoción reverente, sin exceso de familiaridad, le permite al devoto ser receptivo a las bendiciones del maestro

Jamás se debe subestimar a los demás y dejar entonces de apreciar la divina singularidad de cada alma. Quienes viven en medio de la grandeza panorámica de las imponentes montañas del Himalaya no aprecian el inspirador paisaje porque su atención está centrada en su vida doméstica; se han acostumbrado tanto al extraordinario lugar en que viven que no lo consideran «nada especial». En cambio, para los visitantes que vienen de tierras lejanas con una actitud mental entusiasta, la majestuosa vastedad de los elevados picos constituye una experiencia excepcional. Similarmente, los miembros de la familia de un profeta o los integrantes de su comunidad, acostumbrados a relacionarse con él como uno más de los suyos, no le brindan la respetuosa atención que les permitiría percibir la grandeza oculta tras la personalidad humana del hombre de Dios, que merece toda su consideración y reverencia. La visión nublada por la familiaridad no puede penetrar en las amplias dimensiones celestiales de un alma que ha alcanzado la divinidad. Se requiere de la devoción para percibir el alcance inconmensurable de la conciencia de un maestro.

Los devotos que buscan a Dios sinceramente, ya sea que procedan de lugares cercanos o distantes, acuden a una persona santa con el objeto de relacionarse con ella no del modo superficial en que lo hacen los parientes o conocidos, sino con respetuosa atención, a fin de absorber la presencia de Dios que mora en el santo. La devoción hace que su ser se impregne del debido respeto hacia su maestro y así se vuelven plenamente receptivos a sus bendiciones.

A causa del escepticismo de la gente de su propio pueblo, Jesús *«no pudo hacer allí ningún milagro, a excepción de la curación de unos pocos enfermos, a quienes sanó imponiéndoles las manos»* —utilizó los polos positivo y negativo de sus manos para enviar energía cósmica y así sanar a aquellos pocos que tenían fe en el poder de Dios que se hallaba en él—. La ley divina no autorizó la realización de milagros en beneficio de muchos en el lugar en que Jesús había crecido porque, a pesar de todo el poder que él poseía, la semilla de la curación no podía germinar en el rocoso suelo de las mentes incrédulas.

Jesús advirtió que su reputación de realizar curaciones milagrosas le había precedido y, por ello, la mayoría de los que estaban reunidos a su alrededor eran poco más que buscadores de emociones espirituales, quienes sólo ambicionaban que él demostrara sus fabulosas hazañas como si se tratase de un espectáculo de circo. Él deseaba que comprendieran que los milagros de los profetas eran sagrados y que no tenían el propósito de satisfacer sus propios caprichos o los de los demás, sino que su único objetivo era cumplir la voluntad de Dios. Jesús hizo referencia a las experiencias de su vida previa, señalando que las obras de los profetas Elías y Eliseo se regían estrictamente por lo que Dios les había ordenado hacer y no necesariamente por lo que eran capaces de realizar. Su gurú en la vida anterior, Elías, y él mismo (en la persona de Eliseo) estaban dotados de un poder curativo supremo y podían haber curado a miles de personas; sin embargo, sólo sanaron a quienes Dios les ordenó sanar, en conformidad con sus divinas leyes.

~

> *«Os digo de verdad que en vida de Elías, cuando se cerró el cielo por tres años y seis meses y hubo gran hambre en todo el país, había muchas viudas en Israel; pero a ninguna de ellas fue enviado Elías, sino a una mujer viuda de Sarepta de Sidón. Y muchos leprosos había en Israel en tiempos del profeta Eliseo, y ninguno de ellos fue purificado sino Naamán, el sirio»* (Lucas 4:25-27).

La sinceridad al profesar la fe y la devoción, mas no la supuesta obligación hacia la familia o la comunidad, es la condición para obtener la intercesión divina —como lo demuestra el hecho de que Dios no permitió que Elías prodigara ayuda milagrosa a las numerosas personas que sufrían en su propia tierra, y que sí lo hiciera con una viuda de otro país[11]—. Lo mismo ocurrió con los muchos leprosos que había en Israel en la época de Eliseo: él sólo concedió la curación divina a un enfermo procedente de otras tierras[12].

Citando experiencias de su vida anterior, Jesús hace referencia a las leyes divinas que gobiernan los milagros

Al incitarle a demostrar su poder, la muchedumbre que se agolpaba en la sinagoga de Nazaret, sin saberlo, estaba tentando a Jesús para que actuara en contra de la voluntad del Padre. Sin aceptar ninguna exigencia basada en el hecho de que él era un integrante de esa comunidad, Jesús los detuvo de inmediato, haciendo referencia a los venerados profetas Elías y Eliseo. Trayendo a la memoria los recuerdos de su pasada encarnación, Jesús habló con la verdad, explicando que cuando se acumularon las destructivas vibraciones de las malas acciones de las masas e impidieron el armonioso funcionamiento de las leyes celestiales que controlan todas las fuerzas de la naturaleza, provocando devastadoras sequías y hambrunas, hubo en Israel muchas viudas necesitadas y, aun así, Elías no realizó ningún milagro en beneficio de ellas. Sólo una viuda —una mujer extranjera— recibió, por mandato de Dios y como resultado de su fe, la ayuda espiritual de Elías.

Sin acusar directamente a los cínicos de Nazaret, Jesús señaló que él no realizaría para ellos ninguna proeza de curación divina, por la misma razón que Elías no brindó ayuda a su país azotado por la hambruna. Ni siquiera este profeta dotado de iluminación divina fue capaz, con todo su poder, de poner freno a la devastación provocada por el karma colectivo, que provenía de las malas acciones deliberadas de la gente[13].

Jesús no hablaba de modo fatalista al dar a entender que los males humanos ampliamente extendidos, tales como las guerras, la iniquidad moral o la degeneración espiritual, perturban las fuerzas astrales sutiles

---

[11] Sarepta estaba situada en la prominente ciudad de Sidón o en sus inmediaciones, en Fenicia, y no en la tierra nativa de Elías, Israel. Este suceso aparece en *I Reyes* 17:8-24, donde se presenta el relato de una viuda cuya escasa provisión de harina y aceite se repuso milagrosamente durante numerosos días, hasta que finalizó la sequía, y cuyo hijo fue resucitado de entre los muertos por Elías.

[12] *II Reyes* 5:1-14.

[13] Durante esa época, Elías le dijo a Dios: «*Los israelitas han abandonado tu alianza, han derribado tus altares y han pasado a espada a tus profetas. Sólo quedo yo*» (*I Reyes* 19:14).

que subyacen a los mecanismos físicos que gobiernan el clima y otras condiciones ambientales de la tierra, causando desastres supuestamente naturales en perjuicio tanto de personas buenas como malas. Éstos no son fruto del «destino», ni se trata tampoco de «actos de Dios», sino que son el resultado de la ley kármica, que determina que el hombre, cuando cae en el error, debe sufrir las consecuencias de sus acciones si no invoca la ayuda y el perdón de Dios y se hace receptivo a ese auxilio y misericordia divinos. Las gentes en la época de Elías no ejercían su libre albedrío para arrepentirse y cultivar la fe; por lo tanto, debieron sufrir los estragos de tres años y medio de hambrunas.

A continuación, Jesús insinuó de manera sutil que él era el Eliseo de antaño, que había tenido similares restricciones para curar a los muchos leprosos de su época, exceptuando (por mandato de Dios) a un honorable sirio llamado Naamán. Al citar estos relatos de las escrituras, Jesús esclareció las leyes divinas, que operan en forma justa y secreta, produciendo tanto las consecuencias kármicas de las acciones del hombre como la intervención de la misericordia de Dios para contrarrestar dichos efectos, si el ser humano desarrolla la receptividad a través del arrepentimiento, la devoción y la fe:

«Mis queridos compatriotas, no comprendéis el modo en que operan las leyes divinas; sois vosotros mismos, con vuestra irreverente falta de fe, quienes habéis decretado que no pueda yo obrar múltiples milagros de curación en mi propia tierra. Al igual que el profeta Eliseo curó a un leproso sirio pero no a la multitud de leprosos de Israel, también yo llevo a cabo únicamente aquello que la voluntad de Dios, operando a través de sus leyes espirituales, me impulsa a hacer».

~

> *«Al oír esto, todos los de la sinagoga montaron en cólera y, levantándose, lo sacaron fuera del pueblo y lo llevaron a una altura escarpada del monte sobre el que se elevaba el pueblo, con ánimo de despeñarlo. Pero él, pasando por medio de ellos, se marchó»* (*Lucas* 4:28-30).

La multitud congregada en la sinagoga se enfureció ante las tajantes palabras de Jesús, quien confirmaba, con el respaldo del texto de las escrituras, la misión que Dios le había encomendado, a la vez que condenaba la falta de receptividad de sus conciencias. Los presentes reaccionaron con airada frustración al ver que Jesús no exhibiría ninguna proeza fenoménica ante ellos para demostrar sus poderes, y se levantaron como una turba enardecida, deseosa de matarlo por la blasfemia de proclamarse el elegido de Dios acerca del cual profetizaban las escrituras. Lo llevaron a lo alto de un despeñadero con la intención de arrojarlo para así darle muerte; pero, extraños como son los designios de Dios, Jesús recibió la protección del Invisible Poder Divino. Dios colocó el velo del olvido en los corazones de los adversarios de Jesús, permitiéndole pasar entre ellos antes de que pudiesen recobrar sus facultades mentales y cumplir con su violento propósito[14].

Los devotos sinceros obtienen un lugar de honor en el corazón de Dios

Aun cuando *«un profeta no goza de prestigio en su patria»*[15], cuenta con la bendición de Dios para llevar a cabo su obra de acuerdo con la voluntad divina. No le impulsa ni la aprobación ni la condena de los hombres. Quienquiera que busque ganar prestigio ante los hombres o pretenda enaltecerse a sí mismo cosechará inevitablemente la ignominia, pero aquel que ama y obedece a Dios de manera incondicional, y sirve a Dios en todos, recibe honor eterno. La fama humana sólo suscita huecas palabras de alabanza y tal vez logre que se le erija una estatua que las aves de paso ensuciarán o utilizarán para posarse. El devoto que obtiene el reconocimiento de Dios se asegura un monumento viviente en el corazón de la humanidad. Ése es el verdadero altar de honor del que goza cada una de las grandes almas divinas que han agraciado este mundo con su presencia. Ahí es donde se encuentra entronizado Jesucristo: en el corazón de Dios y en el corazón de millones de personas a lo largo de los siglos.

---

[14] Uno de los poderes que posee un gran maestro es la capacidad de evitar que surja en la mente de otras personas un pensamiento en particular. El Dios presente en Jesús se comunicó con el Dios presente en las almas de los nazarenos para inducir un olvido momentáneo de su malvado propósito.

[15] *Juan* 4:44.

DISCURSO 40

El consejo de Jesús a quienes predican la Palabra de Dios

(Parte I)

Un auténtico ministro enseña a su congregación el modo de establecer verdadero contacto con Dios

❖

Las iglesias deberían poner mayor énfasis en el desarrollo interior que en la oratoria y las actividades sociales

❖

La diferencia entre cristianismo y «eclesianismo»

❖

Los «panales» de las instituciones religiosas deben estar colmados de la miel de la presencia de Dios

❖

Los senderos de la renunciación externa e interna

❖

Evitar el mercantilismo en la religión: las instrucciones de Jesús acerca del dinero en relación con el ministerio religioso

«Jesús no envió a sus discípulos con un título en teología que los acreditase, sino que los preparó para predicar el evangelio a través del ejemplo de su vida espiritual y el poder proveniente del contacto con Dios que se percibe en la meditación».

Jesús llamó a sus doce discípulos y les dio poder para expulsar a los espíritus inmundos y para curar toda enfermedad y toda dolencia.

Los nombres de los doce Apóstoles son éstos: primero Simón, llamado Pedro, y su hermano Andrés; Santiago el de Zebedeo y su hermano Juan; Felipe y Bartolomé; Tomás y Mateo el publicano; Santiago el de Alfeo y Tadeo; Simón el Cananeo y Judas el Iscariote, el que le entregó. Jesús envió a estos doce, después de darles las siguientes instrucciones:

«No toméis las rutas de los paganos ni entréis en poblados de samaritanos; dirigíos más bien a las ovejas perdidas de la casa de Israel. Id y proclamad que el Reino de los Cielos está cerca. Curad enfermos, resucitad muertos, purificad leprosos, expulsad demonios. Gratis lo recibisteis; dadlo gratis. No os procuréis oro, ni plata, ni cobre en vuestras fajas; ni alforja para el camino, ni dos túnicas, ni sandalias, ni bastón; porque el obrero merece su sustento.

»En la ciudad o pueblo en que entréis, informaos si hay en él alguna persona digna, y quedaos allí hasta que salgáis. Al entrar en la casa, saludadla. Si la casa es digna, llegue a ella vuestra paz; mas si no es digna, vuestra paz se vuelva a vosotros. Pero si no os acogen ni escuchan vuestras palabras, al salir de la casa o del pueblo aquel sacudíos el polvo de vuestros pies. Os aseguro que el día del Juicio habrá menos rigor para la tierra de Sodoma y Gomorra que para aquel pueblo».

Mateo 10:1-15

Después de esto, designó el Señor a otros setenta y dos [setenta] y los envió por delante, de dos en dos, a todas las poblaciones y sitios adonde él había de ir. Pero antes les dijo:

«La mies es mucha y los obreros pocos. Rogad, pues, al Dueño de la mies que envíe obreros a su mies. Id, pero sabed que os envío como corderos en medio de lobos. No llevéis bolsa, ni alforja, ni sandalias. Y no saludéis a nadie en el camino. Si entráis en una casa, decid primero: "Paz a esta casa". Y si hubiere allí un hijo de paz, vuestra paz repo-

sará sobre él; si no, se volverá a vosotros. Permaneced en la misma casa, comed y bebed lo que tengan, porque el obrero merece su salario. No vayáis de casa en casa. Si entráis en un pueblo y os acogen, comed lo que os pongan; curad los enfermos que haya en él, y decidles: "El Reino de Dios está cerca de vosotros". Si entráis en un pueblo y no os acogen, salid a sus plazas y decid: "Sacudimos sobre vosotros hasta el polvo de vuestro pueblo que se nos ha pegado a los pies. Sabed, de todas formas, que el Reino de Dios está cerca". Os digo que aquel Día habrá menos rigor para Sodoma que para aquel pueblo».

Lucas 10:1-12[1]

[1] El pasaje de *Lucas* 10:1-16 consiste en las instrucciones que Jesús dio a los setenta discípulos [o setenta y dos, según algunos manuscritos] que él envió, además de los doce apóstoles, en un período avanzado de su misión según se relata en el evangelio de Lucas —el único de los cuatro que hace referencia al envío de los setenta—. Gran parte de los consejos de Jesús a estos setenta discípulos son idénticos a los que dio a los doce apóstoles, tal como consta en los evangelios de Mateo y de Marcos; por consiguiente, el envío de los doce y de los setenta se comenta de manera conjunta en este discurso y en el siguiente. (Se omite aquí el pasaje de *Lucas* 10:13-15, ya que dichos versículos, además de los versículos paralelos que aparecen en *Mateo* 11:20-24, se comentan en el discurso 34).

 DISCURSO 40 

El consejo de Jesús a quienes predican la Palabra de Dios

(Parte I)

«Jesús llamó a sus doce discípulos y les dio poder para expulsar a los espíritus inmundos y para curar toda enfermedad y toda dolencia» (*Mateo* 10:1)[2].

Así como las personas acaudaladas pueden transferir sus bienes a quienes ellas elijan, ya sea durante el lapso de su vida o después de que hayan fallecido, así también los grandes profetas que han alcanzado la unidad con Dios pueden transferir a voluntad, mediante técnicas específicas, sus estados de éxtasis espiritual, su divina sabiduría y su poder curativo a sus verdaderos discípulos. Jesús no envió a sus discípulos con un título en teología que los acreditase, sino que los preparó para predicar el evangelio a través del ejemplo de su vida espiritual y el poder proveniente del contacto con Dios que se percibe en la meditación, y con la bendición de la gracia que él les concedió.

~

«Los nombres de los doce Apóstoles son éstos: primero Simón, llamado Pedro, y su hermano Andrés; Santiago el de Zebe-

---

[2] Compárese con las referencias paralelas que aparecen en *Marcos* 6:7 y *Lucas* 9:1.

deo y su hermano Juan; Felipe y Bartolomé; Tomás y Mateo el publicano; Santiago el de Alfeo y Tadeo; Simón el Cananeo y Judas el Iscariote, el que le entregó» (*Mateo* 10:2-4)[3].

Jesús dio poder divino a Judas, así como a los otros once; pero éste, en vez de utilizar su libre albedrío para beneficiarse de esta oportunidad espiritual, sucumbió al engaño y se convirtió en un instrumento del mal. A pesar de que Jesús les dio a todos sus discípulos en igual medida, cada uno de ellos recibió y manifestó sus enseñanzas de modo diferente, de acuerdo con su grado de espiritualidad y su buen y mal karma. Los discípulos avanzados, como era el caso de San Juan, alcanzaron la liberación completa durante la vida de Jesús; Judas, en cambio, tuvo que purgar durante numerosas encarnaciones el mal karma que había creado con su acto de traición a Jesús. Según ciertos grandes maestros de la India, Judas ha estado expiando sus pecados durante veinte siglos y finalmente se liberó en la India durante el siglo XX. El mal karma de Judas era inmenso porque él no sólo pecó con un acto de traición contra su Maestro, sino que además blasfemó contra el Espíritu Santo y contra Dios Padre (la Conciencia Cósmica) manifestados en el Cristo que se hallaba presente en Jesús.

~

«Jesús envió a estos doce, después de darles las siguientes instrucciones:

»"No toméis las rutas de los paganos ni entréis en poblados de samaritanos; dirigíos más bien a las ovejas perdidas de la casa de Israel. Id y proclamad que el Reino de los Cielos está cerca. Curad enfermos, resucitad muertos, purificad leprosos, expulsad demonios. Gratis lo recibisteis; dadlo gratis"» (*Mateo* 10:5-8)[4].

Jesús sabía que había venido a la tierra a establecer un gran movimiento para elevar espiritualmente a la humanidad. A fin de

---

[3] Compárese con las referencias paralelas que aparecen en *Marcos* 3:14-19 y *Lucas* 6:13-16, en que Jesús elige a los doce apóstoles (en el discurso 33, se comenta este hecho).

[4] Compárese con la referencia paralela que aparece en *Lucas* 9:2. Véase también el discurso 44, en que se mencionan *«las ovejas perdidas de la casa de Israel»* (*Mateo* 15:24).

difundir su mensaje, eligió como apóstoles a doce discípulos que pudiesen ir a predicar la verdad y ponerla de manifiesto por medio de su propio ejemplo. Los bendijo con su espíritu para que demostrasen el poder de Dios: podrían sanar las enfermedades del cuerpo, provocadas por los malos hábitos físicos; las enfermedades mentales, causadas por los errores psicológicos y la forma errónea de pensar; y las enfermedades del alma, ocasionadas por la engañosa ignorancia; y podrían también expulsar demonios y desterrar la ignorancia metafísica alojada en los tres cuerpos del hombre y liberar a las almas de la posesión por parte de los malignos agentes de Satanás.

Jesús concedió poder divino a sus discípulos

En el mundo actual está en boga predicar sólo de manera teórica el dogma formal de la teología o aquello que uno imagina que es la verdad. Quedan pocos maestros auténticos en el mundo que realmente lleven una vida espiritual, es decir, que estén en sintonía con Dios, que sepan sanar las enfermedades del cuerpo, de la mente y del alma por medio del poder de Dios, y que puedan expulsar a los «secuaces» de Satanás presentes tanto en la ignorancia que mantiene atrapada el alma del hombre como en las aberraciones psicológicas de la ira, la avaricia, la lujuria y otros malos hábitos, y en las dolencias del cuerpo provocadas por el karma.

Jesús concedió poder divino a sus discípulos para que ellos, a su vez, pudiesen impartir dicho poder a los devotos fieles y receptivos con la finalidad de sanarlos, antes que nada, de la ignorancia, que es la causa fundamental de todo sufrimiento humano. Jesús también enseñó a sus discípulos el arte de desarrollar el poder dinámico de la voluntad para curar con la energía cósmica y la fuerza vital innata los cuerpos y mentes enfermos de aquellos que, sobre todas las cosas, anhelaban el despertar espiritual pero que debido a sus defectos físicos y psicológicos se hallaban demasiado extenuados como para hacer el esfuerzo.

Al preparar a sus apóstoles para servir a otras almas, Jesús les dio este consejo: «No toméis las rutas de los paganos ("paganos" debe interpretarse en este pasaje como "personas mundanas espiritualmente indiferentes"), ni entréis en los poblados de los samaritanos, cuya mente es rígida; dirigíos, más bien, a las ovejas perdidas —las almas inocentes buscadoras de la verdad— pertenecientes a la verdadera casa de Israel, compuesta por quienes son amantes puros de Dios. Id y proclamad que el jubiloso reino de los cielos está dentro de cada alma y, por lo tanto, al alcance de todos. Sanad a los que están espiritualmente enfermos, así como a quienes se encuentran aquejados por enfermedades físicas; purificad a los leprosos y a los que debido a sus hábitos pecaminosos son impuros; resucitad a los que se hallan espiritualmente muertos y resucitad también, después de haber considerado su buen y mal karma, a quienquiera que el Padre Celestial os indique que debéis hacer regresar a la vida después de su muerte física. Expulsad a Satanás y a sus secuaces de las almas que padecen obsesiones. Habéis recibido la verdad merced al anhelo de vuestro libre albedrío y del mío; entregad esta verdad gratuitamente a aquellos que, de manera espontánea, y sin que medie persuasión o coacción alguna, estén dispuestos a recibirla».

Un auténtico ministro enseña a su congregación el modo de establecer verdadero contacto con Dios

Las sucesivas generaciones de iglesias e instructores cristianos han hecho un gran bien al mantener vivo el pensamiento de Jesús, repitiendo sus palabras y rememorando su vida, pero sólo en raras ocasiones han proporcionado a los miembros de su congregación un verdadero contacto con Dios. En su mayoría, los ministros y líderes religiosos son elegidos de acuerdo con su personalidad, su poder de oratoria, su capacidad organizativa o sus títulos en teología, y no según su grado de percepción de Dios. Jesús y sus discípulos, aunque no poseían estudios teológicos, ni una educación intelectual académica, ni habían estudiado oratoria, predicaban aquello que habían aprendido por medio de su contacto directo con Dios: «*Nosotros hablamos de lo que sabemos, y damos testimonio de lo que hemos visto*» (*Juan* 3:11).

¡Cuán diferentes son quienes hablan a partir de su propia relación divina de aquellos otros que pertenecen a alguna de las múltiples clases de misioneros, tanto de Oriente como de Occidente, que provienen de una formación teológica y predican con el fin de convertir a los demás y conservarlos como sus adeptos por medio del dogma! Aquellos que son designados como oradores, o los que se autoasignan la tarea de dar sermones a los demás, quizá logren causar suficiente conmoción intelectual o emocional en las mentes de quienes los escuchan como para resultar convincentes, pero no están en condiciones ni de salvar almas ni de inspirar a los demás. Para salvar a otros, primero debe uno salvarse a sí mismo. A fin de sanar a otras personas, es preciso poseer poder curativo. Sólo quienes están firmemente afianzados en la meditación hasta el punto de establecer un verdadero contacto con Dios en sus corazones, mentes y almas (bien sea que hayan adquirido o no sus conocimientos en los libros) se hallan capacitados para enseñar. La prédica intelectual o emocional basada en el poder de la buena memoria o de la imaginación creativa no puede compararse con la prédica espiritual a través del ejemplo de una vida y una conciencia que se encuentran en sintonía con Dios.

El contacto con Dios se pone de manifiesto en una vida de santidad. La conciencia del ego disminuye y es reemplazada por un amor siempre creciente por Dios y el deseo de llevar a cabo tan sólo su voluntad. Una persona verdaderamente santa despierta en nuestro ser entero una *«paz que sobrepasa todo entendimiento»**[5] e irradia bondad y buena voluntad hacia todo el mundo. El contacto con Dios en la meditación profunda abre el canal de la intuición del alma y se expresa a través de la voz rectora interior que dimana de la conciencia. Dios utiliza a sus grandes profetas para proclamar sus revelaciones; Él comunica personalmente a sus verdaderos devotos aquellas revelaciones que los transformarán en seres llenos de amor por Dios y que, a su vez, inspirarán a otros a volverse como ellos. El devoto avanzado que persevera en profundizar su práctica de la meditación experimenta, a su debido tiempo, sentimientos de júbilo, visiones y la divina unidad del contacto con Dios; pero la presencia de Dios es igualmente real a través del sutil poder transformador de la paz interior, el gozo, el entendimiento y el amor divino.

Un auténtico predicador de la verdad escucha la voz de Dios en la forma de la inspiración intuitiva que percibe en su interior y no depende sólo de sus apresuradas visitas a la biblioteca para preparar sermones que no ha asimilado ni experimentado en su propia vida. Jesús predicó extensamente a las multitudes y, en los intervalos entre esos encuentros, se retiraba a la soledad del desierto o a la cima de una montaña para comulgar con Dios. Renovado de ese modo en cuerpo y en espíritu, regresaba para ofrecer a los genuinos buscadores su percepción de Dios así fortalecida.

Es preciso seleccionar a los ministros de las iglesias y a los líderes de las organizaciones religiosas de acuerdo con su devoción a Dios y la comunión divina que hayan alcanzado a través de la meditación. Las personas que sólo poseen una espiritualidad superficial y cuyas vidas y entendimiento carecen siquiera de cierto grado de contacto real con Dios, poco pueden hacer excepto guiar a sus seguidores por el camino de la ignorancia; su ministerio consistirá principalmente

---

[5] *Filipenses* 4:7.

en preocuparse por los problemas financieros y en recaudar fondos para su organización. Por el contrario, aquellos que están anclados en Dios son los auténticos predicadores que pueden exitosamente dar a conocer a Dios a otras almas.

Incluso la ética de los negocios exige que uno no intente vender un producto sin conocer bien el artículo y sin creer sinceramente en su utilidad. Cuán poco ético es, entonces, tratar de «vender» a Dios a los demás sin contar con una percepción intuitiva interior de Dios y sin tener fe en aquello que Dios es y en que Él es supremamente esencial para todos.

Una inmemorial tradición de la India estipula que aquel que pretenda ser un instructor espiritual necesita aprender primero a establecer contacto con Dios y a llevar una vida de disciplina bajo la tutela de un maestro divino. El aspirante debe ser primero un discípulo digno antes de que pueda enseñar a otros. Se considera que todo discípulo genuino de un gran maestro, que defienda los ideales de su maestro y que viva conforme a ellos es una persona apta para enseñar.

Es loable que los grandes maestros no sólo instruyan a sus discípulos en los procedimientos de curación física y mental por medio del sistema de una dieta apropiada y de los métodos de concentración y de oración, sino que también los inicien en la técnica suprema de meditación para sanar las enfermedades espirituales, que opera desvaneciendo la ignorancia proveniente de la ilusión. Los verdaderos ministros divinos pueden enseñar a los discípulos espiritualmente avanzados a progresar aún más, y a los buscadores auténticos que se hallan espiritualmente enfermos, el arte de curarse a sí mismos.

Los senderos religiosos, en su forma actual, hacen bien en recordarle a las personas que es indispensable conocer a Dios y la verdad; sin embargo, para ser realmente útiles se requiere que se conviertan en universidades de disciplina espiritual y que ofrezcan entrenamiento práctico e integral en el método para establecer contacto con Dios, así como también en el arte de vivir de modo espiritual. Una casa de Dios no ha de ser tan sólo una organización que cumpla funciones sociales y morales, sino fundamentalmente una academia espiritual donde se enseñe cómo lograr la verdadera percepción de Dios. La unión con Dios es el único y auténtico propósito de las iglesias y templos; todas sus actividades deberían estar subordinadas a dicha causa. Los buscadores genuinos se alejan del culto religioso colectivo si no experimentan en verdad a Dios.

El método habitual de la mayoría de los senderos religiosos ha sido retener a los feligreses valiéndose de su arraigado hábito de concurrir a la iglesia, o por medio del dogma y las amenazas de perdición eterna, o tratando de atraerlos mediante conferencias estimulantes y entretenimientos musicales o festivos. Con mucha frecuencia, las congregaciones se forman en torno a la personalidad de los predicadores que tienen dotes para la oratoria, entrenados como actores que puedan transmitir convincentemente el contenido de sus sermones teóricos. En ausencia de esa oratoria intelectual o emocional y de las pulidas representaciones musicales y actividades sociales suplementarias, con el transcurso del tiempo los miembros de la congregación pierden el interés si no logran satisfacer su necesidad de experimentar interiormente a Dios mediante el contacto con Él en la meditación. Las iglesias no pueden competir con quienes ofrecen entretenimiento profesional, ni deberían intentarlo; el templo de Dios es un lugar único en el que las almas han de reunirse con el fin de compartir el gozo de la comunión con el Señor.

Las iglesias deberían poner mayor énfasis en el desarrollo interior que en la oratoria y las actividades sociales

Tampoco deberían invertirse enormes sumas de dinero en los edificios de las iglesias sólo para atraer con la grandiosidad de su arquitectura a quienes dan mucha importancia al estatus social, ofreciéndoles poco más que un sitio donde ver a los demás y ser visto. No hay nada malo en dedicar a Dios bellos lugares de adoración. Pero los panales, independientemente de cuán magnífica sea su estructura, son inútiles a no ser que estén colmados con la miel de la presencia de Dios.

Al igual que las iglesias de Occidente, en la India muchos templos hindúes bellamente decorados se han convertido en sitios donde se practican cantos y rituales de manera mecánica. En un comienzo, los templos sagrados eran lugares de meditación y de adoración para las almas santas y para aquellos que acudían con el objeto de recibir sus bendiciones; pero, después de la muerte de estos santos, los sacerdotes o los administradores con ambiciones de poder y lucro tomaron el control y profanaron los santuarios sagrados con sus métodos mercantilistas faltos de espiritualidad. Por causa de ese monopolio, los grandes maestros evitan ahora los templos y prefieren, en cambio, rincones apartados y sencillos *mandires,* donde enseñan a algunos estudiantes elegidos los métodos para alcanzar la unidad con Dios, mas no tanto a través de la prédica, sino meditando con ellos en el templo interior del contacto con Dios. Los sermones pueden despertar el deseo de conocer al Señor, pero es meditando con los grandes santos o siguiendo sus métodos como se proporciona a los devotos el conocimiento y la bienaventuranza de la auténtica comunión con Dios.

Los santos de Dios iluminan el camino, pero llegar a Dios requiere del esfuerzo entusiasta del devoto y de las bendiciones divinas. Así como uno no puede satisfacer el hambre si es otra la persona que ingiere los alimentos, así también la intercesión y la guía de un maestro preparan el divino banquete de la unión con Dios, pero es el devoto mismo quien debe saborear el bendito maná. ¿De qué sirve que los instructores religiosos no capacitados empleen métodos coercitivos para obligar a sus seguidores a creer ciegamente en dogmas no comprobados que los mismos proponentes no han asimilado ni demostrado por experiencia propia que son verdaderos? En vez de llenar de dogmas las mentes confiadas de su congregación, los líderes religiosos deberían alimentar esas mentes con mayor amor y entusiasmo por alcanzar la unión con Dios, y con estimulantes verdades provenientes de la sabiduría universal. En lugar de dirigir únicamente clases y oficios religiosos rebuscados acerca de las escrituras, en los que los miembros son receptores pasivos, la congregación debería reorganizar sus actividades y dedicar más tiempo al desarrollo de su propio pensamiento introspectivo y a la oración y la meditación en silencio.

Es preciso enseñar las verdades universales, tanto morales como espirituales, en lugar de dogmas no comprobados

El mundo sería un sitio más pacífico y armonioso si las diversas iglesias y confesiones religiosas dejaran de condenar a los senderos que difieren del suyo. En lugar de discutir acerca de la infalibilidad y exclusividad de sus respectivos dogmas, deberían promover un espíritu de unidad basado en lo que es común a todas ellas: el verdadero significado de la vida y la relación del hombre con su Creador. De esta manera descubrirían que los códigos morales y espirituales universales de disciplina, que rigen el comportamiento correcto del ser humano y son el cimiento de todas las religiones verdaderas, constituyen un tratado espiritual universal sobre el arte de la vida moral y espiritual. Todo ello conformaría un «Libro de códigos de todas las religiones» que expondría las leyes psíquicas y éticas que pueden, en verdad, elevar espiritualmente y ayudar cada día al género humano a unirse en hermandad bajo la Paternidad-Maternidad única de Dios.

El Sankhya, el Yoga y el Vedanta son tres extensas filosofías de la India caracterizadas por su pragmatismo y cuyo propósito directo es disciplinar las actividades del ser humano para lograr la más elevada sabiduría y la emancipación definitiva. La filosofía Sankhya enseña que la necesidad primordial del hombre es destruir las raíces del triple sufrimiento —del cuerpo, de la mente y del alma— de modo que no haya posibilidad alguna de recurrencia. Además, describe la cosmología espiritual de la creación y el sitio que ocupa el hombre en el esquema divino. El Yoga es la ciencia que revela los métodos graduales de realización progresiva del Ser que conducen directamente a Dios. Según el *Bhagavad Guita,* la más sublime de las escrituras hindúes, el Yoga es el camino supremo, porque constituye la ciencia de la salvación. El Vedanta es la doctrina de la Realidad Suprema; describe la meta de la senda para realizar a Dios y percibir la singularidad del Espíritu: el Uno que reside en los numerosos seres, y los numerosos seres que no son otra cosa que el Uno. El Yoga aporta la técnica mediante la cual se puede alcanzar la Meta Suprema. El Vedanta describe el contenido de la mina de sabiduría divina; el Yoga es el modo de explotar esa mina de conocimiento para beneficio del hombre. En la experiencia religiosa combinada de estas tres filosofías, la humanidad hallará la más elevada norma para llevar una vida recta, que es lo único que puede dar a luz ciudadanos ideales del mundo y del reino de Dios[6].

Las prácticas ceremoniales externas del culto colectivo no son de gran ayuda para alcanzar la comunión con Dios

El propósito de una iglesia es proporcionar el contacto con Dios. Si esa iglesia afirma cumplir con dicho principio, entonces debe hacerlo realmente o dejará de existir como fuerza espiritual. A fin de lograr ese objetivo, el supremo deber de todos los clérigos es mejorarse a sí mismos por medio de la meditación científica diaria y profunda que conduce a la unión con Dios, y reformar también a su congregación mediante el cultivo de hábitos espirituales y con el gozo de la comunión divina. La realización del Ser alcanzada por los verdaderos buscadores mantendría espontáneamente —sin presiones— la fidelidad de tales miembros a ese sendero que les conduce a Dios. Una congregación indisoluble se mantiene unida por la lealtad sin

[6] Se encontrará una síntesis de estas tres filosofías en el extenso comentario de Paramahansa Yogananda sobre el *Bhagavad Guita, God Talks With Arjuna.* Al explicar el misticismo del pensamiento hindú, Paramahansaji demuestra la universalidad de la ciencia del yoga. *(Nota del editor).*

coerciones que nace de la percepción de Dios que experimenta cada miembro de esa congregación y que es fruto de la disciplina interior y de la meditación que se enseñan en la iglesia o templo.

Los oficios religiosos no deberían consistir tanto en los diversos rituales del cuerpo y de la mente que se requieren en los cantos y los coros, al ponerse de pie y arrodillarse, al entonar plegarias, recitar las escrituras y otras prácticas ceremoniales externas. El culto colectivo tendría que poner énfasis principalmente en la meditación, en el recogimiento interior de la mente con cesación de los movimientos del cuerpo, así como en la ausencia de inquietud mental y en la presencia del contacto con Dios. Cuando los movimientos corporales cesan y los pensamientos se aquietan, Dios comienza a surgir como el bienaventurado estado de quietud y gozo divinos que se perciben en el altar de la paz y de la inmutabilidad.

La repetición colectiva de cantos y plegarias mantiene la mente concentrada en lo externo. No cabe duda de que dicha repetición es beneficiosa, hasta cierto punto, para aquellos que se concentran sincera y devotamente en el significado de los cantos y oraciones. Sin embargo, el efecto es limitado, a no ser que en la quietud de la soledad se complemente dicha práctica con la oración ferviente y silenciosa que exprese el amor del alma. La falta de oración individual y de comunión con Dios ha apartado a los cristianos contemporáneos y a los grupos religiosos cristianos de la enseñanza de la percepción real de Dios que predicó Jesús, como también sucede con todos los senderos religiosos iniciados por profetas enviados por Dios, cuyos seguidores se desvían hacia los senderos secundarios del dogma y del ritual en vez de seguir el camino de la verdadera comunión con Dios. Los senderos que no incluyen un entrenamiento esotérico edificante para el alma se ocupan sólo de defender el dogma y construir muros para excluir a quienes tienen ideas diferentes. Los seres divinos que realmente perciben a Dios incluyen a todos en el sendero de su amor, no en el sentido de una congregación ecléctica, sino porque expresan una respetuosa amistad divina hacia todos los verdaderos amantes de Dios y hacia los santos de todas las religiones[7].

[7] En su libro *El cristianismo olvidado* (Estaciones, Buenos Aires, 1992), el doctor Jacob Needleman, profesor de Filosofía de la Universidad Estatal de San Francisco y ex director del Center for the Study of New Religions [Centro para el estudio de las nuevas religiones] de la Graduate Theological Union de Berkeley, señala lo siguiente: «En mi propio trabajo académico como profesor de Filosofía y Religión [...] se me

Cuando la parafernalia de una iglesia genera una organización llena de altos cargos y de escasa utilidad, pierde el espíritu de Cristo. Las enseñanzas de Jesús enfatizan el amor y la hermandad universal; pero uno no piensa en esa verdad cuando observa los diferentes grupos cristianos que se atacan entre sí para menospreciar las doctrinas discrepantes o difamar y llamar «paganos» a los grupos religiosos no cristianos. ¿Dónde está el ideal de Cristo de actuar con misericordia y bondad? Los sermones *acerca* de Jesús que no revelan la esencia del *mensaje* del gran Maestro convierten la casa de Dios en un lugar donde meramente se rinde culto a la personalidad del representante terrenal de Dios, o en un simple refugio para huir de las responsabilidades mundanas en el cual poder aliviar las preocupaciones con sermones intelectuales o emocionales, o bien en un sitio cómodo donde uno puede sentirse temporalmente inspirado con el ritual y la buena música sin realizar ningún esfuerzo personal por centrar los pensamientos en Dios. Sean cuales sean las prácticas que se lleven a cabo en la casa del Señor, estas actividades no deben ir en detrimento de la comunión personal y directa con Dios. De lo contrario, los recintos sagrados se transforman en una cueva donde reinan con supremacía los bandidos de los pensamientos inquietos y las vibraciones

---

hacía cada vez más claro que si la cristiandad recuperaba realmente su propia tradición esotérica, esto sería un desarrollo de enorme significación. Al usar este término, "esotérico", quiero decir la cristiandad que trabaja, que efectivamente produce cambios reales en la naturaleza humana, transformaciones reales. [...]

»¿Acaso no se sentían los occidentales de hoy atraídos hacia las religiones orientales porque podían encontrar en ellas el tipo de método de trabajo interior que seguramente fue predominante entre los Primeros Padres? [...] ¿De dónde venían [esos métodos]? ¿Dónde habían quedado? El mundo moderno está comenzando a buscarlos como un elemento indispensable de lo que ha sido perdido del sendero cristiano».

El profesor Needleman cita la obra de Dom Aelred Graham, un monje católico pionero, prior de un monasterio benedictino de Inglaterra: «El futuro mismo de la tradición cristiana podría depender, según Aelred, "de revisar sus doctrinas básicas a la luz de la visión religiosa que ahora se nos brinda desde Oriente". [...] De este modo Aelred insta al cristiano contemporáneo a buscar una transformación de la calidad de la conciencia en sí mismo, "la conciencia centrada-en-Dios de Jesús", tal como el budista mahayana busca alcanzar el mismo nivel de ser que el Buda.

»"Que justamente de esto se trata el cristianismo está mucho más que señalado en varios pasajes tanto de las Epístolas Paulinas como de los Cuatro Evangelios. [...] ¿Pudiera ser que al buscar alcanzar la conciencia-de-Cristo, como allí se indica, encontraremos justamente el fundamento efectivo de una renovación cristiana? Alcanzar la 'mente de Cristo' bien puede exigir una profunda revaloración de la vida de plegaria cristiana" (Aelred Graham, *Contemplative Christianity* [El cristianismo contemplativo], Seabury Press, Nueva York, 1974)». *(Nota del editor).*

materialistas del fanatismo dogmático, disfrazados con el ropaje de la santidad. *«Está escrito: 'Mi Casa será llamada Casa de oración. ¡Pero vosotros estáis haciendo de ella una cueva de bandidos!'»*[8]. El común denominador que puede unir a todos los grupos de las diversas religiones en el amor de Dios es la silenciosa oración interior que proviene de la devoción pura.

En las ermitas de la India donde residen grandes maestros, no es usual la clase de prédica en que, la mayoría del tiempo, el maestro reflexiona por el discípulo, como suele suceder en las iglesias occidentales. A diferencia de ello, en las ermitas que siguen la antigua tradición del linaje de los santos de la India, el maestro y el discípulo se sientan a menudo juntos a conversar sobre principios espirituales; luego, en forma conjunta o individual, utilizando técnicas de eficacia comprobada para concentrarse y meditar, procuran comulgar con Dios y percibir la verdad a través de la experiencia directa de la intuición del alma.

La diferencia entre cristianismo y «eclesianismo»

Las iglesias occidentales se beneficiarán espiritualmente cuando, tanto los líderes como los miembros, se unan para comulgar con Dios y con la Conciencia Crística que se hallaba manifestada en Jesús. Ahí radica la diferencia entre el cristianismo y el «eclesianismo». Primero se debe establecer a Cristo en los corazones de los hombres y entonces reinará también en las iglesias.

«En las iglesias, templos, tabernáculos y mezquitas, la percepción de la Conciencia Crística me acompaña; no me ata limitación alguna. Le pertenezco al Cristo Infinito, el bienaventurado *Kutastha Chaitanya*». Éste es el acorde de la unidad en torno al cual pueden entonarse en armonía todas las melodías de la vida. «Quiero orar a Dios en el lenguaje del alma y con el anhelo de todos los corazones. Entonces, ¡oh Señor!, miles escucharán y te seguirán». Cristo no es monopolio de ningún grupo que se autoproclame y afirme ser el único seguidor verdadero. Cristo pertenece a todos, sin importar su religión, raza o época. Todo devoto de Jesús debería preguntarse si es, en verdad, un cristiano de los tiempos modernos. Los devotos sinceros han de disciplinar el cuerpo y el alma por medio de la comunión divina. Meditando por la mañana y en las horas más oscuras y silenciosas de la noche, tienen que abrir su corazón como un capullo de loto.

---

[8] *Mateo* 21:13. (Véase el discurso 64, en el volumen III).

Entonces podrán decir: «¡Venid! Yo predico acerca de Aquel a quien siento en mi corazón. ¡Venid! Seguid al Cristo que está en mi corazón y en mis acciones».

En Occidente, el que aspira a ser un instructor espiritual en virtud de su personalidad o de su intelecto a menudo empieza su carrera deseando, en primer lugar, construir una iglesia o formar un grupo religioso propio. Desde el comienzo se encuentra envuelto y enredado en dificultades financieras, y éstas lo obligan a concentrarse principalmente en la colecta de fondos. El dinero, el deseo de obtener fama y el falso honor de anunciar que se cuenta con numerosos adeptos han mantenido a las iglesias y templos en un estado de estancamiento espiritual. En vez de concentrarse primero en la construcción de ornamentados edificios sobre los que gravitan hipotecas cuantiosas, los instructores harían mejor en establecer los templos de la comunión con Dios en las almas de sus seguidores.

A fin de que haya un resurgimiento de las verdaderas iglesias de Cristo, no es necesario que se formen nuevos grupos religiosos, sino que se sigan las auténticas enseñanzas de Cristo y se viva de acuerdo con ellas, mejorando la calidad de los miembros de la iglesia por medio de la meditación; y además es preciso seleccionar ministros que conozcan a Dios y que comulguen con Él. Si las iglesias se convierten en lugares de culto cuyos miembros practican la meditación, tanto en sus hogares como durante los oficios religiosos colectivos, será posible eliminar los defectos del eclesianismo y lograr que la iglesia vuelva al verdadero cristianismo. La atmósfera creada por la práctica de la meditación no sectaria con la finalidad de alcanzar una profunda comunión interior con Dios transformaría las iglesias y haría que abandonasen las disensiones del eclesianismo y se convirtieran en el cielo de la Conciencia Crística, es decir, en el auténtico cristianismo.

Todo instructor espiritual debe dedicar mucho de su tiempo a la meditación y, a fin de transmitir espiritualidad a los auténticos buscadores —aquellos que vienen a él por voluntad de Dios y por una publicidad apropiada que se ajuste a los principios morales—, ha de meditar regularmente con ellos cada vez que le sea posible, en pequeños grupos, de preferencia en sitios tranquilos o en lugares céntricos pero aislados. Si las diferentes denominaciones religiosas se reúnen y siguen estas prácticas, se originará un verdadero resurgimiento de la Conciencia Crística en el corazón de los auténticos fieles. Al reunirse en pequeños grupos sinceros para meditar profundamente, tales buscadores verán manifestarse en ellos la Conciencia Crística que se hallaba presente en Jesús y experimentarán en su conciencia la Segunda Venida de Cristo.

Los «panales» de las instituciones religiosas deben estar colmados de la miel de la presencia de Dios

Si este núcleo espiritual de entregados devotos desea entonces construir una iglesia, ésa será una actitud loable, ya que estarán capacitados para llenar ese panal con la miel de la presencia divina. El dirigente no debe sentirse obligado a hacer concesiones o adular a los demás a fin de obtener fondos económicos. Con constancia y regularidad, dedicará tiempo a cumplir con su compromiso más importante con el Señor en la meditación. Las vibraciones puras de un auténtico predicador atraen a los devotos que realmente buscan a Dios. Tales almas, al recibir la bendición de poder percibir a Dios, apoyarán lealmente a un líder cuya conducta espiritual y comportamiento moral sean una clara demostración de su comunión con Dios.

El Señor no hace distinciones entre ricos y pobres, famosos o desconocidos. A menudo se suele vincular a un predicador exitoso con una iglesia ricamente adornada, situada en un vecindario aristocrático, a la que asiste una congregación adinerada e influyente. Cuando Jesús envió a sus primeros apóstoles, indirectamente hizo alusión al sitio donde todas las generaciones venideras deberían edificar las iglesias, así como a quiénes habrían de ser impartidas sus enseñanzas. Los lugares apropiados, ya sean aristocráticos o pobres, son aquellos en los que existe interés espiritual. Allí es donde se deben construir los cimientos: en aquellos sitios en los que las personas se muestren arrepentidas de su enajenación por lo terrenal y, como ovejas perdidas, busquen sinceramente volver al redil de la conciencia de Dios.

Por esa razón, Jesús ordenó a sus discípulos que no llevasen su mensaje a la gente mundana satisfecha consigo misma, «los paganos», adoradores de los dioses de la fama y de la fortuna, ni a los samaritanos, inflexibles en sus convicciones, sino más bien a los buscadores de la verdad que se habían arrepentido de haberse apartado de Dios. «Haced vibrar en ellos vuestra propia percepción de Dios y mostradles que el reino de los cielos, el estado de sintonía con los poderes celestiales de la vibración astral, la sabiduría, la bienaventuranza y el conocimiento de Dios se encuentran a su alcance, justo detrás de la conciencia humana de vigilia y de la subconciencia, es decir, en el estado de supraconciencia y contacto con Dios que se experimenta en la meditación profunda. Así como el alma se cura de su identificación con la materialidad al establecer en ella el reino de los cielos o conciencia de Dios, así también sanan los males del instrumento corporal vinculado al alma.

»A aquellos buscadores de Dios que en verdad estén arrepentidos, liberadlos no sólo de las enfermedades físicas sino también de las enfermedades mentales, morales y espirituales. Resucitad a quienes estén espiritualmente muertos y elevadlos a la conciencia divina; transmitiéndoles vuestro poder divino, liberadlos de los demonios y obsesiones de la ilusión cósmica, así como de la ignorancia satánica y de las almas malignas desencarnadas. Volved a la vida a aquellas almas buenas que ya hayan partido y cuyo buen karma sea mayor que su mal karma, o al menos, cuyo buen y mal karma sean equivalentes, porque el Padre Celestial aprueba ahora tales actos para asegurar a la humanidad ignorante que todas las cosas son posibles para los verdaderos devotos de Dios y para los seguidores de la bondad. Las almas dignas a las que resucitéis harán mucho bien en la tierra.

»Habéis recibido voluntariamente, gracias a nuestra propia voluntad espiritual —de manera espontánea y sin coerciones— y gracias a mi propia voluntad y a la compasión divina, la conciencia de Dios que fue transmitida a vuestras vidas dedicadas a la meditación y la autodisciplina. Del mismo modo en que habéis asimilado la conciencia divina, enseñádsela también a la gente. Habéis utilizado vuestro fervor divino, vuestro razonamiento y vuestro libre albedrío para meditar y avanzar espiritualmente, y así habéis despertado la respuesta espontánea de Dios y mi deseo de transmitiros la divina conciencia que Él y yo poseemos. De igual forma, enseñad a otros devotos a despertar su libre albedrío y a meditar, a fin de que reciban la conciencia de Dios que está a disposición de todos».

No se recibe la verdad por el simple hecho de escuchar sermones dogmáticos, morales o basados en las escrituras. La verdad se presenta como resultado del funcionamiento de la ley antes mencionada, es decir, gracias al espontáneo fervor espiritual que se ofrece sin coerción alguna y al esfuerzo espiritual de los devotos, y gracias asimismo a la divina compasión de Dios, cuya respuesta es concederles la realización del Ser.

~

«No os procuréis oro, ni plata, ni cobre en vuestras fajas; ni alforja para el camino, ni dos túnicas, ni sandalias, ni bastón; porque el obrero merece su sustento.

»En la ciudad o pueblo en que entréis, informaos si hay en él alguna persona digna, y quedaos allí hasta que salgáis. Al entrar en la casa, saludadla. Si la casa es digna, llegue a ella vuestra paz; mas si no es digna, vuestra paz se vuelva a vosotros» (*Mateo* 10:9-13).

Referencias paralelas:

«Les ordenó que nada tomasen para el camino, a excepción de un bastón: ni pan, ni alforja, ni calderilla en la faja; y que fueran calzados con sandalias y no vistieran dos túnicas. Les dijo además: "Cuando entréis en una casa, quedaos en ella hasta marchar de allí"» (*Marcos* 6:8-10)[9].

«Después de esto, designó el Señor a otros setenta y dos [setenta] y los envió por delante, de dos en dos, a todas las poblaciones y sitios adonde él había de ir. Pero antes les dijo:

»"La mies es mucha y los obreros pocos. Rogad, pues, al Dueño de la mies que envíe obreros a su mies. Id, pero sabed que os envío como corderos en medio de lobos. No llevéis bolsa, ni alforja, ni sandalias. Y no saludéis a nadie en el camino. Si entráis en una casa, decid primero: 'Paz a esta casa'. Y si hubiere allí un hijo de paz, vuestra paz reposará sobre él; si no, se volverá a vosotros. Permaneced en la misma casa, comed y bebed lo que tengan, porque el obrero merece su salario. No vayáis de casa en casa. Si entráis en un pueblo y os acogen, comed lo que os pongan; curad los enfermos que haya en él, y decidles: 'El Reino de Dios está cerca de vosotros'"» (*Lucas* 10:1-9).

A Jesús le entristecía ver que la mayoría de la gente se daba por satisfecha simplemente concurriendo a los oficios religiosos de la sinagoga y que eran pocos los obreros espirituales que merecían recoger la copiosa cosecha de la abundancia eterna en el reino de

[9] Compárese con otra referencia paralela que aparece en *Lucas* 9:3-4.

Dios[10]. Con el fin de despertar a la gente del letargo del engaño, envió a sus discípulos por delante de él a predicar el evangelio, no como misioneros asalariados sino como adeptos desinteresados que llevaban la vida que Cristo predicaba y que, al igual que él, defenderían la verdad tanto con hechos como con palabras. Sean cuales sean las circunstancias en las que uno hable acerca de la palabra de Dios, lo más importante es el ejemplo de una vida santa.

Jesús no envió a sus discípulos como predicadores asalariados, sino como abnegados renunciantes

«Después de haberos convertido en verdaderos devotos-obreros que han recogido la cosecha de la sabiduría y del contacto con Dios, id al mundo a compartir vuestra comunión divina con otras personas. En vuestros viajes, no dependáis de los objetos materiales para no sobrecargar la conciencia con tales pensamientos; no llevéis dinero en vuestra bolsa ni túnica extra. No saludéis a nadie en el camino, entreteniéndoos en conversaciones ociosas; mantened vuestra mente recogida en el interior pensando en Dios y entregándole el más sublime de los respetos, que es vuestra total atención.

»En cada población o ciudad a la que entréis, averiguad quiénes son las personas espirituales y las más dignas de recibir vuestro mensaje de salvación; mientras permanezcáis en ese lugar, residid en la armoniosa vibración de esa casa, aceptando su hospitalidad como vuestro salario ministerial, hasta que hayáis finalizado vuestra prédica en esa zona y estéis listos para ir a otro sitio con la finalidad de ayudar a otras personas. En toda casa a la que entréis, saludad a sus ocupantes con humildad, considerándolos manifestaciones de Dios. Si esa casa es espiritualmente digna, bendecidla para que perciba la paz de vuestras almas. Pero si la encontráis desprovista de receptividad y de interés, orad por los que moran en ella, y permitid que regrese a vuestra alma el don de la paz que ellos han rechazado.

»Allí donde os reciban, comed y bebed lo que os den, sanad a los enfermos y decidles que el divino reino de la bienaventuranza celestial está oculto, pero muy cerca, justo detrás de su estado de vigilia. Enseñadles a entrar, por medio de la meditación, en la Conciencia Cósmica inherente a ese divino reino».

En los versículos anteriores, Jesús indica la manera en que deben

[10] Véase el discurso 38, en que se comenta este pasaje: *«La mies es mucha y los obreros pocos»*.

vivir sus discípulos en el mundo durante el tiempo que prediquen el evangelio a su pueblo. Ese modo de vida tiene un paralelismo con la síntesis de dos caminos distintos que son seguidos por los aspirantes espirituales en la India. El primero es la escuela de la renunciación externa; el segundo, la escuela del yoga, que prescribe la renunciación mental y la práctica del desapego aun cuando uno continúe viviendo en el mundo.

Los senderos de la renunciación externa e interna

Quien sigue el camino de la renunciación externa abandona el mundo, no contrae matrimonio, renuncia a las posesiones personales y a las relaciones humanas y busca un sitio apartado, por ejemplo un *ashram,* donde el devoto pueda dedicarse a la práctica de su *sadhana* para alcanzar la unión con Dios, sin ser interrumpido por las intrusiones del mundo. La Orden de los Swamis pertenece al sendero de la renunciación, al igual que las órdenes monásticas de Occidente[11].

El camino del yoga —la unión del alma con el Espíritu mediante la práctica de técnicas científicas de meditación con el objeto de percibir a Dios— es un sendero que pueden seguir los devotos de todas las condiciones sociales. El yogui no está sujeto necesariamente a permanecer en el mundo como hombre de hogar o a abandonar el mundo para dedicarse a la vida monástica. Ya sea que viva en la jungla de la civilización rodeado de facilidades para el confort físico o en condiciones primitivas, alejado de las influencias y comodidades materiales, el yogui se sintoniza con el Infinito y se esfuerza por concentrarse en la bienaventuranza divina con una intensidad tal que de manera automática le permita elevar su mente por encima del deseo de logros materiales, a los cuales renuncia en su interior.

Un auténtico yogui es aquel que practica la verdadera renunciación, incluso si vive en el mundo y su vida se asemeja en lo externo a la de una persona mundana común. Habiendo renunciado interiormente a todos los deseos y apegos, el yogui avanzado permanece embriagado de Dios. Tales yoguis no tienen inconveniente en acatar también, en

---

[11] Refiriéndose a las primeras comunidades monásticas cristianas (los Padres del desierto) que se formaron en Egipto en los primeros siglos posteriores a la vida de Jesús, el historiador británico Sir Charles Eliot escribió: «Egipto era un país sumamente religioso, pero al parecer ni el ascetismo, ni el celibato, ni la meditación formaban parte de la vida religiosa en los tiempos antiguos; la aparición de estas prácticas en las épocas helenísticas puede deberse a una ola de influencia asiática que se inició originalmente en la India» (*Hinduism and Buddhism,* volumen III).

forma meticulosa, las leyes de la renunciación externa. Lahiri Mahasaya era un sublime ejemplo del yogui que lleva la vida de un hombre de hogar; aunque nunca tomó formalmente los votos de renunciante, ninguna mácula de conciencia mundana osó jamás tocar su santidad.

El devoto que practica la renunciación externa, por otra parte, abjura en un comienzo de todo lujo material a fin de acostumbrar su conciencia a la vida sencilla y al desapego que son innatos al alma, pues renunciar a los placeres mundanos y a la vida mundana es un requisito que se ha de cumplir antes de poder conocer a Dios. Pero, aunque un aspirante renuncie externamente a todo, es posible que en su interior continúe sintiendo apego por los objetos mundanos y aún sea acosado por los deseos sensuales. El yogui dice: «Establece primero contacto con Dios en la meditación y después, una vez que hayas desarrollado el apego por Dios, comprobarás que desaparece tu apego por los objetos materiales». El yogui que practica las técnicas científicas de meditación por medio de las cuales se establece contacto real con Dios avanza por el camino espiritual más elevado. El camino de la sola práctica de las austeridades físicas propias de la renunciación es innecesariamente arduo cuando se prescinde del yoga, el cual conduce a la unión con Dios. Por consiguiente, incluso los sinceros renunciantes han de convertirse también en yoguis.

Pocos son capaces de seguir con éxito el camino de la renunciación externa; en cambio, todos pueden seguir el camino del yoga. El devoto tiene la posibilidad de elegir el camino de la renunciación o el del yoga, de acuerdo con lo que considere más apropiado, según las características de su temperamento; sin embargo, lo que es en verdad maravilloso es ser yogui además de renunciante. Para aquellos que sienten un sincero anhelo por Dios, lo ideal es la renunciación tanto externa como interna. Tal es el caso de aquellos devotos de Dios que están libres de las obligaciones y complicaciones de una familia y pueden dedicar todo su tiempo a la búsqueda de Dios por medio de la práctica del yoga y del servicio incondicional a Dios y a la humanidad entera.

Jesús era un yogui, constantemente absorto en la unión divina, y también un hombre de renunciación. No sólo establecía contacto con Dios en espíritu y permanecía interiormente por encima de todos los apegos materiales, sino que además practicaba en su vida externa el desapego hacia los objetos materiales. Instruyó a sus apóstoles para que fuesen, al igual que él, hombres de renunciación y que, además, manifestaran la sabiduría interior y la realización del Ser que ya poseían. Jesucristo invistió primero a sus discípulos con la conciencia divina y luego les aconsejó: «¡Oh mis discípulos, que estáis divinamente recargados e impregnados de Dios y de sus poderes curativos!, mostrad, por medio de vuestro elevado ejemplo espiritual, que habéis superado la mundanalidad. Para ello, no llevéis en vuestro viaje nada que pueda ser interpretado como un lujo para el cuerpo o que pudiera ser indicación de que dependéis de la seguridad material para cubrir vuestras necesidades».

Al igual que aconsejaba Jesús, las posesiones de los monjes budistas de la India en las épocas anteriores al cristianismo y las pertenencias de los miembros de la Orden de los Swamis en la India se reducían principalmente a un bastón y a una sencilla túnica, y la mayoría del tiempo andaban descalzos o llevaban sandalias de madera o de paja trenzada —se consideraba que el calzado confeccionado con el cuero de animales sacrificados era impuro e impío.

Las instrucciones de Jesús a sus discípulos estaban en consonancia con los tiempos y con el clima, y presentaban un verdadero ejemplo de santidad para los habitantes de su país. Seguramente Jesús, o cualquier maestro de Oriente, modificarían en gran medida el código de la vestimenta y otras reglas de la renunciación que deben seguir los discípulos que viven en condiciones diferentes o en países fríos.

Los swamis de la India, que caminan descalzos o calzados con sandalias y que, al encontrarse en regiones cálidas, visten únicamente un sencillo *dhoti* de algodón, se arropan, con toda sensatez, cuando viajan a las frías regiones del Himalaya. Pero aun así, he visto a algunos grandes swamis y yoguis en refugios apartados de las heladas regiones montañosas que, a pesar de estar desnudos, no sufrían el efecto del frío ni el de la exposición a condiciones climáticas extremas. La ropa que uno lleve o la ausencia de ésta y otras expresiones externas de renunciación no necesariamente lo convierten a uno en una persona espiritual. A los monjes y monjas de la Orden de *Self-Realization Fellowship* que han elegido seguir el sendero de la renunciación que yo he abrazado les señalo siempre lo siguiente: «Primero haced de vuestro corazón una ermita, y sea vuestra túnica el amor a Dios».

Jesús luego instruye a sus discípulos sobre el modo en que deben mantenerse: «¡Oh vosotros, divinos renunciantes!, recordad que así como el experto obrero se gana la vida honradamente por medio de su labor, así también, como divinos obreros que prestáis a la humanidad el más elevado servicio espiritual y la salvación, merecéis recibir sustento para el cuerpo de parte de aquellos a quienes ayudáis. Aun cuando os pido que viváis humildemente de las dádivas que con gratitud os dan aquellos a quienes servís, retened siempre en la conciencia el pensamiento de que no sois pordioseros, sino hijos divinos hechos a la todopoderosa imagen de Dios». Una persona espiritual que se dedica con toda sinceridad a ofrecer a la gente el más elevado de los servicios —el de salvar almas— vive de una manera muy honorable aunque sea gracias a la caridad y buena voluntad de aquellos a quienes sirve.

Evitar el mercantilismo en la religión: las instrucciones de Jesús acerca del dinero en relación con el ministerio religioso

En Occidente, a causa del elevado costo de vida, los ministros religiosos reciben un salario. Pero el funesto resultado de este medio de subsistencia es que a menudo el ministro es controlado por los administradores o la junta directiva de la iglesia; y si él, como empleado, no está de acuerdo con la línea de acción trazada por sus «empleadores», corre el riesgo de ser despedido, del mismo modo en que un oficinista puede ser despedido si se niega a obedecer a sus superiores.

En los lugares de gran concentración religiosa en la India, existen instituciones donde los swamis y yoguis pueden hospedarse libre y gratuitamente sin incurrir en obligación alguna. El propósito de esta disposición es alentar el desarrollo de los verdaderos maestros que desean dedicarse exclusivamente a la causa del bienestar espiritual, sin las distracciones propias de un empleo remunerado ordinario que les ocuparía un tiempo considerable. La consecuencia negativa que esta costumbre acarrea es el abuso de este beneficio por parte de aquellos que simplemente no quieren hacer el esfuerzo de mantenerse a sí mismos; visten el hábito del renunciante para disfrutar de casa y comida gratis a costa de esas instituciones religiosas. No obstante, esta disposición instituida en favor de los verdaderos maestros espirituales ayuda enormemente a promover el desarrollo de las almas avanzadas, ya que las libera de estar bajo el control de un consejo administrativo o de donaciones filantrópicas sujetas a ciertas condiciones por parte de los donantes.

En ocasiones, en el mundo occidental, los instructores religiosos que no están satisfechos con su limitado salario ministerial procuran emplear otros medios para recabar fondos con la aparente finalidad de dedicarlos a la obra de Dios, aunque de hecho se beneficien personalmente de tales recursos. No es un pecado que los ministros o instructores religiosos hagan arreglos para sostenerse económicamente y así estar libres para ayudar sin interrupciones al desarrollo de la espiritualidad en el mundo, siempre que no se explote a Dios ni a los feligreses para lograr dicho propósito. Siempre he sostenido que en el mundo moderno es apropiado emplear los métodos organizativos empresariales en el ámbito de la religión, pero afirmo que es una blasfemia y un grave pecado espiritual utilizar la religión para hacer negocio o comerciar con el sagrado nombre de Dios o engañar a los devotos sinceros con el fin de satisfacer la ambición personal de un beneficio económico, así como los hábitos de una vida de lujos.

Los instructores que promueven su imaginaria grandeza personal anunciando falsedades en las que afirman tener contacto con Dios y haber sido elegidos por maestros y santos para cumplir una misión no son sino estafadores metafísicos. Si los buscadores de la verdad occidentales siguieran el método de discernimiento empleado en la India, por el cual sólo se considera capacitados a aquellos instructores que realmente viven de manera espiritual y se sabe, sin lugar a duda, que han practicado y alcanzado el dominio de sí mismos bajo la tutela de un gran maestro viviente o de un auténtico linaje establecido por tal maestro, no se desilusionarían ante las jugarretas de quienes, sin serlo, se autoproclaman profetas.

La meta de los falsos profetas es siempre la misma: gratificar el ego por medio de la adoración de un gran número de adeptos y cosechar beneficios económicos a costa de su confiado rebaño. Es espiritualmente legítimo mantener una iglesia u organización religiosa con las ofrendas voluntarias que se reciben en los oficios y reuniones religiosas y con los fondos recaudados por la venta de libros y a través de otros medios de difusión de la verdad, siempre que el dinero se utilice para promover la causa espiritual y proporcionar un medio de vida razonable al instructor que dedica su vida entera a difundir la obra de Dios. Pero es un hecho condenable que tales fondos se desvíen para llenar los bolsillos de los inescrupulosos pseudoprofetas y sus acólitos.

Las instrucciones de Jesús a los apóstoles que envió a predicar en su nombre dan a conocer inequívocamente estos ideales espirituales. Las épocas cambian, así como los modos externos de expresión, pero los ideales son inalterables. Un predicador de la palabra de Dios ha de ser un ejemplo de los más elevados ideales de abnegación personal en pos de un amor mucho más grande: servir a Dios y a las almas que buscan la verdad. El deber de los apóstoles era concentrarse en aquellos que fuesen «dignos» y receptivos, sin importar su condición —poderosos o humildes, ricos o pobres—, y no simplemente en quienes fuesen acaudalados o influyentes y pudiesen, por lo tanto, dispensar favores.

El instructor religioso mercantilista usa a sus estudiantes para promover sus propios fines; por el contrario, un auténtico maestro espiritual guía la atención de los devotos a fin de conducirlos hacia Dios.

~

«Pero si no os acogen ni escuchan vuestras palabras, al salir de la casa o del pueblo aquel sacudíos el polvo de vuestros pies. Os aseguro que el día del Juicio habrá menos rigor para la tierra de Sodoma y Gomorra que para aquel pueblo» (*Mateo* 10:14-15).

Referencia paralela:

«Si entráis en un pueblo y no os acogen, salid a sus plazas y decid: "Sacudimos sobre vosotros hasta el polvo de vuestro pueblo que se nos ha pegado a los pies. Sabed, de todas formas, que el Reino de Dios está cerca". Os digo que aquel Día habrá menos rigor para Sodoma que para aquel pueblo» (*Lucas* 10:10-12)[12].

«Y dondequiera que no aprecien vuestras vidas ejemplares, ni reciban vuestro mensaje de liberación divina, ni escuchen vuestras palabras de sabiduría, marchaos de esa casa o de esa ciudad, sin que os aqueje la ira o la arrogancia, y sacudíos el polvo de su escepticismo y de su desdén; no permitáis que sus vibraciones negativas lleguen a impregnaros. Que vuestro humilde acto de respuesta a su rechazo y a su desprecio sea un testimonio, ante sus propias conciencias, de la insensatez de la ignorancia que existe en su perversa naturaleza. En verdad os digo que la ley del karma tomará nota de ese proceder e impondrá a esa ciudad o casa que rechazó vuestro mensaje de liberación del alma (mediante el cual demostrasteis "*que el Reino de Dios está cerca*") un castigo mucho mayor que el que sufrieron Sodoma y Gomorra debido a los efectos de sus malas acciones ocasionadas por la ignorancia. El juicio de la Ley Cósmica será severo contra aquellos transgresores espirituales que blasfemen contra Dios al no reconoceros a vosotros que sois divinos representantes de la Inteligencia Crística y de Dios Padre».

---

[12] Compárese con otras referencias paralelas que aparecen en *Marcos* 6:11 y *Lucas* 9:5.

DISCURSO 41

El consejo de Jesús a quienes predican la Palabra de Dios

(Parte II)

El despertar de la *kundalini* y del ojo espiritual confiere al devoto inmensa paz y sabiduría

❖

Cómo superar las pruebas y persecuciones en el sendero espiritual

❖

La espada de la sabiduría y del autocontrol para luchar contra las tentaciones y las influencias no espirituales

❖

Cómo vencer a Satanás, «caído del cielo como un rayo»

❖

Dios no se revela mediante la mera intelectualidad, sino a través de la pura e inocente devoción

«Jesús amorosamente insta a todos los aspirantes espirituales: "Venid a mí" *(la Conciencia Crística) y* "tomad sobre vosotros mi yugo" *—seguid los métodos graduales de autodisciplina que conducen a la Conciencia Crística y aseguran la liberación definitiva en el reino de Dios».*

«Sabed que yo os envío como ovejas en medio de lobos. Sed, pues, prudentes [sabios] como las serpientes, y sencillos [inofensivos] como las palomas. Guardaos de los hombres, porque os entregarán a los tribunales y os azotarán en sus sinagogas; seréis conducidos ante gobernadores y reyes por mi causa, para que deis testimonio ante ellos y ante los paganos. Mas cuando os entreguen, no os preocupéis de cómo o qué vais a hablar. Lo que tengáis que hablar se os comunicará en aquel momento. Porque no seréis vosotros los que hablaréis; será el Espíritu de vuestro Padre el que hablará en vosotros.

»Entregará a la muerte hermano a hermano y padre a hijo; se rebelarán hijos contra padres y los matarán. Seréis odiados por todos a causa de mi nombre, pero el que persevere hasta el fin se salvará.

»Cuando os persigan en una población, huid a otra, y si también en ésta os persiguen, marchaos a otra. Os aseguro que no acabaréis de recorrer las poblaciones de Israel antes que venga el Hijo del hombre.

»No está el discípulo por encima del maestro, ni el siervo por encima de su amo. Ya le basta al discípulo ser como su maestro, y al siervo como su amo. Si al dueño de la casa le han llamado Beelzebul, ¡cuánto más a sus domésticos!

»No les tengáis miedo, pues no hay nada encubierto que no haya de ser descubierto, ni oculto que no haya de saberse. Lo que yo os digo en la oscuridad, decidlo vosotros a la luz; y lo que oís en voz baja, proclamadlo desde los terrados.

»No temáis a los que matan el cuerpo, pero no pueden matar el alma; temed más bien al que puede llevar a la perdición alma y cuerpo en la Gehenna. ¿No se venden dos pajarillos por un as? Pues bien, ni uno de ellos caerá en tierra sin el consentimiento de vuestro Padre. En cuanto a vosotros, hasta los cabellos de vuestra cabeza están todos contados. No temáis, pues; vosotros valéis más que muchos pajarillos.

»Si alguien se declara a mi favor ante los hombres, también yo me declararé a su favor ante mi Padre que está en los cielos. Pero si alguien me niega ante los hombres, también yo le negaré ante mi Padre que está en los cielos.

»No penséis que he venido a traer paz a la tierra. No he venido a traer paz, sino espada. Sí, he venido a enfrentar al hombre con su padre, a la hija con su madre, a la nuera con su suegra; y los enemigos del hombre serán los de su propia familia.

»El que ama a su padre o a su madre más que a mí, no es digno de mí; el que ama a su hijo o a su hija más que a mí, no es digno de mí. El que no tome su cruz y me siga, no es digno de mí. El que encuentre su vida, la perderá; y el que pierda su vida por mí, la encontrará.

»Quien a vosotros acoge, a mí me acoge, y quien me acoge a mí, acoge a Aquel que me ha enviado.

»Quien acoja a un profeta por ser profeta, recibirá recompensa de profeta, y quien acoja a un justo por ser justo, recibirá recompensa de justo.

»Y todo aquel que dé de beber tan sólo un vaso de agua fresca a uno de estos pequeños, por ser discípulo, os aseguro que no perderá su recompensa».

Cuando acabó Jesús de dar instrucciones a sus doce discípulos, partió de allí para enseñar y predicar en sus ciudades.

Mateo 10:16–11:1

Ellos, yéndose de allí, iban predicando a la gente la conversión. Expulsaban a muchos demonios y curaban a muchos enfermos […][1]**.**

Los apóstoles se reunieron con Jesús y le contaron todo lo que habían hecho y lo que habían enseñado. Él, entonces, les dijo: «Venid también vosotros aparte, a un lugar solitario, para descansar un poco». Y es que los que iban y venían eran tantos que no les quedaba tiempo ni para comer.

Marcos 6:12-13, 30-31

«Quien os escucha a vosotros, a mí me escucha; quien os rechaza a vosotros, a mí me rechaza; y quien me rechaza a mí, rechaza al que me ha enviado».

---

[1] En *Marcos* 6:14-29 (y también en *Mateo* 14:3-12) se relata la muerte de Juan el Bautista, hecho al que se hace referencia en el discurso 34.

Regresaron los setenta y dos [setenta] y dijeron alegres: «Señor, hasta los demonios se nos someten en tu nombre». Él les dijo: «Yo veía a Satanás caer del cielo como un rayo. Mirad, os he dado el poder de pisotear serpientes y escorpiones, así como cualquier demostración de fuerza del enemigo; nada os podrá hacer daño. Pero no os alegréis de que los espíritus se os sometan; alegraos de que vuestros nombres estén escritos en los cielos».

En aquel momento, se llenó de gozo Jesús en el Espíritu Santo y dijo: «Yo te alabo, Padre, Señor del cielo y de la tierra, porque has ocultado estas cosas a sabios e inteligentes y se las has revelado a gente sencilla. Sí, Padre, pues tal ha sido tu decisión. Mi Padre me ha entregado todo, y nadie conoce quién es el Hijo, sino el Padre; ni quién es el Padre, sino el Hijo y aquel a quien el Hijo se lo quiera revelar».

Volviéndose a los discípulos, les dijo aparte: «¡Dichosos los ojos que ven lo que veis! Porque os digo que muchos profetas y reyes quisieron ver lo que vosotros veis, pero no lo vieron; y oír lo que vosotros oís, pero no lo oyeron».

Lucas 10:16-24[2]

[Mateo 11:25-27 presenta un paralelismo con Lucas 10:21-22, pero en un contexto de tiempo y espacio ligeramente diferente, que concluye con el siguiente pasaje:]

«Venid a mí todos los que estáis fatigados y sobrecargados, y yo os proporcionaré descanso. Tomad sobre vosotros mi yugo, y aprended de mí, que soy manso y humilde de corazón; y hallaréis descanso para vuestras almas. Porque mi yugo es suave y mi carga ligera».

Mateo 11:28-30

[2] Véase la nota al pie en la página 213 del discurso 40, acerca de los setenta discípulos (además de los doce apóstoles) a quienes Jesús envió a predicar.

DISCURSO 41 

El consejo de Jesús a quienes predican la Palabra de Dios

(Parte II)

«Sabed que yo os envío como ovejas en medio de lobos. Sed, pues, prudentes [sabios] como las serpientes, y sencillos [inofensivos] como las palomas» (*Mateo* 10:16).

Referencia paralela:

«Id, pero sabed que os envío como corderos en medio de lobos» (*Lucas* 10:3).

El despertar de la kundalini *y del ojo espiritual confiere al devoto inmensa paz y sabiduría*

«Dondequiera que vayáis, mi conciencia debe manifestarse en vosotros. Sed siempre humildes e inofensivos y, como mansos corderos, permaneced libres de sentimientos de venganza, aun cuando estéis rodeados de feroces lobos —gente despiadada y sin conciencia— y de las rapaces tentaciones satánicas de los sentidos, que se hallan presentes por doquier en el entorno mundano. Vivid en todo momento de acuerdo con la inmensa calma y sabiduría que se originan en la divina realización que habéis recibido con el despertar de vuestra fuerza serpentina (la energía divina enrollada que asciende por la espina dorsal y abre los centros astrales cerebroespinales de la percepción espiritual) y en la paz que habéis adquirido al concentrar vuestra conciencia en el ojo espiritual, el cual se asemeja a una paloma y confiere paz».

En general, no se comprende a qué se refería Jesús cuando señaló que se debe ser sabio como una serpiente e inofensivo como una paloma. Las serpientes comunes no poseen sabiduría, se encolerizan con suma rapidez y son lo bastante torpes como para encontrar su propia muerte al morder a la gente. Las palomas no son totalmente inofensivas, ya que pueden propagar parásitos y enfermedades. Y aunque la paloma pueda considerarse tradicionalmente un símbolo de paz por su mansa apariencia y comportamiento tranquilo, la serpiente, por cierto, no parece ser sabia o inspiradora. Puesto que Jesús estaba dirigiendo estas palabras a sus discípulos avanzados, él empleó estos términos de manera metafórica, con un sentido esotérico.

Como ya se explicó antes [en el discurso 14, volumen I], las escrituras de Oriente emplean el símil de una serpiente para hacer referencia a la *kundalini* o fuerza vital astral que se halla en el cuerpo, la cual, al despertar con la ayuda de una técnica avanzada para comulgar con Dios, recorre un pasaje enrollado de forma serpentina situado en la base de la columna vertebral y asciende hacia los centros espirituales más elevados, ubicados en el cerebro, otorgando de este modo la conciencia divina. La paloma simboliza el ojo espiritual tricolor: el pico de la paloma representa la estrella blanca situada en el centro del ojo espiritual; las alas de la paloma[3] simbolizan los anillos esféricos de color azul y dorado que rodean la estrella.

Una persona que permanece en la conciencia ordinaria, identificada con las nimiedades de los sentidos, del raciocinio y del sentimiento de su pequeño ego, se percibe a sí misma limitada al ámbito de su propio cuerpo, de su familia, de su círculo social, de su país, de su mundo y a cierta porción del espacio. Pero cuando por medio de la meditación científica despierta la fuerza serpentina, la dirección del faro de su percepción se invierte y se desplaza de la conciencia física sensorial hacia la conciencia divina. Al hacer ascender la fuerza *kundalini* por los centros cerebroespinales e introducir la vida y la conciencia a través del ojo espiritual, la persona se contempla a sí misma como un ser omnipresente. Su percepción ya no se halla restringida a una limitada esfera de materia

---

[3] Véase el discurso 6 (volumen I), donde se hace referencia a lo que dijo Juan el Bautista cuando bautizó a Jesús: *«He visto al Espíritu que bajaba como una paloma del cielo y se quedaba sobre él»* (*Juan* 1:32).

y a las sensaciones de un único cuerpo, sino que se expande hasta abarcar las extensiones ilimitadas del espacio y percibir las sensaciones de todos los seres.

El devoto que experimenta a través del ojo espiritual su existencia omnipresente, que siente una inefable paz y sintonía con todas las cosas y con toda criatura viviente, y que contempla a todos los seres como manifestaciones de su propio ser, se torna inofensivo hacia los demás y ama por igual las diferentes partes de su propio cuerpo cósmico. Puesto que se encuentra despierto en la sabiduría eterna, en el conocimiento de su verdadero Ser, ya nada puede perturbarle interiormente ni incitarle a realizar acciones malvadas, bajo ninguna circunstancia, sean cuales sean las provocaciones a que le sometan las pruebas y las tentaciones.

Jesús percibió que la conciencia superior de sus discípulos avanzados se había despertado al reavivarse la divina fuerza vital de *kundalini* mediante la práctica de los métodos de meditación que él les enseñó. Por consiguiente, les recordó que, cuando se enfrentaran al antagonismo y la persecución, debían conservar la profunda calma y sabiduría que el despertar de la *kundalini* les había otorgado. Quienquiera que haga ascender la fuerza vital enrollada y, al penetrar a través del ojo espiritual, eleve su conciencia humana hasta alcanzar el estado de Conciencia Crística, adquiere inmensos poderes milagrosos. Ejerciendo la divina fuerza de voluntad, esa persona puede destruir a sus potenciales enemigos, así como a las tentaciones satánicas[4]. Por esa razón, Jesús advirtió a sus discípulos que, cuando se enfrentaran a la maldad de los hijos descarriados de Dios, no utilizasen con propósitos vengativos la poderosa energía que habían despertado, sino que conquistaran a sus enemigos con el poder celestial de la paz y del amor infinitos de Dios, que habían recibido como bendición proveniente del ojo espiritual —la paloma de luz— durante el bautismo de sus conciencias[5].

---

[4] Véanse también las páginas 262 ss. del presente discurso, en que Jesús dice a sus discípulos que les ha conferido *«el poder de pisotear serpientes»*, esto es, el poder sobre todas las tentaciones satánicas materiales engendradas por la fuerza vital y la conciencia que fluyen hacia el exterior.

[5] San Pablo hacía hincapié en esta enseñanza de Jesús en las cartas que escribió a quienes predicaban:

«Manteneos firmes, ceñida vuestra cintura con la verdad y revestidos de la justicia como coraza, calzados con el celo por el Evangelio de la paz, embrazando siempre el escudo de la fe, para que podáis apagar con él todos los encendidos dardos del

Todas las almas crísticas que aspiran a alcanzar el reino de Dios deben tener un comportamiento divino y han de oponerse al mal únicamente con la fuerza del alma, del mismo modo en que Dios se opone a Satanás con las divinas fuerzas de la bondad. No puede vencerse al mal utilizando el poder espiritual de manera perversa. Emplear el poder divino con fines malignos es una blasfemia y conduce a la ruina espiritual. La fuerza del alma que se ha adquirido a través de arduos esfuerzos en la meditación se desvanece rápidamente si uno la utiliza, bajo la influencia del enajenamiento del engaño, para tomar venganza contra sus propios hermanos divinos[6].

Jesús deseaba que sus discípulos estableciesen un ejemplo diferente para demostrar a los seres humanos habitualmente beligerantes que la invencible sabiduría y paz del alma que se despiertan como resultado de la meditación son más poderosas que las más potentes fuerzas del mal.

~

> *«Guardaos de los hombres, porque os entregarán a los tribunales y os azotarán en sus sinagogas; seréis conducidos ante gobernadores y reyes por mi causa, para que deis testimonio ante ellos y ante los paganos»* (*Mateo* 10:17-18)[7].

Jesús profetizó que sus discípulos sufrirían persecución a manos de los hombres faltos de entendimiento: «Seréis conducidos ante los jueces y azotados en las sinagogas por predicar el evangelio de la libertad divina. Seréis reprendidos ante los gobernadores y reyes por vivir de acuerdo con los principios del camino de la verdad que os he señalado. Las mismas personas de mentalidad materialista ("los

---

maligno. Tomad, también, el yelmo de la salvación y la espada del Espíritu, que es la palabra de Dios» (*Efesios* 6:14-17).

«¡No!, las armas de nuestro combate no son las que usan los hombres, pues, por la causa de Dios, son capaces de arrasar fortalezas. Deshacemos sofismas y cualquier baluarte levantado contra el conocimiento de Dios, y reducimos a cautiverio todo entendimiento, sometiéndolo a Cristo» (*II Corintios* 10:4-5).

[6] Jesús hace hincapié en estos conceptos con un énfasis aún mayor en *Lucas* 9:54-56, cuando los discípulos le preguntan si deberían mandar que bajase fuego de los cielos para destruir a aquellos que se les oponen. (Véase el discurso 49).

[7] Compárese con las referencias paralelas que aparecen en *Marcos* 13:9 y *Lucas* 21:12-13.

paganos") y las fuerzas políticas que se oponen de este modo a vosotros serán condenadas ante un tribunal superior. El mal trato que os inflijan cuando, por mi causa, deis testimonio de la verdad presente en mí será la evidencia que atestiguará contra ellos durante el juicio que emita la Ley Cósmica».

~

«Mas cuando os entreguen, no os preocupéis de cómo o qué vais a hablar. Lo que tengáis que hablar se os comunicará en aquel momento. Porque no seréis vosotros los que hablaréis; será el Espíritu de vuestro Padre el que hablará en vosotros» (*Mateo* 10:19-20).

Referencias paralelas:

«Cuando os lleven para entregaros, no os preocupéis de qué vais a hablar; hablad lo que se os comunique en aquel momento. Porque no seréis vosotros los que hablaréis; será el Espíritu Santo» (*Marcos* 13:11).

***

«Cuando os lleven a las sinagogas, ante los magistrados y las autoridades, no os preocupéis de cómo o con qué os defenderéis, o qué diréis, porque el Espíritu Santo os enseñará en aquel mismo momento lo que conviene decir» (*Lucas* 12:11-12).

***

«Pero no os propongáis preparar vuestra defensa, porque yo os comunicaré una elocuencia y una sabiduría a la que no podrán resistir ni contradecir todos vuestros adversarios» (*Lucas* 21:14-15).

Jesús aconseja a sus discípulos avanzados que, como guía general de conducta en los momentos críticos, utilicen su sintonía con la Vibración Cósmica del Espíritu Santo y la sabiduría de dicha Vibración, y no el ego con sus limitaciones. En tales circunstancias, las palabras de la mayoría de las personas las dicta el egoísmo, el temor y las tendencias del ego. De ahí que el efecto de sus palabras las conduzca, en muchas ocasiones, al desastre. Pero en el caso de las almas avanzadas, es la sabiduría del Espíritu Santo la que guía su inteligencia, su libre albedrío y sus palabras. Todos los verdaderos devotos que han percibido en la meditación esta Vibración Cósmica —el sonido de *Om* del Espíritu Santo— pueden guiar exitosamente sus actividades para afrontar todos los problemas de la vida según las indicaciones de la sabiduría infinita que reciben a través de la intuición.

Sigue la guía intuitiva que proviene del contacto con Dios y no las directrices del ego

«Cuando os arresten, no utilicéis vuestro cauteloso raciocinio humano; permitid más bien que sea Dios el que hable a través de vuestra intuición y del instrumento de vuestra voz. Que no sea vuestro ego humano el que hable, porque su lengua está atada con la racionalización de las motivaciones personales; dejad, en cambio, que la sabiduría de vuestro Padre se exprese a través de vuestra entrega interior a Él. La Vibración Cósmica Inteligente, la manifestación de Dios dotada del poder para materializar todo en la creación, infundirá en vuestra intuición desarrollada la sabiduría específica necesaria en el momento en que se requiera que habléis en defensa de la verdad y de vosotros mismos, que vivís por la causa de la verdad».

En este pasaje, Jesús explica cómo deben actuar aquellos que siguen la guía de Dios cuando se enfrentan a la persecución. En asuntos tales como los negocios y los litigios, la gente planifica sus acciones y sus palabras con una orientación clara hacia su propio beneficio personal en todas las gestiones, pero Jesús señala que las almas que se encuentran en sintonía con *«el Espíritu de vuestro Padre»* —la Conciencia Cósmica que vibra a través del Espíritu Santo— reciben la guía de la sabiduría superior y de la inteligencia omnisciente que desciende sobre sus sentidos, pensamientos, sentimientos, intelecto e intuiciones, en lugar de depender únicamente del grado de preparación de la limitada razón.

La Conciencia Cósmica no razona con el devoto, más bien infunde verdades en su intuición. La intuición es la creadora del raciocinio y puede satisfacer todas las demandas de éste.

El raciocinio se basa en la experiencia sensorial y se halla limitado por ella. Si la experiencia sensorial se interpreta incorrectamente, el razonamiento resulta equivocado. Una persona que ve polvo agitado por el viento en una colina distante puede creer que se trata de un incendio que produce una nube de humo. La razón que depende de los sentidos, ya sea que se apoye en la observación inmediata o en la memoria condicionada por repetidas experiencias del pasado, puede errar si la observación o experiencia sensorial es imperfecta o incompleta.

Dios no posee sentidos ni raciocinio que dependan de las percepciones sensoriales. Él mismo es el Conocedor, el proceso del conocimiento y la sabiduría que se ha de conocer. Él conoce la verdad acerca de todas las cosas a través de su intuición cósmica, de su sentimiento presente en todo. Lo mismo ocurre con sus verdaderos devotos que, al estar en sintonía con el Espíritu de su Padre Celestial, dependen de la guía y poder ilimitados de la divina percepción intuitiva —y no de la limitada razón— cuando se enfrentan a la persecución o a los problemas humanos.

En el contexto de la referencia antes citada que aparece en *Lucas* 21:14-15 y también en *Juan* 14:26, Jesús asegura a sus discípulos que intercederá por ellos en tiempos de necesidad: «*Yo os comunicaré una elocuencia y una sabiduría*» —sentiréis que mi espíritu, mi Conciencia Crística, está con vosotros, manifestado en «*el Paráclito [el Confortador], el Espíritu Santo, que [...] os lo enseñará todo*».

~

> «*Entregará a la muerte hermano a hermano y padre a hijo; se rebelarán hijos contra padres y los matarán. Seréis odiados por todos a causa de mi nombre, pero el que persevere hasta el fin se salvará*» (*Mateo* 10:21-22)[8].

Referencia paralela:

> «*Seréis entregados por padres, hermanos, parientes y amigos, y matarán a algunos de vosotros. Todos os odiarán por causa de mi nombre, pero no perecerá ni un cabello de vuestra cabeza. Con vuestra perseverancia salvaréis vuestras vidas*» (*Lucas* 21:16-19).

Jesús profetiza, además, lo que les ocurrirá a aquellos que vivan y prediquen la verdad que él enseña: «Satanás hará grandes maldades e incitará al hermano materialista a perseguir al hermano espiritual, y

[8] Compárese con la referencia paralela que aparece en *Marcos* 13:12-13.

al padre no espiritual a perseguir al hijo espiritual. Los hijos no espirituales se rebelarán contra aquellos padres que crean en mi verdad y les acarrearán dificultades y les causarán gran sufrimiento e incluso la muerte. Y aquellos que tienen mentalidad materialista, acostumbrados a vivir en las tinieblas de la ignorancia, os despreciarán por manifestar la luz pura y sutil de la Conciencia Crística en vuestras acciones. Y algunos de vosotros seréis condenados a muerte, pero ni un solo cabello de realización divina de vuestra cabeza de sabiduría perecerá ni se perderá de vista a los ojos de Dios.

Cómo superar las pruebas y persecuciones en el sendero espiritual

»Aquel devoto que, no sólo por un breve lapso sino hasta el fin de su vida, venza las pruebas y persecuciones que se le presenten en el camino espiritual —que sea paciente y soporte las dificultades, las tentaciones y la desilusión espiritual de no haber hallado a Dios a través de sus ardientes plegarias y de sus años de meditación— obtendrá la vida eterna del alma inmortal. Estará por siempre a salvo de las encarnaciones forzosas y plagadas de dificultades que constituyen el destino de aquellos que se hallan atados a los deseos».

~

> *«Cuando os persigan en una población, huid a otra, y si también en ésta os persiguen, marchaos a otra. Os aseguro que no acabaréis de recorrer las poblaciones de Israel antes que venga el Hijo del hombre»* (*Mateo* 10:23).

«Pero cuando os persigan en una población por predicar el mensaje de Dios, no perdáis vuestro tiempo y vuestros esfuerzos tratando de oponeros a aquellos que no son receptivos. Emplead el sentido común y, con divina humildad, buscad otra ciudad donde predicar la palabra de Dios. Por el poder omnisciente de la visión espiritual, en verdad declaro y profetizo que no acabaréis de predicar en las poblaciones de Israel antes de que las obras realizadas y el mensaje difundido por medio de mi cuerpo (el Hijo del hombre) sean totalmente conocidos en el mundo entero».

~

> *«No está el discípulo por encima del maestro, ni el siervo por encima de su amo. Ya le basta al discípulo ser como su maestro, y al siervo como su amo. Si al dueño de la casa le han llamado Beelzebul, ¡cuánto más a sus domésticos!»* (*Mateo* 10:24-25)[9].

Jesús subraya que la persecución de sus discípulos sería tanto o más notoria que la que él mismo sufriría: «Amados míos, sabéis que incluso un discípulo magistral no recibe tantos honores como su maestro, sin importar cuán avanzado espiritualmente se encuentre ese discípulo; tampoco un siervo digno de alabanzas recibe mayor estima que su señor. A los ojos de Dios, basta con que el discípulo se vuelva semejante a su maestro y que el siervo desarrolle cualidades internas de nobleza similares a las de su señor; sin embargo, a los ojos de la gente la evaluación no es la misma. Por consiguiente, si las personas de mentalidad materialista y los fariseos llaman *"Beelzebul"* (Príncipe de los Demonios)[10] al señor de las enseñanzas crísticas, cuánto más os condenarán a vosotros, a quienes consideran inferiores a mí, ya que sois seguidores y no autores de la verdad revelada a través de mi Conciencia Crística».

~

> *«No les tengáis miedo, pues no hay nada encubierto que no haya de ser descubierto, ni oculto que no haya de saberse. Lo que yo os digo en la oscuridad, decidlo vosotros a la luz; y lo que oís en voz baja, proclamadlo desde los terrados»* (*Mateo* 10:26-27)[11].

«¡Oh mis amados discípulos!, si bien os pido que seáis mansos y humildes cuando os sometan a malos tratos y que sigáis el camino de la menor resistencia durante vuestras campañas de prédica, no temáis a quienes os critiquen, con el objeto de que así podáis servir a los verdaderos buscadores, a cuya receptiva conciencia

---

[9] Jesús repite estas instrucciones a sus discípulos en la Última Cena (*Juan* 15:20). (Véase el discurso 71, en el volumen III).

[10] Referencia a la calumnia de los fariseos contra Jesús que aparece en *Mateo* 12:24. (Véase el discurso 36).

[11] Estas palabras de Jesús se repiten en *Lucas* 12:2-3 como parte de otro parlamento y se comentan también en ese contexto en el discurso 55.

se debe revelar toda la verdad que se halla a resguardo de la mirada de quienes son espiritualmente ignorantes. No hay sabiduría que permanezca por siempre oculta a la conciencia despierta y al hambre espiritual de dichos devotos. Todo lo que la gente ignorante y carente de espiritualidad es incapaz de percibir lo verán aquellos cuya realización del Ser se haya desarrollado mediante la intuición. Las verdades esotéricas que os transmito en la oscuridad del secreto —que están ocultas a la mirada de las masas impenitentes— y que hago vibrar en vuestro interior, en las secretas profundidades de vuestra alma, os pido que las reveléis, con la luz de vuestro conocimiento de Dios, a otros que se encuentren en la luz y se hallen muy avanzados como resultado de su buen karma del pasado, para que ellos puedan percibir esas verdades de modo inteligible. Y a fin de que sean divulgadas en forma pública aquellas verdades acerca de las cuales me habéis oído hablar abiertamente, así como aquellas otras que revelaré en vuestros oídos de la intuición interna a través de mi Inteligencia Crística, podéis proclamarlas a viva voz para que todos, sin distinción alguna, puedan oírlas».

Se advierte en este pasaje que Jesús pide a sus discípulos que divulguen dos clases de enseñanzas: primero, las enseñanzas ocultas superiores reservadas para aquellos devotos elegidos que están dotados de refinamiento espiritual; y segundo, las enseñanzas generales destinadas al público en general.

~

> «*No temáis a los que matan el cuerpo, pero no pueden matar el alma; temed más bien al que puede llevar a la perdición alma y cuerpo en la Gehenna. ¿No se venden dos pajarillos por un as? Pues bien, ni uno de ellos caerá en tierra sin el consentimiento de vuestro Padre. En cuanto a vosotros, hasta los cabellos de vuestra cabeza están todos contados. No temáis, pues; vosotros valéis más que muchos pajarillos*» (*Mateo* 10:28-31).

Referencia paralela:

> «*Os digo a vosotros, amigos míos: No temáis a los que matan el cuerpo, y después de esto no pueden hacer más. Os diré a quién debéis temer: temed a Aquel que, después de matar, tiene*

poder para arrojar a la Gehenna. Sí, os lo repito: temed a Ése.

»¿No se venden cinco pajarillos por dos ases? Pues bien, de ninguno de ellos se olvida Dios. Hasta los cabellos de vuestra cabeza están todos contados. No temáis; valéis más que muchos pajarillos» (*Lucas* 12:4-7).

«Amigos míos (amigos elegidos por la predilección del amor de mi Padre, que mora en mi corazón, y que no me fueron impuestos por la naturaleza, como es el caso de los parientes), declaro categóricamente que no debéis temer a quienes os amenacen con daros muerte, porque aquellos que mataran el cuerpo no tendrían otro poder sobre vosotros. No pueden destruir vuestra conciencia divina ni causarle sufrimiento, ni tampoco disolver el alma, que es indestructible e inmutable. Pero os advierto, y también a los malvados, que debéis aprender a tener un respetuoso y amante temor de Dios —el Todopoderoso que, a través de su ley de causa y efecto, creó vuestra alma y vuestro cuerpo a partir de su propio Ser, y que es el único que sostiene vuestra existencia y que perpetúa, mediante su divina voluntad, la inmortalidad de vuestra alma—. Su divina ley del karma tiene potestad para que, después de la muerte de vuestro cuerpo, se impida la expresión de la paz y el gozo de vuestra alma y para hacer que vuestra conciencia encarnada en un cuerpo astral sufra por la maldad que hayáis acumulado en una o numerosas vidas. Por lo tanto, temed más bien a vuestras malas acciones, que pueden obligar a la ley divina a volveros conscientes de un infierno creado por vosotros mismos, en el cual os encontraréis en el estado posterior a la muerte, como consecuencia de los lacerantes remordimientos de conciencia y de las malas tendencias que, incluso en vida, os atormentarán interiormente con sus llamas y afectarán también vuestra salud externa y otras condiciones necesarias para una existencia dichosa.

El valor moral y espiritual es necesario para defender los principios divinos

»Por lo tanto, no temáis, incluso si debéis sacrificar el cuerpo. Ese sacrificio no traería consigo la destrucción de vuestra alma; sin embargo, el sacrificio de un principio espiritual podría resultar catastrófico tanto para el alma como para el cuerpo».

Jesús enfatiza ante sus discípulos la necesidad de tener valor moral y espiritual, señalando que es un gran pecado actuar contra la ley cósmica por temor a los hombres. La persecución podrá destruir el cuerpo, pero actuar contra las leyes de la verdad afecta tanto al cuerpo como al alma. Los sufrimientos del cuerpo concluyen con la muerte, en tanto que las agonías resultantes de las acciones indebidas de una persona siguen manteniendo al alma prisionera de los sufrimientos del cuerpo astral en el estado posterior a la muerte.

El concepto del infierno como un sitio en que las almas literalmente arden por toda la eternidad en fuego y azufre es absurdo. Es la inclinación a la venganza que existe en el corazón del hombre lo que le hace suponer que el Creador, ofendido por el mal comportamiento de los seres humanos, podría ser tan cruel como para tomar represalias. ¡Pobre Dios! Ésa es una terrible acusación en su contra. El Padre-Madre ha creado todas las cosas en el espíritu del amor, las sustenta en el Regazo Infinito del amor y las atrae de nuevo hacia la Eterna Bienaventuranza mediante el perdón y la compasión que brotan del amor. La transmigración del alma a través de un conjunto de reencarnaciones, con las oportunidades de transformación que ello brinda de realizar mayores esfuerzos, excluye cualquier justificación de un castigo eterno impuesto al hombre por sus caídas temporales en la ignorancia y en el mal. Aquel que es malvado se convertirá de nuevo, con el tiempo, en un alma perfecta. ¿En qué momento un Dios justo decidiría anular repentinamente el divino derecho de nacimiento de una persona (el cual le permite esforzarse por alcanzar el potencial de su verdadero ser) para hacerle sufrir, en cambio, el infierno eterno? Es ilógico sostener que Jesús, que era la encarnación del amor, de la misericordia y del perdón, apoyaba y predicaba una doctrina semejante. El contexto de toda su vida y enseñanzas invalida una interpretación literal de las referencias al infierno como un lugar de ardientes tormentos eternos.

El concepto del infierno de «fuego y azufre» es una creación del afán de venganza propio del hombre

El fuego material puede producir sensaciones de quemadura en el cuerpo físico, pero el alma es en esencia incorpórea, y las sensaciones físicas no pueden torturarla. Sin embargo, si durante su residencia en una forma astral, las infernales tendencias malvadas que el alma ha acumulado en la vida terrenal acosan a la conciencia, es posible que atraviese por un período en que padezca las torturas de un infierno mental que bien podría ser peor que un ardiente infierno físico.

El infierno mental de la maldad puede continuar indefinidamente en el estado posterior a la muerte hasta que uno consiga otra oportunidad para reformarse, en una nueva encarnación, o bien se arrepienta y ore por alcanzar la liberación. La actitud intransigente de una persona y su obstinación por perseverar en el mal, incluso en el estado posterior a la muerte, hacen que el infierno mental creado por ella misma se prolongue por tanto tiempo como ella lo permita.

Continúa diciendo Jesús: «Amados discípulos, recordad vuestra eterna conexión con el siempre vigilante Padre Celestial. Puesto que Dios es omnisciente y omnipresente, no cesa de cumplir su tarea de dirigir incluso el destino de unos insignificantes pajarillos —*"ni uno de ellos caerá en tierra sin el consentimiento* (la conciencia) *de vuestro Padre"*—. ¡Cuánto más protege Él y aprecia el trabajo de los devotos que se sacrifican, y hasta llegan al martirio, por causa de la verdad!

»Dios es consciente de todas las cosas del presente, pasado y futuro, incluso de cada cabello de vuestra cabeza. Por lo tanto, no temáis por vuestra vida ni por vuestras acciones, ya que los hijos de Dios son más importantes para el Padre que la vida instintiva de los pajarillos, los cuales, a pesar de su insignificancia, reciben de Él amorosos cuidados».

Estas elevadas expectativas que Jesús deposita en sus discípulos son condiciones absolutas de fe y entrega a Dios, y se encuentran muy lejos de que el hombre común carente de entendimiento pueda cumplirlas. Se le pide al devoto que acepte de modo incondicional la verdad de que este universo, con todos sus detalles, fue concebido por la inteligencia del Padre Cósmico. Cuando el ser humano conozca a Dios, comprenderá el porqué de todas las circunstancias y sucesos inexplicables y se maravillará ante la sabiduría del Padre, cuyo amor, presente en todas las cosas, procura frustrar las acciones inarmoniosas del engaño cósmico de Satanás. El hombre, hecho a imagen de Dios, no tiene motivos para temer negligencia alguna por parte del Ser Divino que, con toda certeza, facilitará los esfuerzos de cada alma por volver sobre sus pasos para dirigirse hacia el reino de la Eterna Bienaventuranza.

~

«Si alguien se declara a mi favor ante los hombres, también yo me declararé a su favor ante mi Padre que está en los cielos. Pero si alguien me niega ante los hombres, también yo le negaré ante mi Padre que está en los cielos» (*Mateo* 10:32-33).

Referencia paralela:

«Os digo que si alguien se declara a mi favor ante los hombres, también el Hijo del hombre se declarará a su favor ante los ángeles de Dios. Pero si alguien me niega delante de los hombres, también será negado delante de los ángeles de Dios» (*Lucas* 12:8-9)[12].

«Quienquiera que, ante sus perseguidores y ante las personas de mentalidad materialista, reconozca que está en sintonía con mi conciencia y con mis enseñanzas comprobará que yo también estoy en sintonía con él, e intercederé ante el Padre para que le lleve a su reino de luminosa infinitud, aunque haya pecado y, con ello, acumulado mal karma. Toda alma que sufra la muerte física como consecuencia de enseñar mi verdad expiará de ese modo sus pecados; su conciencia pasará a través de la Inteligencia Crística presente en la Vibración Cósmica y llegará hasta la esfera trascendente de la Conciencia Cósmica.

Cómo recibir la bendición de la divina intercesión del gurú

»Aquel cuya fe y devoción sean débiles y que, por miedo a la persecución, niegue ante las personas de mentalidad materialista su sintonía con la Conciencia Crística presente en mí, o se aparte o desista de vivir como Cristo, comprobará que, cuando alcance el bienaventurado estado de Inteligencia Crística después de la muerte, ese estado de conciencia se debilitará en él (por haber tenido la debilidad de negarme), lo cual le impedirá permanecer en la Inteligencia Crística y elevarse aún más hasta el estado de Conciencia Cósmica de Dios Padre».

En este pasaje, Jesús explica a sus discípulos la importancia de su intercesión divina —la bendición del gurú—, la cual fortalecerá la naciente experiencia de la Conciencia Crística dentro de ellos. Luego les advierte que no deben perder esa bendición, ya sea debido a una disminución de su sintonía con la Conciencia Crística presente en él, o por la coacción de los obstáculos o de la persecución espiritual, o por causa de sucumbir a motivaciones egoístas. La fortaleza de la fe y de la perseverancia en la sintonía divina atrae hacia el devoto la gracia liberadora del *«Padre que está en los cielos»* y el auxilio de las fuerzas celestiales de *«los ángeles de Dios»*. Sin embargo, a aquellos devotos que, al ser intimidados por el temor a la condena del mundo

[12] Compárese con otras referencias paralelas que aparecen en *Marcos* 8:38 y *Lucas* 9:26 (discurso 45).

o amedrentados por las tentaciones, abandonan el rumbo que los lleva al progreso personal y desisten de ayudar a los demás a elevar sus conciencias, Jesús les advierte que perderán el derecho a la ayuda divina, sufrirán la pérdida de su contacto con la Conciencia Crística y no les será posible continuar avanzando.

~

> *«No penséis que he venido a traer paz a la tierra. No he venido a traer paz, sino espada. Sí, he venido a enfrentar al hombre con su padre, a la hija con su madre, a la nuera con su suegra; y los enemigos del hombre serán los de su propia familia.*
>
> *»El que ama a su padre o a su madre más que a mí, no es digno de mí; el que ama a su hijo o a su hija más que a mí, no es digno de mí. El que no tome su cruz y me siga, no es digno de mí. El que encuentre su vida, la perderá; y el que pierda su vida por mí, la encontrará»* (Mateo 10:34-39)[13].

Jesús habla a sus discípulos no sólo acerca de las condiciones causantes de divisiones que acompañarán la instauración de su mensaje de reforma espiritual, sino también de los inevitables obstáculos que afrontarán aquellos que intenten recorrer con dedicación el sendero hacia Dios en un mundo absorto en las relaciones humanas y en los valores materiales.

«No penséis que he venido a traer paz material para que las almas se establezcan complacientemente en la vida terrenal. No he venido a ofrecer a las valientes almas espirituales felicidad material transitoria, sino la espada de doble filo de la sabiduría y del autocontrol, de la determinación y la fortaleza divinas, con la cual puedan cortar las compulsivas ataduras de las pasiones y tentaciones materiales y vencer con éxito toda influencia familiar no espiritual que pudiera obstaculizar el logro de la felicidad y la libertad eternas.

La espada de la sabiduría y del autocontrol para luchar contra las tentaciones y las influencias no espirituales

»La verdad eterna que yo predico y que se manifiesta en vuestro interior influirá de manera distinta a cada persona, conforme a su

[13] Compárese con la referencia paralela que aparece en *Lucas* 12:51-53, en el discurso 56. Jesús repite en otro contexto las últimas dos máximas de este consejo en *Mateo* 16:24-25. (Véase el comentario en el discurso 45).

buen o mal karma. Tal vez alguno de mis devotos con tendencias espirituales no esté de acuerdo con su padre de mentalidad materialista; o alguna hija que haya alcanzado la sintonía con la Conciencia Crística podría no estar en armonía con su madre no espiritual; y quizás una nuera espiritual actúe contra los deseos materialistas de su suegra, y un hombre que disfruta del éxtasis de la Conciencia Crística en sus meditaciones tal vez descubra que los miembros de su familia materialista se muestran hostiles hacia él debido a que las tendencias kármicas de esta familia son contrarias a las suyas.

»Puesto que es Dios quien le ha concedido al hombre un padre y una madre a través de las leyes de la naturaleza, es imprescindible que el amor que el devoto siente por ellos no le lleve a olvidar el amor aún mayor que le debe a su Padre Celestial. Lo mismo se aplica al apego por los hijos; para ser digno de Dios se requiere meditar en Él hasta conocerle como el supremo Amante Cósmico: el Amor que subyace a todos los amores humanos».

Ciertamente, las palabras de Jesús no significan que sus enseñanzas no traerán paz a la vida familiar entre los miembros de una familia que sean buscadores de la verdad. Más bien, su propósito es advertir a todos aquellos cuya meta es alcanzar el reino de Dios que no permanezcan sumergidos en la ignorancia de una vida material, sino que empleen la espada de la sabiduría que él les ha proporcionado para destruir los engaños de la mundanalidad.

El entorno familiar y el amor por la familia ejercen un inmenso poder, incluso sobre los devotos más leales. Por lo tanto, Jesús hace énfasis en que si un devoto comprueba que los miembros de su familia tratan de disuadirlo u obstaculizar sus esfuerzos por cultivar la conciencia de Dios, tal devoto no debe desistir, sino seguir adelante, sin desanimarse ni dejarse intimidar. Es preciso que el devoto recuerde que sólo él cosechará las consecuencias de sus acciones; no puede permitir que ninguna maldad por parte de su familia terrenal lo vuelva contra su Padre Celestial. Las firmes palabras de Jesús indican que aquellos que superan todos los obstáculos crean buen karma y buenas tendencias que los conducirán automáticamente al logro de la Conciencia Cósmica —el reino de Dios.

Las palabras de Jesús no dejan lugar a duda; en otra ocasión, él dijo: «*Si alguno viene donde mí y no odia a su padre, a su madre, a su mujer, a sus hijos, a sus hermanos, a sus hermanas e incluso a sí mismo, no puede ser discípulo mío*» (*Lucas* 14:26). Jesús no quiso decir literalmente que todos los discípulos deban aborrecer a sus padres y parientes o detestar su propia vida. Como él mismo señala en otro pasaje: *«¿Quién es mi madre y quiénes son mis hermanos? [...] Todo el que cumpla la voluntad de mi Padre de los cielos»*[14]. Y también: *«No andéis preocupados por vuestra vida, pensando qué comeréis, ni por vuestro cuerpo, discurriendo con qué os vestiréis. [...] Buscad primero el Reino de Dios y su justicia, y todas esas cosas se os darán por añadidura»*[15]. Jesús citaba una verdad: que nadie puede cumplir con sus deberes hacia sus padres, cónyuge u otros parientes, o hacia su cuerpo y su propia vida, si carece de los dones del entendimiento, de la vida y de la acción que provienen únicamente de Dios. Quienquiera que busque a Dios ha de estar dispuesto a abandonar su desmedido amor por los regalos que Él concede, si desea unirse al Señor. El precio del apego material es generalmente el olvido de Dios, acompañado por un sinfín de sufrimientos; el precio de la unión con Dios es, en primer lugar, la renunciación mental absoluta y, en segundo lugar —en aquellos casos en que corresponda—, la renuncia a todas las posesiones materiales y a los apegos corporales. En el *Bhagavad Guita,* el Señor Krishna declara en términos similares: «Abandona todos los demás deberes y concéntrate sólo en Mí. Puesto que no puedes llevar a cabo ningún deber sin las facultades humanas que tomas prestadas de Mí, te perdonaré todos los pecados en que incurras por no realizar tus deberes menores, siempre que los abandones con el objeto de buscarme sólo a Mí»[16].

«El que no tome su cruz y me siga» —que no luche contra las tentaciones por medio de la autodisciplina y, en meditación, no eleve su mente del plano de los sentidos a fin de entrar por la puerta estrellada del ojo espiritual que conduce a la Conciencia Crística— *«no es digno de mí»*, de mi divino reino crístico. Aquel que, en la vida cotidiana, no está preparado para conservar la paz crística de la meditación en todo momento —durante la crucifixión de la calma a manos de la inquietud, del autocontrol a manos de la tentación y de la lealtad divina a manos de las persecuciones— no merece alcanzar la Conciencia Crística y abandonar la dolorosa repetición de las encarnaciones terrenales para entrar en la vida eterna del siempre renovado gozo.

---

[14] *Mateo* 12:48, 50. (Véase el discurso 36).

[15] *Mateo* 6:25, 33. (Véase el discurso 29, en el volumen I).

[16] Paráfrasis de XVIII:66: «Abandonando todos los otros *dharmas* (deberes), concéntrate sólo en Mí; Yo te liberaré de todos los pecados (que hayas podido cometer debido al incumplimiento de aquellos deberes menores). ¡No te lamentes!». (Véase *El Yoga del Bhagavad Guita*).

«El que encuentre su vida» —que adopte la felicidad material como meta de la vida— *«la perderá»* —cuando la muerte disuelva su tenue vínculo con la existencia material, perderá forzosamente toda satisfacción temporal que haya adquirido—. *«El que pierda su vida por mí»* —que sacrifique sus deseos de disfrutar de los placeres materiales con el propósito de purificar su conciencia y establecer contacto con la bienaventurada Conciencia Crística en la meditación— *«la encontrará»* —hallará la felicidad perdurable de la vida divina.

«¡Oh discípulos míos!, recordad que quien encuentre sólo los placeres materiales de la vida mundana perderá el gozo divino que se oculta tras esa conciencia orientada hacia el exterior. Quien halle el gozo cósmico de la meditación y lo establezca en su vida perderá el ansia que lo impulsa al apego por las pasajeras e ilusorias atracciones de la vida material. Hallará en su interior la Conciencia Crística y, con ella, los gozos perdurables que se esconden tras la fachada de la materialidad. Ese devoto, liberado del deseo por los placeres del cuerpo, descubrirá, en el siempre renovado gozo del éxtasis de la Conciencia Crística que se experimenta en la meditación, que la prosperidad material y la felicidad terrenal le son dadas por añadidura; sin embargo, el que busca únicamente la felicidad material la perderá, debido a que ésta posee una vana y efímera naturaleza».

~

«Quien a vosotros acoge, a mí me acoge, y quien me acoge a mí, acoge a Aquel que me ha enviado.

»Quien acoja a un profeta por ser profeta, recibirá recompensa de profeta, y quien acoja a un justo por ser justo, recibirá recompensa de justo.

»Y todo aquel que dé de beber tan sólo un vaso de agua fresca a uno de estos pequeños, por ser discípulo, os aseguro que no perderá su recompensa» (*Mateo* 10:40-42).

«Quien os escucha a vosotros, a mí me escucha; quien os rechaza a vosotros, a mí me rechaza; y quien me rechaza a mí, rechaza al que me ha enviado» (*Lucas* 10:16).

«Acoger» y «escuchar» denotan la aptitud del devoto para absorber la sabiduría divina transmitida por un auténtico gurú (o por un discípulo que se halle en sintonía con éste), que se logra al expandir la capacidad de su propia conciencia y su sintonía interior con la conciencia divina del gurú.

«¡Oh discípulos míos!, todo devoto que escuche vuestras enseñanzas tal como yo os las he impartido, y os siga, me sigue a mí. Mi Conciencia Crística está con vosotros merced a vuestra devoción y meditación; quienquiera que se halle en sintonía con vosotros estará en sintonía con mi Conciencia Crística. Bienamados discípulos, aquellos devotos que reciban, a través de su intuición y de su sintonía, una porción de vuestra conciencia, gradualmente podrán establecer contacto con la Conciencia Crística que está presente dentro de ellos mismos, valiéndose de vuestra ayuda y de las vibraciones espirituales que emanan de vuestras meditaciones. Quienes puedan alcanzar, por medio de la meditación profunda, la unidad con la Conciencia Crística que se halla en toda la creación vibratoria (el Hijo) y disciplinen su vida bajo vuestra tutela podrán alcanzar finalmente la unión con la Conciencia Cósmica que está más allá de la creación (Dios Padre) y cuyo reflejo se halla presente en la Inteligencia Crística que mora en mí.

Las bendiciones que se reciben al estar en sintonía con un maestro dotado de realización divina o con sus fieles discípulos

»Quien se encuentra en sintonía con los discípulos que están sintonizados con Cristo se sintoniza automáticamente con la Conciencia Crística. Y aquel que, en su conciencia expandida, puede recibir a la Inteligencia Crística se sintoniza con la Conciencia Cósmica, de la cual emana la Conciencia Crística. Todo el que os rechace a vosotros, que sois mis fieles representantes, rechaza mi Conciencia Crística, pues se rebela contra ella y, en consecuencia, se aleja aún más de la sintonía con Aquel que me ha enviado: la Conciencia Cósmica cuyo reflejo yo soy».

Jesús enfatiza el hecho de que los buscadores de la verdad pueden alcanzar la Conciencia Cósmica de Dios si sintonizan su conciencia con la de un auténtico gurú dotado de realización divina que, a su vez, haya sido entrenado espiritualmente por su maestro crístico. A través de la jerarquía y linaje *(guru-parampara)*[17] de un auténtico gurú, el buscador de la verdad es presentado debidamente ante Dios.

Continúa diciendo Jesús: «Quien se encuentre en sintonía con las vibraciones espirituales ("el nombre") de un profeta o de un justo,

[17] La bendita sucesión de una serie de gurús, mediante la cual un maestro designa a su sucesor espiritual. (Véase «Gurús de *Self-Realization Fellowship*» en el Glosario).

o con aquellas que surgen de los actos de servicio misericordioso de un fiel discípulo, recibirá las cualidades proféticas y la sabiduría que se confieren al profeta, o la recompensa de felicidad que recibe el justo por sus virtudes, o la divina misericordia, según corresponda, de acuerdo con el mérito de sus acciones.

»El devoto que, por medio de la meditación, ha expandido su conciencia en grado sumo con el objeto de recibir la Conciencia Crística —la conciencia de los profetas— se encuentra en sintonía con la Inteligencia Cósmica omnipresente en la creación vibratoria y, de acuerdo con la ley de causa y efecto, el que se sintoniza con la conciencia de un hombre justo y vive una vida virtuosa será también un ser justo. Y el que compasivamente da de beber al sediento —u ofrece, con la actitud desinteresada del discípulo, un vaso de las frescas aguas de la sabiduría o de las edificantes vibraciones de la verdad para calmar la sed de los *"pequeños"* (los principiantes en el sendero de Dios que buscan mitigar su sed de deseos materiales)— *"no perderá su recompensa"*, es decir, obtendrá buen karma y tendencias espirituales que con el transcurso del tiempo le ayudarán a elevarse hacia la Conciencia Crística».

Las palabras de Jesucristo citadas anteriormente tienen un claro paralelismo con algunas estrofas del *Bhagavad Guita:* «Quienes adoran diferentes deidades y personificaciones de las cualidades de Dios obtienen lo que desean; en cambio, aquellos devotos que me buscan a Mí (Dios) vienen a Mí»[18]. De modo similar, Jesús señala que todas las buenas acciones reciben su recompensa y que los seguidores de las diferentes modalidades de la virtud alcanzan su objetivo de acuerdo con el foco de atención de sus propios deseos. Pero aquellos que se esfuerzan por sintonizarse con las percepciones divinas de un profeta, y que desean alcanzar el estado crístico, logran su meta y, conforme a los deseos de su corazón, se vuelven semejantes a Cristo.

~

[18] VII:21-23: «Cualquiera que sea la personificación (una encarnación divina, un santo o una deidad) que el devoto se esfuerce fielmente en adorar, soy Yo quien torna inquebrantable su devoción. Absorto en esa devoción y concentrado en adorar esa personificación divina, el devoto obtiene así los frutos de sus anhelos. Sin embargo, soy únicamente Yo quien en verdad le concede esos logros. Mas los hombres de escaso entendimiento (que adoran a los dioses inferiores) reciben resultados limitados. Quienes adoran a las deidades son atraídos hacia ellas; en cambio, mis devotos vienen a Mí». (Véase *El Yoga del Bhagavad Guita*).

> *«Ellos, yéndose de allí, iban predicando a la gente la conversión. Expulsaban a muchos demonios y curaban a muchos enfermos ungiéndolos con aceite»* (Marcos 6:12-13).

Después de instruir a sus discípulos acerca del modo apropiado de llevar a cabo su ministerio, Jesús los envió a predicar. Por lo tanto, fueron predicando acerca de las vibraciones de la conciencia divina que emanaban de Jesús y se hicieron eco de su llamado para que la gente se arrepintiera y abandonase sus apegos materiales con el propósito de que alcanzaran, por medio del despertar espiritual, la conciencia divina, el reino de Dios. Con el poder de su voluntad desarrollada, los discípulos liberaban a muchos de las obsesiones y sanaban a numerosas personas de sus diversas enfermedades —ungiéndolas con aceite bendecido según los ritos de la oración, del mismo modo que en la India se unge a la gente con gotas de agua santificada proveniente de los ríos sagrados o bendecida de otra manera por medio de ritos espirituales—. Los discípulos, al realizar servicios semejantes a los de su maestro, demostraron ser mucho más que el fruto de una escuela de teología. Ellos vivían realmente de acuerdo con la verdad; por ello hicieron un bien inmenso a la humanidad mediante su ejemplo espiritual y sus acciones, curando el cuerpo de las enfermedades físicas y mentales, y el alma del mal de la ignorancia.

~

> *«Los apóstoles se reunieron con Jesús y le contaron todo lo que habían hecho y lo que habían enseñado. Él, entonces, les dijo: "Venid también vosotros aparte, a un lugar solitario, para descansar un poco". Y es que los que iban y venían eran tantos que no les quedaba tiempo ni para comer»* (Marcos 6:30-31).

Cuando los apóstoles regresaron de su exitoso viaje, Jesús subrayó que es preciso que quienes predican la verdad se hallen siempre provistos de la conciencia divina; deben prepararse mediante la práctica de la meditación, a fin de estar inmersos en Dios antes de salir a propagar el evangelio; y cuando se sientan espiritualmente agotados después de los atareados períodos en que enseñan a los demás, han de retirarse de nuevo a lugares solitarios y, antes de reanudar su ministerio, recargarse mediante el contacto con Dios en la meditación.

~

«Regresaron los setenta y dos [setenta] y dijeron alegres: "Señor, hasta los demonios se nos someten en tu nombre". Él les dijo: "Yo veía a Satanás caer del cielo como un rayo. Mirad, os he dado el poder de pisotear serpientes y escorpiones, así como cualquier demostración de fuerza del enemigo; nada os podrá hacer daño. Pero no os alegréis de que los espíritus se os sometan; alegraos de que vuestros nombres estén escritos en los cielos"» (*Lucas* 10:17-20).

Los setenta discípulos que Jesús había enviado posteriormente a enseñar, regresaron también y, maravillados, le informaron a su maestro acerca de los poderes que se habían manifestado a través de ellos en el nombre de Jesús. Cuando mencionaron en particular su dominio sobre los demonios, Jesús se refirió a Satanás como el origen del mal y les explicó la forma en que se puede vencer la fuerza maligna en el interior de cada hombre.

Cómo vencer a Satanás, «caído del cielo como un rayo»

«Cuando me hallaba en el estado de Conciencia Crística omnipresente, vi al engaño satánico como una fuerza cósmica consciente, una energía creativa semejante al relámpago que era expulsada de la celestial Conciencia Cósmica. Mirad, os he dado el poder divino por medio del cual podéis derrotar a Satanás y a sus secuaces. Una vez que venzáis el engaño, ya nada os podrá dañar. A través de mi Conciencia Crística, os daré el poder de voluntad que os permitirá controlar la fuerza serpentina enrollada en la base de la columna vertebral. La fuerza vital creativa que fluye hacia el exterior, en dirección al cuerpo, alimenta los deseos sexuales y los "*escorpiones*" de los torturantes y venenosos instintos malignos. Cuando dominéis la técnica de retirar la fuerza serpentina enrollada y la hagáis ascender a través de los centros astrales despiertos de la espina dorsal hasta llegar a la celestial región astral que se encuentra en el cerebro, habréis logrado entonces un completo autodominio sobre las ingobernables pasiones sexuales y sobre todos los deseos malévolos que obstaculizan el logro de la bienaventuranza divina. No os alegréis tanto de contar con el poder para someter a los malos espíritus y a las fuerzas del mal cuando sanéis a los demás; regocijaos, más bien, de que vuestras almas hayan alcanzado un grado suficiente de unidad con Dios como para acceder a las regiones celestiales de la Conciencia Cósmica».

Como se explica en versículos anteriores[19], en un principio Satanás era un arcángel, una fuerza inteligente de la energía cósmica creativa de Dios dotada de poder para crear, en sintonía con la Inteligencia Divina, manifestaciones celestiales perfectas dentro de la creación material. Esta fuerza emanó de Maha Prakriti, la Gran Naturaleza, el Espíritu Santo, el aspecto creativo original del Espíritu. El poder para dar forma que ejerce la Madre de la Creación es *maya,* la ilusión cósmica, que transforma el Espíritu único en miríadas de manifestaciones. Oculta tras un tenue velo de *maya,* la naturaleza pura de Prakriti, Para-Prakriti, trabaja en armonía con la Inteligencia Crística o *Kutastha,* el reflejo de Dios en la creación, para crear las leyes y fuerzas divinas que dan forma a todas las manifestaciones de los reinos celestiales astral y causal. A fin de generar las vibraciones densas necesarias para originar, a partir de esta matriz astral-causal subyacente, una creación material que tuviese continuidad, se requirió una capa más densa de ilusión cósmica. Puesto que estas vibraciones densas de la ilusión o engaño cósmico distorsionan y eclipsan la verdadera naturaleza de la materia, que está conformada por la conciencia de Dios, a este poder creativo que fluye hacia el exterior se le denomina la naturaleza impura de Prakriti, Apara-Prakriti. Es este aspecto el que se equipara con Satanás, al que se representa como un arcángel caído de la gracia divina, una fuerza creativa que no sigue los dictados de las vibraciones celestiales —una fuerza que se rebeló contra la conciencia de Dios, oscureciendo la Divinidad Innata, con el objeto de preservar su propio reinado sobre la humanidad a través del autoperpetuado mal uso del libre albedrío.

Por lo tanto, el cielo no es únicamente la Conciencia Cósmica trascendental, sino también esa región del universo manifestado en que la Energía Cósmica Inteligente pura trabaja en sintonía con la voluntad creativa de la Conciencia Cósmica, Dios el Padre de la Creación. Y la esfera del espacio en que se encuentra la creación y la presencia de las manifestaciones imperfectas es el territorio donde la fuerza cósmica consciente de Satanás —la energía que descendió de la sintonía celestial al engaño— engendra tentadoras ilusiones que aprisionan al hombre y que tienen por objeto combatir la esencia oculta de las obras liberadoras e intercesoras de la Inteligencia Divina pura.

De modo similar, en el cuerpo humano existe una región trascendente y celestial, así como una región que se halla bajo la influencia

[19] Véase el discurso 7 (volumen I).

satánica o del engaño. La región celestial se extiende desde el centro astral dorsal o cardíaco hacia arriba, hasta el trascendental centro cerebral del Espíritu. La región que se halla bajo la influencia satánica y que es el receptáculo de los instintos inferiores comprende el área que se encuentra debajo del corazón; se extiende por los centros lumbar y sacro, hasta llegar al centro coccígeo (no obstante, cuando estos centros se espiritualizan por medio de la meditación y de la acción correcta, sus funciones, en sintonía con el alma, cooperan con el devoto y le permiten desarrollar, respectivamente, el autocontrol, la observancia de los principios espirituales y la resistencia a las nocivas tentaciones sensoriales)[20]. Cuando la energía proveniente de los sentidos se concentra, por medio de la meditación, en el divino centro astral situado en el cerebro, se dice que el devoto ha alcanzado el cielo. Pero, en el caso de la mayoría de las personas —aquellas que no practican la meditación ni actúan en armonía con las cualidades del alma—, la conciencia se encuentra atada a la fuerza vital que fluye en dirección descendente y, en consecuencia, cae de la celestial región astral del cerebro a la región de los sentidos.

La fuerza satánica o del engaño presente en todo ser humano mantiene a la fuerza vital, semejante al rayo, desplazándose continuamente hacia abajo, en dirección a los sentidos, por lo cual el faro de las percepciones sensoriales revela únicamente el atractivo de los objetos de los sentidos. Esto fue lo que observó Jesús en los setenta discípulos a quienes dirigía sus palabras. A diferencia de quienes se hallaban más avanzados entre los doce apóstoles, tales discípulos aún no habían dominado por completo el arte del *pranayama,* el control de la fuerza vital. Así pues, Jesús les enseñó *(«os he dado el poder»)* a invertir el curso de la fuerza vital mediante el poder de la voluntad y la meditación (*«de pisotear [las] serpientes y [los] escorpiones»* de las pasiones sensoriales) y de ese modo disfrutar en su interior de la conciencia celestial y de las divinas percepciones del reino de Dios.

Por eso Jesús dijo a estos discípulos que debían regocijarse no sólo de ser capaces de someter a los demonios o pasiones malévolas que despiertan cuando la fuerza situada en la base de la espina dorsal fluye hacia el exterior y estimula la lujuria y otras pasiones de los sentidos, sino de haber recibido el poder para retirar hacia el interior

---

[20] Véase también el comentario que aparece en *God Talks With Arjuna: The Bhagavad Gita* I:11.

la energía y hacerla ascender —a través del pasaje enrollado de forma serpentina que se encuentra en la base de la columna vertebral— hasta la región cerebroespinal donde se hallan las fuerzas celestiales y la bienaventuranza celestial.

Jesús les aseguró que gracias al autocontrol sobre «*cualquier demostración de fuerza del enemigo*», adquirido como resultado de la obediencia y de la meditación, «vuestros nombres están escritos en los cielos» —al haber establecido su conciencia en el reino de los cielos dentro de sí, estarían capacitados para regresar de nuevo a la infinita mansión sin muros de la bienaventurada Conciencia Cósmica del Padre Celestial.

~

> «*En aquel momento, se llenó de gozo Jesús en el Espíritu Santo y dijo: "Yo te alabo, Padre, Señor del cielo y de la tierra, porque has ocultado estas cosas a sabios e inteligentes y se las has revelado a gente sencilla. Sí, Padre, pues tal ha sido tu decisión"*» (*Lucas* 10:21)[21].

«Yo te alabo, ¡oh Padre Celestial!, ¡oh Señor Infinito!, que te hallas presente como Conciencia Cósmica en el fondo de todas las manifestaciones celestiales y en la región no vibratoria que está más allá de la creación (*"Señor del cielo"*) y como Conciencia Crística en toda la creación vibratoria (*"Señor [...] de la tierra"*), porque has ocultado tu Ser y tu omnisciencia a los sabios egoístas que poseen una inteligencia puramente teórica y, en cambio, has revelado el misterio de la verdad a tus hijos simples e inocentes, aunque en cuanto a sabiduría sean gente sencilla —como niños— ante tu incomparable Mente Infinita. Padre Celestial, el hecho de que hayas mostrado tu presencia y hayas revelado tu verdad suprema a aquellos devotos que son humildemente simples y sinceros —devotos espiritualmente sencillos que doblegan la inteligencia de los sentidos ante la ilimitada inspiración intuitiva que proviene de Ti— está en armonía con tu justo criterio».

Dios no se revela mediante la mera intelectualidad, sino a través de la pura e inocente devoción

[21] Compárese con la referencia paralela que aparece en *Mateo* 11:25-26.

A pesar de que los discípulos de Jesús carecían, en su mayoría, de instrucción académica, Jesús advirtió que eran receptivos a un saber más elevado que el del intelecto y sus racionalizaciones. La realización divina, la percepción del Infinito, no guarda relación alguna con los títulos académicos. Es preferible poseer los conocimientos propios de un catedrático que el cerebro entorpecido de un ignorante; pero si uno se siente tan satisfecho con sus dotes intelectuales y con su erudición como para creer que no necesita buscar la sabiduría en Dios, la evolución de su alma será lenta comparada con la de una persona iletrada que sienta devoción por el Señor. Al elegir a sus discípulos de entre la gente común del pueblo —algunos de ellos incluso *«publicanos y pecadores»* y pescadores analfabetos como Pedro, Santiago y Juan—, Jesús demostró que la unión divina está al alcance de cualquier devoto, porque Dios no tiene en cuenta la condición social de las personas. Al igual que tanto el dedo meñique como los demás dedos forman parte de la mano, asimismo todas las almas —ya sean o no importantes a los ojos del mundo— forman parte de Dios. Todo el que acuda a Él con devoción pura podrá alcanzarle.

Dios se muestra ante aquellos que se entregan a Él por completo, que no le oponen resistencia intelectual o emocional. Ante Dios, hasta el más hábil de los hombres no es sino un niño; incluso el más brillante de los científicos desconoce la razón por la cual Dios creó este mundo o cómo lo hizo. Al Señor no le interesa saber cuál es la medida de nuestros conocimientos, sino cuánto le amamos. El único modo de hacer que se conmueva es acercarse a Él con la devoción ardiente del corazón.

Jesús alabó las sencillas cualidades de sus discípulos, prefiriéndolas a las de los *«sabios e inteligentes»* que se deleitaban en usar su erudición y su lógica para criticar sus enseñanzas. La actitud habitual de crítica de las mentes cerradas es espiritualmente ineficaz. La sintonía del devoto con el gurú a través de la devoción le permite avanzar en forma continua hacia la unión con Dios; por el contrario, los escépticos y los que habitualmente critican se quedan a la vera del camino. El gurú no busca acallar la razón del discípulo, pero sólo puede ayudar a aquellos que están dispuestos a aprender y no a los que tratan de reafirmar su posición de «sabelotodo». El devoto que es como un niño, libre de malicia, de presunciones y de dudas, que es totalmente sincero, humilde y receptivo, se ve colmado de sabiduría intuitiva y encuentra a Dios.

~

«"Mi Padre me ha entregado todo, y nadie conoce quién es el Hijo, sino el Padre; ni quién es el Padre, sino el Hijo y aquel a quien el Hijo se lo quiera revelar".

»Volviéndose a los discípulos, les dijo aparte: "¡Dichosos los ojos que ven lo que veis! Porque os digo que muchos profetas y reyes quisieron ver lo que vosotros veis, pero no lo vieron; y oír lo que vosotros oís, pero no lo oyeron"» (*Lucas* 10:22-24)[22].

«La omnisciencia y omnipotencia de la Conciencia Cósmica —Dios Padre de la creación— se transmiten a la omnipresente Conciencia Crística —el reflejo de Dios en la creación— a fin de que las leyes que rigen toda manifestación puedan ser gobernadas inteligentemente por la verdad y la sabiduría. Ninguna persona de mentalidad materialista conoce la Conciencia Crística (el Hijo); únicamente la Conciencia Cósmica, que es el Padre de la Conciencia Crística, puede conocerla. Y nadie conoce la Conciencia Cósmica (el Padre) sino a través de la Conciencia Crística (el Hijo). Los devotos sólo pueden experimentar la Conciencia Cósmica si experimentan primero la Conciencia Crística en la meditación».

A fin de experimentar la Conciencia Crística y la Conciencia Cósmica es preciso liberarse de la conciencia corporal

En otro pasaje, Jesús señala: «*Yo y el Padre somos uno*». Él sentía, dentro de su propia conciencia, la perfecta unión de la Conciencia Crística y la Conciencia Cósmica. Así como la luna que se ve reflejada en la superficie de un lago y la luna que se halla en el cielo son, en esencia, la misma imagen, así también la Conciencia Cósmica que se refleja en toda vibración cósmica como la Conciencia Crística es la misma que la Conciencia Cósmica que existe más allá de la esfera vibratoria.

El hombre común está atado a la conciencia del cuerpo y a la relación de éste con el mundo material, pero a medida que avanza en la meditación se desprende de las restricciones que le imponen los apegos corporales y experimenta, en la supraconciencia del alma, una profunda bienaventuranza que se encuentra más allá de sus experiencias conscientes y subconscientes.

---

22 Compárese con la referencia paralela al versículo 22 que aparece en *Mateo* 11:27. *Lucas* 10:23-24 se comenta en el discurso 37 junto con sus versículos paralelos que figuran en *Mateo* 13:16-17.

Cuando el devoto, merced a su dedicación y a sus prolongados esfuerzos, logra entrar en el éxtasis de la meditación y unificarse con el estado supraconsciente, alcanza entonces, con la ayuda del gurú y de la práctica de técnicas avanzadas, un estado de éxtasis expandido en el que se percibe a sí mismo como una inmensa luz y conciencia infinita en la cual ve fulgurar, como luciérnagas dentro de su propio Ser omnipresente, todas las galaxias, los ríos de estrellas y los objetos vibratorios. Cuando el devoto, después de hacer penetrar su conciencia a través del ojo espiritual interior, experimenta esa vasta visión cósmica, se dice que ha alcanzado la Conciencia Crística. En ese estado, el devoto experimenta la totalidad del universo vibratorio —y todo cuanto éste contiene— como su propio Ser, de igual modo que siente todas las células y diferentes partes de su propio cuerpo físico.

Una vez que el devoto ha alcanzado la Conciencia Crística, continúa avanzando aún más, hasta transponer los límites del espacio vibratorio y entrar en el indescriptible estado de Conciencia Cósmica, el estado de Gozo, Conciencia y Existencia eternamente puros y renovados. En el estado de Conciencia Cósmica, ningún remolino vibratorio o de cambio puede perturbar la bienaventuranza absoluta de la conciencia del devoto absorto en la unión con Dios.

En dicho estado de éxtasis —el más elevado que un alma encarnada pueda experimentar, *nirvikalpa samadhi*—, la conciencia del devoto supremamente avanzado se sumerge de manera simultánea en la Conciencia Cósmica sin vibración y en el océano de la Vibración Cósmica con sus burbujas de planetas, nebulosas, cometas, estrellas y universos. Jesús había alcanzado ese estado y, por lo tanto, pudo decir: «El Padre (la Conciencia Cósmica) conoce quién es el Hijo (la Conciencia Crística), y el Hijo conoce quién es el Padre».

Nadie puede ascender en forma instantánea y directa desde la limitada conciencia corporal, caracterizada por el apego al entorno terrenal, hasta la percepción del Infinito Trascendental, Dios Padre. Aun cuando el alma humana es, en sí misma, un reflejo individualizado de la Inteligencia Crística, la conciencia del alma se halla enredada en un cúmulo de vibraciones electrónicas y vitatrónicas propias de los cuerpos físico y astral. La conciencia del alma del hombre debe primero abandonar la limitada región de los sentidos y de la conciencia corporal y, luego, como una pequeña ola que se funde nuevamente en el mar, expandirse en el seno de la inmensa Vibración Cósmica del Espíritu Santo. Al bautizarse en esa sagrada Vibración del Espíritu, el alma expandida experimenta la Inteligencia Crística inmanente. Sólo entonces, bendecida por este reflejo de la presencia de Dios, la conciencia penetra en la infinitud que se encuentra más allá de toda vibración: el reino de Dios Padre, la Conciencia Cósmica.

Si Jesús se estuviese refiriendo a su cuerpo como el Hijo de Dios, cabría concluir que ningún alma había alcanzado la redención antes del nacimiento de Jesús —ni Abrahán, ni Jacob, ni Moisés, ni Elías, ni tampoco los profetas—. El verdadero significado de este versículo (y de otros similares[23]) es que las almas espiritualmente evolucionadas, muchas de las cuales vivieron con anterioridad a la época de Jesús y continuarán naciendo después del Maestro, deben hacer pasar su conciencia a través de la Vibración Cósmica del Espíritu Santo y del Hijo o Inteligencia Crística que mora en Ella antes de poder ascender hasta el reino trascendente de Su Majestad Celestial —Dios—. De ahí que Jesús hiciera énfasis en que sólo el Hijo, la Conciencia Crística, puede revelar a Dios Padre ante toda alma.

~

> *«Venid a mí todos los que estáis fatigados y sobrecargados, y yo os proporcionaré descanso. Tomad sobre vosotros mi yugo, y aprended de mí, que soy manso y humilde de corazón; y hallaréis descanso para vuestras almas. Porque mi yugo es suave y mi carga ligera»* (*Mateo* 11:28-30).

Desde su estado de unidad con la infinita Inteligencia Crística, Jesús amorosamente insta a todos los aspirantes espirituales: *«Venid a mí»* (la Conciencia Crística) y *«tomad sobre vosotros mi yugo»* —seguid los métodos graduales de autodisciplina que conducen a la Conciencia Crística y aseguran la liberación definitiva en el reino de Dios[24]:

---

[23] Por ejemplo, *Juan* 14:6: *«[...] Nadie va al Padre sino por mí»*. (Véase el discurso 70, en el volumen III).

[24] Las palabras *yugo* (*zugo* en el texto original de los evangelios en griego) y *yoga* están relacionadas etimológicamente; ambas derivan de la raíz sánscrita *yuj*, que significa «unión». (Véase también en el discurso 5 del volumen I la nota de la página 99). Del mismo modo que en los presentes versículos Jesús promete a sus discípulos que la trascendente y liberadora Conciencia Cósmica le será revelada a aquellos que se sintonicen con la Conciencia Crística inmanente si toman sobre sí el «suave» yugo de

El yoga de la autodisciplina que conduce más fácilmente a la liberación del alma

«¡Oh, almas que aspiráis a encontrar a Dios y lleváis una pesada carga de mal karma y os estáis esforzando por liberaros de la prisión de las malas acciones que os habéis creado!: En la meditación profunda, sintonizad vuestra conciencia con la omnipresente y siempre renovada dicha de la Conciencia Crística, que sobrepasa no sólo el estado semigozoso propio del sueño subconsciente, sino también el estado de gozo siempre renovado inherente a la supraconciencia y que se percibe al trascender el estado de sueño profundo. Entonces descansaréis para siempre en mi Conciencia Infinita y nunca más os veréis obligadas a reencarnar en esta tierra causante de desdichas. Asociad vuestra conciencia con mi conciencia, y expandid vuestra conciencia hasta convertirla en la Conciencia Crística. Aquellos que se enorgullecen de sus posesiones materiales se concentran en las experiencias físicas y no perciben mi Inteligencia Crística, que mansa y humildemente mora en el corazón de todas las almas; sin embargo, los que me conocen a mí y conocen mi camino hacen que sus almas reposen en las profundidades de la concentración interior y descubren que soy el Cristo Infinito que por siempre ha morado en su interior, sin haber jamás reclamado reconocimiento alguno ni haber anunciado mi presencia.

»Quienes han tomado sobre sí el yugo de la conciencia material soportan una pesada carga de karma, que deberán expiar con gran esfuerzo a lo largo de muchas encarnaciones. Por el contrario, los que sintonizan su conciencia con la Conciencia Crística descubren que la carga de mi Conciencia sobre sus conciencias no lleva el peso del sufrimiento, sino que tiene la ligereza de la libertad y el gozo eternos. Su conciencia, aliviada de la carga de la materialidad, adquiere ligereza y libertad espiritual, y su alma se bautiza en la luz supremamente liberadora de la vibración del Espíritu Santo, en la Sabiduría Crística y en la Eterna Bienaventuranza del Padre».

---

su disciplina espiritual, así también, en el *Bhagavad Guita,* Bhagavan Krishna le hace saber a su discípulo Arjuna:

«A ti, que no expresas crítica alguna, te revelaré el misterio sublime (la naturaleza inmanente y trascendental del Espíritu). Por medio de la realización intuitiva de esta sabiduría, lograrás escapar del mal. La realización intuitiva es la reina de las ciencias, el secreto regio, el purificador inigualable, la esencia del *dharma* (el deber moralmente correcto del hombre); es la experiencia directa de la verdad —la iluminación imperecedera— que se alcanza a través de métodos (del yoga) muy fáciles de practicar» *(God Talks With Arjuna: The Bhagavad Gita* IX:1-2. Véase *El Yoga del Bhagavad Guita).*

DISCURSO 42

Jesús realiza el milagro de la multiplicación de los panes y los peces, y camina sobre las aguas del mar de Galilea

Los milagros: cómo utilizan los maestros las fuerzas sutiles de los planos astral y causal de la creación

❖

Jesús emplea los poderes de la mente y la energía vital para alimentar a cinco mil personas

❖

¿Es necesaria la dieta vegetariana para progresar espiritualmente?

❖

El dominio de Jesús sobre la composición electrónica de la materia; la relación entre la materia y la conciencia

❖

El yoga y el misterio de la respiración: el ascenso desde la conciencia material a la conciencia divina

«Cuando el hombre comprende científicamente la naturaleza espiritual de la creación y el dominio que ejercen las almas iluminadas sobre las leyes que subyacen a dicha creación, le es posible aceptar no sólo la viabilidad de los milagros, sino el hecho de que existen numerosas maneras de llevarlos a cabo».

Por aquel entonces el tetrarca Herodes, que se había enterado de la fama de Jesús, dijo a sus cortesanos: «Ése es Juan el Bautista. Ha resucitado de entre los muertos, y por eso actúan en él fuerzas milagrosas».

Es que Herodes había prendido a Juan, lo había encadenado y encerrado en la cárcel [...].

Así que mandó decapitar a Juan en la cárcel. [...] Sus discípulos llegaron después, recogieron el cadáver y lo sepultaron; y fueron a informar a Jesús.

Cuando Jesús se enteró, se retiró de allí en una barca, aparte, a un lugar solitario. En cuanto la gente lo supo, le siguieron a pie desde los pueblos.

Mateo 14:1-3, 10, 12-13[1]

Después de esto, se trasladó Jesús a la otra ribera del mar de Galilea —el de Tiberíades—, y mucha gente le seguía, porque veían los signos que realizaba en los enfermos. Subió Jesús al monte y se sentó allí en compañía de sus discípulos. Estaba próxima la Pascua, la fiesta de los judíos.

Al levantar Jesús los ojos y ver que venía hacia él tanta gente, preguntó a Felipe: «¿Dónde nos procuraremos panes para que coman éstos?». Se lo decía para probarle, porque él ya sabía lo que iba a hacer. Felipe le contestó: «Doscientos denarios de pan no bastan para que cada uno coma un poco». Uno de sus discípulos, Andrés, el hermano de Simón Pedro, le dijo: «Aquí hay un muchacho que tiene cinco panes de cebada y dos peces; pero ¿qué es eso para tantos?». Replicó Jesús: «Haced que se recueste la gente». Había en el lugar mucha hierba. La gente se recostó: eran unos cinco mil. Tomó entonces Jesús los panes y, después de dar gracias, los repartió entre los que estaban recostados, y lo mismo los peces. Comieron todo lo que quisieron. Cuando se saciaron, dijo a sus discípulos: «Recoged los trozos sobrantes para que nada se pierda». Los recogieron, pues, y llenaron doce canas-

[1] Véase el discurso 34, donde se encuentra la historia completa acerca de la muerte de Juan el Bautista.

tos con los trozos de los cinco panes de cebada que sobraron a los que habían comido. Al ver la gente el signo que había realizado, comentaba: «Éste es verdaderamente el profeta que iba a venir al mundo». Sabiendo Jesús que intentaban venir a tomarle por la fuerza para hacerle rey, huyó de nuevo al monte él solo.

Al atardecer, bajaron sus discípulos a la orilla del mar; subieron a una barca y se dirigieron al otro lado del mar, a Cafarnaún. Había ya oscurecido, pero Jesús todavía no había llegado. Soplaba un fuerte viento y el mar comenzó a encresparse. Cuando habían remado unos veinticinco o treinta estadios, vieron a Jesús que caminaba sobre el mar y se acercaba a la barca; y sintieron miedo. Pero él les dijo: «Soy yo. No temáis».

Juan 6:1-20

Pedro le respondió: «Señor, si eres tú, mándame ir hacia ti sobre las aguas». «¡Ven!», le dijo. Bajó Pedro de la barca y se puso a caminar sobre las aguas, en dirección a Jesús. Pero, al sentir la violencia del viento, le entró miedo y, como comenzara a hundirse, gritó: «¡Señor, sálvame!». Jesús tendió al punto la mano, lo agarró y le dijo: «Hombre de poca fe, ¿por qué dudaste?». Cuando subieron a la barca, amainó el viento. Entonces los que estaban en la barca se postraron ante él diciendo: «Verdaderamente eres Hijo de Dios».

Mateo 14:28-33

Quisieron recogerle en la barca, pero en seguida la barca tocó tierra en el lugar a donde se dirigían.

Juan 6:21

 DISCURSO 42

Jesús realiza el milagro de la multiplicación de los panes y los peces, y camina sobre las aguas del mar de Galilea

«Después de esto, se trasladó Jesús a la otra ribera del mar de Galilea —el de Tiberíades[2]—, y mucha gente le seguía, porque veían los signos que realizaba en los enfermos. Subió Jesús al monte y se sentó allí en compañía de sus discípulos. Estaba próxima la Pascua, la fiesta de los judíos.

»Al levantar Jesús los ojos y ver que venía hacia él tanta gente, preguntó a Felipe: "¿Dónde nos procuraremos panes para que coman éstos?". Se lo decía para probarle, porque él ya sabía lo que iba a hacer. Felipe le contestó: "Doscientos denarios de

---

[2] *«Después de esto [...]»:* Los versículos inmediatamente anteriores del Evangelio de San Juan relatan la curación del hombre en la piscina de Betzatá, que se comenta en el discurso 21 (volumen I). Desde entonces había transcurrido casi un año, y los sucesos que ocurrieron durante ese año no se describen en el libro de Juan. Basándose en las narraciones de los otros Evangelios, *«después de esto»* podría interpretarse como una referencia al hecho de que Jesús envió a sus discípulos a predicar el Evangelio, período durante el cual Herodes dio muerte a Juan el Bautista.

El mar de Galilea también recibía el nombre de mar de Tiberíades, por la ciudad de ese nombre que se encontraba en su orilla occidental.

pan no bastan para que cada uno coma un poco"[3]. *Uno de sus discípulos, Andrés, el hermano de Simón Pedro, le dijo: "Aquí hay un muchacho que tiene cinco panes de cebada y dos peces; pero ¿qué es eso para tantos?". Replicó Jesús: "Haced que se recueste la gente". Había en el lugar mucha hierba. La gente se recostó: eran unos cinco mil. Tomó entonces Jesús los panes y, después de dar gracias, los repartió entre los que estaban recostados, y lo mismo los peces. Comieron todo lo que quisieron. Cuando se saciaron, dijo a sus discípulos: "Recoged los trozos sobrantes para que nada se pierda". Los recogieron, pues, y llenaron doce canastos con los trozos de los cinco panes de cebada que sobraron a los que habían comido»* (*Juan* 6:1-13).

Referencia paralela:

«Cuando los apóstoles regresaron, le contaron cuanto habían hecho. Él, tomándolos consigo, se retiró aparte, a una población llamada Betsaida. Pero la gente lo supo y le siguieron. Él los acogía, les hablaba del Reino de Dios y curaba a los que tenían necesidad de ser curados.

»Como el día había comenzado a declinar, se le acercaron los Doce y le dijeron: "Despide a la gente para que vayan a los pueblos y aldeas del contorno y busquen alojamiento y comida, porque aquí estamos en un lugar deshabitado". Él les dijo: "Dadles vosotros de comer". Pero ellos respondieron: "No tenemos más que cinco panes y dos peces, a no ser que vayamos nosotros a comprar alimentos para toda esta gente". Es que había como cinco mil hombres. Jesús dijo entonces a sus discípulos: "Haced que se acomoden por grupos de unos cincuenta". Lo hicieron así y acomodaron a todos. Tomó entonces los cinco panes y los dos peces, y, levantando los ojos al cielo, pronunció sobre ellos la bendición, los partió y se los fue dando a los discípulos para que, a su vez, se los sirvieran a la gente. Comieron todos hasta saciarse, y se recogieron doce canastos con los trozos que les habían sobrado» (*Lucas* 9:10-17)[4].

---

[3] Un denario era el jornal del hombre común.

[4] Compárese con otras referencias paralelas que aparecen en *Mateo* 14:14-21 y en *Marcos* 6:32-44.

De acuerdo con las leyes físicas que gobiernan el universo, sería imposible distribuir tan sólo cinco panes y dos peces entre cinco mil personas y satisfacer así el hambre de todas ellas. ¿Cómo realizó Jesús este milagro?

Los milagros: cómo utilizan los maestros las fuerzas sutiles de los planos astral y causal de la creación

Un milagro es el resultado de una ley superior en acción —el funcionamiento eficaz de los poderes sutiles que proceden de los principios de manifestación inherentes a los divinos reinos astral y causal de la creación—. La gente común desconoce cómo estas fuerzas sutiles sustentan los fenómenos físicos y ejercen influencia sobre ellos. La incapacidad de comprender los milagros que aparecen registrados en la Biblia degrada, a un estado de ciego dogmatismo o de escepticismo sarcástico, las mentes de los que en otros aspectos son personas inteligentes. Mas ¿por qué debería haber motivos para dudar, puesto que la naturaleza provoca constantemente asombro en el ser humano con nuevas revelaciones? Jesús profetizó: «El que crea en mí hará obras mayores aún»[5]. Él sabía que la ley de causa y efecto estaba creando en este mundo una evolución de la conciencia a través de la cual las futuras generaciones poseerían mayores medios para lograr proezas hasta entonces consideradas milagrosas. Los avances que se presenciarán a medida que este ciclo evolutivo ascendente continúe acercándose a su punto culminante serán asombrosos[6]. El conocimiento científico y el espiritual actuarán cada vez en mayor armonía, y finalmente lo harán unidos cuando la humanidad logre conocer las leyes sutiles que operan en el cosmos interior de la conciencia. Al acceder al microcosmos del ojo espiritual, el ser humano espiritualmente evolucionado disuelve los ilusorios confines vibratorios que envuelven el universo físico y trae a la tierra los poderes celestiales que trascienden el mundo físico.

Muchas de las extraordinarias hazañas de Jesús pueden considerarse verosímiles a la luz de los conocimientos de la física moderna, por lo menos en lo que respecta a la definición de los principios conocidos desde hace mucho tiempo por maestros que manejaban estas fórmulas cósmicas con la misma facilidad que los científicos mezclan

---

[5] *«En verdad, en verdad os digo que el que crea en mí* (que alcance una mayor sintonía con la inteligencia universal de la Conciencia Crística) *hará también las obras que yo hago, y hará mayores aún, porque yo voy al Padre»* (*Juan* 14:12; véase el discurso 70, en el volumen III).

[6] Véase *yugas* en el Glosario.

en su laboratorio sustancias simples para crear nuevos compuestos. Los investigadores que van a la vanguardia de la ciencia, verdaderos visionarios en sus respectivos campos de estudio, han penetrado en el núcleo de la sacrosanta materia densa —que había permanecido oculto durante eones—, con la finalidad de revelar su estructura electromagnética y contemplar las sorprendentes maravillas de la materia al sublimarse y transformarse en destellos de luz que, a su vez, se metamorfosean en conciencia, en sustancia mental.

«Lo que impresiona nuestros sentidos como materia es, realmente, una enorme concentración de energía dentro de un volumen relativamente muy reducido», escribe el profesor Einstein[7]. Y el renombrado astrofísico Sir Arthur Stanley Eddington explica: «El mundo que vemos y experimentamos en la vida cotidiana es simplemente un espejismo accesible que se adapta a nuestros muy limitados sentidos —una ilusión conjurada por nuestras percepciones y por la mente—. Todo cuanto nos rodea (incluyendo nuestro propio cuerpo), que aparenta ser tan sustancial, no es otra cosa en esencia que una efímera red de ondas-partículas que giran a una velocidad vertiginosa, colisionan entre sí, rebotan y se desintegran hasta convertirse en algo que es prácticamente un vacío total; lo que llamamos "materia" es, en su mayor parte, vacío, tan desprovisto de materia como el espacio intergaláctico que se encuentra vacío, excepto por ocasionales puntos y cargas eléctricas dispersas»[8].

En *El misterioso universo*[9], el físico Sir James Jeans, de la Universidad de Cambridge, declara: «Existe hoy un amplio acuerdo, que en el aspecto físico de la ciencia se aproxima mucho a la unanimidad, en que la corriente de los conocimientos se dirige hacia una realidad no mecánica; el Universo comienza a parecerse más a un gran pensamiento que a una inmensa máquina. La mente no aparece ya como una intrusa accidental en el reino de la materia y comenzamos a sospechar que más bien debemos saludarla como el creador y gobernador de ese reino. Y esa mente no es, naturalmente, el conjunto de nuestras mentes individuales, sino aquella en que los átomos de donde éstas nacieron existen como pensamientos. [...]

---

[7] Albert Einstein y Leopold Infeld, *La evolución de la física* (Salvat, Barcelona, 1986).

[8] *The Nature of the Physical World* [La naturaleza del mundo físico] (Cambridge University Press, 1928).

[9] Poblet, Madrid/Buenos Aires, 1933.

»El viejo dualismo de mente y materia [...] parece llamado a desaparecer no a través de la materia, que se hace cada vez más tenue e insustancial, ni tampoco a través del espíritu reducido a una función del trabajo de la materia, sino a través de una materia sustancial que se resuelve en una creación y una manifestación de la mente».

«Propondremos esta conclusión contundente: la sustancia del mundo es sustancia mental», resume Eddington[10]. Al referirse con abierta franqueza a las limitaciones de las investigaciones que se reducen al ámbito de lo material, escribió: «En lo concerniente a la naturaleza de las cosas, el conocimiento científico es sólo una cáscara vacía, una forma constituida por símbolos. Se trata de un conocimiento de la forma estructural, pero no un conocimiento del contenido. Todo el universo físico está lleno de ese contenido desconocido, que seguramente debe ser la sustancia de nuestra conciencia. He aquí un compendio de los aspectos más profundos del mundo de la física que, sin embargo, resultan inalcanzables por los métodos de la Física»[11].

Cuando el hombre comprende científicamente la naturaleza espiritual de la creación y el dominio que ejercen las almas iluminadas sobre las leyes que subyacen a dicha creación, le es posible aceptar no sólo la viabilidad de los milagros, sino el hecho de que existen numerosas maneras de llevarlos a cabo, como puede verse en los diversos métodos de curación que Jesús utilizó.

Uno de los métodos que Jesús pudo haber empleado con eficacia para alimentar a las cinco mil personas es la sugestión mental o la hipnosis colectiva. Una mente muy poderosa puede influir sobre los procesos mentales de una multitud y hacerle creer cualquier fenómeno que se le sugiera. Quienes caen bajo dicha influencia no quedan en un estado de inconsciencia ni pierden ninguna de sus facultades o capacidad de razonamiento, sino que sólo son susceptibles a la sugestión específica

---

10 *The Nature of the Physical World* (Cambridge University Press, 1928).

11 *Space, Time and Gravitation: An Outline of the General Relativity Theory* [Espacio, tiempo y gravitación: Un esbozo de la Teoría de la Relatividad General] (Cambridge University Press, 1920).

Refiriéndose a los métodos que con más profundidad que los de la ciencia material nos permitan conocer la naturaleza, el profesor Brian D. Josephson, de la Universidad de Cambridge, y premio Nobel de Física en 1973, elogió los antiguos sistemas de la filosofía hindú: «El Vedanta y el Sankhya poseen la clave para acceder a las leyes de la mente y de los procesos del pensamiento, los cuales están correlacionados con el campo de la física cuántica, es decir, con el funcionamiento y distribución de las partículas a nivel atómico y molecular». *(Nota del editor).*

proveniente del hipnotizador. Si una persona dotada de un magnetismo muy poderoso imprime en la mente de una persona hambrienta el intenso pensamiento de que su estómago está lleno y que ya no tiene apetito, la sensación de hambre desaparecerá. El profesor James de Harvard demostró que es posible inducir la formación de ulceraciones en la piel mediante el poder de la sugestión hipnótica. La mente es el principal mecanismo que opera en el cuerpo. Una vez que la mente se convence de algo, el cuerpo reacciona conforme a ello. Así pues, con su inmenso poder de voluntad, Jesús hipotéticamente podría haber utilizado la hipnosis colectiva para satisfacer el hambre de la multitud; sin embargo, ¡dudo que siquiera tomase en consideración esa posibilidad!

Jesús emplea los poderes de la mente y la energía vital para alimentar a cinco mil personas

Jesús instruyó a sus discípulos para que se asegurasen de que la gente se recostara cómodamente en el suelo cubierto de hierba, a fin de que todos pudiesen recibir cierto magnetismo de la tierra. Jesús tomó luego los panes y los peces y dio gracias a Dios *«y, levantando los ojos al cielo, pronunció sobre ellos la bendición»* —a través de su ojo espiritual, recargó la ofrenda de alimentos con energía cósmica condensada que atrajo desde la región astral, de modo tal que incluso una pequeña porción saciara el hambre de los comensales.

Con su energía magnética, Jesús también recargó magnéticamente a los participantes en la comida, de manera que la energía cósmica que él proyectaba hacia los hambrientos estómagos de la multitud abriese la compuerta de las reservas de energía del cerebro y del cuerpo, asegurando así que su satisfacción fuese completa.

Una vez realizado el milagro, los discípulos recogieron los trozos que habían sobrado y llenaron con ellos doce canastos, lo cual es una prueba de que Jesús materializó una cantidad adicional de panes y peces en el momento en que se distribuía el alimento bendecido.

Aunque el pan es un producto hecho por el hombre y los peces son el resultado de la pesca en océanos o lagos, tanto el trigo y los peces como todas las demás cosas fueron en su origen creaciones especiales de Dios que cobraron existencia merced a su divina voluntad y a su Energía Cósmica Creativa. Aun cuando la ciencia ha demostrado que, en esencia, el universo está constituido por radiaciones electromagnéticas agrupadas en diferentes formas, aún no se han desarrollado instrumentos lo suficientemente refinados como para detectar la fuente que subyace a los fenómenos electromagnéticos: la energía vital astral, más sutil que la energía atómica, y los ideatrones, más sutiles aún, que son vibraciones de la conciencia infinita. Los maestros como Jesús conocen la creación de la misma forma en que Dios la conoce y pueden manejar la energía cósmica inteligente para crear a voluntad, y a partir de su causa primigenia, cualquier resultado que deseen.

En el proceso de los sueños, la mente humana utiliza el pensamiento y la energía vital para transformarse en una prolífica creadora. Los sueños son pensamientos condensados, que se vuelven visibles por acción de la energía vital que se retira de los órganos de los sentidos y se acumula en el cerebro durante el sueño. En el mundo creado en ese estado onírico, el soñador puede sembrar trigo, hacerlo crecer, cosecharlo, molerlo y hacer pan con él. Puede comer ese pan onírico, saborearlo y sentir su tierna textura. Pero todos los elementos que componen ese sueño —la semilla, la tierra de cultivo, el horno, el pan y el cuerpo que come y disfruta de ese pan— son sólo transformaciones de la conciencia del soñador.

Supongamos que un individuo sueña con cinco mil personas y que en esa realidad onírica cuenta sólo con cinco panes para alimentarlas. Si ha desarrollado el poder del sueño consciente, puede ordenarle a su mente: «Puesto que estos cinco panes son únicamente una materialización de mis pensamientos, los multiplicaré utilizando la visualización hasta obtener la cantidad necesaria para repartir entre todos». Crear sueños en forma consciente y a voluntad es uno de los primeros poderes que desarrolla el yogui que avanza en el sendero espiritual. Un maestro experimentado percibe el mecanismo por el cual Dios condensó sus pensamientos creativos para producir todos los fenómenos de este mundo onírico y sugirió estos sueños en nuestra conciencia a través de la hipnosis cósmica de *maya,* de modo tan convincente que aceptamos como realidad material la quimera cósmica.

Jesús tenía el poder de condensar sus pensamientos no sólo para generar imágenes mentales visibles, como lo hace un soñador común, sino también realidades oníricas materiales, tal como hace Dios. Por mandato de su voluntad en sintonía con la voluntad divina, podía ordenar a la energía cósmica que se condensase, asumiendo la configuración de electrones, protones, átomos y moléculas de cualquier clase, de cualquier densidad y peso específico, y que adoptara cualquier forma que él deseara. Después de su crucifixión, creó su cuerpo de nuevo; así que para él no fue difícil crear algunas hogazas más de pan, ya que se requiere el mismo procedimiento. Sólo debió ordenarles a las radiaciones electromagnéticas que multiplicasen el alimento a medida que las cinco mil personas lo consumían. Cualquier persona que tenga dominio completo de la mente puede realizar tales proezas, pues la mente lo es todo.

Si se conectara un cuentagotas a un inmenso tanque de agua, el tanque se vaciaría gota a gota, sin cesar. Miles de personas podrían beber de ella, aun cuando manase en diminutas gotas, siempre que fluyera de modo continuo. Los cinco panes y los dos peces, divididos en trozos pequeños, fueron recargados constantemente con el poder de duplicación de la energía vitatrónica creativa, que Jesús atrajo del depósito infinito del reino astral e infundió en cada bocado, hasta que todos los allí congregados quedaron satisfechos.

El relato referente a la multiplicación de los panes y los peces también nos permite apreciar el sentido práctico y la precisión de Jesús, que siempre se ocupaba del bienestar de los demás. A fin de evitar que, al distribuirse el alimento, alguien fuese pasado por alto en la confusión propia de una multitud, instruyó a sus discípulos para que dividiesen a la gente en grupos de cincuenta personas por toda la superficie cubierta de hierba. Al indicar a sus discípulos que recogiesen el remanente, una vez que todos hubieran comido, Jesús no sólo hacía hincapié en la economía, al no permitir que se derrochara la abundancia que Dios había concedido, sino que también les recordaba la reverencia con que debe tratarse el alimento que ha sido bendecido (en la India recibe el nombre de *prasad*), el cual en esta ocasión era una creación especial de Dios[12].

¿Es necesaria la dieta vegetariana para progresar espiritualmente?

Resulta evidente que, conforme a las costumbres y la disponibilidad de alimentos de la época, Jesús no fomentaba la adhesión a un estricto vegetarianismo. El cultivo de frutas, cereales y hortalizas era relativamente poco frecuente en las regiones desérticas en las que él predicaba. Su misión en la tierra no requería que él fuese un especialista en nutrición, sino que consistía en colmar a los seres humanos con la conciencia divina.

Si bien es cierto que para aquellos que aún se encuentran en la etapa de la disciplina espiritual es preferible elegir un régimen alimenticio vegetariano, para los grandes maestros que han alcanzado la conciencia divina son de poca importancia las restricciones alimenticias,

[12] Los Evangelios relatan una repetición de este milagro cuando Jesús, en una ocasión posterior, alimentó a cuatro mil personas con siete panes y algunos peces (*Mateo* 15:32-39 y *Marcos* 8:1-9, 14-21).

ya que ellos ven el mundo entero sólo como una manifestación de las ideas de Dios. Los grandes maestros saben que todas las diversas experiencias físicas no son sino diferentes actos de la conciencia realizados bajo la influencia del sueño cósmico. Para quienes han alcanzado la unión con Dios, la idea misma de considerar real cualquier tipo de dieta es un engaño. Aquel que ha despertado del engaño onírico del cosmos comprende que él mismo es Espíritu y que su cuerpo mortal y las experiencias físicas que éste atraviesa existen únicamente como ideas amorfas de la conciencia.

Pero nadie debería negar arrogantemente los disímiles efectos que causan las diferentes clases de dieta sobre el cuerpo humano. Es totalmente incongruente teorizar acerca de la naturaleza ilusoria del cuerpo mientras, al mismo tiempo, se fomenta tal ilusorio engaño satisfaciendo el hambre y realizando otras actividades que refuerzan la conciencia corporal. Cuando se alcanza el estado de éxtasis espiritual y el contacto con Dios, no hay nada que afecte al conocimiento de que el universo y todas las experiencias relativas a éste son un sueño de Dios, que se encuentra soñando a través de cada ser. Sin embargo, hasta que el aspirante espiritual alcance el estado de liberación de todas las imposiciones provenientes del engaño, es preciso que lleve una vida de disciplina espiritual y que se adhiera a una dieta vegetariana saludable, así como a otras prácticas que ayudan a conservar la salud, a fin de mantener el cuerpo en condiciones apropiadas para meditar y prestar servicio espiritual a Dios. Las personas que suponen poseer el estado de santidad y, amparándose en esa falsa conjetura, ignoran las reglas ordinarias de una vida física y espiritual saludable, atraen la inevitable reacción desfavorable de la ley kármica.

En una oportunidad anterior, Jesús había señalado que él —el novio, el divino maestro— y sus discípulos no necesitaban ayunar para purificarse espiritualmente de la conciencia del cuerpo, ya que estaban impregnados de la conciencia trascendente. No obstante, Jesús añadió que, cuando ya no contaran con su presencia física, los discípulos tendrían que ceñirse a una disciplina más estricta con el objeto de retener su sintonía con las vibraciones espirituales del Maestro[13].

Los grandes maestros adoptan el estilo de vida y algunas de las costumbres del lugar y de la época en que se encarnan; esto

---

[13] Véase el discurso 32.

no significa que cada detalle de su modo de vivir esté santificado para siempre y que todas las generaciones futuras deban imitar esas costumbres. Algunos hacen el siguiente razonamiento: «Jesús comía carne y bebía vino; por lo tanto, yo debería hacer lo mismo». Pero yo les digo: sean primero como Jesús; entonces, todo lo que ingieran en ese estado de conciencia será Espíritu puro y, como tal, no tendrá efectos perjudiciales. En cuanto a aquellos que no han alcanzado todavía la iluminación y están atados a la conciencia del cuerpo, el adoptar una dieta en que abunden los productos de origen animal contribuirá muy significativamente a desarrollar en ellos numerosas enfermedades —entre ellas, problemas cardíacos y cáncer— y será perjudicial para su salud física, psicológica y espiritual. Si las personas siguiesen un régimen vegetariano apropiado, desaparecerían muchas de las enfermedades mortales que son más frecuentes en la civilización actual.

Cualquiera que sea la dieta que uno siga, debe orar y afirmar lo siguiente: «Padre Celestial, enséñame a comprender que vivo gracias a tu conciencia; que no tengo nacimiento ni muerte, y que soy una ola de tu infinito océano de vida, de tu energía inmortal, de tu conciencia inmutable».

~

«Al ver la gente el signo que había realizado, comentaba: "Éste es verdaderamente el profeta que iba a venir al mundo". Sabiendo Jesús que intentaban venir a tomarle por la fuerza para hacerle rey, huyó de nuevo al monte él solo» (*Juan* 6:14-15).

Referencia paralela:

«Inmediatamente obligó a los discípulos a subir a la barca y a ir por delante de él a la otra orilla, mientras él despedía a la gente. Después de despedir a la gente, subió al monte a solas para orar. Al atardecer estaba solo allí» (*Mateo* 14:22-23).

«*El profeta que iba a venir al mundo*» es una referencia a la profecía de Moisés que aparece en *Deuteronomio* 18:15: *«Yahvé tu Dios te suscitará, de en medio de ti, de entre tus hermanos, un profeta como yo: a él escucharéis».*

Dentro del pueblo judío, había muchos que esperaban que el profeta o Mesías que iba a venir se convirtiera también en un soberano terrenal de la casa real de David[14]. Jesús no tenía ningún deseo de ser proclamado rey de un transitorio reino material; puesto que él era uno con Dios, era ya un Príncipe del Universo, un verdadero rey que se hallaba por encima de todos los reinos de la tierra.

La costumbre de Jesús de retirarse periódicamente a lugares solitarios [como se explica en los discursos 7 y 25 del volumen I] era una práctica necesaria para alejarse de las exigencias de las multitudes. Dios no necesita orar o meditar, porque Él es omnipresente y no busca nada que esté más allá de Sí mismo. Él se halla absorto en su propio gozo y no necesita alcanzar ningún estado superior al de su propia conciencia. Un maestro liberado y trascendente disfruta de la misma bienaventurada libertad; pero aun así, se aparta de los demás, de vez en cuando, para dedicarse a la práctica solitaria de la oración y de la meditación, con el propósito de reabastecer de energía su cuerpo mortal, que es necesario para realizar su tarea en el mundo. En esta ocasión, Jesús buscaba, además, huir de un cerco de entusiastas seguidores para desengañarlos de su propósito de convertirle en rey.

~

«Al atardecer, bajaron sus discípulos a la orilla del mar; subieron a una barca y se dirigieron al otro lado del mar, a Cafarnaún. Había ya oscurecido, pero Jesús todavía no había llegado. Soplaba un fuerte viento y el mar comenzó a encresparse. Cuando habían remado unos veinticinco o treinta estadios, vieron a Jesús que caminaba sobre el mar y se acercaba a la barca; y sintieron miedo. Pero él les dijo: "Soy yo. No temáis". Quisieron recogerle en la barca, pero en seguida la barca tocó tierra en el lugar a donde se dirigían» (*Juan* 6:16-21).

Referencia paralela:

«La barca, que se hallaba ya muchos estadios distante de

---

[14] Véase, por ejemplo, *II Samuel* 7:12-17; *I Crónicas* 17:11-15; *Daniel* 9:25-26. Véase también el discurso 36.

tierra, era zarandeada por las olas, pues el viento soplaba en contra. A la cuarta vigilia de la noche vino hacia ellos, caminando sobre el mar. Los discípulos, viéndolo caminar sobre el mar, se turbaron y decían: "Es un fantasma", y se pusieron a gritar de miedo. Pero al instante les habló así Jesús: "¡Tranquilos!, soy yo. No temáis"» (*Mateo* 14:24-27).

«No temáis, sino más bien regocijaos de que podéis presenciar este milagro que Dios realiza a través de mí: el hecho de que yo, no como espíritu, sino con mi cuerpo físico, pueda caminar sobre este mar embravecido y hablaros con esta voz que tan bien conocéis. Soy yo, el que siempre habéis visto, con el mismo cuerpo físico. El Espíritu que habita en mí es el que os redime de todas las tribulaciones terrenales, incluso de estas olas agitadas por el viento que os zarandean sin piedad. ¿Por qué habría de causaros temor el hecho de que me presente ante vosotros de esta manera?».

Como en el caso de la multiplicación de los panes y los peces, la proeza de caminar sobre las aguas —tal como hizo ante la mirada de sus discípulos— es un milagro que sólo puede llevarse a cabo si uno conoce la composición electrónica de la materia y la relación de ésta con la mente. Un maestro que, gracias a su genuina realización espiritual, percibe el cosmos entero como un sueño de Dios, y que asimismo percibe toda la materia como una condensación de la luz vitatrónica y de la conciencia, se eleva por encima de las leyes que gobiernan la creación material y puede modificar cualquier objeto material por medio de su voluntad creativa divinamente sintonizada.

El dominio de Jesús sobre la composición electrónica de la materia; la relación entre la materia y la conciencia

Como resultado de la ilusión cósmica, la mente humana cree que el cuerpo físico del hombre se hunde en el líquido, que el gas lo asfixia y que los sólidos pueden herirlo; pero, en cuanto se disipa tal engaño, él puede hacer con la materia todo lo que desee. Comprende que el mundo entero es energía, como señalan los científicos.

El hombre cree que su forma mortal está compuesta de carne y hueso sólidos, lo cual es definitivamente una ilusión. El cuerpo es una amalgama de incontables partículas subatómicas de tamaño infinitesimal. Dichas partículas, a su vez, están conformadas por energía vitatrónica, más sutil que la energía atómica y, finalmente, por ideatrones —chispas de la conciencia cuyo origen es la Conciencia Cósmica.

Todo cuanto existe en la naturaleza es energía en un estado de vibración más o menos compacto y cada cuerpo exhibe la propiedad de peso según su masa o cualidad gravitacional distintiva. En el mundo material, la vibración de un líquido (el agua, por ejemplo) hace que se hundan en ella las vibraciones de los sólidos (el ser humano, por ejemplo), cuya densidad determina que su densidad relativa[15] sea mayor que la del líquido. Jesús comprendía que la energía que compone el cuerpo físico tiene densidad relativa debido sólo a su estructura compacta, como ocurre también con la densidad relativa de la masa —menos densa— de la vibración líquida correspondiente al mar. La densidad relativa es una engañosa ilusión porque la densidad de la materia se puede reducir a su quintaesencia de energía (la luz, permeable y carente de peso). La conciencia humana que logra trascender esta ilusión percibe el cuerpo físico como una forma en esencia etérea, infinitamente unida al Cuerpo Cósmico de Dios y constituida por la misma sustancia de dicho Cuerpo: energía, mente y Espíritu.

En *Autobiografía de un yogui,* dedico un capítulo completo a explicar exhaustivamente «La ley de los milagros». Loablemente, la ciencia moderna nos ha suministrado conocimientos sobre los términos y procesos de las leyes cósmicas que, ya sea de modo intencional o con renuencia, formulan una ciencia acerca del antiguo arte de los milagros, conocida tanto por generaciones de maestros de los Vedas y de la Biblia como por los de la época contemporánea. Citaré un pasaje del libro que resulta oportuno en el contexto del presente discurso:

> «De la ciencia, entonces, si así debe ser, permítase al hombre aprender la verdad filosófica de que no existe un universo material; que su trama y urdimbre es *maya,* ilusión. El espejismo de su realidad se desvanece bajo el análisis. [...]
>
> »En su famosa ecuación que señala la equivalencia entre la masa y la energía, Einstein demostró que la energía de cualquier

---

[15] Término que se utiliza en física para denotar la relación de la densidad de una sustancia con respecto a la de una sustancia patrón (que usualmente es el agua para los sólidos y los líquidos, y el aire seco para los gases). «La flotabilidad está íntimamente relacionada con la densidad relativa —señala la *Enciclopedia Británica*—. Si una sustancia posee una densidad relativa menor que la de un fluido, flotará en ese fluido: un globo lleno de helio se elevará en el aire, el aceite formará una capa sobre el agua, y el plomo flotará sobre el mercurio». *(Nota del editor).*

partícula de materia es igual a su masa o peso, multiplicado por el cuadrado de la velocidad de la luz. La liberación de la energía atómica se ha conseguido por medio de la aniquilación de las partículas de materia. La "muerte" de la materia ha dado lugar al nacimiento de la Era Atómica.

»La velocidad de la luz es un estándar matemático o constante, no porque sus 300.000 kilómetros por segundo constituyan un valor absoluto, sino porque ningún cuerpo material cuya masa aumenta con su velocidad puede llegar a alcanzar la velocidad de la luz. En otras palabras, sólo un cuerpo material cuya masa fuese infinita podría igualar la velocidad de la luz.

»Esta concepción nos conduce a la ley de los milagros.

»Los maestros que pueden materializar o desmaterializar sus cuerpos o cualquier otro objeto, y moverse con la velocidad de la luz, y emplear los rayos de la luz creadora para volver instantáneamente visible cualquier manifestación física, han llenado las condiciones necesarias: su masa es infinita.

»La conciencia de un yogui perfecto permanece identificada, sin esfuerzo alguno, no con un cuerpo limitado, sino con la estructura universal. La gravedad —ya sea como la "fuerza" de Newton o como la "manifestación de la inercia" de Einstein— no tiene poder para obligar a un maestro a exhibir la propiedad de "peso", que constituye la cualidad gravitacional distintiva de todos los objetos materiales. Aquel que se conoce a sí mismo como Espíritu omnipresente ya no está sujeto a las rígidas leyes que limitan su cuerpo en el tiempo y en el espacio. Sus opresoras señales de "no pasar" han cedido ante la autoridad del "Yo soy Él"».

La propiedad cohesiva de la vibración creativa de *maya* mantiene unidas todas las partículas de la materia y hace que ésta patentice su presencia en el universo. La figura de un hombre de arena modelada con una mezcla de arena y agua parece sólida y durable, pero cuando el agua se evapora, ese ilusorio engaño se desvanece. De igual modo, la apariencia de solidez de la forma humana se sostiene mediante el poder adhesivo de la ilusión que opera a través de la mente.

La relación entre la conciencia y el cuerpo es tal que el cuerpo se desintegra cuando llega la muerte, debido a que la mente y la conciencia abandonan el cuerpo; pero, mientras la conciencia permanece en él, trabaja arduamente para mantener unidos los átomos, las células y los órganos —a pesar de los efectos de las enfermedades y del envejecimiento—. Cuando la amalgama de electrones danzantes que conforman el cuerpo —luz, energía— se compacta e integra por acción de la mente, que actúa como un instrumento sensorial creativo de *maya,* adquiere la apariencia de una entidad sólida. Sin embargo, aplicando los procesos físicos descritos por Einstein, los científicos podrían reducir el cuerpo a la energía que lo compone; no obstante, ellos carecen de la capacidad para realizar esta misma proeza por medio del poder mental, como lo hacía Jesús. Un maestro que percibe que la mente controla el cuerpo, y que posee además control absoluto sobre su propia mente, puede desintegrar, parcial o totalmente, los átomos del cuerpo —modificando su densidad o desmaterializándolos por completo— y luego es capaz de restaurar a voluntad la composición corporal a fin de que recobre su solidez habitual.

La percepción supraconsciente de que el cuerpo está constituido por energía dotada de forma —una imagen onírica hecha de sustancia mental— libera instantáneamente al ser humano del engaño de la densidad relativa; al no existir la densidad de la masa, no existe el peso. Pero mientras persista en la mente la convicción de que el cuerpo es sólido, éste se hundirá sin duda alguna si uno intenta caminar sobre una masa de agua, la cual, debido a su menor densidad, no podrá sostenerlo.

Si un hombre dormido sueña que se ahoga, su conciencia sufre una dolorosa sensación de asfixia. Pero si conoce el arte de controlar sus sueños a voluntad, puede salvar su cuerpo onírico, al modificar simplemente los pensamientos de su sueño con el fin de contemplar su cuerpo onírico flotando a salvo sobre las aguas oníricas. Puesto que Jesús percibía su cuerpo, el mar y el mundo sólido como ondas oníricas de conciencia diferenciadas entre sí, que se manifestaban como diversas ondas electromagnéticas de las formas materiales, él podía, mediante un simple acto de su voluntad, modificar la densidad o la composición electrónica de su cuerpo para que éste, libre de peso, pudiese caminar sobre el agua con tanta naturalidad como el cuerpo de una persona común se desplaza sobre el sólido suelo.

Si en una jarra de agua colocamos un corcho pequeño atado a un pesado trozo de hierro, el corcho se hundirá en el agua; pero flotará si desligamos el corcho del trozo de hierro. De modo similar, el cuerpo soporta el peso de la conciencia material. Cuando el espejismo de *maya* acerca de la naturaleza perdurable de la materia se disocia

Jesús y Pedro caminan sobre las aguas

Bajó Pedro de la barca y se puso a caminar sobre las aguas, en dirección a Jesús. Pero, al sentir la violencia del viento, le entró miedo y, como comenzara a hundirse, gritó: «¡Señor, sálvame!». Jesús tendió al punto la mano, lo agarró y le dijo: «Hombre de poca fe, ¿por qué dudaste?».

Mateo 14:29-31

Con el poder de la fe y de la concentración mental, Pedro se sintonizó momentáneamente con la conciencia de Cristo y se liberó del engaño onírico de la materialidad. Fue así como la conciencia divina le sostuvo cuando bajó de la barca para dirigirse hacia Jesús. Pero cuando la violencia del viento sacudió la concentrada fe de Pedro, dando paso al temor, el hábito de considerar la materia como real regresó a su mente y de inmediato sintió que se hundía. [...]

Cuando Jesús habla de «fe» en este pasaje, no se refiere a una mera creencia mental, que se desvanece al más leve contacto con cualquier evidencia en sentido contrario. La fe implica convicción absoluta; la prueba de la fe reside en el conocimiento intuitivo del alma. La conciencia divina y sus ilimitados poderes están a disposición de los fervientes devotos que, gracias a la meditación, avanzan de manera constante hasta desarrollar una fe inquebrantable en la naturaleza omnipresente de Dios y en el hecho de que el Padre se manifiesta en ellos mismos.

Paramahansa Yogananda

Dibujo: Heinrich Hofmann

del cuerpo por medio de la meditación, el cuerpo puede danzar sobre el agua, atravesar sustancias sólidas, levitar o volar por el aire a voluntad. Con la misma facilidad con que una persona puede mudar de pensamientos, el superhombre es capaz de modificar su manera de experimentar el mundo, transformando simplemente sus convicciones materiales en un divino entendimiento intuitivo. Entre los yoguis de la India que conocí personalmente y que podían demostrar estas verdades se encuentra el bendito Nagendra Nath Bhaduri, de quien escribí en mi *Autobiografía de un yogui*[16].

Las técnicas de meditación del *Kriya Yoga* son métodos de *pranayama* —control de la fuerza vital para transmutar la respiración

---

[16] Capítulo 7, «El "santo que levita"». Muchos santos cristianos, entre ellos Teresa de Ávila y José de Cupertino, también han manifestado poderes milagrosos de levitación y ausencia de peso. El erudito católico monseñor Albert Farges escribe en *Mystical Phenomena* (Burns, Oates, and Washbourne, Londres, 1926):

«A pesar de lo extraño de estos hechos, no se pueden poner en duda. No sólo son perfectamente auténticos, sino que, además, son muy frecuentes en la vida de los santos extáticos. [...] Estos hechos se han debatido y verificado en numerosas ocasiones durante los procesos de canonización. [...]

»San Francisco de Asís parece haber sido el primer santo estigmatizado, así como el primer santo extático cuya elevación espontánea del suelo fue confirmada oficialmente, pero desde aquella época se ha multiplicado esa clase de verificaciones. He aquí algunos ejemplos:

»San Pedro de Alcántara no podía oír que se pronunciaran las piadosas palabras de San Juan *Verbum cara factum est* ("Y la Palabra se hizo carne") sin caer en éxtasis y elevarse del suelo. El franciscano Biagio de Caltanisetta entraba en éxtasis a la simple mención de los nombres de Jesús y María y, arrobado con la belleza de ellos, se elevaba por el aire. El beato Gil, de la Orden Dominicana, permanecía suspendido en el aire en estado de éxtasis durante noches enteras sin que fuese posible hacerle retornar al suelo. [...] Santo Tomás de Villanueva, mientras predicaba un día en su catedral, entró súbitamente en éxtasis y permaneció suspendido en el aire durante doce horas».

Las levitaciones de San José de Cupertino (siglo XVII) se encuentran entre las más famosas. El 24 de marzo de 2003, el *Times* de Londres informó: «En un mensaje que conmemora el 400 aniversario del nacimiento de San José, el Papa dijo que este monje franciscano, que según se afirma asombraba a los feligreses levitando y volando por el aire, era cercano a nuestra época en el sentido espiritual. Es el santo patrono de los aviadores y de los estudiantes. [...] Según el relato de testigos, después de caer en trance extático, San José solía lanzar un fuerte grito y remontarse por los aires: algunas veces volaba a lo largo de la nave de la iglesia; y en otras ocasiones, salía de la iglesia y se desplazaba por los aires a través de las colinas a lo largo de varios kilómetros. Fue enjuiciado por la Inquisición, pero, cuando voló sobre las cabezas de los inquisidores, los jueces sometieron el caso directamente a la autoridad del Papa, en aquel entonces Urbano VIII. El Papa dio por terminado el caso, aparentemente después de presenciar un "vuelo extático". Numerosas personas notables, entre los que se encontraban Federico, Duque de Brunswick, y el príncipe Casimiro de Polonia, testificaron haber visto los vuelos». *(Nota del editor).*

en sutil energía vitatrónica— que proporcionan la experiencia concluyente de que el cuerpo está compuesto de energía cósmica pura.

El yoga y el misterio de la respiración: el ascenso desde la conciencia material a la conciencia divina

Con la práctica avezada de *Kriya,* el cuerpo se oxigena y sus átomos se vuelven etéreos, hasta alcanzar una ligereza extraordinaria. El ser humano no puede siquiera imaginar la magnitud del poder que fluye hacia el cuerpo cuando se ha aprendido a descifrar el misterio de la respiración. La práctica de *Kriya* envía al cuerpo una corriente regulada y continua de oxígeno, cuyos átomos se transmutan —mediante el proceso de *pranayama*— en fuerza vital que refuerza las corrientes sutiles de la espina dorsal, y a su vez despierta los centros astrales cerebroespinales y espiritualiza el cuerpo entero. Después de años de practicar con éxito esta técnica, el cuerpo del *kriya yogui* avanzado se espiritualiza de modo tal que, cuando se encuentra en estados elevados, apenas puede sentir que está en contacto con el suelo. La afluencia de fuerza vital es tan intensa que el cuerpo entero pierde su ilusoria solidez y llega incluso a levitar. Puedo dar testimonio de ello por mi propia experiencia. Sin embargo, ¡el principiante no debe esperar verse libre de su peso de la noche a la mañana! El hombre moderno está acostumbrado a obtener resultados con rapidez; la industria y la tecnología manufacturan productos a tal velocidad que él cree que debería existir también un cómodo «paquete» que le aporte un progreso espiritual acelerado. ¿No es acaso un poco osado que pretenda obtener logros espirituales instantáneos si se tiene en cuenta las innumerables vidas que ha dedicado a convertirse en una persona no espiritual? Incluso toda una vida de práctica es un requisito bastante modesto. De cualquier modo, la ciencia del *Kriya Yoga* y el arte de la meditación no son prácticas difíciles ni tediosas, ya que desde el comienzo mismo pueden percibirse sus transformadores resultados graduales.

Los grandes yoguis de la India han explicado todos estos conceptos[17]. Jesucristo ciertamente dominaba la ciencia yóguica mediante la

[17] En sus *Yoga Sutras,* Patanjali dedica una sección entera a la obtención de poderes milagrosos (conocidos como *siddhis* o *vibhutis*) por medio del dominio de la ciencia del yoga —en especial, por medio de *samyama,* una combinación de los tres últimos pasos del Óctuple Sendero: *dharana* (la concentración), *dhyana* (la meditación) y *samadhi* (la unión divina)—. Entre los poderes mencionados se encuentra la levitación y la capacidad de caminar sobre el agua o el fango sin hundirse (*Yoga Sutras* III:40),

cual podía modificar la densidad vibratoria de su cuerpo y convertirlo en luz desprovista de peso. La mayoría de las personas no viven conforme a las verdades que se exponen en la Biblia; se dan por satisfechas con la mera creencia teológica o con sus propias divagaciones filosóficas, que no les conducen a ninguna parte. Si un devoto sigue el camino espiritual científico, los resultados son concretos y la prueba de ello es la propia transición que él experimenta desde la conciencia mortal a la conciencia divina.

~

«Pedro le respondió: "Señor, si eres tú, mándame ir hacia ti sobre las aguas". "¡Ven!", le dijo. Bajó Pedro de la barca y se puso a caminar sobre las aguas, en dirección a Jesús. Pero, al sentir la violencia del viento, le entró miedo y, como comenzara a hundirse, gritó: "¡Señor, sálvame!". Jesús tendió al punto la mano, lo agarró y le dijo: "Hombre de poca fe, ¿por qué dudaste?". Cuando subieron a la barca, amainó el viento. Entonces los que estaban en la barca se postraron ante él diciendo: "Verdaderamente eres Hijo de Dios"[18].

»Terminada la travesía, tocaron tierra en Genesaret. Los lugareños, apenas le reconocieron, pregonaron la noticia por toda aquella comarca, y le presentaron todos los enfermos. Le pedían que les dejara tocar siquiera la orla de su manto; y cuantos la tocaron quedaron curados» (*Mateo* 14:28-36).

---

así como la capacidad de practicar las ocho *aishvaryas* (las majestades ascéticas; véase el discurso 70, en el volumen III) y de perfeccionar el cuerpo de modo tal que sus funciones no sean afectadas por las propiedades de la tierra, el agua, el fuego, el aire y el éter —las fases sólida, líquida, ígnea, gaseosa y etérea de la materia (*Yoga Sutras* III:45-46).

En el *Sutra* III:38, Patanjali advierte a quien busca sinceramente la unión con Dios que el uso de los poderes fenoménicos es un obstáculo, ya que incita al yogui a dejarse llevar por el orgullo egoísta y lo distrae de su verdadera Meta. El devoto que avanza en el sendero espiritual se asegura de evitar el uso de cualquier poder sobrenatural que pueda adquirir, o de emplearlo sólo cuando tiene la certeza de contar con el permiso divino. Por supuesto, una vez establecido irrevocablemente en el estado de *samadhi*, el yogui que ha alcanzado la perfección recibe la guía de la sabiduría de Dios; entonces, emplea los *siddhis*, o se abstiene totalmente de hacerlo, en conformidad con las indicaciones interiores de la Voluntad Divina.

[18] Compárese con la referencia paralela que aparece en *Marcos* 6:47-52.

Con el poder de la fe y de la concentración mental, Pedro se sintonizó momentáneamente con la conciencia de Cristo y se liberó del engaño onírico de la materialidad. Fue así como la conciencia divina le sostuvo cuando bajó de la barca para dirigirse hacia Jesús. Pero cuando la violencia del viento sacudió la concentrada fe de Pedro, dando paso al temor, el hábito de considerar la materia como real regresó a su mente y de inmediato sintió que se hundía.

El progreso espiritual trae consigo una fe genuina en la naturaleza inmaterial del cuerpo

El contacto con la mano de Jesús restableció la fe de su discípulo y lo puso a salvo. Sin embargo, el Maestro reprendió a Pedro por su precaria estabilidad espiritual: «¡Oh Pedro!, ¿por qué permitiste que la duda disminuyese tu percepción divina, tu fe nacida de la intuición y estimulada por la Conciencia Crística, y reviviste en cambio tu sentido de identidad con la materia? A no ser que tu fe permanezca siempre afianzada en tu sintonía crística con la Conciencia Cósmica —la percepción constante de que Dios lo es todo—, los sucesos atemorizantes relacionados con la ilusoria materialidad contradirán reiteradamente tus percepciones divinas»[19].

Cuando Jesús habla de «fe» en este pasaje, no se refiere a una mera creencia mental, que se desvanece al más leve contacto con cualquier evidencia en sentido contrario. La fe implica convicción absoluta; la prueba de la fe reside en el conocimiento intuitivo del alma. La conciencia divina y sus ilimitados poderes están a disposición de los fervientes devotos que, gracias a la meditación, avanzan de manera constante hasta desarrollar una fe inquebrantable en la naturaleza omnipresente de Dios y en el hecho de que el Padre se manifiesta en ellos mismos.

Aquel que en todo momento se halla consciente de su cuerpo no puede estar consciente del Espíritu. Durante el sueño, la conciencia corporal es desalojada del alma por la fuerza, aunque de modo transitorio. En cambio, durante la meditación, la ilusión relativa al cuerpo se destruye de forma consciente y, durante el éxtasis que se alcanza en los estados más profundos de la meditación, el devoto desarrolla una

---

[19] «A aquel cuya conciencia no se perturba por la ansiedad durante la aflicción ni por el apego a la felicidad ante las circunstancias favorables, y que se ha liberado de los amores mundanos, de la ira y del temor, se le denomina *muni* [sabio que conoce a Dios] de firme discernimiento» *(God Talks With Arjuna: The Bhagavad Gita* II:56. Véase *El Yoga del Bhagavad Guita).*

fe genuina —una experiencia intuitiva profunda— con respecto a la naturaleza electromagnética, vitatrónica y mental del cuerpo. Cuanto más avanzado se encuentra el devoto en el sendero espiritual, mayor es su fe —la convicción que surge de la meditación— acerca de la naturaleza inmaterial de la materia y de su propio cuerpo[20].

---

[20] El gran novelista León Tolstoi escribió una deliciosa historia, *Los tres ermitaños;* su amigo Nicolás Roerich la ha resumido como sigue:

«En una isla vivían tres viejos ermitaños. Eran tan sencillos, que su única oración era: "Somos tres, Tú eres tres; ten misericordia de nosotros". Grandes milagros se manifestaron gracias a esta sencilla oración.

»El obispo supo de los tres monjes y de su inadmisible oración, y decidió visitarlos para enseñarles las invocaciones canónicas. Llegó a la isla y dijo a los ermitaños que su petición celestial era inadecuada, enseñándoles muchas oraciones usuales. Después, el obispo partió en su barco. Vio luego una luz radiante que venía tras la nave y, cuando aquélla se acercó más, se dio cuenta de que se trataba de los tres ermitaños que, tomados de la mano y caminando sobre las olas, hacían grandes esfuerzos para alcanzar el barco.

»—Hemos olvidado las oraciones que nos enseñó —gritaron al obispo cuando alcanzaron la embarcación—, y hemos venido a pedirle que nos las repita.

»El asombrado obispo movió la cabeza de un lado a otro y les dijo con humildad:

»—Continúen con su antigua oración...».

(Este relato puede tener algún fundamento histórico; una nota editorial señala que el obispo encontró a los tres monjes cuando viajaba desde Arcángel al monasterio de Slovetsky, en la desembocadura del río Dvina). (*Autobiografía de un yogui,* capítulo 30).

DISCURSO 43

El verdadero «pan de vida»

Cómo «realizar las obras de Dios»

❖

La Inteligencia Crística: «el pan del cielo»,
el sustento divino de toda la creación

❖

El que participa de la Conciencia Crística
sacia para siempre el hambre terrenal y espiritual

❖

¿Prometió Jesús la salvación a todos los que «creyesen en él»?

❖

Los materialistas y escépticos no pueden conocer a Dios ni a Cristo

❖

«Come mi carne»: nutre tu vida con el «pan» de la Conciencia Crística

❖

«Bebe mi sangre»: absorbe la Energía Cósmica
o Vibración del Espíritu Santo, fuente de vida eterna

❖

Jesús hablaba en lenguaje críptico, pero si se interpretan
sus palabras correctamente «son Espíritu y son vida»

«Aquellos de vosotros que, con la práctica de la meditación profunda, absorbáis en vuestra conciencia la Conciencia Crística (el pan) uniréis vuestra vida a la vida eterna».

Al día siguiente, la gente que se había quedado al otro lado del mar vio que allí no había más que una barca y que Jesús no había embarcado con sus discípulos, sino que éstos se habían marchado solos. Pero llegaron barcas de Tiberíades, cerca del lugar donde habían comido pan. Cuando la gente vio que Jesús no estaba allí, ni tampoco sus discípulos, subieron a las barcas y fueron a Cafarnaún, en busca de Jesús. Al encontrarle a la orilla del mar, le preguntaron: «Rabbí, ¿cuándo has llegado aquí?». Jesús les respondió:

«En verdad, en verdad os digo que vosotros me buscáis no porque habéis visto signos, sino porque habéis comido pan y os habéis saciado. No trabajéis por el alimento perecedero, sino por el alimento que permanece para vida eterna, el que os dará el Hijo del hombre, porque a éste es a quien el Padre, Dios, ha marcado con su sello».

Ellos le dijeron: «¿Qué hemos de hacer para realizar las obras de Dios?». Jesús les respondió: «La obra de Dios es que creáis en quien Él ha enviado». Ellos entonces le dijeron: «¿Qué signo haces para que, al verlo, creamos en ti? ¿Qué obra realizas? Nuestros padres comieron el maná en el desierto, según está escrito: 'Pan del cielo les dio a comer'». Jesús les respondió:

«En verdad, en verdad os digo que no fue Moisés quien os dio el pan del cielo; es mi Padre el que os da el verdadero pan del cielo; porque el pan de Dios es el que baja del cielo y da la vida al mundo».

Entonces le dijeron: «Señor, danos siempre de ese pan». Les dijo Jesús:

«Yo soy el pan de vida. El que venga a mí no tendrá hambre, y el que crea en mí no tendrá nunca sed. Pero ya os lo he dicho: Me habéis visto y no creéis. Todo lo que me dé el Padre vendrá a mí, y al que venga a mí no lo echaré fuera; porque he bajado del cielo, no para hacer mi voluntad, sino la voluntad del que me ha enviado.

»Y ésta es la voluntad del que me ha enviado: que no pierda nada de lo que Él me ha dado, sino que lo resucite el último día. Ésta es la voluntad de mi Padre: que quien vea

al Hijo y crea en él tenga vida eterna, y que yo le resucite el último día».

Los judíos murmuraban de él, porque había dicho: «Yo soy el pan que ha bajado del cielo». Y se preguntaban: «¿No es éste Jesús, hijo de José, cuyo padre y madre conocemos? ¿Cómo puede decir ahora: "He bajado del cielo"?». Jesús les respondió:

«No murmuréis entre vosotros. Nadie puede venir a mí, si el Padre que me envía no lo atrae; y yo le resucitaré el último día. Está escrito en los profetas: 'Serán todos enseñados por Dios'. Todo el que escucha al Padre y aprende, viene a mí. No es que alguien haya visto al Padre; el único que ha visto al Padre es el que ha venido de Dios. En verdad, en verdad os digo que el que cree, tiene vida eterna. Yo soy el pan de vida. Vuestros padres comieron el maná en el desierto, y murieron; éste es el pan que baja del cielo, para que quien lo coma no muera. Yo soy el pan vivo, bajado del cielo. Si uno come de este pan, vivirá para siempre; y el pan que yo le voy a dar es mi carne, para vida del mundo».

Discutían entre sí los judíos: «¿Cómo puede éste darnos a comer su carne?». Jesús les dijo:

«En verdad, en verdad os digo que si no coméis la carne del Hijo del hombre, y no bebéis su sangre, no tenéis vida en vosotros. El que come mi carne y bebe mi sangre tiene vida eterna, y yo le resucitaré el último día. Porque mi carne es verdadera comida y mi sangre verdadera bebida. El que come mi carne y bebe mi sangre permanece en mí, y yo en él. Lo mismo que el Padre, que vive, me ha enviado y yo vivo por el Padre, también el que me coma vivirá por mí. Éste es el pan bajado del cielo; no como aquel que comieron vuestros antepasados, y murieron; el que coma este pan vivirá para siempre».

Esto lo dijo enseñando en la sinagoga, en Cafarnaún.

Muchos de sus discípulos, al oírle, dijeron: «Es duro este lenguaje. ¿Quién puede escucharlo?». Pero Jesús, sospechando que sus discípulos murmuraban por esto, les dijo: «¿Esto os escandaliza? ¿Y cuando veáis al Hijo del hombre subir adonde estaba antes?...

»El espíritu es el que da vida; la carne no sirve para nada. Las palabras que os he dicho son espíritu y son vida.

»Pero hay entre vosotros algunos que no creen». Es que Jesús sabía desde el principio quiénes eran los que no creían y quién era el que lo iba a entregar. Y decía: «Por esto os he dicho que nadie puede venir a mí, si no se lo concede el Padre». Desde entonces muchos de sus discípulos se volvieron atrás y ya no andaban con él.

Jesús dijo entonces a los Doce: «¿También vosotros queréis marcharos?». Le respondió Simón Pedro: «Señor, ¿a quién vamos a ir? Tú tienes palabras de vida eterna, y nosotros creemos y sabemos que tú eres el Santo de Dios». Jesús les respondió: «Fijaos, yo os he elegido a vosotros, los Doce. Y, sin embargo, uno de vosotros es un diablo». Hablaba de Judas, hijo de Simón Iscariote, porque éste le iba a entregar, aunque era uno de los Doce.

Juan 6:22-71

 DISCURSO 43 

El verdadero «pan de vida»

«Al día siguiente, la gente que se había quedado al otro lado del mar vio que allí no había más que una barca y que Jesús no había embarcado con sus discípulos, sino que éstos se habían marchado solos. Pero llegaron barcas de Tiberíades, cerca del lugar donde habían comido pan. Cuando la gente vio que Jesús no estaba allí, ni tampoco sus discípulos, subieron a las barcas y fueron a Cafarnaún, en busca de Jesús. Al encontrarle a la orilla del mar, le preguntaron: "Rabbí, ¿cuándo has llegado aquí?". Jesús les respondió:

»"En verdad, en verdad os digo que vosotros me buscáis no porque habéis visto signos, sino porque habéis comido pan y os habéis saciado. No trabajéis por el alimento perecedero, sino por el alimento que permanece para vida eterna, el que os dará el Hijo del hombre, porque a éste es a quien el Padre, Dios, ha marcado con su sello"» (*Juan* 6:22-27).

El significado de estas palabras de Jesús es el siguiente: «Percibo vuestros pensamientos y el hecho de que no me buscáis porque los milagros que realizo hayan despertado en vosotros el deseo de hallar a Dios a través de mí, sino porque os interesa la novedad de poder saciar el hambre comiendo de los panes creados por medios divinos. Os digo que es insensato concentrarse indebidamente en dar sustento perecedero a un cuerpo que es también perecedero. Buscad más bien ese alimento *"que permanece para vida eterna"*: la sabiduría y el siempre renovado gozo de Dios, los cuales, una vez que se han adquirido, satisfacen al alma inmortal por toda la eternidad y constituyen su alimento imperecedero. El Espíritu presente en el Hijo del hombre (mi cuerpo) puede enseñaros el modo de obtener ese alimento divino, *"porque a éste es a quien el Padre, Dios, ha marcado con su sello":* Dios Padre Trascendental ha conferido a la Conciencia Crística todos los secretos y poderes de la vida y, con dicha Conciencia encarnada en mi cuerpo (el Hijo del hombre), Él ha dispuesto que yo conceda el pan de la sabiduría y de la bienaventuranza divinas —dador de la salvación y de la inmortalidad— a todos los devotos que en la meditación se esfuercen profundamente por establecer contacto con la Inteligencia Crística en su propia alma, lo cual podéis aprender a hacer si seguís las enseñanzas que os han sido enviadas a través de mí»[1].

~

«Ellos le dijeron: "¿Qué hemos de hacer para realizar las obras de Dios?". Jesús les respondió: "La obra de Dios es que creáis en quien Él ha enviado"» (*Juan* 6:28-29).

Cómo «realizar las obras de Dios»

«Cuando el sufrimiento se extiende sobre la tierra, Dios responde al llamado del alma de sus devotos y envía a un hijo divino para que, por medio de su ejemplar vida espiritual en la que se manifiesta plenamente la Conciencia Crística, pueda enseñar a los seres humanos a cooperar con la obra de salvación de Dios en sus propias vidas. La tarea de Dios en la creación es hacer regresar a todos los seres a la unidad consciente con Él mismo, mediante los dictados evolutivos de la Inteligencia Crística. Por consiguiente, quienquiera que desee *"realizar las obras de Dios"* debería, por medio de la meditación, sintonizarse con la Conciencia Crística que se manifiesta a través de un salvador enviado por Dios; de ese modo, él mismo se volverá divino y promoverá la voluntad de Dios en su propia vida».

Jesús señaló que, puesto que Dios lo había enviado, aquellos que creyeran en él y practicasen sus enseñanzas podrían, en verdad, *«realizar las obras de Dios»*. Por esa razón, hizo hincapié en el decreto

---

[1] *«¿A qué gastar en lo que no alimenta y fatigarse por lo que no sacia? Hacedme caso y comeréis bien, disfrutaréis con algo sustancioso. Escuchadme y acudid a Mí; oíd, y vuestra vida prosperará. Haré con vosotros una alianza eterna: las fieles promesas hechas a David»* (*Isaías* 55:2-3).

divino según el cual quien desee experimentar las verdades de Dios en su vida debe seguir a un auténtico gurú, un emisario divino —alguien que se haya esforzado por alcanzar la unidad con Él y la haya logrado y que, además, haya sido enviado por Dios con el propósito de conducir a otros hacia ese liberador estado de conciencia.

~

> *«Ellos entonces le dijeron: "¿Qué signo haces para que, al verlo, creamos en ti? ¿Qué obra realizas? Nuestros padres comieron el maná en el desierto, según está escrito: 'Pan del cielo les dio a comer'"[2]. Jesús les respondió:*
>
> *»"En verdad, en verdad os digo que no fue Moisés quien os dio el pan del cielo; es mi Padre el que os da el verdadero pan del cielo; porque el pan de Dios es el que baja del cielo y da la vida al mundo"»* (*Juan* 6:30-33).

La Inteligencia Crística: «el pan del cielo», el sustento divino de toda la creación

En este pasaje, Jesús explica el significado de sus palabras cuando exhortó a la muchedumbre (en el versículo 27 antes citado) a buscar ese alimento que les daría vida eterna. Al hablar del *«pan de Dios»*, Jesús se refería a la Inteligencia Crística que emana de Dios y que se halla presente en la Energía Cósmica que realiza las obras de la creación y da *«vida al mundo»* —el sustento divino de todas las fuerzas y de los objetos animados e inanimados de la creación[3]—. Por medio de esta analogía, Jesús señalaba que, a través de su propia presencia en la tierra, *«es mi Padre el que os da el verdadero pan del cielo»*, es decir, que él había venido a proporcionarles una enseñanza que les permitiría experimentar, como él lo hacía, que no es la conciencia humana ordinaria la que sustenta el cuerpo, sino la infinita

---

[2] Referencia a *Éxodo* 16:14-15, 35.

[3] *«En ella era la vida, y la vida era la luz de los hombres»* (*Juan* 1:4); este versículo se explica en el discurso 1 (volumen I). La Energía Cósmica guiada por la Inteligencia Crística latente se transmuta en diferentes frecuencias de vibración, creando las sustancias astrales vivientes y la semiconsciente fuerza vital, así como los potencialmente conscientes electrones, protones, átomos y moléculas, que a su vez integran las formas sólidas, líquidas y gaseosas que constituyen el cosmos con sus islas de universos, sistemas estelares, sistemas planetarios, nuestro sistema solar, la tierra y sus habitantes humanos.

Inteligencia Crística que está en el interior de cada uno, la cual prodiga vida y conciencia a toda criatura viviente. Únicamente las almas divinas como Jesús, enviadas a la tierra no sólo para alentar a la gente con sus inspiradoras enseñanzas, sino con la misión específica de manifestar la Inteligencia Crística e impartirla a los demás, pueden mostrar a los devotos el arte de expandir la conciencia hasta alcanzar esa Conciencia Universal.

«Por la visión omnisciente que hay en mí, os digo que Moisés os dio inspiración espiritual y también la ley divina, pero a las muchedumbres sin preparación que le seguían no les enseñó cómo obtener el *"pan del cielo"*, la supremamente redentora Inteligencia Crística inherente a la Energía Vibratoria Cósmica. La trascendental Conciencia Cósmica que existe más allá de la creación vibratoria, en el aspecto de una Personalidad consciente (mi Padre), es quien os envía, a través de mí, el contacto con la Inteligencia Crística —que descendió a la tierra desde la celestial región infinita que está más allá de las vibraciones creativas de la Energía Cósmica y se manifestó en mi cuerpo humano—. Todo aquel que por medio de la meditación se sintonice con mi vida estará en sintonía con la fuente eterna de la vida, la Inteligencia Crística, que es el auténtico *"pan"* o Sustancia que sostiene la creación entera y a todo ser viviente».

~

«Entonces le dijeron: "Señor, danos siempre de ese pan". Les dijo Jesús:

»"Yo soy el pan de vida. El que venga a mí no tendrá hambre, y el que crea en mí no tendrá nunca sed"» (*Juan* 6:34-35).

«La Inteligencia Crística y el *"Yo Soy"* iluminado (el ego divino o conciencia humana espiritualizada) presentes en mí son uno solo; por consiguiente, la Conciencia Crística presente en mí, al ser la misma que el Cristo Infinito, es la fuente de la vida y de la conciencia de todos los seres vivientes. Puesto que en todo momento estoy conscientemente sintonizado con la Conciencia Crística manifestada en mi vida, cualquier devoto que venga a mí con actitud receptiva y que discipline su vida conforme a mis enseñanzas de modo que su conciencia humana se conecte en forma permanente con la Conciencia Crística —que está presente dentro de mí y en su propia alma— comprobará que el hambre y el anhelo que sentía por sus deseos terrenales y espirituales se satisfacen para siempre. El devoto que ocasionalmente se halla en sintonía con la Conciencia Crística y cree con convicción que será capaz de unirse con dicha Conciencia y con el siempre renovado gozo presente en ella descubrirá que, a diferencia del hombre común, ya no siente sed por los efímeros gozos que provienen de los objetos materiales».

El que participa de la Conciencia Crística sacia para siempre el hambre terrenal y espiritual

Debe observarse que estas dos frases, *«venga a mí»* y *«crea en mí»*, no tienen el mismo significado. *«El que venga»* es una referencia al alma que se unifica con la Conciencia Crística; en cambio, *«el que crea»* es una referencia a aquel que sólo tiene contacto ocasional con la Conciencia Crística en la meditación.

~

«Pero ya os lo he dicho: Me habéis visto y no creéis[4]*. Todo lo que me dé el Padre vendrá a mí, y al que venga a mí no lo echaré fuera*[5]*; porque he bajado del cielo, no para hacer mi voluntad, sino la voluntad del que me ha enviado.*

»Y ésta es la voluntad del que me ha enviado: que no pierda nada de lo que Él me ha dado, sino que lo resucite el último día. Ésta es la voluntad de mi Padre: que quien vea al Hijo y crea en él tenga vida eterna, y que yo le resucite el último día» (*Juan* 6:36-40).

«Pero os digo que vosotros, que habéis visto sólo mi forma física y no habéis percibido la Conciencia Crística presente en ella, no habéis creído lo que yo soy.

---

4 *«Y el Padre, que me ha enviado, es el que ha dado testimonio de mí. Vosotros no habéis oído nunca su voz, ni habéis visto nunca su rostro, ni habita su palabra en vosotros, porque no creéis al que Él ha enviado»* (*Juan* 5:37-38; véase el discurso 21, en el volumen I).

5 Algunos traductores modernos traducen «Todo lo que me dé el Padre [...]» como «Todos aquellos que me dé el padre [...]». En el original griego se emplea el término *pan,* que se traduce correctamente como «todo», y no *panta,* que se traduciría como «todos». «Al» (contracción de "a el"), en la segunda parte de la oración, se ha traducido correctamente como referencia a una persona.

»Todo aquello que mi Padre me da, eso es lo que vendrá a mí. Y a aquel que venga a mí enviado por mi Padre y se sintonice con mi conciencia a través de su devoción y de su atención, jamás le abandonaré, sin importar cuánto haya pecado o cuán inmerso se encuentre en el error. Él es mi hermano, aunque sin saberlo oculte la imagen de la conciencia divina detrás de su mente que temporalmente se halla fustigada por el engaño.

¿Prometió Jesús la salvación a todos los que «creyesen en él»?

»He venido de los reinos celestiales de mi Padre para hacer la voluntad de Aquel que me ha enviado. La mayoría de las personas vienen a la tierra obligadas por las semillas de las acciones de sus vidas pasadas. Pero en esta encarnación en que vengo como Jesús, lo hago no sólo para demostrar mi propia liberación definitiva y mi inmortalidad en el Espíritu, sino para cumplir la voluntad de mi Padre al ayudar a otros a liberarse, mostrándoles con el ejemplo de mi propia vida el arte de establecer contacto con la Conciencia Crística y la Conciencia Cósmica.

»Así como la Inteligencia Crística omnipresente en la creación se encuentra en sintonía con la voluntad de Dios Padre, que existe más allá de la creación, así también mi voluntad está en sintonía con su divina voluntad. La voluntad de Dios Padre vibra dentro de mi conciencia humana y me indica que debo utilizar conscientemente todo el poder de la Conciencia Crística reflejado en mí durante mi vida terrenal, sin que yo pierda ni un ápice de tal poder durante la crucifixión física de mi cuerpo, y debo conservarlo después de la muerte cuando eleve mi Conciencia Crística y la unifique con la conciencia de Dios Padre.

»El último día, después de alcanzar la victoria definitiva sobre todo el karma que he tomado sobre mis hombros para aliviar los pecados de otros, mi conciencia humana y mi cuerpo resucitado, hallándose en sintonía con la suprema Conciencia Cósmica de Dios Padre, alcanzarán también la inmortalidad al haber vencido el engaño de la crucifixión.

»Percibiré mi cuerpo no como una parte del cambio transitorio, sino como una emanación de la Inmutable Inmortalidad, y mi cuerpo también se disolverá en la Conciencia Cósmica, pero retendrá su individualidad y se materializará en cualquier momento y lugar, conforme a mi voluntad o en respuesta al intenso llamado del alma de un devoto sincero.

»Y también es la voluntad de Dios Padre, creador de mi cuerpo y de la Conciencia Crística que mora en él, que todo devoto avanzado que, a la luz de su intuición desarrollada por medio de la meditación, se unifique con el Hijo unigénito (el único reflejo de Dios Padre) —la Inteligencia Crística en la creación—, y pueda retener esa conciencia de unidad (porque cree en la Conciencia Crística que ha alcanzado en la meditación), sea elevado en el último día y para siempre por mi Ser universal, la Conciencia Crística, cuando su alma se libere de todas las semillas kármicas de la acción que haya acumulado en sus cuerpos físico, astral y causal. La vida de esa alma liberada se unirá para siempre con la Vida Eterna».

Cuando Jesús dice *«quien vea al Hijo»*, la palabra *«vea»* se refiere al poder perceptivo de la intuición o sentimiento que es capaz de ver, oír, oler, gustar o tocar sin la intermediación de los sentidos. Es evidente que no todas las personas que vieron a Jesucristo durante su encarnación terrenal alcanzaron por ello automáticamente la salvación; y existen muchos cristianos en la actualidad que habrán de salvarse al conocer de manera consciente a Jesús a través de la sabiduría intuitiva que se desarrolla con la práctica asidua de la meditación profunda y la comunión divina, en la cual se experimenta al Hijo o Conciencia Crística.

En este pasaje Jesús explica a los devotos que el simple hecho de creer en él sin vivir conforme a las verdades que enseñó, ni experimentarlas en su vida, de ningún modo puede rescatar al hombre de los implacables tentáculos del engaño cósmico.

~

«Los judíos murmuraban de él, porque había dicho: "Yo soy el pan que ha bajado del cielo". Y se preguntaban: "¿No es éste Jesús, hijo de José, cuyo padre y madre conocemos? ¿Cómo puede decir ahora: 'He bajado del cielo'?". Jesús les respondió:

»"No murmuréis entre vosotros. Nadie puede venir a mí, si el Padre que me envía no lo atrae; y yo le resucitaré el último día. Está escrito en los profetas: 'Serán todos enseñados por Dios'[6]. Todo el que escucha al Padre y aprende, viene a mí. No es que alguien haya visto al Padre; el único que ha visto al Padre es el que ha venido de Dios"» (*Juan* 6:41-46).

[6] *«Yo instruiré a tus reconstructores, será grande la dicha de tus hijos»* (*Isaías* 54:13).

«No murmuréis ni emitáis vibraciones de duda, distorsionando así el divino entendimiento que procuro transmitiros. Sois demasiado materialistas para comprender quién soy.

Los materialistas y escépticos no pueden conocer a Dios ni a Cristo

»Os habéis quedado perplejos porque dije: *"Yo soy el pan que ha bajado del cielo"*. Todos vosotros creéis que vuestros padres terrenales fueron la causa de vuestro nacimiento humano, pero yo sé que aunque mi forma mortal nació en la casa de José, aun así mi templo corporal y la Inteligencia Crística que mora en él vinieron a la tierra directamente por voluntad expresa del Padre con el objeto de cumplir la misión de liberar almas.

»A pesar de que os halláis tan próximos a mi cuerpo, no podéis *"venir a mí"* —no podéis experimentar la Inteligencia Crística que mora en mí—. Nadie que se encuentre identificado con la conciencia mortal puede ser uno conmigo en la Conciencia Crística. Sólo los devotos que buscan intensamente a Dios tienen esa bendición; Él los orienta para que puedan hallar las enseñanzas adecuadas y avanzar, al elevar su conciencia en la meditación, hasta trascender los estados consciente, subconsciente y supraconsciente, y alcanzar así la unión con la Conciencia Crística. Todos vosotros que estáis próximos a mi cuerpo tenéis buen karma, merced al cual el Padre Celestial os ha enviado a mí. Los aspirantes espirituales a quienes se les concede la oportunidad de conocer a un personaje divino han recibido esta bendición del Padre Celestial en respuesta a sus anhelos espirituales.

»Todo devoto que, como resultado del fervor de sus deseos espirituales y la meditación profunda, comulga diariamente con la Conciencia Crística comprobará, el día en que todas las semillas de las acciones que llevó a cabo en todas sus encarnaciones se hayan incinerado en el fuego de su sabiduría crística, que yo, la Inteligencia Crística presente en él, elevaré su conciencia desde el territorio de la materia hacia el reino de la supremamente liberadora Conciencia Cósmica.

»Los profetas de antaño que han comulgado con Dios dejaron constancia de que todos aquellos que vengan a mí aprenderán el modo de comulgar con Dios Padre a través de la Inteligencia Crística. Cada devoto buscador de la verdad que al meditar haya oído la Vibración Cósmica que emana de la Conciencia Cósmica sabrá, a través de esa voz de Dios, que es preciso que perciba la Conciencia Crística en la creación entera antes de que pueda finalmente experimentar la Conciencia Cósmica que existe más allá de la creación.

»Pero también os digo que ningún ser humano que esté identificado con su cuerpo y con su limitado ego verá a Dios Padre o podrá unificarse con Él. Alcanzan la unión con Dios sólo aquellos que han elevado su ser interior del estado consciente, subconsciente y supraconsciente, y han ascendido desde la Conciencia Crística hasta la Conciencia Cósmica mediante el éxtasis consciente en la meditación profunda. Aquel que ha dominado el arte de comulgar con Dios Padre al oír la Vibración Cósmica por medio del poder omnisciente de su elevada intuición del alma, y en esa Vibración siente la Conciencia Crística, es un ser que pertenece a Dios y ha "visto" al Padre; es decir, se ha unificado con la Conciencia Cósmica, el Padre».

~

> *«En verdad, en verdad os digo que el que cree, tiene vida eterna. Yo soy el pan de vida. Vuestros padres comieron el maná en el desierto, y murieron; éste es el pan que baja del cielo, para que quien lo coma no muera. Yo soy el pan vivo, bajado del cielo. Si uno come de este pan, vivirá para siempre; y el pan que yo le voy a dar es mi carne, para vida del mundo»* (*Juan* 6:47-51).

«En verdad, desde mi estado de unidad con la Conciencia Cósmica de mi Padre, declaro ante todos que el devoto que realmente cree en la Inteligencia Crística sintoniza su vida con la vida eterna al comulgar diariamente con ese Cristo Infinito dentro de su propio ser en el estado de éxtasis profundo. La conciencia humana espiritualizada que hay en mí (el "Yo Soy" o ego divino de "*Yo soy el pan de vida*") es una con la Conciencia Crística (el pan) que sustenta el alma y la vida de todos.

«Come mi carne»: nutre tu vida con el «pan» de la Conciencia Crística

»Vuestros antepasados comieron el maná de la inspiración divina en el desierto y aun así murieron, es decir, sus almas no despertaron para siempre a la sabiduría y, en consecuencia, no se liberaron del ciclo humano de nacimientos y muertes. Sé estas verdades debido a mi omnisciente Conciencia Crística, que conoce la historia de todas las almas que están en la tierra. La Conciencia Crística (el pan), que se hallaba oculta tras las murallas celestiales de la Energía Cósmica y que ahora se manifiesta en mi cuerpo, puede producir el estado de inmortalidad no sólo en mí, sino en todo devoto sincero que esté en condiciones de comer —o sea, absorber en su conciencia humana— el omnipresente Cristo Infinito.

»"*Yo soy el pan vivo, bajado del cielo":* el "Yo soy" de la conciencia humana que hay en mí está unido a la siempre viviente Inteligencia Crística, que reside en forma omnipresente tras la sutil pantalla celestial de la ubicua Energía Cósmica y se manifiesta totalmente en mí. Si un devoto alimenta continuamente su vida con este pan de la Inteligencia Crística, su vida también se unirá para siempre a la vida eterna. Y yo —el Cristo Infinito— le daré a ese devoto sincero el pan o Inteligencia Crística que se manifiesta como mi carne, o Energía Cósmica condensada, para que él pueda unirla con la fuerza vital de su cuerpo (que es la "*vida del mundo*") y logre experimentar, de ese modo, su propia inmortalidad.

»A fin de que las multitudes en general puedan inspirarse a buscar el despertar de la vida eterna en su interior, yo, Jesús, sacrificaré en la cruz mi cuerpo de Energía Cósmica condensada, que después de tres días ascenderá rápidamente hasta la Conciencia Crística y la inmortalidad».

Si un hombre en un sueño predice que será crucificado y luego es crucificado en el sueño, al despertar comprende que ese cuerpo que había percibido en forma onírica era —antes y después de su crucifixión onírica— una manifestación inseparable de su propia conciencia. De igual manera, cuando Jesucristo profetizó que entregaría su carne en la crucifixión como un símbolo para el mundo de que los pecaminosos placeres materiales del cuerpo deben ser sacrificados en pos de la bienaventuranza espiritual del alma y de la vida eterna, él sabía que tanto la Conciencia Crística que se hallaba dentro de su cuerpo como el cuerpo mismo eran eternos, ya que sólo eran emanaciones de la única Conciencia de Dios.

~

«Discutían entre sí los judíos: "¿Cómo puede éste darnos a comer su carne?". Jesús les dijo:

»"En verdad, en verdad os digo que si no coméis la carne del Hijo del hombre, y no bebéis su sangre, no tenéis vida en vosotros. El que come mi carne y bebe mi sangre tiene vida eterna, y yo le resucitaré el último día. Porque mi carne es verdadera comida y mi sangre verdadera bebida. El que come mi carne y bebe

mi sangre permanece en mí, y yo en él. Lo mismo que el Padre, que vive, me ha enviado y yo vivo por el Padre, también el que me coma vivirá por mí. Éste es el pan bajado del cielo; no como aquel que comieron vuestros antepasados, y murieron; el que coma este pan vivirá para siempre"» (*Juan* 6:52-58).

La gente se hallaba desconcertada: «¿Acaso este hombre es partidario del canibalismo, puesto que nos está ofreciendo su carne?». Jesús continuó insistiendo, a pesar de que las mentes escépticas y materialistas de quienes lo escuchaban no se encontraban en condiciones de comprender la sabiduría oculta en esta metáfora esotérica:

«A no ser que los devotos coman y absorban la *"carne"* de la Conciencia Crística, oculta en el Hijo del hombre o cuerpo humano, y beban y absorban la *"sangre"* de la vivificante Energía Cósmica, también presente en el cuerpo, no podrán sentir la vida eterna que mora en el templo de su propio ser.

«Bebe mi sangre»: absorbe la Energía Cósmica o Vibración del Espíritu Santo, fuente de vida eterna

»La mayoría de vosotros sois muertos vivientes, muertos que caminan; no percibís la vida eterna que está en vosotros, ni recargáis vuestra vida con la sagrada vibración de la Energía Cósmica, ni recargáis vuestra conciencia con la Conciencia Crística que se halla oculta tras la conciencia corporal.

»El devoto que en el estado de éxtasis pueda absorber mi Conciencia Crística (mi carne) en su conciencia humana y unir la fuerza vital de su cuerpo con mi omnipotente Energía Cósmica (mi sangre) hallará la conciencia inmortal y la vida eterna; porque mi carne hecha de Conciencia Crística, que está en todas las almas, es el verdadero alimento o sustento que puede saciar para siempre el hambre de sabiduría del ser humano —es la omnisciencia inherente a la realización divina—. Y mi sangre de Energía Cósmica guiada por la Inteligencia Crística es la única vitalidad que puede recargar con inmortalidad la vida humana y saciar la sed del hombre de todo deseo terrenal.

»El devoto que, mediante la práctica de la profunda meditación extática, ha absorbido mi Conciencia Crística en su conciencia humana y ha recargado su fuerza vital con la Energía Cósmica (que se halla guiada por la Conciencia Crística) experimenta en su ser la unión con la Conciencia Crística: *"permanece en mí, y yo en él"*. Puesto que Dios el Padre eterno (la Conciencia Cósmica que se encuentra más allá de la creación vibratoria) *"me ha enviado"*, es decir, ha reflejado su vida eterna asumiendo el aspecto de la Inteligencia Crística (presente en toda la creación vibratoria), y la Conciencia Crística "vive por el Padre" —la Conciencia Cósmica—, así también el devoto que absorbe ("come") la Conciencia Crística comprueba que su conciencia y su vida se alimentan eternamente de esa Inteligencia Infinita, que está presente por igual en su cuerpo y en mi cuerpo llamado Jesús.

»Esta Conciencia Crística es el pan que se oculta tras la Energía Cósmica celestial (el pan *"bajado del cielo"*) y se manifiesta en este cuerpo llamado Jesús. Vuestros padres, que comieron el maná de la inspiración espiritual temporal, aún permanecen atados a la engañosa ilusión y a los sucesivos nacimientos y muertes inherentes a dicha ilusión, pero aquellos de vosotros que, con la práctica de la meditación profunda, absorbáis en vuestra conciencia la Conciencia Crística (el pan) uniréis vuestra vida a la vida eterna».

Las metafóricas palabras que Jesús expresa en estos versículos del Evangelio encierran verdades muy profundas. Para recapitular, Jesús se refiere a su carne como el pan o la Conciencia Crística presente en toda la creación vibratoria, y a su sangre como la Energía Cósmica. La Conciencia Crística y la Energía Cósmica son inseparables, dado que la Conciencia Crística es el reflejo en la creación de la Conciencia Cósmica (que se encuentra más allá de la creación) manifestada como Energía Cósmica o creación vibratoria.

Dios Padre y la Conciencia Cósmica son sinónimos; Cristo el Hijo y la Conciencia Crística son idénticos. Dios Padre hizo que de Sí mismo emanase su hijo o Inteligencia Crística y la Energía Cósmica o Espíritu Santo. Con el objeto de concebir un hijo es necesaria la mediación del padre y de la madre; de igual modo, la Inteligencia Crística no existiría si no fuese por la mediación de Dios Padre y la Energía Cósmica (el Espíritu Santo o la Madre Naturaleza Cósmica). Puesto que Dios Padre permanece en el estado trascendente, más allá de la creación, la Inteligencia Crística —el pan o carne— y la Energía Cósmica —la sangre—, al estar inseparablemente unidas en la creación, trabajan juntas para manifestar las diversas formas existentes en el espectáculo universal.

Jesucristo señala que el pan y la carne son lo mismo. La carne del Hijo del hombre es una referencia a la Conciencia Crística presente tanto en el cuerpo de Jesús como en el de todas las demás personas. Cuando Jesús dice *«come mi carne»*, hace alusión al acto de que la conciencia humana absorba la Conciencia Crística; cuando dice *«bebe mi sangre»*, significa que la Energía Cósmica (la sangre) debe unirse conscientemente a la fuerza vital corporal, pues ambas están presentes en el cuerpo humano y pueden unirse por medio de la sabiduría —la realización divina— para recargar de ese modo la vitalidad del cuerpo con la Vibración del Espíritu Santo presente en la Energía Cósmica.

Los ritos sacramentales de las iglesias cristianas, en los que se bebe el vino bendecido, considerándolo como la sangre de Jesucristo, y el pan bendecido, que se considera como su carne, son simbólicos. Existen almas santas que han trascendido el plano del simbolismo y, en estado de éxtasis, han experimentado que reciben en verdad la comunión con Cristo. Los devotos sinceros deberían aprender la técnica de meditación para recoger la conciencia en su interior a fin de experimentar realmente la Conciencia Crística en su conciencia[7].

[7] «Su carne es la Palabra [logos], y su sangre es el Espíritu Santo», señala el evangelio gnóstico de Felipe, que data del siglo III —citado de la obra de Antonio Piñero y col., *Textos gnósticos: Biblioteca de Nag Hammadi* Vol. II (Trotta, Madrid, 1999)—. Tales conceptos los reemplazó más tarde la iglesia oficial por el dogma de la *transustanciación* —la doctrina que consiste en que el pan y el vino utilizados en los ritos eucarísticos se transforman místicamente en el cuerpo físico y la sangre física de Jesús cuando un sacerdote ordenado los bendice durante la liturgia de la Santa Misa—. Sin embargo, aquellos que están dotados de una visión más profunda, como San Basilio el Grande, reverenciado doctor de la Iglesia y obispo de Cesarea (329-379), no perdieron de vista la verdad esotérica que se oculta tras los dogmas y los rituales externos de la iglesia.

En su libro *Una historia de Dios* (Paidós, Barcelona, 2006), Karen Armstrong describe la distinción entre *dogma* y *kerygma* que enseñaba Basilio: «Estos dos tipos de enseñanza cristiana eran esenciales en la religión. *Kerygma* era la enseñanza pública de la Iglesia, basada en la Sagrada Escritura. *Dogma,* por su parte, representaba el significado más profundo de la verdad bíblica, que sólo podía ser captado desde la experiencia religiosa y transmitido de una forma simbólica. Junto al mensaje claro de los Evangelios se había transmitido, desde la época apostólica, una tradición secreta o esotérica "en un misterio"; había sido una "enseñanza privada y secreta, que nuestros santos padres han conservado en un silencio que evita la ansiedad y la curiosidad... como para salvaguardar mediante este silencio el carácter sagrado del misterio. A los no iniciados no se les permite recibir estas tradiciones: su significado no se puede divulgar fijándolas por escrito" (Basilio, *Sobre el Espíritu Santo,* 28,66). Más allá de los símbolos litúrgicos y de las enseñanzas lúcidas de Jesús había un dogma secreto que representaba una comprensión más desarrollada de la fe. [...] Algunas intuiciones religiosas tienen una resonancia interior que sólo puede ser captada por cada persona en su propia vida, durante lo que Platón ha llamado *theoria* (contemplación). [...] Como decía Basilio, estas realidades religiosas difíciles de definir sólo se pueden sugerir en las acciones simbólicas de la liturgia».

Véase también el discurso 69 (volumen III), donde se comentan las palabras que pronunció Jesús en la Última Cena. *(Nota del editor).*

«Esto lo dijo enseñando en la sinagoga, en Cafarnaún.

»Muchos de sus discípulos, al oírle, dijeron: "Es duro este lenguaje. ¿Quién puede escucharlo?". Pero Jesús, sospechando que sus discípulos murmuraban por esto, les dijo: "¿Esto os escandaliza? ¿Y cuando veáis al Hijo del hombre subir adonde estaba antes?...

»"El espíritu es el que da vida; la carne no sirve para nada. Las palabras que os he dicho son espíritu y son vida.

»"Pero hay entre vosotros algunos que no creen". Es que Jesús sabía desde el principio quiénes eran los que no creían y quién era el que lo iba a entregar» (*Juan* 6:59-64).

En gran parte del texto que aparece registrado en el Evangelio de Juan, Jesús expresa verdades abstrusas cuya interpretación constituye un desafío, pues emplea analogías y metáforas tan crípticas que los teólogos de la actualidad, abocados a interpretar las escrituras para las multitudes, se encuentran en una situación no muy diferente de aquella en que se hallaban los eruditos y polemistas de la época de Jesús. En ocasiones, Jesús dejaba perplejos incluso a sus discípulos, a excepción de unos pocos: «Me sorprende que vosotros, que me habéis seguido hasta aquí, aún no comprendáis, mediante la receptividad intuitiva, la inapreciable sabiduría que os confío; en vez de eso, entre vosotros murmuráis vuestros juicios erróneos. Dudáis de mis palabras y os sorprende lo que os digo, pero ¡cuánto más os asombraríais si vieseis mi cuerpo —el Hijo del hombre— regresar a la Conciencia Crística de la que ha venido!».

Jesús hablaba en lenguaje críptico, pero si se interpretan sus palabras correctamente «son Espíritu y son vida»

La conciencia de Jesús se hallaba ya en sintonía con la Conciencia Crística, y en este pasaje Jesús alude de manera indirecta a su conocimiento anticipado de que su cuerpo, que en apariencia se encontraba separado de la Conciencia Crística, era una emanación de dicha Conciencia y se fundiría conscientemente en ella cuando llegase el momento apropiado.

Jesús les dice a los discípulos escépticos que, si les sorprenden sus asombrosos conceptos espirituales, entonces tendrán motivo para quedar plenamente atónitos cuando vean su cuerpo volver a la vida después de la crucifixión y ser recibido por la Celestial Conciencia Crística. De este modo, Jesús prometió a los discípulos que dudaban de él una demostración del espíritu y de la vida que se hallaban en la verdad de sus palabras.

«Cuando os concentráis en el Espíritu, comprendéis que la Inmortalidad Infinita puede revitalizar vuestra vida transitoria con vida eterna. La conciencia de la carne, la escéptica conciencia material que está en vosotros, no os aportará ningún beneficio, ninguna felicidad perdurable. Es el entendimiento espiritual el que puede conduciros con rapidez a la emancipación eterna.

»Las palabras de sabiduría que os imparto *"son espíritu y son vida"*, tienen la vitalidad de la Conciencia Cósmica del Espíritu y pueden dar vida a los que están espiritualmente muertos, como lo estáis algunos de vosotros. Yo sé quiénes de vosotros no creéis que la panacea universal para el sufrimiento humano se halla oculta tras las palabras que provienen de mi sabiduría, siempre que en verdad se apliquen y se comprendan por completo».

Cuando Jesús dice que sus palabras *«son espíritu y son vida»*, explica el hecho de que cada palabra tiene dos aspectos —la conciencia que se encuentra contenida en ella y la energía que produce—. Si una persona psicológicamente enferma siente arrepentimiento y oye la palabra «paz» de labios de una persona santa, se satura con la conciencia de la paz y se siente mentalmente estimulada por la energía vivificante que le infunde esa palabra. Por esa razón, Jesús aclara a sus discípulos que, si estuviesen en sintonía con él, percibirían la sabiduría crística del Espíritu oculta tras sus palabras y la vivificante energía contenida en ellas.

Las palabras de Jesús no eran fruto de una erudición libresca, sino que emanaban directamente de la fuente de la sabiduría, la Conciencia Cósmica, y de la Energía Cósmica —el sustento de la vida—, guiada por la Conciencia Crística. Los sabios y los que tienen inclinaciones espirituales se apartan cada día del discordante ajetreo de los pensamientos y se ocultan en las cuevas del silencio enclavadas en las profundidades de la contemplación. Allí, los verdaderos devotos beben de la fuente del Espíritu y de la Vida. Los grandes maestros que se han sintonizado con la Conciencia Crística imparten sus enseñanzas, al igual que Cristo, recargados con la Conciencia Cósmica del Espíritu y de la Vida Cósmica.

Jesús sabía desde un principio —gracias a su sabiduría omnisciente, por medio de la cual podía seguir el rastro de la ley de causa y efecto que gobierna las acciones de cada persona— cuáles de sus seguidores creían en él y cuáles muy probablemente le abandonarían:

«Y decía: "Por esto os he dicho que nadie puede venir a mí, si no se lo concede el Padre"» (*Juan* 6:65).

«Merced a mi conciencia omnisciente, sé quiénes de vosotros habéis acumulado buen karma como resultado de vuestras buenas acciones del pasado y os habéis hecho merecedores de la divina gracia de mi Padre, por la cual fuisteis atraídos hacia mí y os sentís impulsados a seguirme fielmente. Sé también quiénes de vosotros tenéis inclinaciones hacia el mal karma y me abandonaréis. Ninguna persona de mentalidad materialista puede alcanzar la Conciencia Crística que se halla en mí, y sintonizarse con dicha Conciencia, a no ser que con su devoción haya invocado al Padre, el Supremo Dios».

Con estas palabras, Jesús hace notar claramente a sus discípulos que reconocer la Conciencia Crística que está en él, y ser capaz de seguirla, no es una proeza insignificante, sino que es una bendición a la que se hace acreedor aquel que ha adquirido buen karma anteriormente y que se ha hecho digno de la cooperación de la Ley Cósmica y la gracia de Dios.

~

«Desde entonces muchos de sus discípulos se volvieron atrás y ya no andaban con él.

»Jesús dijo entonces a los Doce: "¿También vosotros queréis marcharos?". Le respondió Simón Pedro: "Señor, ¿a quién vamos a ir? Tú tienes palabras de vida eterna, y nosotros creemos y sabemos que tú eres el Santo de Dios"[8]. *Jesús les respondió: "Fijaos, yo os he elegido a vosotros, los Doce. Y, sin embargo, uno de vosotros es un diablo". Hablaba de Judas, hijo de Simón Iscariote, porque éste le iba a entregar, aunque era uno de los Doce»* (*Juan* 6:66-71).

Jesús no tenía duda alguna acerca de los doce discípulos que había elegido, pero respetaba su libre albedrío y les recordó que debían decidir libremente y con el corazón si permanecían con él.

Los devotos decretan lo que sucederá en sus vidas de acuerdo con las semillas prenatales y postnatales de la acción (karma); por

[8] Compárese con *Mateo* 16:16-17. (Véase el discurso 45).

lo tanto, cuando Jesús dijo: «*Yo os he elegido a vosotros, los Doce* (conforme a vuestro karma). *Y, sin embargo, uno de vosotros es un diablo*», él no estaba señalando que éste fuera un decreto arbitrario e inevitable de Dios. Lo decía basándose en su íntimo conocimiento de la vida interior de cada uno de sus doce discípulos.

Si Jesús hubiese tenido la certeza de que sus doce discípulos eran prisioneros del destino y que once de ellos estaban predestinados a permanecer leales a él, no les habría preguntado: «*¿También vosotros queréis marcharos?*». Jesús sabía que los discípulos, aun cuando se hallaban bajo la influencia del karma y de la ley cósmica, aun así, por voluntad propia podían permanecer con él o abandonarle. De hecho, Jesús profetizó que sería traicionado por Judas con el propósito de advertírselo, a fin de que pudiese corregir su predisposición kármica y abstenerse de cometer ese malvado acto.

DISCURSO 44

«Los signos de los tiempos»

Las obras y palabras de Jesús dan testimonio de su especial designio divino

La hipocresía de cumplir con los ritos externos mientras se hace caso omiso del espíritu de los principios divinos

❖

La pureza interior, y no la observancia externa de las normas, es lo que determina la espiritualidad de una persona

❖

¿Por qué Jesús y Patanjali advirtieron acerca del peligro de los gustos y aversiones egoístas?

❖

El designio especial de Jesús consistía en predicar para los israelitas; a partir de ahí, sus enseñanzas estaban destinadas a difundirse por el mundo entero

❖

Los maestros emplean diversos métodos de proyección de la fuerza vital para transmitir el poder divino

«No sabéis discernir en mi vida los obvios signos de los tiempos, el mensaje divino que le es dado al hombre en esta época, [...] y no sabéis reconocer el signo divino que ya habéis recibido y que es evidente en las obras milagrosas que Dios ha realizado a través de mí».

Se acercaron entonces a Jesús algunos fariseos y escribas venidos de Jerusalén, que le dijeron: «¿Por qué tus discípulos transgreden la tradición de los antepasados? Pues no se lavan las manos a la hora de comer». Él les respondió: «Y vosotros, ¿por qué transgredís el mandamiento de Dios por vuestra tradición? Porque Dios dijo: 'Honra a tu padre y a tu madre', y: 'El que maldiga a su padre o a su madre, sea castigado con la muerte'. Pero vosotros decís que el que diga a su padre o a su madre: "Lo que de mí podrías recibir como ayuda es ofrenda", no tiene por qué honrar a su padre y a su madre. Así, con vuestra tradición, habéis anulado la palabra de Dios. ¡Hipócritas! Bien profetizó de vosotros Isaías cuando dijo: 'Este pueblo me honra con los labios, pero su corazón está lejos de Mí. En vano me rinden culto, pues enseñan doctrinas que son preceptos de hombres'».

Luego llamó a la gente y les dijo: «Oíd y entended. No es lo que entra en la boca lo que contamina al hombre; lo que realmente contamina al hombre es lo que sale de la boca».

Entonces se acercaron los discípulos y le dijeron: «¿Sabes que los fariseos se han escandalizado al oír tu palabra?». Él les respondió: «Toda planta que no haya plantado mi Padre celestial será arrancada de raíz. Dejadlos: son ciegos y guías de ciegos. Y si un ciego guía a otro ciego, los dos caerán en el hoyo».

Tomando Pedro la palabra, le pidió: «Explícanos la parábola». Él dijo: «¿También vosotros seguís careciendo de inteligencia? ¿No comprendéis que todo lo que entra en la boca pasa al vientre y luego se echa al excusado? En cambio, lo que sale de la boca viene de dentro del corazón, y eso es lo que realmente contamina al hombre. Porque del corazón salen las intenciones malas: asesinatos, adulterios, fornicaciones, robos, falsos testimonios, injurias. Eso es lo que contamina al hombre; que el comer sin lavarse las manos no contamina al hombre».

Jesús salió de allí y se retiró hacia la región de Tiro y de Sidón. En esto, una mujer cananea, que había salido de aquel territorio, gritaba diciendo: «¡Ten piedad de mí, Señor,

hijo de David! Mi hija está malamente endemoniada». Pero él no le respondió palabra. Sus discípulos, acercándose, le rogaban: «Despídela, que viene gritando detrás de nosotros». Respondió él: «No he sido enviado más que a las ovejas perdidas de la casa de Israel». Ella, no obstante, vino a postrarse ante él y le dijo: «¡Señor, socórreme!». Él respondió: «No está bien tomar el pan de los hijos y echárselo a los perritos». «Sí, Señor —repuso ella—. Pero también los perritos comen de las migajas que caen de la mesa de sus amos». Entonces Jesús le respondió: «Mujer, grande es tu fe; que te suceda como deseas». Y desde aquel momento quedó curada su hija.

Mateo 15:1-28

Se marchó de la región de Tiro y vino de nuevo, por Sidón, al mar de Galilea, atravesando la Decápolis. Le presentaron un sordo que, además, hablaba con dificultad, y le rogaron que impusiera la mano sobre él. Jesús, apartándole de la gente, a solas, le metió sus dedos en los oídos y con su saliva le tocó la lengua. Después levantó los ojos al cielo, dio un gemido [suspiro] y le dijo: «Effatá», que quiere decir «¡Ábrete!». Se abrieron sus oídos y, al instante, se soltó la atadura de su lengua y hablaba correctamente. Jesús les mandó que a nadie se lo contaran. Pero cuanto más se lo prohibía, tanto más lo propagaban ellos. La gente quedó maravillada sobremanera, y comentaban: «Todo lo ha hecho bien; hace oír a los sordos y hablar a los mudos».

Marcos 7:31-37

Pasando de allí, Jesús vino junto al mar de Galilea; subió al monte y se sentó allí. Entonces se le acercó mucha gente trayendo consigo cojos, lisiados, ciegos, mudos y otros muchos; los pusieron a sus pies, y él los curó. De suerte que la gente quedó maravillada al ver que los mudos hablaban, los lisiados quedaban curados, los cojos caminaban y los ciegos veían. Y alabaron al Dios de Israel.

Jesús llamó a sus discípulos y les dijo: «Siento compasión de la gente, porque hace ya tres días que están aquí conmigo y no tienen qué comer. Y no quiero despedirlos en ayunas, no

sea que desfallezcan en el camino». Le dijeron los discípulos: «¿Cómo hacernos en un lugar inhóspito con pan suficiente para saciar a una multitud tan grande?». Les preguntó Jesús: «¿Cuántos panes tenéis?». Ellos le respondieron: «Siete, y unos pocos pececillos». Entonces mandó a la gente recostarse en el suelo. Tomó luego los siete panes y los peces y, dando gracias, los partió y se los fue dando a los discípulos, y los discípulos a la gente. Comieron todos y se saciaron. Y recogieron de los trozos sobrantes siete espuertas llenas. Los que habían comido eran cuatro mil hombres, sin contar mujeres y niños. A continuación, despidió a la muchedumbre, subió a la barca y se dirigió al territorio de Magadán [Magdala].

Se acercaron los fariseos y saduceos y, para ponerle a prueba, le pidieron que les mostrase un signo del cielo. Mas él les respondió: «Al atardecer decís: "Va a hacer buen tiempo, porque el cielo tiene un rojo de fuego", y a la mañana: "Hoy habrá tormenta, porque el cielo tiene un rojo sombrío". ¡Conque sabéis discernir el aspecto del cielo y no podéis discernir los signos de los tiempos! ¡Generación malvada y adúltera! Pide un signo, pero no se le dará otro signo que el de Jonás». Y dejándolos, se fue.

Los discípulos, al pasar a la otra orilla, se habían olvidado de tomar panes. Jesús les dijo: «Abrid los ojos y guardaos de la levadura de los fariseos y saduceos». Ellos comentaban entre sí: «Será porque no hemos traído panes». Mas Jesús, dándose cuenta, dijo: «Hombres de poca fe, ¿por qué estáis hablando entre vosotros de que no tenéis panes? ¿Aún no comprendéis, ni os acordáis de los cinco panes de los cinco mil hombres, y cuántos canastos recogisteis? ¿Ni de los siete panes de los cuatro mil, y cuántas espuertas recogisteis? ¿Cómo no comprendéis que no me refería a los panes? Guardaos, sí, de la levadura de los fariseos y saduceos». Entonces entendieron que no había querido decir que se guardasen de la levadura de los panes, sino de la doctrina de los fariseos y saduceos.

Mateo 15:29–16:12

Cuando llegaron a Betsaida, le presentaron un ciego y le suplicaron que le tocase. Tomando al ciego de la mano, lo sacó fuera del pueblo y, tras untarle saliva en los ojos, le impuso las manos y le preguntó: «¿Ves algo?». Él, alzando la vista, dijo: «Veo a los hombres, pero los veo como árboles que andan». Después, volvió a ponerle las manos en los ojos y le hizo alzar la mirada, y comenzó a ver perfectamente*. El ciego quedó curado, de suerte que distinguía de lejos claramente todas las cosas. Después lo envió a su casa, diciéndole: «Ni siquiera entres en el pueblo».

Marcos 8:22-26

 DISCURSO 44 

«Los signos de los tiempos»

Las obras y palabras de Jesús dan testimonio de su especial designio divino

«Se acercaron entonces a Jesús algunos fariseos y escribas venidos de Jerusalén, que le dijeron: "¿Por qué tus discípulos transgreden la tradición de los antepasados? Pues no se lavan las manos a la hora de comer". Él les respondió: "Y vosotros, ¿por qué transgredís el mandamiento de Dios por vuestra tradición? Porque Dios dijo: 'Honra a tu padre y a tu madre', y: 'El que maldiga a su padre o a su madre, sea castigado con la muerte'. Pero vosotros decís que el que diga a su padre o a su madre: 'Lo que de mí podrías recibir como ayuda es ofrenda', no tiene por qué honrar a su padre y a su madre. Así, con vuestra tradición, habéis anulado la palabra de Dios. ¡Hipócritas! Bien profetizó de vosotros Isaías cuando dijo: 'Este pueblo me honra con los labios, pero su corazón está lejos de Mí. En vano me rinden culto, pues enseñan doctrinas que son preceptos de hombres'"» (Mateo 15:1-9)[1].

Referencia paralela:

«Acudieron donde él los fariseos, así como algunos escribas venidos de Jerusalén. Y al ver que algunos de sus discípulos comían con manos impuras, es decir no lavadas —es que los

[1] Véase *Isaías* 29:13.

fariseos y todos los judíos no comen sin haberse lavado las manos hasta el codo, aferrados a la tradición de los antiguos, y al volver de la plaza, si no se bañan, no comen; y hay otras muchas cosas que observan por tradición, como la purificación de copas, jarros y bandejas—, los fariseos y los escribas le preguntaron: "¿Por qué tus discípulos no viven conforme a la tradición de los antepasados, sino que comen con manos impuras?". Él les respondió: "Bien profetizó Isaías de vosotros, hipócritas, según está escrito: 'Este pueblo me honra con los labios, pero su corazón está lejos de Mí. En vano me rinden culto, pues enseñan doctrinas que son preceptos de hombres'.

»"Dejando el precepto de Dios, os aferráis a la tradición de los hombres". Les decía también: "¡Qué bien violáis el mandamiento de Dios, para conservar vuestra tradición! Porque Moisés dijo: 'Honra a tu padre y a tu madre', y: 'El que maldiga a su padre o a su madre, sea castigado con la muerte'. Pero vosotros decís que si uno dice a su padre o a su madre 'Lo que de mí podrías recibir como ayuda lo declaro Korbán —es decir, ofrenda—', ya no le dejáis hacer nada por su padre y por su madre. Así, con vuestra tradición que os habéis transmitido, anuláis la palabra de Dios; y hacéis muchas cosas semejantes a éstas"» (Marcos 7:1-13).

Un defecto habitual en la estructura de la religión, tanto oriental como occidental, consiste en subordinar el espíritu de los principios divinos a la conveniencia de aplicar reglas y ritos tradicionales creados por el hombre. Los más tradicionalistas entre los antiguos hebreos ampliaron el código que reglamentaba las ofrendas a Dios —*korbán*— a fin de permitir que aquellos que prometiesen donar sus bienes terrenales al servicio del templo quebrantaran, de ese modo, el deber de mantener a sus padres, aun cuando hubiesen hecho la promesa de hacer este presente a Dios en un rapto de ira contra sus progenitores o con otras intenciones malvadas o egoístas. Por el solo hecho de declarar «*korbán*» parte de sus propiedades, una persona era eximida de cualquier incómoda obligación de asistencia material a sus padres, cuyo cumplimiento era exigido por la ley en todos los demás casos; tal exención podía llevarse a efecto aunque los padres estuviesen necesitados o los bienes donados jamás fueran utilizados

La hipocresía de cumplir con los ritos externos mientras se hace caso omiso del espíritu de los principios divinos

para el templo[2]. Si una persona recurría a esta perversión que era la ley de *korbán,* creada por el hombre, estaba desobedeciendo el quinto mandamiento de Dios. Jesús señalaba con su crítica que la adopción de esta ley ceremonial depravada había llevado al incumplimiento de la ley divina:

«Decidme, ¿por qué sois tan escrupulosos en defender vuestras costumbres locales y no acatáis, en cambio, los mandamientos de Dios? ¿Qué pecado es mayor, ignorar las tradiciones y ser fieles a los mandamientos de Dios, o denigrar los mandamientos de Dios en beneficio de vuestros propósitos personales bajo el amparo de las costumbres religiosas? Sabéis a la perfección que os dedicáis a vuestras intrincadas tradiciones para aparentar externamente santidad y que, en cambio, rechazáis por completo los mandamientos de Dios cuando os resulta más conveniente adaptarlos a vuestros propios fines.

»Dios hizo vibrar su ley y su voluntad a través de la intuición del profeta Moisés: *"Honra a tu padre y a tu madre"* (con la devoción de tu corazón, puesto que ellos son los instrumentos divinos a través de los cuales has sido creado) y *"El que maldiga a* (el que emplee lenguaje vil o tenga malos pensamientos o cometa excesos contra) *su padre o su madre, sea castigado con la muerte"*[3] (es decir, que le remuerda una agonía tan intensa como la de la muerte, y que él y su conciencia se transformen tal como uno cambia con la llegada de la muerte)[4]».

---

[2] «Jesús hizo efectiva su acusación contra la tradición [de los fariseos] dando un ejemplo del modo perverso en que esta tradición desoía los mandamientos de Dios. La ley exigía honrar a los padres, y si alguien dejaba desprotegidos a sus padres en la ancianidad, condenándolos así a mendigar o a morir de hambre, estaba haciendo algo mucho más grave que hablar mal de ellos. Tal conducta equivalía prácticamente a maldecirlos y quien incurría en ese comportamiento era merecedor de la pena de muerte. Pero en este punto los fariseos interfirieron con su tradición, la cual enseñaba que un hijo tenía derecho a decir respecto a aquella porción de sus bienes con la cual sus padres podían beneficiarse: "Es un regalo" (es decir, un regalo a Dios) y, al dedicar así esa parte a Dios, se liberaba de su obligación hacia sus progenitores» —citado del libro *The Fourfold Gospel* [El cuádruple Evangelio], de J. W. McGarvey y Philip Pendleton (Standard Publishing, Cincinnati, 1914)—. *(Nota del editor).*

[3] Estos mandamientos que Dios le dio a Moisés aparecen registrados en *Éxodo* 20:12 y 21:17, *Levítico* 20:9 y *Deuteronomio* 5:16.

[4] En numerosos estudios realizados en miles de personas que han tenido «experiencias próximas a la muerte» se han documentado muchos cambios positivos que suelen producirse al ver la muerte de cerca. El doctor Melvin Morse, que ha investigado ampliamente este tema, escribe en su libro *Últimas visiones* (Edaf, Madrid, 1996): «Jamás hablé con nadie que hubiese tenido una experiencia próxima a la muerte y que me dijese que regresó más dispuesto a ganar dinero o a consagrar más tiempo a su

Los padres son los instrumentos físicos de Dios, quien se manifiesta en la tierra como el amor paternal y maternal que trae a la existencia al bebé y lo protege. Por consiguiente, un hijo que blasfema contra sus padres, blasfema contra Dios. Jesús increpó a los fariseos por haber establecido una ley que permitía a un hombre desentenderse de sus obligaciones filiales, incluso en aquellos casos en que ello implicaba un perjuicio para sus padres.

«¡Oh vosotros, hipócritas, que externamente os comportáis como santos, pero sois perversos por dentro! Con cuánto acierto profetizó Isaías acerca de vosotros al percibir en su conciencia estas verdades provenientes de la vibración cósmica inteligente de los pensamientos de Dios. En verdad, era acertada su profecía sobre la naturaleza de quienes se acercan a los maestros con dulce lenguaje y palabras respetuosas pero con el corazón profundamente hundido en los abismos de la insinceridad. En vano adoran a Dios tales hombres, porque *"enseñan doctrinas que son preceptos de hombres"* en lugar de los mandamientos de Dios.

»Por conveniencia habéis dejado de lado las leyes de Dios, que sirven para lograr una vida perfecta y que fueron reveladas por los profetas, y os habéis aferrado a las tradiciones inútiles de los seres humanos —por ejemplo, vuestros elaborados rituales para lavarse las manos— y menospreciáis a mis discípulos porque no cumplen con tales tradiciones[5]. Sería preferible que purificaseis vuestro ser interno

---

trabajo, lejos de su familia. [...] Por el contrario, se tornan convencidos de que tienen que ser más cariñosos y amables. Reaccionan ante su experiencia viviendo la vida en su plenitud. Creen que sus vidas tienen un propósito, aunque les parezca oscuro. Invariablemente, tal finalidad comprende conceptos como el amor a la familia o el servicio a los demás. Parecen saber que el amor que creen en vida se reflejará en ellos cuando mueran». *(Nota del editor).*

[5] «El lavamiento de las manos antes de comer no es una instrucción del Antiguo Testamento. Sabemos que es una buena práctica por razones sanitarias, pero los rabinos hacían de ello una marca de justicia para los demás. Esta postura era enfatizada sobremanera en la enseñanza oral. Este lavamiento de las manos estaba regido por minuciosas normas. Estaba ordenado lavarse las manos antes de comer, y era obligado también después. Los más rigurosos se lavaban las manos entre plato y plato. Las manos debían meterse dentro del agua. Luego, la misma agua debía ser "limpia", y las vasijas empleadas debían ser también ceremonialmente "limpias". Las vasijas debían mantenerse llenas de agua limpia lista para su empleo (*Juan* 2:6-8). Y así la cosa se iba regulando *ad infinitum*. Por ello, se suscitaba una verdadera controversia entre Jesús y los rabinos. Se trataba de mucho más que de un asunto de etiqueta o de higiene. Los rabinos consideraban que el descuido de esta práctica constituía un pecado mortal» —citado de la obra de A. T. Robertson *Comentario al texto griego del Nuevo Testamento* (Clie, Barcelona, 2003).

siguiendo las divinas leyes de la virtud reveladas a través de los profetas en vez de entregaros con tanto fervor a las costumbres tradicionales externas de seudopurificación, que no producen ningún resultado espiritual perdurable».

La sola observancia de las costumbres instituidas por el hombre no nos acerca a Dios. Es necesario cumplir con las normas habituales de la higiene y de la conducta moral, y mostrar una actitud de reverente decoro al rendir culto. Sin embargo, cuando una persona destina cierto tiempo para dedicarlo a Dios, pero realiza preparativos demasiado complicados, prestando minuciosa atención a las reglas prescritas y a los rituales preliminares, probablemente no le quedarán deseos de alcanzar un sereno recogimiento interior en la meditación profunda ni lograr la comunión divina, o tal vez dispondrá de poco o ningún tiempo para ello. El propósito de las observancias externas es ocupar la mente con el fin de que se purifique de pensamientos mundanos; no obstante, lo que en verdad purifica al ser humano es la meditación, pues la conciencia del hombre se torna receptiva al contacto divino.

Shankara afirma: «El ritual externo no puede destruir la ignorancia, porque éstos no son mutuamente contradictorios. Sólo el conocimiento directo destruye la ignorancia»[6].

~

> *«Luego llamó a la gente y les dijo: "Oíd y entended. No es lo que entra en la boca lo que contamina al hombre; lo que realmente contamina al hombre es lo que sale de la boca"»* (*Mateo* 15:10-11).

Referencia paralela:

> *«Luego volvió a llamar a la gente y les dijo: "Oídme todos y entended. Nada hay fuera del hombre que, entrando en él, pueda contaminarle; lo que realmente contamina al hombre es lo que sale de él. Quien tenga oídos para oír, que oiga"»* (*Marcos* 7:14-16).

«Prestadme atención todos vosotros y, sintonizando vuestra mente con la sabiduría divina que hay en mí, esforzaos por comprender lo que os digo: ni la omisión de alguna costumbre externa

---

6 *Cien aforismos.*

creada por el hombre ni la condición infame en que pueda vivir tienen, en sí mismas, el poder de contaminar al ser humano en su interior. Lo que le denigra son las experiencias, pensamientos y sentimientos a los que él permite arraigarse en su mente y en su corazón y que saturan su conciencia con el mal, para emerger luego como deseos y acciones malignas. Quien tenga oídos para comprender, que oiga y comprenda».

Jesús defiende el hecho de que sus discípulos ingieran alimentos sin cumplir con el ritual del lavado de las manos, explicando que es una acción que no afecta a la pureza de sus corazones y de sus almas. Los fariseos y escribas, que practicaban con toda religiosidad las costumbres externas sin realizar los esfuerzos internos necesarios por alcanzar la santidad, obtenían sólo una apariencia hipócrita de espiritualidad.

La pureza interior, y no la observancia externa de las normas, es lo que determina la espiritualidad de una persona

Jesús procuraba que la gente comprendiese que, sea cual sea el entorno —bueno o malo— que rodee al ser humano, ciertamente *«nada hay fuera del hombre»* que lo afecte tanto como el bien o el mal que hay en su propio corazón. Una persona muy virtuosa que se halle en un ambiente perjudicial continuará por lo general siendo buena, en tanto que es muy probable que una persona profundamente arraigada en el mal siga siendo malvada aunque su entorno sea bueno.

Esto no significa que el ambiente no ejerza influencia alguna sobre el ser humano; el efecto del entorno exige reiterados actos de voluntad para contrarrestarlo. No obstante, Jesús enfatiza que lo que es de primordial importancia es el ambiente interior del hombre. Mi maestro, Swami Sri Yukteswar, solía recordarme lo siguiente: «Mantente atento a la compañía que frecuentas: la compañía de tus amigos y la compañía de tus pensamientos». Aquel que abriga malos pensamientos está mal acompañado. Pero, incluso en el caso de que uno se encuentre rodeado de personas no espirituales, si aun así mantiene la mente colmada de pensamientos buenos y positivos, esa influencia negativa no tendrá poder para afectarlo.

Por lo tanto, la meta principal del hombre debería ser establecer firmemente la virtud en su corazón y en su mente: Pensar en el bien y abrigar sentimientos bondadosos es una fuerza poderosa que atraerá un buen entorno y dará como resultado un comportamiento espiritual natural y espontáneo. Por el contrario, si uno hace hincapié en la adhesión a las costumbres externas prescritas, sin tomar la precaución de desalojar el mal de su ser interior, seguirá rodeado de la compañía de sus malos pensamientos y tendencias, y se verá incapaz de evitar la influencia que éstos ejercen para que se exteriorice la nociva naturaleza que poseen —*«lo que realmente contamina al hombre es lo que sale de él»*.

No se debe juzgar a una persona sólo por sus acciones, sino según el origen y el motivo de tales acciones. Son las motivaciones malévolas de un hombre, y no otra cosa, las que accionan la iniquidad que surge de él. Es verdad que hay maldades cometidas por niños que actúan por imitación, o cometidas por personas mentalmente enfermas desprovistas de todo poder de raciocinio, pero en tales casos no se les puede responsabilizar de sus acciones. En cambio, cuando un niño o un adulto cometen una falta por motivación propia o impulsados por un deseo innato, ese acto los envilece y augura una predisposición cada vez mayor hacia el mal.

~

> *«Entonces se acercaron los discípulos y le dijeron: "¿Sabes que los fariseos se han escandalizado al oír tu palabra?". Él les respondió: "Toda planta que no haya plantado mi Padre celestial será arrancada de raíz. Dejadlos: son ciegos y guías de ciegos. Y si un ciego guía a otro ciego, los dos caerán en el hoyo"»* (Mateo 15:12-14)[7].

Jesús respondió con indignación a la indignación de quienes le difamaban. La mentalidad obtusa de los fariseos les impedía aceptar la verdad que las palabras de Jesús encerraban. «Todas las "plantas" de normas imperfectas de conducta humana que el hombre haya cultivado por oportunismo en el suelo de la tradición serán consideradas, con el transcurso del tiempo, malezas —inútiles para la humanidad— y, en consecuencia, serán destruidas por la Ley Cósmica. Todas las normas eternas sobre el arte de vivir que proceden de Dios y que los profetas, a través de su conciencia cósmica, han declarado como necesarias para la humanidad perdurarán hasta el fin. Dejad a los fariseos y a sus acólitos sumidos en su adorado apego por la oscuridad que

[7] *«Ciegos y guías de ciegos»:* Jesús emplea la misma frase en *Lucas* 6:39; véase el comentario en el discurso 33.

ellos mismos se han creado. Si quien está espiritualmente ciego guía a otro que también padece la ceguera de la ignorancia, ambos caerán en el abismo del error y sufrirán las consecuencias que ello acarrea».

~

«Tomando Pedro la palabra, le pidió: "Explícanos la parábola". Él dijo: "¿También vosotros seguís careciendo de inteligencia? ¿No comprendéis que todo lo que entra en la boca pasa al vientre y luego se echa al excusado? En cambio, lo que sale de la boca viene de dentro del corazón, y eso es lo que realmente contamina al hombre. Porque del corazón salen las intenciones malas: asesinatos, adulterios, fornicaciones, robos, falsos testimonios, injurias. Eso es lo que contamina al hombre; que el comer sin lavarse las manos no contamina al hombre"» (*Mateo* 15:15-20).

Referencia paralela:

«Cuando dejó a la gente y entró en casa, sus discípulos le preguntaron sobre la parábola. Él les dijo: "¿Conque también vosotros carecéis de inteligencia? ¿No comprendéis que todo lo que entra de fuera en el hombre no puede contaminarle, pues no entra en su corazón, sino en el vientre, y va a parar al excusado?" —así declaraba puros todos los alimentos—. Decía también: "Lo que realmente contamina al hombre es lo que sale de él. Porque de dentro, del corazón de los hombres, salen las intenciones malas: fornicaciones, robos, asesinatos, adulterios, avaricias, maldades, fraude, libertinaje, envidia, injuria, insolencia, insensatez. Todas estas perversidades salen de dentro y contaminan al hombre"» (*Marcos* 7:17-23).

«¡Oh mis fieles discípulos!, ¿también vosotros carecéis de entendimiento divino? ¿No comprendéis que así como el alimento que se ingiere afecta sólo al cuerpo y no al ser interno del hombre, de igual manera los ritos externos y superficiales tampoco elevan o deterioran el espíritu? El carácter del hombre se pone de manifiesto mediante todo lo que proviene de los sentimientos que abriga en su corazón».

¿Por qué Jesús y Patanjali advirtieron acerca del peligro de los gustos y aversiones egoístas?

Según el gran sabio Patanjali, los sentimientos del corazón *(chitta)* son los responsables de todos los enredos que se experimentan en la vida terrenal[8]. Las personas de escaso entendimiento culpan a Dios de todos los males y calamidades que les ocurren en la vida. Sin embargo, las escrituras de la India explican a quién se debe responsabilizar realmente. Las almas se envían a la tierra como imágenes perfectas de Dios con el objeto de que disfruten de ese entretenimiento y para que presencien y experimenten las maravillas de la creación con la actitud de seres divinos. Pero cuando el ser humano socava su trascendente naturaleza, que es el alma, y permite que los sentimientos de su corazón se involucren de manera egoísta en los gustos y aversiones (la atracción y repulsión indiscriminadas) que provocan los objetos y las experiencias materiales, tales distorsiones de la conciencia se convierten en insidiosas ataduras que hacen que el hombre forme parte del engaño, en vez de mantenerse apartado de él. Los deseos, los apegos y las inclinaciones de los gustos y aversiones del corazón, que se

[8] *Yoga Sutras* I:2-3: «El yoga (la unión científica con Dios) es la neutralización de los cambios de *chitta.* Entonces, el observador (el alma) se establece en su propia naturaleza» —es decir, la libertad sin condiciones y la bienaventuranza inmortal inherente al alma por ser una chispa de la esencia divina.

Como se mencionó brevemente en el discurso 26 del volumen I *(«Bienaventurados los limpios de corazón, porque ellos verán a Dios»),* las enseñanzas de Jesús acerca de las emociones son similares a las de la ciencia del yoga, que es relativamente más antigua. En su comentario correspondiente al primer capítulo del *Bhagavad Guita* (en particular, las estrofas 4-11), Paramahansa Yogananda proporciona una explicación yóguica exhaustiva acerca del modo en que operan estas fuerzas energéticas en la conciencia del hombre para promover u obstaculizar la percepción de la Divinidad. El hecho de que tales enseñanzas también se conocían y practicaban como parte del cristianismo original se evidencia en los escritos de varios de los Padres de la Iglesia primitiva —lo cual llevó a algunos eruditos a referirse a ellas como un tipo de «yoga cristiano»—. Entre los ejemplos citados se encuentra Evagrius Ponticus, un Padre del Desierto del siglo IV d. C., cuyos escritos influyeron sobre las tradiciones místicas primitivas tanto del cristianismo romano como del cristianismo oriental ortodoxo y, más tarde, sobre los místicos sufíes del Islam. En su libro *El cristianismo olvidado* (Estaciones, Buenos Aires, 1992), el profesor Jacob Needleman explica lo siguiente acerca de las enseñanzas de Evagrius: «La palabra clave es *apatheia,* que en términos actuales se traduce como "apatía" y está originalmente tan lejos del significado actual de la palabra como lo están los diamantes del vidrio roto. [...] *Apatheia* significa, literalmente, "sin emociones" o, más precisamente, "libre de emociones". [...] Evagrius mismo escribe: "Ahora bien, esta *apatheia* tiene un hijo llamado *ágape* [amor de Dios] quien es guardián de la puerta hacia el profundo conocimiento del universo creado. Finalmente, a este conocimiento le siguen la *teología* [conocimiento experiencial de Dios] y la bienaventuranza suprema"».

acumulan en su conciencia vida tras vida, le obligan a reencarnar en un cuerpo físico diseñado a su medida por él mismo. Si estas tendencias son negativas, con toda certeza emergerán de los sentimientos del corazón y se convertirán en acciones que profanen la innata nobleza del ser humano.

Ésa es la razón por la cual Jesús recalcó la diferencia entre los métodos externos e internos para purificar el corazón: «Todos los malos pensamientos y acciones se originan en las tendencias kármicas malévolas almacenadas en el corazón de los hombres (*chitta,* el sentimiento). Los deseos adúlteros y los actos de adulterio, las tentaciones sexuales y las fornicaciones, las inclinaciones asesinas y los asesinatos, los pensamientos de robo y las acciones de robo, los pensamientos de codicia y las acciones codiciosas, la tendencia a injuriar a los demás y el acto de levantar falso testimonio, el deseo de engañar y las acciones traicioneras, los pensamientos lujuriosos y las acciones lascivas, el poder para hacer maleficios y el uso de dicho poder, el impulso para maldecir y el acto de maldecir, los pensamientos blasfemos y el acto de blasfemar, los sentimientos de orgullo y las acciones jactanciosas y todo acto de

---

De modo similar, en *Yoga Sutras* I:21, Patanjali señala que se hallan más próximos de alcanzar la meta del yoga —es decir, la alcanzan más rápidamente— aquellos que poseen *tivra-samvega* (desapasionamiento extremo, el cual no es un estado negativo sino una transmutación del anhelo por el mundo en un intenso fervor por Dios).

El profesor Needleman continúa diciendo: «El más influyente de los escritos prácticos de Evagrius podría tomarse como lineamientos generales para la ardua lucha interior en pos de la liberación de los sufrimientos e ilusiones producidos en el hombre por las emociones. Las emociones, y los pensamientos sobre los que se basan, son a menudo llamados "demonios". Este término, que suena tan ingenuo a la mente moderna, tiene un significado que está lejos de ser ingenuo. El hombre es un ser microcósmico; vive y se mueve dentro de un campo de fuerzas e influencias que abarca la escala ontológica completa de fuerzas del universo. Estas fuerzas tienen una dirección vertical hacia o desde la unidad con Dios. Los movimientos de estas fuerzas tienen lugar dentro de la mente y el corazón, dentro del "alma", así como en el universo externo. [...]

»El *Praktikos* de Evagrius comienza con un listado de ocho tipos de pensamientos "apasionados" o "del mal": gula, impureza, avaricia, tristeza, ira, *acedia* ["el deseo de darse por vencido"], vanagloria y orgullo. Al llamarlos "pensamientos", Evagrius se refiere a un elemento sumamente importante de la enseñanza cristiana antigua acerca de las emociones. [...] "No está en nuestro poder", escribe Evagrius, "determinar si somos o no perturbados por estos pensamientos, pero está en nosotros decidir si van a perdurar en nosotros o no y si van o no a agitar nuestras pasiones".

»Resumiendo, aparecen en la psique pensamientos, impulsos, asociaciones, pero como tales *todavía no son emociones*. Es solo cuando uno mismo da algo a estos "pensamientos", una energía, una fuerza psíquica específica, cuando adquieren la naturaleza de emociones —pasiones— y asumen su abrumador poder sobre nuestra vida interior y exterior». *(Nota del editor).*

insensatez son el fruto de las tendencias perversas almacenadas en el corazón humano, como resultado de sus acciones ignorantes de esta vida y de vidas pasadas. Si no se restringen y se subliman espiritualmente, estas tendencias negativas corrompen al hombre y le causan todo género de sufrimientos».

Los malos pensamientos son una pantalla de humo hecha de ignorancia, que oculta de la mente consciente la pureza y el eterno gozo del alma. Quien ve la vida a través del filtro de los sentimientos contaminados es incapaz de percibir la sutil belleza de la imagen de Dios que se oculta en su interior. Al vivir en la oscuridad, el ser humano se vuelve sumamente vulnerable a toda clase de aflicciones engañosas —físicas, mentales y espirituales.

Aquel que ennoblece y embellece sus sentimientos internos con aspiraciones espirituales y pensamientos radiantes y alegres y —lo que es más importante— realiza diariamente el rito de purificación más elevado, que consiste en depurar su conciencia con la sabiduría divina mediante la práctica de la meditación, descubre que, a través de la transparencia de su luminosa existencia interior, fluye y resplandece hacia su mente consciente toda la jubilosa excelencia de su alma, que es un reflejo de Dios.

~

«Jesús salió de allí y se retiró hacia la región de Tiro y de Sidón. En esto, una mujer cananea, que había salido de aquel territorio, gritaba diciendo: "¡Ten piedad de mí, Señor, hijo de David! Mi hija está malamente endemoniada". Pero él no le respondió palabra. Sus discípulos, acercándose, le rogaban: "Despídela, que viene gritando detrás de nosotros". Respondió él: "No he sido enviado más que a las ovejas perdidas de la casa de Israel"» (*Mateo* 15:21-24)[9].

«De tiempo en tiempo, el Padre Celestial envía un emisario divino para enseñar a una comunidad, raza o nación en particular en la que éste puede volver a encender la llama de la verdad y abrir los olvidados portales que conducen a la salvación. Aunque mis enseñanzas son universales y serán beneficiosas para todos y aplicables

---

[9] Compárese con la referencia paralela que aparece en *Marcos* 7:24-26.

por todos los que vivan en la tierra en cualquier época[10], aun así no he sido enviado para todos en el presente, puesto que he recibido del Padre Celestial el mandato de ser el pastor espiritual de las *"ovejas"* perdidas —o buscadores espirituales confundidos— de la casa de Israel. Los israelitas fueron en el pasado un pueblo profundamente virtuoso, como puede comprobarse por sus profetas; el poder acumulado de su buen karma emitió un silencioso llamado al Padre Celestial. En respuesta a ese llamado, Él me envió en el presente ciclo como el salvador prometido a los israelitas».

El designio especial de Jesús consistía en predicar para los israelitas; a partir de ahí, sus enseñanzas estaban destinadas a difundirse por el mundo entero

La misión de Jesús era de importancia mundial. Sin embargo, dado que contaba únicamente con el corto lapso de tres años para establecer sus enseñanzas y ejercer una influencia espiritual a través de su vida, no es de sorprender el hecho de que concentrara todo su poder en una sola nación y en una zona relativamente restringida: *«No he sido enviado más que a las ovejas perdidas de la casa de Israel»*. Allí se había preparado el escenario para el comienzo de su enseñanza universal.

La venida de un ser divino de la estatura espiritual de Jesús había sido profetizada en las escrituras hebreas: un Mesías, un hombre de Nazaret nacido en Belén. Además, él había sido parte del linaje de los profetas hebraicos del Antiguo Testamento en su vida anterior como Eliseo, en la que fue discípulo de Elías. Y lo que es tal vez más significativo: de las civilizaciones del mundo que existían en la época de Jesús, las doctrinas de la nación hebrea constituían —con excepción de la India— la única tradición religiosa monoteísta que adoptaba a Dios como el Único Espíritu Supremo[11]. Tanto los pueblos de los

---

[10] Compárese con la profecía de Isaías citada en *Mateo* 12:21: *«En su nombre pondrán las naciones su esperanza»*, la cual se comenta en el discurso 32.

[11] Aun teniendo en cuenta la variedad casi infinita de personificaciones de la Deidad Suprema que existen en la India para satisfacer la diversidad de temperamentos humanos, sus tradiciones espirituales han sustentado un absoluto monoteísmo desde la época de sus primeros textos sagrados. El *Rig Veda* declara (I.164.46): «La verdad es una; los sabios la designan con muchos nombres». El doctor N. C. Panda escribe en *The Vibrating Universe* [El universo vibrante] (Motilal Banarsidass, Delhi, 1995): «El *Rig Veda* (X.82.3) inequívocamente declara el monoteísmo en el siguiente verso: "Él es nuestro padre, quien nos crea y dispone de nosotros. Él conoce todos los mundos. Él es uno solo. Todos los nombres de los dioses se refieren únicamente a Él"».

«En el hinduismo y en el budismo se animaba al pueblo a trascender a los dioses», escribe Karen Armstrong en *Una historia de Dios* (Paidós, Barcelona, 2006). «[Sin embargo,] la nueva religión del único Dios no llegaba tan fácilmente a los israelitas

territorios que rodeaban el país en que nació Jesús como el Imperio Romano —que conquistó Israel y lo gobernó— eran politeístas, adoradores paganos de numerosos dioses que representaban poderes cuyos favores podían ser propiciados. En muchos casos, los dioses griegos y romanos eran antropomórficos, seres inmortales hechos a imagen del hombre. Basándose en ese concepto, incluso los césares romanos y los faraones egipcios fueron elevados a la jerarquía de dioses.

Si Jesús hubiese enseñado y realizado sus milagros ampliamente entre los paganos, sin duda la mezcla de sus diversos enfoques habría hecho que las siguientes generaciones recibiesen una perspectiva diferente de sus enseñanzas. Jesús encontró que el mensaje que Dios le había encomendado dar al mundo guardaba una perfecta armonía con la atmósfera de sabiduría de los profetas hebreos; con la ciencia

---

como lo hacía el budismo o el hinduismo a los pueblos del subcontinente asiático».

Según observa Jonathan Kirsch, autor de varias elogiadas obras sobre la historia del pueblo judío, en su libro *The Woman Who Laughed at God: The Untold History of the Jewish People* [La mujer que se reía de Dios: La historia jamás contada acerca de los judíos] (Viking, Nueva York, 2001), «Al principio, los antiguos israelitas no siempre siguieron una doctrina rigurosamente monoteísta. Sólo cuando llegamos al libro de los Reyes y los escritos de los profetas [es decir, la época de Elías, Eliseo, Isaías, etc.], los autores bíblicos hacen cumplir categóricamente las leyes contra la idolatría y adoptan claramente el monoteísmo como la teología oficial del antiguo Israel».

Los expertos por lo general concuerdan —escribe Kirsch— en que los cinco libros de la Torá, atribuida tradicionalmente a Moisés (alrededor del año 1250 a. C.), eran en realidad la obra de múltiples autores y revisionistas que se llevó a cabo a lo largo de un período de tal vez mil años. Algunos estudiosos, incluyendo a Karen Armstrong, creen que los datos históricos muestran que el monoteísmo puro heredado por el judaísmo posterior se cristalizó realmente durante el exilio judío en Babilonia, del 597 al 538 a. C., y que los libros más antiguos de la Biblia hebrea fueron revisados conforme a ello. Otros historiadores señalan que Babilonia fue la vía a través de la cual la metafísica y el misticismo de la India ejercieron influencia sobre la filosofía de los judíos, griegos y gnósticos. Fue durante el exilio en Babilonia y después de éste cuando algunos de los más grandes profetas del judaísmo vivieron y enseñaron: Ezequiel, Jeremías y otros.

En *Autobiografía de un yogui*, Paramahansa Yogananda escribió: «Dominar a *maya* fue la tarea asignada a la raza humana por los profetas milenarios. Elevarse sobre la dualidad de la creación y percibir la unidad del Creador se consideró la meta suprema del hombre. [...] Descorrer el velo de *maya* es descubrir el secreto de la creación. Aquel que así desnuda el Universo es el único monoteísta verdadero. Todos los demás están adorando imágenes paganas. Mientras el hombre permanezca bajo el dominio de las ilusorias dualidades de la naturaleza, el doble rostro de *maya*, como el de Jano, será su dios, y no podrá conocer al único Dios verdadero. [...]

»*Maya* o *avidya* no pueden ser destruidas por medio de la convicción intelectual o del análisis, sino únicamente al alcanzar el estado interior de *nirbikalpa samadhi*. Los profetas del Antiguo Testamento y los videntes de todos los países y de todas las épocas hablaron desde ese estado de conciencia». *(Nota del editor).*

del Advaita-Yoga de la India para lograr la comunión con Dios y la unión suprema con el Espíritu; y con el budismo, el cual hace énfasis en la ley del karma y en el amor y la compasión divinas hacia todos los seres. ¡Suficiente oposición debía enfrentar ya Jesús por parte de las castas sacerdotales de Israel como para que le fuese preciso contender, además, con la jerarquía sacerdotal de los paganos!

Jesús sabía que el poder concentrado de sus enseñanzas llegaría, a su debido tiempo, hasta los lugares más recónditos de los corazones humanos a través de sus apóstoles —que estaban bien adoctrinados y contaban con su bendición espiritual— y de aquellos discípulos sinceros que los sucediesen.

Éstas son las pautas que siguen todos los mensajeros divinos: Nacen en un lugar determinado, en una época en particular, y ejercen su influencia en el escenario decretado por Dios —ya sea de ámbito comunitario o universal—. Cada designio lleva su propio sello de la voluntad divina.

Las bendiciones especiales que Dios envía en todas las épocas a través de sus emisarios divinos

Entre los emisarios divinos que han bendecido e iluminado a la humanidad se pueden señalar los siguientes, cuyos designios especiales guardaban relación con los de sus predecesores:

Bhagavan Krishna nació en la India, muchos siglos antes que Jesús, con el propósito de redimir a los virtuosos Pandavas que se hallaban bajo la opresión de los malvados Kurus. El Señor Krishna era un *purnavatara,* una encarnación plena de la Divinidad, capaz de manifestar en su vida todas las cualidades de Dios[12]. A través del sabio Vyasa, el Señor Krishna ofreció a la India y al mundo una de sus más grandiosas escrituras, el *Bhagavad Guita,* la ciencia yóguica del alma y su sendero que conduce a la liberación en el Espíritu.

Más tarde, Gautama Buda se encarnó en la India cuando era extremadamente necesario poner en práctica la misericordia. Se considera que Buda restauró el corazón de la religión de la India, puesto que la religión se había degradado al transformarse en una práctica sacerdotal de rituales y ceremonias mecánicas. Buda hizo hincapié en la ley de la acción correcta como el camino para escapar de la rueda kármica de los ciclos de nacimiento y muerte, la cual se halla

[12] Véase el discurso 16 (volumen I), donde se trata el tema de las encarnaciones parciales o completas de Dios *(khanda avatares* y *purna avatares).*

en constante rotación; enfatizó también la necesidad de desarrollar la compasión hacia todas las criaturas mediante la percepción de la Divinidad presente en toda vida. Gracias a la influencia de Buda, se suspendió la práctica de muchos ritos en los que se sacrificaban animales.

Jesucristo nació cinco siglos después de Buda, con el propósito de traer el mensaje de la fe y la devoción como camino para alcanzar el reino de los cielos. Realizó numerosas curaciones milagrosas del cuerpo, la mente y el alma, demostrando así que todos aquellos que son receptivos pueden recibir el amor y la misericordia de Dios que se hallan eternamente presentes.

En el siglo VII d. C., Swami Shankara (Adi Shankaracharya) se encarnó para traer la enseñanza de que el Espíritu Supremo es Dicha siempre existente, siempre consciente y eternamente renovada. Había una gran necesidad de este concepto positivo de Dios entre las clases excesivamente intelectualizadas de la India, pues a medida que las enseñanzas de Buda se fueron desvirtuando, se desarrolló una doctrina según la cual el objetivo final de la vida era la aniquilación. Esta falacia surgió a partir de una interpretación errónea del concepto de *nirvana,* la cesación de la conciencia del ego y de sus subsecuentes reencarnaciones. La verdadera enseñanza de Buda, en armonía con la de todos los grandes profetas de la India, mostraba que los deseos egoístas son la causa de los renacimientos y que toda alma que logre superar los deseos materiales hallará la liberación —¡no la extinción!—. Swami Shankara reafirmó la verdad eterna de que las almas que conquistan el deseo por lo material se unifican con el estado positivo de la Dicha siempre existente, siempre consciente y eternamente renovada. Señaló, además, que Dios —el Espíritu— es esa Dicha eternamente renovada y, como tal, constituye una necesidad universal y la meta suprema de la vida, cuyo logro se debe procurar por medio del discernimiento y de la meditación en nuestro verdadero Ser —el santuario secreto del bienaventurado Espíritu Infinito que reside en el ser humano.

En el siglo XII, nació en la India Sri Chaitanya con el fin de encender en los corazones humanos un amor ardiente por Dios. Su sendero de *bhakti* —la entrega total a través de la devoción— reinstauró la importancia fundamental de experimentar en verdad una relación personal con Dios, un concepto degradado por los pándits y eruditos, cuyas abstrusas ideas filosóficas influenciaban la práctica de la religión en esa época.

En la era moderna, Mahavatar Babaji entregó al mundo, a través de Lahiri Mahasaya, la ciencia del *Kriya Yoga* con sus técnicas de concentración y meditación, mediante las cuales se puede lograr el contacto con Dios. Lahiri Mahasaya hizo hincapié en que los fanáticos religiosos deberían elevarse por encima de sus diferencias superficiales, concentrarse en los principios universales de la moralidad y aprender la ciencia y el arte del recogimiento interior de la mente para sintonizarla con el Infinito. Su doctrina del *Kriya Yoga* es única por el hecho de que, además de impartir guía para el desarrollo moral y la práctica de la autodisciplina, proporciona técnicas definidas de meditación para un ascenso gradual al estado de comunión con Dios. Después de alcanzar los sucesivos estados de supraconciencia, Conciencia Crística y Conciencia Cósmica, que todos los seres humanos han de experimentar en su búsqueda de la Divinidad, el alma finalmente se funde en el Ser Supremo. Sea cual sea el método que el devoto utilice, la conciencia del seguidor de cualquier religión deberá pasar por estos estados a fin de alcanzar la unión con Dios. Las enseñanzas de Lahiri Mahasaya son apropiadas sobre todo para la época moderna, porque no requieren que uno crea de manera dogmática, sino que, mediante la práctica del *Kriya Yoga,* cuyas técnicas son de probada eficacia, se descubre por experiencia propia la respuesta a la eterna pregunta, «¿Cuál es la verdad?», acerca de uno mismo y de Dios.

Los maestros o salvadores antes mencionados avanzaron manifestando los diversos grados de las cualidades de Dios. Una vez que los maestros han alcanzado un desarrollo espiritual completo o casi completo vienen a la tierra por voluntad divina con el objeto de cumplir con el designio especial que Él les ha encomendado. Dios mismo nunca desciende a la tierra bajo su identidad de «Dios» para residir en un cuerpo humano. Por definición, el Ilimitado Infinito no puede estar confinado a forma alguna con sus inherentes limitaciones.

Existe una igualdad esencial entre todos los maestros que han establecido de nuevo la conciencia de Dios en el interior de su propio ser. Sin embargo, en ocasiones existen diferencias entre los maestros según la obra cualitativa y cuantitativa que llevan a cabo en la tierra. En términos cualitativos, se distinguen por el número de almas que han ayudado a elevar al estado crístico; y en términos cuantitativos, por la cantidad de personas a las que inspiran durante su estancia en la tierra. De sus doce discípulos, Jesús convirtió en maestros a once de ellos. De modo similar, Lahiri Mahasaya elevó a muchos de sus discípulos a la categoría de maestros; uno de ellos fue mi gurú, Swami Sri Yukteswar, dotado de realización divina.

Vemos entonces que Jesús señaló: «*No he sido enviado más que a las ovejas perdidas de la casa de Israel*» a fin de proclamar el desarrollo incipiente del grandioso plan de Dios implícito en el especial designio divino que Jesús había de llevar a cabo en la tierra, y que no lo dijo porque tuviese él una actitud de parcialidad arbitraria hacia los israelitas. La declaración de Juan el Bautista, «*Pero he venido a bautizar con agua para que él sea manifestado a Israel*» (*Juan* 1:31), es una confirmación de que la conciencia divina de Jesús habría de revelarse a los israelitas en primer lugar. La influencia espiritual de Jesús fue tanto cualitativa como cuantitativa: en primer lugar, se ocuparía del despertar de quienes vivían en su país de nacimiento en esa época —sobre todo en forma cualitativa, con el fin de liberar a las almas avanzadas que eran sus discípulos cercanos—; y en segundo lugar, Jesús tenía la misión de inspirar en su sendero hacia Dios a la gente de todas las épocas, valiéndose de sus enseñanzas, de su ejemplo y de sus bendiciones omnipresentes.

~

«Ella, no obstante, vino a postrarse ante él y le dijo: "¡Señor, socórreme!". Él respondió: "No está bien tomar el pan de los hijos y echárselo a los perritos". "Sí, Señor —repuso ella—. Pero también los perritos comen de las migajas que caen de la mesa de sus amos". Entonces Jesús le respondió: "Mujer, grande es tu fe; que te suceda como deseas". Y desde aquel momento quedó curada su hija» (Mateo 15:25-28).

Referencia paralela:

«Él le dijo: "Espera que primero se sacien los hijos, pues no está bien tomar el pan de los hijos y echárselo a los perritos". Pero ella le respondió: "Sí, Señor. Pero también los perritos comen bajo la mesa migajas de los niños". Él, entonces, le dijo: "Por eso que acabas de decir, puedes irte; el demonio ha salido de tu hija". Volvió a su casa y encontró que la niña estaba echada en la cama y que el demonio se había ido» (Marcos 7:27-30).

«Espera a que los hijos designados por Dios —los israelitas— sean los primeros en recibir mis enseñanzas espirituales, conforme a la voluntad divina. Durante el corto período de mi permanencia en la tierra, no es apropiado que ofrezca el pan de la conciencia divina a ninguno de los otros pueblos de mentalidad más materialista, cuyas creencias paganas los impulsan a buscar únicamente los milagros de la curación física y no la transformación espiritual de la conciencia».

Jesús era consciente de que su vida sería demasiado breve como para transmitir su conciencia divina a lo largo de regiones más extensas donde los habitantes aún no estaban preparados para sus enseñanzas. Debía servir primero a aquellos cuyos conocimientos espirituales les hacían más receptivos y cuyo buen karma había atraído la gracia de Dios. Sin embargo, cuando la mujer —que era *«griega, sirofenicia de nacimiento»*[13]— exteriorizó la sinceridad de su anhelo, él no se negó a curar a su hija. Le dijo: «¡Oh mujer!, el poder de atracción de tu voluntad y de tu convicción extrae de mí la energía cósmica que todo lo sana. Así pues, hágase según tu voluntad. Puedes irte; descubrirás que la energía cósmica, que despertó por medio de tu fe y de mi voluntad, ha desalojado de la vida de tu hija al espíritu maligno».

~

«Se marchó de la región de Tiro y vino de nuevo, por Sidón, al mar de Galilea, atravesando la Decápolis. Le presentaron un sordo que, además, hablaba con dificultad, y le rogaron que impusiera la mano sobre él. Jesús, apartándole de la gente, a solas, le metió sus dedos en los oídos y con su saliva le tocó la lengua. Después levantó los ojos al cielo, dio un gemido [suspiro] y le dijo: "Effatá", que quiere decir "¡Ábrete!". Se abrieron sus oídos y, al instante, se soltó la atadura de su lengua y hablaba correctamente. Jesús les mandó que a nadie se lo contaran. Pero cuanto más se lo prohibía, tanto más lo propagaban ellos. La gente quedó maravillada sobremanera, y comentaban: "Todo lo ha hecho bien; hace oír a los sordos y hablar a los mudos"» (Marcos 7:31-37).

* * *

[13] *Marcos* 7:26.

«Pasando de allí, Jesús vino junto al mar de Galilea; subió al monte y se sentó allí. Entonces se le acercó mucha gente trayendo consigo cojos, lisiados, ciegos, mudos y otros muchos; los pusieron a sus pies, y él los curó. De suerte que la gente quedó maravillada al ver que los mudos hablaban, los lisiados quedaban curados, los cojos caminaban y los ciegos veían. Y alabaron al Dios de Israel» (*Mateo* 15:29-31).

«Por medio del poder divinamente recargado que fluye hacia mi boca como una energía nectarina desde el reservorio astral de la fuerza vital cósmica que hay en mí —la cual inunda mi cuerpo entero e infunde poder a la vibración de mis palabras— y a través de mi suspiro dotado con el omnipotente aliento de la vida, absorbo en mi interior tu mal karma y los efectos resultantes de éste: el sufrimiento y las enfermedades que padeces. A la energía celestial que todo lo sana le he ordenado descender sobre ti y sobre tu cerebro y enviar vibraciones curativas para restaurar el funcionamiento de los nervios auditivos y del habla que estaban dañados. ¡Sana!».

Los maestros pueden controlar todos los procesos físicos, astrales y espirituales del cuerpo. Conocen diversos métodos para generar y concentrar en su cuerpo el poder divino, ya sea con el propósito de recargar su propio ser, o para emplearlo en forma de vibraciones que emiten hacia otras personas a fin de curarlas, o para manifestar algún fenómeno sobrenatural. Uno de dichos métodos consiste en transmutar los átomos del aliento en energía vitatrónica omnipotente —*«levantó los ojos al cielo* (hacia el ojo espiritual), *dio un gemido [suspiro]»*—. Otra técnica que conocen los yoguis avanzados les permite secretar en la garganta un néctar divino de enorme poder, gracias al cual a los yoguis consumados les es posible permanecer en estados extáticos de completa inmovilidad por períodos prolongados, en los que mantienen el cuerpo espiritualmente electrificado con vibrante poder. Esta energía proveniente del néctar es también un medio que les permite sostener su cuerpo ingiriendo muy poco o nada de alimento, como lo han demostrado diversos grandes santos y yoguis —*«No sólo de pan vive el hombre [...]»* [véase el discurso 8, en el volumen I]—. A un maestro de la suprema estatura espiritual de Jesús, le es posible producir esta poderosa secreción mediante el poder de voluntad, a fin

Los maestros emplean diversos métodos de proyección de la fuerza vital para transmitir el poder divino

de recargar divinamente cualquier proceso del cuerpo, así como también su saliva, para que pueda utilizarse como un medio de curación. Otros ejemplos del uso de este recurso por parte de Jesús aparecen registrados en *Marcos* 8:22-26 [página 343] y en *Juan* 9:6-7 [discurso 52]. Es probable que Jesús empleara este néctar concentrado de energía astral para efectuar estas singulares curaciones; de otra manera, como él mismo había señalado, el simple hecho de decirle a otra persona «*raca* —"te escupo"—» era una ofensa abominable y digna de condena [véase el discurso 27, en el volumen I]. Este mismo principio empleado por Jesús, que consiste en la transmisión del poder divino que se ha concentrado en la boca (así como también en las manos, pies y ojos) de un maestro, es el fundamento de una tradición de la India por la cual se considera *prasad* —un alimento saturado de bendiciones— a todo residuo de alimento que un personaje divino no haya comido o que él le haya ofrecido a otra persona del plato en que comió.

~

«Jesús llamó a sus discípulos y les dijo: "Siento compasión de la gente, porque hace ya tres días que están aquí conmigo y no tienen qué comer. Y no quiero despedirlos en ayunas, no sea que desfallezcan en el camino". Le dijeron los discípulos: "¿Cómo hacernos en un lugar inhóspito con pan suficiente para saciar a una multitud tan grande?". Les preguntó Jesús: "¿Cuántos panes tenéis?". Ellos le respondieron: "Siete, y unos pocos pececillos". Entonces mandó a la gente recostarse en el suelo. Tomó luego los siete panes y los peces y, dando gracias, los partió y se los fue dando a los discípulos, y los discípulos a la gente. Comieron todos y se saciaron. Y recogieron de los trozos sobrantes siete espuertas llenas. Los que habían comido eran cuatro mil hombres, sin contar mujeres y niños[14]*. A continuación, despidió a la muchedumbre, subió a la barca y se dirigió al territorio de Magadán [Magdala].*

»Se acercaron los fariseos y saduceos y, para ponerle a prueba, le pidieron que les mostrase un signo del cielo. Mas él les respondió: "Al atardecer decís: 'Va a hacer buen tiempo, por-

[14] Compárese con la referencia paralela que aparece en *Marcos* 8:1-9. El milagro de Jesús de la materialización de los panes y los peces se comenta en el discurso 42.

que el cielo tiene un rojo de fuego', y a la mañana: 'Hoy habrá tormenta, porque el cielo tiene un rojo sombrío'. ¡Conque sabéis discernir el aspecto del cielo y no podéis discernir los signos de los tiempos! ¡Generación malvada y adúltera! Pide un signo, pero no se le dará otro signo que el de Jonás". Y dejándolos, se fue» (*Mateo* 15:32–16:4)[15].

«¡Oh vosotros, hipócritas!, sabéis discernir por el aspecto del cielo si el tiempo será bueno o malo, pero no sabéis discernir en mi vida los obvios signos de los tiempos, el mensaje divino que le es dado al hombre en esta época. Así como la gente ignorante no sabe discernir por la apariencia del cielo cómo será el tiempo, así también esta generación malvada ha perdido la visión espiritual y no sabe reconocer el signo divino que ya ha recibido y que es evidente en las obras milagrosas que Dios ha realizado a través de mí».

El significado de estas palabras es que los milagros de Dios que se llevaron a cabo a través de Jesús eran signo y testimonio suficiente de la aprobación de Dios y de la misión que Él le había encomendado. Al referirse a Jonás, profetizó además la prueba que él mismo debía atravesar y su resurrección tres días después de su muerte, lo cual demostraría su inmortalidad y su herencia divina a todos los pueblos de todas las épocas[16].

Puesto que Jesús era tanto humano como divino, sentía un profundo dolor al vislumbrar el sufrimiento por el que sus envilecidos contemporáneos deberían pasar debido a su mal karma y a su rechazo a la purificación espiritual que él les ofrecía.

~

«Los discípulos, al pasar a la otra orilla, se habían olvidado de tomar panes. Jesús les dijo: "Abrid los ojos y guardaos de la levadura de los fariseos y saduceos". Ellos comentaban entre sí: "Será porque no hemos traído panes". Mas Jesús, dándose cuenta, dijo: "Hombres de poca fe, ¿por qué estáis hablando entre vosotros de que no tenéis panes? ¿Aún no comprendéis, ni os acordáis de los cinco panes de los cinco mil hombres, y

[15] Compárese con la referencia paralela que aparece en *Marcos* 8:10-13.

[16] Véase el comentario sobre *Mateo* 12:38-40 en el discurso 36.

cuántos canastos recogisteis? ¿Ni de los siete panes de los cuatro mil, y cuántas espuertas recogisteis? ¿Cómo no comprendéis que no me refería a los panes? Guardaos, sí, de la levadura de los fariseos y saduceos". Entonces entendieron que no había querido decir que se guardasen de la levadura de los panes, sino de la doctrina de los fariseos y saduceos» (*Mateo* 16:5-12)[17].

«¡Oh bienamados discípulos!, ¿por qué, debido a la confusión que os provoca el falso razonamiento de la inquietud mental, se turba vuestra fe, vuestra comunión divina que brota de la meditación, y por ese motivo no lográis comprender con vuestra intuición omnisciente lo que os digo? ¿Por qué no percibís mis palabras con vuestra intuición y las comprendéis luego con vuestro raciocinio?

»¿Es tan escasa vuestra convicción divina que os preocupáis por el pan material, cuando ya habéis presenciado cómo la Divinidad que mora en mí alimentó a una multitud con unas pocas hogazas? No os estoy advirtiendo acerca de la levadura del pan de los fariseos y saduceos, sino de que tengáis cuidado de sus falsas doctrinas, que no son el puro pan de vida que halláis en mis enseñanzas. Sus engañosos dogmas y costumbres religiosas infectan con su ignorancia la vida espiritual».

~

«Cuando llegaron a Betsaida, le presentaron un ciego y le suplicaron que le tocase. Tomando al ciego de la mano, lo sacó fuera del pueblo y, tras untarle saliva en los ojos, le impuso las manos y le preguntó: "¿Ves algo?". Él, alzando la vista, dijo: "Veo a los hombres, pero los veo como árboles que andan". Después, volvió a ponerle las manos en los ojos y le hizo alzar la mirada, y comenzó a ver perfectamente. El ciego quedó curado, de suerte que distinguía de lejos claramente todas las cosas. Después lo envió a su casa, diciéndole: "Ni siquiera entres en el pueblo"»* (*Marcos* 8:22-26).

Jesús no quería curar al ciego dentro de la ciudad de Betsaida, ni permitir que diera testimonio de su curación en esa ciudad, porque los pobladores de Betsaida habían rechazado a Jesús y él había

[17] Compárese con la referencia paralela que aparece en *Marcos* 8:14-21.

declarado: *«¡Ay de ti, Corazín! ¡Ay de ti, Betsaida! Porque si en Tiro y en Sidón se hubieran hecho los milagros que se han hecho en vosotras, hace tiempo que se habrían convertido, cubiertos de sayal y sentados en ceniza. Por eso, os digo que el día del Juicio habrá menos rigor para Tiro y Sidón que para vosotras»*[18].

Jesús percibía que cada partícula de su cuerpo, incluyendo su saliva, estaba cargada con la corriente de alto voltaje de la energía cósmica, que es supremamente curativa. Extrajo de su boca la secreción recargada de energía divina, la aplicó a los ojos del ciego e hizo pasar a través de ellos la corriente eléctrica positiva-negativa que fluía de sus manos. Luego, le preguntó si veía claramente, a lo que el hombre respondió: *«Veo a los hombres, pero los veo como árboles que andan»*. Entonces Jesús curó por segunda vez los ojos del ciego y le indicó que mirara hacia arriba, en dirección al entrecejo, donde está situado el ojo espiritual. Cuando el hombre elevó los ojos hasta ese punto, hizo contacto con la energía cósmica, la cual fluyó desde el divino ojo único hacia ambos ojos, sanándolos por completo, de modo *«que distinguía de lejos claramente todas las cosas»*.

[18] *Mateo* 11:21. (Véase el comentario correspondiente en el discurso 34).

DISCURSO 45

El inspirado reconocimiento del Cristo por parte de Pedro, y la transfiguración de Jesús

El significado interior de las palabras que Jesús dirigió a Pedro con respecto a la edificación de su iglesia

❖

El mensaje de Jesús se ha mantenido vivo gracias a los devotos que conocen a Dios y no debido al poder institucional

❖

La disciplina espiritual necesaria para alcanzar la Conciencia Crística

❖

A qué se refería Jesús cuando profetizó que verían «al Hijo del hombre venir en su Reino»

❖

La transfiguración del cuerpo de Jesús en la gloria de la luz divina

❖

La relevancia espiritual de la presencia de Elías y de Moisés junto a Jesús

«Lo que Jesús encomendó a Pedro y a los demás apóstoles —y a todos aquellos que llevarían adelante su misión— fue que ellos mismos establecieran contacto con Dios y que, desde ese estado de divina sintonía interior, predicaran a través del ejemplo de sus propias vidas».

Tras llegar Jesús a la región de Cesarea de Filipo, hizo esta pregunta a sus discípulos: «¿Quién dicen los hombres que es el Hijo del hombre?». Ellos respondieron: «Unos, que Juan el Bautista; otros, que Elías; otros, que Jeremías o uno de los profetas». Él les preguntó: «Pero vosotros ¿quién decís que soy yo?». Simón Pedro contestó: «Tú eres el Cristo, el Hijo de Dios vivo». A esto replicó Jesús: «Bienaventurado eres Simón, hijo de Jonás, porque no te ha revelado esto la carne ni la sangre, sino mi Padre que está en los cielos. Y yo a mi vez te digo que tú eres Pedro y que sobre esta piedra edificaré mi Iglesia, y las puertas del Hades no prevalecerán contra ella. A ti te daré las llaves del Reino de los Cielos: lo que ates en la tierra quedará atado en los cielos, y lo que desates en la tierra quedará desatado en los cielos». Entonces mandó a sus discípulos que no dijesen a nadie que él era el Cristo.

Desde entonces comenzó Jesús a manifestar a sus discípulos que él debía ir a Jerusalén y sufrir mucho de parte de los ancianos, los sumos sacerdotes y los escribas; que le matarían y que resucitaría al tercer día. Pedro se lo llevó aparte y se puso a reprenderle diciendo: «¡Ni se te ocurra, Señor! ¡De ningún modo te sucederá eso!». Pero él, volviéndose, dijo a Pedro: «¡Quítate de mi vista, Satanás! ¡Sólo me sirves de escándalo, porque tus pensamientos no son los de Dios, sino los de los hombres!».

Entonces dijo Jesús a sus discípulos: «Si alguno quiere venir en pos de mí, niéguese a sí mismo, tome su cruz y sígame. Porque quien quiera salvar su vida, la perderá; pero quien pierda su vida por mí, la encontrará. Pues ¿de qué le servirá al hombre ganar el mundo entero, si arruina su vida? ¿O qué puede dar el hombre a cambio de su vida?

»Porque el Hijo del hombre ha de venir en la gloria de su Padre, con sus ángeles; y entonces pagará a cada uno según su conducta. Os aseguro que algunos de los aquí presentes no gustarán la muerte hasta que vean al Hijo del hombre venir en su Reino».

Seis días después, tomó Jesús consigo a Pedro, a Santiago y a su hermano Juan, y los llevó aparte, a un monte alto. Y se

transfiguró delante de ellos: su rostro se puso brillante como el sol y sus vestidos se volvieron blancos como la luz. En esto, se les aparecieron Moisés y Elías, que conversaban con él. Tomó Pedro la palabra y dijo a Jesús: «Señor, está bien que nos quedemos aquí. Si quieres, haré aquí tres tiendas, una para ti, otra para Moisés y otra para Elías». Todavía estaba hablando, cuando una nube luminosa los cubrió con su sombra, y salió de la nube una voz que decía: «Éste es mi Hijo amado, en quien me complazco; escuchadle». Al oír esto los discípulos, cayeron rostro en tierra llenos de miedo. Mas Jesús, acercándose a ellos, los tocó y dijo: «Levantaos, no tengáis miedo». Ellos alzaron sus ojos y no vieron a nadie más que a Jesús.

Cuando bajaban del monte, Jesús les ordenó: «No contéis a nadie la visión, hasta que el Hijo del hombre haya resucitado de entre los muertos». Sus discípulos le preguntaron: «¿Por qué, pues, dicen los escribas que Elías debe venir primero?». Respondió él: «Ciertamente, Elías ha de venir a restaurarlo todo. Os digo, sin embargo, que Elías vino ya, pero no le reconocieron, sino que hicieron con él cuanto quisieron. Así también el Hijo del hombre tendrá que padecer de parte de ellos». Entonces los discípulos entendieron que se refería a Juan el Bautista.

Mateo 16:13–17:13

DISCURSO 45

El inspirado reconocimiento del Cristo por parte de Pedro, y la transfiguración de Jesús

«Tras llegar Jesús a la región de Cesarea de Filipo, hizo esta pregunta a sus discípulos: "¿Quién dicen los hombres que es el Hijo del hombre?". Ellos respondieron: "Unos, que Juan el Bautista; otros, que Elías; otros, que Jeremías o uno de los profetas". Él les preguntó: "Pero vosotros ¿quién decís que soy yo?". Simón Pedro contestó: "Tú eres el Cristo, el Hijo de Dios vivo". A esto replicó Jesús: "Bienaventurado eres Simón, hijo de Jonás, porque no te ha revelado esto la carne ni la sangre, sino mi Padre que está en los cielos. Y yo a mi vez te digo que tú eres Pedro y que sobre esta piedra edificaré mi Iglesia, y las puertas del Hades no prevalecerán contra ella. A ti te daré las llaves del Reino de los Cielos: lo que ates en la tierra quedará atado en los cielos, y lo que desates en la tierra quedará desatado en los cielos". Entonces mandó a sus discípulos que no dijesen a nadie que él era el Cristo» (*Mateo* 16:13-20)[1].

La pregunta que formuló Jesús y la respuesta de sus discípulos indican que en la época de Jesús la ley de la reencarnación era

[1] Compárese con las referencias paralelas que aparecen en *Marcos* 8:27-30 y *Lucas* 9:18-21.

comúnmente conocida y aceptada, lo cual también se desprende de otros pasajes de los Evangelios[2].

Las palabras que Jesús dirigió a sus discípulos eran una indagación abierta y sincera sobre su entendimiento y sintonía: «No me interesa lo que la gente en general piense acerca de mí, pero, decidme, qué es lo que vosotros pensáis». Simón Pedro replicó: «En ti se manifiesta la Conciencia Crística (el Hijo Unigénito), el único reflejo de Dios Padre (que está más allá de la creación) en toda la creación vibratoria».

Jesús le respondió: «Por tu buen karma y por la gracia del Padre, tienes la bendición de que, a través de tu intuición, te haya sido revelada la verdad acerca de mí. Ninguna persona cuya conciencia esté limitada por su identificación con el cuerpo ("la carne y la sangre") puede ver al Espíritu oculto dentro de la forma física; quien se halla en ese estado jamás será capaz de percibir la Conciencia Crística que se encuentra en mi interior. No has recibido esta verdad a través de ningún instrumento corporal de conocimiento, sino que más bien, a través de tu elevado estado de conciencia, el Padre —omnipresente en su celestial Conciencia Cósmica— te ha hecho percibir su presencia dentro de mí, manifestada como Conciencia Crística».

El significado interior de las palabras que Jesús dirigió a Pedro con respecto a la edificación de su iglesia

Desde el momento de su primer encuentro en esta encarnación [véase el discurso 9, en el volumen I], Jesús bautizó a Simón, hijo de Jonás, con el nombre con que se le conocería en la posteridad: Pedro, la roca[3]. Complacido porque Simón Pedro había percibido intuitivamente al Cristo que moraba en él, Jesús lo elogió y le ungió espiritualmente para que se convirtiese en el líder con máxima autoridad de la fiel congregación temprana de devotos: «Y también te digo que eres una roca, pues tu conciencia se ha unificado con la Conciencia Cósmica del Padre, la cual es el único cimiento firme de todo cuanto existe. Has percibido intuitivamente la eterna verdad: "Tú eres Eso" ("*Tat tvam asi*", la declaración de Swami Shankara y de los antiguos Vedas acerca de la inseparable unidad del alma con el Espíritu). Sobre la firme roca de tu sabiduría unida al Padre Cósmico, edificaré un templo con mi enseñanza interior, una iglesia de la conciencia de Dios

---

2 Véase la página 362 de este discurso, así como los discursos 2, 6, 13 (volumen I) y 52.

3 En arameo, *Cefas;* en griego, *Petros:* roca.

en la que, gracias a tu ministerio, una congregación de almas buscadoras de la verdad hallará a Dios en el altar de la comunión divina que se alcanza en meditación profunda[4]. Los portales del engaño, abiertos de par en par y adornados con deslumbrantes promesas de satisfacción a través de los placeres de los sentidos, conducen a las almas incautas a un infierno de sufrimiento mortal donde reinan las tinieblas de la ignorancia espiritual. Pero ese engaño no logrará atraer a los devotos sinceros que alguna vez hayan experimentado el gozo divino del santuario de la Conciencia Crística que se encuentra en la iglesia interior de mis enseñanzas, cuyas verdades comprobadas has experimentado y podrás poner de manifiesto para inspiración y guía de otras personas.

»Así como has reconocido al Cristo presente en mí, así también, al percibir la Conciencia Crística en tu interior, comprobarás que los métodos que te he impartido para establecer contacto con Dios son las llaves que conducen al reino de los cielos —el camino para pasar a través de la Conciencia Crística y llegar a la Conciencia Cósmica, la infinitud celestial donde Dios Padre reina como único Rey—. Te entrego estas llaves, estas técnicas para alcanzar la unión divina, a fin de que se las des a todo devoto que se halle en sintonía con tu conciencia, que esté preparado y sea digno de entrar en el reino de la Conciencia Cósmica.

»Todas aquellas leyes de la vida supraconsciente que prescribas con el propósito de disciplinar, o "atar", a cada alma buscadora de Dios que esté en la tierra serán las que haya aceptado la Conciencia Cósmica —el estado celestial de conciencia identificado con "Tú eres Eso"— que ya has experimentado dentro de ti mismo. Y todas aquellas leyes que gobiernan el logro de la libertad supraconsciente que confieras a las almas de mentalidad materialista y atadas a lo terrenal —leyes que liberan, o "desatan", a las almas— serán las mismas que gobernaban a las almas que se emanciparon en la Conciencia Cósmica».

---

[4] Nota acerca de *Mateo* 16:18, *«[...] edificaré mi Iglesia»:*

«Este pasaje y *Mateo* 18:17 son los únicos dos versículos en que la palabra "congregación" (traducida frecuentemente como "iglesia") aparece en los Evangelios. Es un término utilizado por los cristianos griego hablantes. En el griego secular, es una referencia a una asamblea popular. Los cristianos griego hablantes primitivos tomaron el término de su Biblia, la Septuaginta, donde se emplea con frecuencia para traducir el término hebreo que significa "la comunidad de Dios" (por ejemplo, en *Deuteronomio* 23:2)» —Robert J. Miller, ed., *The Complete Gospels: Annotated Scholars Version* (Harper, San Francisco, 1994)—. *(Nota del editor).*

Cuando Jesús proclamó *«sobre esta piedra edificaré mi Iglesia»*, sus palabras tenían principalmente un significado interior —tanto para Pedro personalmente como para las generaciones sucesivas que perpetuarían las enseñanzas de Jesús—. El hecho de que, entre sus discípulos, eligiera a Pedro concuerda con la tradición de *guru-parampara:* la designación del sucesor espiritual de un maestro[5]. Lo que Jesús encomendó a Pedro y a los demás apóstoles —y a todos aquellos que llevarían adelante su misión— fue que ellos mismos establecieran contacto con Dios y que, desde ese estado de divina sintonía interior, predicaran a través del ejemplo de sus propias vidas y de las enseñanzas verbales cuyas verdades hubieran experimentado en su propio ser.

El corazón del gran designio de Jesús se ha mantenido vivo no necesariamente en el poder temporal de alguna institución externa, sino en aquellos grandes devotos y santos cuyas prolongadas prácticas devocionales y meditaciones establecieron en su interior templos de la Conciencia Crística y de la comunión con Dios.

El mensaje de Jesús se ha mantenido vivo gracias a los devotos que conocen a Dios y no debido al poder institucional

Por ejemplo, San Antonio, que vivió en el siglo IV, con el solo poder de su divina comunión presente en estas sencillas palabras: «¡Le he visto!», evitó un cisma que amenazaba con desintegrar la unión entre los seguidores de Jesús. En tiempos medievales, San Francisco de Asís, que comulgaba con Dios y contemplaba durante sus oraciones nocturnas la forma viviente de su maestro Jesús, trajo a la cristiandad un renacimiento del espíritu de Cristo después de que en una visión divina le fuera encomendado reconstruir una iglesia que estaba en ruinas, en una época en que el cristianismo había perdido la esencia de las enseñanzas de Jesús. Siglos más tarde, cuando la Iglesia necesitaba con urgencia otra reforma revitalizadora, la santa extática Teresa de Ávila enseñó la verdadera adoración a Cristo en la iglesia de la comunión divina: «el castillo interior» al que se entra en la meditación profunda a través del recogimiento interior de la mente y de la fuerza vital.

Cristo se ha manifestado también a santos de otros credos religiosos: Sri Ramakrishna Paramahansa, de la India, siguió el *sadhana* de diversas religiones a fin de demostrar que todas conducen a la misma

---

[5] Véase el discurso 41, donde se trata la sucesión del discípulo *(guru-parampara)* con el comentario referente a *Mateo* 10:40: *«Quien a vosotros acoge, a mí me acoge, y quien me acoge a mí, acoge a Aquel que me ha enviado».*

unión divina; experimentó la comunión extática con Jesús, a quien veía como «el Cristo, aquel que derramó la sangre de su corazón para la redención del mundo, que sufrió un mar de angustias por amor a los seres humanos [...] el Maestro Yogui, que se encuentra en eterna unión con Dios; [...] el Amor Encarnado»[6]. Mahavatar Babaji encomendó a mi gurú, Swami Sri Yukteswar, escribir desde su iluminado estado de conciencia un tratado *(La ciencia sagrada)* sobre «la armonía esencial existente entre las escrituras cristianas e hindúes». «Citando las palabras de Jesús —dijo mi gurú—, procuré demostrar que sus enseñanzas coinciden, en esencia, con las revelaciones de los Vedas».

Son los santos y maestros que realmente han comulgado con Dios —tanto aquellos conocidos desde el punto de vista histórico como las incontables almas anónimas que han sido y son leales devotas de Cristo y que, ocultas en monasterios y conventos, se han consagrado incondicionalmente a Dios— los que han constituido, en verdad, la *«roca»* sobre la cual ha perdurado, durante estos dos mil años, la iglesia interior de Jesús de la comunión crística.

---

[6] La experiencia que vivió Sri Ramakrishna con Jesús se narra en *The Gospel of Sri Ramakrishna* [El evangelio de Sri Ramakrishna], de Mahendra Nath Gupta: «En algún momento del mes de noviembre de 1874, a Sri Ramakrishna le acometió un irresistible deseo de conocer las verdades de la religión cristiana. Comenzó a asistir a sesiones de lectura de la Biblia. [...] Sri Ramakrishna quedó fascinado con la vida y las enseñanzas de Jesús. Cierto día, se hallaba sentado en la sala de la casa rodeada de jardines de Jadu Mallick en Dakshineswar, cuando sus ojos quedaron fijos en un cuadro de la Madona y el Niño. Con la mirada inmóvil ante el retrato, gradualmente le sobrecogió una divina emoción. Las imágenes del cuadro cobraron vida y los rayos de luz que emanaban de ellas penetraron en su alma. [...] "¡Oh Madre! —exclamó—, ¿qué estás haciendo conmigo?"; y rompiendo las barreras del credo y de la religión, entró en una nueva esfera de éxtasis. Cristo tomó posesión de su alma. Durante tres días permaneció sin visitar el templo de Kali. Al cuarto día por la tarde, mientras caminaba por el Panchavati, vio venir hacia él a una persona de grandes y bellos ojos, rostro sereno y tez clara. Cuando quedaron uno frente al otro, una voz resonó en las profundidades del alma de Sri Ramakrishna: "Contempla al Cristo, aquel que derramó la sangre de su corazón para la redención del mundo, que sufrió un mar de angustias por amor a los seres humanos. Es él, el Maestro Yogui, que se encuentra en eterna unión con Dios. Es Jesús, el Amor Encarnado". El Hijo del Hombre abrazó al Hijo de la Madre Divina y se fundió en él. Sri Ramakrishna experimentó su identidad con Cristo, tal como ya había experimentado su identidad con Kali, Rama, Hanuman, Radha, Krishna, Brahman y Mahoma. El maestro entró en *samadhi* y comulgó con el Brahman con atributos. De ese modo, experimentó la verdad de que también el cristianismo era un sendero que conducía a la Conciencia de Dios. Hasta el último instante de su vida, creyó en Cristo como una encarnación de Dios» —Mahendra Nath Gupta, *The Gospel of Sri Ramakrishna,* traducción al inglés de Swami Nikhilananda (Ramakrishna-Vivekananda Center de Nueva York, 1942).

La transfiguración

Seis días después, tomó Jesús consigo a Pedro, a Santiago y a su hermano Juan, y los llevó aparte, a un monte alto. Y se transfiguró delante de ellos: su rostro se puso brillante como el sol y sus vestidos se volvieron blancos como la luz. En esto, se les aparecieron Moisés y Elías, que conversaban con él. [...] Una nube luminosa los cubrió con su sombra, y salió de la nube una voz que decía: «Éste es mi Hijo amado, en quien me complazco; escuchadle».

Mateo 17:1-3, 5

Cuando Jesús se encontraba orando en la cima del monte y en comunión consciente con la Conciencia Cósmica, la ilusoria conciencia humana presente en él y en sus discípulos —a causa de la cual la esencia vitatrónica del universo adquiere la apariencia de materia— se desvaneció por completo. El cuerpo de Jesús, cuyos propios átomos se habían despojado de la máscara de la ilusión y de la conciencia de solidez, se tornó luminoso y etéreo.

La oración intensificada con la meditación y la devoción fervientes produce el éxtasis de la unidad con la Conciencia Cósmica. Los maestros que experimentan este éxtasis supremo de la conciencia divina ven realmente que tanto su cuerpo como todas las formas materiales están compuestos de la gloriosa luz de Dios. Tienen la capacidad de transferir su percepción de manera simultánea a sus discípulos muy avanzados, de modo que también ellos pueden ver [...].

Paramahansa Yogananda

Pintura: Carl Bloch

~

«Desde entonces comenzó Jesús a manifestar a sus discípulos que él debía ir a Jerusalén y sufrir mucho de parte de los ancianos, los sumos sacerdotes y los escribas; que le matarían y que resucitaría al tercer día. Pedro se lo llevó aparte y se puso a reprenderle diciendo: "¡Ni se te ocurra, Señor! ¡De ningún modo te sucederá eso!". Pero él, volviéndose, dijo a Pedro: "¡Quítate de mi vista, Satanás! ¡Sólo me sirves de escándalo, porque tus pensamientos no son los de Dios, sino los de los hombres!"» (*Mateo* 16:21-23)[7].

«¡Oh engaño satánico, que hablas a través de la compasión de Pedro!, apártate de mi conciencia y quédate atrás, abandonado e ignorado, en tanto yo avanzo resueltamente hacia el reino de la Conciencia Cósmica de mi Padre. Puesto que cambiaré mi transitorio sufrimiento corporal en la cruz por el eterno gozo en el Espíritu, me siento ofendido, ¡oh Satanás!, por tus palabras. Aun cuando estén adornadas con la voz y la compasión de Pedro, es evidente que no vibran con la sabiduría de la Conciencia Cósmica, sino con la percepción errónea de las personas mundanas, cuyos *"pensamientos no son los de Dios, sino los de los hombres"»*.

La dura réplica de Jesús tenía el propósito de hacer énfasis en que ceder a la sugerencia de rechazar la terrible prueba que habría que afrontar, significaba aceptar el engaño y, de ese modo, debilitaba su disposición para realizar el divino sacrificio de su cuerpo que le había sido revelado ante su visión interna. Así pues, Jesús rechazó la compasión de Pedro, sabiendo que en el eco de sus palabras se hallaba presente la tentación de Satanás, que deseaba frustrar el plan de Dios.

~

«Entonces dijo Jesús a sus discípulos: "Si alguno quiere venir en pos de mí, niéguese a sí mismo, tome su cruz y sígame. Porque quien quiera salvar su vida, la perderá; pero quien pierda su vida por mí, la encontrará. Pues ¿de qué le servirá al hombre ganar el mundo entero, si arruina su vida? ¿O qué puede dar el hombre a cambio de su vida?"» (*Mateo* 16:24-26).

---

[7] Compárese con las referencias paralelas que aparecen en *Marcos* 8:31-33 y *Lucas* 9:22.

Referencia paralela:

«Llamando a la gente a la vez que a sus discípulos, les dijo: "Si alguno quiere venir en pos de mí, niéguese a sí mismo, tome su cruz y sígame. Porque quien quiera salvar su vida, la perderá; pero quien pierda su vida por mí y por el Evangelio, la salvará. Pues ¿de qué le sirve al hombre ganar el mundo entero si arruina su vida? ¿Qué puede dar el hombre a cambio de su vida?"» (*Marcos* 8:34-37)[8].

«Todo devoto que desee alcanzar mi Conciencia Crística deberá elevarse, mediante la práctica de la meditación, por encima de la conciencia de su ser físico —"negarse a sí mismo"— y mantener la atención concentrada de manera constante en la paz crística —"seguirme"—, aun cuando las pruebas le crucifiquen a diario y sus aspiraciones espirituales sean atormentadas por la inquietud y las distracciones. Pues, el que quiera "salvar su vida", manteniéndola íntimamente identificada con las comodidades y demandas del cuerpo, y condescienda insensatamente con la renuencia del cuerpo a realizar el esfuerzo espiritual necesario en el empeño por meditar, comprobará que, en última instancia, "perderá la vida" de los gozos temporales que buscaba proteger. Por el contrario, quien con el propósito de alcanzar la Conciencia Crística que se experimenta en la meditación profunda esté dispuesto a "perder su vida por mí" —dispuesto a abandonar las ataduras que lo mantienen sujeto a una existencia exclusivamente material— sin duda hallará la vida de su verdadero Ser, que se encuentra por siempre dotado de la bienaventuranza eternamente renovada del Espíritu.

La disciplina espiritual necesaria para alcanzar la Conciencia Crística

»El devoto que viva una existencia crística y predique acerca de ella "por mí y por el Evangelio", compartiendo con los demás las vibraciones de sus percepciones divinas y estableciendo un ejemplo de comportamiento moral y espiritual, renunciando si fuese necesario a

[8] Compárese con otra referencia paralela que aparece en *Lucas* 9:23-25.

En los Evangelios, se narra que Jesús expresó este concepto en diversas ocasiones; véase, por ejemplo, *Mateo* 10:38-39 (discurso 41) y *Juan* 12:25 (discurso 66, en el volumen III): *«El que ama su vida, la perderá; pero el que odia su vida en este mundo la guardará para una vida eterna»*.

la vida que el cuerpo exige, alcanzará la inmortalidad. Si un hombre "gana el mundo entero", esta abundancia le sirve de poco, pues sólo puede beneficiarse con un ápice de las comodidades que el mundo puede proporcionar. Cuando la muerte se presenta, todo monarca pierde su reino, sin importar cuán opulento y poderoso sea.

»Al final de la vida, el hombre materialista descubre que no posee ni riquezas ni la conciencia de Dios; su falta de espiritualidad hace que "arruine su vida" —pierda su alma— en las ciénagas de la ilusión. Nada de cuanto obtenga entregándose a los placeres terrenales, sin importar cuán inmensos sean, bastará para compensar la pérdida de la felicidad inmortal de su verdadera percepción del alma, que sólo se puede recobrar en la trascendencia de la meditación».

~

> *«Porque el Hijo del hombre ha de venir en la gloria de su Padre, con sus ángeles; y entonces pagará a cada uno según su conducta. Os aseguro que algunos de los aquí presentes no gustarán la muerte hasta que vean al Hijo del hombre venir en su Reino»* (*Mateo* 16:27-28).
>
> *Referencia paralela:*
>
> *«"Porque quien se avergüence de mí y de mis palabras en esta generación adúltera y pecadora, también el Hijo del hombre se avergonzará de él cuando venga en la gloria de su Padre con los santos ángeles"*[9].
>
> *»Les decía también: "Yo os aseguro que algunos de los aquí presentes no gustarán la muerte hasta que vean venir con poder el Reino de Dios"»* (*Marcos* 8:38–9:1)[10].

«Cuando la gloria de la Conciencia Cósmica del Padre, con su sabiduría y sus gozos angélicos, le es revelada al Hijo del hombre —la conciencia del alma que reside en el instrumento corporal y que opera a través de éste—, el devoto que se ha consagrado a

[9] Jesús hace una afirmación similar en *Mateo* 10:32-33 y en *Lucas* 12:8-9; véase el comentario correspondiente en el discurso 41.

[10] Compárese con otra referencia paralela que aparece en *Lucas* 9:26-27.

practicar fielmente la meditación con el objeto de recoger la cosecha de la percepción de Dios sabe, entonces, que cada uno recibe la recompensa que merece de acuerdo con sus propios esfuerzos espirituales»[11].

A qué se refería Jesús cuando profetizó que verían «al Hijo del hombre venir en su Reino»

Debido a la ley de causa y efecto (el karma individual) que gobierna el resultado de todas las acciones, cada devoto se encuentra más cerca o más lejos de Dios en proporción a la magnitud de los esfuerzos que dedica a meditar. «Dependiendo de la profundidad con que un devoto medita, los ángeles de los diferentes estados de percepción espiritual se muestran ante su conciencia humana (el Hijo del hombre), a través de la comunión extática con la Conciencia Cósmica. Los devotos avanzados pueden experimentar además, en la luz que se proyecta desde la Conciencia Cósmica, las luminosas formas angélicas de las almas de santos y seres liberados que moran en las gloriosas regiones celestiales de la infinita conciencia del Padre.

»Quienquiera que trascienda el estado de engaño en el que se encuentra el común de la gente y experimente la Conciencia Crística y las revelaciones de la verdad inherentes a dicha conciencia (es decir, que haya establecido contacto interior "conmigo y mis palabras" durante su éxtasis en la Conciencia Cósmica, así como con los sagrados ángeles de las inspiraciones que surgen de dicha conciencia), pero que, por miedo a la persecución o al ridículo, se muestre reacio a *("se avergüence de")* dar testimonio del gozo y de la sabiduría de dicho estado ante los no creyentes —identificados con el cuerpo y desertores de la bienaventuranza divina— comprobará que la Conciencia Crística decrece en su interior: *"también el Hijo del hombre se avergonzará de él"*; es decir, será considerado indigno de esa conciencia».

El deber del devoto de inspirar a otras almas

Jesús sabía que su mensaje de reforma espiritual despertaría la hostilidad del poder político y de los tradicionalistas religiosos. No

[11] En este versículo de *Mateo* 16:27 *(«Porque el Hijo del hombre ha de venir en la gloria de su Padre, con sus ángeles»)*, dirigido a los discípulos de Jesús, se hace referencia a la recompensa que recibe el devoto digno de la gloria de la Conciencia Cósmica que se experimenta en la meditación muy profunda, en tanto que en *Mateo* 25:31 —en el contexto de su muerte y resurrección inminentes— Jesús describe con palabras similares su propia e inmortal glorificación en la Conciencia Cósmica y su eterna entronización en la Infinita Conciencia Crística, la Inteligencia Cósmica de Dios que es el testigo y juez supremo de la vida de todo ser humano. (Véase el discurso 68, en el volumen III).

sólo él sino también sus seguidores serían difamados. Por esa razón, enfatizó la necesidad de defender con valor nuestras más profundas convicciones —atreverse a ser diferentes, no a causa de las motivaciones del ego ni de la imaginación exacerbada, sino como resultado de la experiencia real de la verdad en el estado de divina comunión extática.

Este pasaje del Evangelio encierra, además, otro significado. En el plan divino, Dios ha decretado que el hombre tenga un deber hacia los demás: el fuerte debe ayudar al débil, el rico debe auxiliar al pobre, el que tiene salud debe servir al enfermo y, sobre todas las cosas, los iluminados deben arrojar luz en el sendero de los que se encuentran en tinieblas.

Aquellos devotos que no tienen el valor o la generosidad de esforzarse por compartir los inspiradores efectos de sus gozos extáticos con las almas espiritualmente ignorantes descubren que su propia conciencia permanece confinada de nuevo en la limitada prisión del ego. Por el contrario, aquellos que inspiran a otras almas con su estado de éxtasis comprueban que su propio ser se expande. El alma que siente su gozo en otras almas llega gradualmente a percibir que él es el Ser que reside en todos y, finalmente, se identifica con la conciencia omnipresente de Dios Padre.

Entre estos grandes seres, no están comprendidos quienes se erigen a sí mismos como «salvadores», sino sólo aquellas almas humildes que, con toda modestia, tienden la mano para inspirar en los demás el amor a Dios y el deseo de buscarle, para lo cual les transmiten su conciencia a través del poder vibratorio de su ejemplo, de sus palabras, de sus pensamientos y de sus oraciones.

Los devotos que establecen contacto con la Conciencia Crística durante su vida terrenal, pero que por miedo al escarnio no intentan ayudar de manera espiritual a sus hermanos que permanecen en la ignorancia, comprobarán que después de la muerte no pueden residir en forma perene en la Conciencia Crística. Las almas espiritualmente egoístas que arriban a la Conciencia Crística después de la muerte son enviadas de regreso a la tierra para aprender cómo compartir sus logros espirituales con los mortales que continúan atados a la conciencia corporal, y que también son hijos de Dios, a pesar de que aún estén sumergidos en el sueño del engaño. La ley divina establece que, para obtener su propia liberación final, el devoto que ha alcanzado la comunión con Dios debe ayudar a otros a alcanzar también la liberación.

Jesús concluye con estas palabras: «Os aseguro que entre aquellos que ahora me rodean hay algunos devotos avanzados que sentirán la omnipotente Conciencia Cósmica ("el Reino de Dios") en su conciencia humana (que se halla en el "reino del Hijo del hombre" inherente a la conciencia del alma) antes de efectuar la transición de su presente existencia corporal a otro plano».

~

«Seis días después, tomó Jesús consigo a Pedro, a Santiago y a su hermano Juan, y los llevó aparte, a un monte alto. Y se transfiguró delante de ellos: su rostro se puso brillante como el sol y sus vestidos se volvieron blancos como la luz. En esto, se les aparecieron Moisés y Elías, que conversaban con él. Tomó Pedro la palabra y dijo a Jesús: "Señor, está bien que nos quedemos aquí. Si quieres, haré aquí tres tiendas, una para ti, otra para Moisés y otra para Elías". Todavía estaba hablando, cuando una nube luminosa los cubrió con su sombra, y salió de la nube una voz que decía: "Éste es mi Hijo amado, en quien me complazco; escuchadle". Al oír esto los discípulos, cayeron rostro en tierra llenos de miedo. Mas Jesús, acercándose a ellos, los tocó y dijo: "Levantaos, no tengáis miedo". Ellos alzaron sus ojos y no vieron a nadie más que a Jesús» (Mateo 17:1-8).

Referencia paralela:

«Unos ocho días después de estos sucesos, tomó consigo a Pedro, Juan y Santiago, y subió al monte a orar. Mientras oraba, el aspecto de su rostro se mudó y sus vestidos eran de una blancura fulgurante. Entonces pudo verse a dos hombres que conversaban con él. Eran Moisés y Elías, que aparecían en gloria y hablaban de su partida, que iba a tener lugar en Jerusalén. Pedro y sus compañeros estaban cargados de sueño, pero permanecían despiertos, de suerte que pudieron ver su gloria y a los dos hombres que estaban con él. Cuando ellos se separaron de él, dijo Pedro a Jesús: "Maestro, está bien que nos quedemos aquí. Podríamos hacer tres tiendas, una para ti, otra para Moisés y otra para Elías". Pero no sabía lo que decía. Estaba diciendo estas cosas, cuando se formó una nube y los cubrió con su som-

bra. Al entrar en la nube, se llenaron de temor. Entonces llegó una voz desde la nube, que decía: "Éste es mi Hijo, mi Elegido; escuchadle". Cuando cesó la voz, se encontró Jesús solo. Ellos callaron y, por aquellos días, no dijeron a nadie nada de lo que habían visto» (*Lucas* 9:28-36)[12].

El modo en que Jesús se transfiguró, y Elías y Moisés se materializaron y vinieron a él, fue el resultado de trascender la ilusoria consistencia densa que el engaño superpone a la materia y revelar así la subyacente naturaleza eléctrica del cuerpo y del universo. Cuando Jesús se encontraba orando en la cima del monte y en comunión consciente con la Conciencia Cósmica, la ilusoria conciencia humana presente en él y en sus discípulos —a causa de la cual la esencia vitatrónica del universo adquiere la apariencia de materia— se desvaneció por completo. El cuerpo de Jesús, cuyos propios átomos se habían despojado de la máscara de la ilusión y de la conciencia de solidez, se tornó luminoso y etéreo[13].

La transfiguración del cuerpo de Jesús en la gloria de la luz divina

La oración intensificada con la meditación y la devoción fervientes produce el éxtasis de la unidad con la Conciencia Cósmica. Los maestros que experimentan este éxtasis supremo de la conciencia divina ven realmente que tanto su cuerpo como todas las formas materiales están compuestos de la gloriosa luz de Dios. Tienen la capacidad de transferir su percepción de manera simultánea a sus discípulos muy

---

[12] Compárese con otra referencia paralela que aparece en *Marcos* 9:2-8.

[13] La transmutación de la carne corporal en energía también se demuestra en el Antiguo Testamento, donde se relata que Dios habló con Moisés desde una zarza ardiendo: *«Yahvé añadió: "Mete tu mano en el pecho". Metió él la mano en su pecho y, cuando la sacó, estaba cubierta de lepra, blanca como la nieve. Entonces le dijo: "Vuelve a meter la mano en el pecho". La volvió a meter y, cuando la sacó de nuevo, estaba ya como el resto de su cuerpo»* (*Éxodo* 4:6-7).

Al mandato de Dios, Moisés metió la mano en su pecho, sobre el cuarto centro sutil cerebroespinal de fuerza vital (el centro dorsal o del corazón; *anahata chakra*), y su mano se recargó con la energía vital astral —*prana* vitatrónico— que fluye desde ese centro. «*Cubierta de lepra*» es una referencia al hecho de que la solidez de los átomos de la mano se desintegró con un centelleo y éstos se metamorfosearon en una luz blanca semejante a la nieve. Ya no se trataba de una mano física, sino de una mano conformada por átomos danzantes y refulgente energía astral. Al colocar de nuevo la mano de energía pura sobre su pecho, el poder de materialización de la energía vital reconstituyó una vez más la mano de carne.

avanzados, de modo que también ellos pueden ver que la estructura atómica de la materia, condensada por la engañosa ilusión, está compuesta de energía eléctrica creativa que danza armoniosamente al ritmo de los cantos de bienaventuranza de las ideaciones de Dios —el Todo de la Eternidad Sin Forma.

> Se desvanecen las materiales luces en eternos rayos
> de omnipresente bienaventuranza. [...]
> Los cuatro velos de sólidos, líquidos, vapores y luz se elevan libres.
> Yo, presente en todo, entro en el Grandioso Yo.
> Partieron para siempre las ágiles y cintilantes sombras de la mortal memoria;
> mi cielo mental está totalmente despejado: abajo, adelante y muy en lo alto;
> la Eternidad y yo, un solo rayo unido somos. [...][14]

Los maestros liberados que desechan las tres envolturas corporales del alma y se funden en la infinitud de la Conciencia Cósmica de Dios continúan reteniendo su individualidad, de tal manera que con sólo desearlo pueden salir de la Esencia Cósmica y materializarse en la forma que elijan —ya sea como visiones luminosas desprovistas de una apariencia determinada o como cuerpos perceptibles a los cinco sentidos—. Fue así como Elías y Moisés, que eran almas liberadas sin forma en el Espíritu, se materializaron adoptando su aspecto terrenal y, conforme al mandato divino, aparecieron en la cima del monte conversando con Jesús, en apoyo al designio especial que Dios había encomendado a Jesús y en presencia de los discípulos, quienes posteriormente darían al mundo testimonio de la transfiguración.

La relevancia espiritual de la presencia de Elías y de Moisés junto a Jesús

La aparición de Elías junto a Jesús fue un hecho de enorme importancia, dado que Elías —como se mencionó anteriormente— no era otro sino el gurú-preceptor de Jesús en su encarnación anterior como Eliseo. La aparición de Elías en la cima del monte en el momento de la transfiguración de Jesús ocurrió después de que Juan el Bautista fuese decapitado. Al pasar esta terrible prueba, el alma de Elías, que durante un tiempo se había encarnado como Juan, alcanzó la completa liberación en el Espíritu. El alma del gran profeta, al final de su encarnación como Elías

[14] Citado del extenso poema «Samadhi», de Paramahansa Yogananda (*Autobiografía de un yogui,* capítulo 14), en el cual describe su propia experiencia en ese estado trascendental. *(Nota del editor).*

ascendió conscientemente al Espíritu «*en un carro de fuego*» —la metamorfosis de la materia en destellos eléctricos—[15] y renació como Juan el Bautista para desempeñar en la tierra un papel de menor importancia: ser el heraldo de Jesús y de su especial designio divino. Con la muerte de Juan el Bautista, se desvaneció también la conciencia de subordinación que Elías había asumido transitoriamente y, por ese motivo, en el Monte de la Transfiguración, se apareció ante Jesús con el aspecto de Elías y no en su papel secundario de Juan el Bautista.

La relación entre Elías y Jesús comprendía numerosas encarnaciones desconocidas para la gente en general. Para confirmar ese vínculo, Elías se apareció ante Jesucristo con el objeto de prodigarle su fortaleza espiritual a fin de que pudiese superar sin abatimiento su prueba suprema: el sacrificio de su cuerpo en la cruz.

Moisés también se apareció en el monte, dado que era el guía espiritual de los judíos, el pueblo en cuyo seno Jesús había nacido y ante quienes principalmente predicó su mensaje de salvación. El hecho de que Moisés y Jesús aparecieran juntos muestra su inseparable relación en el sendero espiritual y también que ambos habían estado vinculados en la obra divina a lo largo de numerosas encarnaciones. El que simultáneamente y en la gloria divina aparecieran Moisés —Maestro de los judíos— y Jesús —Maestro de los cristianos— en el Monte de la Transfiguración debería servir de inspiración a judíos y cristianos por igual para que armoniosamente encuentren y establezcan su hermandad en Dios.

Moisés y Jesús se hallan actualmente en el cielo y observan con pesar las diferencias exclusivistas que han surgido entre los hijos judíos y cristianos de Dios. Al aparecer junto a Jesús y Elías, Moisés demostró su reconocimiento y apoyo a Jesús. Su presencia conjunta fue un divino faro que Dios encendió en el pasado distante para que resplandeciera a través de las épocas futuras y disolviese las oscuras diferencias sectarias que existen entre sus hijos judíos y cristianos.

La vibrante voz del Padre y la nube celestial que envolvió a los tres maestros y a los discípulos de Jesús revela claramente que el Padre Celestial tenía un mensaje especial para ofrecer al mundo a través de la unión de las vidas liberadas de Jesús, Moisés y Elías.

La aparición de Elías con Jesús en el Monte de la Transfiguración es un testimonio tranquilizador del eterno vínculo que se establece en

---

[15] Véase el discurso 2 (volumen I).

la relación gurú-discípulo, a través de la cual todas las almas que buscan la verdad hallan la liberación. En ese pacto sellado por Dios, cada uno recibe del otro la ayuda que necesita a medida que asume nuevos papeles y misiones en los sucesivos capítulos del drama de Dios. Jesús mismo expresa este hecho en los versículos siguientes.

~

> *«Cuando bajaban del monte, Jesús les ordenó: "No contéis a nadie la visión, hasta que el Hijo del hombre haya resucitado de entre los muertos". Sus discípulos le preguntaron: "¿Por qué, pues, dicen los escribas que Elías debe venir primero?". Respondió él: "Ciertamente, Elías ha de venir a restaurarlo todo. Os digo, sin embargo, que Elías vino ya, pero no le reconocieron, sino que hicieron con él cuanto quisieron. Así también el Hijo del hombre tendrá que padecer de parte de ellos". Entonces los discípulos entendieron que se refería a Juan el Bautista»* (Mateo 17:9-13).

> *Referencia paralela:*

> *«Cuando bajaban del monte les ordenó que a nadie contasen lo que habían visto, hasta que el Hijo del hombre resucitara de entre los muertos. Ellos observaron esta recomendación, discutiendo entre sí qué era eso de "resucitar de entre los muertos". Y le preguntaron: "¿Por qué dicen los escribas que Elías debe venir primero?". Él les contestó: "Elías vendrá primero y restablecerá todo; mas, ¿cómo está escrito del Hijo del hombre que sufrirá mucho y que será despreciado? Pues bien, yo os digo: Elías ha venido ya y han hecho con él cuanto han querido, según estaba escrito de él"»* (Marcos 9:9-13).

En el pasaje anterior y en otras referencias citadas, Jesús reconoce claramente la existencia de la reencarnación como una verdad. Proveniente de un Creador compasivo, se trata de la única ley firmemente fundamentada que puede justificar las aparentes injusticias que aquejan a la raza humana. Los profetas del Antiguo Testamento no sólo creían en la reencarnación —como se desprende de la profecía de la reencarnación de Elías—, sino que sabían, por medio de su divina intuición, cómo predecir sucesos futuros leyendo los signos de la ley de causa y efecto.

Los discípulos de Jesús se sentían a menudo desconcertados por las enigmáticas afirmaciones de su maestro. No comprendían aún a qué se refería Jesús cuando hablaba de *«resucitar de entre los muertos»*. Además, reflexionaban acerca de la profecía de las escrituras en que se anunciaba que el profeta Elías vendría de nuevo antes que el Mesías prometido[16]. Sabiendo que Jesús era el salvador predestinado, los discípulos le preguntaron acerca de la profecía concerniente a Elías.

Jesús profetiza que su muerte será similar a la que padeció Elías en su encarnación como Juan

Jesús les explicó: «También dicen las escrituras que el Hijo del hombre —mi ser físico— sufrirá numerosas pruebas y encontrará oposición por parte del pueblo al que impartirá sus enseñanzas[17]. Por la Conciencia Crística que en mí reside, sé y os digo que Elías ya vino antes de mí, y que se reencarnó en la forma de Juan el Bautista, y que luego fue vilmente tratado y decapitado y, después, recibido de nuevo en el cielo, en estado de liberación definitiva, como el profeta Elías —aquel a quien visteis conmigo en el monte—. No reconocieron que Juan el Bautista era el profeta iluminado Elías y por eso le dieron muerte. Os digo que también mi cuerpo sufrirá una muerte ignominiosa a manos de gente ignorante, al igual que ocurrió con el bendito Juan el Bautista».

---

[16] *Malaquías* 3:23. (Véase el discurso 2, en el volumen I).

[17] *«Despreciado, marginado, hombre doliente y enfermizo, como de taparse el rostro por no verle. Despreciable, un Don Nadie. ¡Y de hecho cargó con nuestros males y soportó todas nuestras dolencias! Nosotros le tuvimos por azotado, herido por Dios y humillado. Mas fue herido por nuestras faltas, molido por nuestras culpas. Soportó el castigo que nos regenera, y fuimos curados con sus heridas»* (*Isaías* 53:3-5).

DISCURSO 46

«Si tenéis fe, nada os será imposible»

Jesús atenuó el mal karma de muchas personas

❖

La fe que actúa con divina eficacia se desarrolla mediante la práctica de la meditación y la autodisciplina

❖

La fe proporciona al hombre soberanía suprema sobre el orden natural

❖

Definición de fe: aquello que percibe los invisibles poderes creativos cósmicos de Dios

❖

Cómo utilizar la fe tanto para resolver dificultades menores como para «mover montañas»

❖

Un hijo de Dios jamás debe permitir que las limitaciones mortales le dominen

«Se debe tener fe —no una creencia ciega, sino la convicción intuitiva de que la omnipotente presencia de Dios se encuentra en el interior del Ser iluminado— y no dudar que su Presencia y su poder se hallan dentro de nosotros».

Cuando llegaron donde la gente, se acercó a él un hombre que, tras arrodillarse ante él, le suplicó: «Señor, ten piedad de mi hijo, porque es lunático y sufre mucho. Muchas veces cae en el fuego y otras muchas en el agua. Se lo he presentado a tus discípulos, pero ellos no han podido curarlo». Jesús exclamó: «¡Ay, generación incrédula y perversa! ¿Hasta cuándo estaré con vosotros? ¿Hasta cuándo habré de soportaros? ¡Traédmelo acá!». Jesús le increpó y el demonio salió de él; y quedó sano el niño desde aquel momento.

Entonces los discípulos se acercaron a Jesús, en privado, y le preguntaron: «¿Por qué nosotros no pudimos expulsarlo?». Les respondió: «Por vuestra poca fe. Porque yo os aseguro que si tenéis fe como un grano de mostaza, diréis a este monte: "Desplázate de aquí allá", y se desplazará. Y nada os será imposible. [A esta clase sólo se la expulsa con la oración y el ayuno]».

Mateo 17:14-21

DISCURSO 46

«Si tenéis fe, nada os será imposible»

«Cuando llegaron donde la gente, se acercó a él un hombre que, tras arrodillarse ante él, le suplicó: "Señor, ten piedad de mi hijo, porque es lunático y sufre mucho. Muchas veces cae en el fuego y otras muchas en el agua. Se lo he presentado a tus discípulos, pero ellos no han podido curarlo". Jesús exclamó: "¡Ay, generación incrédula y perversa! ¿Hasta cuándo estaré con vosotros? ¿Hasta cuándo habré de soportaros? ¡Traédmelo acá!"» (*Mateo* 17:14-17).

Referencia paralela:

«Al llegar junto a los discípulos, vio a mucha gente que los rodeaba y a unos escribas que discutían con ellos. Toda la gente, al verle, quedó sorprendida y corrieron a saludarle. Él les preguntó: "¿De qué discutís con ellos?". Uno de entre la gente le respondió: "Maestro, te he traído a mi hijo, que tiene un espíritu mudo. Dondequiera que se apodera de él, lo derriba, le hace echar espumarajos y rechinar los dientes, y lo deja rígido. He dicho a tus discípulos que lo expulsaran, pero no han podido". Jesús exclamó: "¡Ay, generación incrédula! ¿Hasta cuándo estaré con vosotros? ¿Hasta cuándo habré de soportaros? ¡Traédmelo!"» (*Marcos* 9:14-19)[1].

---

[1] Compárese con otra referencia paralela que aparece en *Lucas* 9:37-41.

«¡Oh, generación ignorante y desprovista de la percepción del Espíritu!, a pesar de vuestra ingratitud, he permanecido mucho tiempo con vosotros. ¿Hasta cuándo deberé padecer junto a vosotros vuestras agonías y llevar, además, vuestro mal karma sobre mis espaldas? De todos modos, tráeme a tu hijo».

Jesús atenuó el mal karma de muchas personas

En los versículos anteriores, Jesús expresa el dolor que le causa tener que soportar la constante sobrecarga del mal karma de los demás. Así como un hombre acaudalado es capaz de salvar de la prisión a un deudor haciéndose cargo de la deuda, de igual manera una gran alma puede, por medio de su poder de voluntad, expiar los sufrimientos kármicos de otras personas al asumirlos en su propia alma. Sin embargo, sólo están en condiciones de recibir esta afortunada bendición —producto de la presencia intercesora de un maestro— aquellas personas arrepentidas cuyo karma es favorable en todos los demás sentidos, razón por la cual atraen este atenuante de sus deudas kármicas.

Por otra parte, Jesús sabía que si acumulaba el mal karma o las acciones pecaminosas de los demás, finalmente debería pagar con el elevado precio de su propia vida. A fin de expiar el karma de los demás, él ofreció en sacrificio la más preciada de las posesiones del hombre, el cuerpo, que debió atravesar por la terrible prueba de la crucifixión. Más tarde, empleando la fuerza superior del alma, resucitó su cuerpo y demostró su victoria sobre todas las limitaciones de la naturaleza. A pesar de que Jesús comprendía que sanar al muchacho poseído de una condición tan grave y profundamente arraigada implicaba compartir una parte considerable de su mal karma, aun así aceptó curarle, impulsado por su infinita compasión.

~

«Jesús le increpó y el demonio salió de él; y quedó sano el niño desde aquel momento» (Mateo 17:18).

Referencia paralela:

«Y se lo trajeron. Apenas el espíritu vio a Jesús, agitó violentamente al muchacho y, cayendo en tierra, se revolcaba echando espumarajos. Entonces él preguntó a su padre: "¿Cuánto tiempo

hace que le viene sucediendo esto?". Le respondió: "Desde niño. Y muchas veces lo ha arrojado al fuego y al agua para acabar con él. Así que, si algo puedes, ayúdanos; compadécete de nosotros". Jesús le dijo: "¡Qué es eso de si puedes! ¡Todo es posible para quien cree!". Al instante gritó el padre del muchacho: "¡Creo, ayuda a mi poca fe!". Viendo Jesús que se agolpaba la gente, increpó al espíritu inmundo: "Espíritu sordo y mudo, yo te lo mando: sal de él y no entres más en él". Entonces el espíritu salió dando gritos y agitándolo con violencia. El muchacho quedó como muerto, hasta el punto de que muchos comentaban que había fallecido. Pero Jesús, tomándole de la mano, lo levantó y él se puso en pie» (*Marcos* 9:20-27)[2].

Jesús increpó al espíritu inmundo: «¡Oh malvado espíritu desencarnado, que has sido condenado a ser sordo y mudo en el mundo astral por causa de tu karma maligno!, ¿por qué atraes un mal karma aún mayor poseyendo vilmente a este muchacho que tengo ante mí, en lugar de expiar de modo apropiado los efectos de tus malas acciones del pasado? ¡Te ordeno salir de su cuerpo y no entrar jamás en él!».

Numerosos son los tormentos que, en el estado posterior a la muerte, pueden experimentar los espíritus malignos desencarnados, dependiendo del mal que hayan acumulado en su vida terrena. En este caso, Jesús reconoció a un espíritu malvado que era sordo y mudo por razones kármicas y que había tomado posesión de un cuerpo terrenal con la finalidad de recuperar sus facultades auditivas y vocales. Sin embargo, la inmutable ley de causa y efecto es tan rigurosa que las cuerdas vocales y los nervios auditivos del cuerpo en que se había introducido sin autorización —y que estaba sano en todos los demás aspectos— quedaron imposibilitados.

Puesto que el muchacho sufría esa posesión desde la niñez, su sistema nervioso se hallaba totalmente exhausto. Por esa razón, cuando Jesús expulsó al espíritu demoníaco de su cuerpo, el muchacho parecía estar muerto. Pero Jesús lo tomó de la mano y, al levantarlo, recargó de energía cósmica su cuerpo, gracias a lo cual el muchacho se restableció por completo de manera inmediata.

~

[2] Compárese con otra referencia paralela que aparece en *Lucas* 9:42.

«Entonces los discípulos se acercaron a Jesús, en privado, y le preguntaron: "¿Por qué nosotros no pudimos expulsarlo?". Les respondió: "Por vuestra poca fe. Porque yo os aseguro que si tenéis fe como un grano de mostaza, diréis a este monte: 'Desplázate de aquí allá', y se desplazará. Y nada os será imposible. [A esta clase sólo se la expulsa con la oración y el ayuno]"» (*Mateo* 17:19-21)[3].

Otras referencias semejantes acerca del poder de la fe que se mencionan en otras ocasiones:

«Dijeron los apóstoles al Señor: "Auméntanos la fe". El Señor respondió: "Si tuvierais una fe como un grano de mostaza, habríais dicho a este sicomoro: 'Arráncate y plántate en el mar', y os habría obedecido"» (*Lucas* 17:5-6).

* * *

«Jesús les respondió: "Tened fe en Dios. Yo os aseguro que quien diga a este monte: 'Quítate y arrójate al mar', sin vacilar en su interior y creyendo que va a suceder lo que dice, lo obtendrá. Por eso os digo que obtendréis todo cuanto pidáis en la oración, si creéis que ya lo habéis recibido"» (*Marcos* 11:22-24)[4].

Jesús explicó a sus discípulos lo siguiente: «Para expulsar al espíritu maligno que había estado alojado por tanto tiempo en el muchacho enfermo, era preciso poseer una fe inquebrantable. Cuando visteis lo terrible de su condición y no lograsteis curarle después de uno o dos intentos, dejasteis de creer; la inconstancia de vuestra fe os impidió atraer una cantidad suficiente de poder de la Fuente Cósmica Omnipotente que todo lo sana. Desde mi estado de percepción de la Conciencia Crística, afirmo que si, mediante vuestra divina comunión interior, lograseis tener al menos una diminuta semilla —como un grano de mostaza— de verdadera convicción intuitiva acerca del

[3] Compárese con la referencia paralela que aparece en *Marcos* 9:28-29.

[4] Tanto estos versículos como una referencia paralela que aparece en *Mateo* 21:21-22 forman parte del relato en que Jesús seca una higuera, el cual se comenta en el discurso 64 (volumen III).

poder de Dios, todas las montañas de las dificultades, sin importar su tamaño, a vuestro mandato se apartarían del camino.

»Pero os advierto enfáticamente que el poder omnipotente de la fe no se obtiene a través de la simple creencia o convicción intelectual, ni como resultado de esfuerzos tibios o intermitentes por alcanzar la unidad con Dios. Sólo llega a nosotros cuando, en meditación profunda, oramos y clamamos, con intensidad y constancia, por la Conciencia Cósmica y nos liberamos del apego al cuerpo a través de la disciplina que consiste en seguir los dictados de la moralidad y practicar regularmente el ayuno purificador. Cuando recibáis la guía intuitiva que proviene de comulgar con Dios en la meditación extática, vuestra voluntad y fe se hallarán entonces unidas al poder ilimitado del Padre».

La fe que actúa con divina eficacia se desarrolla mediante la práctica de la meditación y la autodisciplina

Jesús trataba de despertar en los hombres débiles aquella divina convicción cósmica y aquel poder de la certeza absoluta por medio de los cuales Dios creó las estrellas, los planetas, los seres humanos —el universo y todo cuanto en él existe—. Con el autogenerado poder de su divina voluntad y con la autogenerada confianza en la fuerza supremamente creativa de su divino pensamiento y de sus ideaciones, Dios «congeló» y produjo las infinitas manifestaciones de la materia y de la inteligencia. Con la incontrovertible inmediatez de su omnisciencia, Dios sabe que es todopoderoso. Con su convicción omnipotente, nada le es imposible; todo cuanto Él piensa, puede llevarlo a cabo por decreto divino o asignando esa tarea a la acción de sus leyes cósmicas.

Puesto que el hombre está hecho a imagen de Dios, también posee esa omnipotente voluntad divina y confianza en sí mismo ocultas en la profundidad de su alma, las cuales le otorgan el poder para crear o lograr cuanto le sea posible imaginar. Cuando uno erradica de su alma los opresores tentáculos de los hábitos humanos y de las creencias hereditarias, y logra que la conciencia de imposibilidad sea reemplazada por el poder de la fe que logra experimentar, comienza a ejercer una soberanía suprema sobre el orden natural. Mediante la práctica de la meditación cada vez más profunda, es posible unir el poder intuitivo de la imaginación con la todopoderosa convicción de Dios y experimentar así la relación entre la intuición y la materia. Todas las manifestaciones de la vibración

La fe proporciona al hombre soberanía suprema sobre el orden natural

cósmica están controladas y guiadas por las intuiciones provenientes de las ideas de Dios. Como resultado de su comunión divina, las convicciones de las almas avanzadas se sintonizan con la convicción que Dios posee acerca de su propia y omnipresente omnipotencia; es entonces cuando dicha fe puede crear vibraciones tan poderosas que, si uno así lo desea, es literalmente capaz de arrancar un monte de su sitio y arrojarlo al mar.

Por lo tanto, Jesús no estaba hablando sólo de manera alegórica. Él realmente señalaba que así como Dios hace que los montes se eleven por encima de los mares o que los continentes se hundan y desaparezcan de nuestra vista, así también las almas liberadas que están en sintonía con Él se encuentran en contacto con ese ilimitado poder —tal como lo estaban Jesús y Bhagavan Krishna, de quien se dice que, en cierta ocasión, sostuvo una montaña entera en el aire, como un paraguas protector, para resguardar a su pueblo de una devastadora tormenta—. La conciencia de un hombre común y corriente es omnipresente en el microcosmos de su cuerpo; él es capaz de ordenarle a esa conciencia que mueva cualquier parte del cuerpo. De modo similar, una persona que mediante la fe experimenta su identidad con la omnipresente Conciencia Cósmica puede, por medio de la voluntad divina, gobernar cualquier aspecto del cuerpo macrocósmico del universo; no obstante, es muy poco probable que sienta verdadero interés en cambiar la escenografía cósmica del Señor.

«La fe es garantía de lo que se espera y prueba de lo que no se ve. [...] Por la fe, sabemos que el universo, tanto lo visible como lo invisible, fue formado por la palabra de Dios»[5]. El intelecto y los sentidos del hombre pueden percibir los fenómenos de la creación material, pero no pueden percibir las fuerzas vibratorias astrales y causales, que son la base y estructura del mundo físico. Es preciso contar con la luz de la intuición para dejar al descubierto el sutil funcionamiento de los poderes celestiales. Esa luz es la experiencia de la verdad inherente al alma, que se expresa a través del conocimiento intuitivo; y la convicción resultante de dicho conocimiento es la fe. Así pues, Jesús utilizó el término «fe» para señalar aquello que percibe los invisibles poderes creativos cósmicos y a Dios como la Sustancia final. El tener

Definición de fe: aquello que percibe los invisibles poderes creativos cósmicos de Dios

[5] *Hebreos* 11:1, 3.

fe, es decir, el saber intuitivamente que la Conciencia Cósmica es el principal motor de toda la creación atómica, le confiere al hombre poder para actuar sobre cualquier parte de la estructura universal.

El ser humano que depende de los sentidos y rinde pleitesía a la materia es un infiel consumado; simplemente porque no tiene *«prueba de lo que no se ve»* niega la existencia de las fuerzas invisibles de un Dios invisible que podrían concederle *«lo que se espera»*. No obstante, incluso las personas cegadas por la ignorancia poseen cierto grado de fe: la intuición latente de que Dios y su poder están presentes en su interior, la cual hace surgir en ellas todas las esperanzas humanas, así como el incentivo para alcanzar el éxito. Esa fe inconsciente es la fuente secreta de todas las expectativas del hombre por alcanzar sus innumerables sueños. Si la esperanza humana se utiliza apropiadamente como una motivación para cultivar los potenciales superiores de la mente, de la imaginación y de la voluntad, con el tiempo se transforma en verdadera fe: la facultad intuitiva de convertir en realidad los divinos poderes del alma.

«Señor, auméntanos la fe», fue la petición que los discípulos hicieron a Jesús. Incluso un grado moderado de fe intuitiva puede lograr maravillas, en una medida mucho mayor que la simple creencia o el poder intensificador de la imaginación. Una persona que no medita o que no comulga con Dios podría pararse frente a un árbol y decir, con toda su convicción humana apoyada por una poderosa imaginación: «Ordeno que seas arrancado de raíz y trasplantado en el mar». Naturalmente, eso no ocurrirá. Mediante la creencia o la imaginación sujetas a limitaciones no se logran milagros, sino sólo a través de la unión del Ser con Dios.

Cómo transformar una creencia en la convicción absoluta de la fe

Existe un método para cultivar una creencia hasta que logre convertirse en fe o convicción absoluta. La creencia es la actitud de receptividad inicial de la mente que se requiere para sembrar la semilla de los resultados esperados. Un granjero exitoso aprende las leyes del cultivo con el propósito de obtener una buena cosecha. Del mismo modo, el buscador de la verdad debe aprender a cultivar el suelo de la creencia a fin de que produzca los resultados deseados. Cuando las semillas de las aspiraciones se riegan continuamente con la creencia en el Ser y en el poder de intercesión de un maestro —como hicieron los discípulos mediante su petición a Jesús—, dichas semillas germinan y se convierten en la fe que asegura que inevitablemente se producirá el resultado deseado.

Jesús conocía las leyes de la verdad; poseía la omnipotente conciencia divina y sabía que todo aquel que confiase en él y en sus palabras crearía un canal a través del cual podría él transferir fácilmente hacia el suplicante los poderes inherentes a su Conciencia Crística. Los instructores espirituales comunes no pueden recargar a los demás como Jesús lo hacía, porque aquéllos no siempre están convencidos del poder de la voluntad divina y de la fe que nace de la intuición y sólo pueden ser, por lo tanto, conductos menores para transmitir tales poderes a otras personas.

Con su propia experiencia y ejemplo, Jesús enseñaba que es posible desarrollar la intuición y el supremo poder de materialización de la fe, inherentes al alma, en aquellos que meditan profundamente y que no estimulan su identificación con el cuerpo, pues no dependen sólo de lo material como fuente de sustento[6]. Cuando el alma permanece continuamente identificada con el ilusorio cuerpo onírico, adopta las debilidades de ese conjunto de materia y olvida ejercitar la fe todopoderosa que se oculta en su interior. Si uno se deja llevar por el júbilo o la tristeza dependiendo de las fluctuantes condiciones de salud y enfermedad que invaden el cuerpo, termina perdiendo la fe. El alma no puede estar enferma ni saludable, ya que está hecha a la imagen incorpórea de la perfección de Dios. Aquel que siente alegría porque se encuentra en un onírico estado de buena salud, o se acongoja porque ha contraído una afección onírica, o teme a la enfermedad y se aflige cuando se presenta, está soñando el sueño del engaño cósmico y no es interiormente libre. Por ello es preciso que todo devoto medite concentrándose en su bienaventurado Ser trascendente y permanezca en ese estado de conciencia de gozo eternamente renovado. Es preferible experimentar la perfección del alma —que es inmortal— que simplemente adquirir por medio del poder mental la salud del cuerpo transitorio, que debe desecharse con la llegada de la muerte. Una vez que la conciencia del devoto se une finalmente a la Conciencia Cósmica, la cual sostiene y controla la multitudinaria variedad de formas oníricas del onírico universo cósmico, entonces, merced a dicha conciencia, *«todo es posible para quien cree»*.

---

[6] *«Así pues, siempre llenos de buen ánimo, sabiendo que, mientras habitamos en el cuerpo, vivimos desterrados lejos del Señor, pues caminamos en fe y no en visión... Estamos, pues, llenos de buen ánimo y preferimos salir de este cuerpo para vivir con el Señor»* (*II Corintios* 5:6-8).

Al dirigirse a sus discípulos, Jesús puntualizó que el modo de despertar el poder de la fe consiste en experimentar la presencia de Dios dentro del propio Ser. Para llevar a cabo difíciles curaciones sobrenaturales u otros fenómenos milagrosos es necesario realizar primero el milagro supremo: lograr la unión consciente del alma con Dios, a plena satisfacción del Ser y del Padre Divino.

Está en la naturaleza de la fe el poder crear todo cuanto desee. Quien cree con gran firmeza en la realización de un deseo comprueba que tarde o temprano éste llega a cumplirse. Pero antes de estar en condiciones de mover montañas, uno debe ser capaz de demostrar ese poder divino por medio del logro de pequeños objetivos que surjan en la vida. Es preciso desarrollar la fe utilizándola para resolver dificultades menores; de ese modo, uno se prepara para desatar los nudos gordianos de los problemas más intrincados de la vida.

Cómo utilizar la fe tanto para resolver dificultades menores como para «mover montañas»

«Por eso os digo que obtendréis todo cuanto pidáis en la oración, si creéis que ya lo habéis recibido». Aquellos que se concentran en una meta determinada y oran continuamente por alcanzarla comprueban que, sin importar cuán difícil sea la consecución de su objetivo, reciben la guía necesaria para encontrar los medios de obtener aquello que anhelan. Una fe poderosa puede obrar milagros al infundir pensamientos provechosos en los cerebros de otras personas. Por ejemplo, antes de buscar empleo o negociar algo que se desea, uno debería concentrar sus pensamientos y oraciones de manera intensamente positiva. Dios responderá enviando a las mentes de los demás aquellos pensamientos que estén en armonía con lo que uno busca. Si bien no se trata de la materialización directa que Cristo podía llevar a cabo, aun así los pensamientos poderosos crean condiciones afines y ponen en movimiento las mentes de otras personas que más tarde ofrecerán su ayuda para la realización de la meta que uno concibe. Y cuando la fe se vuelve muy poderosa, Dios mismo ordena que se cumpla el objetivo deseado. ¿Por qué no habría de ser así? En el principio, Él creó cada cosa como una creación especial. A las flores les dijo que fueran flores, y al agua que fuera agua, y a los electrones que fuesen electrones. Si alguien puede imaginar lo que desea y lo anhela con inquebrantable determinación y, sin vacilar, «cree que ya lo ha recibido, obtendrá todo cuanto pida en la

oración»; pero eso no ocurrirá si dichas condiciones no se cumplen[7].

Una práctica que resulta útil es cultivar la visualización concentrada. Uno de los métodos consiste en sentarse en silencio en una habitación totalmente a oscuras y visualizar el entorno. Procura pensar en todos los diferentes objetos que hay en esa habitación y verlos mentalmente con todo detalle. Luego enciende la luz y observa con cuánta precisión y hasta qué punto te fue posible identificar el decorado mientras te hallabas en la oscuridad. Ahora apaga de nuevo la luz y visualiza todo cuanto hay en otra habitación. Concéntrate profundamente hasta que veas cada rincón y cada objeto de esa habitación. Esta sencilla práctica es eficaz. A medida que uno desarrolla el poder de visualización, puede lograr, en la medida de lo razonable, que suceda todo cuanto uno desea. Casi todas las personas han tenido en algún momento la experiencia de obtener algo que habían imaginado y deseado, aun cuando el logro de esa meta pareciese improbable. La clave del éxito es la concentración, acompañada de la fe.

Sin embargo, la concentración y la visualización por sí solas no bastan; el simple hecho de pensar que uno posee la posición económica de un millonario no hará que esa creencia se convierta en realidad. Además de los pensamientos positivos, se debe tener un invencible poder de voluntad y una fe inquebrantable. La voluntad ha de volverse tan poderosa que, al aplicar y coordinar todos los esfuerzos, pueda hacer realidad cualquier cosa que uno visualiza. Recuerda: «Dios ayuda a quien se ayuda a sí mismo».

Las metas que uno se propone deben estar dentro de lo que dicta la sabiduría. Cuando Jesús instaba a tener una fe inquebrantable a fin de alcanzar lo que se pide en oración, no quería decir con ello que si todas las personas orasen y creyeran sin duda alguna que después de un año lograrían ser tan ricas como Creso, sus deseos les serían concedidos. No podrían modificar tan rápidamente sus hábitos, el karma de su vida actual y de sus vidas pasadas, ni las oportunidades de su entorno, como para convertirse en personas acaudaladas de un momento a otro sólo por medio de la oración y el simple hecho de creer. Considerando las presentes condiciones kármicas que existen en

[7] *«Si alguno de vosotros carece de sabiduría, que la pida a Dios. Seguro que se la concederá, pues Dios da a todos generosamente, y sin echarlo en cara. Pero que la pida con fe, sin vacilar; porque el que vacila es semejante al oleaje del mar, agitado por el viento y zarandeado de una a otra parte. Que no piense recibir cosa alguna del Señor un hombre así, irresoluto e inconstante en todos sus caminos»* (*Santiago* 1:5-8).

la tierra, semejante proeza es imposible. La prosperidad humana requiere que los seres humanos sean dignos de ella y está condicionada por el ambiente. Hay en el mundo una gran cantidad de personas cuya mente y poder de voluntad son superiores a las de Henry Ford; sin embargo, no viven en un ambiente con las mismas características favorables ni en el mismo contexto kármico que hizo posible que Henry Ford amasara su fortuna. En realidad, es muy probable que una persona promedio de la época actual haya de trabajar arduamente durante muchas vidas más antes de que la ley de la evolución financiera le permita formar parte de la clase de los millonarios. Todos los logros humanos deben obtenerse kármicamente y, asimismo, todas las facultades humanas dignas de mérito deben cultivarse. Hay muchas cualidades que es preciso desarrollar además de la capacidad de ganar dinero, muchas formas de evolución kármica que son más importantes para el bienestar del hombre que el desarrollo financiero.

El cumplimiento de la promesa de Jesús se logra al percibir la presencia de Dios en nuestro interior

Sin embargo, por medio de la oración, de la meditación y de las buenas acciones, todos los seres humanos pueden desarrollarse espiritualmente y alcanzar la comunión con Dios y la convicción intuitiva de que la omnipotente presencia divina se halla dentro de su propio ser. Puesto que el hombre, en su calidad de alma inmortal, está hecho a imagen de Dios, tiene la capacidad de recobrar en un período relativamente breve —incluso en el lapso de una sola vida— la percepción de su estado de unidad con el Ser Divino. Aquel que alcanza dicha unión puede volverse inmensamente rico y poderoso si lo desea. Sin embargo, paradójicamente, las ganancias materiales ¡nunca son la meta de los seres iluminados!

Jesús experimentaba esta verdad: «*Yo y el Padre somos uno*»[8]. Él podía realizar milagros, sanar a los enfermos y resucitar a los muertos porque se hallaba establecido en su identidad con Dios. En ocasiones, las personas oran de manera insensata o irracional, y piden aquello que su karma o grado de evolución no les permite obtener en el presente, creyendo que sus oraciones se harán realidad. Pero cuando sus deseos no son concedidos, su creencia —que en realidad era más bien una expresión de sus pertinaces deseos y no un ejercicio de fe— se convierte en duda acerca de la eficacia de la

---

[8] *Juan* 10:30. (Véase el discurso 52).

oración y de la existencia de un Dios bondadoso que responde a las necesidades del hombre.

La gente comete el error de caer en un estado negativo de falso razonamiento porque toma las palabras de Jesús *«Y todo cuanto pidáis con fe en la oración, lo recibiréis»*[9] sin considerar el contexto: *«Si tenéis fe y no vaciláis [...]»*[10]. Se debe tener fe —no una creencia ciega, sino la convicción intuitiva de que la omnipotente presencia de Dios se encuentra en el interior del Ser iluminado— y no dudar que su Presencia y su poder se hallan dentro de nosotros. Si se tiene primero esta experiencia intuitiva de Dios mediante la práctica de la meditación y de la comunión divina, no es posible entonces albergar duda alguna acerca de la respuesta inmediata del poder omnipotente. Ahí reside la verdad de las palabras de Jesús. *Después* de alcanzar la conciencia divina, uno puede lograr todo aquello en lo que cree y por lo que ora.

Con estas palabras, Jesús explica a quienes creen en la oración que, debido a lo vacilante de su fe, no es seguro que todas sus oraciones sean respondidas del modo deseado. En tanto que uno permanezca en un estado de separación de Dios, el solo hecho de «creer» y orar con ahínco no será suficiente. El devoto tiene primero que establecer contacto con Dios; e incluso después de haber experimentado la comunión divina, debe asegurarse de creer —*«sin vacilar en su interior»*— que cualquier cosa que pida en la oración, viene a él en ese mismo momento, merced al omnipotente poder de Dios; entonces lo recibirá.

Un mendigo humano recibe lo que un mendigo merece; sin embargo, un hijo divino, que es uno con Dios, recibe aquello que le corresponde a un hijo. Ésa es la razón por la cual el hombre que se comporta como un pordiosero humano no debe esperar que se le conceda la petición de sus plegarias para obtener los grandes poderes de realización que forman parte de su herencia divina. Por el contrario, cuando el hombre se disocia de sus limitaciones físicas por medio de la meditación y se concentra en el ilimitado poder de su alma, reconoce entonces su inmortalidad y abandona su condición de mortal sujeto al engaño —que subsiste con las migajas ocasionales que su karma le ofrece— para convertirse así en un hijo divino, que tiene bajo su mando el cielo y la tierra.

---

[9] *Mateo* 21:22.

[10] *Mateo* 21:21.

Quienes siguen el sendero científico para liberarse de las limitaciones materiales se esfuerzan por desarrollar el poder de la mente. Por medio de las técnicas yóguicas de meditación, afirmación y visualización, unidas a una fuerza de voluntad y una fe inquebrantables, el poder mental comienza a superar gradualmente las limitaciones de la conciencia corporal impuestas por el engaño. Cuando los pensamientos quedan bajo control, se convierten en verdaderos hacedores de milagros. A medida que progresa, el devoto puede utilizar ese poder mental para sanar el cuerpo y aliviar el dolor. Es triste pensar que hay personas que durante años y años deben soportar enfermedades como el cáncer u otras aflicciones. La susceptibilidad del ser humano al sufrimiento se debe a que desconoce su innata divinidad. ¡Con cuánta indolencia descuida el desarrollo de ese poder que puede ejercer dominio sobre el cuerpo y mantenerlo bajo la supremacía del alma! Si controlase la mente, podría permanecer indiferente al estado del cuerpo, tanto en la salud como en la enfermedad, del mismo modo que una persona anestesiada se somete a una operación y no siente dolor alguno. El origen de todos los problemas está en la mente, pero en la mente también se encuentra ese Poder Infinito que la mayoría de las personas jamás ha utilizado.

Un hijo de Dios jamás debe permitir que las limitaciones mortales le dominen

Somos hijos de Dios y todos sus poderes divinos se hallan en nuestro interior en estado latente; no debemos desprendernos de esos poderes aceptando en forma sumisa que nuestro ser mortal ejerza dominio sobre nosotros. La vida no consiste sólo en buscar la salud y la prosperidad: la vida es una batalla. San Francisco estaba ciego y padecía numerosas enfermedades y privaciones; sin embargo, podía curar a los enfermos y resucitar a los muertos y regocijarse en su comunión con Dios y con Cristo. Quienes han alcanzado la unión con Dios se liberan de las aparentes desdichas de esta vida onírica; consideran que la salud y la enfermedad, la ganancia y la pérdida, la vida y la muerte, sólo son fases interesantes de ese sueño. Por supuesto, sería absurdo dar por sentado que uno está por encima de estas circunstancias hasta no haber experimentado realmente que toda la materia es energía y que la energía es el pensamiento de Dios. Si uno golpea su cabeza onírica contra una pared onírica, ¡sufrirá una fractura onírica!

El cuerpo es la cruz del hombre, y debe cargar con ella con valentía y elevarse mentalmente por encima de sus exigencias. Quienes aman el cuerpo y están apegados al bienestar corporal se rebelan contra

Dios cuando el sufrimiento se presenta. Jesús fue clavado en la cruz y padeció ese sufrimiento con toda su sensibilidad; a pesar de ello, su ruego fue: «*Padre, perdónalos*». Él podría haber destruido a sus enemigos con el poder de su ojo espiritual, pues tenía las fuerzas divinas a su disposición. Pero con ese singular acto de amor, Jesús —aquel a quien Dios había proclamado como verdadero hijo divino— realizó su mayor milagro.

No había en Jesús el más mínimo rastro de egoísmo ni de los consiguientes apegos propios de la identificación con el cuerpo y la esclavitud a los deseos, a la ira y a las actitudes vengativas. Al alma de cada hombre le aguarda un destino que consiste en elevarse —mediante pasos graduales— hasta alcanzar una vida crística, es decir, hasta practicar los principios crísticos universales en toda circunstancia. La vida es un laboratorio y el terreno en el que se somete al hombre a prueba y donde debe aprovechar su potencial divino para aprender la manera de ser feliz incluso cuando se enfrenta a difíciles adversidades y sufre graves ofensas.

Dios no envía las pruebas a los seres humanos como un castigo; su ley no es la de «ojo por ojo y diente por diente». Si Dios estuviera contra el hombre, entonces no sería Dios. Él sabe que nos ha metido en este lío y desea que salgamos de él, y la forma de lograrlo consiste en soportar nuestras pruebas y salir victoriosos. Cada persona debe aprender a cargar con su cruz sin perder jamás la fe en Dios. Cuando el cuerpo sufre y aun así uno es capaz de decir: «Estoy perfectamente bien», está trascendiendo la identificación con el cuerpo.

En este mundo, la naturaleza obliga al hombre a vivir como un ser humano común y corriente, pero en nuestro interior debemos seguir siendo dioses. Jesús, al igual que cualquier otro hombre, comía, dormía y lloraba. Estando en la cruz, en un momento de debilidad y de dolor, clamó desde su condición humana: «*¡Dios mío!, ¿por qué me has abandonado?*». Pero en su interior él conservaba su divinidad. Había tendido un puente sobre el golfo que separa la vida humana de la vida divina y se hallaba establecido en su divinidad. Dios hizo a todos los hombres a su imagen a fin de que todos pudiesen, merced a ese potencial, vencer sus numerosas pruebas y establecerse en su innata divinidad.

La vida es una anomalía; mas, no importa cuán difícil resulte comprenderlo, el hombre no debería culpar a Dios de los males que le aquejan. El libro de la vida es semejante a una novela. Al leerla, uno ríe, llora y se emociona, incluso poco antes del final, cuando aún persisten muchos interrogantes, hasta que en el último capítulo se revelan todos los misterios. Quien escribe este libro de la vida es el Maestro Novelista. El significado completo de su obra maestra no lo comprende nadie que no se haya unificado con el Maestro y que, de ese modo, sea capaz de leer entre líneas los pensamientos divinos de dicho texto. Debes continuar abrigando fe en Dios hasta que te sea posible conocer la sabiduría y el amor que se entrelazan en la trama de la vida.

Vive una vida divina: vence los malos hábitos y no trates constantemente de satisfacer los dictados de tu cuerpo. Entrégaselo a Dios. El devoto dice: «Señor, Tú eres el creador y el dueño de este cuerpo; por ello, a Ti te corresponde ayudarme a cuidarlo, y sé que lo harás». Una persona que haya vivido cien años de prosperidad y buena salud pero carezca de conocimiento espiritual no es tan afortunada como aquella que tal vez esté lisiada, sorda, ciega y abandonada pero guarda a Dios en su corazón.

El método científico para resolver el misterio de la vida y sus inescrutables problemas —develando primero el misterio del Ser y la relación de éste con el Espíritu— consiste en meditar y practicar *Kriya Yoga*. En forma paulatina, el hombre desarrolla cada uno de sus potenciales y, a través de la ciencia del Espíritu, adquiere el poder para realizar todos los milagros. Aquel que ha puesto en práctica los métodos de los maestros recibe el conocimiento que ellos imparten y ve colmado su anhelo, que es el anhelo de la humanidad entera: alcanzar la liberación del espíritu.

«Si tenéis fe como un grano de mostaza [...]». ¡Inmortales palabras!, expresadas con el fin de romper las ataduras de los mortales esclavizados por la duda y para despertar su innata voluntad omnipotente: «¡Alerta montañas, no me detengáis! ¡Seréis derribadas si no os apartáis!»[11].

Para aquellos que conocen a Dios, todo es posible. Es Dios quien esparce las galaxias de flores estelares en el jardín del espacio; es Dios quien enciende la chispa de la vida en las lámparas de las incontables criaturas; es Dios quien ha creado los átomos, los sentimientos y

---

[11] Citado del poema «Marching Light» de Swami Ram Tirtha, musicalizado por Paramahansa Yogananda bajo el nombre *Swami Ram Tirtha's Song* [La canción de Swami Ram Tirtha] en su libro *Cosmic Chants* [Cantos Cósmicos], publicado por *Self-Realization Fellowship.*

los pensamientos que hay en todos los seres vivientes. ¿Acaso podría existir algo fuera del alcance de Dios? ¿Qué se les podría negar a los devotos de Dios que están unidos a Él? A ello se refería Jesús. No es inusual que algunas personas que poseen una fuerza de voluntad tenaz sean capaces de superar situaciones difíciles por medio de afirmaciones, de visualizaciones y de su convicción acerca de los poderes de la mente. Las enseñanzas de Jesús, sin embargo, abarcan mucho más que eso: el hombre debe sintonizar su voluntad humana con la Voluntad de Dios para destruir de ese modo las limitaciones mortales. La única manera de lograrlo consiste en comulgar conscientemente con Dios Todopoderoso y experimentar la unión inseparable del alma con el Espíritu. A aquel que goza de esa comunión le es imposible dudar que el poder ilimitado de Dios mora en su corazón. Él sabe que por designio divino es inevitable que cualquier deseo que tenga le será concedido —se convertirá en realidad— y todo lo que diga *«lo obtendrá»*.

DISCURSO 47

El humilde servidor de todos es «el mayor en el Reino de los Cielos»

El amor y la humildad conquistan el corazón de Dios

❖

«Haceos como los niños»: expresad las puras e inocentes cualidades celestiales

❖

La verdadera humildad consiste en trascender el ego y liberar el alma para que se identifique con Dios

❖

El egoísmo es el signo más evidente de la ignorancia

❖

Los ideales de abnegación y servicio universal que Jesús ejemplificó

«Aquel que se considera a sí mismo como el último [...] se halla realmente entre los más grandes. [...] El que se entrega por completo a servir a los demás se entroniza como un rey en el amor de sus corazones».

Yendo un día juntos por Galilea, les dijo Jesús: «El Hijo del hombre va a ser entregado en manos de los hombres; lo matarán, y al tercer día resucitará». Ellos se entristecieron mucho.

Cuando entraron en Cafarnaún, se acercaron a Pedro los que cobraban las didracmas y le preguntaron: «¿No paga vuestro Maestro las didracmas?». Respondió él: «Sí». Cuando llegó a casa, se anticipó Jesús a decirle: «A ver qué te parece, Simón. ¿De quién cobran tasas o tributo los reyes de la tierra, de sus hijos o de los extraños?». Al contestar él: «De los extraños», Jesús le dijo: «Por tanto, libres están los hijos. Sin embargo, para que no les sirvamos de escándalo, vete al mar y echa el anzuelo. Coge el primer pez que salga, ábrele la boca y encontrarás un estáter. Tómalo y dáselo por mí y por ti».

En aquel momento se acercaron a Jesús los discípulos y le preguntaron: «¿Quién es el mayor en el Reino de los Cielos?». Él llamó a un niño, lo puso en medio de ellos y dijo: «Os aseguro que si no cambiáis y os hacéis como los niños, no entraréis en el Reino de los Cielos. Así pues, el mayor en el Reino de los Cielos será el que se humille como este niño.

»Y el que acoja a un niño como éste en mi nombre, a mí me acoge. Pero al que escandalice a uno de estos pequeños que creen en mí, más le valdría que le colgasen al cuello una de esas piedras de molino que mueven los asnos y lo hundiesen en lo profundo del mar».

Mateo 17:22–18:6

[En un incidente posterior, camino a Jerusalén por última vez, Jesús se refirió de nuevo a las cualidades de humildad y servicio como signo de grandeza espiritual:]

Entonces se le acercó la madre de los hijos de Zebedeo con sus hijos, y se postró como para pedirle algo. Él le preguntó: «¿Qué quieres?». Respondió ella: «Manda que estos dos hijos míos se sienten en tu Reino, uno a tu derecha y otro a tu izquierda». Replicó Jesús: «No sabéis lo que pedís.

«Haceos como los niños»

«*Así pues, el mayor en el Reino de los Cielos será el que se humille como este niño.*

»*Y el que acoja a un niño como éste en mi nombre, a mí me acoge*».

Mateo 18:4-5

Jesús cita el ejemplo de los niños para recordarle al devoto las cualidades que aquéllos poseen y que, muy a menudo, se corrompen en la mentalidad y los hábitos de los adultos: pureza, candidez, inocencia, obediencia, humildad, mansedumbre, amor, confianza y gozo, ausencia de egoísmo y de identificación con el cuerpo, ausencia de egolatría y de apegos. Únicamente cuando el devoto adquiere estas cualidades, mediante la práctica de la meditación profunda y la autodisciplina, está preparado para acoger y expresar la Conciencia Crística.

Paramahansa Yogananda

Dibujo: Heinrich Hofmann

¿Podéis beber la copa que yo voy a beber?». Respondieron: «Sí, podemos». Entonces les dijo: «Desde luego que beberéis mi copa. Pero eso de sentarse a mi derecha o a mi izquierda no está en mis manos concederlo. Será para quienes mi Padre lo tenga dispuesto».

Al oír esto los otros diez, se indignaron con los dos hermanos. Mas Jesús los llamó y dijo: «Sabéis que los jefes de las naciones las dominan como señores absolutos, y los grandes las oprimen con su poder. No ha de ser así entre vosotros, pues el que quiera llegar a ser grande entre vosotros, que sea vuestro servidor, y el que quiera ser el primero entre vosotros, que sea vuestro esclavo; de la misma manera que el Hijo del hombre, que no ha venido a ser servido, sino a servir y a dar su vida como rescate por muchos».

Mateo 20:20-28

 DISCURSO 47

El humilde servidor de todos es «el mayor en el Reino de los Cielos»

«Yendo un día juntos por Galilea, les dijo Jesús: "El Hijo del hombre va a ser entregado en manos de los hombres; lo matarán, y al tercer día resucitará". Ellos se entristecieron mucho[1].

»Cuando entraron en Cafarnaún, se acercaron a Pedro los que cobraban las didracmas y le preguntaron: "¿No paga vuestro Maestro las didracmas?". Respondió él: "Sí". Cuando llegó a casa, se anticipó Jesús a decirle: "A ver qué te parece, Simón. ¿De quién cobran tasas o tributo los reyes de la tierra, de sus hijos o de los extraños?". Al contestar él: "De los extraños", Jesús le dijo: "Por tanto, libres están los hijos. Sin embargo, para que no les sirvamos de escándalo, vete al mar y echa el anzuelo. Coge el primer pez que salga, ábrele la boca y encontrarás un estáter. Tómalo y dáselo por mí y por ti"» (*Mateo* 17:22-27).

Jesús se refiere en este pasaje al tema de los impuestos: «Los reyes de la tierra cobran tributo de sus súbditos, mas no de sus propios hijos, que están exentos de esta obligación. Del mismo modo, quienes se hallan sujetos a la materialidad del mundo deben pagar impuestos

[1] Compárese con las referencias paralelas que aparecen en *Marcos* 9:30-32 y en *Lucas* 9:43-45.

a quienes poseen autoridad como reyes de la tierra; nosotros, en cambio, habiendo percibido plenamente nuestra identidad como hijos de Dios, consideramos que todas las cosas le pertenecen a Él y, por lo tanto, también a nosotros, sus herederos. El Soberano del Cosmos, nuestro Padre, no nos pide retribución alguna.

»Sin embargo, para no ofender el orden del mundo, cumplamos con nuestra parte y contribuyamos con el pago de los impuestos. Querido Simón, para que veas la gloria de Dios que resplandece en mí, su hijo, Él me exonerará de la obligación terrenal de este impuesto enviándome milagrosamente el dinero requerido: una moneda que hallarás en la boca de un pez que capturarás en el mar»[2].

~

«En aquel momento se acercaron a Jesús los discípulos y le preguntaron: "¿Quién es el mayor en el Reino de los Cielos?". Él llamó a un niño, lo puso en medio de ellos y dijo: "Os aseguro que si no cambiáis y os hacéis como los niños, no entraréis en el Reino de los Cielos. Así pues, el mayor en el Reino de los Cielos será el que se humille como este niño.

»"Y el que acoja a un niño como éste en mi nombre, a mí me acoge"» (*Mateo* 18:1-5).

Referencia paralela:

«Llegaron a Cafarnaún y, una vez en casa, les preguntó: "¿De qué discutíais por el camino?". Ellos callaron, pues por el camino habían discutido entre sí quién era el mayor. Entonces se sentó, llamó a los Doce y les dijo: "Si uno quiere ser el primero, que sea el último de todos y el servidor de todos". Y tomando un niño, lo puso en medio de ellos, lo estrechó entre sus brazos y les dijo: "El que acoja a un niño como éste en mi nombre, a mí me acoge; y el que me acoja a mí, no me acoge a mí, sino a Aquel que me ha enviado"» (*Marcos* 9:33-37)[3].

[2] Compárese con *Marcos* 12:17: *«Jesús les dijo entonces: "Lo del César, devolvédselo al César, y lo de Dios, a Dios"»*. (Véase el discurso 65, en el volumen III).

[3] Compárese con otra referencia paralela que aparece en *Lucas* 9:46-48.

«Si un devoto aspira a gozar del favor de Dios, debe desear ser el último y el más humilde a juicio del mundo; además, ha de rechazar por completo el egoísmo y la egolatría. En lo externo, le es preciso estar conscientemente dispuesto a prodigar un amoroso servicio a los demás y, en su interior, debe esforzarse, mientras viva, por establecer contacto en la meditación con la Conciencia Crística inherente a la Vibración Cósmica del Espíritu Santo *("mi nombre")*. Todo aquel que por medio de la comunión extática absorba, en su conciencia saturada de la Vibración Cósmica, las divinas cualidades semejantes a las de un niño —humildad, pureza, amor, gozo— me recibe a mí; es decir, se sintoniza gradualmente con mi Conciencia Crística y la pone de manifiesto en su propio ser. Y aquel que acoge mi Conciencia Crística, omnipresente en el cosmos finito, finalmente acogerá la trascendente Conciencia Cósmica, la cual envió a la Inteligencia Crística como su reflejo puro en la creación vibratoria. Esa alma que se ha liberado de la conciencia corporal egoísta y se ha unido a la infinita Conciencia Cósmica es, a los ojos de la ley metafísica, la mayor en el reino de los cielos: es una con el Incomparable Espíritu».

El amor y la humildad conquistan el corazón de Dios

Nadie hay más grande que Dios y, sin embargo, Él no proclama ser el más importante del universo. Silenciosamente sirve a toda la creación y a todas las criaturas hasta el fin de la eternidad, sin pedir nada a cambio. Su incomparable grandeza reside en que Él ama a todos y siente su unidad con el palpitar de la vida en todas las cosas y en todos los seres. Quien quiera ser ensalzado en el orden universal recibirá esa consideración si manifiesta la humildad de Dios y se encuentra en eterna sintonía con Él.

Al egoísta se le hace caer rápidamente de su elevada posición de reconocimiento en los corazones de los demás, y la estima que se le profesa se reduce a nada. Por el contrario, aquel cuyo carácter denota amor incondicional y una actitud de servicio desprovista de motivaciones egoístas se convierte en un consumado emperador del poder del bien en el trono de todos los corazones que están dentro de su ámbito de influencia. Nada hay más grande que el amor para atraer el cariño y la estima de los demás hacia aquellos que lo merecen. El amor, refrendado por la humildad, conquista el corazón de los seres humanos y se gana el corazón de Dios. El Señor y las Grandes Almas se manifiestan en aquellas conciencias que se han vuelto humildes y receptivas a través de la devoción; pero ellos no acuden a quienes hacen alarde de sus méritos para recibir el reconocimiento del mundo. Sólo la humildad y el amor pueden atraer la respuesta divina; ninguna otra cosa puede hacerlo[4].

Si uno cree que acoge a Cristo por el simple hecho de aceptar con ternura y en nombre de Jesús a los niños, está interpretando de manera errónea estos versículos al considerarlos de modo literal. ¡No es tan sencillo poseer al Ser Divino! Jesús enseñaba que quienquiera que estuviese en sintonía con su espíritu crístico y sabiamente reconociese y acogiera en su propio corazón las cualidades celestiales de los niños, así como la inocente mentalidad innata de los pequeños de corazón puro, despojaría su conciencia de la mezquindad del ego y se abriría a recibir la presencia de la Conciencia Crística.

«Haceos como los niños»: expresad las puras e inocentes cualidades celestiales

Antes de la edad en que la testarudez carente de discernimiento y las tendencias kármicas del pasado tomen el control, puede observarse en los niños la manifestación natural de algunos atributos de la Conciencia Crística. Por eso, Jesús cita el ejemplo de los niños para recordarle al devoto las cualidades que aquéllos poseen y que, muy a menudo, se corrompen en la mentalidad y los hábitos de los adultos: pureza, candidez, inocencia, obediencia, humildad, mansedumbre, amor, confianza y gozo, ausencia de egoísmo y de identificación con el cuerpo, ausencia de egolatría y de apegos. Únicamente cuando el devoto adquiere estas cualidades, mediante la práctica de la meditación profunda y la autodisciplina, está preparado para acoger y expresar la Conciencia Crística.

La mente pura del niño se encuentra, por naturaleza, centrada en el paraíso, en la elevada conciencia del ojo espiritual; pero, con el despertar sexual y los poderosos impulsos de los sentidos para obtener gratificación, la mente es expulsada de las potencialidades superiores del paraíso y desciende al estado de identificación con los sentidos carnales, que permanecen absortos en el mundo físico. Como resultado, «Adán y Eva» (la razón y el sentimiento) son expulsados del Edén en cada nueva generación de niños cuando éstos caen en la trampa del engaño[5]. La conciencia celestial con que las almas están destinadas a disfrutar de

---

[4] *«Que esto dice el Excelso y Sublime, el que mora por siempre y cuyo nombre es Santo: 'Yo moro en las sagradas alturas, pero me ocupo de humillados y abatidos, para avivar el espíritu de los abatidos, para avivar el ánimo de los humillados'»* (*Isaías* 57:15).

[5] Véase la explicación de la alegoría de «Adán y Eva» en el discurso 7 (volumen I).

la vida terrenal se degrada y deviene en las percepciones dualísticas del bien y del mal, con sus placeres pasajeros y pesares recurrentes que son la suerte de quienes están sujetos a la conciencia del cuerpo[6].

Sobre la base de este axioma, Jesús enseñó lo siguiente a quienes buscan la grandeza en la tierra o en el cielo: «*Os aseguro que si no cambiáis y os hacéis como los niños, no entraréis en el Reino de los Cielos*»[7].

«A través de la comprobación que procede de mi divino conocimiento, os digo que a menos que, por medio de la meditación y de la apropiada guía y ayuda de un verdadero gurú, cambiéis vuestra naturaleza mundana regida por el ego y adoptéis una naturaleza semejante a la de un niño y guiada por el alma, no podréis elevaros por encima de la conciencia corporal y permitir que vuestro Ser interior alcance el estado de gozo eternamente renovado propio de la Conciencia Crística».

Las gotas de lluvia de la divina misericordia no pueden permanecer en la cima del monte de la conciencia del ego. En cambio, en el amplio valle de la humildad que caracteriza al niño —una mentalidad libre de egoísmo—, las misericordiosas gotas de la divinidad se acumulan en el vasto lago de la sabiduría.

La verdadera humildad consiste en trascender el ego y liberar el alma para que se identifique con Dios

Una persona egoísta identifica la ilimitada conciencia de su alma con las diversas aptitudes provenientes de algunos de sus poderes físicos, mentales o astrales, y así crea a su alrededor un cerco limitante que deja fuera la mayor parte de la Conciencia Cósmica. El omnipotente Padre Celestial no se impone límites identificando de modo egoísta su conciencia con la posesión de poderes. Él no considera tales poderes como algo

---

[6] Nuestro nacimiento sólo es sueño y olvido:
el espíritu que surge con nosotros, estrella de nuestra vida, / en otro sitio su ocaso ya tuvo
y desde lejos llega. / Ni en entero olvido, / ni en total desnudez,
sino arrastrando nubes de gloria, provenimos / de Dios, que es nuestro hogar.
¡El cielo nos circunda en nuestra infancia! / Sombras de cárcel comienzan a cernirse
apenas el niño va creciendo; / pero él ve la luz y ve su fuente / y con júbilo la contempla.
El joven, que del oriente día a día / debe irse alejando, sigue siendo sacerdote de la naturaleza,
y la magnífica visión / en su senda lo acompaña.
Por fin, el hombre advierte que la visión se desvanece / y se esfuma en la luz del cotidiano día.

Wordsworth, «Atisbos de inmortalidad»

[7] Compárese con *Mateo* 19:14-15 y *Marcos* 10:14-15: «*Dejad que los niños vengan a mí; no se lo impidáis, porque de los que son como éstos es el Reino de Dios. Yo os aseguro: el que no acoja el Reino de Dios como un niño no entrará en él*». (Véase el discurso 62, en el volumen III).

distinto de Sí mismo y, por lo tanto, ni siquiera es consciente de ellos. Sus infinitos atributos se absorben infinitamente en el insondable océano de su humildad. Todos los hermosos hijos buenos del Padre, los devotos que han «cambiado» al abandonar su identificación con el ego, son humildemente inconscientes de sus valiosas cualidades. *«El que se humille»,* el que trascienda el ego y libere el alma para identificarla con Dios, será *«el mayor en el Reino de los Cielos»* —uno con el Ser Supremo en su celestial reino de bienaventuranza.

Las escrituras hindúes señalan que quien conoce a Brahma, el Espíritu, es Espíritu. Todas las almas provienen de Dios y se unirán de nuevo a Él. Pero, incluso después de haber alcanzado la unión con Dios, los maestros liberados conservan su individualidad por toda la eternidad. Saben que emergen de Dios para emprender nuevas misiones en nuevas encarnaciones y que volverán a fundirse en Él. Pero mientras están encarnados jamás proclaman egoístamente que ellos *son* Dios; por el contrario, tienen plena conciencia de que es Él quien se ha convertido en los numerosos seres y se ha manifestado como Cristo, Krishna, Babaji, Lahiri Mahasaya, Sri Yukteswarji y todos los demás avatares y maestros[8].

Entre las almas que conocen a Dios no existe rivalidad en cuanto a quién es mayor, pues todos aquellos que son uno con Dios son iguales. Sin embargo, los discípulos a menudo discrepan de esta verdad y alaban a su propio maestro por encima de los demás. Muchos hindúes afirman, por ejemplo, que el Señor Krishna es la encarnación suprema de Dios, en tanto que los cristianos adjudican ese honor a Jesucristo. Pero ¿qué diría Jesús mismo al respecto? *«El que sea más pequeño entre vosotros, ése es mayor»*[9]. El alma que se ha desprendido de todo egoísmo propio del posesivo ser inferior —y que por lo tanto ha humillado totalmente la conciencia del «yo, mí y mío»— sólo reconoce su identidad con Dios, el Único, en quien no existe mayor ni menor.

Sin importar cuán grandioso sea su papel terrenal, un santo liberado jamás proclama ser Dios encarnado. Incluso Jesús, aun cuando era uno con Dios, dijo: «Lo que mi Padre sabe, yo no lo sé»[10].

---

[8] Véase el comentario sobre estas palabras de Jesús: *«Yo y el Padre somos uno»* (discurso 52).

[9] *Lucas* 9:48.

[10] *«Mas de aquel día y hora, nadie sabe nada, ni los ángeles en el cielo, ni el Hijo; sólo el Padre»* (*Marcos* 13:32).

La ola no puede decir: «Soy el océano», porque el océano puede existir sin la ola, pero la ola no puede existir sin el océano. Es correcto que un maestro completamente liberado diga: «Dios se ha convertido en mí»; pero jamás diría: «Yo soy Dios». El océano se ha convertido en la ola, pero la ola no es el océano. Dios es quien ha creado y sustenta a todas las almas, y su gracia les concede sentir esa unidad, como la sentía Jesús: *«Yo y el Padre somos uno»;* pero sus verdaderos hijos jamás abusan de esa identidad afirmando: «Yo soy Dios».

En cierta ocasión, cuando era yo un muchacho, conocí en la India a un maestro de gran renombre. Muchos de sus seguidores me habían asegurado que era Dios mismo. Con expectante admiración acudí a verle y me incliné reverentemente ante él. Ni bien le miré a los ojos, procuró impresionarme aún más y gritó: «Yo soy Dios», a lo que yo repliqué a viva voz: «¡No me diga!».

Para responder a mi desafío, una situación que jamás le habían planteado quienes le seguían ciegamente, adoptó una actitud de ridícula altanería: «¡Cómo te atreves a blasfemar contra mi persona! —gritó—. ¡Yo soy Dios!». Saqué un pequeño espejo del bolso que llevaba al hombro y lo sostuve ante su rostro. Le dije: «¡Mírese! Usted no es Dios, sino un perfecto ególatra, esclavo de la ira».

Me levanté y, dándole la espalda, me dispuse a partir. Él me siguió por un corto trecho, rogándome: «¡Regresa, jovencito!». Me volví hacia él y, mirándole a los ojos, le dije: «Le ruego que no diga una blasfemia tan grande como proclamar: "Yo soy Dios". Aunque Dios no ponga en evidencia su osadía, usted mismo se lastima al suponer que tiene derecho al trono de su Creador». A fin de asegurarme de que había comprendido, añadí esta advertencia: «Si se sienta sobre el fuego, afirmando que usted es el fuego, su cuerpo quedará incinerado, aun cuando el fuego no tenga intención de hacerle daño. Usted vive del alimento y de los líquidos, y no ha vencido a la muerte; por eso, no debe ser tan insensato y presentarse como el trascendente Creador Supremo del Universo».

Los ojos del santo se llenaron de lágrimas. Tomó mi mano y me dijo: «Me has enseñado una lección de humildad, y de hoy en adelante me esforzaré al máximo por convertirme en un verdadero servidor de Dios. Te aseguro que jamás volveré a decirle a nadie: "Yo soy Dios"».

Nos abrazamos y nos separamos con lágrimas de gozo, habiéndonos beneficiado ambos de la mutua compañía. Él debía de ser un verdadero santo al lograr retractarse de su error con tal rapidez y humildad.

El egoísmo es el signo más evidente de la ignorancia de una persona. Y el signo más evidente de que un sabio ha establecido contacto con Dios es su naturaleza humilde, semejante a la de un niño. Hay un proverbio que dice que unos cuantos peces en una pequeña pecera producen mucho ruido con su chapoteo, en tanto que el movimiento de las ballenas y de los grandes moradores del océano no causa tanta conmoción. De igual modo, los egoístas producen con sus pequeñas mentes un ruido intenso en las aguas poco profundas de la conciencia cuando alardean de los méritos que consideran poseer; por el contrario, los grandes maestros, cuya conciencia abarca con un simple parpadeo la visión divina del cosmos entero, rara vez hablan de sus poderes espirituales. Al igual que el bienamado Dios con quien se identifican, jamás emplean sus poderes con el solo propósito de exhibir su asombrosa naturaleza espiritual.

El egoísmo es el signo más evidente de la ignorancia

No es humilde quien adopta un aire de mansedumbre; fingir humildad no convierte a nadie en una persona humilde. El que permanece ocupado perfeccionándose interiormente a los ojos de Dios se encuentra tan concentrado en esa tarea, para satisfacción de su propia alma, que no deja margen para el deseo de impresionar a los demás con sus logros. Por consiguiente, es verdaderamente humilde la persona que está tan absorta tratando de ser lo mejor posible y realizar acciones extraordinarias en forma desinteresada que jamás piensa en referirse a ello como un logro personal. En cambio, quien es egoísta se mantiene mental y físicamente ocioso en lo que respecta a perfeccionarse, imaginando que añade honra al mundo con su sola presencia y sus insignificantes aportes; jamás pierde la ocasión de intentar convencer a los demás de su grandeza y de que deben reunirse para cantar a coro sus alabanzas.

Un precioso niño crece como una flor, sin realizar ningún esfuerzo consciente por anunciar la fragancia o la belleza que de él emana. Así es quien se encamina hacia la divinidad: se encuentra absorto expresando la gloria de Dios, sin advertir sus propias cualidades, como ocurre en el caso de los niños.

Los verdaderos genios que he conocido en la India son como niños divinos que exhiben las cualidades propias de las mentes puras —sinceridad, franqueza, desapego, universalidad, armonía entre pensamiento, palabra y obra, misericordia, veracidad, calma, dulzura, jovialidad y ausencia de preocupaciones—, pero sin la ignorancia de los niños.

Quien no cultiva los atributos mencionados, que se hallan en estado latente en el alma, es acosado en todo momento por el egoísmo, el recelo, las preocupaciones, el temor y el apego, que le roban la paz y lo dejan sumido en el sufrimiento. Así como un niño bien adaptado vive feliz, sintiéndose por completo seguro bajo la protección y el amor de sus padres, así también el hombre divino, con la confianza de un niño, desecha el temor, la mundanalidad y la existencia egoísta, al depender plenamente de la todopoderosa protección y el amor de Dios[11].

~

> *«Pero al que escandalice a uno de estos pequeños que creen en mí, más le valdría que le colgasen al cuello una de esas piedras de molino que mueven los asnos y lo hundiesen en lo profundo del mar»* (*Mateo* 18:6)[12].

Jesús emplea el epíteto *«pequeños»* para referirse no sólo a los inocentes niños, sino también, metafóricamente, a los devotos humildes dotados de una mente pura y, de manera especial, a sus propios discípulos.

«Quienquiera que persiga de cualquier forma a un discípulo leal que manifiesta la pureza espiritual de un humilde hijo de Dios y se encuentra en sintonía con la Conciencia Crística presente en mí se convierte en un instrumento de la Fuerza del Mal y atraerá sobre sí consecuencias nefastas. Su sufrimiento físico y espiritual será muy superior al que padecería si le colgasen al cuello una piedra de molino y le arrojasen al mar».

Jesús considera que los niños pequeños representan la encarnación de las inmaculadas cualidades de pureza e inocencia divinas, al igual que lo hacen también sus homólogos, las personas santas dotadas de una mente pura. El que maltrate física, mental o espiritualmente a aquellos en quienes se manifiestan las cualidades de la naturaleza de Dios está atentando contra la Divina Manifestación misma. Por eso,

---

11 *«No cabe temor en el amor; antes bien, el amor pleno expulsa el temor, porque el temor entraña castigo; así que quien teme no ha alcanzado la plenitud en el amor»* (*I Juan* 4:18).

12 Compárese con la referencia paralela que aparece en *Marcos* 9:42.

Jesús señala que la persecución de niños inocentes y de santos, a través de cuya pureza Dios se manifiesta inconfundiblemente, constituye una blasfemia contra Dios mismo.

Es frecuente que las palabras de Jesús tengan un significado metafórico además del literal: «Toda persona de mal proceder que, al actuar con egoísmo y doblegarse sobremanera ante las demandas de su cuerpo físico, atente de modo deliberado contra alguno de los atributos divinos del alma —que por ser manifestaciones de mi Conciencia Crística son inocentes como niños— sentirá en su vida el peso de la piedra de molino del sufrimiento, que le hundirá en las tenebrosas profundidades del mar de la ignorancia».

Este mundo es inmenso y se encuentra habitado por gente de tan diversas mentalidades que resulta imposible evitar que los niños inocentes y las almas santas reciban ataques de la maldad ajena; pero la ley del karma lo sabe todo, y su inflexible juicio es implacable contra aquellos que deliberadamente actúan como instrumentos para dañar a los *«pequeños»* de Dios.

~

«Entonces se le acercó la madre de los hijos de Zebedeo con sus hijos, y se postró como para pedirle algo. Él le preguntó: "¿Qué quieres?". Respondió ella: "Manda que estos dos hijos míos se sienten en tu Reino, uno a tu derecha y otro a tu izquierda". Replicó Jesús: "No sabéis lo que pedís. ¿Podéis beber la copa que yo voy a beber?". Respondieron: "Sí, podemos". Entonces les dijo: "Desde luego que beberéis mi copa. Pero eso de sentarse a mi derecha o a mi izquierda no está en mis manos concederlo. Será para quienes mi Padre lo tenga dispuesto".

»Al oír esto los otros diez, se indignaron con los dos hermanos. Mas Jesús los llamó y dijo: "Sabéis que los jefes de las naciones las dominan como señores absolutos, y los grandes las oprimen con su poder. No ha de ser así entre vosotros, pues el que quiera llegar a ser grande entre vosotros, que sea vuestro servidor, y el que quiera ser el primero entre vosotros, que sea vuestro esclavo; de la misma manera que el Hijo del hombre, que no ha venido a ser servido, sino a servir y a dar su vida como rescate por muchos"» (*Mateo* 20:20-28).

Referencia paralela:

«Entre ellos hubo también un altercado sobre quién de ellos parecía ser el mayor. Él les dijo: "Los reyes de las naciones las dominan como señores absolutos y los que las oprimen se hacen llamar bienhechores. Pero no actuéis así vosotros, pues el mayor entre vosotros ha de ser como el más joven, y el que gobierna, como el que sirve. Porque, ¿quién es mayor, el que está a la mesa o el que sirve? ¿No es el que está a la mesa? Pues yo estoy en medio de vosotros como el que sirve"» (*Lucas* 22:24-27)[13].

«No sabéis cuán formidable es lo que pedís. ¿Podéis acaso beber la sabiduría del cáliz de la Conciencia Cósmica que yo beberé? ¿Habéis preparado vuestra conciencia para recibir el bautismo de la Bienaventuranza Cósmica, que es el bautismo que yo he recibido?».

Ellos le respondieron: «Podemos». Y Jesús replicó: «Sois dignos de beber sabiduría de la misma copa y seréis bautizados con la misma bienaventuranza cósmica de la Vibración del Espíritu Santo con que yo he sido bautizado. Pero sentarse a mi derecha o a mi izquierda, como si se tratase de alguna posición de autoridad en un reino situado en algún lugar específico del espacio, es algo que no está en mis manos disponer, porque el Padre Celestial coloca en el trono de la omnipresencia a todas las almas que se han liberado en el Espíritu».

Los ideales de abnegación y servicio universal que Jesús ejemplificó

Los estudiosos de la Biblia que afirman no haber encontrado en los Evangelios una descripción del cielo por parte de Jesús no comprenden el significado oculto de estas palabras. En este pasaje, Cristo rechaza toda noción de que su reino sea una región de tamaño limitado e indica así que la naturaleza de ese reino es la omnipresencia de la Conciencia Crística y de la Conciencia Cósmica.

Cuando los demás discípulos escucharon la petición en favor de Santiago y de Juan, sintieron indignación contra los dos hermanos. Pero Jesús los llamó a todos a su lado y les dijo: «Sabéis que los reyes

[13] Compárese con otra referencia paralela que aparece en *Marcos* 10:35-45. Véanse también las palabras de Jesús en *Mateo* 23:11-12, en el discurso 55: *«El mayor entre vosotros será vuestro servidor. Pues el que se ensalce, será humillado; y el que se humille, será ensalzado».*

de las naciones ejercen dominio sobre sus súbditos, y que quienes están por encima de esos reyes tienen autoridad sobre ellos. Sin embargo, entre vosotros que sois hijos de Dios, iguales ante sus ojos, nadie debería atribuirse una posición de autoridad sobre los demás.

»Quien quiera ser el mayor entre vosotros debe servir a todos y velar por ellos; lo mismo es válido para todo aquel que, a los ojos del cielo, desee ser digno de un sitio de honor en el reino de Dios. La Conciencia Crística presente en mí no vino a ser servida sino a servir, y a ofrecer la luz divina a través del ejemplo del sacrificio y de una vida vivida de manera ideal, para que cuantos sigan ese ejemplo puedan alcanzar la redención y el reino infinito de la Conciencia Cósmica».

Todas las almas —como en el caso de los discípulos de las enseñanzas de Cristo— que logren la percepción (el bautismo) de la Vibración Cósmica del Espíritu Santo y la sabiduría y bienaventuranza de la Conciencia Crística ocuparán sin distinción alguna el trono de la omnipresencia del único y eterno Dios.

Jesús señala que la Conciencia Crística presente en él no se materializó en la tierra con el fin de recibir la adoración de los hombres, sino para ofrecerles el más elevado de los servicios al expresar la conciencia divina en actos de supremo sacrificio físico, mental y espiritual. Por medio de su ejemplo, Jesús ponderó y valoró como fundamental en sus enseñanzas el siguiente principio, que se menciona con frecuencia pero raramente se sigue: el ideal y la grandiosa verdad de que aquel que se considera a sí mismo como el último y servidor de todos se halla realmente entre los más grandes. El líder supremo es el que inspira lo mejor en los demás por medio de sus propios actos de servicio desinteresado. Los que creen que la grandeza es equivalente a la gratificación de sus deseos personales de alabanza y de aprobación por parte de la gente obtienen únicamente un estatus superficial y reciben poca admiración sincera. En cambio, el que se entrega por completo a servir a los demás se entroniza como un rey en el amor de sus corazones.

En el mundo presuntamente civilizado, por lo general se considera que aquel a quien los demás sirven, *«el que está a la mesa»,* tiene una posición social superior que *«el que sirve»;* pero no ocurre lo mismo en el cielo. Por medio de sus palabras y de su ejemplo, Jesús hizo hincapié en el hecho de que, de acuerdo con la ley divina, la posición superior es la de quienes prestan servicio. Los seres celestiales hallan supremo gozo no en recibir una vana adoración, sino en apoyarse mutuamente como ángeles de Dios, para estar al servicio del orden universal y ayudar a la elevación y liberación de las almas.

DISCURSO 48

«Si tu mano o tu pie te es ocasión de tropiezo, córtatelo»

El consejo de Jesús acerca de renunciar al mal

Cómo contrarrestar la verdadera causa de los males físicos y de la rebelión contra el alma

❖

El método que ofrece la ciencia del yoga para vencer los impulsos inmorales

❖

La noción ortodoxa referente al fuego eterno del infierno: un concepto totalmente falso

❖

Guía para los devotos que experimentan una disminución transitoria de su realización espiritual

❖

La experiencia celestial que viven las personas de corazón puro en el estado posterior a la muerte

❖

Dios no permite que ningún alma se pierda para siempre en la ignorancia

❖

«Donde están dos o tres reunidos en mi nombre»: el poder que se genera al unir los esfuerzos por concentrarse

«Por medio del autocontrol y del poder de concentración, [...] desconectad las inclinaciones engañosas que podrían ofender u obstaculizar la conciencia de Dios que mora en vosotros».

«¡Ay del mundo por los escándalos! Es forzoso, ciertamente, que haya escándalos, pero ¡ay de aquel hombre por quien viniere el escándalo!

»Por eso, si tu mano o tu pie te es ocasión de tropiezo, córtatelo y arrójalo de ti; más te vale entrar en la Vida manco o cojo que ser arrojado en el fuego eterno con las dos manos o los dos pies. Y si tu ojo te es ocasión de tropiezo, sácatelo y arrójalo de ti; más te vale entrar en la Vida con un solo ojo que ser arrojado a la Gehenna [al infierno] del fuego con los dos ojos.

»Guardaos de menospreciar a uno de estos pequeños, porque yo os digo que sus ángeles, en los cielos, ven continuamente el rostro de mi Padre que está en los cielos.

»[Pues el Hijo del hombre ha venido para salvar lo que se había perdido.] ¿Qué os parece? Si un hombre tiene cien ovejas y se le descarría una de ellas, ¿no dejará en los montes las noventa y nueve, para ir en busca de la descarriada? Y si llega a encontrarla, os aseguro que tendrá más alegría por ella que por las noventa y nueve no descarriadas. De la misma manera, no es voluntad de vuestro Padre celestial que se pierda uno solo de estos pequeños.

»Si tu hermano llega a pecar, ve y corrígele, a solas tú con él. Si te escucha, habrás ganado a tu hermano. Si no te escucha, toma todavía contigo uno o dos, para que todo asunto quede zanjado por la palabra de dos o tres testigos. Si les desoye a ellos, díselo a la comunidad. Y si también desoye a la comunidad, considéralo como al pagano y al publicano.

»Yo os aseguro que todo lo que atéis en la tierra quedará atado en el cielo, y todo lo que desatéis en la tierra quedará desatado en el cielo.

»Os aseguro también que si dos de vosotros se ponen de acuerdo en la tierra para pedir algo, sea lo que fuere, lo conseguirán de mi Padre que está en los cielos. Porque donde están dos o tres reunidos en mi nombre, allí estoy yo, en medio de ellos».

Mateo 18:7-20

DISCURSO 48

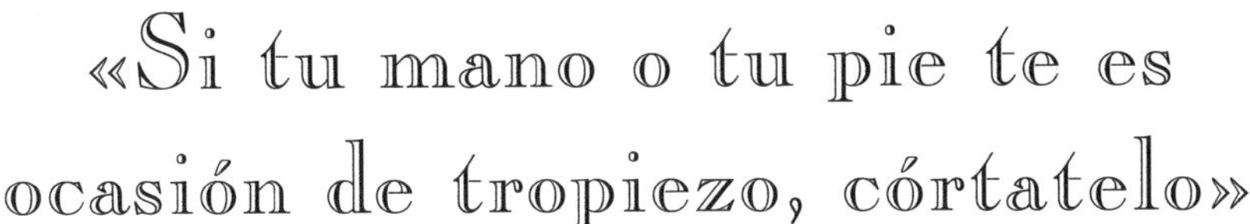

«Si tu mano o tu pie te es ocasión de tropiezo, córtatelo»

El consejo de Jesús acerca de renunciar al mal

«¡Ay del mundo por los escándalos! Es forzoso, ciertamente, que haya escándalos, pero ¡ay de aquel hombre por quien viniere el escándalo!» (*Mateo* 18:7)[1].

Jesús enfatiza en este pasaje el hecho de que aun cuando en el mundo siempre existirá el mal (aquello que aparta de Dios a la conciencia del hombre), eso no es motivo para que uno se convierta deliberadamente en el perpetrador de semejantes ofensas. Una persona sumida en el engaño excusa a menudo su maldad razonando de este modo: «Hay muchos que hacen el mal y llevan una vida desenfrenada; por lo tanto, está bien que yo haga lo mismo». La sabiduría consiste en reconocer que, por nuestro propio bien, debemos mantenernos alejados de las tentaciones de Satanás. El mal incita al hombre bajo el agradable disfraz del placer, pero las satisfacciones pasajeras que proporciona terminan en penas y sufrimientos.

Así pues, el significado de las palabras de Jesús es el siguiente: «La ignorancia originada por el engaño cósmico de Satanás ocasiona los pesares y aflicciones físicas, mentales y espirituales. A causa de la rebelión de Satanás contra la Palabra de Dios (la Sagrada Vibración),

---

[1] Compárese con la referencia paralela que aparece en *Lucas* 17:1.

la presencia de la maldad —*"los escándalos"*— es inevitable en tanto exista este ilusorio mundo de dualidad[2]. El hombre no creó la ira, la codicia, el egoísmo o la lujuria; Satanás es quien implantó en el ser humano la posibilidad de que afloraran estas pasiones, para contrarrestar las cualidades divinas que le fueron legadas al alma, creada por Dios. Sin embargo, todo ser humano cuenta con libre albedrío para decidir si sigue la sabiduría del alma y abraza los atributos del bien que le son inherentes u opta por las malas pasiones que el engaño cósmico despierta en su interior. La liberación y el gozo eternos son las bendiciones del bien. La aflicción y el triple sufrimiento son la suerte de aquel que se identifica con lo material y que, al actuar en respuesta a la incitación del engaño, da rienda suelta a las malas tendencias que hay en su interior y permite que se manifiesten en el exterior en forma de acciones nocivas[3].

»En consecuencia, toda vez que vuestras manos, pies, ojos o cualquier otro órgano de los sentidos o de la acción sea utilizado o incitado a ser empleado como instrumento del mal, deberíais hacer uso del poder de la voluntad y del autocontrol interior para desconectar la atención y las corrientes de energía vital que los hacen actuar».

~

> *«Por eso, si tu mano o tu pie te es ocasión de tropiezo, córtatelo y arrójalo de ti; más te vale entrar en la Vida manco o cojo que ser arrojado en el fuego eterno con las dos manos o los dos pies. Y si tu ojo te es ocasión de tropiezo, sácatelo y arrójalo de ti; más te vale entrar en la Vida con un solo ojo que ser arrojado a la Gehenna [al infierno] del fuego con los dos ojos»* (Mateo 18:8-9)[4].

---

[2] Véase el discurso 7 (volumen I).

[3] «La lujuria (la sensualidad), la ira y la codicia constituyen las tres puertas de acceso al infierno, las cuales conducen a la destrucción del bienestar del alma. Por lo tanto, el hombre debe apartarse de las tres. ¡Oh Arjuna!, al alejarse de esas tres entradas, que llevan a la región de las tinieblas, el hombre se comporta de acuerdo con su bien más elevado y, por lo tanto, alcanzará al Supremo» *(God Talks With Arjuna: The Bhagavad Gita* XVI:21-22. Véase *El Yoga del Bhagavad Guita).*

[4] Jesús había dado este consejo previamente en *Mateo* 5:30; véase el discurso 27 (volumen I), donde se halla un comentario adicional en ese contexto.

Referencia paralela:

«Si tu mano te es ocasión de tropiezo, córtatela; más vale que entres manco en la Vida que ir con las dos manos a la Gehenna [al infierno], al fuego que no se apaga. Y si tu pie te es ocasión de tropiezo, córtatelo; más vale que entres cojo en la Vida que ser arrojado a la Gehenna [al infierno] con los dos pies. Y si tu ojo te es ocasión de tropiezo, sácatelo; más vale que entres con un solo ojo en el Reino de Dios que ser arrojado con los dos ojos a la Gehenna [al infierno], donde su gusano no muere y el fuego no se apaga; pues todos han de ser salados con fuego. Buena es la sal; mas, si la sal se vuelve insípida, ¿con qué la sazonaréis? Tened sal en vosotros y tened paz unos con otros» (*Marcos* 9:43-50)[5].

Cómo contrarrestar la verdadera causa de los males físicos y de la rebelión contra el alma

Utilizando imágenes retóricas sumamente vívidas, Jesús hace esta exhortación a sus seguidores: «¡Desprendeos de todo aquello que os mantenga enredados en los males de la ignorancia! A no ser que empleéis la sabiduría discernidora para sintonizaros con Dios, vuestra vida será un verdadero infierno de ardientes deseos insatisfechos y sufriréis el embate de los gusanos de los temores, de las preocupaciones y de las tendencias impías y conflictivas, que os atormentarán encarnación tras encarnación. Expulsad de vuestra vida esos impulsos que obstaculizan vuestros intentos de alcanzar la unión con la Vida Eterna, y abandonad incluso el cuerpo mismo si fuese necesario. ¡No toleréis ningún obstáculo en vuestro sendero hacia la suprema felicidad eterna!».

Por supuesto, este sorprendente consejo de Jesús es, ante todo, metafórico: «No estoy diciendo que os amputéis el pie o la mano si habéis actuado en forma errónea, porque si así lo hicieseis sólo estaríais destruyendo los instrumentos del mal, mas no las tendencias y ambiciones mentales que desearon el pecado y le dieron curso. Amputar físicamente los inocentes órganos corporales podría impedir algunas acciones físicas perjudiciales, pero no neutralizaría ni evitaría los males alojados en la mente, que son la verdadera causa de los males

---

[5] *«Si la sal se vuelve insípida [...]»:* compárese con la referencia paralela que aparece en *Lucas* 14:34-35. Véase también el comentario sobre la referencia paralela que se encuentra en *Mateo* 5:13 (discurso 26, en el volumen I).

físicos y de la rebelión contra las cualidades celestiales del alma. La maldad debe destruirse desde el interior. Cortad el impulso mental que activa los nervios motores ("las manos y los pies") y arrancadlo de los nervios sensoriales ("el ojo") cuando os sintáis empujados a mirar y desear el mal o a actuar en contra del bien. Por medio del autocontrol y del poder de concentración que eleva los pensamientos hacia la esfera de las percepciones divinas, desconectad las inclinaciones engañosas que podrían ofender u obstaculizar la conciencia de Dios que mora en vosotros; expulsadlas luego para siempre de vuestro ser.

»Es preferible quedar manco o cojo y no poder disfrutar de los transitorios placeres de los sentidos en la vida material —al sacrificar el deseo de abandonarse a ellos, a fin de poder entrar en la conciencia del gozo divino y en la vida eterna— que permanecer prisioneros de la identificación con el cuerpo y permitir que los órganos de los sentidos y el sistema nervioso ardan constantemente en el fuego de la lujuria, la codicia y los anhelos materiales del cuerpo físico. Puesto que la sensualidad es perennemente insaciable, atiza sin cesar el fuego del sufrimiento causado por la insatisfacción. Si no abandonáis vuestros malos hábitos mortales durante la vida terrenal, con la llegada de la muerte os llevaréis al mundo astral los atormentadores gusanos de las malas tendencias, y de ahí cargaréis con ellos hacia una nueva encarnación, perpetuando o eternizando el *"fuego que no se apaga"*».

El mensaje que encierran estos versículos comprende tres aspectos y está dirigido, respectivamente, al mártir crístico, al hombre común necesitado de preceptos morales y al yogui que practica la meditación para alcanzar la comunión con Dios, como se expone a continuación:

El consejo de Jesús para rechazar el mal consta de tres aspectos

1. Las palabras de Jesús han sido fuente de fortaleza e inspiración para los santos mártires, cuyo papel consiste, de hecho, en sacrificar su cuerpo físico por una causa divina. Cranmer, un mártir del siglo XVI, escribió con la mano derecha, mientras se hallaba bajo tortura, diversas retractaciones de sus convicciones religiosas por las cuales había sido condenado a morir en la hoguera. Más tarde, arrepentido de su infidelidad, le manifestó a otro de sus compañeros acusados: «Latimer, mi indigna mano será lo primero que arda». Cuando le llevaron a la hoguera para ser ejecutado, Cranmer, con una sonrisa en los labios, extendió su mano derecha hacia el fuego para que fuese lo primero en

arder; luego entregó su cuerpo entero a las llamas, y ascendió conscientemente a la región celestial del Espíritu[6].

Jesús mismo había dado el ejemplo supremo al cumplir en forma literal con el sacrificio de su cuerpo en la cruz con la finalidad de obedecer la voluntad de su Padre. A pesar de que su cuerpo físico se hallaba destrozado, resucitó gloriosamente y conquistó la vida eterna. Si en vez de actuar de ese modo hubiese prestado oídos a las tentaciones del engaño satánico y hubiera elegido la seguridad física y la felicidad material al impedir la crucifixión de su cuerpo, este acto habría supuesto una despectiva ofensa —*«ocasión de tropiezo»*— contra su alma consciente del Cristo, por lo cual él prefirió cooperar voluntariamente con el plan divino al que estaba predestinado: ofrecer su cuerpo en reparación por los pecados de muchos.

Pocas almas son llamadas de manera tan drástica a abrazar la verdad que encierran estos versículos. No obstante, nadie escapa a la lección esencial implícita que es válida para todos. Aquellos que suplantan el deseo de meditar y de permanecer en la conciencia de Dios por el bienestar y las gratificaciones del cuerpo se comportan insensatamente y están «escandalizando», es decir, ofendiendo a su verdadero Ser, el alma, porque abandonan la felicidad y la inmortalidad eternas para elegir, en cambio, los efímeros placeres físicos —con sus correspondientes sufrimientos— de unos pocos años de existencia corporal en la tierra.

2. Por consiguiente, cuando se aplican a la conducta moral que se espera de todos los seres humanos, las palabras de Jesús constituyen una exhortación a cortar la «mano» ofensora —el codicioso amor al

---

[6] De la *Enciclopedia Británica:* «Tomás Cranmer (1489-1556) fue el primer arzobispo protestante de Canterbury (1533-1556), consejero de los reyes ingleses Enrique VIII y Eduardo VI. Como arzobispo, llevó la Biblia inglesa a las iglesias parroquiales, redactó el Libro de Oración Común y compuso una letanía que aún se utiliza en la actualidad. Denunciado por la reina católica María I por promover el protestantismo, fue declarado culpable de herejía y quemado en la hoguera. [...] Tal como lo había prometido, extendió con firmeza la mano derecha —que había sido "ocasión de tropiezo" por firmar retractaciones falsas— hacia las llamas hasta que se consumió en el fuego. Su valiente y digno fin causó una enorme impresión».

Hugh Latimer era obispo de Worcester y un elocuente representante del protestantismo; fue arrestado también en el conflicto entre católicos y protestantes e incinerado en la hoguera pocos meses antes que Cranmer. A la hora de su muerte, Latimer alentó a su compañero de martirio Ridley con sus famosas últimas palabras: «[...] en este día, por la gracia de Dios, encenderemos en Inglaterra una luz que confío que jamás se extinguirá».

dinero, el afán desmedido de posesiones materiales— y, asimismo, a cortar el «pie» mal encaminado, o sea, el apego a las actividades materiales de la vida, y a arrancar también el «ojo» de la miope comprensión mundana, con el objeto de obtener el gozo perdurable de una vida espiritual:

Una exhortación a aniquilar la codicia, la inquietud y la ignorancia

«Si vuestra "mano", impulsada por la ambición de dinero y posesiones, atenta contra la ley divina y os impide conquistar la espiritualidad, no dudéis en destruir ese codicioso afán de riquezas materiales. A fin de alcanzar el gozo eterno, es preferible que prescindáis en forma temporal de la acumulación desmedida de bienes perecederos, antes que someteros a sufrir el infierno de los insaciables anhelos terrenales.

»Si la actividad material, el "pie", os impide meditar y alcanzar el reino del gozo eternamente renovado que se percibe en la meditación, entonces es preciso que amputéis el excesivo esfuerzo que dedicáis a alcanzar objetivos materiales que obstaculizan vuestro progreso. Es mucho mejor conquistar la plenitud de la vida eterna que obtener una gratificación transitoria a través de actividades externas que os colman de inquietud y avivan la llama siempre creciente de los inextinguibles deseos materiales, la cual se propaga de una encarnación a otra.

»Si un devoto comprueba que su "ojo" material del entendimiento está ofuscado por la ignorancia, y se halla en conflicto con sus aspiraciones espirituales, debe deshacerse de esa visión defectuosa. Más vale entrar, por medio de la meditación, en el reino del gozo eterno con un solo ojo intuitivo de sabiduría que conservar los dos ojos materiales de la dualidad y la relatividad y continuar ardiendo en el fuego infernal de la conciencia material, plagada de sufrimiento e insatisfacción.

»Quienquiera que permanezca absorto en las actividades y deseos materiales y no logre conquistar la sabiduría divina y la felicidad celestial, y en ese estado abandone la vida mortal, comprobará después de la muerte que los voraces gusanos de las preocupaciones, de los anhelos insatisfechos y de la ignorancia material se aferran a él de una vida a otra y que, tanto en la vida astral como en sus futuras encarnaciones terrenales, continúan hostigándole sin cesar y le conducen hacia la inquieta distracción y los deseos sensoriales compulsivos».

Los moralistas hacen hincapié en la renuncia externa a todas las acciones pecaminosas: «¡No seáis codiciosos! ¡No os dejéis llevar por la inquietud! ¡No actuéis insensatamente en contra de vuestro propio bien!». Pero todos estos siglos de mandamientos proclamados en las escrituras, de santas advertencias y de persecución social no han logrado liberar realmente al ser humano de los impulsos activadores del engaño satánico. En cierta ocasión, alguien me habló sobre una mujer que, con la esperanza de destruir su hábito de robar, siguió en forma literal los consejos de Jesús y se amputó ambas manos. El acto físico de la mutilación no tuvo efecto sobre el arraigado hábito mental que la había convertido en una ladrona compulsiva: ¡muy pronto comenzó a robar objetos con los dedos de los pies y con la boca!

El método que ofrece la ciencia del yoga para vencer los impulsos inmorales

En el *Bhagavad Guita,* el Señor declara: «Se dice que quien controla por la fuerza los órganos de la acción, en tanto que su mente gira en torno a los objetos de los sentidos, es un hipócrita que se engaña a sí mismo. Pero el hombre supremamente exitoso es aquel que disciplina sus sentidos por medio de la mente, con desapego, y mantiene los órganos de la actividad fijos en el sendero de las acciones que conducen a la unión con Dios (yoga)»[7]. El método científico del yoga para lograr el autodominio le confiere al hombre el poder para cortar los hilos que convierten su cuerpo, con todos sus órganos sensoriales y motores, en una marioneta que danza al son de la melodía de las tendencias-hábitos y de los deseos materiales prenatales y postnatales engendrados por la Fuerza Maligna. «El hombre que se abstiene físicamente de los objetos sensoriales advierte que éstos desaparecen por algún tiempo y que sólo queda el anhelo de ellos. Mas aquel que contempla al Ser Supremo es liberado incluso de esos anhelos»[8]. El yoga, la divina unión con Dios, es el único camino seguro para superar el cautiverio al que nos somete el engaño. Jesucristo y los maestros de la India enseñaron que esa libertad se obtiene controlando la fuerza vital que fluye hacia el exterior, en dirección a los sentidos, y dirigiéndola hacia el interior a fin de centrar la conciencia en la comunión con la perfecta bienaventuranza de Dios.

3. De ahí que, para el yogui (todo devoto que se esfuerce por unir su alma con el Espíritu por métodos científicos), las palabras de Jesús encierren el siguiente mensaje: «La meditación —que consiste en retirar

[7] *God Talks With Arjuna: The Bhagavad Gita* III:6-7. (Véase *El Yoga del Bhagavad Guita*).

[8] *God Talks With Arjuna: The Bhagavad Gita* II:59. (Véase *El Yoga del Bhagavad Guita*).

la mente de los sentidos y del mundo exterior— es el único camino para alcanzar la eterna felicidad del contacto divino. Si, en el transcurso de los esfuerzos por alcanzar dicha comunión interior, las sensaciones corporales de incomodidad o las sirenas de los tentadores pensamientos sensoriales tratan de invadir el cerebro y apartar la atención de su objetivo, que es alcanzar la unión extática al experimentar la bienaventuranza de la conciencia de Dios, entonces uno debe "cortar" dichas sensaciones desconectando la atención de los nervios sensoriales —mas no de modo inconsciente como ocurre durante el sueño, sino de manera consciente a través de la práctica de técnicas yóguicas de concentración mental y de *pranayama* (control de la fuerza vital) mediante las cuales se trasciende la conciencia del cuerpo y se alcanza la unión con Dios.

»Cuando, por medio de la meditación profunda, uno se sumerge en el éxtasis de la comunión con Dios, comprende que más vale haber quedado lisiado —haber silenciado el cuerpo al desconectar la conciencia de las sensaciones de la vista, el oído, el olfato, el gusto y el tacto— con el objeto de entrar en el reino interior del gozo divino que ser expulsado del reino de Dios por vivir únicamente en el ámbito de las experiencias sensoriales. Una vez que el devoto ha alcanzado el autocontrol científico, ejerce dominio sobre todos los impulsos del mal que podrían incitar a sus manos o a sus pies a hacer el mal, o inducir a sus ojos de ignorancia a seducirlo con percepciones engañosas. En la Bienaventuranza Eterna se sublimará el anhelo de gratificación física, que hace que el hombre continúe ardiendo en el fuego infernal de los deseos materiales y sea atormentado por los gusanos de las tendencias que, semejantes a parásitos, se han enquistado en su conciencia y devoran su paz».

La noción ortodoxa referente al fuego eterno del infierno: un concepto totalmente falso

La noción ortodoxa acerca del fuego del infierno y la condenación eterna es un concepto totalmente falso; no proviene de Dios ni de sus profetas verdaderos, sino de la inmisericorde ira del hombre mismo contra las acciones malvadas de sus hermanos. Es sólo el engaño satánico el que impulsa al ser humano a atribuir a Dios, que es todo bondad y Padre de todos por igual, una actitud vengativa creadora de infiernos y purgatorios. Tal como Jesús mismo señaló, lo cierto es que Dios, en su Infinito Amor, ayuda en todo momento a sus hijos a regresar a su eterno reino de Bienaventuranza[9].

[9] *Mateo* 18:11-14. (Véanse las páginas 413 s.).

El «fuego del infierno» lo crea el hombre como resultado de la perpetuación de sus errores. Aquellos que actúan con maldad generan tendencias malignas que arden ocultas en el cerebro, listas para derramar sufrimientos abrasadores en el momento preciso. El término inglés *hell* [cuyo equivalente en español es «infierno»; del latín *infernum,* «lo que está debajo»] proviene de la palabra anglosajona *helan,* «ocultar». Por lo tanto, *hellfire* [que significa «fuego del infierno»] es una expresión muy apropiada para describir las ocultas llamas de la agonía que las tendencias acumuladas provocan en la vida terrenal o en la existencia posterior a la muerte, en la región astral[10]. Del mismo modo en que un malhechor dotado de una pizca de buen juicio siente arder su conciencia culpable en el estado de vigilia y padece terrores subconscientes durante el sueño, así también la conciencia de un hombre culpable sufre agonía —el fuego del infierno— en el estado de «vigilia» de la vida humana y experimenta, después de la muerte, los efectos del mal karma en forma de «ardientes» pesadillas en el mundo astral. Con la muerte termina el sufrimiento físico, pero el sufrimiento espiritual que se origina en las acciones ignorantes continúa en el estado posterior a la muerte y persiste en nuevas encarnaciones físicas, hasta que el mal karma se expía a través de acciones virtuosas y de la renuncia al mal.

Guía para los devotos que experimentan una disminución transitoria de su realización espiritual

Por eso, la predicación de Jesús continúa expresando lo siguiente: «A través de la meditación, los devotos deben impregnarse, "salarse", con el fuego de la unión con Dios, a fin de ser aceptables a los ojos del Señor, tanto en la tierra como en el mundo astral. Todo aquel que en pos de la espiritualidad sacrifique las gratificaciones materiales a cambio de la comunión divina comprobará que su alma se "sala" o impregna con las percepciones de Dios. Así como la sal da buen sabor a los alimentos y también los conserva, de igual manera, cuando la conciencia humana se sazona con la unión divina, queda a salvo del engaño de

[10] Como se mencionó anteriormente (véase el discurso 27, en el volumen I), la palabra original griega que figura en los Evangelios para designar el «infierno» es *Gehenna,* que proviene del hebreo *Ge Hinnom,* una referencia al Valle de Ben Hinón, situado al sudoeste de Jerusalén, empleado como vertedero de la basura de la ciudad. Para destruir la basura, se encendían allí fogatas constantemente.

En el discurso 68 (volumen III) se examina con mayor detalle el significado de «infierno» y «condenación».

la descomposición y de la muerte, y saborea su innata inmortalidad. Pero si la sal divina se vuelve insípida y pierde su capacidad para conservar los alimentos espirituales debido a que uno se concentra en los placeres materiales y el egoísmo, también se malogra todo el bien que esa sal podría aportar para dar sazón a su alma.

»Un verdadero discípulo es como la sal buena, ya que sazona su propia vida y la de los demás con su espíritu de renunciación y el desarrollo de las cualidades y la realización divinas. Así como la sal que se ha vuelto insípida no sirve para nada, de igual modo el discípulo que yerra el rumbo de su renunciación y el sentido de la autodisciplina deja de ser útil, tanto para él como para los demás, hasta que obtiene la nueva sal de la realización del Ser mediante la práctica cotidiana de la meditación y al frecuentar atentamente la buena compañía de otras almas que buscan al Señor y absorber así la paz divina de la comunión con Dios que éstas expresan».

En este pasaje, Jesús alude a la disminución temporal de la realización espiritual de algunos de sus discípulos a causa de su competitivo deseo de preeminencia. Tal deterioro espiritual quedó demostrado por la incapacidad de éstos para sanar al muchacho poseído por un espíritu maligno[11]. Incluso las almas muy avanzadas pueden caer momentáneamente de su elevado estado espiritual debido a los poderosos hábitos y tentaciones del ego. Tal vez el devoto haya obtenido maravillosas percepciones y experiencias en la meditación —así como el don de poseer poderes espirituales— y, sin embargo, ya sea en forma repentina o por un lento efecto erosivo, puede caer en la trampa de alguna tendencia kármica egoísta que acecha en silencio. Alcanzar la estabilidad en el Espíritu Inmutable requiere años, incluso encarnaciones, de disciplina moral y espiritual, además de repetidas experiencias en el éxtasis de la comunión con Dios, hasta que la conciencia del devoto no experimenta ya, en ningún momento, la pérdida de la percepción espiritual y de la sintonía divina al cumplir con sus deberes en el mundo. Por esa razón, Jesús hace saber a los discípulos que recuperarían la totalidad de su percepción de Dios mediante la renuncia a los deseos egoístas y, sobre todo, mediante el poder obtenido en la meditación que les permitiría liberarse a voluntad de la caprichosa esclavitud del ego a las atracciones y repulsiones que el engaño

---

[11] Véase el discurso 47: *«[...] habían discutido entre sí quién era el mayor»* (*Marcos* 9:34). El relato acerca de los discípulos que no habían podido curar al muchacho poseído por un espíritu maligno aparece en el discurso 46, *Mateo* 17:14-21.

cósmico origina[12]. De ese modo, con la sal nueva de su percepción de Dios, podrían impregnar su conciencia humana con la inmortalidad del alma en el estado de Conciencia Crística.

~

> *«Guardaos de menospreciar a uno de estos pequeños, porque yo os digo que sus ángeles, en los cielos, ven continuamente el rostro de mi Padre que está en los cielos»* (*Mateo* 18:10).

«Cuidaos de no desdeñar la inocente y humilde conciencia de los niños. La Vibración Cósmica que percibo dentro de mí y la celestial Luz Cósmica que contemplo en mi interior me revelan que los cuerpos astrales de los niños, *"sus ángeles"*, que han abandonado esta tierra sin contar con la posibilidad de utilizar su libre albedrío para adquirir la sabiduría, tienen la oportunidad de contemplar, entre una encarnación y otra, con su inocente conciencia desprovista de inclinaciones mundanas, la forma materializada de cualquier ser o santo en cuyo rostro brille la conciencia de Dios Padre».

En este versículo, *«ángeles»* es una referencia al cuerpo astral o forma luminosa constituida por diecinueve elementos, dentro de la cual permanecen encerradas las almas después de la muerte conservando sus patrones kármicos del pasado[13]. El *«Padre que está en los cielos»* significa la presencia de Dios en el reino trascendente que se encuentra más allá de la luz astral y de la aún más sutil luz causal de la sabiduría. Quien se halla identificado con el cuerpo físico y con su entorno material es incapaz de ver que el mundo entero está formado de luz y no de materia, y no puede, por lo tanto, ser consciente de la presencia subyacente de Dios. Los santos que mediante la práctica de la meditación han despertado la supraconciencia perciben al Padre Celestial oculto en el fondo de sus divinas vibraciones oníricas de luz y de conciencia, a las cuales Él trasciende. También tienen la bendición de vislumbrar

La experiencia celestial que viven las personas de corazón puro en el estado posterior a la muerte

12 «La renunciación es difícil de obtener sin ejecutar acciones que lleven a la unión con Dios (yoga). A través de la práctica del yoga, el *muni* ("aquel cuya mente está absorta en Dios") alcanza pronto el Infinito» *(God Talks With Arjuna: The Bhagavad Gita* V:6. Véase *El Yoga del Bhagavad Guita).*

13 Véase el discurso 21 (volumen I), páginas 413 ss.

«el rostro de mi Padre» aquellos niños de conciencia pura que fallecen antes de identificarse por completo con el cuerpo material, así como con la conciencia sensorial y su inherente karma perpetuador de la ignorancia.

Es muy frecuente que a Dios se le conceptúe como un Ser Venerable con aspecto masculino y larga barba, sentado en un majestuoso trono en un lugar del espacio denominado «Cielo». Erróneamente se supone que todas las buenas almas que llegan a esa región celestial contemplan a Dios como ese benevolente Anciano. *«El rostro de mi Padre»* no significa que Él posea un cuerpo con determinadas características y rasgos físicos semejantes a la figura humana. Bajo ningún concepto podría el Señor retirar su omnipresencia de la infinitud para permanecer confinado dentro de las limitaciones de una sola forma, puesto que, sin su omnisciente y ubicua presencia sustentadora, su cuerpo cósmico de universos se desintegraría. Por ello, Dios jamás ha asumido una forma finita con aspecto humano con la cual invariablemente se presente ante las almas en el cielo astral o ante los santos de este mundo cuando éstos logran que su conciencia penetre en el reino celestial del Ser Supremo[14].

No obstante, así como el frío puede congelar el gas invisible compuesto por hidrógeno y oxígeno y convertirlo en un iceberg, del mismo modo el Padre Celestial, que ha creado todas las formas a partir de su propio Ser, puede asumir cualquier aspecto con el poder de materialización de su voluntad y el fervor de un devoto, por ejemplo, la forma de Jesús, Krishna o de cualquier otro maestro o santo que el devoto ame con intensidad; o bien, una forma angélica de la deidad como el Padre Celestial o la Madre Divina. Las almas de los niños que

---

[14] «¿Puede Dios mismo encarnarse alguna vez como ser humano? Decir que existe algo que Dios *no* pueda hacer implica limitarle. Hay muchas cosas, sin embargo, que Dios puede hacer pero no hace —no, al menos, del modo en que los seres humanos lo esperan—. Se desconoce que Dios haya tomado alguna vez forma humana como alguien llamado "Dios" y haya habitado de esa manera entre los hombres. (*"¿Por qué me llamas bueno? Nadie es bueno, sino sólo Dios"*, dijo Jesús, para diferenciarse a sí mismo —un avatar— de Dios Padre, el Absoluto, el Sin Forma). No obstante, el Señor ha condescendido numerosas veces a manifestarse a través de la encarnación de un ser completamente liberado que, habiendo sido alguna vez un ser humano común, se ha convertido en un reflejo puro o "hijo de Dios". Dios, que es todopoderoso y puede hacer cualquier cosa, expresa de este modo su Omnisciencia a través del cuerpo humano de un avatar. Así como el océano de la Conciencia Cósmica es consciente de las olas-almas que se manifiestan en su superficie, así también la ola-alma de un avatar es consciente del océano de la Conciencia Cósmica que se manifiesta a través de su forma» (*God Talks With Arjuna: The Bhagavad Gita*, comentario sobre las estrofas IV:7-8).

han ascendido prematuramente a una esfera astral ven por lo general al Padre Celestial reflejado en seres angélicos que perciben en visiones astrales, así como en las formas de santos o maestros. Después de ser bendecidos de esta manera por el poder divino, las almas de estos pequeños se reencarnan en la tierra para continuar expiando su karma hasta alcanzar la meta suprema de unirse a la hueste de almas liberadas que han regresado a Dios. Antes de que su mente se sature con la conciencia material, los niños pequeños a menudo hablan de sus experiencias celestiales y afirman haber visto a los ángeles del Señor.

~

«[Pues el Hijo del hombre ha venido para salvar lo que se había perdido.] ¿Qué os parece? Si un hombre tiene cien ovejas y se le descarría una de ellas, ¿no dejará en los montes las noventa y nueve, para ir en busca de la descarriada? Y si llega a encontrarla, os aseguro que tendrá más alegría por ella que por las noventa y nueve no descarriadas. De la misma manera, no es voluntad de vuestro Padre celestial que se pierda uno solo de estos pequeños» (*Mateo* 18:11-14)[15].

«La Conciencia Crística apareció en mi cuerpo llamado Jesús para que muchas almas que se habían perdido en el desierto de los deseos materiales de sus vidas terrenales pudiesen ser rescatadas y conducidas de regreso a su hogar en el Padre a través de mi conciencia y de mis enseñanzas.

»Dios cuenta con una multitud de almas virtuosas en la tierra que permanecen en el rebaño de su protectora presencia; pero Él se preocupa enormemente por aquella alma que, al hacer mal uso de su libre albedrío y sucumbir a la influencia de las malas compañías, se pierde entre los traicioneros riscos del egoísmo y las zarzas de una identificación desmedida con el cuerpo, que le impiden consagrarse con dedicación a la búsqueda espiritual. Debido a que esa persona generó buen karma en el pasado al llevar a cabo esfuerzos espirituales antes de descarriarse,

Dios no permite que ningún alma se pierda para siempre en la ignorancia

[15] Jesús emplea nuevamente la parábola del pastor y de la oveja perdida en *Lucas* 15:3-7. (Véase el discurso 58, en el volumen III, donde se encontrará un comentario adicional en ese contexto).

Dios envía alguna forma de ayuda espiritual o un verdadero gurú para conducir a esa alma errante de regreso al rebaño de una vida divinamente virtuosa.

»Incluso en el mundo astral después de la muerte, todos los *"pequeños"* —tanto las almas que son pequeñas en sabiduría como las almas de los niños pequeños que no han expiado por completo su karma en la tierra— reciben la guía de la voluntad divina, la cual los ayuda a librarse de sus sufrimientos kármicos. Con el auxilio que Dios ha dispuesto para ellos, Él los ayuda a reencarnar en circunstancias conducentes a solucionar su difícil situación kármica y que les brindan una nueva oportunidad para liberar sus almas por medio de la sabiduría y de la transformación espiritual en la meditación. Todas las almas pertenecen al rebaño de Dios; ninguna se halla excluida de la atención y los cuidados del Pastor Invisible. Cuando un alma se pierde en la ignorancia, Dios no permite que perezca; Él está siempre atento a que el pecador retorne de algún modo al rebaño de los virtuosos».

El hombre puede descarriarse y perderse en un entorno negativo o comportarse equivocadamente por algún tiempo; pero sea cual fuere la magnitud de sus pecados, esa conducta jamás podrá alterar la eterna esencia divina de su alma. El pecado es una corteza de ignorancia que el hombre ha acumulado en sus erráticos vagabundeos y que oculta la perfección de su alma; cuando, por medio de la meditación, el alma se dirige de regreso hacia Dios, la corteza se desprende y la perfección queda al descubierto.

~

> *«Si tu hermano llega a pecar, ve y corrígele, a solas tú con él. Si te escucha, habrás ganado a tu hermano. Si no te escucha, toma todavía contigo uno o dos, para que todo asunto quede zanjado por la palabra de dos o tres testigos. Si les desoye a ellos, díselo a la comunidad. Y si también desoye a la comunidad, considéralo como al pagano y al publicano»* (Mateo 18:15-17).

Jesús no sólo apunta la necesidad de purificar el comportamiento individual pecaminoso, sino que también señala el modo en que una persona virtuosa debe responder a quien ha pecado contra ella:

«Si tu hermano actuase mal contra ti en cualquier sentido, llévalo aparte y dile con toda calma cuáles son sus faltas. Si te escucha, habrás recuperado entonces la buena voluntad y el amor de tu hermano. Si hablas de las faltas de tu hermano en público, despertarás su ira y perderás la confianza que tiene en ti, convirtiéndolo así en un enemigo permanente; si, por el contrario, dialogas con él en privado, comprenderá que no es tu intención ponerlo en ridículo, sino que más bien estás tratando de eliminar la causa del rencor por medio del amor.

»Si él no te escucha estando ambos a solas, entonces, en beneficio de la verdad, acompáñate de uno o dos o más amigos de confianza y, con buena voluntad, procurad reformar su modo de pensar. Eso dejará asentado a la vista de testigos que tu propósito es sincero. Si ese hermano tuyo que se halla sumido en la maldad persiste en hacer oídos sordos a vuestras palabras, ora por él en el sagrado ámbito de tu lugar de culto y en el templo interior de tu conciencia. También somete sus acciones a la consideración de los ancianos de tu congregación religiosa (la *"comunidad"*[16]), quienes pueden ayudar a zanjar las diferencias entre tu hermano y tú. Pero si tu hermano desprecia también ese consejo, entonces considéralo como un incrédulo de la verdad, un pagano y un renegado (un *"publicano"*) ante el tribunal de su propia conciencia».

En el pasaje anterior, Jesús hace hincapié en la efectividad de utilizar la influencia de nuestras buenas intenciones y la influencia de personas honorables e instructores religiosos para despertar la conciencia adormecida de un hermano caído en el error, a fin de que pueda reformarse. Si quien está equivocado mantiene su actitud recalcitrante, recibirá al menos la condena de su propia conciencia, estimulada por los amorosos ruegos y pensamientos de su hermano, de los buenos amigos y de los instructores religiosos. Si el hermano errado rechaza despertar por métodos benignos, es preferible dejarlo a solas con su conciencia y con la inexorable disciplina a la que le someterán las consecuencias kármicas de su mal comportamiento.

~

[16] Véase la nota al pie de la página 350 (*Mateo* 16:18), en el discurso 45, donde se explica la traducción de la palabra «congregación» del original griego como «iglesia» *(church)* en la *King James Bible*. En la época de Jesús, la «iglesia» en sí aún no existía. [En la *Biblia de Jerusalén,* «congregación» se traduce como «comunidad»].

«Yo os aseguro que todo lo que atéis en la tierra quedará atado en el cielo, y todo lo que desatéis en la tierra quedará desatado en el cielo» (*Mateo* 18:18)[17].

«Por el testimonio de la Vibración Cósmica y de la verdad que se halla en mi interior, yo os aseguro que todas las malas tendencias que hayáis creado en la tierra limitarán vuestra vida terrenal y, después de la muerte, limitarán también vuestra alma en el mundo astral. Cualesquiera que sean las buenas tendencias que desarrolléis en vuestra alma, la vibración misma de esas buenas tendencias expandirá también la libertad y las experiencias celestiales que el alma disfruta en el mundo astral después de la muerte. Ésa es la ley del karma (de causa y efecto), cuyo juicio de las almas es válido tanto en la tierra como en el mundo astral.

»Las acciones malvadas que realicéis en la tierra las llevaréis en la conciencia al mundo astral, y de allí a la siguiente encarnación, a un ambiente propicio para el desarrollo de las consecuencias negativas correspondientes. Las buenas cualidades terrenales que uno lleva consigo al mundo astral después de la muerte le brindan la oportunidad de reencarnarse en un entorno terrenal favorable. Las buenas acciones que se realizan en la tierra liberan finalmente al alma y le permiten permanecer con Dios en el más allá».

~

«Os aseguro también que si dos de vosotros se ponen de acuerdo en la tierra para pedir algo, sea lo que fuere, lo conseguirán de mi Padre que está en los cielos. Porque donde están dos o tres reunidos en mi nombre, allí estoy yo, en medio de ellos» (*Mateo* 18:19-20).

«Os aseguro también que si dos de vosotros unen los esfuerzos que efectúan para concentrarse, *"se ponen de acuerdo"*, y oran con gran profundidad pidiendo que se realice algún deseo noble, vuestro Padre que está en los cielos lo sabrá y, por su Voluntad, os otorgará aquello que habéis deseado en la tierra. Pero vuestra

---

[17] En *Mateo* 16:19, se atribuyen a Jesús estas mismas palabras en otro contexto; véase el discurso 45.

concentración unificada debe ser poderosa y constante a fin de que alcance el nivel de la presencia del Padre capaz de atraer una respuesta consciente y directa de su parte para cumplir con vuestros buenos deseos. Dondequiera que dos o tres devotos estén reunidos *"en mi nombre"* —escuchen en meditación la Vibración Cósmica que se encuentra en su interior—, ahí, en esa vibración, sentirán mi Conciencia Crística».

«Donde están dos o tres reunidos en mi nombre»: el poder que se genera al unir los esfuerzos por concentrarse

Cuando Jesús dijo: *«Si dos de vosotros se ponen de acuerdo»*, enfatizaba el hecho de que cuando la voluntad humana individual recibe el refuerzo de la voluntad de otra persona, aquella voluntad se vuelve más poderosa. Si la fuerte voluntad de dos o más personas se unifica al meditar profundamente en Dios, esa voluntad se recarga con la todopoderosa y omnipotente Voluntad Divina.

La voluntad es la facultad activadora de la conciencia que convierte al hombre en un ser vital, pensante, creativo y realizador de metas. Todas las almas son hijas de Dios y cada una es un reflejo de la omnipotente voluntad divina; pero a causa del egoísmo, el ser humano aparta su voluntad de la Voluntad Divina y, con ello, la limita. Sin embargo, cuando el devoto refuerza su voluntad con la práctica de la concentración profunda y la unión de su voluntad con la fuerte voluntad de otros devotos, la transforma en voluntad divina, al recordar su identidad con Dios y recuperar, de esa manera, su herencia divina: la posesión del poder material o espiritual ilimitados que son patrimonio de su Padre Celestial. El devoto no debe suponer que cuenta con el pleno uso del poder de su voluntad y de su oración hasta haber fortalecido su voluntad y sus oraciones por medio de la compañía divina y del contacto con Dios.

Cuando Jesús aseguró *«Donde están dos o tres reunidos en mi nombre, allí estoy yo»*, hacía hincapié en el poder de la concentración unificada: Cuando dos o más devotos se reúnen para rendir culto interior a Dios, la concentración divina más poderosa de uno de ellos fortalece la concentración relativamente más débil del otro. Pero si la motivación de tales reuniones es simplemente discutir y contar chismes, recitar oraciones tibias o realizar rituales con la mente ausente, sin sentir una verdadera comunión interior con Dios, es improbable que puedan percibir al Divino Huésped de Honor en medio de ellos. La exhortación de Jesús fue un llamamiento a los devotos sinceros para unir la profundidad de sus meditaciones y concentrarse en oír *«mi nombre»,* el Sonido Vibratorio Cósmico, el *Om,* que anuncia *«allí estoy yo»,* la Conciencia Crística, *«en medio de ellos».* En la Vibración Cósmica, ellos percibirán, dentro de su propia y elevada conciencia, la manifestación de la Inteligencia Crística.

En el libro del Apocalipsis, San Juan afirma: *«Caí en éxtasis el día del Señor. Oí entonces detrás de mí una voz estruendosa, como un sonido de trompeta»*[18]. El *«sonido de trompeta»* significa el gran sonido cósmico de *Om,* que el devoto oye en meditación cuando se aproxima al Espíritu. *«El día del Señor»* significa el momento en que la Conciencia Crística —el Señor de toda la creación vibratoria— desciende sobre la conciencia del devoto en la meditación profunda.

El ideal moderno de culto, que consiste en reunir vastas congregaciones sumamente heterogéneas, ha transformado los templos de Dios en salones de conferencias. La enorme concurrencia, con sus inquietos pensamientos, desea ser entretenida con el carisma y las disertaciones intelectuales del elocuente predicador. Si bien los participantes pueden obtener inspiración de tales prácticas religiosas multitudinarias, es preciso que existan también pequeños grupos de almas que se reúnan en sitios tranquilos para unir su voluntad en meditación y escuchar el Sonido Cósmico del Espíritu Santo que vibra tras los latidos del corazón y despierta en ellos la percepción intuitiva de la conciencia universal de Cristo. Las vastas congregaciones se mantienen unidas porque les agrada la música y la personalidad del orador religioso. En cambio, si un pequeño grupo de buscadores sinceros se reúnen a meditar profundamente y a comulgar en su interior con la voz de Dios, percibiendo que se encuentran en la presencia de la Conciencia Crística, se mantendrán divinamente unidos en Dios por medio de su propia comunión con Él.

---

[18] *Apocalipsis* 1:10.

DISCURSO 49

«Sígueme»: consejos adicionales de Jesús con respecto a la renunciación interior y exterior

Todos los que están en sintonía con la Conciencia Crística obran en armonía

❖

Advertencia sobre el uso del poder espiritual con fines indignos

❖

Dios emplea el amor, y no la fuerza, para reformar al malhechor

❖

Jesús sentía que el universo era su propio cuerpo y que la omnipresencia era su hogar

❖

La vida de Jesús ejemplificó el ideal de renunciación total que se practica en la India

❖

El deber hacia Dios ha de tener prioridad sobre el apego a la familia

❖

La psicología de la renunciación interior y exterior

«Todos los devotos, ya sean personas con responsabilidades familiares o renunciantes, deben comprender que la renunciación mental es de primordial importancia para alcanzar la unión con Dios. [...] Por medio de técnicas de meditación espirituales, el sendero del yoga enseña a todo devoto aspirante cómo puede comulgar con Dios, tanto si vive en el mundo como si lleva una vida de renunciante».

Juan tomó la palabra y le dijo: «Maestro, hemos visto a uno que expulsaba demonios en tu nombre y tratamos de impedírselo, porque no viene con nosotros». Pero Jesús le contestó: «No se lo impidáis, pues el que no está contra vosotros, está por vosotros».

Como se iban cumpliendo los días de su asunción, él se afirmó en su voluntad de ir a Jerusalén. Así que envió mensajeros por delante, que fueron y entraron en un pueblo de samaritanos para prepararle posada. Pero no lo recibieron, porque tenía intención de ir a Jerusalén. Ante la negativa, sus discípulos Santiago y Juan dijeron: «Señor, ¿quieres que mandemos bajar fuego del cielo [como hizo Elías] y los consuma?». Pero Jesús se volvió y les reprendió [«No sabéis de qué espíritu sois. Porque el Hijo del hombre no ha venido a perder las almas de los hombres, sino a salvarlas»]; y se fueron a otro pueblo.

Mientras iban caminando, uno le dijo: «Te seguiré adondequiera que vayas». Jesús replicó: «Las zorras tienen guaridas, y las aves del cielo nidos; pero el Hijo del hombre no tiene donde reclinar la cabeza».

Dijo a otro: «Sígueme». Pero él respondió: «Déjame ir primero a enterrar a mi padre». Replicó Jesús: «Deja que los muertos entierren a sus muertos. Tú vete a anunciar el Reino de Dios».

Hubo otro que le dijo: «Te seguiré, Señor; pero déjame antes despedirme de los de mi casa». Replicó Jesús: «Nadie que pone la mano en el arado y mira hacia atrás es apto para el Reino de Dios».

Lucas 9:49-62

DISCURSO 49

«Sígueme»: consejos adicionales de Jesús con respecto a la renunciación interior y exterior

«Juan tomó la palabra y le dijo: "Maestro, hemos visto a uno que expulsaba demonios en tu nombre y tratamos de impedírselo, porque no viene con nosotros". Pero Jesús le contestó: "No se lo impidáis, pues el que no está contra vosotros, está por vosotros"» (Lucas 9:49-50).

Referencia paralela:

«Juan le dijo: "Maestro, hemos visto a uno que expulsaba demonios en tu nombre, pero, como no viene con nosotros, hemos tratado de impedírselo". Pero Jesús dijo: "No se lo impidáis, pues no hay nadie que obre un milagro invocando mi nombre y que luego sea capaz de hablar mal de mí. Pues el que no está contra nosotros, está por nosotros.

»"Todo aquel que os dé de beber un vaso de agua por el hecho de que sois de Cristo, os aseguro que no perderá su recompensa"» (Marcos 9:38-41).

«Bienamados discípulos, no reprobéis a ninguna persona que en mi nombre obre curaciones —a través del poder de la Vibración Cósmica que emana de la Conciencia Crística— por el solo hecho de que no nos acompañe de algún modo. Ya sea que nos siga externamente o no, en tanto se encuentre en sintonía con la Conciencia Crística, esa persona es una conmigo y con todos nosotros, y es lícito que lleve a cabo curaciones divinas en los hijos de Dios que se hallan enfermos. La ley de la curación divina que actúa a través del vibrante poder cósmico saturado de la Conciencia Crística es universal y no está sujeta a la aplicación exclusiva de nadie.

Todos los que están en sintonía con la Conciencia Crística obran en armonía

»Quienquiera que realice curaciones milagrosas por medio de la Conciencia Crística no será capaz de hablar mal de mí, en quien la Conciencia Crística se halla plenamente manifestada. Si esa persona no practica nada que se oponga a nuestros principios, se encuentra, de hecho, en sintonía con nosotros.

»Quienquiera que preste un servicio en nombre de la Conciencia Crística recibirá, con toda certeza, la recompensa que le corresponde por ello. Si os ayuda ofreciéndoos aunque sólo sea un vaso de agua cuando estáis sedientos, se beneficiará como resultado de esa acción, gracias a la respuesta de la Conciencia Crística que se manifiesta en vosotros y que también se encuentra presente en la conciencia de todos. Los que son solidarios con vosotros se sintonizan con la Conciencia Crística presente en vosotros y serán recompensados con una expansión de la conciencia y, como resultado de dicha sintonía, atraerán automáticamente las cualidades de la Conciencia Crística».

La Verdad, al igual que Dios, es sólo una. Aquellos que han logrado el auténtico conocimiento de la Verdad a través de la genuina experiencia de la percepción intuitiva no se contradicen, en esencia, unos a otros. Sin embargo, puesto que las almas que han alcanzado la unión con Dios expresan la sabiduría de maneras diversas que resultan apropiadas para el clima, la época y el propósito de su misión, los discípulos cuyo entendimiento es limitado pierden de vista la unidad que subyace a la verdad y hacen énfasis en las diferencias superficiales. De ahí la multiplicidad de religiones y de grupos dentro de las religiones, cada uno resuelto a invalidar el sendero de los demás. Cuán necesario sería que los seguidores religiosos que consideran que su camino es el único se concentrasen, en cambio, en lograr la comunión divina, para que a través de la incontrovertible percepción de Dios y de la Verdad quedasen derribadas las barreras de la desavenencia y de la intolerancia, a fin de dar lugar a la Verdad Única, que a todos incluye y que trata de hallar su hogar en el altar de cada religión.

~

«Como se iban cumpliendo los días de su asunción, él se afirmó en su voluntad de ir a Jerusalén. Así que envió mensajeros por delante, que fueron y entraron en un pueblo de samaritanos para prepararle posada. Pero no lo recibieron, porque tenía intención de ir a Jerusalén. Ante la negativa, sus discípulos Santiago y Juan dijeron: "Señor, ¿quieres que mandemos bajar fuego del cielo [como hizo Elías] y los consuma?". Pero Jesús se volvió y les reprendió ["No sabéis de qué espíritu sois. Porque el Hijo del hombre no ha venido a perder las almas de los hombres, sino a salvarlas"]; y se fueron a otro pueblo» (Lucas 9:51-56).

«Os comportáis como si no fueseis conscientes de la imagen divina a semejanza de la cual estáis hechos. De lo contrario, no abrigaríais tal espíritu de venganza cuando os maltratan, porque no es la naturaleza de vuestra alma, sino la Fuerza Maligna, la que incita las emociones satánicas. La Conciencia Crística se ha manifestado en mi cuerpo (el Hijo del hombre), y potencialmente en el vuestro, no con el objeto de destruir las vidas de aquellos que hacen el mal, sino para redimirlos de la prisión de la muerte y del engaño mediante el poder superior del comportamiento divino».

Advertencia sobre el uso del poder espiritual con fines indignos

Jesús había advertido anteriormente a sus discípulos que se abstuviesen de utilizar en forma incorrecta o con actitud vengativa el inmenso poder que, junto con el despertar espiritual de las divinas fuerzas interiores[1], les había sido concedido. En este pasaje, él les recuerda una vez más que deben emplear el discernimiento en todo momento para determinar si sus motivaciones provienen de los atributos innatos del alma o de las tendencias satánicas que han logrado infiltrarse en la conciencia por conducto de la ignorancia. Jesús quería que sus discípulos comprendiesen que para complacer a Dios debían sacar a la luz, por medio de las buenas acciones, la quintaesencia de la bondad de Dios que estaba presente en sus almas. Muy a menudo, la Presencia Divina que mora en el hombre resulta eclipsada por la

---

1 *«Sed, pues, prudentes como las serpientes, y sencillos como las palomas»* (Mateo 10:16). (Véase el comentario en el discurso 41).

incitación de Satanás a la ira, los celos, la venganza y la destrucción: una hueste de influencias malignas que se han de erradicar y expulsar del ser humano[2].

Jesús vino con el propósito de expandir las vidas humanas hasta que llegasen a abarcar la conciencia de la vida eterna en Dios; no vino a destruir ni a hundir en el olvido de la muerte a los seres sumidos en la maldad. El que sucumbe a la tentación de emplear la fuerza divina con fines de venganza o con cualquier otro propósito egoísta se convierte en un instrumento de Satanás. Cuando los enemigos de Jesús le arrestaron para llevarle ante el sumo sacerdote Caifás, él dijo: «*¿O piensas que no puedo yo rogar a mi Padre, que pondría al punto a mi disposición más de doce legiones de ángeles?*»[3]. Con todas las fuerzas del cielo a su disposición, Jesús podría haber aniquilado a sus enemigos mediante el poder que emanaba de su ojo espiritual, pero, en lugar de ello, él los perdonó. Al actuar de ese modo, su vida se convirtió en un instrumento para transmitir la luz de Dios a todas las épocas futuras.

Al responder al odio con más odio, o combatir el mal con un mal aún mayor, únicamente se fortalece el poder de la Fuerza Maligna. El poder de Satanás sólo se vence con la divina fuerza del bien. Es un error humano habitual oponer resistencia a la ira por medio de la ira. Los anales de la historia están plagados de guerras que se emprendieron para reprimir a fuego y espada a gente perversa; pero el uso de la fuerza por sí solo no resulta efectivo a largo plazo. Por medios destructivos se puede vencer a quienes son malvados, pero el mal y la ira que hay en su corazón seguirán bullendo y, a menos que sean sanados, se fortalecerán aún más, y la hostilidad acumulada hallará con el tiempo nuevas vías de escape. Se puede restringir la actividad de las personas, pero no es posible controlarlas totalmente por la fuerza. El supremo poder de influencia es el amor de Dios que se prodiga a través de los corazones sinceros. Sólo el amor es capaz de destruir realmente la animosidad de las personas malévolas. Las vibraciones del amor divino son una fuerza silenciosa que con sutileza logra transformaciones benéficas.

---

2 «Es verdaderamente un yogui aquel que, en esta tierra y hasta el último instante de su vida, es capaz de ejercer dominio sobre todo impulso hacia el deseo o la ira. ¡Es un hombre feliz! [...] Los renunciantes que han superado los deseos y la ira, que mantienen la mente bajo control y que han alcanzado la realización del Ser se hallan completamente liberados, tanto en este mundo como en el más allá» *(God Talks With Arjuna: The Bhagavad Gita* V:23, 26. Véase *El Yoga del Bhagavad Guita).*

3 *Mateo* 26:53. (Véase el discurso 73, en el volumen III).

Cuando uno se niega rotundamente a dar una bofetada en respuesta a otra bofetada y no permite que la animosidad anide en su ser, desarrolla en su corazón el inmenso poder del amor. Ese amor y su concomitante capacidad de perdón constituyen el primer brote de la bienaventuranza de Dios, sin la cual no es posible la libertad del alma. En tanto se desee poseer o emplear el poder espiritual con el propósito de controlar o dañar a otras personas, no podrá hallar la liberación quien haga mal uso de dicho poder.

Quien desee conocer a Dios deberá comportarse como Él. Por maligna que sea una persona o por mucho que haya actuado contra las leyes divinas, Dios jamás utiliza su omnipotencia para destruir al malhechor. El malvado se destruye a sí mismo debido a las consecuencias de sus propios pecados. Aunque son millones los que se dejan llevar por sus inclinaciones erróneas, no vemos que por ello sean castigados de manera espectacular con poderosos rayos lanzados desde el cielo. Dios prefiere reformarlos susurrando pensamientos de amor y de sabiduría en su conciencia; Él no detiene por la fuerza las malas acciones del hombre, a fin de no interferir en el libre albedrío humano para elegir entre el bien y el mal. A quienes tarden en aprender lo que Dios susurra en sus conciencias les queda, no obstante, el lento e inmemorial método evolutivo de desarrollar la sabiduría interior a lo largo de encarnaciones de ensayo y error, de acción y reacción: un proceso a menudo doloroso, pero que cuenta siempre en el fondo con el magnético poder de atracción del amor de Dios.

Dios emplea el amor, y no la fuerza, para reformar al malhechor

Dios es amor. Su llamado silencioso de amor finalmente seduce al pecador para que regrese a su Hogar Divino. Mediante la influencia de la personalidad humilde y misericordiosa de sus verdaderos santos y devotos, Él procura acelerar el despertar de sus hijos caídos en el error. Las almas crísticas que comulgan con Dios han anunciado claramente, con sus preceptos y por medio de su ejemplo, que todo aquel que aspire a conocer a Dios debe aprender a demostrar la divinidad venciendo el mal con el bien, el odio con el amor, las acciones vengativas con la amorosa misericordia de las acciones bondadosas, la descortesía con la gentileza, la dureza con la amabilidad, el orgullo con la humildad, la crueldad con la bondad, la injusticia con la justicia, la mentira con la verdad, los celos con el amor, la tentación con el autocontrol y la meditación, la inquietud con la calma, el lenguaje mordaz con las palabras amables, el mal comportamiento con la conducta ejemplar, el egoísmo con la cálida generosidad, la arrogancia teológica con la comunión divina.

Las almas crísticas emplean su poder divino del mismo modo que el Padre Celestial: sólo para conquistar a los hijos de Dios caídos en el error, jamás para hacerles daño. Las tinieblas pueden desvanecerse únicamente con la presencia de la luz, el pecado sólo se disipa con la virtud, que recibe su alimento del perdón y del amor, los cuales sanan las heridas, la ignorancia y la ira de los corazones descarriados. Para iluminar el camino del hombre y ayudarle a salir de las tinieblas, Jesús estableció un ejemplo maravilloso de grandiosa santidad, de humilde y todopoderosa sintonía con Dios.

~

> *«Mientras iban caminando, uno le dijo: "Te seguiré adondequiera que vayas". Jesús replicó: "Las zorras tienen guaridas, y las aves del cielo nidos; pero el Hijo del hombre no tiene donde reclinar la cabeza"»* (*Lucas* 9:57-58)[4].

Jesús no estaba expresando dolor por algún sentimiento de carencia, ni se lamentaba por su vida itinerante. Todos los grandes maestros que son uno con el Espíritu sienten que su única conciencia es el Infinito, y que éste impregna por completo el cosmos físico en que están incluidas sus formas humanas. Para Jesús, el universo era su cuerpo, y la omnipresencia sin muros, su hogar. No le interesaba identificarse con su pequeña forma física ni alojarla en algún punto fijo del espacio y rodearla de objetos mundanos. Su morada era la infinitud; todo formaba parte de su inconmensurable Conciencia Crística:

Jesús sentía que el universo era su propio cuerpo y que la omnipresencia era su hogar

«El instinto enseña a las zorras a vivir en guaridas y a las aves del cielo a hacer de los nidos su morada; sin embargo, puesto que la Conciencia Crística que reside en mi cuerpo (el Hijo del hombre) es omnipresente, no se halla limitada a ningún punto determinado del espacio para reclinar su inherente sabiduría (la cabeza)».

Así como la guarida de los animales es su hogar y el de las aves

[4] Compárese con la referencia paralela que aparece en *Mateo* 8:19-20.

son los nidos, así también el hombre cuya conciencia es limitada restringe su concepto de hogar a un sitio en particular. Por el contrario, el hombre liberado ya no se siente ajeno o extraño en ningún lugar del cosmos ni fuera de él.

En su elogiada obra *Rubaiyat,* el visionario persa Omar Khayyam escribió acerca del alma que se encuentra libre de toda limitación. En la bienaventuranza de la unidad con Dios (la eternamente inmutable «Luna del deleite»), el poeta expresa jubiloso:

> ¡Ah!, Luna de mi deleite que no conoces menguante,
> la luna del cielo se eleva nuevamente;
> ¡cuántas veces en adelante, al elevarse,
> me buscará en vano por este mismo jardín![5]

«El pequeño jardín del universo externo ya no puede albergar mi ser, tan extenso que abarca la omnipresencia. ¡Oh, luna del cielo, sol, estrellas y todas las manifestaciones de la naturaleza!, sujetas estáis por siempre al alternante ascenso y descenso de la dualidad: no me busquéis más dentro de los confines de un cosmos fugaz: soy uno con el Espíritu trascendente».

Jesús hizo referencia a su libertad absoluta cuando le dijo al escriba que prometió seguirle «adondequiera que fuese»: «Mi hogar es la inconmensurable infinitud de la conciencia de mi Padre. ¡Sígueme hasta allí si deseas ser mi discípulo!».

La vida de Jesús ejemplificó el ideal de renunciación total que se practica en la India

Las palabras de Jesús también hacen alusión a su estilo de vida de total renunciación, similar al de los monjes mendicantes errantes de la antigua tradición de la India. En concordancia con los principios de estas órdenes monásticas de renunciantes, que han existido en la India en todas las épocas desde tiempos antiguos, Jesús no consideraba que ninguna morada fuese su hogar, ni acumulaba dinero para alimentos o vestimenta; no contrajo matrimonio ni reconoció a sus parientes terrenales como su única familia. Exigió también de sus apóstoles una vida de estricta renunciación: *«Les ordenó que nada tomasen para el*

[5] *Rubaiyat* de Omar Khayyam, cuarteta LXXIV, traducción de la versión en inglés de Edward FitzGerald. Paramahansa Yogananda escribió una reveladora interpretación espiritual de este clásico de la poesía, *El vino del místico,* publicada por *Self-Realization Fellowship.*

camino, a excepción de un bastón: ni pan, ni alforja, ni calderilla en la faja; y que fueran calzados con sandalias y no vistieran dos túnicas» (*Marcos* 6:8-9; véase el discurso 40). «*Cualquiera de vosotros que no renuncie a todos sus bienes no puede ser discípulo mío»* (*Lucas* 14:33; véase el discurso 58, en el volumen III). «*Vended vuestros bienes y dadlos en limosna. Haceos bolsas que no se deterioran, un tesoro inagotable en los cielos, donde no llega el ladrón, ni la polilla corroe. Porque donde esté vuestro tesoro, allí estará también vuestro corazón»* (*Lucas* 12:33-34; véase el discurso 56). El corolario de la renunciación externa es el desapego inherente a la renunciación interior: «*No andéis preocupados por vuestra vida, pensando qué comeréis, ni por vuestro cuerpo, discurriendo con qué os vestiréis»* (*Mateo* 6:25; véase el discurso 29, en el volumen I); es decir: «Considerad que vuestra forma física es parte de Dios y no hagáis hincapié en la conciencia material del cuerpo. Espiritualizad el cuerpo sintonizando vuestra conciencia individual con la conciencia de Dios y entonces comprenderéis que es el Creador quien sustenta directamente vuestra vida».

Algunos de los más grandes profetas de la India, entre ellos el Señor Buda, Swami Shankara y Sri Chaitanya, han ensalzado el vivir una vida de entrega a Dios y en la cual el sustento proviene únicamente de Él. Los iniciados de la Orden de los Swamis, reorganizada por Swami Shankara, y los de la orden de monjes budistas (anterior a la época cristiana) siguen los principios de la renunciación antes mencionados[6].

Los occidentales tienden a olvidar que la Biblia es una escritura oriental y que Jesús mismo era oriental. Por consiguiente, en muchos

[6] En *The Vision of God* [La visión de Dios] (Longmans, Green & Co., Nueva York, 1932), el Dr. Kenneth E. Kirk, obispo anglicano de Oxford, señala que los ideales de renunciación de Jesús no provenían de las enseñanzas judías tradicionales: «Destaca la perspectiva ascética de los Evangelios y no guarda relación que pueda reconocerse con el judaísmo contemporáneo. Los pasajes acerca de presentar la otra mejilla, no pensar acerca del mañana, no acumular tesoros en la tierra, dejar atrás a los padres y las posesiones, y cargar con la cruz son ajenos al carácter distintivo de la raza [judía]». Si bien la conclusión a la que llega el obispo Kirk es que los orígenes históricos de estas enseñanzas no dejan de ser un misterio, otros historiadores las consideran como una evidencia del vínculo de Jesús con la India. El distinguido erudito (y ex presidente de la India) Dr. Sarvepalli Radhakrishnan escribe en *Eastern Religions and Western Thought* [Religiones orientales y pensamiento occidental] (Oxford University Press, 1939): «En sus enseñanzas acerca del Reino de Dios, la vida eterna, el énfasis en el ascetismo, e incluso la vida futura, Jesucristo se aparta de la tradición judía y se aproxima al pensamiento hindú y budista. Aun cuando sus enseñanzas históricamente continúan relacionadas con las del judaísmo, no se desarrollaron a partir de ellas en sus aspectos fundamentales». *(Nota del editor).*

sentidos se le comprende más en Oriente que en Occidente, donde por lo general se interpretan las escrituras cristianas acomodándolas con holgura a un estilo de vida menos exigente en términos espirituales. Jesús vivió una vida de renunciación y celibato, pero en Occidente pocos desean seguir esa clase de vida. De sus enseñanzas se toma únicamente aquello que se puede adaptar sin causar inconvenientes al modo de vida imperante. En Occidente, algunos miembros de órdenes monásticas católicas y otros religiosos viven la devota vida del renunciante que Cristo prescribió, y se convierten en ejemplos de santidad; pero en Oriente, este ideal se ha enfatizado tanto en la vida material como en la espiritual.

En Occidente y en Oriente podemos encontrar a quienes han ejemplificado el requerido espíritu interior de renunciación, ya sea en la vida secular o en las ermitas. Bhagavan Krishna, un virtuoso rey a quien se adjudican las sublimes enseñanzas del yoga que se exponen en el *Bhagavad Guita,* señaló cómo vivir en el mundo de manera desapegada[7]. El rey Janaka, un gobernante de la antigua India que además era un santo iluminado de perfecta renunciación interior, demostró también este ideal. Y en la época moderna, la vida de Lahiri Mahasaya ofreció el mismo ejemplo.

Swami Shankara ensalzó la sabiduría y la renunciación. Jesús hizo hincapié en la devoción y la renunciación. Al igual que Shankara, Jesús era un *sanyasin,* un seguidor del sendero de la completa renunciación interior y exterior. La palabra sánscrita *sannyas,* cuya raíz significa «apartar de sí», denota a aquel que se despoja de todos los obstáculos que le llevan a identificarse con las limitaciones del cuerpo, de la mente y del ego, y reconoce al Espíritu como su única identidad. Jesús, que había expandido su amor más allá de la exclusividad de los lazos y apegos familiares, dijo: *«¿Quién es mi madre y quiénes son mis hermanos?»*. De modo similar, Shankara manifestó su libertad trascendente al expresar: «Ni nacimiento, ni muerte, ni casta tengo. Padre y madre no los tengo». El gran swami continuó diciendo: «Ni mente, ni intelecto, ni ego, ni *chitta;* ni cielo, ni tierra, ni metales soy. ¡Yo soy Él, yo soy Él; Espíritu Bendito, yo soy Él!»[8]. Asimismo, Jesús afirmó: *«Yo y el Padre somos uno»*.

---

[7] Se podrá encontrar una explicación acerca de los senderos de la renunciación exterior y de la renunciación yóguica interior en las páginas 435 ss. y en el discurso 40.

[8] En su libro *Cosmic Chants* (publicado por *Self-Realization Fellowship*), Paramahansa Yogananda musicalizó las palabras de Swami Shankara aquí citadas.

Quien sigue la vida del renunciante monástico abandona su nombre de familia. Dicho nombre es un indicador de la nacionalidad y familia particulares a las que pertenece una persona, pero a los miembros de las órdenes monásticas se les confieren nuevos nombres que expresan su aspiración de alcanzar la identidad con Dios, o manifestar alguna de sus sagradas cualidades, o emular a alguno de sus santos. Mi nombre, «Yogananda», deriva del término *yoga,* que significa «unión divina», y de *ananda,* que significa «bienaventuranza». Es decir, «bienaventuranza por medio de la unión divina»: aquel que está unido con la bienaventuranza del Espíritu. Abandoné mi nombre de familia cuando tomé los sagrados votos de *sannyas* de mi Gurú y recibí de él esta nueva designación como miembro de la antigua Orden de los Swamis.

Algunos swamis adoptan la práctica de desapego que consiste en trasladarse constantemente de un lugar a otro, sin permanecer en el mismo sitio de residencia por más de tres días, con el objeto de respetar la verdad de que, puesto que el Señor está en todas partes, todo lugar constituye su hogar. Incluso en aquellos casos en que viven en monasterios o en ermitas, a los swamis se les requiere mantener la conciencia libre de apegos personales y cuidar de los santos recintos como lugares consagrados a buscar y servir a Dios, recordando que el Espíritu es su verdadero Hogar y Refugio.

El devoto que confina su conciencia a un solo cuerpo o lugar de residencia pierde de vista al omnipresente Espíritu que mora en su interior. El apego al cuerpo y a su morada humilla al alma, al someterla a burdas limitaciones. El yogui es el paradigma de los renunciantes errantes. Sus peregrinajes abarcan la infinitud del Espíritu; tal devoto cierra los ojos y la conciencia a los perímetros mortales y medita sobre la eterna esfera sin límites del Espíritu, que se extiende por encima, por debajo y por todo su alrededor; su alma, en gozo extático, reivindica su olvidada identidad con Aquel que es omnipresente. *«El cielo es mi trono y la tierra el escabel de mis pies. Dice el Señor: ¿Qué casa me vais a construir? O ¿cuál será el lugar de mi descanso? ¿Es que no ha hecho mi mano todas estas cosas?»*[9].

Jesús dirige estas palabras a los devotos que, como él mismo, siguen el sendero de la total renunciación externa e interna: *«Todo aquel que haya dejado casas, hermanos, hermanas, padre, madre, hijos*

---

[9] *Hechos* 7:49-50.

o campos por mi nombre, recibirá el ciento por uno y heredará vida eterna» (*Mateo* 19:29)[10]. Quien abandona su limitada conciencia de hogar y su identificación con el «yo, mí, mío» recibe el infinito reino de Dios y todos los tesoros de la creación como herencia del Padre. El universo es su hogar, la familia humana en su conjunto es su familia, y el Espíritu es su Padre-Madre-Amigo-Bienamado Dios.

~

> *«Dijo a otro: "Sígueme". Pero él respondió: "Déjame ir primero a enterrar a mi padre". Replicó Jesús: "Deja que los muertos entierren a sus muertos. Tú vete a anunciar el Reino de Dios"»* (*Lucas* 9:59-60)[11].

«Sigue mi espíritu viviente y mis enseñanzas portadoras de vida eterna, y deja que quienes están espiritualmente muertos se ocupen de los ritos funerarios de tu padre físicamente muerto. Como discípulo mío, reconoces que Dios es tu Padre y que tu deber más importante es hacia Él y su obra, que consiste en conducir almas hasta su reino; no permitas que ese deber sea sustituido por expectativas sociales o familiares».

El deber hacia Dios ha de tener prioridad sobre el apego a la familia

En otra ocasión, Jesús había citado este divino mandamiento: *«Honra a tu padre y a tu madre»* (*Mateo* 15:4). En el pasaje comentado, Jesús no está aconsejando que los hijos falten al respeto a sus padres. Él dijo a su discípulo *«Deja que los muertos entierren a sus muertos»* sólo para que éste rectificara en su conciencia las prioridades que abrigaba con respecto a las relaciones familiares y a su divino vínculo con Jesús, por el cual iba a asumir una responsabilidad mayor: servir a las necesidades espirituales de la extensa familia cósmica de Cristo. El maestro le recordaba al discípulo que era más importante responder al llamamiento a la unión con Dios mediante la sintonía con la Conciencia Crística que ceder al sentimiento de obligación que el engaño le imponía y que le empujaba a ocuparse del entierro de su padre. Había muchas personas espiritualmente muertas, atadas a las tradiciones mortales e indiferentes al

---

10 Véase el discurso 63 (volumen III).

11 Compárese con la referencia paralela que aparece en *Mateo* 8:21-22.

llamado superior de unirse a Dios, que se hallaban dispuestas y capacitadas para hacer lo necesario por un cuerpo muerto que no tenía ya utilidad alguna.

En la India, es costumbre que el hijo lleve a cabo la cremación de su padre o de su madre. Él es el primero que enciende el fuego en la pira funeraria. El swami, en cambio, que renuncia a los lazos que le unen a su familia personal y se identifica con la familia universal de Dios, ha de despojarse de esta obligación con respecto a cualquier pariente fallecido. Puesto que en esta película cinematográfica cósmica del drama universal él ya no está confinado exclusivamente a una sola familia particular y pertenece, en su conciencia, a la familia de Dios y no oficia los ritos funerarios de los miembros de esa familia universal, ¿por qué habría de hacer distinciones con las personas fallecidas pertenecientes a la familia en que nació su cuerpo?

En el sentido espiritual, no es pecado que un swami lleve a cabo los ritos finales de sus familiares. Incluso Swami Shankara, fundador de la Orden de los Swamis, no siguió al pie de la letra la norma de su orden monástica, e incineró el cuerpo de su madre. Se afirma que, dado que no había nadie que pudiese cumplir con ese deber, Swami Shankara se presentó y produjo un fuego divino que consumió la forma terrenal de su madre. El mandamiento no tiene por objeto prohibir a los swamis llevar a cabo aquellos deberes que sean necesarios con respecto a sus parientes fallecidos, en caso de no haber ninguna otra persona que pueda ocuparse de ellos; es sólo un recordatorio de que no deben identificarse de manera exclusiva con la familia en que han nacido ni sentirse obligados a seguir sus tradiciones, una vez que han rectificado su noción de que pertenecen a una determinada familia y se convierten así en miembros de la familia universal —de la cual su familia de nacimiento constituye sólo una parte.

El primer paso para expandir nuestro amor comienza en el hogar, al amar a nuestra propia familia, pues pasamos del puro egoísmo personal a cuidar también del bienestar de los demás miembros de la familia. Pero los renunciantes van más allá de los límites del amor conyugal y familiar a fin de amar y servir a su familia mayor. Éste es un ideal de vida más elevado, porque el alimento espiritual que las almas santas brindan con su dedicación opera cambios benéficos permanentes, tanto en algunas personas en particular como en la comunidad mundial, que no serían posibles si se aplicasen únicamente las medidas rutinarias que el mundo ofrece.

Éste es el principio que Jesús estaba enseñando a su discípulo y la razón por la cual se ha de colocar a Dios en primer lugar y dedicar los preciosos momentos de la vida a la comunión divina, en lugar de asignar al Señor y a la meditación un lugar secundario. Lo que Jesús objetaba no era el hecho de que el discípulo diera sepultura a su padre muerto, sino la actitud imperfecta con la que este devoto desatendía con tanta ligereza el llamado divino, sólo para satisfacer un apego mortal. Jesús trataba de despertar en la conciencia adormecida del discípulo la comprensión de que es el Padre Celestial quien nos da un padre terrenal y es a Él a quien debe otorgársele en toda circunstancia la atención y el honor supremos.

Al hacer un llamamiento a su discípulo para que se comprometiese con una causa superior, Jesús le aseguraba que al seguirle a él —que poseía las llaves para acceder a los misterios de la vida y de la muerte— podía prestar un mayor servicio al alma de su padre muerto, a través de su buena voluntad espiritual y devoción a Dios, que el que podía ofrecerle por el simple hecho de hacerse cargo de sepultar el cuerpo físico de su progenitor. Las escrituras de la India afirman que la vida santificada de aquel que busca a Dios con total dedicación bendecirá espiritualmente, de manera automática, a siete generaciones de la familia de ese devoto: un legado mucho más valioso y perdurable que cualquier ofrenda material.

Quienes están físicamente vivos pueden estar espiritualmente muertos

Por medio de su perspicaz juego de palabras, Jesús subraya, con incisivo ingenio, una verdad de gran importancia: No sólo están muertos quienes fallecen físicamente, sino también aquellos que están espiritualmente muertos y ni siquiera lo saben. Jesús señalaba que se debe compadecer más a los que se encuentran espiritualmente muertos que a quienes están físicamente muertos: éstos últimos, al verse privados de la vida terrenal, no se hallan en condiciones de despertar a las enseñanzas de Cristo acerca de la verdad; sin embargo, quienes están espiritualmente muertos apenas son dignos de perdón, puesto que de forma deliberada se han vuelto insensibles al mensaje emancipador y revitalizador que Jesús ha traído para ellos.

Sólo está en verdad vivo quien se halla consciente de Dios. Hasta que llega ese despertar, el cuerpo es una tumba en la que el alma se encuentra encerrada como si estuviese muerta y sepultada, esperando la resurrección. La vida que Jesús enseñó consiste en llevar una existencia plena de vida eterna. En este sentido, ¿de cuántas personas podría decirse que viven verdaderamente al menos un año del tiempo que les corresponde vivir en la tierra? Si tomamos en consideración un lapso de vida de sesenta años, sería razonable suponer que por término medio se dedican unos treinta años a dormir, comer y ocuparse del bienestar del cuerpo. Otros quince años se consumen en trabajar para ganarse la vida y cubrir las deudas. De los quince años restantes, no es inusual que la gente desperdicie dos tercios de ese tiempo en relaciones sociales y diversiones improductivas, en chismorrear acerca de los demás y en meterse en lo que no les incumbe. Es posible que resten apenas cinco años del lapso de una vida, y ¿cuántas personas los emplean para pensar en Dios? Tal vez dediquen algunos minutos por la noche a repetir como loros el Padrenuestro, o a pedir que les sea concedida alguna bendición necesaria, o a realizar algún breve ritual de adoración, mientras la mente anhela ir a dormir, deseando que el momento de devoción prescrito termine tan rápido como sea posible. «Te ruego, Señor, que cuides de mí y de mis seres queridos, pero ahora quiero irme a la cama». De esa manera, el tiempo dedicado a estar con Dios —el tiempo que hemos utilizado para vivir realmente— es prácticamente nulo. ¡Y aun así, la gente espera entrar en la vida eterna del reino de Dios!

De igual modo, son muertos vivientes aquellos que han perdido toda ambición en la vida, así como la voluntad para reformarse y mejorar su entorno. Cuando la voluntad de una persona se encuentra en estado letárgico, no está totalmente viva. Es la voluntad la que atrae nuevos suministros de energía cósmica hacia el cuerpo. Cuando Jesús dijo: *«Deja que los muertos entierren a sus muertos»*, se refería a las muchedumbres mundanas satisfechas de sí mismas y atrapadas por la inercia; en cambio, a los dispuestos a emprender el camino espiritual, él les prometió vida eterna.

El aspirante a discípulo al que se hace referencia en estos versículos recibió inspiración a través de su contacto con la conciencia del Dios viviente que se manifestaba en Jesús. Por ello, Jesús percibió que se trataba de un momento espiritualmente auspicioso para hacerle comprender que su deber supremo era responder a ese divino impulso interior, puesto que, en caso contrario, corría el riesgo de perder su ferviente anhelo de la conciencia de Dios, una aspiración espiritual que con esfuerzo había sido adquirida gracias a su buen karma y que fácilmente podía perder a causa de la compañía y la influencia de vibraciones mundanas. Jesús sabía cuán importante es que los aspirantes espirituales se asocien con personas llenas de la vibrante vitalidad que procede de la sabiduría y del contacto con Dios. Por lo tanto, el significado de sus palabras es el siguiente: «Revitaliza tu ser al percibir la presencia siempre viviente de Dios que mora en tu interior. Experimenta esta verdad por ti mismo y luego comparte tu divino gozo con los demás, hablándoles —por medio de tu ejemplo y de tus palabras— acerca del reino de eterna Bienaventuranza que sientes dentro de ti».

~

> *«Hubo otro que le dijo: "Te seguiré, Señor; pero déjame antes despedirme de los de mi casa". Replicó Jesús: "Nadie que pone la mano en el arado y mira hacia atrás es apto para el Reino de Dios"»* (*Lucas* 9:61-62).

En este pasaje, Jesús reprende al devoto irresoluto, al aspirante espiritual que externamente renuncia al entorno material a fin de cultivar su conciencia con el arado de la disciplina y la sabiduría, pero que mira hacia atrás sintiendo apego y añoranza por las comodidades, la compañía y los placeres mundanos que ha abandonado. Si no renuncia en su interior a las limitaciones mortales, el devoto será incapaz de concentrarse en conquistar el vasto reino de la Conciencia Cósmica.

La psicología de la renunciación interior y exterior

En las palabras anteriores, Jesús describe con toda claridad el estricto sendero que debe seguir el hombre de renunciación. Los devotos sinceros, aptos para emprender este sendero, saben que renunciar a los enredos de la materialidad en pos de la conciencia divina es una decisión inteligente, puesto que nada puede disfrutarse sin la conciencia que tomamos prestada de Dios. Ante el llamado de la muerte, cada ser humano se ve obligado a abandonar instantáneamente todo cuanto posee, a menudo sin previo aviso. Para aquellos que están en condiciones de hacerlo, es más sensato abandonar todo por voluntad propia para dedicar la vida a la búsqueda de Dios hasta lograr alcanzar la unión divina. Si Él es la prioridad absoluta de la conciencia, el cumplimiento de los deberes materiales no puede ser causa de sufrimiento. Asumir las responsabilidades del mundo sin antes entrenar de modo espiritual la conciencia convierte a la persona en víctima de la avaricia, la ira, el egoísmo, la enfermedad, la aflicción, la preocupación, el temor y una muerte innoble. El excelso estado de conciencia de los santos justifica el hecho de que hayan colocado a Dios en primer lugar en sus vidas, porque al alcanzar la unión con Dios conocen la verdadera felicidad, tanto material como espiritual, sin importar cuáles sean las tareas que desempeñen en el mundo.

En épocas antiguas, la gente se adhería al consejo de las escrituras de la India según el cual los niños debían abandonar el entorno hogareño para vivir, hasta la edad adulta temprana, en la compañía de instructores espirituales dotados de sabiduría. Después de recibir educación y un intenso entrenamiento espiritual regresaban al mundo para llevar una vida de hogar, como ejemplos ideales para la sociedad que habían aprendido a gobernar sus vidas materiales mediante la disciplina espiritual, el autocontrol y la felicidad divina. Entre estos estudiantes, algunos decidían continuar siendo renunciantes toda su vida. Jesús mismo vivió conforme a este ideal de renunciación, sin contraer matrimonio jamás, ni identificarse con los lazos familiares y las ambiciones mundanas. Su apego parental estaba orientado hacia Dios, y su reino abarcaba los ilimitados territorios de la infinitud.

Quienes renuncian exteriormente a los deberes y aspiraciones materiales y se retiran a la soledad mientras en su interior continúan imaginando los gozos de un entorno material, así como lo que éste puede ofrecerles, son impostores que no están en condiciones de comprender la importancia de abandonar los placeres pasajeros de una vida mundana para elegir, en cambio, la eterna bienaventuranza del Espíritu.

La psicología de la renunciación consiste en erradicar de la mente los conflictivos deseos materiales con el objeto de crear un templo interior de la conciencia de Dios. Jesús señaló, al igual que Krishna en el *Bhagavad Guita,* que ninguna persona debe hacer alarde de haber alcanzado la meta divina por el simple hecho de renunciar exteriormente a los placeres materiales mientras que en su interior alimenta el anhelo por tales placeres. Esa persona no recibe el beneficio del contacto con Dios. Además de renunciación exterior, debe existir renunciación interior. Una vez que se ha logrado dicho objetivo, la mente —ya libre de los hábitos de gratificación de los sentidos— comienza a establecerse, durante la meditación, en el reino de la bienaventuranza.

En el sentido psicológico y metafísico, es imposible liberarse de un mal hábito renunciando a él únicamente en el aspecto material. Los hábitos perjudiciales sólo desaparecen cuando se eliminan tanto del ámbito del pensamiento como del ámbito de las acciones. Puesto que el pensamiento es la fuente de la acción, abrigar malos pensamientos puede ser tan peligroso como hacer el mal. Todos los devotos, ya sean personas con responsabilidades familiares o renunciantes, deben comprender que la renunciación mental es de primordial importancia para alcanzar la unión con Dios. Es preferible tratar de lograr la renunciación interior mientras se vive en el mundo que huir de éste —sin la preparación necesaria que purifique el corazón para desear a Dios por encima de todo— y continuar rememorando los gozos terrenales que se han abandonado. Por medio de técnicas de meditación espirituales, el sendero del yoga enseña a todo devoto aspirante cómo puede comulgar con Dios, tanto si vive en el mundo como si lleva una vida de renunciante, evitando de ese modo que su renunciación sea únicamente exterior. Quienes huyen del mundo de manera escapista temen luchar para ganarse la vida o enfrentarse a los desafíos que ésta entraña y, por eso, renuncian a la vida mundana y buscan el sustento y la seguridad que puede proporcionarles un *ashram* o un monasterio. No son verdaderos renunciantes, sino parásitos sociales, que para alimentarse dependen de los ingresos de quienes trabajan arduamente en el mundo. Se vuelven física, mental y espiritualmente indolentes y jamás alcanzan el conocimiento de Dios.

Sólo quienes lo abandonan todo porque se sienten impulsados interiormente por su sincero amor a Dios se hallan justificados en su renunciación. Ellos pertenecen al selecto grupo de los llamados y elegidos por Dios para buscarle y servirle con excepcional abnegación. Tales renunciantes no se sienten intimidados ante las pruebas o dificultades que puedan asediarlos, ni tampoco les preocupa si deben pasar hambre o morir por amor a Dios. Sus almas se encuentran en la santa compañía de los grandes maestros que renuncian al mundo para ofrecer un elevado servicio espiritual, como fue el caso de los discípulos de Jesús. Al renunciar a los deberes menores de la vida familiar, acogen un deber mayor hacia la gran familia humana del Señor y, también, la responsabilidad de volverse «aptos para el Reino de Dios».

DISCURSO 50

«Nunca nadie ha hablado como habla ese hombre»

Jesús desconcierta a sus críticos en Jerusalén

La sabiduría de Dios guía a través de la intuición a quienes viven una vida divina

❖

El conocimiento de Jesús provenía del contacto de su alma con la Sabiduría Infinita

❖

Jesús se encarnó como un alma libre, enviada a la tierra por voluntad divina

❖

La Conciencia Crística vive en el Eterno Ahora

❖

«Ríos de agua viva»: el ascenso de la fuerza vital y de la conciencia a través de los centros espinales

❖

Las técnicas científicas de meditación del yoga sacian la sed espiritual del hombre

«Como los críticos de Jesús no comprendían el significado interno de sus palabras, comenzaron a hacer conjeturas. [...] De diversas formas y durante gran parte del período que dedicó a difundir sus enseñanzas, Jesús tuvo que soportar las afrentas de las mentes desprovistas de entendimiento».

Después de esto, Jesús andaba por Galilea; y es que no podía andar por Judea, pues los judíos trataban de matarle.

Al acercarse la fiesta judía de las Tiendas, le dijeron sus hermanos: «Sal de aquí y vete a Judea, para que también tus discípulos vean las obras que haces, pues nadie actúa en secreto cuando quiere ser conocido. Si haces estas cosas, muéstrate al mundo». Es que ni siquiera sus hermanos creían en él. Jesús les replicó: «Todavía no ha llegado mi tiempo; en cambio vuestro tiempo siempre está a mano. El mundo no puede odiaros; a mí, sin embargo, me aborrece, porque doy testimonio de que sus obras son perversas. Subid vosotros a la fiesta. Yo no subo, pues aún no se ha cumplido mi tiempo». Dicho esto, se quedó en Galilea. Pero después que sus hermanos subieron a la fiesta, él también subió, aunque no manifiestamente, sino de incógnito. Los judíos, durante la fiesta, andaban buscándole, y se preguntaban: «¿Dónde estará ése?». Entre la gente había muchos comentarios acerca de él. Unos decían: «Es bueno». Otros decían: «Nada de eso; lo que hace es engañar a la gente». Pero nadie hablaba de él abiertamente por miedo a los judíos.

Mediada ya la fiesta, subió Jesús al Templo y se puso a enseñar. Los judíos decían extrañados: «¿Cómo entiende de letras sin haber estudiado?». Jesús les respondió:

«Mi doctrina no es mía, sino del que me ha enviado. Si alguno quiere cumplir su voluntad, verá si mi doctrina es de Dios o hablo yo por mi cuenta. El que habla por su cuenta busca su propia gloria; pero el que busca la gloria del que le ha enviado, ése es veraz; y no hay impostura en él. ¿No es Moisés el que os dio la Ley? Y ninguno de vosotros cumple la Ley. ¿Por qué tratáis de matarme?».

Respondió la gente: «Tienes un demonio. ¿Quién trata de matarte?». Jesús les respondió: «Una sola obra he hecho y todos os maravilláis. Moisés os dio la circuncisión —no que provenga de Moisés, sino de los patriarcas—, y vosotros circuncidáis a la gente en sábado. Si se circuncida a un hombre en sábado, para no quebrantar la Ley de Moisés, ¿os irritáis

contra mí porque he devuelto la salud plena a un hombre en sábado? No juzguéis por las apariencias. Juzgad con criterio justo».

Decían algunos de Jerusalén: «¿No es a ése a quien quieren matar? Mirad cómo habla, con toda libertad, y no le dicen nada. ¿Habrán reconocido de veras las autoridades que éste es el Cristo? Pero sabemos de dónde es éste, mientras que, cuando venga el Cristo, nadie sabrá de dónde es». Pero Jesús, mientras enseñaba en el Templo, dijo en alta voz:

«Me conocéis a mí y sabéis de dónde soy. Pero yo no he venido por mi cuenta, sino enviado por alguien que es veraz, pero que vosotros no le conocéis. Yo le conozco, porque vengo de Él y Él es quien me ha enviado».

La gente quería detenerle, pero nadie le echó mano, pues todavía no había llegado su hora.

Pero muchos de los presentes creyeron en él; decían: «Cuando venga el Cristo, ¿hará más signos que los que ha hecho éste?». Se enteraron los fariseos que la gente hacía estos comentarios acerca de él y enviaron guardias para detenerle. Entonces él dijo:

«Voy a estar con vosotros todavía un poco de tiempo; y volveré al que me ha enviado. Me buscaréis y no me encontraréis; y vosotros no podéis ir adonde yo estoy»*.

Se decían entre sí los judíos: «¿A dónde irá éste para que no le podamos encontrar? ¿Se irá donde los que viven dispersos entre los griegos, para enseñar a los griegos? ¿Qué es eso que ha dicho: "Me buscaréis y no me encontraréis", y "vosotros no podéis ir adonde yo estoy"?»*.

El último día de la fiesta, el más solemne, Jesús puesto en pie, dijo en voz alta:

«Si alguno tiene sed, que venga a mí, y beberá; del que cree en mí se puede decir lo que afirma la Escritura: De su seno manarán ríos de agua viva».

Esto lo decía refiriéndose al Espíritu que iban a recibir los que creyeran en él. Porque aún no había Espíritu, pues todavía Jesús no había sido glorificado.

Muchos de los presentes, que habían oído estas palabras,

comentaban: «Éste es verdaderamente el profeta». Otros decían: «Éste es el Cristo». Pero otros replicaban: «¿Acaso va a venir de Galilea el Cristo? ¿No dice la Escritura que el Cristo vendrá de la descendencia de David y de Belén, el pueblo de donde era David?». Se originó, pues, una disensión entre la gente a cuenta de él. Algunos de ellos querían detenerle, pero nadie le echó mano.

Los guardias volvieron donde los sumos sacerdotes y los fariseos. Éstos les preguntaron: «¿Por qué no lo habéis traído?». Respondieron los guardias: «Nunca nadie ha hablado como habla ese hombre». Los fariseos les respondieron: «¿Vosotros también os habéis dejado embaucar? ¿Acaso ha creído en él algún magistrado o algún fariseo? Pero esa gente que no conoce la Ley son unos malditos». Les dijo Nicodemo, que era uno de ellos, el que había ido anteriormente [de noche] a Jesús: «¿Acaso nuestra Ley juzga a un hombre sin haberle antes oído y sin saber lo que hace?». Ellos le respondieron: «¿También tú eres de Galilea? Indaga y verás que de Galilea no sale ningún profeta».

Y se volvieron cada uno a su casa.

Juan 7:1-53

DISCURSO 50 

«Nunca nadie ha hablado como habla ese hombre»

Jesús desconcierta a sus críticos en Jerusalén

«Después de esto, Jesús andaba por Galilea; y es que no podía andar por Judea, pues los judíos trataban de matarle.

»Al acercarse la fiesta judía de las Tiendas, le dijeron sus hermanos: "Sal de aquí y vete a Judea, para que también tus discípulos vean las obras que haces, pues nadie actúa en secreto cuando quiere ser conocido. Si haces estas cosas, muéstrate al mundo". Es que ni siquiera sus hermanos creían en él. Jesús les replicó: "Todavía no ha llegado mi tiempo; en cambio vuestro tiempo siempre está a mano. El mundo no puede odiaros; a mí, sin embargo, me aborrece, porque doy testimonio de que sus obras son perversas. Subid vosotros a la fiesta. Yo no subo, pues aún no se ha cumplido mi tiempo". Dicho esto, se quedó en Galilea» (*Juan* 7:1-9).

Además del círculo interno de los discípulos de Jesús, había muchas personas movidas por la curiosidad —incluyendo algunos de sus propios parientes, sus *«hermanos»*— que seguían a Jesús con la expectativa de verle realizar alguna obra extraordinaria, pero que no creían en su divina misión como el Mesías. Los hermanos de Jesús intentaron convencerle de que asistiera a la fiesta judía de las Tiendas en Jerusalén y se revelase allí, mostrando ante todos —y no sólo ante los creyentes— las maravillosas obras que era capaz de realizar. Si

Jesús era en verdad aquel que sus seguidores aseguraban, con toda certeza querría darse a conocer abiertamente. Sin embargo, no era posible tentar a Jesús para que mostrara sus milagros como un vendedor que hace publicidad de sus bienes materiales; él actuaba en toda circunstancia con dignidad divina y conforme al mandato de Dios. Con humildad, pero sabiamente, les respondió a sus incrédulos hermanos diciéndoles que todo cuanto él hacía estaba en consonancia con la guía divina, aun cuando resultase incomprensible para las mentes prosaicas:

La sabiduría de Dios guía a través de la intuición a quienes viven una vida divina

«Todos los aspectos de mi vida, hasta los más ínfimos detalles de mis planes y de mis acciones, se hallan gobernados por la influencia que ejerce la voluntad de Dios sobre la libre elección de mi voluntad. No ha llegado aún el momento en que el mandato de Dios me indique dirigirme a la fiesta. Mis acciones están en concordancia con la sabiduría divina; vosotros, en cambio, podéis hacer lo que queráis en todo momento, puesto que os guían los deseos mundanos y las incitaciones de vuestro entorno y de vuestros hábitos. Mi tiempo es precioso y está divinamente planeado, pero vuestro tiempo carece de importancia para vosotros y, por lo tanto, estáis siempre dispuestos a derrocharlo de manera indiscriminada según los impulsos y deseos del momento. El mundo no os criticará ni os molestará, porque no estáis interesados en asumir la responsabilidad de identificar en vosotros los defectos de la conciencia mundana y erradicarlos de vuestro ser y, tampoco, de señalarles a los demás la insensatez de llevar una existencia guiada por los caprichos e indiferente a los propósitos divinos. Por el contrario, el mundo —saturado de la ignorancia de Satanás y de sus acólitos (las personas mundanas)— se opone activamente a mi misión, *"porque doy testimonio de que sus obras son perversas"*. Sin embargo, amo al mundo y deseo que se salve y, por eso, no me preocupa el precio que habré de pagar por atreverme a exponer sus faltas».

Aquellos que no planean sus vidas de acuerdo con la sabiduría divina llevan una existencia sin rumbo y son arrastrados de un lado a otro por las corrientes del engaño, sin saber a ciencia cierta cuál es el destino y el propósito real de sus vidas. Jesús era guiado por la sabiduría de su amoroso Padre, que le susurraba constantemente a través de su intuición despierta. Merced a dicha intuición, también le era posible discernir el momento más auspicioso para actuar según lo determinaba la ley cósmica de causa y efecto. Las personas comunes, identificadas con el cuerpo físico, no pueden percibir cuán sutilmente las causas iniciadas por ellos mismos decretan el resultado kármico de sus acciones. Hay quienes incluso estudian astrología con el objeto de determinar la influencia de su karma, que se expresa a través de los planetas, en un intento por contrarrestar las influencias negativas por medio de predicciones astrológicas. Los maestros, en cambio, van más allá de los inciertos mensajes de los astros y reciben la guía de la Sabiduría Divina, la cual gobierna las leyes que actúan sobre las estrellas, así como sobre todas las vidas humanas y sus acciones.

La felicidad, el éxito y la paz mental se adquieren a medida que uno se esfuerza siempre por sintonizarse, a través de la meditación y de la oración, con la voluntad de Dios, que es el poder que entreteje armoniosamente todas las vidas con el funcionamiento universal de las fuerzas cósmicas. El devoto pone fin a la dominación de su caprichoso ego —con las crueles desgracias que trae aparejadas— y durante todo el día ofrece cada una de sus acciones a Dios, a fin de complacerle y colaborar con el plan divino.

~

«Pero después que sus hermanos subieron a la fiesta, él también subió, aunque no manifiestamente, sino de incógnito. Los judíos, durante la fiesta, andaban buscándole, y se preguntaban: "¿Dónde estará ése?". Entre la gente había muchos comentarios acerca de él. Unos decían: "Es bueno". Otros decían: "Nada de eso; lo que hace es engañar a la gente". Pero nadie hablaba de él abiertamente por miedo a los judíos.

»Mediada ya la fiesta, subió Jesús al Templo y se puso a enseñar. Los judíos decían extrañados: "¿Cómo entiende de letras sin haber estudiado?". Jesús les respondió:

»"Mi doctrina no es mía, sino del que me ha enviado. Si alguno quiere cumplir su voluntad, verá si mi doctrina es de Dios o hablo yo por mi cuenta. El que habla por su cuenta busca su propia gloria; pero el que busca la gloria del que le ha enviado, ése es veraz; y no hay impostura en él. ¿No es Moisés el que os dio la Ley? Y ninguno de vosotros cumple la Ley. ¿Por qué tratáis de matarme?".

»Respondió la gente: "Tienes un demonio. ¿Quién trata de matarte?"» (*Juan* 7:10-20).

«Mi doctrina no es una invención artificiosa de mi intelecto ni de mi imaginación. Aun cuando mis enseñanzas se expresen a través de mí, no son mías *"sino del que me ha enviado"*. Mis palabras, mi mente, mi inteligencia, mi intuición y mi conciencia que abarca toda la creación reciben inspiración de la conciencia del Padre, por cuya voluntad estoy aquí en la tierra con el propósito de anunciar su mensaje. Todo aquel que se halle en armonía con la voluntad de Dios sabrá que estoy sintonizado con la voluntad del Padre y que predico la verdad conforme a sus deseos y no por mí mismo ni según mis propias ideas surgidas de la conciencia del ego».

El conocimiento de Jesús provenía del contacto de su alma con la Sabiduría Infinita

Jesús no adquirió su conocimiento en las presuntuosas tradiciones de la enseñanza común o religiosa. Su sabiduría provenía del infinito manuscrito de la conciencia de Dios: las sagradas escrituras que se hallaban guardadas en el altar de su alma desde encarnaciones anteriores[1]. Jesús desafió a sus críticos diciéndoles que, si alguno de ellos hubiese experimentado realmente la unión con Dios y alcanzado la sintonía con la conciencia y la voluntad del Padre, estaría capacitado para juzgar sus enseñanzas del Evangelio: *«verá si mi doctrina es de Dios o hablo yo por mi cuenta»*.

Jesús enfatizó el hecho de que su vida entera y todas sus obras tenían como objetivo anunciar a Dios, no a sí mismo: «El que enseña impulsado por la conciencia del ego siempre persigue la fama y la gloria personales. Pero aquel que percibe la presencia de la Conciencia Cósmica en el trasfondo de su conciencia individualizada busca sólo glorificar y anunciar a Dios como su Creador. Quien demuestra así su lealtad divina es un verdadero profeta de Dios. Aquel que es fiel a Dios y ha desterrado el ego y experimenta a Dios en todo momento, demostrando continuamente la conciencia divina a través de su vida, jamás podría hacer algo que no se encontrase en armonía con la justicia divina».

Jesús señaló luego que era una ironía que quienes le criticaban fuesen los hipócritas presentes entre la multitud, que de labios afuera profesaban adhesión a las leyes establecidas por Moisés, mientras que

---

[1] «Para el que conoce a Brahman (el Espíritu), el conjunto de los Vedas (escrituras) no tiene mayor utilidad que la de un embalse en medio de una inundación que se extiende en todas direcciones» *(God Talks With Arjuna: The Bhagavad Gita* II:46. Véase *El Yoga del Bhagavad Guita).*

en su interior alimentaban intenciones perversas: «¿Acaso Moisés no os dio la ley según la cual no debéis matar? ¿Cómo es que no obedecéis ese mandamiento, como resulta evidente por vuestro deseo de matarme? Yo sé que abrigáis ese propósito en vuestra mente, a pesar de que lo neguéis y digáis que tengo un demonio porque os he acusado».

~

«Jesús les respondió: "Una sola obra he hecho y todos os maravilláis. Moisés os dio la circuncisión —no que provenga de Moisés, sino de los patriarcas—, y vosotros circuncidáis a la gente en sábado. Si se circuncida a un hombre en sábado, para no quebrantar la Ley de Moisés, ¿os irritáis contra mí porque he devuelto la salud plena a un hombre en sábado? No juzguéis por las apariencias. Juzgad con criterio justo"» (*Juan* 7:21-24).

Cuando en este pasaje Jesús dice *«Una sola obra he hecho»*, se refiere a la curación de un hombre inválido en la piscina de Betzatá en sábado, acontecimiento que había provocado la ira asesina de las autoridades contra su persona: *«Por eso los judíos perseguían a Jesús, porque hacía estas cosas en sábado»*[2].

A pesar de que la ley mosaica prohibía trabajar en sábado, la circuncisión estaba permitida ese día. Jesús hace hincapié en la inconsistencia de sus críticos que, por un lado, permitían que se realizara una purificación menor simbolizada por el rito de la circuncisión y, por otro lado, se oponían al completo rejuvenecimiento físico y espiritual que él había realizado en sábado mediante el poder del Señor y en beneficio del hombre *«que llevaba treinta y ocho años enfermo»*.

«No juzguéis las acciones de los demás en forma apresurada y desde un punto de vista superficial; juzgad con sabiduría según la rectitud que motiva dichas acciones».

~

«Decían algunos de Jerusalén: "¿No es a ése a quien quieren matar? Mirad cómo habla, con toda libertad, y no le dicen nada. ¿Habrán reconocido de veras las autoridades que éste es

[2] *Juan* 5:1-18. (Véase el discurso 21, en el volumen I).

el Cristo? Pero sabemos de dónde es éste, mientras que, cuando venga el Cristo, nadie sabrá de dónde es". Pero Jesús, mientras enseñaba en el Templo, dijo en alta voz:

»"Me conocéis a mí y sabéis de dónde soy. Pero yo no he venido por mi cuenta, sino enviado por alguien que es veraz, pero que vosotros no le conocéis. Yo le conozco, porque vengo de Él y Él es quien me ha enviado"» (*Juan* 7:25-29).

Sabiendo que los fariseos tenían la intención de matar a Jesús, la gente se preguntaba por qué enseñaba abiertamente en la fiesta de las Tiendas. ¿Acaso las autoridades se habían convencido de que Jesús era el Mesías? Muchos se formulaban estas preguntas, pero otros, haciendo referencia a la creencia tradicional de que la familia de origen del Mesías sería desconocida (*«nadie sabrá de dónde es»*), se negaban a creer que Jesús fuera el Cristo, puesto que sabían que su familia era gente común del pueblo de Nazaret.

Jesús se encarnó como un alma libre, enviada a la tierra por voluntad divina

El significado de las palabras de Jesús era el siguiente: «Me conocéis como el hijo de José y sabéis dónde se encuentra mi hogar terrenal; pero no conocéis mi verdadero origen: la omnipresencia del Padre. No he venido a la tierra del mismo modo que los mortales comunes, por imposición de los deseos terrenales que los obligan a reencarnar, ni por la necesidad de destruir las semillas del karma pasado. El motivo de mi venida a la tierra es mi deseo de actuar como portador del mensaje de mi Padre, ya que he sido elegido por Él para cumplir una misión divina.

»Mi Padre se halla inmanente en el espacio entero, aun cuando vuestra limitada conciencia no pueda sentirle en vuestra vida ni percibirle a través del entendimiento. Pero mi Conciencia Crística es un reflejo de la Conciencia Cósmica de mi Padre y, por lo tanto, yo le conozco. La omnipresencia de mi conciencia universal proviene de mi unión con la Infinitud Divina».

Jesús daba a entender a quienes le escuchaban que no debían utilizar el lugar de donde provenía para fundamentar sus deducciones y dudar por eso de que él fuese el Mesías. Sin embargo, cuando afirmó: *«Vengo de Él [de Dios] y Él es quien me ha enviado»*, no quiso decir que había sido creado especialmente como un ser perfecto y enviado luego por Dios a la tierra. Durante sus vidas anteriores, su alma había realizado el extraordinario viaje que cada hombre común emprende y que le conduce de regreso a su hogar en Dios. Pero hacía ya mucho tiempo que Jesús había llegado al elevado estado de conciencia en el cual alcanzó la liberación y que le hacía digno de servir a la humanidad como una encarnación divina, un emisario del Infinito, un salvador universal de muchas almas extraviadas.

En el principio, todos los seres fueron enviados a la tierra por voluntad de Dios. Aquellos que no comprenden esta verdad emplean incorrectamente el libre albedrío que Dios les ha concedido y se dedican a deambular por el laberinto de los deseos mortales, reencarnándose una y otra vez mientras se abren paso por tortuosas rutas hacia una meta que siempre parece eludirlos. Pero aquellos que viven una existencia guiada por la voluntad y la sabiduría divinas encuentran la puerta que les permite regresar a Él, una vez que han cumplido el propósito que Dios les tenía destinado en la tierra[3].

~

«La gente quería detenerle, pero nadie le echó mano, pues todavía no había llegado su hora.

»Pero muchos de los presentes creyeron en él; decían: "Cuando venga el Cristo, ¿hará más signos que los que ha hecho éste?". Se enteraron los fariseos que la gente hacía estos comentarios acerca de él y enviaron guardias para detenerle. Entonces él dijo:

»"Voy a estar con vosotros todavía un poco de tiempo; y volveré al que me ha enviado. Me buscaréis y no me encontraréis; y vosotros no podéis ir adonde yo estoy".*

*»Se decían entre sí los judíos: "¿A dónde irá éste para que no le podamos encontrar? ¿Se irá donde los que viven dispersos entre los griegos, para enseñar a los griegos? ¿Qué es eso que ha dicho: 'Me buscaréis y no me encontraréis', y 'vosotros no podéis ir adonde yo estoy'?"»** (*Juan* 7:30-36).

«Mi cuerpo estará con vosotros en la tierra un poco más de tiempo todavía; después, mi alma y la Conciencia Crística que mora en ella se fundirán en la Conciencia Cósmica, de la cual

[3] «Los *rishis* enseñaron que cada ser humano fue creado por Dios como un alma: un alma destinada a expresar en forma única algún atributo especial del Infinito, antes de reasumir su Identidad Absoluta» *(Autobiografía de un yogui).*

proviene mi alma. Cuando me haya ido, algunos de vosotros comprenderéis la importancia de mi vida y, con retraso, desearéis haberme seguido mientras era fácil acceder a mí en la tierra, pero ya será demasiado tarde. Habré ascendido a la morada de mi Padre en la Conciencia Cósmica, adonde vuestra conciencia mundana no puede ir.

La Conciencia Crística vive en el Eterno Ahora

Aun en este mismo momento, siento mi Conciencia Crística como el Eterno Ahora que vuestra conciencia no puede comprender, tal como la percibiré cuando mi alma abandone el transitorio cuerpo después de la crucifixión y se funda en la Eternidad. Mi Conciencia Crística conoce ahora y conocerá por siempre el Eterno Ahora en el que de manera perenne seguiré presente, aunque ya no me encuentre en la tierra. Todas estas verdades están más allá del alcance de vuestra conciencia material, la cual sólo puede contemplar fragmentos de la eternidad a través de las diminutas aberturas del espacio y del tiempo ilusorios».

Jesús señalaba que la gente de su época era sumamente afortunada, pues tenía en él a una personificación de la Conciencia Crística. La gente común desconoce la existencia de la Conciencia Crística, pero los contemporáneos de Jesús tuvieron la oportunidad, incluso en su ignorancia, de contemplar con sus propios ojos el reflejo de la Inteligencia Infinita de Dios que se manifestaba en Jesús y recibir sus bendiciones. Por causa de su perversidad, no aprovecharon esa extraordinaria oportunidad que se les ofrecía y que les habría permitido beneficiarse con la intercesión directa de Jesús. Él aseguró que muchos despertarían espiritualmente cuando hubiese partido y que le buscarían, mas no le hallarían. A fin de conocerle, les sería preciso entonces elevar su conciencia *«adonde yo estoy»*, pues como les dijo, mientras permaneciesen en la conciencia mundana, *«vosotros no podéis ir adonde yo estoy»*.

En estos versículos, Jesús hace alusión a la conciencia universal presente en él como la conciencia del Eterno Ahora. El pasado y el futuro no existen en el Espíritu; sólo el eterno Presente. En la conciencia relativista de quienes se encuentran bajo la influencia de *maya,* la Eternidad está dividida, en apariencia, en pasado, presente y futuro. Dios siempre es, y las ilusiones dimensionales de tiempo y espacio no dividen en compartimentos su inmortal omnisciencia; Él lo contempla todo como si ocurriese *ahora* en la infinitud de su Ser. Jesús expresó esa conciencia al decir: *«adonde yo estoy»* en vez de «adonde yo estaré después de la muerte de mi cuerpo mortal», y volvió a expresarla más tarde cuando dijo: «*Antes de que Abrahán existiera, Yo Soy*»[4].

Jesús sabía que él siempre percibiría el Eterno Ahora, ya fuera que se encontrase en el cuerpo físico o en el Espíritu, después de la crucifixión. Aquellos devotos avanzados que pueden percibir la naturaleza siempre existente de Dios conocen esta conciencia de la Eterna Presencia, inaccesible a los simples mortales. En su interior, el pasado y el futuro se desvanecen. Tales devotos comprenden que *existen* por siempre, y no que *han existido* o *existirán* por siempre. Por ello, Jesús expresó: «Vuestra conciencia no ha alcanzado aún el estado en que se experimenta el Eterno Ahora, el estado en el cual se encuentra mi conciencia».

Como los críticos de Jesús no comprendían el significado interno de sus palabras, comenzaron a hacer conjeturas: «¿A dónde irá éste para que no le podamos encontrar? ¿Se irá donde los judíos que viven en tierras extranjeras?»[5]. De diversas formas y durante gran parte del período que dedicó a difundir sus enseñanzas, Jesús tuvo que soportar las afrentas de las mentes desprovistas de entendimiento.

~

[4] *Juan* 8:58. (Véase el discurso 51).

En la edición del 16 de noviembre de 1999, el periódico *Los Angeles Times* publicó lo siguiente: «"La historia de la física —señala Andrew Strominger, físico de Harvard— es la historia de la renuncia a las ideas más preciadas". No obstante, ningún concepto ha sido más difícil de abandonar —tanto para los físicos como para los legos— que la noción habitual acerca del tiempo y del espacio, el "dónde" y el "cuándo" esenciales del universo y de todo cuanto hay en él. [...] En la actualidad, algunos físicos están emprendiendo esta revolucionaria línea de pensamiento. [...] Si sus teorías son correctas, en las palabras de Edward Witten del Institute for Advanced Study de Princeton, el espacio y el tiempo podrían estar "condenados" a desaparecer. El físico Nathan Seiberg, del mismo Instituto, concuerda con ese punto de vista: "Casi tengo la certeza de que el espacio y el tiempo son ilusiones. Se trata de nociones primitivas que serán reemplazadas por conceptos más sofisticados". Esta conclusión seguramente no afectará al desplazamiento que el hombre común realiza todos los días a su trabajo, pero está convulsionando los cimientos de la física y provocando las reverberaciones metafísicas que inevitablemente preceden a los grandes cambios en lo referente a nuestra comprensión fundamental acerca del funcionamiento del universo». *(Nota del editor).*

[5] «*Dispersos entre los griegos*»: es una referencia a los judíos que habían sido expulsados de su tierra natal en Palestina y fueron a vivir a otras partes del mundo helénico durante el reinado de los gobernantes griegos que sucedieron a Alejandro Magno. Quienes escuchaban a Jesús supusieron que él iría a tierras extranjeras donde no podrían encontrarle.

«El último día de la fiesta, el más solemne, Jesús puesto en pie, dijo en voz alta:

»"Si alguno tiene sed, que venga a mí, y beberá; del que cree en mí se puede decir lo que afirma la Escritura: De su seno manarán ríos de agua viva".

»Esto lo decía refiriéndose al Espíritu que iban a recibir los que creyeran en él. Porque aún no había Espíritu, pues todavía Jesús no había sido glorificado» (*Juan* 7:37-39).

En este profundo pasaje, Jesús hace una evidente referencia a la ciencia yóguica de la comunión con Dios, que constituía la esencia esotérica de las enseñanzas originales que impartió a sus discípulos cercanos. Este versículo del Evangelio según San Juan señala claramente que Jesús hacía alusión *«al Espíritu»*, es decir, a la Vibración del Espíritu Santo (emanada del Espíritu Absoluto) que se experimenta cuando la fuerza vital y la conciencia ascienden como *«ríos de agua viva»* desde la conciencia corporal, pasando por los centros espinales, hasta llegar a la conciencia de Dios. Quienes sólo creen emocional o intelectualmente en Jesús no pueden comprender el significado de estas palabras, pero sí aquellos que están en sintonía con su Conciencia Crística (por haber recibido la vibración cósmica del Espíritu Santo, la cual Jesús aseguró que enviaría, después de su resurrección y ascenso a la gloria en el Espíritu, a quienes *«creyeran en él»*).

«Ríos de agua viva»: el ascenso de la fuerza vital y de la conciencia a través de los centros espinales

Todos los devotos pueden satisfacer su sed de deseos mortales por medio de la ciencia de la meditación, como lo han demostrado durante milenios los grandes yoguis de la India, practicando la renunciación interior e invirtiendo la dirección de las corrientes de la conciencia y de la energía vital que fluyen hacia el exterior, y uniendo ambas corrientes con la eterna y siempre renovada bienaventuranza de Dios. Para las personas comunes, la frase de Jesús *«Del que cree en mí se puede decir lo que afirma la Escritura: De su seno manarán ríos de agua viva»* quizá parezca sólo una metáfora sobre la cual se pueden hacer conjeturas abstractas pero que carece totalmente de significado si se toma en sentido literal. Sin embargo, estas palabras son muy claras para el yogui que medita científicamente con el fin de unir su conciencia con la Divina Fuente de la conciencia.

Así como un caudaloso río que lleva fertilidad a la llanura tiene su origen en lo alto de las montañas, de modo similar la fuente del río de la conciencia es la Conciencia Cósmica, el Espíritu: el Gozo siempre existente, siempre consciente y eternamente renovado que trasciende la creación. Cuando la Conciencia Cósmica desciende a la creación —y penetra cada una de las partículas de pensamiento, de energía vital y de materia que constituyen, respectivamente, los reinos causal, astral y físico—, recibe el nombre de Conciencia Crística *(Kutastha Chaitanya).* Al fluir dicha Conciencia en el alma y en la mente pura del hombre, se denomina supraconciencia. Cuando desciende con la corriente de energía vital a través de los centros sutiles espinales *(chakras),* perdiendo su percepción divina al identificarse con el cuerpo, recibe el nombre de subconciencia y hace funcionar el sistema corporal por medio de la energía vital presente en el cerebro, la columna vertebral y las vísceras. Al descender todavía más, hacia el exterior —hacia los músculos y los sentidos—, el río de la conciencia se asienta en el plano de la conciencia ordinaria de vigilia, donde vitaliza las actividades musculares y sensorias del cuerpo, y crea el apego a las experiencias materiales y el deseo de disfrutarlas.

¡Cuánto ha descendido el río de la conciencia en las personas mundanas, desde su prístina fuente en el Espíritu! Estancado en las salobres ciénagas de la conciencia física, en la energía de los tres *chakras* inferiores de la espina dorsal (cuyo flujo se dirige hacia el exterior), el hombre procura vanamente apagar su sed de deseos en el pozo de las experiencias sensoriales, pero el placer mundano es como el agua salada: en lugar de saciar el deseo, provoca aún mayor sed.

Las técnicas científicas de meditación del yoga sacian la sed espiritual del hombre

Jesús dio a entender: «Si alguien se encuentra enloquecido por los deseos y no puede hallar la paz, y si está sediento del reino de la conciencia divina y de la bienaventuranza eterna, debe sintonizar su conciencia con la Conciencia Crística, tal como se manifiesta en mí. De ese modo, como afirman las Escrituras, beberá de las inmortales aguas de la bienaventuranza, cuya fuente es el Espíritu, que satisface todo anhelo. Si una persona sintoniza su conciencia con la Conciencia Crística, concentrándose con toda su atención y devoción, comprobará que *"de su seno"* —los ganglios de los nervios dotados de energía astral, situados en el plexo solar y en las regiones lumbar, sacra y coccígea de la columna vertebral— fluirán, de manera ascendente a lo largo de la espina dorsal, numerosos ríos de luz o fuerza vital (que se ha retirado de los sentidos mediante la práctica de la meditación), conduciendo la conciencia de ese devoto a través de cada uno de los centros espinales de conciencia hasta llegar al cerebro, donde se encuentra el néctar de la bienaventuranza del Espíritu, en el que su sed de satisfacer los deseos de todas sus encarnaciones se calmará para siempre».

El devoto que domina las técnicas de meditación del yoga sabe que, cuando la concentración se recoge hacia el interior, la fuerza vital y la atención se retiran de los nervios motores, de los nervios sensoriales y del corazón y se almacenan en el sutil centro astral de la región coccígea de la espina dorsal. Luego, durante la meditación profunda, esta fuerza vital acumulada eleva la conciencia, haciéndola pasar por los sutiles centros sacro, lumbar, dorsal, cervical y medular, hasta alcanzar el centro superior de la percepción divina, el asiento del Espíritu en el loto de mil pétalos de luz y conciencia, situado en el cerebro.

La energía vital astral y la conciencia que fluyen descendentemente hacia los tres *chakras* inferiores (los centros lumbar, sacro y coccígeo) alimentan la columna vertebral, el cerebro y los órganos del cuerpo físico con poderes sensoriales y motores, los cuales fomentan la conciencia mundana bajo la influencia de la ilusión cósmica. El devoto yogui espiritualiza su conciencia y fuerza vital con la práctica de la meditación profunda e invierte el flujo descendente de la corriente, para dirigirla hacia arriba en forma de refulgentes ríos de luz que fluyen desde las regiones coccígea, sacra y lumbar (que en su conjunto constituyen *«el seno»*) hacia el océano de luz del Espíritu situado en el cerebro. El devoto contempla su maravilloso ser fluyendo en estos luminosos ríos de fuerza vital y conciencia, que ascienden desde las oscuras regiones sensoriales hacia la radiante bienaventuranza del Espíritu.

Expresado con sencillez, podría decirse que cuando la conciencia fluye acompañada de la fuerza vital a través de los sentidos de la vista, el oído, el olfato, el gusto y el tacto, el ser humano se vuelve consciente de la materia. Pero cuando la conciencia y la fuerza vital se retiran de los cinco sentidos por medio de la meditación, la esencia astral de la fuerza vital junto con la conciencia y muchas otras fuerzas divinas que se despiertan en los centros espinales se asemejan a ríos de luz que fluyen ascendentemente hacia el océano de luz del Espíritu situado en el cerebro.

En una ocasión anterior, Jesús había dicho: *«Pero el que beba del agua que yo le dé no tendrá sed jamás, pues el agua que yo le dé se convertirá en él en fuente de agua que brota para vida eterna»*, y

«Yo soy el pan de vida. El que venga a mí no tendrá hambre, y el que crea en mí no tendrá nunca sed»[6]. En los presentes versículos, Jesús deja claro que el modo en que el hombre puede satisfacer la sed y el hambre de su alma consiste en controlar el río de la vida y de la conciencia que fluye hacia el exterior, a fin de liberarse de la esclavitud de la ignorancia mortal y de los deseos sensoriales.

«Quien absorbe todos los deseos en su interior, a semejanza del rebosante océano que permanece impasible ante las aguas que lo alimentan, se encuentra colmado de satisfacción —mas no así el que ambiciona saciar los deseos—»[7]. Aún cuando la mayoría de las personas ignora que es posible invertir de forma científica el curso de la conciencia para hacer retornar esta corriente al Espíritu, inconscientemente llevan a cabo este proceso de manera limitada cada noche durante el sueño, período en el cual la fuerza vital del cuerpo se retira de los músculos y de los sentidos, en el estado de sueño profundo sin sueños, y la conciencia se desplaza del reino material a la región en que el alma percibe al siempre sereno Espíritu. Una vez que ha invertido el curso de la conciencia que fluye al exterior, y la dirige desde el cuerpo hacia el alma, el hombre comprende que está hecho conforme a la serena y gozosa imagen de Dios. Los yoguis pueden llevar a cabo esta práctica a voluntad, y Jesucristo fue uno de los más grandes yoguis que hayan existido jamás, al demostrar su unión con Dios y su dominio sobre los principios de la vida y de la conciencia.

~

«Muchos de los presentes, que habían oído estas palabras, comentaban: "Éste es verdaderamente el profeta". Otros decían: "Éste es el Cristo". Pero otros replicaban: "¿Acaso va a venir de Galilea el Cristo? ¿No dice la Escritura que el Cristo vendrá de la descendencia de David y de Belén, el pueblo de donde era David?". Se originó, pues, una disensión entre la gente a cuenta de él. Algunos de ellos querían detenerle, pero nadie le echó mano.

»Los guardias volvieron donde los sumos sacerdotes y los fariseos. Éstos les preguntaron: "¿Por qué no lo habéis traído?".

---

[6] *Juan* 4:14 (discurso 17, volumen I) y *Juan* 6:35 (discurso 43).

[7] *God Talks With Arjuna: The Bhagavad Gita* II:70. (Véase *El Yoga del Bhagavad Guita*).

Respondieron los guardias: "Nunca nadie ha hablado como habla ese hombre". Los fariseos les respondieron: "¿Vosotros también os habéis dejado embaucar? ¿Acaso ha creído en él algún magistrado o algún fariseo? Pero esa gente que no conoce la Ley son unos malditos". Les dijo Nicodemo, que era uno de ellos, el que había ido anteriormente [de noche] a Jesús: "¿Acaso nuestra Ley juzga a un hombre sin haberle antes oído y sin saber lo que hace?". Ellos le respondieron: "¿También tú eres de Galilea? Indaga y verás que de Galilea no sale ningún profeta".

»Y se volvieron cada uno a su casa» (*Juan* 7:40-53).

Según las profecías de las Escrituras judaicas, el Cristo debía provenir de la casa de David y del pueblo de Belén[8]. Así pues, Jesús, que nació en Belén y era de la casa de David, cumplía con las expectativas mesiánicas de los sumos sacerdotes y de los fariseos, pero éstos, sin corroborar tales hechos, se apresuraron a acusarle de impostor, suponiendo simplemente que procedía de Galilea, porque sabían que el hogar de la familia donde se había criado se hallaba en Nazaret.

Los guardias que los fariseos enviaron para arrestar a Jesús regresaron, en cambio, maravillados por su sabiduría y por el divino magnetismo de su presencia, y dijeron: *«Nunca nadie ha hablado como habla ese hombre»*. Los jerarcas del templo, que estaban orgullosamente convencidos de su infalible autoridad, los trataron con desdén y hablaron con desprecio de los elogios que vertía sobre Jesús la gente menos instruida —*«esa gente que no conoce la Ley»*.

El fariseo Nicodemo, que veneraba a Jesús en secreto[9], aventuró una tibia defensa del Señor y de quienes creían en él, pero su tímida protesta no logró influir en aquellos que estaban resueltos a condenar a Jesús.

---

[8] *«En cuanto a ti, Belén Efratá, la menor entre los clanes de Judá, de ti sacaré al que ha de ser el gobernador de Israel; sus orígenes son antiguos, desde tiempos remotos»* (*Miqueas* 5:1). Véase también el discurso 36 (las profecías acerca de que el Cristo vendría de la «casa de David»).

[9] Véase el discurso 13 (volumen I).

DISCURSO 51

«Yo soy la luz del mundo; [...] antes de que Abrahán existiera, Yo Soy»

Jesús no trataba de enaltecer su forma corporal, sino la Conciencia Universal presente en ella

❖

«Yo Soy Él»: la unidad con el Ser Absoluto (Brahman)

❖

El «camino de la luz» hacia la liberación en el Espíritu que Jesús expuso

❖

«Levantar al hijo del hombre», o conciencia física, a fin de alcanzar la Conciencia Crística y la Conciencia Cósmica

❖

«Manteneos en mi palabra»: la sintonía con la Vibración Cósmica mediante la meditación

❖

Al establecer su sintonía con la Conciencia Crística, el hombre se libera de todo karma

«Jesús da nuevamente un testimonio y una definición científica del Espíritu que moraba en su interior. [...] Puesto que Jesús contemplaba a Dios como la Gloria Infinita que se hallaba dentro de su ser, no podía elogiar la conciencia individualizada de su propio ego».

Jesús les habló otra vez; les dijo:

«Yo soy la luz del mundo; la persona que me siga no caminará en la oscuridad, sino que tendrá la luz de la vida».

Los fariseos le dijeron: «Tu testimonio no vale, pues das testimonio de ti mismo». Jesús les respondió:

«Aunque yo dé testimonio de mí mismo, mi testimonio es válido, porque sé de dónde he venido y adónde voy; pero vosotros no sabéis de dónde vengo ni a dónde voy. Vosotros juzgáis según la carne, pero yo no juzgo a nadie; y si juzgo, mi juicio es verdadero, porque no estoy yo solo, sino yo y el que me ha enviado. Y vuestra Ley reconoce la validez del testimonio de dos personas. Yo doy testimonio de mí mismo, pero también da testimonio de mí el Padre que me ha enviado».

Le preguntaron entonces: «¿Dónde está tu Padre?». Respondió Jesús:

«Ni me conocéis a mí ni conocéis a mi Padre; si me conocierais a mí, conoceríais también a mi Padre».

Estas palabras las pronunció en el Tesoro, mientras enseñaba en el Templo. Y nadie le prendió, pues todavía no había llegado su hora.

Jesús les habló de nuevo:

«Yo me voy y vosotros me buscaréis, pero moriréis en vuestro pecado. Vosotros no podéis ir adonde yo voy».

Los judíos se decían: «¿Pensará suicidarse? ¿Pues cómo que no podemos ir adonde él va?». Pero Jesús replicó:

«Vosotros sois de abajo; yo soy de arriba. Vosotros sois de este mundo; yo no soy de este mundo. Ya os he dicho antes que moriréis en vuestros pecados, porque si no creéis que Yo Soy [Él], moriréis en vuestros pecados».

Entonces le preguntaron: «¿Quién eres tú?». Jesús les respondió:

«Desde el principio, lo que os estoy diciendo. Mucho podría hablar de vosotros y emitir un juicio, pero el que me ha enviado es veraz, y sólo lo que le he oído a Él es lo que hablo al mundo».

No comprendieron que les hablaba del Padre. Les dijo, pues, Jesús:

«Cuando hayáis levantado al Hijo del hombre, entonces

sabréis que Yo Soy [Él], y que no hago nada por propia iniciativa; sino que sólo hablo lo que el Padre me ha enseñado, eso es lo que hablo. Y el que me ha enviado está conmigo: no me ha dejado solo, porque yo hago siempre lo que le agrada a Él».

Al hablar así, muchos creyeron en él.

Decía, pues, Jesús a los judíos que habían creído en él:

«Si os mantenéis en mi palabra, seréis verdaderamente mis discípulos; conoceréis la verdad y la verdad os hará libres».

Ellos le respondieron: «Nosotros somos descendencia de Abrahán y nunca hemos sido esclavos de nadie. ¿Cómo dices tú: "Os haréis libres"?». Jesús les respondió:

«En verdad, en verdad os digo que todo el que comete pecado es un esclavo. Y el esclavo no se queda en casa para siempre; en cambio el hijo se queda para siempre. Si, pues, el Hijo os da la libertad, seréis realmente libres. Ya sé que descendéis de Abrahán; pero tratáis de matarme, porque mi palabra no prende en vosotros. Yo hablo lo que he visto junto a mi Padre; y vosotros hacéis lo que habéis oído a vuestro padre».

Ellos le respondieron: «Nuestro padre es Abrahán». Jesús les dijo:

«Si sois hijos de Abrahán, haced las obras de Abrahán. Pero tratáis de matarme, a mí que os he dicho la verdad que he oído de Dios. Eso no lo hizo Abrahán. Vosotros hacéis las obras de vuestro padre».

Ellos le replicaron: «Nosotros no hemos nacido de la prostitución; no tenemos más padre que a Dios». Jesús les respondió:

«Si Dios fuera vuestro Padre, me amaríais a mí, porque yo he salido y vengo de Dios; no he venido por mi cuenta, sino que Él me ha enviado. ¿Por qué no reconocéis mi lenguaje? Porque estáis impedidos para escuchar mi palabra. Vosotros sois hijos de vuestro padre el diablo, y queréis cumplir los deseos de vuestro padre. Éste fue homicida desde el principio, y no se mantuvo en la verdad, porque no hay verdad en él; cuando dice la mentira, dice lo que le sale de dentro, porque es mentiroso y padre de la mentira. Pero a mí, como os digo la verdad, no me creéis. ¿Quién de vosotros puede probar que soy pecador? Si digo la verdad, ¿por qué no me creéis? El que es de Dios escucha las palabras de Dios; vosotros no

las escucháis, porque no sois de Dios».

Los judíos le respondieron: «¿No decimos, con razón, que eres samaritano y que tienes un demonio?». Respondió Jesús:

«Yo no tengo un demonio, sino que honro a mi Padre; y vosotros me deshonráis a mí. Pero yo no busco mi gloria; ya hay quien la busca y juzga. En verdad, en verdad os digo que si alguno guarda mi palabra, no gustará la muerte jamás».

Le dijeron los judíos: «Ahora estamos seguros de que tienes un demonio. Abrahán murió, y también los profetas; y tú dices: "Si alguno guarda mi palabra, no probará la muerte jamás".

»¿Eres tú acaso más grande que nuestro padre Abrahán, que murió? Y también los profetas murieron. ¿Quién te crees que eres?». Jesús respondió:

«Si yo me glorificara a mí mismo, mi gloria no valdría nada; es mi Padre quien me glorifica, de quien vosotros decís: "Él es nuestro Dios", y sin embargo no le conocéis. Yo sí que le conozco, y si dijera que no le conozco, sería un mentiroso como vosotros. Pero yo le conozco, y guardo su palabra. Vuestro padre Abrahán se regocijó pensando en ver mi Día; lo vio y se alegró».

Entonces los judíos le dijeron: «¿Aún no tienes cincuenta años y has visto a Abrahán?». Jesús les respondió:

«En verdad, en verdad os digo que antes de que Abrahán existiera, Yo Soy».

Entonces tomaron piedras para tirárselas; pero Jesús se ocultó y salió del Templo.

***Juan* **8:12-59**[1]

[1] El texto que precede a este grupo de versículos (*Juan* 8:1-11) en la *King James Bible* (y también en la *Biblia de Jerusalén*) se refiere al relato sobre la mujer adúltera. Según los estudiosos de la Biblia, este suceso aparece en diferentes lugares en diversos manuscritos antiguos del Nuevo Testamento. Muchas ediciones modernas ubican dicha narración al comienzo de *Juan* 8, como se hace en la versión de la *King James Bible* (y también en la *Biblia de Jerusalén*); otros manuscritos la sitúan después de *Lucas* 21:38, o en algún otro lugar del Evangelio de San Juan. Este suceso se comenta en el discurso 35, junto con otros pasajes relativos a las enseñanzas de Jesús acerca del perdón de los pecados. *(Nota del editor).*

DISCURSO 51

«Yo soy la luz del mundo; [...] antes de que Abrahán existiera, Yo Soy»

«Jesús les habló otra vez; les dijo:
»"Yo soy la luz del mundo; la persona que me siga no caminará en la oscuridad, sino que tendrá la luz de la vida"» (*Juan* 8:12).

«De la Inteligencia Crística —que contemplo como mi propio Ser expandido— emana la luz creativa de la Energía Cósmica, que da origen al *"mundo"* —el cosmos físico—. El devoto cuya conciencia sigue esta luz vibratoria que se percibe en la comunión interior durante la meditación atraviesa en forma sucesiva los estados consciente, subconsciente y supraconsciente, en los cuales experimenta un gozo cada vez mayor, y finalmente se sumerge en la bienaventuranza de la Conciencia Crística. Tal devoto ya no *"caminará en la oscuridad"*, cegado por la ignorancia que la ilusión cósmica genera en la limitada conciencia humana. Su fuerza vital se une a la Luz Cósmica, a la Energía Cósmica: la Palabra o Poder Creativo del Espíritu Santo, fuente y principio vital de todo ser viviente (y de todos los objetos, en los cuales la vida está potencialmente presente)».

El devoto debe seguir la luz vibratoria de Dios que se percibe en la comunión interior durante la meditación

El significado profundo de los términos *«luz»* y *«oscuridad»* según la ciencia metafísica se explicó en el comentario de varios versículos anteriores correspondientes al Evangelio de San Juan: «*[...] en ella [la Palabra] era la vida, y la vida era la luz de los hombres; y la luz brilla en las tinieblas, y las tinieblas no la comprendieron*. [...] La Palabra era la luz verdadera que ilumina a todo hombre, cuando viene a este mundo*».

«*Y la condenación consiste en que la luz vino al mundo, pero los hombres amaron más las tinieblas que la luz, porque sus obras eran malas*»*[2].

En el presente versículo, Jesús da nuevamente un testimonio y una definición científica del Espíritu que moraba en su interior.

Una persona común sólo puede experimentar la conciencia y la fuerza vital dentro de los límites de su cuerpo; en cambio, Jesús y las almas espiritualmente avanzadas sienten el universo físico como su propio cuerpo, y perciben la omnipresente Energía Cósmica como la vida que circula por las venas de su forma universal, y experimentan la infinita Conciencia Crística como el Ser que habita en ellos.

Las palabras de Jesús «*Yo soy*» en el contexto de este versículo son, por lo tanto, una alusión a la Conciencia Crística, la Inteligencia subjetiva del universo. La «*luz del mundo*» es una referencia a la Energía Cósmica, la Palabra o Espíritu Santo, que da forma al universo físico y suministra la vitalidad del poder vibratorio inteligente a todos los seres y objetos que allí se encuentran: cada elemento —desde el átomo hasta el sabio— manifiesta esa vida inteligente de acuerdo con su potencial evolutivo.

En las escrituras de Oriente y Occidente se hace referencia al mundo material como «*la oscuridad*», pues en él se halla eclipsado el Espíritu, que es la esencia radiante de todas las cosas. A través de la meditación profunda, el devoto adquiere la divina percepción del ojo espiritual (situado en la frente, en el centro de la Conciencia Crística). Ante la luz que irradia ese «ojo único», la oscuridad del engaño se disipa y el devoto ya no camina por un mundo en que le rodea la materia densa, sino en una maravillosa estructura constituida por luminosa energía cósmica e inteligencia[3].

---

[2] *Juan* 1:4-5, 9 (véase el discurso 1, en el volumen I) y *Juan* 3:19 (véase el discurso 15, en el volumen I).

[3] «¡Oh gracia abundante, que me dio valor para mirar la Luz eterna hasta consumir la propia vista! En su profundidad vi ligado con vínculos de amor, en un solo volumen, todo cuanto hay esparcido por el universo».

Dante, *La Divina Comedia: Paraíso*, canto XXXIII, 82-87

Quienes abordan las Escrituras en forma literal y se encuentran aferrados al dogma de sus doctrinas teológicas que interpretan intelectualmente, y quienes no meditan, sólo comprenden por medio de conjeturas analógicas la razón por la cual Jesús se denominó a sí mismo *«la luz del mundo»* y qué clase de búsqueda espiritual daría cumplimiento a su promesa de que *«la persona que me siga no caminará en la oscuridad»*. Por eso Jesús profetizó: *«Me buscaréis y no me encontraréis; y vosotros no podéis ir adonde yo estoy»* *[4]. Las suposiciones teóricas y emocionales no abren los portales que conducen a la presencia de Cristo. Para ello, es preciso que la conciencia del que busca la verdad se eleve realmente del reino físico y alcance el plano de la Conciencia Crística, donde hallará a Cristo.

Aquellos cristianos cuya comprensión está limitada al enfoque teológico imaginan a Jesucristo como una persona circunscrita a una forma y dotada de los bellos rasgos de la figura humana; pero las almas que mediante la práctica de la meditación identifican su conciencia con la conciencia universal y omnipresente que se manifestaba en Jesús perciben el cosmos como el cuerpo de Cristo, la energía presente en el cosmos como la vida de Cristo y la Inteligencia oculta en el interior de dicha vida como la Conciencia Crística.

A fin de atraer hacia nuestra alma una «segunda venida» de la Conciencia Crística que se hallaba presente en Jesús, debemos adorar a Cristo en el templo de la meditación construido por nosotros mismos y en cuyo interior hayamos erigido el supremo altar de la unión con Dios.

~

«Los fariseos le dijeron: "Tu testimonio no vale, pues das testimonio de ti mismo". Jesús les respondió:

»"Aunque yo dé testimonio de mí mismo, mi testimonio es válido, porque sé de dónde he venido y adónde voy; pero vosotros no sabéis de dónde vengo ni a dónde voy. Vosotros juzgáis según la carne, pero yo no juzgo a nadie; y si juzgo, mi juicio es verdadero, porque no estoy yo solo, sino yo y el que me ha enviado. Y vuestra Ley reconoce la validez del testimonio de dos personas. Yo doy testimonio de mí mismo, pero también da testimonio de mí el Padre que me ha enviado"» (*Juan* 8:13-18).

[4] *Juan* 7:34. (Véase el discurso 50).

«Al no estar mi mente sujeta a las limitaciones de un ego identificado con el cuerpo, soy consciente, merced a mi memoria divina, de la manera en que mi conciencia encarnada proviene de la Conciencia Crística y cómo finalmente volverá a fundirse en esa Omnipresente Omnisciencia sin forma. Puedo, por lo tanto, dar testimonio de mí mismo —de la naturaleza de mi Conciencia Crística— sin que el testimonio poco fiable del ego físico distorsione la verdad. Quienes están identificados con el ego se elogian a sí mismos considerándose superiores a lo que realmente son. Pero como mi verdadero Ser es la Conciencia Crística, que se manifiesta a través de mi conciencia, ésta no exagera ni miente cuando se proclama a sí misma. Puesto que no sabéis de qué modo descendió la Conciencia Crística a mi forma física llamada Jesús, ni tampoco hacia dónde irá esa manifestación cuando mi cuerpo ya no se encuentre en la tierra, estáis juzgando según la carne y, por lo tanto, el vuestro es un juicio mundano que no logra ver más allá de las limitaciones corporales.

Jesús no trataba de enaltecer su forma corporal, sino la Conciencia Universal presente en ella

»La Conciencia Crística presente en mí percibe que todas las almas están hechas a imagen del Infinito; por lo tanto, yo no juzgo ni mido al hombre de acuerdo con sus atributos físicos o mentales. Sin embargo, si empleo mi omnisciente Inteligencia Crística, puedo saber en qué medida se identifica esa alma con su forma física y con sus características humanas, y ese juicio es absolutamente infalible. Si mi conciencia estuviese "sola" (aislada de la conciencia de Dios), mi juicio sería limitado o estaría sujeto a error. Pero, dado que mi conciencia se alimenta de la sabiduría divina del Padre, mi juicio acerca de todas las cosas es acertado.

»Según señalan vuestras leyes humanas, se considera válido el testimonio concordante de dos personas[5]. Yo (mi conciencia humana en la cual se manifiesta la Conciencia Crística) soy testigo de la verdad acerca de la que os hablo; y el Padre (la Conciencia Cósmica más allá de toda la creación vibratoria) que me ha enviado (que ha enviado a la Conciencia Crística, la cual es su manifestación en la creación) da testimonio de mí».

El egoísta tiende a exagerar sus méritos. Sin embargo, como Jesús hablaba desde su unidad con el Padre, cualesquiera de sus

[5] La alusión de Jesús a la ley mosaica hace referencia a *Deuteronomio* 17:6 y 19:15.

afirmaciones que pudiesen parecer un elogio de su propia persona eran, en realidad, referencias impersonales a la Conciencia Cósmica de su Padre Celestial. Por lo tanto, era absolutamente apropiado que Jesús diera testimonio de sí mismo por medio de su divina sabiduría desligada del ego.

~

«Le preguntaron entonces: "¿Dónde está tu Padre?". Respondió Jesús:

»"Ni me conocéis a mí ni conocéis a mi Padre; si me conocierais a mí, conoceríais también a mi Padre".

»Estas palabras las pronunció en el Tesoro, mientras enseñaba en el Templo. Y nadie le prendió, pues todavía no había llegado su hora» (*Juan* 8:19-20).

«No comulgáis con la Conciencia Crística que está en el fondo de mi conciencia, ni con la Conciencia Cósmica, que es el Padre y de quien provengo. Si por medio de la meditación comulgaseis con la Conciencia Crística, habríais percibido su presencia en mi interior y, de esta manera, automáticamente habríais también experimentado la presencia de la Conciencia Cósmica, cuyo reflejo único en la creación es la Conciencia Crística».

~

«Jesús les habló de nuevo:

»"Yo me voy y vosotros me buscaréis, pero moriréis en vuestro pecado. Vosotros no podéis ir adonde yo voy".

»Los judíos se decían: "¿Pensará suicidarse? ¿Pues cómo que no podemos ir adonde él va?". Pero Jesús replicó:

»"Vosotros sois de abajo; yo soy de arriba. Vosotros sois de este mundo; yo no soy de este mundo. Ya os he dicho antes que moriréis en vuestros pecados, porque si no creéis que Yo Soy [Él], moriréis en vuestros pecados"» (*Juan* 8:21-24).

«Yo sigo el camino que me dicta la Conciencia Crística que está en mí y, algún día, cuando haya abandonado esta tierra, trataréis de seguirme pero, al no hallarme, moriréis con vuestro mal karma y estaréis sujetos a la reencarnación. En el estado actual de vuestra conciencia no podréis percibir la Conciencia Crística en la cual se ha fundido mi conciencia humana, a no ser que me busquéis en los elevados estados de la meditación profunda.

«Vosotros sois de este mundo; yo no soy de este mundo»

»Vosotros sois *"de este mundo"*, porque os atan a la tierra los enredos de los deseos materiales y los pensamientos ilusorios; vuestras almas cautivas reencarnan una y otra vez en este plano de vibraciones densas. Sin embargo, mi alma, liberada en el Espíritu, a pesar de estar encerrada por voluntad propia en un cuerpo que transita sobre esta tierra, es *"de arriba"* y no pertenece a este plano material que mantiene oculta la presencia de Dios.

»Por esa razón os digo que *"moriréis en vuestros pecados"*: a pesar de que vuestras almas son inmortales, la ley del karma y la reencarnación os obligará a experimentar la muerte del cuerpo físico cada vez que vuestros apegos mortales os empujen a reencarnar. En tanto continuéis aferrados a la conciencia corporal, vuestra vida espiritual estará muerta, enterrada en el sepulcro de las acciones pecaminosas y descarriadas. Dado que no habéis creído en la Conciencia Crística presente en mí y en que ella es el reflejo de la Conciencia Cósmica de mi Padre, no os esforzaréis por percibir la Divinidad de vuestra propia alma. Este pecado de omisión hará que vuestras almas permanezcan sepultadas bajo los engaños de la mortalidad que vosotros mismos habéis perpetuado».

Jesús se refiere a quienes están inmersos en el engaño como aquellos que son *«de abajo»* y *«de este mundo»*, haciendo alusión al hecho de que tales personas, debido a su karma material, permanecen en el plano inferior o plano material de la creación de Dios durante numerosas encarnaciones sucesivas, *«abajo»*, o sea, bajo la influencia de las vibraciones terrenales y de las leyes materiales de la naturaleza.

La palabra *«arriba»* en la frase *«yo soy de arriba»* es una referencia a las regiones vibratorias astral y causal (relativamente más sutiles) donde residen aquellas almas avanzadas que se han liberado del karma físico, así como a la esfera no vibratoria de la unidad con Dios, que es la morada de los maestros completamente emancipados. Cuando Jesús afirmó *«yo no soy de este mundo»*, se refería a que su Conciencia Crística es omnipresente en los tres planos del cosmos —físico, astral y causal— y no se halla atada al minúsculo terrón del espacio físico denominado *«mundo»*.

Con las palabras *«Yo Soy [Él]»*, Jesús declara la verdad suprema que también experimentaron (en comunión extática) y manifestaron los maestros de la India que vivieron antes y después de la época de Jesús. En el *Isha Upanishad* se señala: «En verdad, Yo Soy Él, el Ser absoluto que mora en la radiante luz trascendental». De manera similar, en otro pasaje de los *Upanishads* encontramos también las sagradas afirmaciones de la verdad *Aham Brahmasmi* («Yo soy Brahman —el Espíritu—»), *Ayam Atma Brahma* («Este Ser es el Espíritu») y *Tat Tvam Asi* («Tú eres Eso»). El mantra *Aham-Sa* o *'Ham-sa* (literalmente «Yo soy Él») que se cita en las escrituras consta de potentes sílabas sánscritas que poseen una conexión vibratoria con la inhalación y la exhalación. Por consiguiente, en cada respiración, el hombre afirma de modo inconsciente la verdad acerca de su ser: *¡Yo soy Él!*

«Yo Soy Él»: la unidad con el Ser Absoluto (Brahman)

Como todos los maestros liberados que cuentan con autoridad para hacer declaraciones semejantes acerca de sí mismos, Jesús deseaba expresar que él sabía por experiencia propia que la Conciencia Crística *(Kutastha Chaitanya)*, presente en su interior, era una con la Conciencia Cósmica —el Padre o Ser Absoluto (Brahman)[6].

Cuando Jesús dijo: *«porque si no creéis que Yo Soy [Él], moriréis en vuestros pecados»*, sus palabras significaban que quienes están identificados con el cuerpo y no han alcanzado los estados trascendentes de la meditación no pueden saber que su verdadero Ser, el alma, es un reflejo del Espíritu («Yo Soy Él»). Las almas divinas que

---

[6] «En los *Yoga Sutras* I:17-18, el sabio de los tiempos antiguos Patanjali hace alusión a dos categorías básicas de *samadhi:* 1) *samprajnata* y 2) *asamprajnata.* Al aplicarse a los estados avanzados de comunión divina, *samprajnata* se refiere a *savikalpa samadhi* (*samadhi* "con diferencia"), o sea, a la unión con Dios en la cual continúa existiendo una distinción entre el conocedor y aquello que se conoce, como en el caso en que se experimenta "Tú y yo somos Uno". En mayor o menor grado, aún perduran algunas diferencias de naturaleza. En cambio, en *asamprajnata samadhi* todas las diferenciaciones de naturaleza se disuelven en el Espíritu único. La conciencia de "Tú y yo somos Uno" se convierte en "Yo soy Él, quien se ha transformado en esta pequeña forma de 'yo' y en todas las formas". No se trata de la proclamación del egocéntrico que afirma: "¡Yo soy Dios!" —la corona de bronce de la megalomanía—, sino más bien de la plena percepción de la verdad absoluta: Dios es la única Realidad. Por lo tanto, *asamprajnata* en su definición absoluta es *nirvikalpa samadhi* (*samadhi* "sin diferencia"), el yoga o unión suprema que manifiestan los maestros completamente liberados o aquellos que están en el umbral de la libertad del alma» *(God Talks With Arjuna: The Bhagavad Gita).*

viven en la tierra identificadas con la Conciencia Cósmica no crean deseos materiales ni karma que les ate; por consiguiente, cuando mueren se unen al Espíritu. Por el contrario, aquellos que pasan la vida satisfaciendo las exigencias del cuerpo y gratificando el ego, sin tomar conciencia de la Imagen Divina que mora en su interior, acumulan karma terrenal (pecados). Si mueren con dichas consecuencias kármicas sin resolver y con deseos terrenales insatisfechos, deberán reencarnarse una y otra vez hasta haber solucionado todos sus enredos mortales.

Así como Jesús señaló: *«Yo me voy [...]. Vosotros no podéis ir adonde yo voy»*, así también Bhagavan Krishna en el *Bhagavad Guita,* al instruir a su discípulo Arjuna, delineó los senderos que transitan, respectivamente, las almas iluminadas y aquellas que están atadas a lo terrenal a la hora de la muerte: «Te daré a conocer ahora, ¡oh Arjuna!, el sendero que, al transitarse en el momento de la muerte, le confiere al yogui la libertad; y asimismo te mostraré el sendero que conduce al renacimiento. [...] Estos dos senderos para abandonar el mundo se consideran eternos. El camino de la luz conduce a la emancipación; el camino de la oscuridad conduce al renacimiento»[7].

El «camino de la luz» hacia la liberación en el Espíritu que Jesús expuso

Jesús afirma (en el versículo 12, antes citado) que quien le siga *«no caminará en la oscuridad, sino que tendrá la luz de la vida»*. El *Bhagavad Guita* describe cómo, al llegar la muerte física, el alma sigue o el «camino de la luz» —el pasaje del ojo espiritual, el despertar de los sutiles centros cerebroespinales y el ascenso de la fuerza vital y de la conciencia a través de dichos centros hasta alcanzar la Conciencia Cósmica, así como la liberación en el Espíritu— o el «camino de la oscuridad» —el descenso o retorno a la conciencia corporal, es decir, el renacimiento de quienes todavía son incapaces de abrir por completo todas las puertas cerebroespinales que conducen finalmente al Espíritu—. Éste es el camino que siguen aquellas almas que aún no han alcanzado la perfección, que son *«de este mundo»*, acerca de las cuales Jesús dijo: *«Vosotros no podéis ir adonde yo voy»*.

San Pablo declaró: *«Os aseguro, por nuestro regocijo en Jesucristo*

---

[7] *God Talks With Arjuna: The Bhagavad Gita* VIII:23, 26. (Véase *El Yoga del Bhagavad Guita*).

*nuestro Señor, que muero diariamente»**[8]. En el estado de trascendente comunión interior, él podía ascender *«diariamente»* dentro de su ser hacia la unión con el Espíritu.

~

«Entonces le preguntaron: "¿Quién eres tú?". Jesús les respondió:

»"Desde el principio, lo que os estoy diciendo. Mucho podría hablar de vosotros y emitir un juicio, pero el que me ha enviado es veraz, y sólo lo que le he oído a Él es lo que hablo al mundo".

»No comprendieron que les hablaba del Padre» (*Juan* 8:25-27).

«Os he dicho desde el principio que Yo Soy Él, y en verdad lo soy. Hay muchas verdades que debo anunciaros; y es preciso que emita un juicio acerca de vuestra conducta y de vuestra vida en general, según el criterio de mi sabiduría intuitiva. Os aseguro que el gran Dios, que es invisible y por lo tanto irreal para vosotros (porque no es posible que lo percibáis con los sentidos), en verdad existe. Mediante la infalible percepción intuitiva que se encuentra en mi interior, conozco su Existencia Absoluta y doy testimonio de ella. Las percepciones sensoriales os permiten conocer la apariencia de las cosas, pero la intuición que habita en vuestro interior puede proporcionaros la experiencia de la Sustancia que se halla tras las apariencias. Todas las expresiones de la sabiduría que he venido a dar al mundo son esclarecedoras emanaciones de la Vibración Cósmica que fluye a través de mí desde el Infinito».

~

«Les dijo, pues, Jesús:

»"Cuando hayáis levantado al Hijo del hombre, entonces sabréis que Yo Soy [Él], y que no hago nada por propia iniciativa; sino que sólo hablo lo que el Padre me ha enseñado, eso

---

[8] *I Corintios* 15:31. La traducción correcta es *«nuestro regocijo»* y no, como se expresa habitualmente, «vuestro regocijo». San Pablo se refería a la *universalidad* de la Conciencia Crística.

es lo que hablo. Y el que me ha enviado está conmigo: no me ha dejado solo, porque yo hago siempre lo que le agrada a Él".
»Al hablar así, muchos creyeron en él» (*Juan* 8:28-30).

El significado esotérico de estas palabras de Jesús, *«cuando hayáis levantado al Hijo del hombre»*, se explicó en el comentario de versículos anteriores del Evangelio según San Juan: *«Y, del mismo modo que Moisés elevó la serpiente en el desierto, así tiene que ser elevado el Hijo del hombre»*[9]. Por lo tanto, en los presentes versículos dichas palabras significan:

«Levantar al hijo del hombre», o conciencia física, a fin de alcanzar la Conciencia Crística y la Conciencia Cósmica

«Cuando por medio de la profunda meditación elevéis vuestra conciencia del plano del hijo del hombre o cuerpo físico, podréis experimentar la Conciencia Crística universal, presente en vosotros y en mí. Una vez que hayáis alcanzado dicha Conciencia, percibiréis luego que esta inherente Conciencia Crística es el reflejo de la Conciencia Cósmica. Y cuando percibáis la Conciencia Crística presente en vuestro interior y en mí, sabréis entonces por qué os digo que las acciones físicas o mentales que realizo nunca están impulsadas por el ego o conciencia humana. Puesto que mi Padre o Conciencia Cósmica ha transmitido su sabiduría a la Conciencia Crística presente en mí, mi conciencia sólo revela dicha sabiduría.

»La Conciencia Cósmica, que ha dado origen a mi cuerpo y lo ha materializado, se halla inseparablemente unida a mí, del mismo modo que el océano da forma a la ola y es indispensable para su existencia. La ola no puede subsistir sin el océano que la sustenta; de igual manera, el Padre Celestial no ha apartado mi cuerpo de Él, sino que permanece siempre en el trasfondo de mi conciencia, dispensándole apoyo y sustento. Quienes están en sintonía con los deseos humanos guían su cuerpo y su mente de acuerdo con los dictados de tales impulsos. Pero mi conciencia es consciente en todo momento de la presencia del Padre en mí; por consiguiente, mi conciencia humana manifiesta siempre aquellas acciones que agradan al Padre y que se encuentran en sintonía con sus divinos deseos».

~

[9] *Juan* 3:14. (Véase el discurso 14, en el volumen I).

«Decía, pues, Jesús a los judíos que habían creído en él:
»"Si os mantenéis en mi palabra, seréis verdaderamente mis discípulos; conoceréis la verdad y la verdad os hará libres"» (*Juan* 8:31-32).

«Si permanecéis en sintonía con la Vibración Cósmica (que se oye en la meditación) y con la Conciencia Crística presente en ese sagrado sonido, en verdad podréis entonces consideraros mis discípulos, bajo la disciplina y guía de mi palabra (la Inteligencia Crística que se halla en vuestro interior). Así podréis conocer toda la verdad —tanto acerca de vosotros como de los misterios de la vida y del drama del cosmos—. Ya no estaréis identificados con los deseos humanos ni con el consiguiente cautiverio al que os somete el karma; de ese modo, liberaréis vuestra alma del engaño y de las reencarnaciones».

«Manteneos en mi palabra»: la sintonía con la Vibración Cósmica mediante la meditación

Cuando Jesús dijo a sus seguidores que se «mantuviesen en su palabra», estaba aconsejándoles que prestaran atención conscientemente a sus sabias enseñanzas acerca de la práctica fiel de la técnica de meditación por medio de la cual podrían establecer contacto con el Sagrado y Vibrante Sonido Cósmico y con la Conciencia Crística presente en dicho Sonido Cósmico, y así se convertirían en sus verdaderos discípulos[10].

Jesús hablaba a las multitudes a través de parábolas y de metáforas a fin de despertar su curiosidad acerca de la verdad; sin embargo, a sus discípulos les impartía la verdad abiertamente, así como técnicas de meditación con las que podrían introducirse en el reino interior de Dios.

Es evidente que uno no se convierte en un buen discípulo de Cristo por el solo hecho de creer en sus palabras. Jesús deseaba que los aspirantes sinceros se esforzaran por manifestar la Conciencia Crística presente en él y que, en su vida cotidiana, sintiesen constantemente la presencia rectora del Cristo Infinito que libera al alma de la ignorancia y confiere la salvación.

---

[10] Aunque algunas traducciones modernas formulan este versículo (*Juan* 8:31) como «si os adherís a mis enseñanzas» o «si vivís como os digo», en el original griego se emplea el término *logos,* «palabra», que es el mismo que se utiliza en *Juan* 1:1: *«En el principio existía la Palabra, la Palabra estaba junto a Dios, y la Palabra era Dios».* (Véase el discurso 1, en el volumen I).

«Ellos le respondieron: "Nosotros somos descendencia de Abrahán y nunca hemos sido esclavos de nadie. ¿Cómo dices tú: 'Os haréis libres'?". Jesús les respondió:

»"En verdad, en verdad os digo que todo el que comete pecado es un esclavo. Y el esclavo no se queda en casa para siempre; en cambio el hijo se queda para siempre. Si, pues, el Hijo os da la libertad, seréis realmente libres. Ya sé que descendéis de Abrahán; pero tratáis de matarme, porque mi palabra no prende en vosotros. Yo hablo lo que he visto junto a mi Padre; y vosotros hacéis lo que habéis oído a vuestro padre"» (*Juan* 8:33-38).

«Con la certeza de la verdad, la cual percibo intuitivamente dentro de mí, os aseguro que todo el que lleve a cabo acciones erróneas o pecaminosas contra la felicidad de su alma creará hábitos pecaminosos. Quienquiera que actúe bajo la influencia de un potente hábito pecaminoso se convierte en el esclavo de dicho hábito en su morada corporal.

Al establecer su sintonía con la Conciencia Crística, el hombre se libera de todo karma

»Sin embargo, aun cuando una persona se encuentre servilmente sometida a un hábito pecaminoso, esa esclavitud de la conciencia es sólo una condición temporal. Por poderosos que sean, los hábitos pecaminosos no pueden ocupar la mansión corporal de la conciencia en forma permanente. Los esclavos de los hábitos pecaminosos deben recordar que su conciencia eterna es el alma inmortal, en cuyo templo mora el Hijo o Conciencia Crística. Se libera de todo karma humano el devoto que sintoniza su conciencia con la Conciencia Crística y que, además, sabe que el genuino Maestro que reside por siempre en el verdadero Ser —el alma— es la Conciencia Crística o Hijo (y no el pecado). Por lo tanto, si a través del ejercicio de vuestra voluntad hacéis el esfuerzo espiritual de liberaros del engaño cósmico, y con ello me reconocéis como la Conciencia Crística que también está presente en vosotros, esa Conciencia os liberará de todo vasallaje humano.

»Sé que sois los descendientes de Abrahán y —lo que es aún más importante— que estáis hechos a imagen de mi Padre; pero, debido a que no sois receptivos a la sabiduría omnisciente de mis palabras, deseáis matarme, y eso os convierte en esclavos del pecado. Por consiguiente, puesto que os habéis vuelto temporalmente serviles a los pensamientos pecaminosos, os halláis en cautiverio. Si tan sólo os sintonizaseis con mi palabra, la Vibración Cósmica, seríais libres y dejaríais de ser sirvientes del pecado. Mis palabras provienen de la sabiduría del Padre Celestial, la cual percibo intuitivamente dentro de mí, en tanto que vosotros habláis y actuáis conforme al entendimiento y al comportamiento limitados propios de la conciencia mortal, tal como hicieron vuestros padres terrenales».

Jesús les señalaba a los descendientes de Abrahán que ellos habían perdido las cualidades de su elevado linaje por haber sucumbido a la ignorancia y a los pensamientos pecaminosos y por seguir tanto la tradición como los hábitos familiares en vez de cumplir las leyes de Dios y de la verdad.

Algunos brahmines (la casta superior de la India) también hacen alarde de su ascendencia divina, al igual que los jerarcas de muchas culturas. Jesús puntualiza, sin embargo, que un buen nacimiento físico por sí solo no es una acreditación espiritual adecuada. Aunque cada alma es una imagen de Dios y pudo haber nacido en una familia de eminente abolengo, aun así es posible que se halle sometida temporalmente al servicio de los hábitos pecaminosos, como les advertía Jesús a los descendientes de Abrahán. Pero, si bien Jesús les habla acerca de su degradación, también les recuerda que no pueden permanecer por siempre en la esclavitud del pecado, y deben comprender que por toda la eternidad están hechos a imagen de Dios.

~

«Ellos le respondieron: "Nuestro padre es Abrahán". Jesús les dijo:

»"Si sois hijos de Abrahán, haced las obras de Abrahán. Pero tratáis de matarme, a mí que os he dicho la verdad que he oído de Dios. Eso no lo hizo Abrahán. Vosotros hacéis las obras de vuestro padre".

»Ellos le replicaron: "Nosotros no hemos nacido de la prostitución; no tenemos más padre que a Dios". Jesús les respondió:

»"Si Dios fuera vuestro Padre, me amaríais a mí, porque yo he salido y vengo de Dios; no he venido por mi cuenta, sino que Él me ha enviado. ¿Por qué no reconocéis mi lenguaje? Porque

estáis impedidos para escuchar mi palabra. Vosotros sois hijos de vuestro padre el diablo, y queréis cumplir los deseos de vuestro padre. Éste fue homicida desde el principio, y no se mantuvo en la verdad, porque no hay verdad en él; cuando dice la mentira, dice lo que le sale de dentro, porque es mentiroso y padre de la mentira. Pero a mí, como os digo la verdad, no me creéis. ¿Quién de vosotros puede probar que soy pecador? Si digo la verdad, ¿por qué no me creéis? El que es de Dios escucha las palabras de Dios; vosotros no las escucháis, porque no sois de Dios"» (*Juan* 8:39-47).

«Si con la práctica de la meditación reconocierais a Dios como vuestro Padre, me amaríais, porque la Conciencia Crística presente en mí es el reflejo de Dios Padre, y este cuerpo que envuelve esa conciencia también proviene de Él. Yo no he nacido por mi propio impulso —no he reencarnado como resultado de mis deseos personales—, sino que Él ha enviado mi cuerpo a la tierra para que la Conciencia Crística reflejada en mí pudiese despertar a las almas adormecidas y recordarles que la Conciencia Crística está también presente en ellas.

Quienes se encuentran bajo la influencia de la ilusión satánica no pueden discernir la verdad suprema

»¿Comprendéis por qué no os es posible entender mis palabras? Se debe a que vuestra conciencia no se halla en sintonía con la Vibración Cósmica, la Palabra, y por lo tanto no podéis discernir las verdades que os digo, las cuales me inspira la Conciencia Crística que se encuentra en esa Vibratoria Palabra Cósmica. Estáis viviendo en total olvido del Espíritu que mora en vuestro interior; y a causa de los malos hábitos que habéis creado, os encontráis poseídos por la ignorancia satánica, que hace las veces de vuestro padre consejero y rector. Al sucumbir a las tendencias pecaminosas que han sido implantadas en vosotros por vuestro pseudopadre, cultiváis hábitos satánicos que se convierten en la fuerza impulsora de vuestras acciones. Satanás y su cohorte de hábitos satánicos han sido los asesinos de la felicidad del alma desde el principio de la creación; no manifiestan la verdad porque ésta ha sido excluida de la naturaleza misma de aquéllos: el engaño cósmico. Satanás miente, el engaño que crea *"le sale de dentro"*, porque al rebelarse contra Dios ha hecho mal uso del poder que Él le concedió para crear a voluntad. Satanás es el padre de todo el engaño cósmico; es un mentiroso consumado en lo referente a la naturaleza de Dios y de la verdad[11].

»Debido a vuestros malos hábitos, habéis permitido que el engaño cósmico de Satanás os guíe, y su habilidad para ocultar la verdad os ha causado confusión en lo que concierne a vuestras creencias. Ninguno de vosotros ha podido demostrar que soy un pecador; entonces, ¿por qué habríais de dudar de la verdad que os he expuesto claramente?

»Todos los grandes maestros, tales como Abrahán y los profetas, que son verdaderos devotos de Dios, sintonizaron su conciencia con la Vibración Cósmica —la palabra de Dios dentro de su ser— mediante el recogimiento interior de la meditación. Vosotros jamás habéis entrado en ese estado meditativo de interiorización y, por lo tanto, no habéis oído la Vibración Cósmica ni habéis percibido la presencia de Dios que en ella habita. Por esa razón, no tenéis un concepto real acerca de la conciencia de aquellos que han llegado a percibir que en verdad provienen de Dios».

Jesús hace la advertencia de que es Satanás quien implanta en el hombre la concupiscencia o las tendencias malignas, y que todo aquel que actúa según los dictados de esas tentaciones permite que Satanás sea la fuerza que dirige su vida. Jesús describe a Satanás como un mentiroso, porque hace desaparecer a Dios de la vista del hombre, por medio del engaño cósmico, y lo mantiene oculto tras los espejismos de la densa materia. El verdadero devoto, que siente la presencia de Dios en su interior, no consiente que las mentiras de la ilusión cósmica lo engañen; él percibe a Dios como la Única Sustancia Existente en la naturaleza, en el espacio y en el infinito.

Si bien todos los hombres y mujeres han sido creados a imagen de Dios, quien medita en forma regular y profunda, «el que es de Dios», según señala Jesús, percibe la presencia del Señor dentro de sí como la Vibración Cósmica, la Palabra; en tanto que otros, identificados con los hábitos satánicos, no tienen conciencia de la inmanencia divina, «porque no son de Dios».

«El diablo ha pecado desde el principio —escribió San Juan en su primera Epístola a los pioneros seguidores de Jesús— *y el Hijo de Dios se manifestó para deshacer las obras del diablo»*[12]. Es decir, la

[11] La naturaleza de Satanás *(«el diablo»)* como perpetrador de *maya,* el engaño cósmico, se explica en el discurso 7 (volumen I).

[12] *I Juan* 3:8.

manifestación de la Conciencia Crística dentro del hombre mismo destruye sin esfuerzo alguno los engaños u «obras del diablo».

~

«Los judíos le respondieron: "¿No decimos, con razón, que eres samaritano y que tienes un demonio?". Respondió Jesús:

»"Yo no tengo un demonio, sino que honro a mi Padre; y vosotros me deshonráis a mí. Pero yo no busco mi gloria; ya hay quien la busca y juzga. En verdad, en verdad os digo que si alguno guarda mi palabra, no gustará la muerte jamás"» (*Juan* 8:48-51).

«Puesto que soy consciente de la presencia de la Conciencia Crística en mi interior, no soy vulnerable a ninguno de los demoníacos acólitos del engaño cósmico de Satanás. Más bien, yo, la Conciencia Crística, me conduzco conforme a las expectativas de Dios Padre, cuyo reflejo soy; y aun así rechazáis esa legitimidad. Mi conciencia humana no pretende gloria terrenal alguna, mas se glorifica con la Conciencia Crística que reina en mi interior. Existe una Ley Cósmica que aspira a glorificar al Padre recompensando todas las manifestaciones de bondad y castigando aquellas que son malignas, y con ese fin la ley juzga a las personas de acuerdo con su buen o mal karma.

»Por la verdad que hay en mí, os aseguro a todos que si un devoto *"guarda mi palabra"* —es decir, si establece contacto con la Vibración Cósmica y con la Conciencia Crística tal como yo la percibo dentro de mí, y practica la meditación diaria, sigue mis enseñanzas y se asienta en la Inmutabilidad Absoluta—, jamás verá abatida su visión interna por las perturbadoras mutaciones *("la muerte")* que afectan al cuerpo y a toda la materia regida por la inflexible ley del cambio».

Inmutabilidad: la liberación de los cambiantes espejismos de la vida y de la muerte

El ojo interior de la sabiduría se encontraba abierto en Jesús, y por eso era imposible que la oscuridad de los demonios de la engañosa ignorancia morase en él. Puesto que Jesús contemplaba a Dios como la Gloria Infinita que se hallaba dentro de su ser, no podía elogiar la conciencia individualizada de su propio ego.

La mayoría de las personas se juzgan a sí mismas según sus logros materiales y mentales y sus relaciones familiares, por lo que tienden a agrandar su ego mortal. En cambio, el devoto que ha logrado que su conciencia del alma se desapegue del cuerpo, y de todo lo relativo al cuerpo, sólo contempla a Dios dentro de sí y se regocija en glorificarle únicamente a Él. Por esa razón, Jesús señala que, si bien él no desea la gloria para sí mismo, la Ley Cósmica busca la gloria de Dios en las virtudes de los hombres y emite juicio acerca de ellas.

Cuando Jesús utiliza la expresión *«guarda mi palabra»*, hace énfasis en que se debe vivir cada día conforme a las enseñanzas y los métodos que él ha proporcionado para establecer contacto con la Vibración Cósmica a fin de permanecer en todo momento en la Conciencia Crística, libre del letargo inherente al engaño *(«la muerte»)*[13]. Cuando las olas embravecidas arrastran al hombre de un lado a otro, no tiene tiempo para ver el océano en su totalidad; pero si logra salir del rompiente de las olas y llegar a la costa, puede contemplar claramente el panorama completo. De modo similar, si una persona común está demasiado enfrascada en hacer frente a los cambios que afectan a su cuerpo y al entorno, no puede percibir el Inmutable Infinito que se halla dentro de ella. Pero cuando el devoto se retira del torbellino externo mediante la práctica de la meditación y sintoniza su conciencia con la Vibración Cósmica y la Conciencia Crística que moran en su interior, contempla, ya libre de las cambiantes e ilusorias visiones de la vida, la Eterna Inmutabilidad.

~

«Le dijeron los judíos: "Ahora estamos seguros de que tienes un demonio. Abrahán murió, y también los profetas; y tú dices: 'Si alguno guarda mi palabra, no probará la muerte jamás'.

»"¿Eres tú acaso más grande que nuestro padre Abrahán, que murió? Y también los profetas murieron. ¿Quién te crees que eres?". Jesús respondió:

»"Si yo me glorificara a mí mismo, mi gloria no valdría nada; es mi Padre quien me glorifica, de quien vosotros decís:

---

13 En *Autobiografía de un yogui,* cito las palabras de Jesús y hago la siguiente observación: «*"En verdad, en verdad os digo que si alguno guarda mi palabra [permaneciendo fielmente en la Conciencia Crística], no gustará la muerte jamás"*. Con estas palabras, Jesús no se estaba refiriendo a la vida inmortal en el cuerpo físico, la cual constituiría una monótona prisión que ni siquiera un pecador merecería ¡y mucho menos un santo! El hombre iluminado al que alude Cristo es aquel que ha despertado del trance mortal de la ignorancia a la Vida Eterna».

'Él es nuestro Dios', y sin embargo no le conocéis. Yo sí que le conozco, y si dijera que no le conozco, sería un mentiroso como vosotros. Pero yo le conozco, y guardo su palabra. Vuestro padre Abrahán se regocijó pensando en ver mi Día; lo vio y se alegró"» (*Juan* 8:52-56).

«Si yo glorificara mi ego y los nexos del ego con el cuerpo, tales alabanzas serían de poco valor para el mundo o para Dios. Es el Padre Celestial que está en mi interior quien complacido acepta mi vida y mis acciones y ha convertido mi vida en algo valioso para el mundo. El mismo Dios, de quien afirmáis que es vuestro propio Dios, reconoce la verdad que hay en mí y desea que todos vosotros reconozcáis esa verdad a fin de que os beneficiéis de ello.

»Habláis de vuestro Dios, acerca de quien nada sabéis, pero yo sé que le conozco. Si yo cediera a vuestros requerimientos y dijera que mi conciencia humana no tiene conocimiento de la Conciencia Cósmica presente en su interior, estaría mintiendo como vosotros soléis hacer a causa de vuestra ignorancia. Pero yo conozco la Conciencia Celestial que habita en mi interior, y acato en mi vida todas las reglas divinas *("guardo su palabra")* que recibo de las vibraciones de esa Conciencia Suprema que mora en mí.

»Puesto que vuestro iluminado padre, Abrahán, se hallaba interiormente en sintonía con la Conciencia Crística, se colmó de bienaventuranza divina al contemplar *"mi Día"* —la luz de la Conciencia Crística que brillaba en su interior y que se encuentra ahora en mí—. Abrahán la "vio" —la sabiduría de la Conciencia Crística (que todas las almas liberadas y yo contemplamos)— y quedó henchido de divina alegría, el mismo júbilo en el que yo me regocijo».

Jesús expresó verdades muy profundas cuando dijo: *«Vuestro padre Abrahán se regocijó pensando en ver mi Día; lo vio y se alegró»*. La Conciencia Crística y la visión interior de Jesús le permitían ver claramente todo el pasado, el presente y el futuro en su conciencia del Eterno Ahora. Por lo general, la conciencia de los seres mortales se interrumpe, queda truncada, por causa de la muerte; sin embargo, como Jesús había alcanzado el Absoluto, podía sentir exactamente lo que, siglos antes, el alma liberada de Abrahán había percibido: la Conciencia Crística, que abarca toda la eternidad y que Jesús experimentaba dentro de su ser, el gozo de la Conciencia Crística que sienten por igual todas las almas liberadas o avanzadas.

Jesús no dice que viviera en otra forma humana durante la época de Abrahán *(«se regocijó pensando en ver mi Día»),* sino que podía sentir, con el poder de la infinita omnisciencia de su eterna Conciencia Crística, lo mismo que Abrahán percibió en el *«Día»* (la luz de la comunión divina de Abrahán), mucho antes de que el cuerpo de Jesús naciese en la tierra.

~

«Entonces los judíos le dijeron: "¿Aún no tienes cincuenta años y has visto a Abrahán?". Jesús les respondió: "En verdad, en verdad os digo que antes de que Abrahán existiera, Yo Soy".

»Entonces tomaron piedras para tirárselas; pero Jesús se ocultó y salió del Templo» (*Juan* 8:57-59).

«Por la eterna Conciencia Crística que está siempre presente en mi interior, en verdad os digo que no veo división entre pasado, presente y futuro en mi conciencia del Eterno Ahora, la cual es consciente de todos los sucesos anteriores a la época de Abrahán, de todos los eventos posteriores y de todo cuanto ha de ocurrir de aquí a la eternidad».

En la Conciencia Crística de Jesús, las divisiones de pasado, presente y futuro habían desaparecido. Su conciencia omnipresente penetraba el tiempo y el espacio, los dúctiles velos de *maya.* Todo cuanto percibía, lo sentía como parte de su Ser universal unido a Dios. Jesús comprendía que nada existe en realidad excepto Dios y que todos los sucesos y objetos de la creación, al ser manifestaciones divinas, tienen lugar en Dios y dentro de su propio Ser (unido a Dios) y permanecen grabados eternamente en la película del Infinito. Por eso, con una imponente expresión de su poder cósmico, Jesús proclamó: *«Antes de que Abrahán existiera, Yo Soy»*[14].

La conciencia del Eterno Ahora: «Antes de que Abrahán existiera, Yo Soy»

[14] Tanto los físicos como los sabios iluminados afirman que el tiempo no es una realidad absoluta. El Dr. Brian Greene escribe en su obra *El universo elegante: Supercuerdas, dimensiones ocultas y la búsqueda de una teoría final* (Crítica, Barcelona, 2007): «La obra de Einstein demostró que los conceptos tales como espacio y tiempo, que anteriormente parecían estar separados y ser absolutos, en realidad están entrelazados y son relativos», lo cual se puede observar, por ejemplo, en el hecho de que la fuerza de gravedad deforma no sólo la estructura del espacio, sino también la del tiempo mismo. En efecto, en los inmensos campos gravitacionales de los agujeros negros «el tiempo

Puesto que nada puede existir fuera de la conciencia de Dios, el devoto avanzado cuya conciencia está sintonizada con la Conciencia Crística universal (que es omnipresente en la esfera de la creación) experimenta que la luz de su conciencia divina ilumina y revela —simultáneamente y en todo momento— las dimensiones objetivas del espacio y los compartimentos del pasado, presente y futuro. «¡Oh Arjuna!, Yo conozco a todas las criaturas del pasado, del presente y del futuro; sin embargo, nadie me conoce a Mí»[15]. A quien aún se encuentra sujeto a la ilusión cósmica le es negada la percepción del Eterno Presente, y contempla todos los sucesos como si ocurriesen

---

parece volverse más lento o incluso detenerse por completo», según señala la revista *Discover* en la edición de diciembre de 2000.

Bajo un «examen ultramicroscópico del espacio y el tiempo», señala el profesor Greene, «las nociones convencionales de izquierda y derecha, atrás y adelante, arriba y abajo (e incluso la de antes y después) pierden su significado». Einstein lo expresó de manera sucinta en una carta que escribió poco antes de su muerte, ocurrida en 1955: «Para nosotros los físicos que creemos en ello, la distinción entre pasado, presente y futuro es sólo una ilusión, por muy pertinaz que ésta sea».

Para la percepción humana común, la «ilusión» es en realidad persistente. «Tal es la gran influencia del Tiempo que gobierna el universo [escribió Swami Sri Yukteswar en *La ciencia sagrada,* en el año 1894]. Ningún hombre puede superar esta influencia a menos que, disponiendo de la bendición de contar con el amor puro —el don celestial de la naturaleza—, se divinice; siendo bautizado por las sagradas aguas del *Pranava* (la divina vibración de *Om*), aprehende él así el reino de Dios».

El gran *guianavatar* («encarnación de la sabiduría») explicó la génesis del tiempo y las otras ilusiones universales inherentes a la creación, y también de qué modo las almas liberadas, tales como Jesús, trascienden dichas ilusiones: «Del *Om* (*Pranava,* el Verbo, la manifestación de la Fuerza Omnipotente), proviene *Kala,* el Tiempo; *Desa,* el Espacio; y *Anu,* el Átomo (la estructura vibratoria de la creación). [...] En sus diferentes aspectos, *Om* introduce el concepto del cambio —que implica Tiempo *(Kala)*— en la Eternidad Inmutable; y la idea de la separación —que implica Espacio *(Desa)*— en la Eternidad Indivisible. El efecto derivado de estas manifestaciones es el concepto de partículas: los innumerables átomos *(patra* o *anu).* Estos cuatro aspectos —el Verbo, el Tiempo, el Espacio y el Átomo— no son, por lo tanto, sino una misma cosa: en esencia, solamente ideas. [...]

»Disolviendo las cuatro ideas originales (los [...] pensamientos primordiales que dieron origen a la creación), alcanza [el ser humano] la salvación», continúa Sri Yukteswar. Ese estado trascendente se alcanza cuando, mediante la práctica de las técnicas supremas de meditación del yoga, el hombre introduce su conciencia a través del *Brahmarandhra* (véase el discurso 75, en el volumen III), «la puerta [...] situada entre la creación material y la espiritual. Cuando el Ego, el hijo del hombre, llega a esta puerta, percibe la Luz Espiritual y es bautizado. Al atravesar esta puerta se eleva por encima de la creación "ideacional" de la Oscuridad o *Maya* y, adentrándose en el mundo espiritual, recibe la Luz verdadera y se transforma en el Hijo de Dios». *(Nota del editor).*

[15] *God Talks With Arjuna: The Bhagavad Gita* VII:26. (Véase *El Yoga del Bhagavad Guita*).

en el proceso continuo del tiempo; asimismo, percibe los objetos sensoriales como si se encontrasen en relación los unos con los otros y ocupando espacios con dimensiones.

Si una persona sueña que está recorriendo el mundo en bicicleta y que este viaje le lleva cierto número de años, crea en su imaginación una noción de tiempo y de espacio, la cual deja de existir cuando despierta. Las enormes distancias recorridas y los paisajes que contempla llenan el espacio limitado de su mente; los sucesos del viaje, desplegándose uno tras otro, en realidad ocurren apenas en una fracción del tiempo que pareció haber transcurrido durante el sueño. Jesús y los grandes maestros que han despertado en Dios y han abandonado el sueño cósmico comprenden que el tiempo y el espacio, así como todos los objetos y sucesos subordinados a éstos, son producto de la imaginación de Dios y, por lo tanto, aun cuando resulten transitoriamente visibles, en esencia son irreales.

A fin de formar parte del drama onírico de Dios, el hombre divino se adapta externamente a la naturaleza del sueño, en tanto que en su interior continúa percibiendo que su Ser, identificado con el Espíritu, posee una existencia eterna de conciencia omnipresente: «Estoy presente desde antes que Abrahán existiese, estoy presente en el aquí y el ahora y, al ser plenamente ubicuo, soy también consciente de mi presencia en el futuro infinito».

DISCURSO 52

«Yo soy la puerta. [...] Yo soy el buen pastor. [...] Yo y el Padre somos uno»

Las causas del infortunio: el karma individual o el karma colectivo

❖

«Mientras es de día»: los ciclos cósmicos de creación y disolución

❖

Cómo reconocer a los verdaderos pastores de almas
y distinguirlos de los falsos profetas

❖

«Yo soy la puerta»: la Conciencia Crística
es el único portal que conduce a la liberación

❖

«El buen pastor»: un auténtico gurú
que ha alcanzado la sintonía con la Conciencia Crística

❖

«Yo y el Padre somos uno»

❖

«Dioses sois»: todas las almas están hechas a imagen pura de Dios

«El gurú le confiere al devoto el bautismo espiritual, mediante el cual el Señor abre el ojo espiritual por cuya entrada penetra la conciencia del devoto siguiendo la "voz" (la vibración del Espíritu Santo) del pastor de la Conciencia Crística que le conduce hacia la Conciencia Cósmica de Dios».

Según caminaba, vio a un hombre ciego de nacimiento. Sus discípulos le preguntaron: «Rabbí, ¿quién pecó, él o sus padres, para que haya nacido ciego?». Respondió Jesús: «Ni él pecó ni sus padres; es para que se manifiesten en él las obras de Dios.

»Mientras es de día tenemos que trabajar en las obras del que me ha enviado; cuando llega la noche, nadie puede trabajar.

»Mientras estoy en el mundo, soy luz del mundo».

Dicho esto, escupió en tierra, hizo barro con la saliva y untó con el barro los ojos del ciego. Luego le dijo: «Vete, lávate en la piscina de Siloé» —que quiere decir «Enviado»—. Él fue, se lavó y volvió ya viendo.

Los vecinos y los que solían verle antes mendigar comentaban: «¿No es éste el que se sentaba para mendigar?». Unos decían: «Es él». «No —decían otros—, será alguien que se le parece». Pero él decía: «Soy yo». Le preguntaron entonces: «¿Cómo, pues, se te han abierto los ojos?». Él respondió: «Ese hombre que se llama Jesús hizo barro, me untó los ojos y me dijo: "Vete a Siloé y lávate". Yo fui, me lavé y vi». Ellos le preguntaron: «¿Dónde está ése?». Respondió: «No lo sé».

Entonces llevaron a los fariseos al que antes era ciego. Era sábado el día en que Jesús hizo barro y le abrió los ojos. También los fariseos le preguntaron cómo había recobrado la vista. Él les dijo: «Me puso barro sobre los ojos, me lavé y veo». Algunos fariseos comentaban: «Este hombre no viene de Dios, porque no guarda el sábado». Otros decían: «Pero ¿cómo puede un pecador realizar semejantes signos?». Y había disensión entre ellos. Entonces le preguntaron otra vez al ciego: «¿Y tú qué dices de él, ya que te ha abierto los ojos?». Él respondió: «Que es un profeta».

Los judíos no creían que aquel hombre hubiera sido ciego; así que llamaron a los padres del que había recobrado la vista y les preguntaron: «¿Es éste vuestro hijo, el que decís que nació ciego? ¿Cómo, pues, ve ahora?». Sus padres respondieron: «Nosotros sabemos que éste es nuestro hijo y que nació ciego. Pero cómo ve ahora, lo ignoramos; y tampoco

sabemos quién le ha abierto los ojos. Preguntadle, que ya tiene edad y puede hablar de sí mismo». Sus padres decían esto por miedo a los judíos, pues éstos se habían puesto ya de acuerdo en que, si alguno lo reconocía como Cristo, quedara excluido de la sinagoga. Por eso dijeron sus padres: «Edad tiene; preguntádselo a él».

Llamaron por segunda vez al hombre que había sido ciego y le dijeron: «Da gloria a Dios. Nosotros sabemos que ese hombre es un pecador». Les respondió: «Si es un pecador, no lo sé. Sólo sé una cosa: que era ciego y ahora veo». Le preguntaron entonces: «¿Qué hizo contigo? ¿Cómo te abrió los ojos?». Él replicó: «Os lo he dicho ya, y no me habéis escuchado. ¿Por qué queréis oírlo otra vez? ¿Es que queréis también vosotros haceros discípulos suyos?». Ellos le llenaron de injurias y le dijeron: «Tú serás discípulo de ese hombre; nosotros somos discípulos de Moisés. Nosotros sabemos que a Moisés le habló Dios; pero ése no sabemos de dónde es». El hombre les respondió: «Eso es lo extraño: que vosotros no sepáis de dónde es y que me haya abierto a mí los ojos. Sabemos que Dios no presta atención a los pecadores; sin embargo, escucha al que es religioso y cumple su voluntad. Jamás se ha oído decir que alguien haya abierto los ojos de un ciego de nacimiento. Si éste no viniera de Dios, no podría hacer nada». Ellos le respondieron: «Has nacido todo entero en pecado, ¿y pretendes darnos lecciones?». Y lo echaron fuera.

Jesús se enteró de que lo habían echado fuera. Cuando se encontró con él, le preguntó: «¿Tú crees en el Hijo del hombre?». Él respondió: «¿Y quién es, Señor, para que crea en él?». Jesús le dijo: «Le has visto. Es el que está hablando contigo». A lo que él contestó: «Creo, Señor». Y se postró ante él.

Entonces dijo Jesús:

«Para un juicio he venido a este mundo: para que los que no ven, vean; y los que ven, se vuelvan ciegos».

Algunos fariseos que estaban con él oyeron esto y le dijeron: «¿Es que también nosotros somos ciegos?». Jesús les respondió:

«Si fuerais ciegos, no tendríais pecado; pero, como decís

que veis, vuestro pecado sigue en vosotros.

»En verdad, en verdad os digo que el que no entra por la puerta en el redil de las ovejas, sino que escala por otro lado, ése es un ladrón y un salteador; pero el que entra por la puerta es pastor de las ovejas. A éste le abre el portero, y las ovejas atienden a su voz; luego las llama una por una y las saca fuera. Cuando ha sacado a todas, va delante de ellas, y las ovejas le siguen, porque conocen su voz. En cambio, no seguirían a un extraño; huirían de él, pues las ovejas no reconocen la voz de los extraños». Jesús les dijo esta parábola, pero ellos no comprendieron lo que les hablaba.

Entonces Jesús les dijo de nuevo:

«En verdad, en verdad os digo que yo soy la puerta de las ovejas. Cuantos han venido delante de mí son ladrones y salteadores; pero las ovejas no les escucharon. Yo soy la puerta. Si uno entra por mí, estará a salvo; entrará y saldrá, y encontrará pasto. El ladrón sólo viene a robar, matar y destruir. Yo he venido para que tengan vida y la tengan en abundancia. Yo soy el buen pastor. El buen pastor da su vida por las ovejas. Pero el asalariado, que no es pastor, que no es propietario de las ovejas, abandona las ovejas y huye, cuando ve venir al lobo; y el lobo hace presa en ellas y las dispersa. Como es asalariado, no le importan nada las ovejas. Yo soy el buen pastor; conozco a mis ovejas y las mías me conocen a mí; del mismo modo, el Padre me conoce y yo conozco a mi Padre, y doy mi vida por las ovejas. También tengo otras ovejas, que no son de este redil; también a ésas debo conducir: escucharán mi voz y habrá un solo rebaño, bajo un solo pastor. Por eso me ama el Padre, porque doy mi vida para recobrarla de nuevo. Nadie me la quita; yo la doy voluntariamente. Tengo poder para darla y poder para recobrarla; ésa es la orden que he recibido de mi Padre».

Se produjo otra vez una disensión entre los judíos por estas palabras. Muchos de ellos decían: «Tiene un demonio y está loco. ¿Por qué le escucháis?». Pero otros comentaban: «Esas palabras no son de un endemoniado. ¿Puede acaso un demonio abrir los ojos de los ciegos?».

Se celebraba por entonces en Jerusalén la fiesta de la Dedicación. Era invierno. Jesús se paseaba por el Templo, en el pórtico de Salomón. Los judíos lo rodearon y le preguntaron: «¿Hasta cuándo vas a tenernos en vilo? Si tú eres el Cristo, dínoslo abiertamente». Jesús les respondió:

«Ya os lo he dicho, pero no me creéis. Las obras que hago en nombre de mi Padre son las que dan testimonio de mí. Pero vosotros no creéis, porque no sois de mis ovejas. Mis ovejas escuchan mi voz; yo las conozco y ellas me siguen. Yo les doy vida eterna y no perecerán jamás, y nadie las arrebatará de mi mano. El Padre, que me las ha dado, es más grande que todos, y nadie puede arrebatar nada de la mano del Padre. Yo y el Padre somos uno».

Los judíos trajeron otra vez piedras para apedrearle. Jesús les dijo: «Os he mostrado muchas obras buenas de parte del Padre. ¿Por cuál de esas obras queréis apedrearme?». Le respondieron los judíos: «No queremos apedrearte por ninguna obra buena, sino por una blasfemia, y porque tú, siendo hombre, te haces a ti mismo Dios». Jesús les respondió:

«¿No está escrito en vuestra Ley: 'Yo he dicho: dioses sois'? Si llama dioses a aquellos a quienes se dirigió la palabra de Dios —y no puede fallar la Escritura—, a aquel a quien el Padre ha santificado y enviado al mundo, ¿cómo le decís que blasfema por haber dicho: "Yo soy Hijo de Dios"? Si no hago las obras de mi Padre, no me creáis; pero si las hago, aunque a mí no me creáis, creed al menos por las obras, y así sabréis y conoceréis que el Padre está en mí y yo en el Padre».

Querían de nuevo prenderle, pero se les escapó de las manos.

Se marchó de nuevo al otro lado del Jordán, al lugar donde Juan había estado antes bautizando, y se quedó allí. Muchos acudieron donde él y comentaban: «Juan no realizó ningún signo, pero todo lo que dijo Juan de éste era verdad». Y muchos allí creyeron en él.

Juan 9:1–10:42

 DISCURSO 52

«Yo soy la puerta. [...] Yo soy el buen pastor. [...] Yo y el Padre somos uno»

«Según caminaba, vio a un hombre ciego de nacimiento. Sus discípulos le preguntaron: "Rabbí, ¿quién pecó, él o sus padres, para que haya nacido ciego?". Respondió Jesús: "Ni él pecó ni sus padres; es para que se manifiesten en él las obras de Dios.

»"Mientras es de día tenemos que trabajar en las obras del que me ha enviado; cuando llega la noche, nadie puede trabajar.

»"Mientras estoy en el mundo, soy luz del mundo"» (*Juan* 9:1-5).

Las causas del infortunio: el karma individual o el karma colectivo

La afirmación de Jesús en el sentido de que el hombre no había nacido ciego por causa de sus pecados ni de los pecados de sus padres es motivo de desconcierto para muchos, pues creen que él quiso decir que Dios le negó arbitrariamente la vista para que el poder curativo divino pudiera manifestarse a través de Jesús. A quienes conocen a Dios como el Padre Supremamente Compasivo les resulta totalmente inconcebible la idea de que Él hiciese sufrir durante años a uno de sus hijos con el simple propósito de crear la ocasión para llevar a cabo una demostración milagrosa. Lo que Jesús dio a entender es, más bien, que la enfermedad del hombre estaba vinculada a causas ocultas originadas en vidas pasadas, que habían provocado la afección que ahora padecía, la cual no guardaba relación con acciones que él o sus padres hubiesen realizado en sus respectivas encarnaciones actuales. En todo caso, puesto que el hombre había nacido ciego, no había ninguna posibilidad de que la causa de su mal fuese algún pecado de su actual existencia[1]. No obstante, por ser una persona buena en su vida presente y disponer de virtudes cultivadas en vidas pasadas, había acumulado suficiente buen karma como «para que se manifestasen en él las obras de Dios», es decir, para hacerse merecedor de que, al entrar en contacto con Jesús —el emisario de Dios—, se produjese el milagro de la curación divina.

Los padecimientos que atraviesan los seres humanos pueden ser consecuencia no sólo del karma originado por el pecado individual, sino también del karma colectivo o universal: las calamidades provocadas por el hombre o las calamidades naturales que surgen de condiciones influenciadas o desencadenadas por fuerzas universales o por las vibraciones y acciones acumulativas de las masas en general. Supongamos, por ejemplo, que todos los pasajeros de un avión mueren en un accidente causado por un temporal. Esto no implica necesariamente que todas esas personas estuviesen destinadas por el karma a morir en esa catástrofe. Se trató de un proceso de la naturaleza que afectó a aquella región en aquel momento, y al hecho de que todos los pasajeros hubiesen elegido ese vuelo. Aunque no hubiera ningún pecado en particular que estuviese directamente relacionado con su muerte en tales circunstancias, lo positivo es que al menos

---

[1] En su trabajo académico *Reincarnation for the Christian* [La reencarnación para los cristianos] (Westminster Press, Filadelfia, 1974), el Dr. Quincy Howe Jr., ex profesor de Religiones Comparadas en el Scripps College, escribe acerca de este episodio del ciego de nacimiento:

«Hay una flagrante incoherencia en la pregunta que formulan los discípulos. Le preguntan al Señor si el hombre mismo pudo haber cometido el pecado que le llevó a la ceguera. Dado que el hombre era ciego de nacimiento, nos enfrentamos a una sugestiva pregunta: ¿Cuándo pudo haber cometido transgresiones que le hicieran nacer ciego? La única respuesta concebible es que hubiese ocurrido en algún estado prenatal. La pregunta de los discípulos presupone explícitamente una existencia prenatal. También debe observarse que Cristo no dice nada para disipar o corregir esta suposición. He aquí [en la Biblia] un incontrovertible apoyo a la doctrina de la preexistencia humana. [...] Resulta perfectamente razonable conjeturar, sobre la base de este episodio, que Jesús y sus seguidores aceptaban la preexistencia y le daban tan poca importancia que la pregunta acerca de un pecado prenatal ni siquiera requería una respuesta. [...] Tenemos aquí una declaración explícita acerca de la existencia prenatal, con todas sus repercusiones en lo que respecta al karma y a la reencarnación». *(Nota del editor).*

las personas involucradas en la tragedia expiaron de ese modo parte de su karma personal adverso. Pero consideremos, por otra parte, la posibilidad de que uno de los pasajeros hubiera sobrevivido de manera milagrosa, o que algún impedimento evitase que una persona abordara ese vuelo; en ambos casos, parte de su buen karma personal intervino específicamente para salvarlos. Podría concluirse que esas personas se salvaron «para que se manifestaran en ellas las obras de Dios», para que Dios mostrase su compasión y protección a través del funcionamiento de la ley kármica, mediante la cual los efectos de nuestras buenas acciones pueden neutralizar o mitigar en nosotros mismos las consecuencias de lo que, por otra parte, puede ser una devastadora catástrofe colectiva.

El karma colectivo de la época y del entorno en que vivía Jesús hacía que los recién nacidos estuviesen sujetos a diversas enfermedades y malformaciones, y el nacimiento del ciego en dichas circunstancias, determinado en general por las acciones de sus vidas pasadas, era probablemente la causa natural de su defecto congénito. Pero merced a la gracia divina activada por su buen karma, el invidente había tenido la bendición de recibir de Jesús —que «tenía que trabajar en las obras del que le había enviado»— el milagro de la curación.

«Mientras es de día»: los ciclos cósmicos de creación y disolución

Cuando Jesús dijo: *«mientras estoy en el mundo, soy luz del mundo»*, hacía referencia en forma impersonal a su unidad con la Conciencia Crística, la luz de la inteligencia divina que guía el cosmos[2]. Sus palabras sobre que tenemos que trabajar en las obras de Dios *«mientras es de día»* porque *«cuando llega la noche, nadie puede trabajar»* deben considerarse también desde el punto de vista de su cósmica Conciencia Crística. A este respecto, Jesús se refería a dos significados, uno personal y el otro universal. El primero —una alusión al corto tiempo que su divina encarnación individual permanecería en el plano terrenal— sólo puede comprenderse totalmente si estas palabras se entienden de acuerdo con su significado metafísico y más amplio, que es el siguiente:

En el sentido universal, *«día»* es una referencia al período durante el cual el Espíritu manifiesta la creación y *«noche»* significa el período de disolución cósmica, en el cual nada existe excepto el Espíritu Absoluto Inmanifestado: solo, indiferenciado, desprovisto de

[2] Véase el comentario acerca de *Juan* 8:12, *«Yo soy la luz del mundo»*, en el discurso 51.

toda oscilación de la vibratoria actividad creativa *(«trabajar»)*[3]. Mientras perdura la creación vibratoria, durante el largo período cíclico de la manifestación universal, Dios existe como el Padre (el Creador trascendente), el Hijo (la Conciencia Crística, el reflejo de la Inteligencia del Padre, omnipresente en la creación) y el Espíritu Santo (la Vibración Cósmica, hacedora y sustancia de todas las manifestaciones de la creación). Por medio de la disolución universal periódica *(mahapralaya,* la disolución cósmica total, mayor que el Diluvio de Noé, el cual fue sólo una disolución parcial o *khanda pralaya),* Dios retira la Sagrada Vibración y disuelve la creación entera; de ese modo, automáticamente Dios Padre, el Hijo y el Espíritu Santo se funden en el único Espíritu Absoluto No Manifestado, donde se sumergen hasta el amanecer del siguiente *«día»* o ciclo de creación manifestada[4].

---

[3] En el *Bhagavad Guita,* Krishna expone: «El *Om* que da lugar al nacimiento, preservación y destrucción de los seres y sus diversas naturalezas se llama Karma (la acción cósmica). [...] Son verdaderos conocedores del "día" y de la "noche" aquellos que comprenden qué es el Día de Brahma, cuya duración es de mil ciclos *(yugas),* y la Noche de Brahma, que también dura mil ciclos. En el amanecer del Día de Brahma, toda la creación renace y emerge del estado inmanifestado; en el crepúsculo de la Noche de Brahma, toda la creación se sumerge en el sueño de lo inmanifestado» (VIII:3, 17-18).

«Al dar nueva vida a Prakriti (*Om,* la Vibración Cósmica Creativa) —emanación de mi propio Ser—, una y otra vez genero esta miríada de criaturas, sujetas todas a las leyes finitas de la Naturaleza. [...] Es sólo mi presencia fecundante la que ocasiona que la Madre Naturaleza dé a luz lo animado y lo inanimado. Es por Mí (a través de Prakriti) que los mundos giran en ciclos alternantes (de creación y disolución)» (IX:8, 10). (Véase *El Yoga del Bhagavad Guita*).

El tema de los ciclos o *yugas* se trata con mayor detalle en el comentario acerca de estas estrofas del *Bhagavad Guita* en la obra *God Talks With Arjuna.*

[4] La disolución cósmica puede ser o bien sólo parcial y transitoria, o completa y por un largo período. En la disolución parcial y transitoria se desintegra únicamente una parte de los mundos y de la materia; en la disolución completa, en cambio, se disuelven en el Espíritu la totalidad del sistema de universos, todas las estrellas y planetas, y todos los seres. Sin embargo, la disolución de la creación entera —aquella en que se pone fin en forma permanente a todas las manifestaciones— es imposible mientras no se hayan liberado de los deseos mortales todas las almas y hayan alcanzado así la completa liberación en Dios. Con el objeto de proveer de tiempo suficiente a la infinita familia de almas para el lento regreso evolutivo a su Creador, Dios mantiene en rotación los ciclos alternantes de manifestación (día) y disolución (noche), que duran eones si se calculan según la pequeña escala del calendario de un sistema solar. Durante la noche, Dios proporciona un prolongado descanso cósmico tanto a todas las almas no redimidas ¡como a Sí Mismo!, después de lo cual el Espíritu Santo, la Vibración de *Om,* debe crear de nuevo el universo entero a instancias de Dios Padre. A causa de los inagotables deseos de las criaturas, el universo, modelado conforme a los anhelos que éstas abrigan, se crea una y otra vez, incesantemente, para que puedan dar curso a sus locuras y llevar a cabo su definitivo aprendizaje divino.

Así pues, lo que Jesús expresó es lo siguiente: «Mientras es de día (es decir, mientras toda la creación se encuentra en el estado de manifestación), la Inteligencia Crística debe llevar a cabo la tarea de mantener la creación en orden, conduciendo dicha creación y a todos los seres que habitan en ella hacia una armonía siempre creciente y hacia la suprema perfección. Pero al llegar la noche o disolución cósmica de toda la creación, la Conciencia Crística reflejada, desprovista del recipiente vibratorio en el cual se manifiesta, se retira hacia Dios Padre trascendente, del mismo modo que el reflejo de la luna se une con la luna del cielo cuando uno retira el espejo en que se refleja. La Conciencia Crística no tiene entonces ningún vehículo a través del cual actuar, debido a la disolución de la creación entera en Dios. Sin embargo, mientras exista el mundo o creación cósmica, la Conciencia Crística seguirá siendo la luz rectora, el principio inteligente de dicha creación, tanto en el universo entero como en mí».

Además de transmitir estas verdades cósmicas relacionadas con la Conciencia Crística universal, cuando Jesús menciona el *«día»* y la *«noche»* está haciendo también alusión a su propia persona y proporciona un indicio acerca de la brevedad de su encarnación física. En lo que respecta al alma individual, la *«noche»* o disolución es una referencia a la desintegración de la conciencia ilusoria del cuerpo material, que también puede ser parcial o total: de manera inconsciente, durante el sueño (disolución parcial) o en la muerte (disolución total); y de modo consciente, en el estado de trascendencia espiritual (en las formas inferiores o superiores de *samadhi*[5]).

---

[5] En una carta a su discípulo Rajarsi Janakananda, cuyo desarrollo espiritual era muy avanzado, Paramahansa Yogananda le escribió lo siguiente: «Existen dos clases de disoluciones o "diluvios" individuales. Primero, la disolución parcial del sueño y, segundo, la disolución mayor de la muerte. 1) La disolución parcial del sueño disuelve a diario la imagen cotidiana de la vida; el alma experimenta inconscientemente su naturaleza bendita e invisible. 2) La muerte consiste en una disolución mayor en la que el alma se percata de que el cuerpo es sólo una sombra, una imagen proyectada en la pantalla del teatro cósmico. Ambos procesos mencionados se imponen sobre el ser humano de manera inconsciente. Por eso, los yoguis aprenden a inducir la disolución parcial y la disolución mayor en forma consciente por medio del *pranayama* que, en la etapa inicial, consiste en desconectar la fuerza vital de los nervios sensoriales y motores (como ocurre en el sueño) y, en la etapa más avanzada, implica desconectar esa fuerza vital de los nervios sensoriales y motores y, también, de los músculos, los pulmones, el corazón, la espina dorsal, los siete centros cerebroespinales, etc. El yogui, a fin de destruir la falsa realidad que el cuerpo y su entorno representan, y poder percibir su cuerpo y el mundo como imágenes, además de comprender la verdadera naturaleza del alma invisible, debe ser capaz de efectuar a voluntad tanto la disolución parcial,

Jesús, por lo tanto, dio a entender que el «*día*» —el período de manifestación de su cuerpo mortal como recipiente de la Conciencia Crística infinita— sólo se prolongaría por breve tiempo y que él emplearía en la tierra toda ocasión para trabajar en la obra de Dios. Cuando «llegase la noche» —cuando su forma terrenal y la Conciencia Crística se disolviesen en el Espíritu, en el grandioso estado nocturno de completa liberación en la Conciencia Cósmica—, él ya no se manifestaría con tanta facilidad ante los afligidos de esta tierra[6]. Por esa razón, Jesús deseaba hacer todo el bien posible mientras su cuerpo aún permaneciese en la tierra, con el objeto de establecer su misión de amor divino y elevar las almas hasta la presencia de Dios a través de la Conciencia Crística.

~

> *«Dicho esto, escupió en tierra, hizo barro con la saliva y untó con el barro los ojos del ciego. Luego le dijo: "Vete, lávate en la piscina de Siloé" —que quiere decir "Enviado"—. Él fue, se lavó y volvió ya viendo»* (*Juan* 9:6-7).

Jesús no necesitaba ni del barro ni de las aguas de la piscina de Siloé para llevar a cabo esta curación. Él dirigió la atención del ciego a estos intermediarios físicos con el fin de estimular y enfocar la fe del hombre y despertar así una mayor receptividad hacia la verdadera, aunque invisible, fuerza curativa que le transmitió al hombre y con la cual recargó el barro por medio de la saliva[7]. A continuación indicó al hombre que se lavase en la piscina de Siloé, cuyas aguas eran consideradas sagradas. Todos los lugares de peregrinaje en los que mucha gente se reúne y concentra sus pensamientos en Dios poseen

---

que en sánscrito se denomina *khanda* (parcial) *pralaya* (disolución), como la disolución mayor o *mahapralaya* [...].

»Te ruego que practiques estos dos estados de conciencia: el *samadhi* sensorial y motor en el que permanece el latido del corazón, así como el *samadhi* de relajación sensorial y motora en el que desaparece el latido del corazón. De ese modo, experimentarás que el universo es el cinematógrafo cósmico de Dios».

[6] «*Entonces él dijo: "Voy a estar con vosotros todavía un poco de tiempo; y volveré al que me ha enviado. Me buscaréis y no me encontraréis; y vosotros no podéis ir adonde yo estoy"*»* (*Juan* 7:33-34; véase el discurso 50).

[7] Compárese con *Marcos* 7:31-37. (Véase el discurso 44).

vibraciones divinas y, también, ayudan a despertar la fe de las personas que ansían sanar[8]. Jesús estaba seguro de la semilla de poder divino que sembraba en el ciego, pero no tenía la certeza de contar con la fertilidad del suelo de la fe en aquel hombre. Por ese motivo llevó a cabo un ritual externo que consistió en preparar un ungüento de barro, ungir con él los ojos del ciego y pedirle luego que se los lavara en las aguas purificadoras, tras lo cual se manifestó la curación.

~

«Los vecinos y los que solían verle antes mendigar comentaban: "¿No es éste el que se sentaba para mendigar?". Unos decían: "Es él". "No —decían otros—, será alguien que se le parece". Pero él decía: "Soy yo". Le preguntaron entonces: "¿Cómo, pues, se te han abierto los ojos?". Él respondió: "Ese hombre que se llama Jesús hizo barro, me untó los ojos y me dijo: 'Vete a Siloé y lávate'. Yo fui, me lavé y vi". Ellos le preguntaron: "¿Dónde está ése?". Respondió: "No lo sé".

»Entonces llevaron a los fariseos al que antes era ciego. Era sábado el día en que Jesús hizo barro y le abrió los ojos. También los fariseos le preguntaron cómo había recobrado la vista. Él les dijo: "Me puso barro sobre los ojos, me lavé y veo". Algunos fariseos comentaban: "Este hombre no viene de Dios, porque no guarda el sábado". Otros decían: "Pero ¿cómo puede un pecador realizar semejantes signos?". Y había disensión entre ellos. Entonces le preguntaron otra vez al ciego: "¿Y tú qué dices de él, ya que te ha abierto los ojos?". Él respondió: "Que es un profeta".

»Los judíos no creían que aquel hombre hubiera sido ciego; así que llamaron a los padres del que había recobrado la vista y les preguntaron: "¿Es éste vuestro hijo, el que decís que nació ciego? ¿Cómo, pues, ve ahora?". Sus padres respondieron:

[8] La piscina de Siloé estaba localizada dentro de los muros de Jerusalén y se alimentaba por medio de un conducto que canalizaba el agua de una fuente situada fuera de la ciudad. Con respecto a esta piscina, el comentarista de la Biblia John Gill escribió: «Los judíos concurrían a la fiesta de las Tiendas, extraían agua con gran regocijo, se la llevaban y la vertían sobre el altar; los sacerdotes bebían también de esas aguas para mejorar la digestión, cuando habían comido demasiada carne; asimismo, el agua de la piscina se utilizaba para lavarse en caso de impureza».

"Nosotros sabemos que éste es nuestro hijo y que nació ciego. Pero cómo ve ahora, lo ignoramos; y tampoco sabemos quién le ha abierto los ojos. Preguntadle, que ya tiene edad y puede hablar de sí mismo". Sus padres decían esto por miedo a los judíos, pues éstos se habían puesto ya de acuerdo en que, si alguno lo reconocía como Cristo, quedara excluido de la sinagoga. Por eso dijeron sus padres: "Edad tiene; preguntádselo a él".

»Llamaron por segunda vez al hombre que había sido ciego y le dijeron: "Da gloria a Dios. Nosotros sabemos que ese hombre es un pecador". Les respondió: "Si es un pecador, no lo sé. Sólo sé una cosa: que era ciego y ahora veo". Le preguntaron entonces: "¿Qué hizo contigo? ¿Cómo te abrió los ojos?". Él replicó: "Os lo he dicho ya, y no me habéis escuchado. ¿Por qué queréis oírlo otra vez? ¿Es qué queréis también vosotros haceros discípulos suyos?". Ellos le llenaron de injurias y le dijeron: "Tú serás discípulo de ese hombre; nosotros somos discípulos de Moisés. Nosotros sabemos que a Moisés le habló Dios; pero ése no sabemos de dónde es". El hombre les respondió: "Eso es lo extraño: que vosotros no sepáis de dónde es y que me haya abierto a mí los ojos. Sabemos que Dios no presta atención a los pecadores; sin embargo, escucha al que es religioso y cumple su voluntad. Jamás se ha oído decir que alguien haya abierto los ojos de un ciego de nacimiento. Si éste no viniera de Dios, no podría hacer nada". Ellos le respondieron: "Has nacido todo entero en pecado, ¿y pretendes darnos lecciones?". Y lo echaron fuera.

»Jesús se enteró de que lo habían echado fuera. Cuando se encontró con él, le preguntó: "¿Tú crees en el Hijo del hombre?"» (*Juan* 9:8-35).

«¿Crees en la Conciencia Crística, que es el reflejo unigénito, o Hijo, que ha emanado de Dios Padre?».

~

«Él respondió: "¿Y quién es, Señor, para que crea en él?". Jesús le dijo: "Le has visto. Es el que está hablando contigo". A lo que él contestó: "Creo, Señor". Y se postró ante él» (*Juan* 9:36-38).

«Has visto el cuerpo en que mora la Conciencia Crística. Es la Conciencia Crística —el Hijo de Dios— la que se halla tras las palabras del hombre llamado Jesús».

El testimonio anterior refleja la innata humildad de Jesús. En ningún momento se refiere a su ego como el Cristo, sino que, de modo indirecto, hace referencia a la Conciencia Crística, indicando que es el reflejo de Dios que mora en su interior.

~

> *«Entonces dijo Jesús:*
>
> *»"Para un juicio he venido a este mundo: para que los que no ven, vean; y los que ven, se vuelvan ciegos"»* (*Juan* 9:39).

«Yo soy la Conciencia Crística omnipresente en el cosmos, que ha venido a dar al cosmos el juicio de la ley cósmica a fin de guiarlo con inteligencia[9]. Esa misma Conciencia Crística también se manifiesta en mi cuerpo para que yo pueda prodigar discernimiento y sabiduría a aquellos que, a pesar de ser espiritualmente ignorantes, confiesan, sin embargo, su ignorancia y se esfuerzan al máximo por percibir la verdad. La sabiduría que se manifiesta en mi vida ayudará a que se abran los ojos de quienes creen que conocen la verdad pero se hallan cegados por la ignorancia. Merced a mi sabiduría, el humilde devoto que está espiritualmente ciego verá la verdad; y la luz de mi sabiduría revelará la ceguera de quienes se inclinan hacia la mundanalidad y, en su ignorancia espiritual, creen conocer la verdad, cuando en realidad no la conocen».

~

> *«Algunos fariseos que estaban con él oyeron esto y le dijeron: "¿Es que también nosotros somos ciegos?". Jesús les respondió:*
>
> *»"Si fuerais ciegos, no tendríais pecado; pero, como decís que veis, vuestro pecado sigue en vosotros"»* (*Juan* 9:40-41).

[9] El término «*juicio*» es una referencia a la divina inteligencia cósmica y no a un proceso condenatorio, como lo interpretan los dogmáticos. Véase también el comentario sobre *Juan* 5:22 (discurso 21, en el volumen I), «*Porque el Padre no juzga a nadie, pues todo juicio lo ha entregado al Hijo*», y los versículos siguientes que se citan en dicho discurso.

«Si reconocieseis que sois espiritualmente ciegos, os podría ayudar a liberaros del pecado de la ignorancia; pero dado que decís con arrogancia: "Vemos", a pesar de que no podéis percibir la verdad, el pecado aún habita en vosotros».

Jesús señala que quienes procuren curarse de su ignorancia espiritual con la ayuda de un gurú auténtico serán sanados de la ceguera de la ignorancia. En cambio, los que se obstinen en conservar ofuscada su visión espiritual seguirán inmersos en los oscuros engaños que ellos mismos han perpetuado.

~

> «*"En verdad, en verdad os digo que el que no entra por la puerta en el redil de las ovejas, sino que escala por otro lado, ése es un ladrón y un salteador; pero el que entra por la puerta es pastor de las ovejas. A éste le abre el portero, y las ovejas atienden a su voz; luego las llama una por una y las saca fuera. Cuando ha sacado a todas, va delante de ellas, y las ovejas le siguen, porque conocen su voz. En cambio, no seguirían a un extraño; huirían de él, pues las ovejas no reconocen la voz de los extraños". Jesús les dijo esta parábola, pero ellos no comprendieron lo que les hablaba*» (*Juan* 10:1-6).

En este pasaje, Jesús se refiere de nuevo a los falsos profetas y charlatanes que afirman haber recibido el poder de conferir iluminación y liberación, pero sólo ofrecen caminos que son producto de su imaginación y que no están fundamentados en la verdad ni cuentan con el respaldo de la voluntad de Dios. Jesús critica a aquellos que con falsedades confunden al buscador espiritual, cuando ellos mismos carecen de comunión divina o de sintonía con las sabias enseñanzas de un emisario espiritual que haya recibido el reconocimiento de Dios. La analogía de Jesús referente al «*pastor*» y «*la puerta*» alude al hecho de que su propia Conciencia Crística y su realización divina cumplen los requisitos de quien se halla capacitado para que el Señor le designe como *satguru* (un canal supremo de las bendiciones y de la guía de Dios) y como *jagadguru* (un emisario que conoce a Dios y tiene la misión universal de salvar almas):

«Con la certeza que proviene de la verdad intuitiva que percibo en mi interior, os aseguro que todo presunto maestro espiritual que no haya hecho pasar su conciencia a través de la puerta interior de la unión divina hasta alcanzar la Conciencia Crística y la Conciencia Cósmica no puede ser considerado un verdadero pastor de almas, un salvador, una persona apta para guiar a los devotos al reino de Dios. Todo líder espiritual que se eleve a esta posición *"por otro lado"* (por medio del engaño, la falsa personalidad, el magnetismo animal, la espiritualidad fingida y la hipócrita oratoria desprovista de la percepción de Dios, cuyo fin es atraer hacia sí mismo la atención del rebaño de sinceros buscadores de la verdad) es, en términos metafísicos, *"un ladrón y un salteador"* que, mediante una atroz tergiversación, roba y se adjudica la devoción de los buscadores, la cual por legítimo derecho le pertenece únicamente a Dios.

Cómo reconocer a los verdaderos pastores de almas y distinguirlos de los falsos profetas

»A diferencia de los falsos maestros que alimentan su ego con la adoración de sus adeptos —adoración que le roban a su genuino dueño—, el auténtico pastor espiritual (el gurú o maestro que conoce a Dios) es un canal puro y diáfano, libre de las obstrucciones del ego, que transmite hacia Dios toda la devoción que recibe de sus discípulos.

»Al verdadero gurú-pastor, el Portero Celestial le abre la puerta que lleva hasta todos los secretos divinos, a través de la cual el gurú, a su vez, conduce a los buscadores de la verdad que le siguen con la obediencia y mansedumbre de las ovejas.

»Los devotos cuya alma es atraída conscientemente hacia el gurú y que se mantienen en sintonía con sus vibraciones (con *"su voz"*) logran seguir sus directrices. Al encontrarse en sintonía divina con su gurú, intuitivamente sienten sus vibraciones cuando se esfuerzan por seguir su guía y emular su ejemplo espiritual. Cuando el maestro espiritual conduce la conciencia de sus devotos hacia Dios en la meditación, él mismo les precede, al alcanzar el éxtasis profundo, y les llama a dirigirse hacia la Conciencia Cósmica por medio de la vibración del Espíritu Santo inherente a su Conciencia Crística. Los devotos fervientes, que meditan con un gurú que se halla en sintonía con el éxtasis, o que se sintonizan espiritualmente con el gurú al utilizar los métodos que él les ha enseñado, aprenden de manera gradual a seguir la guía de la conciencia de su maestro hasta alcanzar la liberación en la Conciencia Cósmica.

»Los devotos sinceros no seguirán a un *"extraño"*, a un presunto maestro no reconocido como tal por Dios. Evitarán a quienes se erigen a sí mismos como guías espirituales, ya que no sienten ninguna sintonía con quienes carecen de realización divina y no han sido designados por Dios».

Jesús señala una vez más que es Dios quien reúne a los auténticos maestros espirituales con los devotos sinceros, en contraposición a los métodos materiales poco espirituales que, con la finalidad de congregar multitudes de adeptos, emplean los autoproclamados predicadores. Jesús había dicho en una oportunidad anterior: «*Nadie puede venir a mí, si el Padre que me envía no lo atrae*»[10]. Por lo tanto, conforme a las palabras de Jesús, resulta evidente que los verdaderos devotos no son atraídos hacia los falsos maestros, por populares que éstos sean.

Cuando un devoto ora intensamente a Dios pidiéndole conocer la verdad, Él le envía un verdadero gurú para que le guíe. Esta gracia divina le es concedida cuando, por medio de la sincera perseverancia de sus súplicas, le demuestra al Señor su deseo de alcanzar la liberación. Si el devoto es constante tanto en sus oraciones como en su fe, sin duda alguna Él responderá enviándole a esa alma un auténtico gurú, cuyas sabias enseñanzas y sus vibraciones de la conciencia de Dios harán que el Portero Divino le abra al devoto la puerta interior de la salvación. El gurú le confiere al devoto el bautismo espiritual, mediante el cual el Señor abre el ojo espiritual por cuya entrada penetra la conciencia del devoto siguiendo la «*voz*» (la vibración del Espíritu Santo) del pastor de la Conciencia Crística que le conduce hacia la Conciencia Cósmica de Dios[11].

Sólo un verdadero gurú recibe de Dios el poder para establecer con los discípulos una relación divina que le permite sacar del redil común del engaño a aquellos que están bajo su cuidado, a fin de conducirlos hacia los celestiales pastos de la conciencia divina.

~

> «*Entonces Jesús les dijo de nuevo:*
>
> »*"En verdad, en verdad os digo que yo soy la puerta de las ovejas. Cuantos han venido delante de mí son ladrones y salteadores; pero las ovejas no les escucharon. Yo soy la puerta. Si uno entra por mí, estará a salvo; entrará y saldrá, y encontrará pasto. El ladrón sólo viene a robar, matar y destruir. Yo he venido para que tengan vida y la tengan en abundancia"*» (*Juan* 10:7-10).

---

10 *Juan* 6:44. (Véase el discurso 43).

11 Véanse los discursos 9 y 13 (volumen I).

«En verdad, os aseguro que la Conciencia Crística que se encuentra en mí y en todas las almas liberadas es la única puerta por la que los devotos pueden entrar en la Conciencia Cósmica[12]. Tal experiencia es la que identifica a todos aquellos que son realmente grandes maestros. Mas los falsos maestros espirituales que *"han venido delante de mí"* —es decir, que enaltecen su propio ego y su personalidad con el objeto de atraer devotos y no han alcanzado ninguna experiencia de la Conciencia Crística— son ladrones y salteadores metafísicos que roban y usurpan la devoción de los devotos que estaba dedicada a Dios. Sin embargo, quienes de este modo se enaltecen a sí mismos, eclipsando con su conciencia humana egoísta la Conciencia Crística que mora en sus almas, no logran que los devotos sinceros *("las ovejas")* escuchen su vana retórica.

«Yo soy la puerta»: la Conciencia Crística es el único portal que conduce a la liberación

»La Conciencia Crística es la puerta. Si algún devoto la atraviesa mediante la práctica de la meditación —es decir, si puede percibir que la Conciencia Crística presente en mí se encuentra también en su propia alma— logrará la salvación. Tendrá el privilegio de atravesar la puerta pránica de la estrella del ojo espiritual, *"entrará y saldrá":* podrá escapar para siempre del sufrimiento de las reencarnaciones y alcanzar la libertad absoluta de la Conciencia Cósmica, o bien regresar al mundo por voluntad propia con el propósito de ayudar a la humanidad. Hallará el *"pasto"* de la felicidad eterna.

»El ladrón universal es la ignorancia (*maya,* el engaño cósmico), que únicamente ha venido al mundo para robar la conciencia del hombre y alejarla de Dios, y para convertir al ser humano en un ser mortal mediante la experiencia de la muerte, y para destruir por medio de conceptos erróneos su divina herencia de sabiduría y gozo del alma. Los falsos maestros, que están ellos mismos embaucados por el engaño, son cómplices de semejante robo. No conocen a Dios y no pueden, por lo tanto, impartir la conciencia divina a los demás; de hecho, en su ignorancia, no sólo destruyen su propia sabiduría potencial sino también la de sus desafortunados seguidores. La Conciencia Crística, omnipresente en el mundo, se ha manifestado en mi cuerpo con el propósito de que los buscadores sinceros puedan tener evidencia de que hallarán en el

---

12 *«Yo soy el Camino, la Verdad y la Vida. Nadie va al Padre sino por mí»* (*Juan* 14:6; véase el discurso 70, en el volumen III).

Cristo Infinito la Vida Eterna y la divina abundancia inherente a ésta».

Cuando Jesús dijo: «*Cuantos han venido delante de mí son ladrones y salteadores; pero las ovejas no les escucharon*», no pretendía dar a entender que Abrahán, Moisés, Elías, Buda, Juan el Bautista y los otros grandes maestros que habían venido antes que él fuesen ladrones y salteadores. Es un lamentable error teológico el pensar que Jesús pudo haber tenido la intención de desacreditar a todos los profetas y maestros que le precedieron en su venida al mundo. Las divinas encarnaciones de Bhagavan Krishna y Gautama Buda, nacidos siglos antes de la época de Jesús, condujeron a numerosos discípulos a la completa liberación espiritual y aún continúan llevando a cabo sus obras de redención. Elías, que vino mucho antes de Jesús, fue otro auténtico pastor de almas, entre ellas la de Eliseo, que fue una encarnación anterior de Jesús. Por consiguiente, Jesús jamás pudo haberse expresado en tono despectivo acerca de estos y otros grandes profetas y visionarios que vivieron en épocas anteriores a su venida a la tierra.

~

> «*Yo soy el buen pastor. El buen pastor da su vida por las ovejas. Pero el asalariado, que no es pastor, que no es propietario de las ovejas, abandona las ovejas y huye, cuando ve venir al lobo; y el lobo hace presa en ellas y las dispersa. Como es asalariado, no le importan nada las ovejas. Yo soy el buen pastor; conozco a mis ovejas y las mías me conocen a mí; del mismo modo, el Padre me conoce y yo conozco a mi Padre, y doy mi vida por las ovejas*» (*Juan* 10:11-15).

«La Conciencia Crística presente en mí es el recipiente de toda bondad y es el pastor de los buscadores sinceros, que puede guiar hacia la Conciencia Cósmica a los devotos que meditan profundamente. El pastor espiritual, el auténtico gurú que se encuentra en sintonía con la Conciencia Crística, transmite su vida eterna a los discípulos humildes y receptivos; además, está dispuesto a sacrificar su propia vida, si es necesario, por la salvación de sus discípulos.

«El buen pastor»: un auténtico gurú que ha alcanzado la sintonía con la Conciencia Crística

»Pero *"el asalariado"* —el predicador profesional que imparte enseñanzas sólo para ganarse la vida— no cuenta con el poder que posee el pastor designado por Dios para proteger espiritualmente en el redil de la Conciencia Crística a los buscadores espirituales que están bajo su cuidado. Como no siente un verdadero compromiso hacia sus adeptos —compromiso que sí existe en el caso del vínculo fundamentado en Dios que se establece entre el gurú-pastor y sus ovejas—, el asalariado huye impotente (y sin sentirse realmente responsable) cuando el rebaño es atacado por el lobo de la ignorancia y de las dificultades materiales y espirituales. Indefensos, los seguidores caen presa del lobo y se dispersan en la región del engaño. Sin un pastor que los conduzca hasta los pastos de la liberación, es posible que deambulen sin rumbo durante numerosas encarnaciones.

»La Conciencia Crística que mora en mi interior reconoce a los buscadores espirituales sinceros que me han sido enviados para que los guíe y, a su vez, los buscadores sinceros reconocen la presencia del Espíritu en mí. El Padre, la Conciencia Cósmica, reconoce la Conciencia Crística que habita en mí, y la Conciencia Crística presente en mí hace lo propio con la Conciencia Cósmica. La Conciencia Crística ha venido a través de mí con el objeto de ofrecer su vida eterna, mediante el sacrificio de mi vida, para la liberación de mi rebaño de fieles devotos».

~

> *«También tengo otras ovejas, que no son de este redil; también a ésas debo conducir: escucharán mi voz y habrá un solo rebaño, bajo un solo pastor. Por eso me ama el Padre, porque doy mi vida para recobrarla de nuevo. Nadie me la quita; yo la doy voluntariamente. Tengo poder para darla y poder para recobrarla; ésa es la orden que he recibido de mi Padre»* (*Juan* 10:16-18).

Jesús se diferencia categóricamente a sí mismo de los instructores comunes cuando asegura que es capaz de cuidar del progreso espiritual de las almas no sólo durante el lapso de una vida en la tierra, sino también en el estado posterior a la muerte y en encarnaciones futuras. En virtud de que había recibido de Dios ese poder y encarnaba el espíritu siempre viviente de un verdadero gurú-pastor —un salvador—, él pudo afirmar: «Existen otras almas que conozco de pasadas encarnaciones, pero no forman parte del redil o grupo de discípulos de esta vida. También a ellos —así como a otras almas que Dios me enviará en tiempos futuros— debo conducirlos hasta el Padre Celestial (la Conciencia Cósmica) por medio de mi voz (la Vibración Cósmica). Todos los devotos que aspiran a alcanzar la liberación forman parte del mismo rebaño de la verdad y tendrán un solo pastor: la Conciencia Crística.

»El Padre Celestial me ama porque sirvo a sus devotos dándoles vida eterna a través de este cuerpo llamado Jesús, y también les serviré después de que mi cuerpo sea llevado de esta tierra. Ningún ser humano puede destruir la vida eterna de mi Conciencia Crística, y tampoco podría destruir la vida de mi cuerpo si no fuese por el hecho de que yo voluntariamente estoy entregando mi vida corporal en servicio de todos. El Padre Celestial me ha concedido poder para dar la vida de este cuerpo llamado Jesús y, también, para resucitarlo después de la muerte. He recibido de mi Padre Celestial ese mandato y ese poder».

~

> *«Se produjo otra vez una disensión entre los judíos por estas palabras. Muchos de ellos decían: "Tiene un demonio y está loco. ¿Por qué le escucháis?". Pero otros comentaban: "Esas palabras no son de un endemoniado. ¿Puede acaso un demonio abrir los ojos de los ciegos?".*
>
> *»Se celebraba por entonces en Jerusalén la fiesta de la Dedicación*[13]*. Era invierno. Jesús se paseaba por el Templo, en el pórtico de Salomón. Los judíos lo rodearon y le preguntaron: "¿Hasta cuándo vas a tenernos en vilo? Si tú eres el Cristo, dínoslo abiertamente". Jesús les respondió:*
>
> *»"Ya os lo he dicho, pero no me creéis. Las obras que hago en nombre de mi Padre son las que dan testimonio de mí. Pero vosotros no creéis, porque no sois de mis ovejas. Mis ovejas escuchan mi voz; yo las conozco y ellas mi siguen. Yo les doy vida eterna y no perecerán jamás, y nadie las arrebatará de mi mano. El Padre, que me las ha dado, es más grande que todos, y nadie puede arrebatar nada de la mano del Padre. Yo y el Padre somos uno"»* (*Juan* 10:19-30).

---

[13] Janucá, la «fiesta de las luces», que conmemora la reinauguración del templo en el año 164 a. C.

«Ya os dije quién soy y no me creéis. Los milagros de curación de cuerpos y almas que he hecho en nombre de mi Padre Celestial dan testimonio de la Conciencia Crística presente en mí. Pero no creéis en mí porque carecéis de la devoción y de la conciencia despierta que poseen mis discípulos, quienes merced a la práctica de la meditación oyen mi voz —la voz de la Vibración Cósmica— y sienten en su interior la Conciencia Crística. Asimismo, la Conciencia Crística que habita en mí está siempre en sintonía con los devotos sinceros que me siguen fielmente.

«Yo y el Padre somos uno»

»Cuando mis devotos establezcan pleno contacto con la Conciencia Crística que se manifiesta en mí, jamás volverán a experimentar la muerte con el aterrador sentimiento de que ha llegado el fin definitivo (como le ocurre al hombre común), sino que reconocerán la vida eterna de sus almas. Tampoco podrá ningún ser humano ni deseo material alguno arrebatarlos de mi Conciencia Crística (de *"mi mano"*) una vez que se hayan establecido en dicha Conciencia como resultado de su constancia en la meditación profunda y en el éxtasis.

»Mi Padre, la Conciencia Cósmica, de quien emana la Conciencia Crística —la cual Él manifestó en mí y puede ser percibida por todos los devotos que meditan profundamente—, es mucho mayor que la suma de todo cuanto ha creado. Una vez que los devotos alcanzan, a través de la Conciencia Crística, la esfera de la Conciencia Cósmica *("la mano del Padre"),* ya no pueden ser obligados a reencarnar en la tierra por el poder o la incitación de ningún deseo material que quizá persistiera de pasadas encarnaciones.

»Dado que la Conciencia Crística, presente en mi cuerpo y omnipresente en la creación vibratoria, es una con la Conciencia Cósmica trascendente, os aseguro que en verdad yo y el Padre somos uno».

De modo similar, Bhagavan Krishna se refirió a su Conciencia Universal *(Kutastha Chaitanya)* señalando que dicha Conciencia era una con el Absoluto trascendental: «Pues Yo soy el fundamento del Infinito, del Inmortal, del Indestructible y, también, del Dharma eterno y de la Dicha absoluta»[14].

Cuando Jesús expresó: *«no sois de mis ovejas»*, quiso decir que quienes se oponían a él y dudaban de sus palabras no merecían la

---

[14] *God Talks With Arjuna: The Bhagavad Gita* XIV:27. (Véase *El Yoga del Bhagavad Guita*).

gracia divina de recibir en esa época la redención a través de su persona. Como hizo en otras ocasiones, Jesús enfatiza en este pasaje el hecho de que nadie encuentra a Dios hasta que se ha convertido en un fiel buscador y el Señor le conduce hacia un gurú divinamente designado que cumple con los requisitos necesarios para ser su salvador.

~

«Los judíos trajeron otra vez piedras para apedrearle. Jesús les dijo: "Os he mostrado muchas obras buenas de parte del Padre. ¿Por cuál de esas obras queréis apedrearme?". Le respondieron los judíos: "No queremos apedrearte por ninguna obra buena, sino por una blasfemia, y porque tú, siendo hombre, te haces a ti mismo Dios". Jesús les respondió:

»"¿No está escrito en vuestra Ley: 'Yo he dicho: dioses sois'? Si llama dioses a aquellos a quienes se dirigió la palabra de Dios —y no puede fallar la Escritura—, a aquel a quien el Padre ha santificado y enviado al mundo, ¿cómo le decís que blasfema por haber dicho: 'Yo soy Hijo de Dios'? Si no hago las obras de mi Padre, no me creáis; pero si las hago, aunque a mí no me creáis, creed al menos por las obras, y así sabréis y conoceréis que el Padre está en mí y yo en el Padre"» (*Juan* 10:31-38).

«¿No está escrito en vuestros libros sagrados exactamente lo que os he dicho: que no sólo yo sino también todos vosotros sois dioses?[15] Si las Escrituras afirman que todos los hombres son dioses porque han nacido de la Vibración Cósmica que emana de Dios Padre, no es posible invalidar dicha verdad a causa de vuestra incredulidad. ¿Cómo podéis entonces decirme que blasfemo, a mí que he sido santificado y enviado por Dios al mundo como perfecto ejemplo de divinidad?

«Dioses sois»: todas las almas están hechas a imagen pura de Dios

»Por el hecho de que afirmé verazmente que la Conciencia Crística que mora en mí es el Hijo (o reflejo único de Dios Padre), cometéis el grave error de llegar a la conclusión de que blasfemo. Si yo no manifestase las divinas acciones inspiradas por la Conciencia Cósmica que se refleja en mi Conciencia Crística, entonces no tendríais por

15 *«Yo había dicho: "Vosotros sois dioses, todos vosotros, hijos del Altísimo"»* (*Salmos* 82:6).

qué creerme. Pero si realizo las obras que me inspira la Conciencia Cósmica, entonces, aunque no creáis en mí, al menos creed en la Divinidad que se manifiesta en mis obras. Si enfocaseis vuestra fe en las obras divinas que realizo, muy probablemente reconoceríais *"que el Padre está en mí y yo en el Padre":* que la Conciencia Cósmica se refleja en la Conciencia Crística que se manifiesta en mí, y que mi Conciencia Crística está eternamente unida a la Conciencia Cósmica».

Cuando Jesús cita las Escrituras y dice: *«dioses sois»,* alude al hecho de que todas las almas están hechas a imagen pura de Dios Padre. Si cien personas están bañadas por la luz del sol, y diez de ellas tienen los ojos abiertos mientras que las otras noventa están con los ojos cerrados, todas son visibles gracias a la luz solar. Sin embargo, a diferencia de las diez que mantienen los ojos abiertos, las noventa que están con los ojos cerrados no pueden ver el sol ni verse a sí mismas. De modo similar, las almas que han abierto los ojos de la sabiduría son capaces de verse a sí mismas como emanaciones de Dios, en tanto que las demás, aun cuando también sean «hijas del Altísimo», no se percatan de ello porque mantienen cerrados los ojos de la sabiduría. Por lo tanto, aunque en el texto sagrado está escrito: *«dioses sois»,* refiriéndose a todos los seres humanos, su nivel de percepción difiere de acuerdo con el grado de comunión con Dios que hayan alcanzado.

Jesús, que había logrado la completa unidad con el Espíritu que se hallaba manifestado en él, no estaba diciendo que su naturaleza humana fuese Dios; por consiguiente, no blasfemaba al afirmar: *«Yo y el Padre somos uno».* Aquellos que están identificados con el ego humano no han alcanzado esa unión divina; aun cuando sean dioses en potencia, no poseen la percepción verdadera de la presencia de Dios en su interior. Jesús jamás afirmó: «Yo soy Dios», sino que a través de sus divinas obras manifestó la plena comprensión de que su conciencia, por ser una emanación del Padre, era una con Él.

~

«Querían de nuevo prenderle, pero se les escapó de las manos.

»Se marchó de nuevo al otro lado del Jordán, al lugar donde Juan había estado antes bautizando, y se quedó allí. Muchos acudieron donde él y comentaban: "Juan no realizó ningún signo, pero todo lo que dijo Juan de éste era verdad". Y muchos allí creyeron en él» (*Juan* 10:39-42).

DISCURSO 53

Cumplir los dos mandamientos principales

Por qué el amor a Dios es la ley cósmica suprema para liberar el alma

❖

«Con todas tus fuerzas»: el recogimiento interior de la energía vital mediante la práctica de *pranayama*

❖

Al contemplar a Dios en todos, se expande tu amor hacia todos los seres

❖

Amar a Dios, y amar a Dios en todos, constituye la esencia de la ley espiritual que nos permite alcanzar la salvación

❖

El Buen Samaritano: claves para comprender nuestro deber de servir y ayudar a los demás

❖

Marta y María: el equilibrio entre los deberes materiales y la comunión devocional

«Existe [...] un significado interno de la exhortación a amar a Dios con todo el corazón, la mente, el alma y las fuerzas. Jesús empleó estos sencillos términos bíblicos, pero dio a entender que en ellos se incluye toda la ciencia del yoga, el camino trascendental para alcanzar la unión divina a través de la meditación».

Se levantó un legista y le preguntó, para ponerle a prueba: «Maestro, ¿qué he de hacer para tener en herencia vida eterna?». Él le dijo: «¿Qué está escrito en la Ley? ¿Cómo lees?». Respondió: «Amarás al Señor tu Dios con todo tu corazón, con toda tu alma, con todas tus fuerzas y con toda tu mente; y a tu prójimo como a ti mismo». Díjole entonces Jesús: «Bien has respondido. Haz eso y vivirás».

Pero él, queriendo justificarse, preguntó a Jesús: «¿Y quién es mi prójimo?». Jesús respondió: «Bajaba un hombre de Jerusalén a Jericó y cayó en manos de unos bandidos que, después de despojarle y darle una paliza, se fueron, dejándolo medio muerto. Casualmente, bajaba por aquel camino un sacerdote que, al verlo, dio un rodeo. De igual modo, un levita que pasaba por aquel sitio lo vio y dio un rodeo. Pero un samaritano que iba de camino llegó junto a él y, al verlo, tuvo compasión. Se acercó, vendó sus heridas y echó en ellas aceite y vino; lo montó luego sobre su propia cabalgadura, lo llevó a una posada y cuidó de él. Al día siguiente, sacó dos denarios y se los dio al posadero, diciendo: "Cuida de él y, si gastas algo más, te lo pagaré cuando vuelva". ¿Quién de estos tres te parece que fue prójimo del que cayó en manos de los bandidos?». Él respondió: «El que practicó la misericordia con él». Díjole entonces Jesús: «Vete y haz tú lo mismo».

Yendo todos de camino, entró en un pueblo, donde una mujer, llamada Marta, lo recibió en su casa. Tenía ésta una hermana llamada María, que, sentada a los pies del Señor, escuchaba su palabra, mientras Marta estaba atareada en muchos quehaceres. Al fin, se paró y dijo: «Señor, ¿no te importa que mi hermana me deje sola en el trabajo? Dile, pues, que me ayude». Le respondió el Señor: «Marta, Marta, te preocupas y te agitas por muchas cosas; y hay necesidad de pocas, o mejor, de una sola. María ha elegido la mejor parte, que no le será quitada».

Lucas 10:25-42

 DISCURSO 53 

Cumplir los dos mandamientos principales

«Se levantó un legista y le preguntó, para ponerle a prueba: "Maestro, ¿qué he de hacer para tener en herencia vida eterna?". Él le dijo: "¿Qué está escrito en la Ley? ¿Cómo lees?". Respondió: "Amarás al Señor tu Dios con todo tu corazón, con toda tu alma, con todas tus fuerzas y con toda tu mente; y a tu prójimo como a ti mismo". Díjole entonces Jesús: "Bien has respondido. Haz eso y vivirás"» (*Lucas* 10:25-28).

Referencias paralelas[1]:

«Entonces uno de ellos le preguntó, con ánimo de ponerlo a prueba: "Maestro, ¿cuál es el mandamiento mayor de la Ley?". Él le dijo: "'Amarás al Señor, tu Dios, con todo tu corazón, con toda tu alma y con toda tu mente'. Éste es el mayor y el primer mandamiento. El segundo es semejante a éste: 'Amarás a tu prójimo como a ti mismo'. De estos dos mandamientos penden toda la Ley y los Profetas"» (*Mateo* 22:35-40).

[1] La explicación de Jesús acerca de los dos mandamientos más importantes se narra en los tres Evangelios sinópticos, con pequeñas variantes. En los Evangelios según San Mateo y según San Marcos este suceso ocurre durante la última semana que Jesús está en Jerusalén, poco antes de su crucifixión; en el Evangelio según San Lucas aparece antes. En el presente discurso, las tres versiones se comentan conjuntamente, pero la cronología que se utiliza es la de San Lucas, en la cual después de la declaración de Jesús se encuentra la parábola del Buen Samaritano y el episodio de Marta y María (que no se relata en ninguno de los otros Evangelios).

***

«Acercose uno de los escribas que les había oído discutir y, advirtiendo lo bien que les había respondido, le preguntó: "¿Cuál es el primero de todos los mandamientos?". Jesús le contestó: "El primero es: 'Escucha, Israel: El Señor, nuestro Dios, es el único Señor, y amarás al Señor, tu Dios, con todo tu corazón, con toda tu alma, con toda tu mente y con todas tus fuerzas'. El segundo es: 'Amarás a tu prójimo como a ti mismo'. No existe otro mandamiento mayor que éstos"[2]*. Le dijo el escriba: "Muy bien, Maestro; tienes razón al decir que Él es único y que no hay otro fuera de Él, y amarle con todo el corazón, con toda la inteligencia y con todas las fuerzas, y amar al prójimo como a uno mismo vale más que todos los holocaustos y sacrificios". Jesús, viendo que le había contestado con sensatez, le dijo: "No estás lejos del Reino de Dios". Y nadie más se atrevía ya a hacerle preguntas»* (*Marcos* 12:28-34).

El propósito entero de la religión —de la vida misma, en realidad— se encuentra resumido en los dos mandamientos supremos citados por el Señor Jesús en estos versículos. En ellos está la esencia de la verdad eterna que distingue todos los senderos espirituales auténticos, el irreducible imperativo que el hombre debe aceptar como alma individual separada de Dios si aspira a recuperar la conciencia de unidad con su Hacedor.

«Haz eso y vivirás», le dijo Jesús al legista que le había preguntado cómo tener vida eterna. Esto significa: «Si en la meditación diaria puedes amar a Dios con todo tu ser en verdadera comunión con Él y demuestras, por medio de tus acciones, que amas a tu prójimo (tu hermano divino) tanto como te amas a ti mismo, te elevarás por encima de la conciencia mortal de este plano ilusorio de vida y muerte y experimentarás el eterno e inmutable Espíritu que vive en ti y en la divina omnipresencia».

«De estos dos mandamientos penden toda la Ley y los Profetas», le reveló Jesús al legista aludido en el Evangelio de Mateo[3]. Y

---

[2] En este pasaje, Jesús hace referencia a la ley hebrea establecida por Moisés: *Deuteronomio* 6:4-5 y *Levítico* 19:18.

[3] Las palabras de Jesús *«la Ley y los Profetas»* en este versículo y en otros (por

al escriba que le preguntó, en el Evangelio de Marcos, cuál de los mandamientos divinos era el más importante, Jesús le respondió: «El Soberano Cósmico, nuestro Protector y único Dios, es el Señor y Amo exclusivo de toda la creación. Él te ha creado como uno de sus hijos, hecho a su imagen y portador de la divina relación por Él decretada. A ti te corresponde amar espontáneamente a tu Creador con el amor que Él implantó en ti: con todo el divino amor de tu corazón, con toda la percepción intuitiva de tu alma, con toda la atención de tu mente y con todas las fuerzas de tu determinación mental y de tu energía física».

Por qué el amor a Dios es la ley cósmica suprema para liberar el alma

Ésta constituye la principal de todas las leyes cósmicas decretadas por el Espíritu para elevar y liberar el alma —afirmaba Jesús—, porque es a través de los portales del amor del ser humano como Dios establece su unidad con él, y esta unión libera al hombre del cautiverio de la ilusión. Amar a Dios en forma suprema es recibir de Él satisfacción y plenitud eternas, además de la liberación de todos los deseos humanos que irresponsablemente provocan continuos nacimientos y muertes y los sufrimientos imprevistos que éstos conllevan.

Jesús alabó el entendimiento demostrado por el escriba y le aseguró que se hallaba próximo a alcanzar un elevado grado de conciencia espiritual, porque este hombre comprendía que amar a Dios en su supremacía e innata intimidad en todos los seres *«vale más que todos los holocaustos y sacrificios»*. Honrar al Creador a través de formalidades religiosas externas es mantener la distancia entre quien venera y Aquel que es objeto de su veneración; amarle, en cambio, es

---

ejemplo en *Mateo* 5:17; véase el discurso 27, en el volumen I) aluden al canon de las escrituras hebreas: la Torá (los cinco libros de Moisés que exponen las leyes doctrinarias del judaísmo) y los libros que contienen las obras de los grandes profetas hebreos (Josué, Jueces I y II, Samuel I y II, Reyes, Isaías, Jeremías, Ezequiel y los doce «profetas menores» —así llamados por la brevedad de estos libros—: Oseas, Joel, Amós, Abdías, Jonás, Miqueas, Nahúm, Habacuc, Sofonías, Ageo, Zacarías y Malaquías).

Escribe Thomas Cahill en su libro *El legado de los judíos* (Debate, Madrid, 2000): «Los libros de la Biblia hebrea se dividen en tres secciones: Torá [la Ley], Neviim [los Profetas] y Ketuvim [los Escritos], cuyas iniciales forman el acrónimo *Tanak,* vocablo con el que se conoce la Biblia en la tradición judía. [...] Torá o instrucción (a veces traducida como "ley") es también llamada Pentateuco, es decir, los cinco libros: Génesis, Éxodo, Levítico, Números, Deuteronomio. [...] La Torá es, sin lugar a dudas, *la* sagrada escritura de la tradición judía, aunque la tan a menudo reiterada expresión "la Torá (o la ley) y los profetas" advierte que se consideran prácticamente inseparables». *(Nota del editor).*

convertirse en su amigo, en su hijo, y volverse uno con Él[4].

Que Dios ordene al hombre amarle sobre todas las cosas podría parecer impropio de una Deidad omnipotente. Sin embargo, todos los avatares y santos comprenden, en lo más íntimo de su corazón, que este mandamiento no tiene la intención de satisfacer algún inverosímil capricho de Dios, sino que es, más bien, un requisito esencial para que el alma individualizada pueda lograr una conexión consciente con su Creador. A Dios le es posible vivir sin el amor de los seres humanos; pero así como la ola no puede existir sin el océano, tampoco puede el hombre vivir sin el amor de Dios. La sed de amor presente en cada corazón humano se debe a que el hombre está hecho a imagen del amor de Dios. Por eso, los avatares y los santos hacen un llamado a la humanidad para que ame a Dios, mas no por compulsión ni por mandato, sino porque el océano del amor divino se agita bajo la pequeña ola de amor presente en cada corazón.

Un gran santo de la India[5] expresó: «Aquel que busca primero a Dios con todo su corazón es el más inteligente entre los hombres», porque al hallarle recibe, junto con Él, todo aquello que a Dios le pertenece. Amar a Dios es hacer contacto con la Munífica Fuente de la creación. Son muchos los hombres mundanos que ocupan de forma irreflexiva su corazón, mente, alma y fortaleza física en buscar dinero, amor humano o poder terrenal, sólo para perderlos —si es que acaso los han encontrado— en el momento de la muerte. La manera más sabia de aprovechar la vida es invertirla en la búsqueda de Dios, el único tesoro que brinda satisfacción eterna y que jamás puede perderse ni menguar.

Al percibir a Dios en la meditación, automáticamente se despierta el amor por Dios

Aun cuando es preciso amar a Dios para poder conocerle, también es cierto que debemos conocer a Dios para poder amarle. Nadie puede amar algo acerca de lo cual no sabe nada; nadie puede amar a

---

4 «*"¿Con qué me presentaré ante Yahvé y me inclinaré ante el Dios de lo alto? ¿Me presentaré con holocaustos, con terneros añojos? ¿Aceptará Yahvé miles de carneros, miríadas de ríos de aceite? ¿Ofreceré mi primogénito por mi delito, el fruto de mis entrañas por mi propio pecado?"*.

»*"Se te ha hecho saber, hombre, lo que es bueno, lo que Yahvé quiere de ti: tan sólo respetar el derecho, amar la lealtad y proceder humildemente con tu Dios"*» (*Miqueas* 6:6-8).

5 Sri Ramakrishna Paramahansa.

Jesús con Marta y María

«*Marta, Marta, te preocupas y te agitas por muchas cosas; y hay necesidad de pocas, o mejor, de una sola. María ha elegido la mejor parte, que no le será quitada*».

Lucas 10:41-42

«María ha elegido la mejor parte al entregarse plenamente a enfocar sólo en Dios sus pensamientos y su amor. De ese modo, su anhelo divino, que ha apartado su mente de los otros quehaceres del momento, no le será quitado». [...]

Jesús alaba «la mejor parte» *que ha elegido María, es decir, dedicarse únicamente a Dios, pero a su vez elogia los méritos del sentido del deber ejemplificado por Marta, siempre y cuando ella recuerde que «hay necesidad de una sola cosa»: llevar a cabo los deberes materiales pensando en Dios y amándole. [...] Todos los buscadores espirituales, tanto si viven la vida secular de una persona con responsabilidades familiares como si son renunciantes en una ermita, deben ser capaces de manifestar, alternantemente y según sea preciso, tanto la naturaleza de Marta como la de María.*

Paramahansa Yogananda

Pintura: Heinrich Hofmann

una persona que le es por completo desconocida. Sin embargo, quienes meditan con profundidad «conocen», porque hallan la prueba de la existencia de Dios en el siempre renovado Gozo que se siente en la meditación, o en el Sonido Cósmico de *Om* (Amén) que se oye en el silencio profundo, o en el Amor Cósmico que se experimenta al enfocar la devoción en el corazón, o en la Sabiduría Cósmica que alborea como iluminación interior, o en la Luz Cósmica que evoca visiones del Infinito, o en la Vida Cósmica que se percibe durante la meditación cuando la pequeña vida se funde con la gran Vida presente en todo.

El devoto que, aunque sea una vez, haya percibido a Dios en la meditación como alguna de sus manifestaciones tangibles no puede evitar amarle cuando de este modo capta sus arrobadoras cualidades. La mayoría de las personas nunca aman en realidad a Dios porque saben muy poco acerca de lo cautivante que es el Señor cuando visita el corazón del devoto que medita. Este contacto genuino con la presencia trascendental de Dios es posible para aquellos devotos resueltos que son constantes en la meditación y perseveran en la oración sincera que brota del alma.

Sólo existe un Origen de todas las capacidades del ser humano: Dios, el Creador del amor con el que amamos, de nuestras almas con las que clamamos por la inmortalidad, de la mente y los procesos mentales con los que nos es posible pensar, razonar y actuar, y de la vitalidad con la cual emprendemos las actividades cotidianas. Deberíamos emplear todos estos dones para realizar, con la máxima energía, un esfuerzo supremo en la meditación con el fin de expresarle nuestro amor a Dios hasta que sintamos conscientemente la manifestación de su respuesta.

No son los conocimientos teológicos sino el yoga científico lo que proporciona al hombre el medio para cumplir con el primer mandamiento

El practicante religioso medio racionaliza el cumplimiento de sus obligaciones espirituales mediante rituales mecánicos u oraciones que pronuncia mientras sus pensamientos están en otra parte, o bien con erráticos vagabundeos por la jungla de la teología y del dogma. Quizá procure sentir amor y devoción a Dios en su corazón y enfocar su mente en Él, tanto como le sea posible, durante los períodos de oración; tal vez intente amar a Dios «con todas sus fuerzas», cantando, danzando e incluso rodando enérgicamente por el suelo como hacen algunas sectas de los denominados «santos rodadores». En lo que respecta a amar a Dios con toda el alma, se siente desconcertado, ya que ni siquiera sabe qué es el alma. El único momento en que percibe algo acerca del alma (y en ese caso, sólo de modo inconsciente) es durante el sueño profundo sin ensueños. En ese estado, la «fuerza» o energía vital se desconecta de los cinco sentidos y se retira hacia el interior; la conciencia de sí mismo como entidad física desaparece. Por la noche, los seres humanos tienen una vislumbre de su verdadero Ser, el alma; cada mañana, al despertar, la mayoría de las personas adopta, una vez más, su errónea identificación como hombre o mujer mortal.

Los intentos de aplicar las enseñanzas de Jesús en forma externa proporcionan por lo general sólo una satisfacción exterior mínima y no la experiencia divina. Existe, sin embargo, un significado interno de la exhortación a amar a Dios con todo el corazón, la mente, el alma y las fuerzas. Jesús empleó estos sencillos términos bíblicos, pero dio a entender que en ellos se incluye toda la ciencia del yoga, el camino trascendental para alcanzar la unión divina a través de la meditación. En la India, donde el conocimiento espiritual se había desarrollado durante miles de años antes de la época de Jesús, los sabios que conocían a Dios plasmaron estos conceptos en una filosofía espiritual de amplio alcance con el propósito de guiar a los devotos de manera sistemática en el sendero hacia la liberación. Cuando una persona hace el esfuerzo de conocer a Dios en el estado meditativo, empleando la sinceridad del corazón y sus más profundos sentimientos, y la intuición del alma, y todos los poderes de concentración de la mente, y toda la energía vital interiorizada (todas sus fuerzas), con seguridad alcanzará el éxito.

El sistema de desarrollo espiritual en el que uno aprende a «amar a Dios con todo su corazón» se conoce en la India como *Bhakti Yoga* —la unión con Dios por medio del amor y la devoción incondicionales—. El *bhakta* llega a comprender que lo que hay en el corazón de una persona es lo que determina en qué se concentra: en aquello que ama. Así como el corazón del amante está junto al ser amado y el del ebrio junto a la bebida, así también el corazón del devoto se halla de continuo absorto en el amor por su Bienamado Divino.

«Amar a Dios con toda tu mente» significa amarle con toda la concentración enfocada en Él. La India se ha especializado en la ciencia de concentrar por completo la mente mediante la práctica de técnicas precisas, de modo que, durante sus prácticas de adoración, el devoto pueda mantener toda la atención en Dios. Si al ofrendar las plegarias de devoción, la mente gira sin cesar en torno a pensamientos relacionados con el trabajo, la comida, las sensaciones corporales u otras distracciones, no se está amando a Dios con toda la mente. La Biblia enseña: «*Orad constantemente*»[6]; la ciencia del yoga originaria de la India ofrece el método efectivo para adorar a Dios con la mente concentrada por completo.

«Amar a Dios con toda tu alma» significa entrar en el estado de éxtasis supraconsciente: la percepción directa del alma y de su unidad con Dios. Cuando ningún pensamiento atraviesa la mente y existe, en cambio, una percepción consciente absoluta; cuando uno sabe, gracias al conocimiento intuitivo, que puede lograr lo que se proponga con sólo pedirlo, entonces uno se halla en el expansivo estado de la supraconciencia: la experiencia del alma como reflejo de Dios, la conexión del alma con la conciencia de Dios. Es un estado de dicha suprema en que el alma percibe de manera cristalina el Espíritu omnipresente que se refleja como el gozo de la meditación.

Amar a Dios con toda el alma exige la absoluta quietud que se alcanza en el recogimiento trascendente. No es posible lograrlo cuando se reza en voz alta, se mueven las manos de un lado a otro, se canta o se lleva a cabo cualquier otra acción corporal que active el sistema sensorio-muscular. Así como durante el sueño profundo el cuerpo y los sentidos permanecen inertes, así también este recogimiento interior caracteriza el éxtasis supraconsciente, con la diferencia de que el éxtasis es mucho más profundo que el sueño. Lo que se siente al dormir multiplicado por diez millones de veces no alcanza a describir el gozo del éxtasis. Se trata de un estado en el que podemos conocer nuestro verdadero Ser, el alma, y adorar sin reservas, con ese auténtico Ser, a Aquel que es el Amor mismo.

«Con todas tus fuerzas»: el recogimiento interior de la energía vital mediante la práctica de pranayama

El cumplimiento del mandato divino de amar a Dios con todo nuestro corazón, mente y alma se hace posible por medio de la ciencia que le permite al devoto «amar a Dios con todas sus fuerzas». El yoga enseña dicha ciencia. Cuando uno duerme, la mente consciente se encuentra inactiva; la energía se retira del área sensomotora del cerebro, así como de los músculos y nervios, concentrándose en las facultades de la mente subconsciente. No es posible entrar en el estado de sueño subconsciente a no ser que, por lo general en forma pasiva, la fuerza vital se haya desconectado del sistema nervioso sensomotor

[6] *I Tesalonicenses* 5:17.

consciente; tampoco es posible entrar en el estado de supraconciencia —que trasciende la subconciencia— sin que la energía vital se desconecte conscientemente de los sentidos y músculos.

El dominio de la energía vital que le permite al devoto amar a Dios con todas sus fuerzas se inicia con la postura (*asana,* el entrenamiento del cuerpo para mantener, con facilidad y sin inquietud, la postura correcta que posibilita permanecer inmóvil al meditar) y con ejercicios respiratorios para controlar la fuerza vital (*pranayama,* las técnicas para aquietar la respiración y el corazón). Mediante tales prácticas, se serena el corazón, la energía se desconecta de forma efectiva de los sentidos, y se calma el aliento inquieto que mantiene al hombre atado a la conciencia corporal. El yogui es capaz de enfocar su mente en Dios sin que le perturbe la intrusiva atracción del cuerpo. La mente, desconectada de las sensaciones, se retira de modo trascendental hacia el interior *(pratyahara).* El devoto puede entonces utilizar la mente así liberada para experimentar la unión amorosa con Dios. Cuando al devoto le es posible amar a Dios con la mente concentrada en el interior de su ser, comienza a sentir en su corazón ese amor por Dios que, de manera exquisita, impregna con la divina presencia cada matiz de sus sentimientos. El corazón así colmado de Dios percibe entonces al Bienamado Señor en lo más recóndito del alma, donde su pequeño amor se conecta y se funde con el Gran Amor. El sentimiento de Dios dentro del alma se expande hasta convertirse en percepción de Dios en la vastedad de su omnipresencia (el *samyama* del yoga: *dharana, dhyana* y *samadhi*).

Jesús impartió enseñanzas que a primera vista parecen simples, pero que son mucho más profundas de lo que la mayoría de la gente supone. El hecho de que enseñó el sistema completo del yoga (el método científico de unión con Dios) queda evidenciado en el libro del Apocalipsis, donde se expone el misterio de las siete estrellas y siete iglesias con sus siete ángeles y siete candeleros de oro. Al abrir los *«siete sellos»* de estos centros de percepción espiritual —con el propósito de lograr el dominio sobre todos los poderes astrales de la vida y de la muerte a través de los cuales el alma asciende hacia la libertad—, se alcanza la unión divina[7].

Jesús enfatizó que la salvación comienza con aquellas prácticas que le permiten al devoto amar de verdad a Dios por medio de la ofrenda

---

[7] Véase el discurso 6 (volumen I).

suprema de su corazón, su mente, su alma y sus fuerzas. En la más grandiosa de las escrituras de la India que tratan sobre el yoga, el *Bhagavad Guita,* el Señor se expresa en palabras análogas al mandamiento bíblico citado por Jesús: «Escucha de nuevo mi suprema enseñanza, la más secreta de todas. Puesto que te amo profundamente, por tu bien te la revelaré. Sumerge tu mente en Mí; conviértete en mi devoto; renuncia por Mí a todas las cosas; inclínate ante Mí. Eres amado por Mí y, por eso, en verdad Yo te prometo que tú llegarás a Mí»[8].

El Primer Mandamiento lleva al devoto a la observancia del segundo gran precepto espiritual, *«semejante a éste».* Mientras uno se esfuerza por sentir a Dios en su interior, tiene además el deber de compartir con su prójimo la experiencia de Dios: «Amarás a tu prójimo (a todas las razas y a todas las criaturas de todo lugar con las que entres en contacto) como a ti mismo (como amas a tu propia alma), porque ves a Dios en todos». El prójimo de un hombre es la manifestación de su Ser superior, o sea, Dios. El alma es un reflejo del Espíritu; un reflejo que se halla presente en cada ser y en toda la vida vibratoria del decorado animado e inanimado del cosmos. Amar a nuestros padres, parientes, conocidos y conciudadanos, a todas las razas del mundo, a todas las criaturas, flores y estrellas, que viven en la «vecindad» o al alcance de la propia conciencia, es amar a

Al contemplar a Dios en todos, se expande tu amor hacia todos los seres

[8] *God Talks With Arjuna: The Bhagavad Gita* XVIII:64-65. (Véase *El Yoga del Bhagavad Guita*). Del comentario correspondiente: «"Sumerge tu mente en Mí" significa sumergirse en el auténtico "Yo Mismo" [el Espíritu, que se refleja en el hombre como el alma] en el estado de éxtasis. "Conviértete en mi devoto" significa tener la percepción y el recuerdo del bienaventurado "Yo Mismo" durante el estado de actividad humana en que las acciones del devoto no se realizan bajo la influencia del ego físico. "Renuncia por Mí a todas las cosas" significa disolver la mente, la energía vital y los deseos en el fuego de la percepción verdadera del "Yo Mismo" interior. "Inclínate ante Mí" tiene un significado sumamente profundo. El acto de inclinarse consiste en colocar las manos, con las palmas unidas, sobre el corazón y, luego, tocar la frente con la punta de los dedos para expresar devoción a una persona o a Dios. Las manos simbolizan la actividad, el corazón simboliza el amor y la cabeza simboliza la sabiduría. Por lo tanto, una persona que, mediante este acto de reverencia, se inclina ante otra persona o ante Dios está simbolizando: "Mi actividad, mi amor y mi mente están a tu servicio".

»En esta estrofa, el Señor le pide a Arjuna que disuelva el amor de su corazón, el impulso hacia la actividad física y los pensamientos discernientes en el "Yo Mismo" interior, concentrando allí su atención una y otra vez, aun cuando la mente quiera escapar y sumergirse en las actividades físicas o emocionales concernientes a los sentidos.

»El Señor, además, de manera sutil le hace saber a Arjuna: "Te has ganado mi amor. En verdad te prometo que si te sumerges en tu 'Yo Mismo' interior, sabrás que no es otro que el grandioso y omnipresente 'Yo Mismo'"».

Dios en sus multifacéticas manifestaciones tangibles. Aquellas personas que aún no son capaces de amar a Dios en las sutiles expresiones divinas que se presentan en la meditación pueden alimentar su amor por Él en las manifestaciones de la naturaleza y de todos los seres a los que perciben o con quienes entran en contacto.

Es Dios quien adopta el aspecto de padre para proteger al niño; de madre para amar al niño incondicionalmente; y de amigo para ayudar, sin las limitaciones que imponen los instintos familiares, a esa alma encarnada. Es Dios quien se ha convertido en la tierra engalanada con un firmamento de estrellas para entretener a sus hijos y mantenerlos maravillados. Es Él quien se ha transformado en el alimento y en el aliento y en las funciones vitales que sostienen a los innumerables seres mortales. Cuando la inmanencia de Dios se hace patente en el entendimiento del hombre, despierta en él la comprensión de que tiene el deber y el privilegio de adorar a Dios en el templo de su propio ser —a través de la meditación— y en el templo de todos los seres y objetos del universo —a través del amor al prójimo, en la cercanía de su hogar cósmico.

Incluso los santos que aman a Dios en el éxtasis trascendental de la meditación hallan sólo la completa redención cuando han compartido su logro divino al amar a Dios bajo la forma en que Él se manifiesta en todas las almas al alcance omnipresente de su alma.

El mejor modo en que el devoto, alentado por el amor a Dios en la meditación, puede iniciar las buenas relaciones de vecindad de su alma con otras almas consiste en extender su ayuda hacia aquellas personas que no forman parte de su propia familia pero que, no obstante, se hallan más próximas a él que el mundo en general. De manera instintiva, la gente prefiere ser dadivosa con los miembros de su propia familia antes que con un extraño; y la idea misma del «mundo» es un concepto sumamente lejano y abstracto. Si una persona, sin embargo, vive sólo para sí y para los pocos escogidos que elige favorecer por considerarlos como seres queridos, obstruye la expansión de su vida y, desde el punto de vista espiritual, no vive en absoluto. Por el contrario, cuando una persona extiende su solidaridad y su afecto desde un sentido de identidad restringido a «nosotros cuatro y nadie más» hasta abarcar a sus vecinos y al mundo, su pequeña vida fluye hacia la vida superior de Dios y se transforma en la Vida Eterna —el segundo requisito en respuesta a la pregunta que le formuló el legista a Jesús: *«¿Qué he de hacer para tener en herencia vida eterna?»*.

La mayoría de la gente vive dentro de las estrechas paredes del egoísmo, sin sentir jamás el palpitar de la vida universal de Dios. Quienquiera que desconozca que su vida proviene de la vida eterna, que lleve una existencia puramente materialista y que muera y se reencarne sin recordar sus pasados nacimientos, en verdad no ha vivido. Su conciencia mortal anduvo errante atravesando ilusorias experiencias oníricas, pero su verdadero Ser, el alma, jamás despertó para expresar su divina naturaleza e inmortalidad. En contraste, aquellos devotos que, por medio de la meditación, perciben que es la vida eterna la que sostiene su vida mortal viven para siempre, sin perder jamás su existencia consciente en el momento de morir, ni de una encarnación a otra, ni en la eternidad de la libertad del alma en Dios.

Los santos y los sabios que cumplen con los dos mandamientos supremos no están ya supeditados a la disciplina de los demás mandamientos, puesto que, al amar a Dios tanto en la meditación trascendental como en su divina manifestación en los demás seres, automáticamente dan justo cumplimiento a todas las leyes cósmicas. En los devotos que han establecido contacto con Dios, el Artífice de la Ley Cósmica se expresa como la bondad intuitiva y natural que los mantiene siempre en armonía con los códigos universales de Dios. La oscuridad acumulada durante milenios en torno al alma puede disiparse poco a poco con las pequeñas llamas de la observancia de las numerosas normas de conducta; mas cuando, mediante un empeño supremo del corazón, de la mente y de las fuerzas, la omnipresente luz de Dios se hace visible en el alma, desaparece entonces la oscuridad: el advenimiento de la Gran Luz absorbe por completo la llama vacilante que emiten las acciones disciplinadas. Así pues, amar a Dios por medio de la oración y la meditación continuas y amarle a través del servicio físico, mental y espiritual prestado a sus manifestaciones en nuestra familia universal (constituida por nuestros semejantes) es el fundamento y esencia del conjunto de todas las demás leyes que rigen la conducta y la liberación de los seres humanos.

Amar a Dios, y amar a Dios en todos, constituye la esencia de la ley espiritual que nos permite alcanzar la salvación

Ya sea que el ser humano se comporte de manera virtuosa o censurable, su salvación reside en amar a Dios. Cada alma debería reclamar, con toda justicia, la amorosa ayuda de Dios: «Señor, bueno o malo, soy tu hijo; Tú me creaste a tu imagen. Tal vez me haya comportado mal, pero es entonces cuando yo —tu hijo— te necesito aún más». El mayor de los pecadores es el que se aparta de Dios; el mayor de los pecadores es aquel que dice: «Es imposible abandonar el vicio y adoptar la virtud». Sin embargo, aun cuando esté cubierto por las cicatrices de los pecados del mundo, se convierte rápidamente en un hombre virtuoso si expresa con toda sinceridad y desde lo más profundo de su corazón: «Dios mío, Te amo». Ese hombre está a salvo.

Mirabai, una gran santa y amante de Dios, escribió:

«Si por el baño diario Dios fuese percibido,
yo querría ser una ballena en lo profundo;
si comiendo raíces y frutas pudiera ser Él conocido,
gustosamente escogería la forma de una cabra;
si al contar los rosarios Le descubriese,
en gigantescas cuentas diría mis plegarias;
si inclinándome ante imágenes Le sorprendiese,
humildemente adoraría un monte de pedernal;
si bebiendo leche el Señor pudiese ser ingerido,
muchos becerros y niños ya Le conocerían;
si abandonando a la esposa pudiera uno invocar a Dios,
¿no habría miles de eunucos?
»Mirabai sabe que para encontrar al Divino Ser
lo único indispensable es Amor»[9].

Nadie puede hallar a Dios sin amor, porque lo único que anhela el Hacedor de la humanidad es que sus hijos le amen voluntariamente de todo corazón. Él ya posee todo lo demás. El dolor del amor no correspondido o el de la separación de los seres queridos cuando llega la muerte no tiene como fin torturar al ser humano, sino lograr que finalmente busque al Amante que está aguardando por él: un Amante que no es hombre ni mujer, sino el gran Dios que se ha presentado ante él bajo el disfraz de padre, de madre, de amigo, de amante, durante un sinfín de encarnaciones. Es Él quien te está llamando y el que jamás te abandonará. Fue Él quien, siglos atrás, se apareció en Egipto ante San Antonio, el anacoreta del desierto, cuando el santo se hallaba atravesando las severas pruebas y los tormentos que le infligían el diablo y sus legiones de demonios en un intento supremo por apar-

---

[9] Mirabai fue una princesa medieval de Rajputana que renunció a su trono y se convirtió en una renombrada devota de Dios. Compuso numerosos cantos devocionales que constituyen un tesoro de la tradición espiritual de la India.

tarle de su fe. San Antonio clamó desafiante: «Satanás, ¡haz lo que quieras! ¡Nada me separará jamás de Cristo!». Los demonios atacaron; las paredes de la cueva se sacudieron con tal violencia que su derrumbe y la muerte del santo parecían inminentes. En el último momento, de súbito apareció el fulgor resplandeciente de Cristo y Antonio quedó a salvo. Le dijo entonces al Señor: «¿Dónde estabas, mi Jesús? ¿Por qué no llegaste antes a socorrerme?». Y una voz que surgió de aquella Luz le respondió: «Antonio, estuve contigo todo el tiempo»[10]. Así pues, jamás abandones a Dios. Cuanto más terribles sean las pruebas de las adversidades de la vida, con más firmeza debe el devoto aferrarse a Él, al igual que el niño que, cuando su madre lo reprende, se aferra con mayor fuerza a la falda de su madre, hasta que finalmente ella lo alza en los brazos de su amor incondicional.

Dios acudirá al llamado del devoto que clame por Él con suficiente intensidad, y liberará a ese buscador de todos sus erróneos conceptos acerca del mundo onírico que el Señor creó. Dios sabe que el engaño cósmico y todas sus tentaciones son a veces terribles para aquellos de sus hijos que aún no han alcanzado la iluminación. Éstas son las pruebas de Dios, pero Él jamás pone a prueba a sus devotos más allá de lo que son capaces de soportar y superar. Incluso cuando el devoto cree que ya no puede soportar más, el Señor se encuentra siempre a su lado, al igual que estuvo con San Antonio, para darle silenciosamente apoyo y fortaleza en cada uno de sus esfuerzos.

Cuando el corazón del devoto arde de anhelo por Dios —tras encarnaciones de padecer el dolor de la separación—, el Señor se revela. Y la bienaventuranza que envuelve al alma en ese encuentro es imposible de describir. El corazón estalla mil veces —un millón de veces—. Santa Teresa estaba aquejada de muchas dolencias, abrumada durante veinticinco años por toda clase de enfermedades, y escribía por la noche temblando de frío en su helada celda; sin embargo, era tal el amor que sentía durante su comunión con Cristo, que esos inconvenientes no le importaban. En cierta ocasión, un ángel rasgó su corazón con un aliento de fuego, no por crueldad, sino para mostrarle que el dolor ya no podía afectarla, pues ella se hallaba por encima de todo padecimiento. En esa experiencia, el éxtasis y el gozo de Dios inundaron su corazón. Más tarde expresó: «Parecía que no podría

---

[10] Este relato aparece en el libro *Santos que conmovieron el mundo,* de René Fülöp-Miller (Espasa-Calpe, Buenos Aires, 1946).

soportarlo y luego, repentinamente, me sentí rebosante del grandioso amor de Dios». Así es el romance eterno: la pequeña chispa de la vida se consume en la llama del amor divino. En numerosas oportunidades a lo largo de los años, Teresa contempló a su Señor, tanto con forma como sin forma. El cuerpo de Cristo se transformó en el océano de la Conciencia Infinita, la cual Teresa podía sentir: la percepción de la Conciencia Crística que se hallaba presente en Jesús y por la que él declaró: *«Yo y el Padre somos uno»*[11].

Esas uniones de amor son el verdadero romance; son eternas. El romance humano es una fantasía efímera; el romance con Dios constituye el genuino y perdurable gozo de la Vida de toda vida, el Amor de todos los amores. Dios posee un amor tan inmenso para prodigar a sus devotos que ese amor haría estallar todos los límites de sus corazones.

Cuando ese amor divino colma el ser entero, abraza a todos en la conciencia universal del amor, el servicio y la compasión. Como escribió San Juan, el gran discípulo de Jesús: *«Queridos, amémonos unos a otros, porque el amor es de Dios, y todo el que ama ha nacido de Dios y conoce a Dios. Quien no ama no ha conocido a Dios, porque Dios es Amor»*[12].

---

[11] La experiencia de Teresa con el ángel se relata en *Santos que conmovieron el mundo,* de René Fülöp-Miller.

En su autobiografía, la santa escribió que la experiencia del Cristo sin forma es una visión «más subida». De esta manera, dice ella, «se nos da a entender cómo es Dios y poderoso, y que todo lo puede, y todo lo manda, y todo lo gobierna y todo lo hinche su amor» (*Libro de la vida* [Vida de Santa Teresa de Jesús], capítulo XXVIII).

«Estando un día [...] en oración —relata en el capítulo XXVII—, vi cabe mí o sentí, por mejor decir, que con los ojos del cuerpo ni del alma no vi nada, mas parecíame estaba junto cabe mi Cristo y veía ser Él el que me hablaba, a mi parecer. [...]

»Luego fui a mi confesor [...]. Preguntome que en qué forma le veía. Yo le dije que no le veía. Díjome que cómo sabía yo que era Cristo. Yo le dije que no sabía cómo, mas que no podía dejar de entender estaba cabe mí, y lo veía claro y sentía, y que el recogimiento del alma era muy mayor en oración de quietud y muy continua, y los efectos que eran muy otros que solía tener [...].

»Así como es de las más subidas (según después me dijo un santo hombre y de gran espíritu, llamado Fray Pedro de Alcántara, de quien después haré más mención, y me han dicho otros letrados grandes, y que es adonde menos se puede entremeter el demonio de todas), así no hay términos para decirla acá [...].

»Se representa por una noticia al alma, más clara que el sol. No digo que se ve sol ni claridad, sino una luz que, sin ver luz, alumbra el entendimiento para que goce el alma de tan gran bien. Trae consigo grandes bienes».

Véase también el discurso 69, página 275, en el volumen III. *(Nota del editor).*

[12] *I Juan* 4:7-8.

~

«Pero él, queriendo justificarse, preguntó a Jesús: "¿Y quién es mi prójimo?". Jesús respondió: "Bajaba un hombre de Jerusalén a Jericó y cayó en manos de unos bandidos que, después de despojarle y darle una paliza, se fueron, dejándolo medio muerto. Casualmente, bajaba por aquel camino un sacerdote que, al verlo, dio un rodeo. De igual modo, un levita que pasaba por aquel sitio lo vio y dio un rodeo. Pero un samaritano que iba de camino llegó junto a él y, al verlo, tuvo compasión. Se acercó, vendó sus heridas y echó en ellas aceite y vino; lo montó luego sobre su propia cabalgadura, lo llevó a una posada y cuidó de él. Al día siguiente, sacó dos denarios y se los dio al posadero, diciendo: 'Cuida de él y, si gastas algo más, te lo pagaré cuando vuelva'. ¿Quién de estos tres te parece que fue prójimo del que cayó en manos de los bandidos?". Él respondió: "El que practicó la misericordia con él". Díjole entonces Jesús: "Vete y haz tú lo mismo"» (*Lucas* 10:29-37).

El Buen Samaritano: claves para comprender nuestro deber de servir y ayudar a los demás

En la conmovedora parábola del Buen Samaritano, Jesús ilustra pragmáticamente el significado de lo que es el prójimo en el sentido básico del deber de todo hombre hacia sus semejantes. Al margen del desarrollo que pueda alcanzar la magnanimidad del amor de cada persona, Jesús reconoce las limitaciones mortales de aquellos que procuran atender sus propias responsabilidades y también las penurias de los afligidos del mundo. La vida humana es breve y sólo podemos llevar a cabo cierto número de tareas. Incluso Jesús explicó que había venido sobre todo a ocuparse de las necesidades de un determinado conjunto de personas durante el limitado período que permanecería en la tierra[13].

Si bien Jesús y los maestros planifican su tiempo del modo que resulte más beneficioso para los devotos sinceros, sus liberadoras enseñanzas pueden ser seguidas por todos y en todas las épocas. Por eso Jesús dio a entender que, a pesar de que el hombre común no pueda mitigar física o materialmente los males generalizados, debería, sin

[13] *Mateo* 15:24. (Véase el discurso 44).

embargo, hacer todo cuanto esté dentro de sus posibilidades para ayudar a aquellas personas necesitadas que específicamente encuentre en su camino, tal como se simboliza en la parábola del Buen Samaritano.

Aliviar el sufrimiento de un semejante significa ayudar a los demás como nos gustaría que nos ayudasen a nosotros si estuviéramos en las mismas condiciones. Tanto si la persona necesitada se encuentra a nuestro alrededor o en un país lejano —en cualquier lugar—, todo aquel que entre en estrecho contacto con nosotros, ya sea física, mental o espiritualmente, es nuestro prójimo.

El deber de asistir a nuestros semejantes no consiste necesariamente en darles auxilio material. Proporcionar ayuda física al prójimo es bueno, y brindarle asistencia mental y moral para que pueda ayudarse a sí mismo es aún mejor; pero transmitirle la conciencia divina y liberarle de la ignorancia mediante la inspiración espiritual es la ayuda más elevada que puede ofrecerse. Se debe servir al prójimo de manera apropiada teniendo en cuenta estos criterios.

En la parábola del Buen Samaritano, Jesús compara la insensibilidad del sacerdote y del levita[14] (a los que se atribuía un elevado nivel espiritual debido a los cargos ceremoniales y hereditarios que ostentaban) con la compasión del samaritano, quien demostró el verdadero espíritu de la religión a pesar de pertenecer a una casta social que solía ser despreciada porque se la consideraba espiritualmente inferior. Cualesquiera que sean los títulos sociales de raza, religión o nacionalidad de una persona, éstos constituyen sus características definitorias sólo durante un breve lapso, pero todas las almas son dioses para siempre. Al llegar la muerte, el hombre es despojado en forma abrupta de sus adornos mortales; por eso, antes de abandonar esta tierra, debería manifestar la nobleza pura que le pertenece como hijo de Dios. Jesús no se enorgullecía por el hecho de provenir de la casa real de David, sino porque era un hijo de Dios. Si no existiesen las fronteras territoriales que fija el hombre arbitrariamente, todos los pueblos de la tierra tendrían lo necesario para vivir, gracias a la nutricia prodigalidad de la naturaleza. Un renacimiento en el amor a Dios y al prójimo tal como propugnó Jesucristo daría origen a un espíritu de unidad que ayudaría a sanar los males del mundo.

La armonía y la fraternidad llegarán a la tierra a través sólo de

---

[14] Los levitas eran los miembros de la tribu sacerdotal que descendía de Aarón, hermano de Moisés, y también aquellos designados por los sacerdotes para desempeñar funciones ceremoniales del templo.

la comunión con Dios. Cuando percibimos realmente la Presencia Divina en nuestra propia alma, se despierta en nosotros el amor por el prójimo —judío y cristiano, musulmán e hindú— al tomar conciencia de que nuestro Ser verdadero y el Ser de todos los demás son, por igual, almas o reflejos del único e infinitamente adorable Dios. Los planes políticos y sociales utópicos producirán escasos beneficios perdurables hasta que la humanidad aprenda la ciencia eterna por medio de la cual los seguidores de todas las religiones pueden conocer a Dios en la unidad de la comunión del alma con el Espíritu.

Observar el «primer mandamiento», como fue expuesto por Jesús, es la obligación central de la vida del hombre; quedan, así, subordinadas y al servicio de dicha observancia la hueste de absorbentes responsabilidades que el ser humano acumula sobre sí. Jesús apoyaba el mandamiento bíblico que dice: *«Honra a tu padre y a tu madre»*, pero ama a Dios de manera suprema. Padre, madre, amigos, seres amados: todos ellos son regalos de Dios. Ama al Amor Único que permanece oculto detrás de todos los disfraces bondadosos. Ama a Dios en primer lugar y sobre todas las cosas; de lo contrario, incontables serán las ocasiones en que Él visite tu corazón y se marche de nuevo sin que le reconozcas ni le des la bienvenida.

Es de suprema importancia estar con Dios ahora. Su amor es el único refugio en la vida y en la muerte. Debes utilizar el tiempo del mejor modo posible. ¿Por qué no aprovecharlo para recobrar tu unidad con el Creador de este Universo, nuestro Padre Infinito?

Una de las oraciones más llenas de sentimiento y de fervor que Dios me ha dado —una oración universal de amor divino— es la siguiente: «Padre Celestial, que tu amor brille para siempre en el santuario de mi devoción, y que pueda yo despertar tu amor en todos los corazones».

~

«Yendo todos de camino, entró en un pueblo, donde una mujer, llamada Marta, lo recibió en su casa. Tenía ésta una hermana llamada María, que, sentada a los pies del Señor, escuchaba su palabra, mientras Marta estaba atareada en muchos quehaceres. Al fin, se paró y dijo: "Señor, ¿no te importa que mi hermana me deje sola en el trabajo? Dile, pues, que me ayude". Le respondió el Señor: "Marta, Marta, te preocupas y te agitas por muchas cosas;

y hay necesidad de pocas, o mejor, de una sola. María ha elegido la mejor parte, que no le será quitada"» (*Lucas* 10:38-42).

«Marta, Marta, eres muy diligente en tus tareas y asuntos materiales, pero te causan preocupación y dispersan tu mente. Es preciso que te ocupes de tu deber espiritual supremo, que consiste en mantener la mente en Dios mientras desempeñas con todo cuidado tus diversas labores. Inspirada por mis palabras de sabiduría, María ha elegido la mejor parte al entregarse plenamente a enfocar sólo en Dios sus pensamientos y su amor. De ese modo, su anhelo divino, que ha apartado su mente de los otros quehaceres del momento, no le será quitado».

Marta y María: el equilibrio entre los deberes materiales y la comunión devocional

En este pasaje, Jesús se dirige a todos los buscadores de Dios, ya sea que lleven una vida hogareña y con responsabilidades familiares o la vida de un renunciante en una ermita. Él alaba *«la mejor parte»* que ha elegido María, es decir, dedicarse únicamente a Dios, pero a su vez elogia los méritos del sentido del deber ejemplificado por Marta, siempre y cuando ella recuerde que «hay necesidad de una sola cosa»: llevar a cabo los deberes materiales pensando en Dios y amándole.

Algunos renunciantes creen erróneamente que ocuparse de sus obligaciones en la ermita bastará para convertirlos en seres espirituales. Otros renunciantes suponen que pueden alcanzar la conciencia divina desatendiendo las actividades de servicio a los demás para dedicarse sólo al deber espiritual de practicar la meditación.

El propósito fundamental del entorno de un *ashram* es ofrecer un remanso de paz en el cual buscar a Dios. Los renunciantes que se concentran demasiado en su trabajo, hasta el punto de desatender la meditación y la práctica interior de la presencia de Dios durante la actividad, no tienen justificación para vivir en una ermita y recibir los beneficios que se les brindan a quienes buscan sinceramente a Dios. Si algún devoto se sumerge de manera tan profunda en la divina comunión del *samadhi* que, a consecuencia de ello, descuida sus deberes materiales, su omisión es perdonable; pero son muy escasas las almas cuyos méritos sean dignos de semejante excepción (en su mayoría, tales tentativas no son otra cosa que piedad simulada). En una ermita, quienes han de realizar las actividades de servicio son los miembros de esa comunidad; cuando los devotos se ocupan de esos deberes pensando en servir a Dios, y le ofrecen, además, toda su atención en la meditación profunda y regular, están en el camino correcto para recibir la gracia de Dios. Por el contrario, aquellos que se pierden en el ajetreo de la actividad, olvidando a Dios y descuidando la meditación, no encuentran solaz espiritual y comienzan a dudar del propósito de su vida de renunciantes en comparación con lo que el mundo puede ofrecerles.

Es preferible llevar una vida de servicio al mundo en un ambiente espiritual y favorable para inspirar ideales elevados y pensamientos divinos que hacerlo en un ambiente material plagado de maldad. Sin embargo, es posible espiritualizar cualquier entorno con la presencia de Dios. Por esa razón, Jesús le advirtió a Marta —y por extensión a aquellos discípulos que deben desempeñar responsabilidades seculares— que si bien era encomiable y necesario que se ocupara de los deberes materiales, estaba desaprovechando la oportunidad de recibir las bendiciones que provenían del servicio que prestaba, ya que su mente se hallaba tan distraída por las exigencias externas que no albergaba ningún pensamiento acerca de Dios. Jesús defendió la acción de María porque no tenía su origen en el deseo deliberado de rehuir las tareas domésticas, sino en una devoción sincera que mantenía su mente absorta por completo en Dios y en la sabiduría —conducente a la comunión divina— que Jesús impartía.

Si Marta hubiese actuado impulsada por una devoción semejante a la de María, Jesús no habría hecho distinción alguna entre las dos hermanas. Ambas servían a Jesús: una de ellas, espiritualmente, y la otra, atendiendo materialmente a sus necesidades; sin embargo, la devoción de María complacía más a Jesús. Si Marta hubiese absorbido el espíritu de Jesús del mismo modo que su hermana, él habría permitido que María ayudara a Marta; pero él no deseaba que María imitase la manera materialista de actuar de Marta, sino más bien que Marta siguiera el ejemplo devocional de María.

Esa misma enseñanza es la del yoga: sean cuales sean nuestros deberes en el mundo, la mente ha de permanecer siempre con Dios. Si uno se esfuerza al máximo por conocer a Dios y considera esto su principal responsabilidad —ya sea que tenga otros deberes o no—, ésa es la virtud suprema, puesto que no es posible cumplir deber alguno sin tomar prestado de Dios el poder necesario para llevarlo a cabo.

Todos los buscadores espirituales, tanto si viven la vida secular de una persona con responsabilidades familiares como si son renunciantes en una ermita, deben ser capaces de manifestar, alternantemente y según sea preciso, tanto la naturaleza de Marta como la de María, desempeñando sus obligaciones con el pensamiento en Dios y asumiendo a diario con devoción el deber espiritual de practicar la meditación con la mente absorta en Dios. Ningún miembro de un hogar o de un *ashram* debería desatender, con el pretexto de la meditación, sus obligaciones materiales; y ninguno de ellos debería tampoco interrumpir a otro que posea inclinaciones espirituales cuando ese devoto se encuentre absorto adorando al Señor.

El aspirante espiritual que alcanza la perfección es aquel que con un corazón devoto y una actitud diligente sirve tanto a Dios como a sus semejantes y, por eso, recibe rápidamente la iluminación y la gracia divina.

DISCURSO 54

El Padrenuestro desde una perspectiva esotérica

«Padre nuestro»: percibir que el Espíritu es la única Realidad constituye la esencia del *Guiana Yoga*

❖

«Santificado sea tu Nombre»: la santidad, la belleza y el gozo presentes por doquier en la creación de Dios

❖

El «porqué» de la creación es un divino misterio místico que se encuentra más allá de la comprensión humana

❖

«Hágase tu Voluntad»: el sendero del *Karma Yoga*, que consiste en expresar a Dios en la acción

❖

Perdón y liberación: la oración del devoto que practica el *Bhakti Yoga*

❖

«El reino, el poder y la gloria»: la experiencia universal de la unión con Dios

«Cada una de las frases que Jesús ofrece en esta profunda plegaria resuena en perfecta armonía con el idealismo cósmico de las antiguas escrituras sagradas de la India, […] las verdades cósmicas que son la esencia de los sistemas específicos del Guiana Yoga, *del* Karma Yoga *y del* Bhakti Yoga*».*

Estaba Jesús orando en cierto lugar. Cuando terminó, le dijo uno de sus discípulos: «Señor, enséñanos a orar, como enseñó Juan a sus discípulos». Él les dijo: «Cuando oréis, decid:

»Padre, santificado sea tu Nombre, venga tu Reino, danos cada día nuestro pan cotidiano, y perdónanos nuestros pecados, porque también nosotros perdonamos a todo el que nos debe, y no nos dejes caer en tentación».

Lucas 11:1-4[1]

Estaba él hablando así, cuando una mujer de entre la gente dijo en voz alta: «¡Dichoso el seno que te llevó y los pechos que te criaron!». Pero él dijo: «Dichosos más bien los que oyen la palabra de Dios y la guardan».

Lucas 11:27-28

[1] Los versículos *Lucas* 11:5-13 se comentan en el discurso 30 (volumen I) junto con las correspondientes referencias paralelas de *Mateo*. Los versículos *Lucas* 11:14-26, que también tienen su paralelo en *Mateo*, se comentan en el discurso 36.

DISCURSO 54 

El Padrenuestro desde una perspectiva esotérica

«Estaba Jesús orando en cierto lugar. Cuando terminó, le dijo uno de sus discípulos: "Señor, enséñanos a orar, como enseñó Juan a sus discípulos". Él les dijo: "Cuando oréis, decid:

»"Padre, santificado sea tu Nombre, venga tu Reino, danos cada día nuestro pan cotidiano, y perdónanos nuestros pecados, porque también nosotros perdonamos a todo el que nos debe, y no nos dejes caer en tentación"» (*Lucas* 11:1-4).

Referencia paralela:

«Vosotros, pues, orad así:

»Padre nuestro que estás en los cielos, santificado sea tu Nombre; venga tu Reino; hágase tu Voluntad, así en la tierra como en el cielo.

»Nuestro pan cotidiano dánosle hoy; y perdónanos nuestras deudas, así como nosotros hemos perdonado a nuestros deudores; y no nos dejes caer en tentación, mas líbranos del mal.

*»Porque Tuyo es el reino, y el poder, y la gloria, por todos los siglos. Amén»** (*Mateo* 6:9-13)[2].

---

[2] El Padrenuestro tal como se enuncia en el capítulo 6 del Evangelio según San Mateo se comenta en el discurso 28 (volumen I). En el presente discurso, el comentario de Paramahansa Yogananda esclarece aún más la profundidad de las palabras y de la conciencia de Jesús, y revela que el Padrenuestro es una oración esotérica universal que nos permite percibir la relación eterna entre el alma y Dios. *(Nota del editor).*

El Padrenuestro es el himno cumbre del cristianismo, que se recita a menudo en la liturgia, pero pocas veces se vive como una experiencia personal. En sus sencillas palabras, cada una de las frases que Jesús ofrece en esta profunda plegaria resuena en perfecta armonía con el idealismo cósmico de las antiguas escrituras sagradas de la India, cuya esencia está compendiada magníficamente en el *Bhagavad Guita.*

Se puede analizar el Padrenuestro dividiéndolo en cuatro partes bien definidas, que en su conjunto se ocupan tanto de la trascendencia como de la inmanencia de Dios, y de la relación del hombre con Dios en su aspecto de Padre Celestial de todos. Las primeras tres partes expresan, respectivamente, las verdades cósmicas que son la esencia de los sistemas específicos del *Guiana Yoga,* del *Karma Yoga* y del *Bhakti Yoga,* o sea, la unión con el Infinito a través de la sabiduría, de la acción correcta y del amor divino. El cuarto y último segmento es una concisa expresión de profunda reverencia al Espíritu Infinito en su aspecto de Dios Padre creador de todo.

1. *«Padre nuestro que estás en los cielos, santificado sea tu Nombre; venga tu Reino».*
2. *«Hágase tu Voluntad, así en la tierra como en el cielo. Nuestro pan cotidiano dánosle hoy; y perdónanos nuestras deudas, así como nosotros hemos perdonado a nuestros deudores».*
3. *«Y no nos dejes caer en tentación, mas líbranos del mal».*
4. *«Porque Tuyo es el reino, y el poder, y la gloria, por todos los siglos»*.*

La primera parte puede entenderse fácilmente si se aplican los fundamentos de la filosofía del *Guiana Yoga:* percibir que el Espíritu es la única Realidad. El concepto de Jesús acerca de Dios es de idealismo puro, como es el caso de la metafísica más elevada del Sankhya-Yoga-Vedanta de la India. Adherirse completamente al sendero del conocimiento de Dios que Jesús siguió —el sendero que él mostró al mundo entero—, según el cual la totalidad de la vida gira en torno a un único centro que es Dios, significa hallar suprema inspiración en el idealismo de Jesús[3].

[3] El Vedanta, el mensaje final o definitivo de los Vedas hindúes que aparece en los Upanishads, postula la filosofía del idealismo monista. Swami Shankara, incomparable exponente del Vedanta Advaita («no dual»), escribió: «Todo el universo que se percibe con la mente sensorial y el lenguaje no es sino Espíritu *(Sat),* la Realidad que trasciende

¿Qué es Dios, al menos en lo que a Jesús concierne? Él no rendía culto a un Dios antropomórfico, concebido como un ser limitado a una forma personal. Jesús no tenía en mente a un personaje supremo sentado en su trono en un lugar apartado de alguna región desconocida y por encima del cosmos. Su espíritu universal no se sentía atraído hacia esa noción personalizada de Dios; ese concepto no aparecía en sus palabras ni en sus sermones, ni estaba implícito en sus pensamientos. Su sabiduría divina abarcaba el conocimiento de que la Realidad Absoluta de Dios es Espíritu[4]. La elevada filosofía de Jesús es la razón por la cual se le consideró, hasta cierto punto, como un revolucionario espiritual que se enfrentó a muchos de los conceptos ortodoxos de los hebreos —su propio pueblo—. Para él, Dios no podía estar limitado por ninguno de los parámetros de la creación —tiempo, espacio, causalidad, forma o personalidad— ni ser codificado en los credos elaborados por el hombre, dado que Dios todo lo trasciende.

«Padre nuestro»: percibir que el Espíritu es la única Realidad constituye la esencia del Guiana Yoga

La expresión con la que comienza el Padrenuestro, *«Padre nuestro que estás en los cielos»*, es, por lo tanto, una referencia al Creador en la infinitud trascendental, el cual es, asimismo, esa Eterna Conciencia Trascendente. El Hacedor de todo lo manifestado hace emanar de

---

la naturaleza. Nada más existe» (*La joya suprema del discernimiento,* estrofa 391).

El Dr. Amit Goswami, profesor de Física en el Instituto de Ciencias Teóricas de la Universidad de Oregón, escribe en su libro *The Self-Aware Universe* [El universo consciente de sí mismo]: «La ciencia moderna valida un concepto antiguo: el concepto de que la conciencia —y no la materia— es la base de todo cuanto existe. [...] La filosofía que ha dominado la ciencia durante siglos (el realismo físico o materialista) da por sentado que sólo la materia (constituida por átomos o, en última instancia, por partículas elementales) es real; todo lo demás son fenómenos secundarios de la materia —simplemente el movimiento de los átomos que la conforman—. Esta manera de considerar el mundo se denomina realismo porque supone que los objetos son reales e independientes de los sujetos —nosotros— o del modo en que los observamos. [...] Los hechos demuestran lo contrario; la ciencia ha comprobado el poder de la filosofía monista por encima del dualismo (la creencia de que el espíritu está separado de la materia). En la filosofía idealista, la conciencia es fundamental. [...] Desde esta ventajosa posición advertimos que algunos de los conceptos de diversas tradiciones religiosas se vuelven tan lógicos, refinados y satisfactorios como la interpretación de los experimentos de la física cuántica». *(Nota del editor).*

4 *«Pero llega la hora —ya estamos en ella— en que los adoradores verdaderos adorarán al Padre en espíritu y en verdad, porque así quiere el Padre que sean los que le adoren. Dios es espíritu, y los que adoran deben adorar en espíritu y verdad»* (*Juan* 4:23-24; véase el discurso 18, en el volumen I).

su Ser Único las infinitamente variadas creaciones causales, astrales y físicas, pero jamás es afectado por ellas. En esta invocación inicial a Dios, Jesús eleva al instante nuestra conciencia al conocimiento —la visión, el entendimiento, la percepción— de que existe un Dios trascendente. Si estuviese hablando en el lenguaje actual, tal vez habría dicho: «Dios nuestro trascendente» en vez de «*Padre nuestro que estás en los cielos*».

Ahora bien, la idea de una Deidad trascendente por sí sola induciría naturalmente a sentir que Dios es remoto e inaccesible, que se encuentra alejado de los asuntos de la creación y de la vida de sus criaturas. Es imposible que Dios no tenga relación con las almas que Él ha creado, porque, si así fuese, la totalidad del cosmos estaría absurdamente desprovista de sentido. Al utilizar la palabra «*nuestro*», Jesús hacía hincapié en la relación eterna e inseparable que existe entre Dios y la humanidad. No dirige la atención de los fieles únicamente hacia el «Padre que está en los cielos» sino hacia el «Padre *nuestro* que está en los cielos»: tu Dios, mi Dios, el Dios de Jesús, de Moisés, de Krishna, de Buda, de Mahoma, de todos los seres humanos, virtuosos o malvados, salvadores o pecadores. Jesús no emplea la expresión —«*Padre nuestro*»— en el sentido ordinario del término, sino con el propósito específico de poner de manifiesto la interrelación entre el Dios trascendente y los seres creados. Toda la filosofía acerca del vínculo entre el alma humana y Dios está representada en esta pequeña palabra: «*nuestro*». Se hace referencia aquí a un Dios que es la Fuente de todos los seres y, por lo tanto, el Padre. En esta expresión, «*Padre*» es un símbolo del idealismo puro de Jesús: el Espíritu, el Dios trascendental, que es la fuente, el Progenitor Primigenio de la creación cósmica entera. Todas las cosas se han manifestado a partir de Él, y en su omnipotencia cósmica hallan la perfección: Él es el Padre. Bajo su omnisciente guía, todas las cosas se desplazan siguiendo el curso que les ha sido asignado: Él es el Padre. En el benevolente amor y prodigalidad de Dios, los seres creados encuentran la fuerza interior y el gozo: Él es el Padre. Jesús expresó estos conceptos metafísicos en un lenguaje accesible: «*Padre nuestro que estás en los cielos*», el Dios trascendental que se relaciona de modo inseparable con todos los seres creados; la fuente, el sustento y la salvación de todos. La vastedad de este concepto se expresa íntegramente en la frase inicial del Padrenuestro.

Continúa diciendo Jesús: «*Santificado sea tu Nombre*». El sentido de la palabra *«nombre»* se comprende mejor en la filosofía védica, según la cual significa «creación». Así como el nombre constituye el símbolo externo de nuestra identidad, así también la creación vibratoria proclama al Creador trascendente. El término sánscrito *nama-rupa* se traduce como «nombre y forma». *«Santificado sea tu Nombre»* significa «Sagrada es tu creación», sagrada es tu manifestación, espiritual es la revelación de Ti mismo a través de la acción externa del Espíritu Santo, la Palabra o vibración cósmica de *Om* (Amén). La creación de Dios es divina; es la expresión espiritual de la Realidad Cósmica, y es espiritualmente semejante a esa Realidad.

«Santificado sea tu Nombre»: la santidad, la belleza y el gozo presentes por doquier en la creación de Dios

Sin embargo, la verdadera naturaleza de la creación como divina emanación de Dios sólo puede comprenderse en su totalidad por medio de la unión extática con Dios que se experimenta al abrir plenamente el ojo espiritual. Esta gracia le fue concedida al devoto Arjuna, tal como se relata en el *Bhagavad Guita:*

> «No puedes percibirme con tus ojos mortales. Te concedo, por lo tanto, la visión divina». [...]
>
> «Arjuna vio las infinitas formas de la maravillosa Presencia de la Deidad, omnipresente y omnipotente, resplandeciendo en cada dirección del espacio, engalanada con incontables mantos celestes, guirnaldas y ornamentos, blandiendo armas celestiales, ungida con toda aromática fragancia, sus bocas y ojos presentes por doquier.
>
> »Si un millar de soles aparecieran simultáneamente en el cielo, ¡su fulgor apenas se asemejaría al esplendor de aquel Ser que todo lo ha creado!
>
> »Allí, reposando dentro de la Forma Infinita del Dios de dioses, Arjuna contempló el universo entero con todas sus diversificadas manifestaciones»[5].

En la mente del devoto que percibe todo el universo manifestado como la resplandeciente vestidura del Creador no existe la más mí-

[5] *God Talks With Arjuna: The Bhagavad Gita* XI:8, 10-13. (Véase *El Yoga del Bhagavad Guita*).

nima duda acerca de la inmediatez de la presencia de Dios[6]. En el estado de Conciencia Cósmica, se percibe que la Realidad subyacente se ha cubierto con el manto del cosmos en constante transformación, y que dicha Realidad anuncia su presencia, pero no se muestra abiertamente, del mismo modo en que los variados atuendos con que los seres humanos se adornan denotan sus cambiantes papeles y gustos, pero no su naturaleza esencial. Una persona puede mudar de ropa o desecharla, pero no por eso se transforma su ser. El nacimiento, la juventud, la vejez; la vida y la muerte; la creación y el cambio; el pesar y el sufrimiento; el gozo y la felicidad; el dolor y el placer: todos ellos son, para la visión divina, centelleantes ondulaciones en la trama del tiempo y del espacio que pertenecen a la esfera de la dualidad, mas no a la Unidad Suprema. Aunque el universo o vestimenta de Dios se halle en constante transformación, Él es siempre el mismo; y también nosotros, como individualizaciones de su Ser, compartimos esa inmutabilidad. El propósito del paso de cada alma por esta tierra es aprender a ver más allá de la evanescencia de los fenómenos y contemplar la Realidad Eterna. Por tentadora o persuasiva que sea la fastuosidad con que se manifieste *maya* (la ilusión cósmica), no debemos permitir que desvíe nuestra atención del Señor Infinito, que es quien luce el cosmos sutil y vaporoso como un simple disfraz. El devoto que logra vencer la miopía de la conciencia corporal es capaz de ver con la visión superior de la intuición divina y logra resolver todas las dualidades —que antes le parecían incomprensibles— al percibir en estado de éxtasis que la Creación es Gozo y Belleza.

¡Con cuánta elocuencia se proclama esta verdad en el *Bhagavad Guita*!: «engalanada con incontables mantos celestes, guirnaldas y ornamentos». Las estrellas son las gemas de su corona; la tierra es su escabel; el relámpago, el trueno, las tormentas y los cataclismos son los destellos de sus atavíos y los chasquidos de su capa cuando danza gozosamente al ritmo de los alternantes ciclos de creación, conservación y destrucción. Todo cuanto existe en el mundo objetivo es un adorno que se suma para embellecer las vestiduras cósmicas de Dios; en el fondo de todas ellas se halla oculta la Divina Realidad. Ésa fue la percepción que experimentó el devoto Arjuna, la cual se describe en el undécimo capítulo del *Bhagavad Guita;* y es a la luz de esa percepción

---

6 *«¡Bendice, alma mía, a Yahvé! ¡Yahvé, Dios mío, qué grande eres! Vestido de esplendor y majestad, te arropa la luz como un manto, como una tienda extiendes el cielo»* (*Salmos* 104:1-2).

como debemos comprender la sabia filosofía del idealismo presentada por Jesucristo en el Padrenuestro[7].

Hay, sin embargo, una pregunta para la cual aún no se tiene respuesta: ¿Por qué existe la creación? ¿Es el cosmos accidental, algo que Dios creó por simple capricho? ¿Por qué lo hizo? En la Biblia está escrito: *«Eres digno, Señor y Dios nuestro, de recibir la gloria, el honor*

---

[7] Podemos encontrar un ejemplo paralelo en el Antiguo Testamento de las escrituras judeo-cristianas, en el libro de Job, cuyas terribles experiencias y subsecuente petición de explicaciones a Dios son proverbiales. En la introducción de su versión en inglés de *The Book of Job* [El libro de Job] (HarperCollins, Nueva York, 1992), el traductor Stephen Mitchell escribe:

«La ira de Job ante las injusticias del mundo está dirigida directamente hacia el creador de este mundo. No hay rodeos ni medias tintas, ni tampoco un intento de desviar la responsabilidad suprema culpando al demonio o al pecado original.

»*"Pero es lo mismo, de verdad: [Dios] destruye igual al inocente y al culpable. Si un azote mata de improviso, se ríe de la angustia del inocente. Deja la tierra en poder del malvado y tapa los ojos de los magistrados; ¿quién sino Él lo hace?"*.

»Toda esta ira y desconcierto no podrían ser tan intensos si Job no amara sinceramente a Dios. Él percibe que, a pesar de las apariencias, existe en algún lugar una justicia suprema, pero no sabe dónde. [...] Por supuesto, la respuesta que Job recibe no es en absoluto la que él esperaba. [...] Es transportado en un estado de visión y entra en un mundo de energía primaria, independiente de los seres humanos, que incluye aquello que los hombres podrían experimentar como aterrador o maligno. [...]

»Estos gigantescos símbolos del mal, tan aterradores para los seres humanos que no han visto o no admiten el aspecto destructivo de Dios (Shiva), se nos presentan como juguetes de Dios. Forman parte del ciclo continuo de la naturaleza, que se extiende sin interrupción desde los ángeles hasta las bestias. Como escribió Blake: "El rugir del león, el aullido del lobo, la furia del mar tormentoso y la espada destructora, todos ellos son porciones de *eternidad* demasiado inmensas para la mirada del hombre". La única otra fuente de la Biblia que se asemeja en vigor [a la visión de Job] es un pasaje de un profeta anónimo conocido como Segundo Isaías: *"Yo modelo la luz y creo la tiniebla, Yo hago la dicha y creo la desgracia, Yo soy Yahvé, el que hago todo esto"*».

Lo que en esencia Dios le responde a Job es que, para comprender las aparentes paradojas de la creación, debe elevarse de la conciencia humana a la divina: *«Dónde estabas cuando cimenté la tierra? Dilo, si tanto sabes y entiendes. ¿Sabes quién fijó sus medidas, o quién la midió a cordel? ¿Dónde se asientan sus bases? ¿Quién puso su piedra angular entre el vocerío de los luceros del alba y las aclamaciones de los Hijos de Dios?»* (*Job* 38:4-7).

«La única analogía que se halla en las escrituras a esta respuesta de Dios —escribe Mitchell— es la visión que se le concede a Arjuna, y que se relata en el capítulo XI del *Bhagavad Guita,* en que el príncipe experimenta, hasta la médula de los huesos, la gloria y el terror del universo, toda la creación y toda la destrucción, enlazadas en el gozoso drama del Señor Supremo. Allí las manifestaciones son más cósmicas que las que aparecen en el libro de Job, y la percepción de Dios como "el Ser que mora en el corazón de todas las criaturas" es mucho más clara. [...] [Pero] cuando Job dice: *"Sólo de oídas te conocía, pero ahora te han visto mis ojos"*, ya no es un sirviente que teme a Dios y evita el mal. Ha enfrentado el mal, lo ha mirado a la cara y ha visto a través de él una inmensidad de maravillas y de amor». *(Nota del editor).*

y el poder, porque Tú has creado el universo; por tu voluntad, existe y fue creado»[8]. Pero ¿cómo puede justificarse el hecho de que por su voluntad exista el sufrimiento humano; o que haya creado su *lila,* este juego divino, que requiere de las dolorosas dualidades del mundo? En los Vedas y Upanishads se explica que el Uno quiso disfrutar de su infinita e inmortal conciencia de Bienaventuranza a través de muchos: «*Eko 'ham bahu shyam:* Yo era Uno; quise convertirme en muchos». Pero el hombre, en su persistente búsqueda de razones, se pregunta qué le ocurrió a Él que quiso convertirse en muchos y causó todo este dolor y sufrimiento. Las respuestas teológicas no satisfacen a la mente racional. La más desafiante y cierta de las respuestas que jamás se haya dado a este interrogante es que *no lo sabemos.* Se trata de *maya;* no es ilusión, ni alucinación, sino un divino misterio místico que se encuentra más allá de la comprensión de la mente y del razonamiento intelectual del ser humano. Un filósofo lo expresó con gran belleza: «Cada vez que se intenta sinceramente develar el misterio de los muchos y el Uno, el misticismo parece ser la única respuesta o la respuesta definitiva». ¿Acaso puede una copa diminuta contener el océano? El limitado intelecto humano no puede captar la magnitud de la Realidad Cósmica, y jamás llega a comprender el porqué de la creación de Dios. Por esa razón se dice de quienes en estado de éxtasis han penetrado en las secretas bóvedas del corazón de Dios e invariablemente han regresado sin palabras que puedan describirlo: «Aquel que sabe, sabe; y nadie más sabe».

El «porqué» de la creación es un divino misterio místico que se encuentra más allá de la comprensión humana

Jesús dice a continuación: «*Venga tu Reino*». En esta frase, afirma la trascendencia de la Realidad Suprema que se manifestó como la Esencia Inmanente de las divinas ideaciones universales del Padre Creador.

«*Padre nuestro que estás en los cielos, santificado sea tu Nombre; venga tu Reino*». ¡Cuán sublime, cuán espiritual, cuán filosófica es esta plegaria! El Dios trascendental, el Dios inmanente y la creación (como manifestación de Dios): todos están presentes en la primera parte del Padrenuestro —una grandiosa declaración que coincide plenamente con la percepción de la verdad que ofrece la sabiduría suprema del *Guiana Yoga.*

[8] *Apocalipsis* 4:11.

La clave de la segunda parte del Padrenuestro es la palabra *«voluntad»: «Hágase tu Voluntad, así en la tierra como en el cielo. Nuestro pan cotidiano dánosle hoy; y perdónanos nuestras deudas, así como nosotros hemos perdonado a nuestros deudores»*. En esta segunda parte está expresada la filosofía de la causalidad y de la manifestación: el karma, tal como se denomina en el *Bhagavad Guita*[9]. La creación entera es el karma de Dios, el acto de manifestación de Dios, la expresión de su voluntad. Las acciones están siempre precedidas y respaldadas por la voluntad. La ciencia material afirma que todo cuanto existe en el universo no es sino energía que se manifiesta de diferentes maneras; el yogui, que es un científico espiritual, puede percibir también una energía subyacente aún más sutil: el *prana* o fuerza vital. Pero ¿qué es la energía?, ¿qué es el *prana*? La energía es la manifestación densa de la voluntad y ésta, a su vez, es el poder o facultad de manifestación de la conciencia.

«Hágase tu Voluntad»: el sendero del Karma Yoga, *que consiste en expresar a Dios en la acción*

Aun cuando toda la creación proviene de la vibración divina, la expresión material del «reino» de Dios ha sido usurpada por el rebelde Engaño Satánico, apoyado por las acciones pecaminosas de las multitudes, sobre las cuales se ha arrojado un manto de ignorancia que ahuyenta la luz de la presencia de Dios. Por consiguiente, las

[9] «El *Om* (*Visarga,* los dos puntos ":" que representan la dualidad de la Vibración Cósmica) que da lugar al nacimiento, preservación y destrucción de los seres y sus diversas naturalezas se llama Karma (la acción cósmica)» *(God Talks With Arjuna: The Bhagavad Gita* VIII:3. Véase *El Yoga del Bhagavad Guita).*

Del comentario de Paramahansa Yogananda: «La vibración cósmica *(Om),* junto con su ley de dualidad y relatividad, emana del Espíritu y da lugar al nacimiento, sostenimiento y disolución de toda la materia y de todos los seres mediante la ley del karma. Esta ley de la acción ejerce dominio sobre todas las actividades del hombre y de la naturaleza. [...]

»El Karma incluye todas las actividades cósmicas tanto divinas como materiales, así como las actividades espirituales y mundanas de los seres humanos. [...] El *Om* o vibración cósmica inteligente es la primera manifestación de Dios en la creación. Por lo tanto, todas las actividades cósmicas emanadas del inteligente Ser Vibratorio cósmico —el *Om*— reciben el nombre de Karma Cósmico Supremo. El hombre es una manifestación microcósmica o en miniatura del Ser Vibratorio macrocósmico (el invisible e inteligente Espíritu Santo, el *Om* o la Palabra). Las acciones del hombre —tanto las espirituales como las materiales y las malignas— se denominan karma humano. Dios, manifestado como el Ser Cósmico Vibratorio u *Om,* es el Originador directo de todas las actividades cósmicas y humanas, las cuales están gobernadas por la ley del karma o ley de causa y efecto. El cosmos entero y todos los seres sensibles están sujetos a esta ley».

palabras *«hágase tu Voluntad así en la tierra como en el cielo»* significan: que se manifieste en las vibraciones materiales de la tierra la prístina perfección de la Sagrada Vibración Creativa que emanó de tu inmaculada trascendencia por divino decreto de tu Voluntad.

«Nuestro pan cotidiano dánosle hoy»: «pan» significa energía cósmica, la vibración cósmica de *Om,* que todo lo sostiene[10]. De nuevo, ésta es una referencia al karma, la acción cósmica por medio de la cual Dios sustenta toda vida.

«Y perdónanos nuestras deudas (nuestros pecados), *así como nosotros hemos perdonado a nuestros deudores».* En esta frase se enuncia la ley kármica de causa y efecto aplicada a la vida humana. En una ocasión anterior, Jesús había dicho: *«Que si vosotros perdonáis a los hombres sus ofensas, os perdonará también a vosotros vuestro Padre celestial; pero si no perdonáis a los hombres, tampoco vuestro Padre perdonará vuestras ofensas»*[11]. En la filosofía hindú no hay sitio para alcanzar la salvación por medio de la fe ciega o el azar; tanto en el caso de los seres humanos como en la naturaleza, cada resultado tiene una causa, ya sea aproximada o definida. El devoto que anhela hallar a Dios emprende activamente aquellas causas que producen como resultado el desarrollo del alma y la unión divina: *Karma Yoga,* que une la falible voluntad humana con la omnisciencia de la Voluntad Divina.

Perdón y liberación: la oración del devoto que practica el Bhakti Yoga

Así pues, la segunda parte del Padrenuestro contiene la filosofía completa del karma, el acto de crear y la acción de la ley universal de causa y efecto.

«No nos dejes caer en tentación, mas líbranos del mal». La tercera parte del Padrenuestro es devoción pura o *bhakti.* Para los intelectuales constituye una fuente permanente de desconcierto la pregunta acerca de cómo pudo Dios dejar caer al hombre en la tentación del mal y por qué[12]. Sin embargo, quienes siguen el sendero devocional

---

10 *«No sólo de pan* [el sustento material] *vive el hombre, sino de toda palabra* [unidad de energía cósmica que emana en forma de vibración del Espíritu Santo u omnipresente *Om*] *que sale de la boca de Dios* [que desciende al cuerpo humano a través del sutil centro astral de vida ubicado en el bulbo raquídeo]» (*Mateo* 4:4; véase el comentario correspondiente en el discurso 8 del volumen I).

11 *Mateo* 6:14-15 (véase el discurso 28, en el volumen I). Véase también el comentario sobre *Marcos* 11:25-26 en el discurso 35.

12 Véase también el discurso 28 (volumen I).

hacia Dios *(Bhakti Yoga)* se enfocan en una sencilla verdad: El camino más fácil para vencer la finitud es entregarse por completo a Dios, con la totalidad de nuestras faltas y virtudes. ¡Cuán rápidamente el amor por Dios soluciona todo lo que es negativo en el carácter de una persona! Dondequiera que surge el amor, transforma y espiritualiza del modo más maravilloso. Cultivando con paciencia la devoción, el *bhakta* llega a comprender que, sea cual fuere la tentación del deseo que aparezca en su vida, puede trascenderla de inmediato si entrega sinceramente ese deseo al Ser Divino. Con el simple roce de la perfección de Dios en respuesta a esta actitud del devoto, toda la negatividad que trata de infiltrarse en su corazón se puede vencer al instante.

A través de todo cuanto es bello y deseable en este mundo, el Amante Cósmico está llamando al hombre. El atractivo de los ofrecimientos mundanos pone a prueba las decisiones de los hijos de Dios, con el fin de determinar si le escogen a Él o prefieren las gratificaciones materiales. Mientras que el devoto opte por los juguetes que Dios le ofrece en vez de elegirle a Él, su alma deberá reencarnar, insatisfecha y sujeta a los enredos inherentes a la mortalidad. Pero el devoto que dirige su rostro hacia el Hogar, reconociendo que el deseo del alma por el amor de Dios está en el fondo de cada uno de sus deseos, se halla en el sendero que conduce a la felicidad perdurable y verdadera, y transmuta todas las tentaciones en un anhelo único por Dios.

Por consiguiente, el principio expresado en esta parte del Padrenuestro no supone que Dios nos haga caer en la tentación, sino que, haciendo uso de la voluntad que nace de la devoción, uno puede transformar una tentación en fuente de iluminación espiritual al introducir en ella el poder de Dios, que es superior a cualquier tentación. Este yoga de entrega absoluta —de devoción incondicional y amor divino, *Bhakti Yoga*— es el que se invoca en esta súplica: *«No nos dejes caer en tentación, mas líbranos del mal»*.

Así pues, *Guiana, Karma* y *Bhakti,* que tienen correspondencia con los procesos 1) del pensamiento, 2) de la voluntad y 3) del sentimiento, son el fundamento de las tres primeras partes del Padrenuestro y, por lo tanto, esta plegaria encierra la más elevada filosofía sobre la vida humana. Después de todo, ¿cuál es el propósito de la vida? Alcanzar la unidad con Dios: purificando la razón o intelecto humano con la conciencia de la sabiduría divina; sintonizando la voluntad humana a fin de que se convierta en un instrumento de la voluntad de Dios; y ofrendando el amor humano en el altar del amor universal de Dios.

El pensamiento, la voluntad y el sentimiento son facultades del alma, y la oración las espiritualiza. La oración es elevar el alma, el ser entero del hombre, hasta Dios. El Padrenuestro en su integridad está concebido para espiritualizar todos los aspectos de la vida.

«El reino, el poder y la gloria»: la experiencia universal de la unión con Dios

Jesús termina luego con una reverente alabanza a modo de compendio: *«Porque Tuyo es el reino, y el poder, y la gloria, por todos los siglos»**.

«El reino» es la trascendente e inmanente Conciencia Cósmica de Dios Padre que todo lo abarca, la Inteligencia Infinita que constituye la única Realidad de toda manifestación. *«El poder»* es la omnipotencia de la voluntad divina. Y ¿qué mayor *«gloria»* de Dios que su amor divino? Así pues, tenemos la inteligencia pura de Dios, la voluntad pura de Dios y el amor puro de Dios: el reino, el poder y la gloria divinos. La mente racional no puede concebir a Dios como el Absoluto Sin Nombre, pero el hombre puede comprender el concepto de la triple naturaleza de Dios: conciencia, existencia y amor divino o bienaventuranza.

1. Conciencia: Omnisciencia que se halla presente por doquier.
2. Existencia: Voluntad cósmica que se expresa como la objetivación de la vida y de toda manifestación.
3. Bienaventuranza (amor divino): El amor que ha alcanzado la perfección es bienaventuranza. Bienaventuranza, amor y belleza son términos equivalentes y que se complementan entre sí. La belleza es la manifestación armoniosa del amor, y la perfección del amor es la bienaventuranza.

Así como Jesús se refirió al reino, al poder y a la gloria de Dios, también los *rishis* de la India invocaron a Dios como la Verdad, el Bien y la Belleza[13]. La conciencia divina es la Verdad, la realidad absoluta y la sustancia de todas las cosas. La existencia de Dios en el aspecto de la manifestación y de la vida es el Bien; la bienaventuranza o amor de Dios es la Belleza. Dios es Conciencia, Existencia, Bienaventuranza; la Verdad, el Bien y la Belleza; Dios es Inteligencia, el Divino Creador de Universos; Dios es la Vida, el misterio de la multiplicidad en la Unidad; Dios es Amor, Belleza, Bienaventuranza.

Así pues, la genuina revelación del significado de la parte culminante del Padrenuestro —*«el reino, y el poder, y la gloria, por todos*

[13] *Satyam, shivam, sundaram:* un conocido *mantra* (canto) en idioma sánscrito para invocar, en adoración, una percepción meditativa de Dios.

*los siglos»**— muestra que existe una unidad subyacente en la experiencia universal de Dios que vivieron Jesús, Krishna y los profetas iluminados de todas las religiones.

~

«Estaba él hablando así, cuando una mujer de entre la gente dijo en voz alta: "¡Dichoso el seno que te llevó y los pechos que te criaron!". Pero él dijo: "Dichosos más bien los que oyen la palabra de Dios y la guardan"» (*Lucas* 11:27-28).

«Dichosos los fieles devotos que oyen en meditación las divinas revelaciones que les transmite el Sonido Cósmico, la palabra omnisciente de Dios, y saben cómo mantenerse continuamente en sintonía con dicho Sonido, porque su guía convertirá sus vidas humanas en vida divina»[14].

Oír la palabra de Dios al meditar en Om, *el Sonido Cósmico*

Cuando Jesús habla acerca de oír la palabra de Dios, se refiere no sólo a escuchar las verdades divinas que él transmitía al mundo, sino al hecho de que Dios habla con cada uno de sus devotos en forma personal en el aquí y ahora, como lo hizo con los profetas de antaño. Jesús enseñó a aquellos de sus discípulos dotados de entendimiento espiritual el método para establecer contacto con Dios a través de la comunión con la Palabra o Espíritu Santo: el Sonido Cósmico de *Om,* que Patanjali, el gran sabio de la India y exponente de la ciencia del yoga, definió como el símbolo o manifestación de Dios. Pero a lo largo de los siglos, a causa del secreto que protegía las técnicas sagradas, ese conocimiento que Jesús impartió a sus discípulos avanzados desapareció de la vida cristiana en general. *Self-Realization Fellowship* está reviviendo ese conocimiento esotérico, al enseñar por primera vez en el mundo occidental las técnicas específicas por medio de las cuales se puede lograr la sintonía con Dios a través del Espíritu Santo.

---

[14] «Si anhelas oír al Inefable
y te sumerges en la cueva-templo de tu propio ser,
allí, meditando junto al altar central dentro de ti,
podrás con gozo saber que el Inefable tiene voz,
conforme a la cual has de vivir si eres sabio».

Alfred Tennyson (citado del poema «El antiguo sabio»)

Todo devoto que penetra en el silencio del recogimiento interior, ya sea por medio de la intensidad y pureza de su devoción o mediante la práctica de alguna técnica del yoga, descubre —cuando la mente se calma y la concentración se profundiza— la consoladora presencia de la vibración de *Om,* el Sonido Cósmico[15]. La Inteligencia de Dios, inmanente en la Vibración de *Om,* le revela al devoto su guía o inspiración divina a través de la percepción intuitiva del sentimiento, del oído o de la visión. *Om* es la madre de todos los sonidos del universo —incluyendo la totalidad de las lenguas humanas— y, también, del espectro completo de rayos que existen en el cosmos. Cada manifestación presupone la presencia inherente de la Vibración Cósmica. Cuando el devoto medita, el *Om* puede articular en forma de vibración la respuesta o los deseos de la Divinidad en palabras de cualquier idioma que el devoto pueda comprender, ya sea de manera audible o en letras luminosas que aparecen ante la mirada interna del devoto. Los sonidos o letras etéricos pueden ser tanto audibles como visibles, ya sea para un solo devoto o para un grupo de ellos, conforme a la voluntad del Ser Divino.

Por esa razón, cuando la mujer que estaba entre quienes escuchaban a Jesús se sintió inspirada por su compañía y alabó a la madre de éste por haber dado al mundo un hijo divino tan excelso, Jesús aprovechó la oportunidad para hacer énfasis en que el mayor de los logros humanos es conocer a Dios a través de su Santa Palabra: «Mejor que dar a luz hijos divinos en el plano físico es obtener el conocimiento por medio del cual se pueden recibir personalmente las bendiciones y la presencia de Dios al escuchar el Sonido Cósmico y permanecer en sintonía con él». Jesús puntualiza que escuchar una o dos veces la Palabra de Dios no es suficiente, sino que es preciso también «guardarla», es decir, que el devoto debe mantener la conciencia en constante sintonía con la guía y bendiciones del *Om* mediante el contacto diario con Dios en la meditación, y disciplinar su vida de acuerdo con las instrucciones intuitivas que recibe del *Om* en su interior.

---

15 «Es un bello atardecer, sereno y acogedor.
La sagrada ocasión es tranquila como una monja
cuyo aliento, en adoración, ha quedado suspendido.
El vasto sol serenamente se hunde en el horizonte
y la suavidad del cielo pende sobre el océano.
¡Escucha! El poderoso Ser está despierto
y en su continuo movimiento
produce un perpetuo sonido semejante al trueno».

William Wordsworth

Las diez principales manifestaciones de Dios

La oración que no se rige por métodos científicos y las prácticas religiosas que se efectúan de modo mecánico dejan confusos e inseguros a muchos devotos en cuanto a cómo les responde Dios y si realmente lo hace. Existen diez manifestaciones principales de Dios, merced a las cuales el devoto puede saber que Dios se ha revelado ante él. La primera es la expresión del *Om* o Espíritu Santo, la Vibración Cósmica. Esta Vibración se manifiesta, a su vez, como Sonido Cósmico y Luz Cósmica. Las otras manifestaciones son: la Inteligencia Cósmica, la Sabiduría Cósmica, la Devoción Cósmica, el Amor Cósmico, la Paz Cósmica, la Calma Cósmica y la Bienaventuranza Cósmica.

El devoto que en meditación contempla no sólo destellos de luz sino el resplandor omnipresente de la Luz Cósmica —o el luminoso ojo espiritual tricolor, que es el epítome de la Vibración Cósmica, la Conciencia Crística y la Conciencia Cósmica—, con toda certeza ha establecido contacto con Dios. La Luz Cósmica puede asimismo adoptar la forma de algún aspecto personal de la Deidad o, también, ante el devoto que ha alcanzado una profunda sintonía, pueden manifestarse —a partir de esa Luz— grandes almas, tales como Jesús, Krishna, Buda y otros maestros y santos que conocen a Dios.

Quien establece contacto con Dios en su aspecto de Inteligencia Cósmica conoce la infinitud de la Conciencia Crística y percibe el funcionamiento de las divinas leyes del orden y de la armonía que gobiernan la creación entera. Al alcanzar el estado de Sabiduría Cósmica, de Inteligencia o Verdad manifestada, uno puede suspender el estudio de libros, pues todo el conocimiento se recibe a través de la percepción directa que la intuición del alma le brinda.

Cuando Dios se manifiesta como Devoción Cósmica, el devoto permanece absorto en un dulcísimo anhelo divino por el Señor y en la reverente adoración de Dios como Padre, Madre, Amigo o cualquier otra relación ideal. En la manifestación del Amor Cósmico, el devoto y Dios se funden en uno solo en el infinito arrobamiento del estado de éxtasis —en un amor semejante a millones de amores humanos reunidos—, que expande el corazón del devoto hasta abrazar el Amor Infinito que mantiene unida la creación entera.

El devoto que siente a Dios como Paz Cósmica (la cual por lo general se experimenta en el primer contacto con el *Om*, el Confortador) o bien como Calma Cósmica (*«Aquietaos y sabed que Yo soy Dios»**) o como la arrobadora y eternamente renovada Bienaventuranza Cósmica —o como cualquiera de las diez manifestaciones, ya sea de manera separada o combinadas entre sí— puede tener la certeza de que ha establecido contacto con Dios.

La regularidad en la práctica de las técnicas de meditación para comulgar con el *Om* abre el portal para experimentar infinitas percepciones de la conciencia divina. La comunión con el *Om* es el mejor modo de rendir culto a un determinado concepto personal de Dios (cualquier manifestación específica del Absoluto Inmanifestado). Si el devoto se concentra en adorar una imagen o representación mental de Dios que posea una forma específica está limitando al Ser Ilimitado, a menos que incluya la comunión con el *Om,* la manifestación vibratoria de la cual emergen todas las «formas» de la Divina Presencia. Meditar continuamente en el *Om* Cósmico expande la conciencia en esa Vibración que todo lo impregna, y le permite al devoto sintonizarse con la omnisciencia y omnipresencia de Dios que se refleja en dicha Vibración, y le revela el Infinito en sus formas y aspectos cósmicos, y le confiere la percepción del Espíritu en su aspecto de *Satchitananda:* la Bienaventuranza siempre existente, siempre consciente y eternamente renovada.

Quienes colman su conciencia con el *Om* quedan embriagados con el gozo que se percibe en el Sonido Cósmico, tal como les ocurrió a los discípulos de Jesús después de recibir al Espíritu Santo en el día de Pentecostés[16].

---

[16] *Hechos* 2:1-21. (Véase el discurso 70, en el volumen III).

DISCURSO 55

Jesús condena la hipocresía y el juicio al servicio de intereses egoístas en la religión y en la ley

La hipocresía de cumplir con las observancias religiosas externas sin realizar una purificación interior

❖

«Ay de vosotros» que buscáis la alabanza de los demás haciendo un ostentoso despliegue de espiritualidad superficial

❖

¿Quién merece usar el título honorífico de «Rabbí» o «Maestro»?

❖

La influencia que ejercen los efectos acumulativos de las buenas y malas acciones en el destino de las naciones

❖

«Ay de vosotros» que profanáis con vuestra maldad el altar del cuerpo y el templo del alma

«Quienquiera que utilice la religión para hacer negocio, la "santidad" para conseguir beneficios personales y la explotación de Dios para obtener provecho material crea un karma negativo realmente nefasto. [...] Aquel que es verdaderamente grande, pero se cubre con un manto de natural humildad, recibirá el elogio de los demás y la aprobación del Señor».

Cuando terminó de hablar, un fariseo le rogó que fuera a comer con él. Jesús entró y se puso a la mesa. El fariseo se quedó admirado al observar que había omitido las abluciones antes de comer. Pero el Señor le dijo: «¡Bien! Vosotros, los fariseos, purificáis por fuera la copa y el plato, mientras por dentro estáis llenos de rapiña y maldad. ¡Insensatos! El que hizo el exterior, ¿no hizo también el interior? Dad más bien en limosna lo que tenéis y entonces todo será puro para vosotros. Pero ¡ay de vosotros, fariseos, que pagáis el diezmo de la menta, de la ruda y de toda hortaliza, y dejáis a un lado la justicia y el amor a Dios! Esto es lo que había que practicar, aunque sin omitir aquello. ¡Ay de vosotros, fariseos, que os gusta ocupar el primer asiento en las sinagogas y que os saluden en las plazas! ¡Ay de vosotros!, pues sois como los sepulcros que no se ven, sobre los que andan los hombres sin saberlo».

Uno de los legistas le respondió: «¡Maestro, diciendo estas cosas también nos injurias a nosotros!». Pero él dijo: «¡Ay también de vosotros, legistas, que imponéis a los hombres cargas intolerables, y vosotros no las tocáis ni con uno de vuestros dedos!

»¡Ay de vosotros!, porque edificáis los sepulcros de los profetas que vuestros padres mataron. Por tanto, sois testigos y estáis de acuerdo con las obras de vuestros padres; porque ellos los mataron y vosotros les erigís monumentos.

»Por eso dijo la Sabiduría de Dios: Les enviaré profetas y apóstoles; a algunos los matarán y perseguirán, para que se le pida cuentas a esta generación de la sangre de todos los profetas derramada desde la creación del mundo, desde la sangre de Abel hasta la sangre de Zacarías, el que pereció entre el altar y el Santuario. Sí, os aseguro que se le pedirá cuentas a esta generación.

»¡Ay de vosotros, legistas, que os habéis llevado la llave de la ciencia! Vosotros no habéis entrado, y se lo habéis impedido a los que están entrando».

Lucas 11:37-52

«¡Ay de vosotros, escribas y fariseos hipócritas, que recorréis mar y tierra para hacer un prosélito, y, cuando llega a serlo, lo hacéis hijo de condenación el doble que vosotros!

»¡Ay de vosotros, guías ciegos, que decís: "Si uno jura por el Santuario, eso no es nada; mas si jura por el oro del Santuario, queda obligado"! ¡Qué necios sois y qué ciegos! ¿Qué es más importante, el oro o el Santuario que hace sagrado el oro? Y también: "Si uno jura por el altar, eso no es nada; mas si jura por la ofrenda que está sobre él, queda obligado". ¡Qué ciegos estáis! ¿Qué es más importante, la ofrenda o el altar que hace sagrada la ofrenda? Quien jura, pues, por el altar, jura por él y por todo lo que está sobre él. Quien jura por el Santuario, jura por él y por Aquel que lo habita. Y quien jura por el cielo, jura por el trono de Dios y por Aquel que está sentado en él».

Mateo 23:15-22

Cuando salió de allí, comenzaron los escribas y fariseos a acosarle implacablemente y a hacerle hablar de muchas cosas, buscando, con insidias, atraparlo en alguna palabra.

En esto, habiéndose reunido miles y miles de personas, hasta pisarse unos a otros, se puso a decir primeramente a sus discípulos: «Guardaos de la levadura de los fariseos, que es la hipocresía. Nada hay encubierto que no haya de ser descubierto, ni oculto que no haya de conocerse. Porque cuanto dijisteis en la oscuridad será oído a la luz, y lo que hablasteis en voz baja en las habitaciones privadas será proclamado desde los terrados».

Lucas 11:53–12:3

 DISCURSO 55

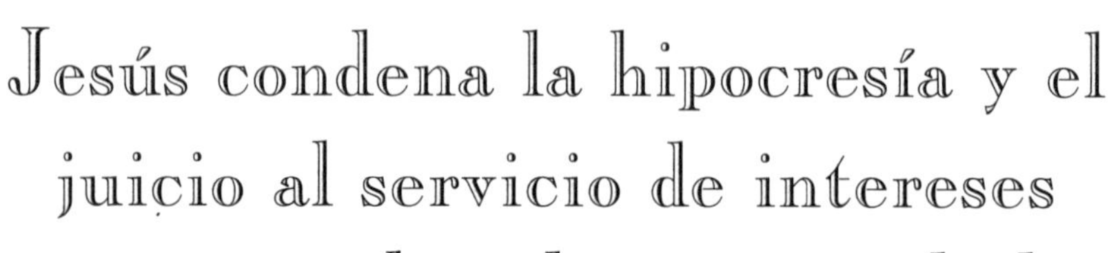

Jesús condena la hipocresía y el juicio al servicio de intereses egoístas en la religión y en la ley

«Cuando terminó de hablar, un fariseo le rogó que fuera a comer con él. Jesús entró y se puso a la mesa. El fariseo se quedó admirado al observar que había omitido las abluciones antes de comer. Pero el Señor le dijo: "¡Bien! Vosotros, los fariseos, purificáis por fuera la copa y el plato, mientras por dentro estáis llenos de rapiña y maldad. ¡Insensatos! El que hizo el exterior, ¿no hizo también el interior? Dad más bien en limosna lo que tenéis y entonces todo será puro para vosotros. Pero ¡ay de vosotros, fariseos, que pagáis el diezmo de la menta, de la ruda y de toda hortaliza, y dejáis a un lado la justicia y el amor a Dios! Esto es lo que había que practicar, aunque sin omitir aquello"» (*Lucas* 11:37-42).

Referencia paralela:

«¡Ay de vosotros, escribas y fariseos hipócritas, que pagáis el diezmo de la menta, del aneto y del comino, y habéis descuidado lo más importante de la Ley: la justicia, la misericordia y la fe! Esto es lo que había que practicar, aunque sin descuidar aquello. ¡Guías ciegos, que coláis el mosquito y os tragáis el camello!

»¡Ay de vosotros, escribas y fariseos hipócritas, que purificáis por fuera la copa y el plato, mientras por dentro están llenos de rapiña e intemperancia! ¡Fariseo ciego, purifica primero por dentro la copa, para que también por fuera quede pura!» (Mateo 23:23-26).

«¡Oh vosotros, hipócritas!, que estáis dispuestos a exhibir la limpieza física de los recipientes externos de vuestra vida, pero cuyo contenido, que es vuestra vida interna, está sucio de *"rapiña y maldad"* y de malos pensamientos. ¿No sabéis, insensatos, que Dios hizo tanto la parte física externa del cuerpo como sus facultades mentales y espirituales internas? Deberíais purificar vuestra vida externa por medio de las buenas acciones, y purificar vuestra vida interior a través de los buenos pensamientos y la meditación. Vuestro cuerpo, mente y alma (la imagen de Dios dentro de vosotros) han de ser asimismo santificados con la práctica de la disciplina interna y externa[1].

La hipocresía de cumplir con las observancias religiosas externas sin realizar una purificación interior

»No deberíais concentraros en las disciplinas de purificación externa al grado de descuidar lo que es aún más importante: purificar vuestra vida interior de la codicia de la *"rapiña e intemperancia"*, para que, en cambio, vuestras dádivas a los demás sean los dones de las superiores cualidades espirituales —todavía sin desarrollar— que se hallan dentro de vosotros *("lo que tenéis")*. Al poner de manifiesto, mediante la práctica de la sabiduría y de la meditación, vuestras innatas cualidades divinas y compartirlas con otras personas, vosotros mismos y los demás quedaréis purificados. Cuando vuestra conciencia esté pura, *"todo será puro para vosotros"*: descubriréis que el cosmos entero está lleno de pureza y que se halla rebosante de la inmaculada presencia de Dios.

»Pero vosotros, ¡oh hipócritas!, cegados por la ignorancia, cosecharéis por el contrario grandes aflicciones debido a vuestra maldad. Para aparentar ser dignos de alabanza, pagáis diezmos simbólicos, pero habéis descuidado la observancia de *"lo más importante de la Ley: la justicia, la misericordia y la fe"*. No debéis olvidar la ley kármica de causa y efecto que con justicia divina juzga las acciones de todos los

[1] Véase en el discurso 44, página 325, la nota al pie de página referente a los elaborados rituales de lavado de manos que llevaban a cabo los fariseos.

hombres, ni deberíais ser negligentes en amar a Dios a través de la comunión divina que se experimenta en la meditación, ni deberíais descuidar el cultivo de la fe en el poder redentor de la misericordia divina: *"Esto es lo que había que practicar, aunque sin omitir aquello"*. Por consiguiente, el deber que os corresponde por vuestra posición es purificar vuestra propia vida y, por medio del ejemplo, enseñar al pueblo la importancia de la pureza, tanto interna como externa».

Jesús manifestó que la ignorancia espiritual es evidente en aquellos que ceremoniosamente prestan mucha atención a la práctica de los aspectos externos de las normas religiosas, pero omiten las mucho más importantes obligaciones de la disciplina interna que conducen a la sabiduría divina: seguir las leyes espirituales de causa y efecto del comportamiento virtuoso, practicar el perdón divino y desarrollar la inquebrantable convicción de la fe mediante el contacto intuitivo con Dios en la meditación. Los sacerdotes que están sujetos a prescripciones y proscripciones teológicas pero no han purificado su alma son guías ciegos, que se esfuerzan por evitar tragarse el pequeño «*mosquito*» de la transgresión al ceremonial religioso mientras al mismo tiempo y sin advertirlo se tragan, en su ignorancia, el enorme «*camello*» de la transgresión espiritual. Parecería que temen más a las exageradas consecuencias de desatender las normas religiosas que al atroz e innegable sufrimiento causado por la indigestión aguda de ignorancia originada por la falta de purificación espiritual interior.

~

«*¡Ay de vosotros, fariseos, que os gusta ocupar el primer asiento en las sinagogas y que os saluden en las plazas!*» (*Lucas* 11:43).

Referencias paralelas:

«*Decía también en su instrucción: "Guardaos de los escribas, que gustan pasear con amplio ropaje, ser saludados en las plazas, ocupar los primeros asientos en las sinagogas y los primeros puestos en los banquetes; y que devoran la hacienda de las viudas so capa de largas oraciones. Ésos tendrán una sentencia más rigurosa"*» (*Marcos* 12:38-40)[2].

---

[2] Compárese con la referencia paralela que aparece en *Lucas* 20:45-47.

* * *

«Todas sus obras las hacen para ser vistos por los hombres: ensanchan las filacterias y alargan las orlas del manto; les gusta ocupar el primer puesto en los banquetes y los primeros asientos en las sinagogas, que se les salude en las plazas y que la gente les llame "Rabbí".

»Vosotros, en cambio, no os dejéis llamar "Rabbí", porque uno solo es vuestro Maestro; y vosotros sois todos hermanos. Ni llaméis a nadie "Padre" vuestro en la tierra, porque uno solo es vuestro Padre: el del cielo. Ni tampoco os dejéis llamar "Instructores" ["Maestros"], porque uno solo es vuestro Instructor [Maestro]: el Cristo. El mayor entre vosotros será vuestro servidor. Pues el que se ensalce, será humillado; y el que se humille, será ensalzado[3]. *[...]*

»[¡Ay de vosotros, escribas y fariseos hipócritas, que devoráis la hacienda de las viudas, so capa de largas oraciones: por eso tendréis una sentencia más rigurosa!]» (*Mateo* 23:5-12, 14).

«¡Oh hipócritas!, atraeréis el sufrimiento hacia vosotros por vuestro amor al reconocimiento de los hombres, porque no tenéis conciencia de cuál es vuestra reputación a los ojos de Dios. El deseo de alabanzas humanas motiva la fingida disciplina de vuestra vida externa, la cual exhibís ostentosamente, en tanto que con suma hipocresía ocultáis vuestra incapacidad para ocuparos de espiritualizar vuestra vida interior. ¡Ay de vosotros!, que olvidáis cultivar los gozos de la vida eterna que podríais alcanzar, y os conformáis, en cambio, con mantener una pretenciosa posición social cuya duración será efímera.

«Ay de vosotros» que buscáis la alabanza de los demás haciendo un ostentoso despliegue de espiritualidad superficial

»De manera ignorante codiciáis los asientos prominentes en la sinagoga y el primer lugar en los festines, y os engalanáis con elaborados atavíos que denoten vuestra posición para poder recibir en las plazas el saludo honorífico de la gente que alimenta vuestra vanidad».

Jesús deploraba la hipocresía y la consideraba nociva y devastadora

---

[3] En *Lucas* 14:11 (véase el discurso 58, en el volumen III) y *Lucas* 18:14 (véase el discurso 61, en el volumen III), Jesús repite esta advertencia en otros contextos.

para la espiritualidad. Los servidores de Dios no deberían, por amor a las alabanzas humanas, hacer un falso despliegue de piedad en su afán de cosechar la adulación y el aplauso de los devotos espiritualmente ciegos. Jesús se refiere a la pomposa farsa de los *«escribas y fariseos»* que trataban de parecer imponentes «ensanchando las filacterias» —llevando consigo enormes rollos religiosos a modo de amuletos—, vistiendo ostentosos atuendos de anchos bordes y reservando siempre para sí los sitios de honor más notorios y prestigiosos. Jesús advierte a sus seguidores que no deben confiar en aquellos cuya insinceridad desagrada a Dios —que puede ver el corazón de todos—. Jesús veía a los hipócritas religiosos de su época como individuos que utilizaban su ropaje de santidad para obtener el dinero y las haciendas de las viudas y de otras personas ingenuas e indefensas. Pretendían ser piadosos recitando largas oraciones que atraían la atención de la gente pero no la de Dios. Conforme a la ley del karma, tales personas hipócritas y falsamente piadosas pueden tener un solo destino: *«una sentencia más rigurosa»*. Es decir, se hundirán en el engaño cada vez más grande creado por ellos mismos y sufrirán las consecuencias kármicas de su hipocresía y de su desenfrenado abuso de la autoridad espiritual, que los condenarán a permanecer muy alejados de Dios.

El comportamiento hipócrita no es algo excepcional entre los sacerdotes, predicadores e instructores religiosos de todas las épocas y regiones. Los que carecen de escrúpulos emplean cualquier forma de prédica o plegaria haciendo un exagerado despliegue de fervor ante su congregación a fin de convencer a los demás de su santidad (y obtener así popularidad, la adulación de los demás y lucro económico). Quienquiera que utilice la religión para hacer negocio, la «santidad» para conseguir beneficios personales y la explotación de Dios para obtener provecho material crea un karma negativo realmente nefasto. Con sus palabras y acciones, tales personas están blasfemando contra Dios y sus leyes y, de ese modo, atraen hacia sí un engaño aún mayor y una severa sentencia de sufrimiento.

En los versículos de Mateo, Jesús se dirige a sus discípulos advirtiéndoles que no deben desear títulos honoríficos como un medio para engrandecer el estatus de su ego. Los títulos prominentes conllevan una gran responsabilidad. Jesús les recuerda a sus discípulos el peso de la responsabilidad que se halla tras esos títulos honoríficos, tales como «Rabbí» o «Maestro», «porque uno solo es vuestro Maestro: el Cristo»: existe un solo Maestro de la creación entera y de cuanto ha sido creado —el omnipresente Dios, cuyo reflejo universal es la Conciencia Crística—. Todos los seres humanos son hermanos en esa Infinita Conciencia Crística. Y como todos somos hijos de Dios, «no llaméis a nadie "Padre" vuestro en la tierra»: no limitéis la paternidad circunscribiéndola a un padre terrenal, porque vuestro verdadero Padre eterno es el trascendente Dios único que os dio a vuestro padre para que velara por vosotros.

¿Quién merece usar el título honorífico de «Rabbí» o «Maestro»?

Dios trabaja a través del canal de las almas puras conforme a lo que Él desea; por eso, Jesús les recuerda a sus discípulos que jamás deben desear que se les llame «maestros», ni designarse ellos mismos para ese cometido, porque la Conciencia Crística omnipresente es el único divino Maestro, un reflejo de Dios, y es el Gurú Supremo entre los gurús. Sin embargo, el que se halla en total sintonía con la Conciencia Crística (como lo estaba Jesús) es un verdadero maestro capacitado para servir en el papel de gurú —si Dios así lo dispone—, y puede guiar a los discípulos hacia la liberación.

En la mayoría de las escrituras la terminología no es precisa, pero los sabios de las escrituras hindúes eran expertos inigualables en el uso meticuloso de los términos sánscritos según los matices de su significado. Con el objeto de comprender una escritura determinada es necesario entender el significado preciso de las palabras, no sólo en lo relativo a su etimología, sino también en cuanto a la verdad filosófica que tienen el propósito de transmitir.

«Maestro» es aquel que es maestro (amo), no de los demás, sino de sí mismo: aquel que ha logrado un completo dominio sobre sus sentidos por medio de la sabiduría. No es un amo que controla las acciones de los demás con el poder dominante de su voz y de su voluntad, sino alguien que es amo y sabio gobernante de sus propias acciones. Dios es el Amo Absoluto del universo y, por lo tanto, el Maestro Supremo. Aquellos que son uno con Él son maestros y pueden, con todo derecho, ser honrados con ese título por los demás. Puesto que se han establecido en la conciencia divina (no imaginariamente, sino de verdad), pueden proclamar su estado divino tal como Cristo manifestó el suyo, sin el menor rastro de actitud egoísta alguna. Un maestro no codicia ni hace alarde de su prominente título, ya que ha sojuzgado el ego por completo. Su ser entero, más que sus palabras, manifiesta su conciencia divina. Aquel que dice no ser un maestro, probablemente no lo es; y tampoco es un maestro el que necesita anunciarles a los demás que es un maestro.

Tal como señaló Jesús, *«dioses sois»*[4] en esencia; pero supone una presuntuosa arrogancia espiritual presentarse a sí mismo como tal sin haber experimentado realmente su divinidad ni conducirse conforme a ella. Quien no ha dominado los estados de ánimo, las emociones y las tentaciones sensoriales y se siente molesto por los numerosos inconvenientes que le presenta la vida y, asimismo, pierde su paz interior porque los demás pueden hacerle enfadar con unas pocas palabras irritantes está lejos de expresarse como un dios o de ser un maestro.

Un maestro puede haber sido un *jivanmukta* (literalmente, «liberado mientras vive»): aquel que ha vencido todos los deseos relativos a la vida mortal y ha destruido de ese modo la causa fundamental de la reencarnación. Aun así, pueden existir en él sutiles rastros de karma de vidas pasadas que todavía no se han consumido por completo en el fuego de la sabiduría. El *jivanmukta* utiliza su espiritualidad para liberarse del karma y de los deseos ocultos de vidas pasadas y de la vida presente; para ello emplea diversos métodos, como por ejemplo, el estado meditativo de *samadhi.* Los *jivanmuktas* son reyes entre los mortales; nada afecta jamás su divina imperturbabilidad, sean cuales sean las contrariedades a las que se enfrenten.

Se afirma que el *jivanmukta* se ha convertido en un *siddha,* «un ser perfeccionado», una vez que se libera por completo de las ataduras kármicas del pasado y del presente. En la tierra, los seres perfectos pueden ser almas crísticas (aquellos cuya conciencia está unida a la Conciencia Crística universal) y pueden manifestar el estado de *paramahansa:* la capacidad de entrar en el estado de *nirvikalpa samadhi,* en el cual permanecen conscientes simultáneamente de Dios y del mundo, y son capaces de realizar las tareas más exigentes sin perder su percepción divina (a diferencia de *savikalpa samadhi,* que es una experiencia menos elevada en la que se percibe a Dios en un estado de trance donde se pierde la conciencia del mundo exterior).

Cada maestro tiene la misión de llevar a cabo determinadas obras espirituales, ya sea abiertamente en público o en un tranquilo anonimato, alejado de las multitudes. Cuando un maestro tiene una misión especial que Dios le ha encomendado llevar a cabo en la tierra, él es un mesías o avatar, un salvador universal cuya vida y mensaje es un legado perdurable para la liberación de las almas de otros seres

---

[4] *Juan* 10:34. (Véase el discurso 52).

humanos. Son muchos los maestros dotados de realización divina que han honrado este mundo con su presencia, pero sólo unos pocos eran mesías o avatares.

Así pues, Jesús señalaba un punto muy importante cuando advirtió a sus discípulos que no se dejasen llamar maestros hasta no haber alcanzado la unión con Dios en su aspecto de Conciencia Crística. Ser un maestro, con la responsabilidad que entraña, no es una tarea sencilla. Jesús les recordó luego a sus discípulos: *«El mayor entre vosotros será vuestro servidor»*. Ésta es la prueba infalible de haber alcanzado la sintonía con Dios. «Quienquiera que exagere el mérito de su ego a fin de atraer la alabanza y el favor de la gente será, en cambio, descubierto; atraerá sobre sí las críticas y el desprecio, y será humillado a los ojos de Dios. Aquel que es verdaderamente grande, pero se cubre con un manto de natural humildad, recibirá el elogio de los demás y la aprobación del Señor».

~

> *«¡Ay de vosotros!, pues sois como los sepulcros que no se ven, sobre los que andan los hombres sin saberlo»* (*Lucas* 11:44)[5].

Referencia paralela:

> *«¡Ay de vosotros, escribas y fariseos hipócritas, pues sois semejantes a sepulcros blanqueados, que por fuera parecen hermosos, pero por dentro están llenos de huesos de muertos y de toda inmundicia! Así sois también vosotros, que por fuera aparecéis justos ante los hombres, pero por dentro estáis llenos de hipocresía y de maldad»* (*Mateo* 23:27-28).

«A causa de vuestro hipócrita proceder, que consiste en fingir santidad para impresionar a los demás, atraeréis sobre vosotros grandes sufrimientos debido a que aumentará vuestra ignorancia. Así como para mejorar el aspecto de un sepulcro se embellece la superficie externa, aunque su contenido interno sea un conjunto de carne y huesos putrefactos, así también con vuestro barniz externo

[5] Según la ley judía (*Números* 19:16), si una persona tocaba un sepulcro era considerada impura durante siete días.

de santidad os revestís con una majestuosa apariencia de virtud, aun cuando en el interior lleváis una vida corrupta y despojada de sabiduría. La gente contempla vuestra bella apariencia sin percatarse de vuestra degradación interior».

La pureza externa apenas puede influir sobre la pureza interior; pero la pureza de la vida interior da lugar invariablemente a la pureza de la vida externa. Conceder preponderancia a las apariencias y a las acciones superficiales es utilizar actitudes religiosas hipócritas para ocultar los burdos, lamentables e impíos hábitos internos causantes de sufrimiento.

~

«Uno de los legistas le respondió: "¡Maestro, diciendo estas cosas también nos injurias a nosotros!". Pero él dijo: "¡Ay también de vosotros, legistas, que imponéis a los hombres cargas intolerables, y vosotros no las tocáis ni con uno de vuestros dedos!"» (*Lucas* 11:45-46).

Referencia paralela:

«Entonces Jesús se dirigió a la gente y a sus discípulos; les dijo: "En la cátedra de Moisés se han sentado los escribas y los fariseos. Haced, pues, y observad todo lo que os digan, pero no imitéis su conducta, porque dicen y no hacen. Atan cargas pesadas y las echan a las espaldas de la gente, pero ellos ni con el dedo quieren moverlas"» (*Mateo* 23:1-4).

En la época de Jesús, los legistas o escribas gozaban de una posición privilegiada en la sociedad y eran respetados como una autoridad en la interpretación de la Ley Mosaica, tanto en asuntos religiosos como seculares. Cumpliendo con el doble papel de teólogos y legistas, explicaban las enseñanzas de la Torá para que el pueblo tuviera presentes las normas y leyes que regían la vida cotidiana.

Jesús denunciaba que estos eruditos expertos en las leyes religiosas eran esa clase de instructores que imponen pesadas obligaciones y cargas financieras difíciles de soportar sobre las espaldas de los devotos que pasivamente se someten a ellas, so pretexto de que eso los convertirá en personas espirituales. Sin embargo, los escribas y fariseos mismos no asumían ninguna de las cargas de tales disciplinas religiosas, pues no practicaban lo que ellos mismos predicaban. En su interior no eran espirituales, y realizaban sus obras y ceremonias religiosas con el único propósito de causar una impresión favorable y atraer la admiración de los demás.

No es ningún secreto que, tanto en la actualidad como en los tiempos antiguos, han existido abogados inescrupulosos que por lograr beneficios mercenarios y ganar un caso han oscurecido la verdad empleando argumentos ingeniosos y aprovechando resquicios de la ley, de modo que consiguen liberar a delincuentes e incluso que personas inocentes sean sentenciadas a muerte o condenadas a quedar en la ruina. La ley debería aplicarse con sabiduría, como un medio para respaldar la justicia divina dentro de la sociedad, y no utilizarse como un instrumento al servicio de intereses egoístas que termina subvirtiendo la verdad y provocando sufrimiento a personas buenas.

Jesús observó que los escribas y fariseos que nominalmente profesaban fidelidad a Moisés y sus preceptos ostentaban en aquel entonces la autoridad proveniente de ocupar la cátedra mosaica en el templo, como supuestos custodios de las enseñanzas de Moisés. Por lo tanto, Jesús aconsejó a sus discípulos que respetasen todas aquellas buenas normas que se les pidiese cumplir (las buenas normas son buenas aun cuando sean impuestas por instructores indignos), pero que no imitaran el ejemplo hipócrita de aquellos instructores que actuaban como si estuviesen llevando a cabo obras piadosas cuando en verdad no lo hacían.

~

«¡Ay de vosotros!, porque edificáis los sepulcros de los profetas que vuestros padres mataron. Por tanto, sois testigos y estáis de acuerdo con las obras de vuestros padres; porque ellos los mataron y vosotros les erigís monumentos.

»Por eso dijo la Sabiduría de Dios: Les enviaré profetas y apóstoles; a algunos los matarán y perseguirán, para que se le pida cuentas a esta generación de la sangre de todos los profetas derramada desde la creación del mundo, desde la sangre de Abel hasta la sangre de Zacarías, el que pereció entre el altar y el Santuario. Sí, os aseguro que se le pedirá cuentas a esta generación[6].

[6] «La expresión *"la Sabiduría de Dios"* ha sido fuente de gran desconcierto, porque

»¡Ay de vosotros, legistas, que os habéis llevado la llave de la ciencia! Vosotros no habéis entrado, y se lo habéis impedido a los que están entrando» (*Lucas* 11:47-52).

Referencia paralela:

«¡Ay de vosotros, escribas y fariseos hipócritas, que cerráis a los hombres el Reino de los Cielos! Vosotros ciertamente no entráis, pero además impedís el paso a los que están entrando. [...]

»¡Ay de vosotros, escribas y fariseos hipócritas, porque edificáis los sepulcros de los profetas y adornáis los monumentos de los justos, y decís: "Si nosotros hubiéramos vivido en el tiempo de nuestros padres, no habríamos participado con ellos en el asesinato de los profetas!". Diciendo eso atestiguáis contra vosotros mismos, pues confirmáis que sois hijos de los que mataron a los profetas. ¡Colmad también vosotros la medida de vuestros padres!

»¡Serpientes, raza de víboras! ¿Cómo vais a escapar de la condenación de la Gehenna? Por eso, pienso enviaros profetas, sabios y escribas: a unos los mataréis y los crucificaréis, a otros los azotaréis en vuestras sinagogas y los perseguiréis de ciudad en ciudad, para que se os pida cuentas de toda la sangre inocente derramada sobre la tierra, desde la sangre del inocente

---

estas palabras de Jesús no se encuentran en ninguno de los libros del Antiguo Testamento. Entre todas las explicaciones, la mejor es aquella que presenta a Jesús indicando la tónica o tenor de diversas profecías, tales como las de *II Crónicas* 24:19-22 y 36:14-16 y *Proverbios* 1:20-33», escriben J. W. McGarvey y Philip Pendleton en *The Fourfold Gospel* (Standard Publishing, Cincinnati, 1914).

Sin embargo, a la luz de recientes descubrimientos, es posible que Jesús se estuviese refiriendo a textos no incluidos en la Biblia, tal como la conocemos en la actualidad. En *The Dead Sea Scrolls: A New Translation* [Los manuscritos del Mar Muerto: una nueva traducción] de Michael Wise, Martin Abegg, Jr. y Edward Cook (HarperSanFrancisco, 1996), los autores señalan: «Los manuscritos han demostrado que algunos de los judíos de la época de Jesús conocían y utilizaban en más de una forma los numerosos libros bíblicos. [...] Todavía no existía un "canon" establecido con respecto a la Biblia, y aún no se había decidido qué libros serían incluidos y en qué forma o "edición". Sin duda, los diversos judíos y grupos de judíos habrían hecho diferentes selecciones de los libros que se reconocían como autorizados. Muchos de los rollos del Mar Muerto, aunque no están incluidos en nuestra Biblia actual, ciertamente se consideraban sagrados y de autoridad, al menos por algunos judíos del Segundo Templo. Sólo más tarde, después del año 100 de la era cristiana, emergió una versión "oficial" de la Biblia». *(Nota del editor).*

Abel hasta la sangre de Zacarías, hijo de Baraquías, a quien matasteis entre el Santuario y el altar. Os aseguro que todo esto recaerá sobre esta generación» (*Mateo* 23:13, 29-36)[7].

Jesús continúa luego acusando a los escribas y fariseos de hipocresía *«porque edificáis los sepulcros de los profetas y adornáis los monumentos de los justos»* —aquellos a quienes sus padres habían matado—, representando así una ostentosa farsa con el fin de repudiar las acciones de sus antepasados, a la vez que abrigaban esos mismos instintos heredados de sus predecesores. ¿Acaso no era su intención hacer lo mismo con Jesús? Él podía ver más allá de sus poses y falsos remordimientos con los que fingían repudiar las sangrientas acciones de sus padres: *«¡Si nosotros hubiéramos vivido en el tiempo de nuestros padres, no habríamos participado con ellos en el asesinato de los profetas!»*. Y, sin embargo, sus malvadas tendencias, semejantes a las de sus antepasados, bullían dentro de ellos. Sus propias inclinaciones kármicas negativas los predestinaban a atraer un nacimiento y un poder socio-religioso dentro de la tradición de sus antepasados asesinos de profetas.

La influencia que ejercen los efectos acumulativos de las buenas y malas acciones en el destino de las naciones

«¡Oh vosotros, serpientes humanas, generación de malhechores!, no escaparéis a los numerosos sufrimientos infernales que habéis cosechado y que acosarán vuestros cuerpos, mentes y almas. De acuerdo con la ley del karma, los pecados que habéis acumulado por la maldad de derramar la sangre inocente de los profetas desde la fundación del mundo —desde la sangre de Abel y de Zacarías, que murió ante el altar del templo— vibran ahora en el éter sobre esta malvada raza y provocarán indecibles sufrimientos».

---

[7] La versión del Evangelio según San Mateo identifica a Zacarías como el *«hijo de Baraquías»*, por lo que resulta evidente que el cronista lo confunde con el autor del libro de Zacarías (véase *Zacarías* 1:1). El episodio al que Jesús se refiere, sin embargo, se relata en *II Crónicas* 24:17-21: *«Después de la muerte de Joadá vinieron los jefes de Judá a solicitar audiencia al rey, que les prestó oído. Abandonaron el templo de Yahvé, Dios de sus antepasados, y dieron culto a los cipos y a los ídolos. Entonces estalló la cólera contra Judá y Jerusalén, a causa de este delito. Yahvé les envió profetas, que les recriminaron tal actitud por ver si se convertían a Él, pero no les prestaron oído. Entonces el espíritu de Dios invadió a Zacarías, hijo del sacerdote Joadá, que, presentándose delante del pueblo, les dijo: "Esto dice Dios: ¿Por qué conculcáis los mandamientos de Yahvé? No tendréis éxito; pues por haber abandonado a Yahvé, Él os abandonará a vosotros". Mas ellos se confabularon contra él y, por mandato del rey, lo apedrearon en el atrio del templo de Yahvé»*.

El mal que uno recibe, aparentemente por herencia o por el entorno y la condición de su nacimiento, se debe en realidad a las malas acciones propias realizadas en vidas pasadas. Las tendencias que uno mismo ha creado y que se traen a esta vida no pueden vencerse con ritos y prácticas religiosas hipócritas y pomposas; tales tendencias sólo se pueden borrar con el arrepentimiento —el abandono de la hipocresía y de los malos hábitos— y concentrándose diariamente en la purificación del alma por medio de la meditación ferviente.

En tanto no se corrija ni se compense el efecto acumulativo perjudicial (karma) resultante de los pecados que cometen los malhechores contra la rectitud, esas consecuencias vibrarán en el éter a través de sucesivas generaciones y serán la causa principal y el agravante de hambrunas, incendios, epidemias, plagas, terremotos, guerras, conflictos y luchas sangrientas, vicio y maldad[8]. Del mismo modo en que los gérmenes de una enfermedad difundidos por un clan antihigiénico pueden persistir y permanecer en una comunidad incluso después de que los integrantes del clan hayan emigrado, así también la vibración de los pensamientos y tendencias pecaminosas creados por los miembros de una generación en un lugar determinado persisten y continúan en la siguiente generación o en muchas generaciones posteriores. Todas las diversas razas modernas de pueblos, naciones y sociedades de la tierra están constituidas en gran parte sobe la base de las buenas y malas vibraciones de sus antepasados desde los inicios del mundo.

Al igual que una persona es responsable de todas las semillas generadas por las acciones llevadas a cabo en sus vidas pasadas, que

---

[8] En un pasaje del libro de Nehemías, en el Antiguo Testamento (*Nehemías* 9:25-28), se describe el trato homicida que se dio a los profetas hebreos, el cual forma parte de los ciclos recurrentes de olvido de Dios, retribución kármica y posterior arrepentimiento:

«Conquistaron ciudades fortificadas y una tierra generosa; y heredaron casas repletas de copiosos bienes, cisternas ya excavadas, viñas y olivares, árboles frutales sin medida: comieron, se saciaron, engordaron, disfrutaron con tus inmensos bienes.

»Pero después, indóciles, se rebelaron contra Ti, se echaron tu Ley a sus espaldas, mataron a los profetas que les invitaban a convertirse a Ti y te hicieron un enorme agravio.

»Entonces Tú los entregaste en manos de sus enemigos, que se dedicaron a oprimirlos.

Oprimidos, clamaban a Ti, y Tú los escuchabas desde el cielo; y lleno de ternura les mandabas salvadores, que los libraron de las manos opresoras.

»Pero, apenas en paz, volvían a ofenderte con el mal, y Tú los abandonabas en las manos de sus enemigos opresores. Cuando de nuevo te pedían auxilio, Tú los escuchabas desde el cielo: ¡cuántas veces los salvó tu ternura!».

quedan sutilmente almacenadas en su mente subconsciente, así mismo cada raza y nación y, también, cada grupo social y familiar que las integra hereda las pretéritas acciones de sus antepasados sutilmente acumuladas en la mente subconsciente —el modo de pensar— de ese segmento de la humanidad. Esto es, por ejemplo, lo que contribuye a configurar diferencias raciales: los estadounidenses son utilitaristas; los hindúes de la India, buscadores espirituales; los ingleses, colonizadores; los franceses, liberales; y así sucesivamente.

Los hindúes aman la paz porque sus antecesores amaron la paz, mientras que algunas de las naciones occidentales tienen predisposición hacia los conflictos y las luchas debido a su ascendencia belicosa y despiadada. Cada generación sufre o prospera, en mayor o menor medida, conforme a algunas de las pasadas acciones de sus antepasados. Ése es el principio al que Jesús se refería cuando afirmó: «*De la sangre de todos los profetas derramada desde la creación del mundo [...] se le pedirá cuentas a esta generación*».

Jesús se dirigió con severidad a los escribas y fariseos, haciéndoles expresamente esta advertencia: «¡Vuestra hipocresía y malas intenciones están atrayendo hacia vosotros inenarrables sufrimientos y dificultades! Por causa de vuestra ignorancia y mal ejemplo, los cuales imponéis a los demás, cerráis la puerta de la oportunidad a quienes os rodean y desean entrar en el reino de la celestial Conciencia Cósmica. Desecháis la llave del divino conocimiento que os he ofrecido y no hacéis el esfuerzo de entrar en el reino celestial por medio de la meditación profunda y de la disciplina y, de ese modo, también se lo impedís *"a los que están entrando"*».

~

«¡Ay de vosotros, escribas y fariseos hipócritas, que recorréis mar y tierra para hacer un prosélito, y, cuando llega a serlo, lo hacéis hijo de condenación el doble que vosotros!

»¡Ay de vosotros, guías ciegos, que decís: "Si uno jura por el Santuario, eso no es nada; mas si jura por el oro del Santuario, queda obligado"! ¡Qué necios sois y qué ciegos! ¿Qué es más importante, el oro o el Santuario que hace sagrado el oro? Y también: "Si uno jura por el altar, eso no es nada; mas si jura por la ofrenda que está sobre él, queda obligado". ¡Qué ciegos estáis! ¿Qué es más importante, la ofrenda o el altar que hace

sagrada la ofrenda? Quien jura, pues, por el altar, jura por él y por todo lo que está sobre él. Quien jura por el Santuario, jura por él y por Aquel que lo habita. Y quien jura por el cielo, jura por el trono de Dios y por Aquel que está sentado en él» (Mateo 23:15-22).

«Conforme a vuestro mal karma, ¡oh dirigentes hipócritas!, atraeréis hacia vosotros grandes sufrimientos. Movéis cielo y tierra para conseguir un partidario espiritual, pero después de seguir vuestro ejemplo, él es el doble de ignorante que vosotros; porque el infortunado que sigue vuestro mal ejemplo añade, a su propia ignorancia, la ignorancia de vuestras erróneas costumbres».

La ostensible práctica de las autoridades religiosas consistía en dar importancia primordial a las ofrendas materiales que llenaban sus arcas: el oro utilizado en el templo, las ofrendas que se colocaban en el altar. Jesús consideraba que dicha práctica era censurable y por ello reprendió ese error de concepto: *«¡Qué necios sois y qué ciegos!»*. Si bien su respuesta hacía referencia específicamente al juicio perverso de los fariseos acerca de la santidad relativa a los diferentes tipos de juramentos, trataba de enseñar en forma metafórica una lección más profunda:

«Ay de vosotros» que profanáis con vuestra maldad el altar del cuerpo y el templo del alma

«La aflicción espiritual es la suerte de aquellos guías espirituales ignorantes que afirman que cuando uno jura por el cuerpo —es decir, cuando mediante los malos hábitos profana la santidad del templo-cuerpo del alma— eso no tiene consecuencias negativas (porque en apariencia, o de manera visible, nada se pierde). ¡Cuán necios y ciegos son aquellos que consideran que las transgresiones relativas al oro (que es útil sólo en el ámbito material) son más vinculantes que las transgresiones contra el templo corporal, que es el único que da valor y utilidad al oro!

»Aquel que con malas acciones o palabras perversas profane el altar del cuerpo profana asimismo la ofrenda del Espíritu, que es el alma que habita en él. ¿Cómo podéis creer que el altar del cuerpo, que contiene la ofrenda del alma, es insignificante? Quienquiera que profane el altar del cuerpo deshonra también el alma que mora en el santuario corporal. De modo similar, quienquiera que profane el templo del alma, automáticamente está tratando de forma sacrílega al Espíritu que ahí reside; y la persona que con malos pensamientos, palabras u obras blasfema contra la celestial infinitud no vibratoria —el trono de Dios— está además blasfemando contra Dios mismo que allí reina. Así pues, todos son importantes: el altar del cuerpo y el alma que en él mora, así como el templo del alma y el Espíritu que en ella vive y, también, el cielo y el Padre Celestial allí presente; por lo tanto, nadie debería transgredir sus leyes, ya sea con acciones, palabras o pensamientos».

~

> *«Cuando salió de allí, comenzaron los escribas y fariseos a acosarle implacablemente y a hacerle hablar de muchas cosas, buscando, con insidias, atraparlo en alguna palabra.*
>
> *»En esto, habiéndose reunido miles y miles de personas, hasta pisarse unos a otros, se puso a decir primeramente a sus discípulos: "Guardaos de la levadura de los fariseos, que es la hipocresía. Nada hay encubierto que no haya de ser descubierto, ni oculto que no haya de conocerse. Porque cuanto dijisteis en la oscuridad será oído a la luz, y lo que hablasteis en voz baja en las habitaciones privadas será proclamado desde los terrados"»* (*Lucas* 11:53–12:3).

Jesús se dirigió a sus discípulos con palabras de advertencia contra la encubierta astucia de la hipocresía: «Así como la levadura trabaja secretamente en el levado del pan, así también la hipocresía infla secretamente el ego y destruye mentes y almas. Sin importar cómo la gente mantenga oculta su maldad tras la máscara de una bondad fingida —como hacen los fariseos—, de todos modos su maldad acabará saliendo del disfraz que la ocultaba y quedará expuesta ante el mundo.

»Nada se puede ocultar que no haya de ser conocido. Todos los motivos y efectos, buenos y malos, finalmente habrán de ser descubiertos. Incluso los malos pensamientos que la gente abriga, y que en su interior repite en la oscura privacidad de su mente, vibran en el éter y quedan allí registrados. El mal no puede contenerse a sí mismo; incluso el mal que se habla o se susurra en secreto tenderá con el tiempo a ser conocido públicamente».

Dios, que es omnipresente y omnisciente, sabe todo lo bueno y todo lo malo que en silencio va y viene en las mentes humanas y en sus acciones secretas. Nada hay que pueda ocultársele, porque incluso cuando un hombre se lleva a la tumba secretos que siempre había mantenido guardados, Dios, que todo lo ve, los lee abiertamente. Aquel que es la Mente de cada una de las mentes y la Vida del cosmos entero conoce todo cuanto nace y muere en la conciencia humana, en cada mínimo estremecimiento de la naturaleza y en cada partícula de su empíreo universo.

DISCURSO 56

Experimentar la unión con Dios: el tesoro celestial del hombre y de las naciones

«Dios primero»: la mejor fórmula
para lograr el bienestar individual, nacional e internacional

❖

El caos y las calamidades pueden impedirse
mediante la práctica de los ideales divinos de hermandad

❖

«A vuestro Padre le ha parecido bien daros a vosotros el Reino»:
la gracia divina mediante la cual se alcanza la emancipación espiritual

❖

El significado espiritual de la parábola del siervo fiel y prudente

❖

Vigilar la casa corporal para evitar que entre en ella el ladrón del engaño

❖

Cómo mantener en nuestro interior
la percepción atenta a la Presencia de Dios

«La tierra sería un verdadero paraíso si tanto las naciones como las personas prestasen atención a los consejos de Jesús e hicieran de Dios la principal meta de su vida».

Uno de los presentes le dijo: «Maestro, di a mi hermano que reparta la herencia conmigo». Él le respondió: «¡Hombre! ¿Quién me ha constituido juez o repartidor entre vosotros?». Y añadió: «Guardaos muy bien de toda codicia, porque las riquezas no garantizan la vida de un hombre, por muchas que tenga».

Les dijo una parábola: «Los campos de cierto hombre rico dieron una abundante cosecha; y pensaba para sus adentros: "¿Qué haré ahora, si no tengo dónde almacenar todo el grano?". Entonces se dijo: "Ya sé lo que voy a hacer. Demoleré mis graneros y edificaré otros más grandes; almacenaré allí todo mi trigo y mis bienes, y me diré: Ahora ya tienes abundantes bienes en reserva para muchos años. Descansa, come, bebe y banquetea". Pero Dios le dijo: "¡Qué necio eres! Esta misma noche te reclamarán la vida. ¿Para quién será entonces todo lo que has preparado?". Así es el que atesora riquezas para sí y no se enriquece en orden a Dios».

Dijo a sus discípulos: «Por eso os digo: No andéis preocupados por vuestra vida, pensando qué comeréis, ni por vuestro cuerpo, discurriendo con qué os vestiréis, pues la vida vale más que el alimento y el cuerpo más que el vestido. Fijaos en los cuervos: ni siembran, ni cosechan; no tienen bodega ni granero, pero Dios los alimenta. ¡Cuánto más valéis vosotros que las aves! Por lo demás, ¿quién de vosotros puede, por más que se preocupe, añadir un codo a la medida de su vida? Entonces, si no sois capaces ni de lo más pequeño, ¿por qué preocuparos de lo demás? Fijaos en los lirios: ni hilan ni tejen. Pero yo os digo que ni Salomón, en todo su esplendor, se vistió como uno de ellos. Pues si Dios viste así a la hierba que hoy está en el campo y mañana se echa al horno, ¡cuánto más a vosotros, hombres de poca fe! Así, pues, no andéis buscando qué comer ni qué beber, ni os inquietéis por eso, pues por todas esas cosas se afanan los paganos del mundo. Vuestro Padre ya sabe que tenéis necesidad de eso. Buscad más bien su Reino, y esas cosas se os darán por añadidura.

»No temas, pequeño rebaño, porque a vuestro Padre le ha parecido bien daros a vosotros el Reino.

»Vended vuestros bienes y dadlos en limosna. Haceos bolsas que no se deterioran, un tesoro inagotable en los cielos, donde no llega el ladrón, ni la polilla corroe. Porque donde esté vuestro tesoro, allí estará también vuestro corazón.

»Tened ceñida la cintura y las lámparas encendidas, y sed como ésos que esperan a que su señor vuelva de la boda, para abrirle en cuanto llegue y llame. Dichosos los siervos a quienes el señor, al venir, encuentre velando. Os aseguro que se ceñirá, los hará ponerse a la mesa e irá sirviéndolos uno tras otro. Que venga en la segunda vigilia o en la tercera, ¡dichosos ellos, si los encuentra así! Entendedlo bien: si el dueño de casa supiese a qué hora iba a venir el ladrón, no dejaría que le abriesen un boquete en su casa. Estad también vosotros preparados, porque, cuando menos lo penséis, vendrá el Hijo del hombre».

Preguntó Pedro: «Señor, ¿dices esta parábola para nosotros o para todos?». Respondió el Señor: «¿Quién es, pues, el administrador fiel y prudente a quien el señor pondrá al frente de su servidumbre para darles a su tiempo su ración conveniente? Dichoso aquel siervo a quien su señor, al llegar, encuentre haciéndolo así. Os aseguro que le pondrá al frente de toda su hacienda. Pero si aquel siervo dice para sus adentros: "Mi señor tarda en volver", y se pone a golpear a los criados y a las criadas, a comer y a beber y a emborracharse, volverá el señor de aquel siervo el día menos esperado y en el momento más imprevisto, lo castigará severamente y le señalará su suerte entre los infieles.

»Aquel siervo que, conociendo la voluntad de su señor, no ha preparado nada ni ha obrado conforme a su voluntad, recibirá muchos azotes; el que no la conoce y hace cosas que merecen azotes, recibirá pocos. A quien se le dio mucho, se le reclamará mucho; y a quien se confió mucho, se le pedirá más.

»He venido a arrojar un fuego sobre la tierra, ¡y cuánto desearía que ya hubiera prendido! Con un bautismo tengo que ser bautizado, ¡y qué angustiado estoy hasta que se cumpla!

»¿Creéis que estoy aquí para poner paz en la tierra? No, os lo aseguro, sino división. Porque desde ahora habrá cinco en *una familia y estarán divididos: tres contra dos y dos contra tres. Estarán divididos el padre contra el hijo y el hijo contra el padre; la madre contra la hija y la hija contra la madre; la suegra contra la nuera y la nuera contra la suegra».*

Decía también a la gente: «Cuando veis que una nube se levanta por occidente, al momento decís: "Va a llover", y así sucede. Y cuando sopla el sur, decís: "Viene bochorno", y así sucede. ¡Hipócritas! Si sabéis analizar el aspecto de la tierra y del cielo, ¿cómo no analizáis este tiempo?

»¿Por qué no juzgáis por vosotros mismos lo que es justo? Cuando vayas con tu adversario al magistrado, procura en el camino arreglarte con él, no sea que te arrastre ante el juez, el juez te entregue al alguacil y el alguacil te meta en la cárcel. Te digo que no saldrás de allí hasta que no hayas pagado el último céntimo».

Lucas 12:13-59

DISCURSO 56

Experimentar la unión con Dios: el tesoro celestial del hombre y de las naciones

«Uno de los presentes le dijo: "Maestro, di a mi hermano que reparta la herencia conmigo". Él le respondió: "¡Hombre! ¿Quién me ha constituido juez o repartidor entre vosotros?"» (*Lucas* 12:13-14).

«¡Hombre de mentalidad materialista!, Dios y tu karma juzgan tus méritos en lo relativo al reparto de la herencia en cuestión. Yo no he venido al mundo para ocuparme de la disposición de bienes». Dios le dio al ser humano una mente y una voluntad para que se hiciera cargo de su propio bienestar. Jesús señala de manera sucinta que Dios emplea las preciadas vidas de sus profetas para conceder iluminación espiritual y liberación, mas no para eximir al hombre de usar su propia iniciativa y realizar actividades constructivas con las que satisfacer sus deseos nobles y convertir su vida en aquello que debería ser.

~

«Y añadió: "Guardaos muy bien de toda codicia, porque las riquezas no garantizan la vida de un hombre, por muchas que tenga"» (*Lucas* 12:15).

¿Cuál es el objeto de codiciar extravagantes lujos materiales? Es bastante frecuente que aquellos que poseen demasiados bienes sean también muy desdichados, pues su sistema nervioso se dedica a cuidar de sus posesiones y a preocuparse por ellas; siempre les falta algo, nunca se sienten satisfechos, y no pueden disfrutar de lo que tienen[1]. Jesús señala también que es una gran falacia el pensar que uno asegura su vida mediante las posesiones materiales, e ilustra esta afirmación con la siguiente parábola.

~

> *«Les dijo una parábola: "Los campos de cierto hombre rico dieron una abundante cosecha; y pensaba para sus adentros: '¿Qué haré ahora, si no tengo dónde almacenar todo el grano?'. Entonces se dijo: 'Ya sé lo que voy a hacer. Demoleré mis graneros y edificaré otros más grandes; almacenaré allí todo mi trigo y mis bienes, y me diré: Ahora ya tienes abundantes bienes en reserva para muchos años. Descansa, come, bebe y banquetea'. Pero Dios le dijo: '¡Qué necio eres! Esta misma noche te reclamarán la vida. ¿Para quién será entonces todo lo que has preparado?'. Así es el que atesora riquezas para sí y no se enriquece en orden a Dios"»* (*Lucas* 12:16-21).

Quienes se sienten espiritualmente complacidos con la falsa seguridad que les proporcionan las riquezas materiales son víctimas del engaño. Tales personas se niegan a aprender de los millones de seres humanos que han trabajado arduamente en el mundo para obtener la recompensa de las posesiones y de la prosperidad, acumulando tal vez grandes fortunas, sólo para descubrir que semejante opulencia no ha redundado en depósitos apreciables en las arcas de su paz y gozo interiores. ¡Cuán insensato es acumular tesoros para el fugaz cuerpo, que en cualquier momento puede ser arrebatado por la muerte! La actitud sabia consiste en dedicar nuestro principal esfuerzo a la adquisición de las riquezas perdurables del alma —el gozo, la sabiduría y las cualidades

Jesús advierte acerca de la falsa seguridad que proporcionan las riquezas materiales

[1] Compárese con *Lucas* 6:24: *«¡Ay de vosotros, los ricos!, porque ya habéis recibido vuestro consuelo»* (discurso 33).

divinas— mediante la práctica cotidiana de la meditación y del servicio a los demás, porque estos tesoros imperecederos jamás nos abandonarán.

Las riquezas materiales pueden proporcionar una posición codiciada a los ojos del mundo, pero resultan inútiles al llegar la muerte. Las riquezas espirituales, en cambio, tal vez no atraigan la admiración de los demás, pero en el estado posterior a la muerte le garantizan al alma la auténtica seguridad de la libertad y la felicidad eternas.

Quienes son codiciosos ansían tener más que su vecino, pero cuando lo logran no se sienten satisfechos, pues inevitablemente descubren que alguna otra persona posee aún más que ellos. Los seres humanos viven sumergidos en una locura de sufrimiento que ellos mismos se han creado con sus propios deseos. En el aspecto material, el norteamericano medio posee mucho más que el ciudadano medio de Europa o de la India o de cualquier otra nación, ¡pero aun así no es feliz! Su satisfacción se ve opacada por la ansiedad, las preocupaciones y un sinfín de necesidades.

La naturaleza misma de *maya* condiciona al hombre a que ansíe adquirir bienes materiales; pero bastaría reflexionar un poco para descubrir lo insustancial de tales adquisiciones. ¿Qué sentido tiene malgastar la vida persiguiendo esto y aquello, únicamente para terminar sumidos en la desilusión? Es preferible ser felices ahora mediante el contacto con el reino de Dios que mora en nuestro interior. Jesús vivía conforme a dicha verdad, e instaba a quienes le escuchaban a seguir ese camino. Su felicidad no se hallaba condicionada por ninguna cosa del mundo; incluso entregó voluntariamente su propio cuerpo. Cuando se experimenta el desapego interior, uno es libre por completo y no se siente afectado por la riqueza o la pobreza; permanece interiormente imperturbable sin importar cuáles sean las circunstancias. Una persona que ha alcanzado tal estado disfruta de todo cuanto el Señor le provee, pero en su interior sabe que si jamás vuelve a tener aquello que ha recibido, en nada le afecta: todo está bien. Su alma se encuentra por siempre segura en la superabundancia divina.

~

«Dijo a sus discípulos: "Por eso os digo: No andéis preocupados por vuestra vida, pensando qué comeréis, ni por vuestro cuerpo, discurriendo con qué os vestiréis, pues la vida vale más

que el alimento y el cuerpo más que el vestido. Fijaos en los cuervos: ni siembran, ni cosechan; no tienen bodega ni granero, pero Dios los alimenta. ¡Cuánto más valéis vosotros que las aves! Por lo demás, ¿quién de vosotros puede, por más que se preocupe, añadir un codo a la medida de su vida? Entonces, si no sois capaces ni de lo más pequeño, ¿por qué preocuparos de lo demás? Fijaos en los lirios: ni hilan ni tejen. Pero yo os digo que ni Salomón, en todo su esplendor, se vistió como uno de ellos. Pues si Dios viste así a la hierba que hoy está en el campo y mañana se echa al horno, ¡cuánto más a vosotros, hombres de poca fe! Así, pues, no andéis buscando qué comer ni qué beber, ni os inquietéis por eso, pues por todas esas cosas se afanan los paganos del mundo. Vuestro Padre ya sabe que tenéis necesidad de eso. Buscad más bien su Reino, y esas cosas se os darán por añadidura"» (*Lucas* 12:22-31)[2].

La tierra sería un verdadero paraíso si tanto las naciones como las personas prestasen atención a los consejos de Jesús e hicieran de Dios la principal meta de su vida. Cuando la gente se concentra en el egoísmo político y económico a fin de acumular poder y lujos para sí mismos o para su país a costa de los demás, está infringiendo la ley divina de la felicidad y de la prosperidad, lo cual ocasiona desorden y privaciones en la familia, en la nación y en el mundo entero. Si los líderes de las diversas naciones, en lugar de ensalzar la agresividad y el egoísmo patriótico, orientasen la mente de los ciudadanos de su país hacia el logro de la paz interior, el amor a Dios y al prójimo, y el gozo de la meditación, automáticamente a las naciones les serían dadas por añadidura la prosperidad material, la salud y la armonía internacional, que se sumarían a sus tesoros espirituales.

«Dios primero»: la mejor fórmula para lograr el bienestar individual, nacional e internacional

Jesús hace hincapié en la suprema sabiduría que consiste en colocar a «Dios primero», y la considera la mejor fórmula no sólo para obtener la felicidad individual sino también el bienestar nacional e

[2] Estas palabras de Jesús tienen su paralelo en *Mateo* 6:25-33 y se comentan en ese contexto en el discurso 29 (volumen I), haciendo énfasis en la aplicación individual de esta enseñanza fundamental de Jesús. El comentario sobre la repetición de estos versos en *Lucas* amplía su relevancia para incluir, junto con su cumplimiento individual, una obligación nacional e internacional.

internacional: «Las naciones de la tierra buscan de modo desmesurado y egoísta el poder y la prosperidad material, lo cual inevitablemente conduce a dolorosas inequidades, guerras y destrucción. ¡Cuánto mejor sería que buscaran a Dios, añadiesen a sus esfuerzos el cumplimiento de las leyes divinas de la rectitud y vivieran en armonía bajo el dosel de la hermandad espiritual internacional![3] A aquellas naciones que viven en paz entre sí y buscan la conciencia de Dios, el Padre Celestial les concede prosperidad perdurable, bien merecida por su ayuda a la familia mundial, su buena voluntad y su cooperación económica internacional. Dios, que es el Proveedor del cosmos, conoce las necesidades de las personas y de las naciones. Si alimenta al cuervo y viste a los lirios, ¡cuánto más proveerá de todo aquello que necesiten los seres humanos y los pueblos que se encuentren en sintonía con los ideales divinos!».

La desenfrenada locura por el dinero que impera en la civilización actual muestra claramente que el egoísmo destruye la felicidad individual y nacional. La exagerada competitividad en el mundo de los negocios es perniciosa porque cada cual trata de apoderarse de las posesiones de los demás. De ese modo, en una comunidad de mil hombres de negocios cada uno tiene 999 enemigos y competidores. Jesús alentaba a la gente a compartir sus posesiones con todos; cuando se obedece esa ley, cada persona en una comunidad de mil miembros tiene 999 colaboradores.

La tarea de sobrevivir en el feroz entorno económico de nuestra época es tan exigente que quienes se dedican a los negocios deben esforzarse hasta la extenuación y no pueden concentrarse en desarrollar una vida verdaderamente feliz y espiritual. Los negocios fueron creados para la felicidad del hombre, y no el hombre para los negocios. Las iniciativas de negocios son necesarias sólo en la medida en que no interfieran con el desarrollo espiritual del hombre. Se debe aplaudir el desarrollo científico y tecnológico si se utiliza para el mejoramiento de la raza humana; pero desde un punto de vista práctico las naciones de la tierra podrían aumentar la felicidad de sus ciudadanos si promovieran un estado de conciencia basado

---

[3] *«Él creó, de un solo principio [de una misma sangre], todo el linaje humano, para que habitase sobre toda la tierra [...] con el fin de que buscasen a la divinidad, para ver si a tientas la buscaban y la hallaban. Pero no pensemos que se encuentra lejos de cada uno de nosotros, pues en Él vivimos, nos movemos y existimos [...]. Porque somos también de su linaje»* (*Hechos* 17:26-28).

en la simplicidad en el vivir y la nobleza en el pensar, al concentrar más la mente en el desarrollo espiritual, la literatura inspirativa, la filosofía y el conocimiento de las maravillas y el funcionamiento de la creación, y conceder menos importancia al desarrollo vertiginoso de tecnologías que fomentan la locura por el dinero.

El caos y las calamidades pueden impedirse mediante la práctica de los ideales divinos de hermandad

Si las naciones de la tierra no complicasen la civilización con el egoísmo industrial, que conduce a la superproducción y al consumo excesivo en los países ricos y a que los países más débiles sean víctimas de la explotación y la mezquindad, todos los pueblos tendrían suficientes recursos para alimentarse y vivir bien. Pero debido a que la meta de la mayoría de las naciones desarrolladas es el egoísmo patriótico y la superioridad material, sin consideración alguna por las necesidades de sus vecinos, el mundo atraviesa situaciones de caos y confusión de «ismos» que dan lugar a las hambrunas, la pobreza y el innecesario sufrimiento de las guerras. Los acontecimientos que han marcado la primera mitad del siglo XX han demostrado claramente que la seguridad y la prosperidad de una nación jamás podrán asegurarse por medio del egoísmo patriótico e industrial, los cuales han provocado catástrofes económicas, dos guerras mundiales, desempleo, temor, inseguridad, hambre y desastres naturales, tales como terremotos, huracanes y sequías (que debido a las leyes de funcionamiento del karma masivo son la consecuencia indirecta de la acumulación de las acciones negativas cometidas por los individuos y las naciones).

Las caóticas condiciones actuales del mundo entero son el resultado de una vida apartada de los principios divinos. Las personas y las naciones pueden protegerse de la destrucción total que ellas mismas han generado si viven conforme a los ideales divinos de hermandad, cooperación industrial e intercambio internacional de bienes materiales y experiencias espirituales. El presente sistema económico de especulación y explotación ha fracasado; lo único que puede generar prosperidad duradera para el mundo es la hermandad entre las naciones y la hermandad entre las industrias necesarias y entre los industriales.

La Gran Depresión de los años treinta del siglo XX dio una lección de humildad a muchos millonarios que confiaban en que su visión para las finanzas les permitiría conservar sus cuantiosas fortunas. Incluso los hombres de negocios más sagaces se convirtieron en niños consternados en manos del destino y de la depresión económica, sin

Cristo y el joven rico

Jesús, fijando en él su mirada con cariño, le dijo: «Una cosa te falta: anda, vende cuanto tienes y dáselo a los pobres, y tendrás un tesoro en el cielo. Luego, ven, toma tu cruz y sígueme»*. Pero él, abatido por estas palabras, se marchó entristecido, porque tenía muchos bienes.

Marcos 10:21-22

Jesús analizó al joven que había obedecido los mandamientos pero aún no había alcanzado la conciencia de Dios y pudo observar que era esclavo de los apegos materialistas. En forma sucinta y sincera, le aconsejó lo siguiente: «Vende cuanto tienes» *y* «toma tu cruz» *(adopta la liberadora actitud de renunciación interior y los métodos de autodisciplina y meditación que liberan la mente de su esclavitud al cuerpo y a las posesiones),* «y sígueme» *(sigue el camino que ha seguido mi conciencia a través del ojo espiritual y que conduce a la Conciencia Crística, para que puedas unirte a mí en el divino reino de la vida y la bienaventuranza eternas).*

Paramahansa Yogananda

Pintura: Heinrich Hofmann

saber qué rumbo tomar. Se violaron las leyes espirituales de la «generosidad» y de «incluir la prosperidad de los demás en la prosperidad propia» y, como resultado, se produjo el colapso mundial del sistema económico industrialista. El egoísmo industrial precipitó su caída debido a la funesta avaricia del hombre por el dinero, lo cual condujo a la competencia desleal y suicida y a la venta de productos a precios por debajo del costo a fin de destruir a los competidores. Cuando el cerebro de un empresario materialista se ofusca por la avaricia, su inteligencia concibe planes que fracasan uno tras otro. Ése es el precio que tarde o temprano deben pagar todos cuantos se hallan sumidos en el egoísmo materialista que deja a Dios en el olvido.

Al adjudicarle un valor monetario artificial a la producción industrial, el ser humano ha creado una relación conflictiva entre el capital y el trabajo, que ocasiona de manera sistemática inflaciones y depresiones recurrentes. El capital y el trabajo, como si fuesen el cerebro y las extremidades, deben cooperar en pos del bienestar general del cuerpo y del alma de la nación, en vez de luchar entre sí y asegurar de ese modo su mutua destrucción. El cerebro y las manos trabajan en conjunto para mantener el cuerpo y compartir el alimento del estómago; asimismo, el capital (los cerebros de la sociedad) y el trabajo (sus manos y pies) deben cooperar para aportar prosperidad a la vida y compartir las riquezas que producen. Ni el capital ni el trabajo deben recibir un trato preferencial, a fin de evitar los riesgos tanto de las formas imperialistas de gobierno como de las socialistas. Ambos, el capital y el trabajo, han de ocupar el lugar que les corresponde y deben cumplir por igual con sus respectivas responsabilidades. Todos deben recibir alimento, vestimenta y contar con un techo, educación y atención médica, al compartir la riqueza de la nación; y si sobreviniese la pobreza como resultado inevitable de las inclemencias de la naturaleza, todos deberían soportar equitativamente su carga. Para lograr una existencia progresista en el aspecto material, mental y espiritual, no debe existir una distribución desigual de los bienes esenciales. El hecho de que algunos no posean nada mientras otros lo poseen todo es la causa fundamental del delito, la codicia, el egoísmo y muchos otros inenarrables males sociales.

Un miembro de la familia que se enferma o queda discapacitado no es objeto de caridad, sino que comparte de modo honorable los alimentos y los medios económicos de la familia. Lo mismo ha de aplicarse a cada uno de los miembros de la familia mundial. Nadie debería pasar hambre porque no logre obtener empleo o por ser anciano o inválido. Si los países de la tierra quieren complacer a Dios, han de conducirse conforme a los principios crísticos y, por lo tanto, vivir como hermanos en los Estados Unidos del Mundo, intercambiando bienes a fin de que ninguna persona sufra privaciones, hambre o pobreza.

En la actualidad es imperativo que tanto las personas como las naciones abandonen su egoísmo y alimenten y vistan el «cuerpo» internacional. Los ciudadanos de cada nación deben subyugar su predisposición hacia el interés propio y aprender a adquirir sabiduría y practicar la meditación para sintonizarse con el Infinito, a fin de que todos colectivamente alimenten el alma nacional con una felicidad que abarque todos los aspectos. Los países que viven en sintonía con Dios y sus ideales de hermandad y paz subsisten a través del tiempo sin sufrir guerras o hambrunas, en un permanente estado de prosperidad y felicidad espiritual[4]. Los países que son materialmente prósperos pero carecen de sabiduría y de la bienaventuranza de Dios pueden perder su inestable opulencia material por causa de guerras civiles, luchas entre el capital y el trabajo, y conflictos con vecinos celosos que sienten envidia de su prosperidad. La existencia de una nación que posea abundancia y que se halle junto a otra en que la gente se muere de hambre jamás será una fórmula apropiada para atraer paz a la tierra.

Los países deben cuidar unos de otros o estarán condenados al fracaso. Por esa razón, Jesús les dice a las naciones de la tierra: «¡Oh

---

[4] «El concepto de una civilización idealmente equilibrada no es una quimera. A través de milenios, la India fue un país en el cual reinaron, simultáneamente, la luz espiritual y la prosperidad general. En la larga historia de ese país, la pobreza prevalente en los últimos doscientos años no es sino una fase kármica pasajera. Efectivamente, la frase "las riquezas de la India" ha sido una expresión proverbial en todo el mundo, a lo largo de los siglos. Tanto la abundancia material como la espiritual son manifestaciones estructurales de *rita,* la ley cósmica de la justicia natural. El Espíritu mismo no conoce frugalidad alguna, así como tampoco la conoce su diosa del mundo fenoménico, la exuberante Naturaleza.

»Conforme a los anales de la historia, la India, hasta el siglo XVIII, era considerada como la nación más próspera del mundo. [...] Una de las referencias a las riquezas de la India aparece en un pasaje bíblico (*II Crónicas* 9:21, 10), conforme al cual los *"buques de Tarsis"* trajeron al Rey Salomón *"oro y plata, marfil, monos y pavos reales"*, y desde Ofir (Sopara, en la costa de Bombay) *"árboles de madera de sándalo y piedras preciosas"*. Megástenes, el embajador griego (siglo IV a. C.), nos ha dejado una descripción detallada de la prosperidad de la India. Plinio (siglo I d. C.) relata que los romanos gastaban anualmente cincuenta millones de sestercios (unos cinco millones de dólares) en importaciones provenientes de la India, la cual era entonces una vasta potencia marítima.

naciones!, no seáis egoístas pensando únicamente en el alimento, la industria y la vestimenta, olvidando por completo la hermandad entre los hombres y a Dios, el Dador de todas las cosas; de lo contrario, atraeréis sobre vosotros el infortunio que por vuestra ignorancia os habréis creado y su séquito de guerras, epidemias y otros sufrimientos».

La prosperidad a menudo adormece la conciencia social: «¿Qué nos importan los demás países? Nos hemos esforzado para crear nuestra prosperidad a fin de poder nadar en la abundancia. ¿Por qué no habrían de hacer ellos otro tanto?». La cruel arrogancia es muy corta de miras, ya que la prosperidad nacional duradera no depende sólo de los recursos naturales y de la iniciativa de los ciudadanos de un país, sino fundamentalmente de la conducta moral, la armonía y la vida espiritual de sus habitantes. Sin importar cuán exitosa sea una nación, si sus ciudadanos se vuelven libertinos, egoístas e inarmoniosos ese pueblo sufrirá guerras civiles, traiciones y agresión por parte de potencias extranjeras, que pondrán fin a su complacencia y a su buena fortuna.

De ahí que Jesús advirtiese a los individuos y a las naciones que no deben ser egoístas ni centrar todos sus pensamientos en el alimento, la vestimenta o la adquisición de tesoros terrenales, sino que deben ser humildes, compartir su prosperidad con sus hermanos que sufren privaciones y reconocer a Dios como el único Dueño y Dador de todos los dones de la tierra.

»Los viajeros de la China, por otra parte, ofrecieron vívidas narraciones de la opulenta civilización de la India, su vasta educación y su excelente sistema de gobierno. El sacerdote chino Fa-Hsien (siglo V) relata que el pueblo hindú era feliz, honesto y próspero. Véase el libro de Samuel Beal titulado *Buddhist Records of the Western World* [Crónicas budistas sobre el mundo occidental] (para los chinos, la India era el "mundo occidental"), publicado por Trubner, Londres; y también el de Thomas Watters, titulado *On Yuan Chwang's Travels in India, A.D. 629-45* [Viajes de Yuan Chwang por la India, 629-645 d. C.], publicado por la Real Sociedad Asiática.

»Cuando Colón descubrió el Nuevo Mundo, en el siglo XV, en realidad estaba buscando una ruta comercial más corta hacia la India. Durante siglos, Europa codició las exportaciones indias: sedas, telas finas (tan delicadas que merecieron apelativos tales como los de "aire tejido" y "bruma invisible"), estampados de algodón, brocados, bordados, alfombras, cuchillería, armaduras, marfil virgen y labrado, perfumes, incienso, sándalo, alfarería, drogas y ungüentos medicinales, añil, arroz, especias, coral, oro, plata, perlas, rubíes, esmeraldas y diamantes.

»Mercaderes portugueses e italianos han dejado constancia de su asombro ante la fabulosa magnificencia del imperio de Vijayanagar (1336-1565). Su capital fue descrita por el embajador árabe Razzak como de una gloria tal "que jamás se ha visto ni oído hablar de lugar alguno que la iguale sobre la tierra"» (*Autobiografía de un yogui*, capítulo 49).

~

«No temas, pequeño rebaño, porque a vuestro Padre le ha parecido bien daros a vosotros el Reino.

»Vended vuestros bienes y dadlos en limosna. Haceos bolsas que no se deterioran, un tesoro inagotable en los cielos, donde no llega el ladrón, ni la polilla corroe. Porque donde esté vuestro tesoro, allí estará también vuestro corazón» (*Lucas* 12:32-34)[5].

«No temáis, mi pequeño grupo de discípulos, porque merced a vuestra devoción os habéis justificado ante el Padre, y a Él le ha parecido bien daros el reino de la Omnipresencia, que es la herencia que os corresponde por ser sus hijos, a quienes Él hizo a su imagen».

Las palabras de Jesús señalan claramente que, si bien son necesarios los esfuerzos personales del devoto para experimentar la imagen de Dios dentro de su alma, la emancipación espiritual depende finalmente de la gracia divina: *«a vuestro Padre le ha parecido bien»*. Nadie puede obtener el reino espiritual arrancándolo de las manos de Dios por el solo hecho de seguir la ley espiritual, porque el Padre Celestial se reserva el derecho de otorgar la salvación cuando Él lo considera apropiado. Cada ser humano está destinado a recobrar su divinidad, aun cuando se encuentre profundamente sepultado bajo los escombros de muchas encarnaciones en las que prevalece el engaño. Al Padre *«le ha parecido bien»* grabar su imagen perfecta en el alma de todos sus hijos humanos; cuando abandonen su identificación con la naturaleza humana y pongan de manifiesto su perfecta imagen divina, entonces y sólo entonces, le complacerá al Padre Celestial recibir a sus hijos pródigos que regresan a su reino de inmortalidad.

«A vuestro Padre le ha parecido bien daros a vosotros el Reino»: la gracia divina mediante la cual se alcanza la emancipación espiritual

Jesús enuncia luego cuáles son los deberes del devoto que practica la renunciación absoluta y busca sólo a Dios, abandonando con ese fin todo lo demás:

«Puesto que el único anhelo de tu corazón es conocer a Dios, para lo cual has elegido seguir el sendero de la renunciación, despójate de

[5] Compárese con el comentario de la versión de San Mateo acerca de estos versículos (*Mateo* 6:19-21; véase el discurso 28, en el volumen I).

las ataduras terrenales, vende tus propiedades y dona lo recaudado para que sirva a un bien mayor y ayude también a los pobres y los necesitados. No deposites tu confianza en las bolsas de las posesiones materiales que envejecen y se deterioran con el uso. Lleva contigo la bolsa siempre nueva de la intuición, que has tejido con tu práctica de la meditación y en la cual guardas los tesoros celestiales de las imperecederas cualidades divinas —la sabiduría, el gozo, la conciencia de la Omnipresencia— que jamás te defraudarán. Tales tesoros no los puede arrebatar el ladrón de la muerte, ni los destruye la polilla del tiempo. La gente mundana busca su seguridad en los inciertos placeres y adquisiciones materiales, pero tú debes concentrar tu corazón en el eterno gozo proveniente de la unión con Dios, que has adquirido por medio de la meditación».

~

«"Tened ceñida la cintura y las lámparas encendidas, y sed como ésos que esperan a que su señor vuelva de la boda, para abrirle en cuanto llegue y llame. Dichosos los siervos a quienes el señor, al venir, encuentre velando. Os aseguro que se ceñirá, los hará ponerse a la mesa e irá sirviéndolos uno tras otro. Que venga en la segunda vigilia o en la tercera, ¡dichosos ellos, si los encuentra así! Entendedlo bien: si el dueño de casa supiese a qué hora iba a venir el ladrón, no dejaría que le abriesen un boquete en su casa. Estad también vosotros preparados, porque, cuando menos lo penséis, vendrá el Hijo del hombre".

»Preguntó Pedro: "Señor, ¿dices esta parábola para nosotros o para todos?". Respondió el Señor: "¿Quién es, pues, el administrador fiel y prudente a quien el señor pondrá al frente de su servidumbre para darles a su tiempo su ración conveniente? Dichoso aquel siervo a quien su señor, al llegar, encuentre haciéndolo así. Os aseguro que le pondrá al frente de toda su hacienda. Pero si aquel siervo dice para sus adentros: 'Mi señor tarda en volver', y se pone a golpear a los criados y a las criadas, a comer y a beber y a emborracharse, volverá el señor de aquel siervo el día menos esperado y en el momento más imprevisto, lo castigará severamente y le señalará su suerte entre los infieles.

»"Aquel siervo que, conociendo la voluntad de su señor, no ha preparado nada ni ha obrado conforme a su voluntad,

recibirá muchos azotes; el que no la conoce y hace cosas que merecen azotes, recibirá pocos. A quien se le dio mucho, se le reclamará mucho; y a quien se confió mucho, se le pedirá más"» (*Lucas* 12:35-48).

Referencias paralelas:

«Entendedlo bien: si el dueño de casa supiese a qué hora de la noche iba a venir el ladrón, estaría en vela y no permitiría que le abriesen un boquete en su casa. Por eso, también vosotros estad preparados, porque, cuando menos lo penséis, vendrá el Hijo del hombre.

»¿Quién es, pues, el siervo fiel y prudente, a quien el señor puso al frente de su servidumbre para darles la comida a su tiempo? Dichoso aquel siervo a quien su señor, al llegar, encuentre haciéndolo así. Os aseguro que lo pondrá al frente de toda su hacienda. Pero si el mal siervo aquel dice para sus adentros: "Mi señor tarda", y se pone a golpear a sus compañeros y come y bebe con los borrachos, volverá el señor de aquel siervo el día más inesperado y en el momento más imprevisto, lo separará y le señalará su suerte entre los hipócritas. Allí será el llanto y el rechinar de dientes» (*Mateo* 24:43-51).

* * *

«Estad atentos y vigilad, porque ignoráis cuándo será el momento. Es lo mismo que un hombre que se ausenta: deja su casa, da atribuciones a sus siervos, a cada uno su trabajo, y ordena al portero que esté en vela. Velad, por tanto, ya que no sabéis cuándo viene el dueño de la casa, si al atardecer, a medianoche, al cantar del gallo o de madrugada. No sea que llegue de improviso y os encuentre dormidos. Lo que a vosotros digo, a todos lo digo: ¡Velad!» (*Marcos* 13:33-37).

«Que vuestra voluntad espiritual esté preparada y enfocada interiormente en las lámparas, o estrellas, de los centros espinales, a través de los cuales podréis conducir vuestra conciencia desde el estado de identificación con el cuerpo finito hasta el Infinito, al enviar hacia el Espíritu vuestra conciencia y fuerza vital a través de dichos centros de luz. Sed devotos fieles que esperan vigilantes que la divina Conciencia Cósmica se manifieste en la casa corporal cuando regrese de su boda (unidad) con la naturaleza entera y se muestre claramente a través de vuestra conciencia sin ocultarse tras el manto de las manifestaciones de la naturaleza.

El significado espiritual de la parábola del siervo fiel y prudente

»Cuando llegue la Conciencia Cósmica y llame a las puertas de la intuición del devoto, éste debe recibirla expectante y lleno de devoción. Esos siervos-devotos de Dios son bendecidos con la emancipación eterna cuando la Conciencia Cósmica llega a su conciencia y los encuentra diligentemente atentos, con actitud prudente y vigilante, prontos a recibir a Dios y desterrar la ignorancia.

»Os aseguro, por la verdad que percibo en mí, que cuando Dios encuentre así a esos fieles devotos, les obsequiará con el ágape de la auténtica sabiduría y de la comunión divina. Y cuando Él venga dos o tres veces y sea recibido con la misma conciencia vigilante, tales devotos serán bendecidos con la emancipación espiritual, puesto que habrán superado todas las pruebas para alcanzar la comunión divina.

»Es un siervo digno aquel devoto que mantiene bien custodiada su casa corporal y mental por medio de la sabiduría, sin darle ocasión al ladrón de la ignorancia para que irrumpa de improviso en su conciencia y le robe sus cualidades espirituales. Del mismo modo en que un ladrón sigiloso no puede tomar por sorpresa a un siervo que permanece siempre alerta, así también el devoto fiel se mantiene preparado en todo momento para la sutil y repentina venida del "Hijo del hombre", la manifestación o experiencia de la Conciencia Crística, o la percepción de la infinita Conciencia Crística encarnada en el cuerpo bajo el aspecto del alma —el Ser divino a través de cuya despierta intuición el devoto experimenta la unión con Dios.

»El devoto sincero es siempre paciente y tenaz; su devoción le mantiene alerta para la Visitación Divina, sea cual sea el inesperado momento en que se presente. En cambio, el devoto que sólo de manera esporádica se comporta sabiamente, y que permanece atento en algunas ocasiones pero cae luego en la inquietud y la falta de atención, a menudo pierde el momento oportuno de recibir la manifestación espiritual. Dios —el Amo y Señor— designa administrador de la casa corporal y mental espiritualizada al siervo que es constante en su fidelidad y que en todo momento se muestra sensato y vigilante; le asigna así el deber de supervisar, controlar y alimentar a los siervos-sentidos con la apropiada ración de sabiduría. Aquel siervo-devoto que constantemente gobierna con prudencia todas sus facultades logra el perfecto dominio de sí mismo, merced al contacto permanente con la innata y soberana Conciencia Crística.

»Sin embargo, el devoto voluble y negligente no cumple con su deber de meditar a diario y considera que sus deslices carecen de importancia ya que la conciencia de Dios tarda en manifestarse. Puesto que no siente la necesidad perentoria de reasumir sus laboriosos deberes espirituales, experimenta temporalmente un retroceso y maltrata a los siervos-sentidos y se comporta de forma abusiva e insultante con las doncellas de sus refinados sentimientos, incitándolas a gratificarse con los objetos sensoriales. Como consecuencia, permanece sumido en la embriaguez del engaño. Dado que esporádicamente el devoto tiene comportamientos meritorios, es posible que la innata Conciencia Crística se manifieste en él en alguna ocasión de modo consciente, pero, al advertir su negligencia espiritual y no hallarle vigilante, se aleja de la persona que ha descuidado el estado de su conciencia. Ese devoto, cuya devoción le había proporcionado en otro tiempo algún contacto con Dios y que en el presente carece de tal contacto por causa de su negligencia, pertenece ahora a la categoría de los no creyentes que nunca experimentan la comunión con Dios.

»Aquel devoto que percibe intuitivamente la voluntad divina pero no está dispuesto a cumplirla, ni a afrontar las correspondientes pruebas que el Señor disponga, se verá acosado por las dudas acerca de sí mismo y por el agudo remordimiento de perder a Dios después de haberle encontrado. En cambio, el devoto que yerra porque aún no se ha percatado del gozoso cumplimiento de la venida de Dios sufrirá en menor medida. Así como la gente espera mucho de los líderes sociales que ocupan posiciones de responsabilidad, así también a los devotos dotados de sabiduría se les exigirá mucha pureza espiritual y estar sumamente alerta para recibir al Señor».

Tres niveles de progreso espiritual

En primer término, Jesús se refiere a los devotos avanzados, quienes jamás deben permitir que su conciencia descienda por otorgarle al cuerpo demasiada atención, sino que han de concentrarse en los siete recipientes de conciencia divina y energía situados en la espina dorsal y en el cerebro, a fin de evitar en todo momento la invasión de la ignorancia y mantenerse siempre preparados para recibir la manifestación de Dios. El Señor se oculta tras su consorte, la Naturaleza, que se mantiene ocupada con la creación. Sin embargo, Él disipará todos los engaños de los fenómenos naturales y se presentará ante el devoto fiel como luz y Conciencia Cósmica cuando *«su señor vuelva de la boda»* del Espíritu y la Naturaleza[6].

En segundo término, Jesús se refiere a aquellos devotos que han alcanzado cierto grado de percepción de Dios pero cuyo equilibrio espiritual es todavía inestable. Es posible que Dios acuda como resultado de la devoción intermitente del devoto, pero se marchará si advierte que en ese momento el devoto está desatento y su actitud es negligente y se ha entregado a la gratificación de los sentidos. Los devotos que han experimentado en forma consciente la manifestación de Dios y aun así juguetean con las tentaciones sensoriales comprueban que, debido a su negligencia, han perdido la oportunidad de recibir una visita inesperada de Dios, ya que Él se ha marchado precipitadamente de su conciencia al encontrar que no estaba preparada. Es muy agudo el sufrimiento mental del devoto indolente que después de hallar a Dios, el Emancipador del Universo, lo pierde luego de repente: *«Aquel siervo que, conociendo la voluntad de su señor, no ha preparado nada ni ha obrado conforme a su voluntad, recibirá muchos azotes»*.

Dios responde siempre a la devoción que se le profesa, pero si el devoto mezcla sus aspiraciones espirituales con una vida poco virtuosa, Dios se aleja después de haberle concedido un mero vislumbre de su Ser. Aun así, ese subyugante contacto con el Señor alentará en él el deseo de realizar un esfuerzo espiritual más constante. Son muchos los que no creen que sea posible tener un verdadero contacto con Dios; sin embargo, el devoto capaz, pese a ser descuidado, sabe que no es así, aun cuando lo haya experimentado sólo por breve tiempo. El sufrimiento que experimenta al perder a Dios es un recordatorio de que podrá conocer al Señor de modo permanente si abandona los caprichosos hábitos que no son de naturaleza espiritual.

A continuación, Jesús se refiere a una tercera clase de devotos, aquellos que siguen mecánicamente las normas espirituales: *«el que no la conoce y hace cosas que merecen azotes, recibirá pocos»*. Si por ventura dichos devotos hacen por un instante contacto con Dios en la meditación, no sufren demasiado al perderle, debido a la falta de profundidad de sus sentimientos espirituales por Dios.

---

[6] Véase también la explicación del significado metafísico de *«el Novio»* en el discurso 16 (volumen I).

Dios jamás propina *«azotes»* a sus devotos; son ellos mismos quienes se martirizan mediante su propia insensatez, a causa de la cual pierden a Dios después de haberle experimentado en alguna oportunidad.

Cuando la devoción del aspirante espiritual es lo suficiente madura, no le resulta difícil atraer alguna percepción o sentimiento interior de la presencia de Dios. Sin embargo, para permanecer con Él en todo momento, el devoto debe mantener continuamente su conciencia alerta, practicando la presencia de Dios durante la vigilia y conservando dicha percepción incluso mientras duerme, tanto en el estado de sueño profundo como en el transcurso de los sueños. Si el devoto hace énfasis en alguna actividad mental o corporal que le impida enfocar en Dios toda su concentración interior, no podrá retener de manera permanente la conciencia de la presencia divina.

Vigilar la casa corporal para evitar que entre en ella el ladrón del engaño

El alma tiene potestad para disciplinar a sus siervos-sentidos. A cada sentido se le ha asignado una tarea específica, y la intuición tiene la importante labor de vigilar la casa corporal a fin de evitar que la invada el ladrón del engaño cósmico. El «Hijo del hombre», la Conciencia Crística encarnada, que opera dentro del cuerpo como el alma, está siempre presente aunque se halle profundamente oculta tras el engaño cósmico. Los siervos-sentidos deben permanecer alerta esperando esa hora desconocida en que su amo, el Cristo interior, dueño de la casa corporal, se manifieste, a fin de que no encuentre a los siervos-facultades durmiendo el sueño del engaño.

El devoto sincero tiene el deber de mantener la casa corporal invulnerable a la invasión del ladrón del engaño y así evitar que el sufrimiento y la ignorancia irrumpan en el cuerpo y hagan estragos en él. El devoto fiel y prudente se convierte en el administrador divinamente asignado para gobernar a los siervos-sentidos de la casa corporal y *«a su tiempo»* (cuando llegan al estado en que se sintonizan con la buena disposición del alma para hacer el bien) les sirve el alimento de la disciplina y de la sabiduría. Dichoso aquel al que la Conciencia Crística, al manifestarse, lo encuentra meditando y gobernando adecuadamente a los siervos sensoriales. Habiendo guiado en forma correcta todos sus sentidos, ese devoto espiritualmente vigilante también tendrá control sobre los atributos de las cualidades del alma y, con ello, todo el poder material que necesite.

En contraste, el devoto negligente sucumbe a la creencia de que sus meditaciones son inútiles, por el hecho de que Dios se demora en manifestarse en su interior. Y así comienza a golpear a sus obedientes sentidos con la vara de las tentaciones y los incita a disfrutar de los placeres sensoriales, sumiéndose con ellos en la embriaguez del engaño. Si debido a sus buenas acciones del pasado, cuando menos lo espera y menos preparado está, se manifiesta dentro de él una Visitación Divina, esa experiencia desaparecerá rápidamente de su conciencia. Se le considerará un hipócrita porque simuló llevar a cabo los deberes espirituales que le fueron asignados, pero en su corazón no estaba convencido de que su perseverancia espiritual tendría como resultado el conocimiento de Dios. Llorará y se sentirá furioso consigo mismo por las flaquezas que lo llevaron a alejarse de Dios.

Cómo mantener en nuestro interior la percepción atenta a la Presencia de Dios

El hábito espiritual más elevado, que le permite al devoto retener una vigilante percepción de la presencia de Dios en su interior, consiste en mantener la conciencia centrada siempre en el ojo espiritual. La mente de la gente común se halla por lo general inquieta, ocupada de manera primordial en asuntos mundanos que, por su móvil y cambiante naturaleza, disipan la atención. Es preciso equilibrar con la meditación en Dios las responsabilidades que se desempeñan en la vida; así se aprende a enfocar la mente de un modo maravilloso. Cuando una persona espiritualmente equilibrada desea llevar a cabo una tarea, concentra todo el poder de su atención disciplinada en el logro de dicha tarea, ¡y lo consigue! Cuando la concentración permanece fija en Dios, su expresión externa constituye una fuerza dinámica mediante la cual es posible obtener lo que uno se proponga.

Los devotos diligentes deben crear el hábito espiritual de pensar en Dios durante todo el día. Incluso cuando uno está trabajando o conversando, o en compañía de otras personas, es posible mantener la mente afianzada en Él. Existe en nuestro interior una quietud y una paz que nada en el mundo puede perturbar. Al que se refugia en el hábito de practicar la presencia de Dios, las agudas púas de los hábitos mortales de la conciencia corporal no pueden herirlo. Cada noche, en meditación, el devoto debería cerrar los ojos al mundo, practicar profundamente la meditación y orar: «Señor, he estado arrastrando el cuerpo durante todo el día. Concédeme la libertad en tu conciencia». La mente argumentará que la meditación es un fastidio que transcurre en la oscuridad; sin embargo, es preciso perseverar. Aquel que con fe y persistencia se sumerge en el silencio cada noche, y de nuevo cada mañana, recibirá la enorme recompensa de la paz y la calma perdurables, que preceden a la manifestación clara y abierta de la Presencia Infinita.

Por consiguiente, a todos los devotos les corresponde convertirse en resueltos acólitos de la meditación y mantener el altar de la devoción siempre resplandeciente en el templo de su alma, de modo que, sea cual sea el inesperado momento en que Dios se manifieste, el devoto detecte su sutil llegada y le dé la bienvenida. El sabio poeta Tagore escribió: «¿No has sentido quizá sus silenciosos pasos? Él viene, viene, viene siempre»[7]. Es la perpetua vigilia espiritual y la magnética expectativa de su devoción lo que le permite al devoto oír los silenciosos pasos de la presencia de Dios.

~

«*"He venido a arrojar un fuego sobre la tierra, ¡y cuánto desearía que ya hubiera prendido! Con un bautismo tengo que ser bautizado, ¡y qué angustiado estoy hasta que se cumpla!*

»*"¿Creéis que estoy aquí para poner paz en la tierra? No, os lo aseguro, sino división. Porque desde ahora habrá cinco en una familia y estarán divididos: tres contra dos y dos contra tres. Estarán divididos el padre contra el hijo y el hijo contra el padre; la madre contra la hija y la hija contra la madre; la suegra contra la nuera y la nuera contra la suegra".*

»*Decía también a la gente: "Cuando veis que una nube se levanta por occidente, al momento decís: 'Va a llover', y así sucede. Y cuando sopla el sur, decís: 'Viene bochorno', y así sucede. ¡Hipócritas! Si sabéis analizar el aspecto de la tierra y del cielo, ¿cómo no analizáis este tiempo?*

»*"¿Por qué no juzgáis por vosotros mismos lo que es justo?"*» (*Lucas* 12:49-57)[8].

«He venido a la tierra a propagar el fuego de la sabiduría, que destruirá sin misericordia todas las barreras de la ignorancia. Desde ahora ese fuego está encendido; ¿cómo podré sentirme satisfecho hasta que la llama de la sabiduría incinere por completo todo

[7] Citado del libro *Gitanjali,* de Rabindranath Tagore (Macmillan and Co., Nueva York, 1916).

[8] Respecto de este segundo párrafo de los versículos (*Lucas* 12:54-56), véase también el comentario de la referencia paralela que aparece en *Mateo* 16:2-3 (discurso 44).

el oscuro engaño que arroja a Dios fuera de las vidas de sus hijos terrenales? Algunos de vosotros pensáis que estoy en la tierra sólo para traer la paz, pero erráis, porque mi sabiduría creará también división entre buenos y malos. Quienes me siguen en verdad y entendimiento se apartarán de aquellos que viven en la oscuridad. La paz no puede reinar en una familia en que algunos de los miembros siguen mis enseñanzas de la Verdad mientras otros persisten en las ideas fomentadas por el engaño satánico[9].

Los mensajeros de la sabiduría de Dios traen consigo la flamígera vibración de la Verdad manifestada

»¡Oh vosotros, que con tanta facilidad leéis las señales de la naturaleza para pronosticar el tiempo que se avecina!, ¿cómo no comprendéis el significado de este tiempo en que la palabra de Dios se revela a través de mí?, ¿por qué no juzgáis por vosotros mismos lo que es justo, libres de la influencia de la ignorancia ajena?».

Los mensajeros divinos son el fuego viviente de Dios sobre la tierra. Son como una llama de iluminación, mas no de escarmiento; por esa razón, Jesús impidió actuar a sus discípulos cuando quisieron «mandar bajar fuego del cielo y consumir» a quienes se oponían a las obras de Jesús[10]. El fuego de la sabiduría al que Jesús se refería era la Inteligencia Crística encarnada en él. En esa Sabiduría manifestada se halla presente la luz y el poder vibratorio del Espíritu, el verdadero «bautismo con que tengo que ser bautizado». Juan el Bautista había dicho acerca de Jesús: *«Yo os bautizo con agua en señal de conversión, pero el que viene detrás de mí es más fuerte que yo, y no soy digno de llevarle las sandalias. Él os bautizará con Espíritu Santo y fuego. En su mano tiene el bieldo y va a aventar su parva: recogerá su trigo en el granero, pero la paja la quemará con fuego que no se apaga»*[11].

La sabiduría, la flamígera vibración de la Verdad manifestada, otorga la paz y la emancipación a aquellos que están en sintonía con ella, pero incinera a aquellos que se comportan de manera contraria[12]. Un fuego que se maneja con el debido cuidado proporciona

---

[9] Véase también el comentario acerca de *Mateo* 10:34-36 (discurso 41): «*No penséis que he venido a traer paz a la tierra. No he venido a traer paz, sino espada. Sí, he venido a enfrentar al hombre con su padre, a la hija con su madre, a la nuera con su suegra; y los enemigos del hombre serán los de su propia familia*».

[10] *Lucas* 9:54 (discurso 49).

[11] *Mateo* 3:11-12.

[12] «*¿No es mi palabra como fuego, como martillo que golpea la peña?*» (*Jeremías* 23:29).

luz y calor, pero quema al que hace caso omiso de su poder y lo toca imprudentemente. Los devotos fieles se armonizan con la verdad al elevar el nivel de su vibración por medio de la disciplina espiritual, y de ese modo permanecen en sintonía con las bendiciones de la verdad. Pero las personas ignorantes que se oponen a la verdad con sus malas acciones ocasionan su propia desdicha al entrar en conflicto con la ley universal de causa y efecto.

~

> *«Cuando vayas con tu adversario al magistrado, procura en el camino arreglarte con él, no sea que te arrastre ante el juez, el juez te entregue al alguacil y el alguacil te meta en la cárcel. Te digo que no saldrás de allí hasta que no hayas pagado el último céntimo»* (*Lucas* 12:58-59)[13].

Jesús advierte acerca de las consecuencias kármicas de obrar en forma equivocada, sin utilizar el discernimiento espiritual. Todo devoto que al practicar la introspección descubra que su adversario, es decir, su mal karma (producto de las acciones erróneas del pasado), lo hace comparecer ante el magistrado de la ley cósmica de causa y efecto, deberá orar para liberarse de los resultados de sus actos indebidos, ya que la mayoría de la gente condenada por el juez de la ley cósmica es arrojada a la prisión del sufrimiento por el alguacil de las tendencias kármicas que provienen de las acciones perjudiciales. Jesús hace luego esta advertencia: «Os digo que no podréis eludir el tribunal de la ley cósmica de causa y efecto que gobierna todas las acciones humanas hasta que hayáis pagado todo cuanto debéis, para lo cual será preciso expiar vuestro mal karma mediante el sufrimiento, la reforma y la oración».

El ser humano puede liberarse parcialmente —y, con el tiempo, totalmente— de los efectos de su mal karma, si ora de manera constante y profunda, con sincera devoción, pidiendo misericordia al artífice de la ley cósmica, el Supremo Jurista Divino, el recurso definitivo del hombre para recibir la gracia y redención que contrarrestará su mal karma.

---

[13] Estos versículos tiene su paralelo en *Mateo* 5:23-26 y se comentan en ese contexto en el discurso 27 (volumen I).

RESEÑA DEL AUTOR

Paramahansa Yogananda, cuyo nombre de familia era Mukunda Lal Ghosh, nació el 5 de enero de 1893 en Gorakhpur, ciudad del norte de la India situada cerca del Himalaya. Desde su más tierna infancia fue evidente que su vida estaba destinada a cumplir un propósito divino. Quienes le conocieron más íntimamente recuerdan que, incluso desde niño, él poseía un extraordinario conocimiento y experiencia en el campo espiritual. De joven dirigió sus pasos hacia muchos de los santos y filósofos de la India, con la esperanza de encontrar un maestro iluminado que le guiase en su búsqueda espiritual.

En 1910, a la edad de 17 años, encontró por fin al reverenciado sabio de la India Swami Sri Yukteswar y se hizo su discípulo. En la ermita de este gran maestro pasó la mayor parte de los diez años siguientes, recibiendo su estricta pero amorosa disciplina espiritual. En 1915, después de haberse graduado en la Universidad de Calcuta, su gurú le confirió los votos de monje en la antigua y venerable «Orden de los Swamis» de la India, recibiendo el nombre de Yogananda (que significa bienaventuranza, *ananda,* mediante la unión divina, *yoga*).

En 1917, Sri Yogananda inició la obra a la que consagraría su vida entera, con la fundación de una escuela para niños cuyo programa educativo —basado en sus principios de «el arte de vivir»— integraba los métodos educativos modernos con la disciplina del yoga y la enseñanza de principios espirituales. Tres años más tarde, fue invitado, como representante de la India, a un Congreso Internacional de Religiosos Liberales celebrado en Boston (Estados Unidos). Su conferencia en el Congreso, sobre el tema «La ciencia de la religión» recibió una entusiasta acogida. En los años siguientes, dio conferencias y clases en la costa oriental de Estados Unidos, y en 1924 emprendió una gira por este país, dando conferencias en las numerosas ciudades que visitó. Para las decenas de miles de occidentales que asistieron a sus conferencias durante la siguiente década, sus discursos acerca de la unidad entre «las enseñanzas originales de Jesucristo y el Yoga original que enseñó Bhagavan Krishna» eran una revelación. El 28 de enero de 1925, el diario *Los Angeles Times* informaba: «El Philarmonic Auditorium muestra el extraordinario espectáculo de miles de personas [...] que, una hora antes del comienzo de la conferencia anunciada, han sido informadas de que no podrán entrar, pues la sala con 3.000 asientos ya se encuentra repleta. La atracción es Swami

Yogananda: un hindú que invade Estados Unidos para traer a Dios al seno de la comunidad cristiana, predicando la esencia de la doctrina cristiana».

Posteriormente, ese mismo año, Sri Yogananda estableció en Los Ángeles la sede internacional de *Self-Realization Fellowship,* la sociedad que había fundado en 1920 con el fin de diseminar sus enseñanzas y perpetuar la obra que había comenzado.

«Paramahansa Yogananda trajo a Occidente no sólo la promesa eterna de la India de que es posible lograr la unión con Dios, sino también un método práctico mediante cuya aplicación los buscadores de la Verdad de cualquier origen social pueden acercarse rápidamente a esa meta —escribió el Dr. Quincy Howe, Jr., profesor de lenguas antiguas en la Universidad de Scripps—. El legado espiritual de la India, valorado originalmente en Occidente sólo en el nivel más eminente y abstracto, se encuentra en la actualidad a disposición, como práctica y experiencia, de cuantos anhelan conocer a Dios, no en el más allá, sino en el aquí y ahora. [...] Yogananda ha puesto al alcance de todas las personas los métodos de contemplación más elevados».

El 1 de diciembre de 1926, el diario *The Cincinnati Enquirer* informaba: «Ayer, en el Hotel Sinton, miles de hombres y mujeres saludaron a Swami Yogananda, pero cientos de personas no pudieron entrar. En esta entusiasta multitud, había literatos, médicos, líderes de moda, clérigos y, de hecho, seguidores provenientes de diversos estratos sociales. El receptivo público, que escuchaba con profunda atención al Swami, le interrumpía continuamente con sus aplausos». Y según lo publicado en el *Washington Post* el 25 de enero de 1927: «Aproximadamente 5.000 personas colmaron el auditorio para escuchar su conferencia inicial [...] en el Washington Auditorium, donde el Swami ha superado todos los récords de interés prolongado».

Después de quince años de enseñar en Occidente, Sri Yogananda regresó a la India en 1935. Allí tuvo lugar la esperada reunión con su gurú, Swami Sri Yukteswar, que le honró con el título religioso más elevado de la India, Paramahansa, el cual se confiere a aquellos que se considera que han alcanzado la unión irrevocable con Dios. Mientras permaneció en su tierra natal, viajó, dio conferencias y se entrevistó con numerosas e ilustres personalidades espirituales, incluyendo a Mahatma Gandhi, quien le solicitó que lo iniciara en *Kriya Yoga.*

Después de regresar a Estados Unidos hacia fines de 1936, Yogananda comenzó a reducir el número de las conferencias públicas que daba por todo el país, con el fin de dedicarse a establecer su obra mundial sobre sólidos cimientos y escribir las obras que llevarían su mensaje a las generaciones futuras. La narración de su vida, *Autobiografía de un yogui,* se publicó en 1946 y fue ampliada considerablemente por él en 1951. El libro, reconocido desde el comienzo como una obra cumbre, ha sido reimpreso por *Self-Realization Fellowship* ininterrumpidamente desde su primera edición, hace más de sesenta años, y ha inspirado a nuevos lectores década tras década.

Paramahansa Yogananda entró en *mahasamadhi* (el abandono definitivo del cuerpo físico en el momento de la muerte realizado de forma voluntaria y consciente por un maestro iluminado) el 7 de marzo de 1952. Su fallecimiento provocó una gran profusión de reverentes expresiones de aprecio por parte de líderes espirituales, dignatarios, periodistas, amigos y discípulos de todo el mundo. Dan Thrapp, ex redactor religioso del diario *Los Angeles Times,* afirmó en 1992: «A lo largo de la historia, pueden encontrarse personas que han venido a este mundo, como Jesús, Buda y otros que poseían inspiración divina y eran capaces de expresar esa inspiración de algún modo. Ellos tenían tal carisma que su influencia se esparcía. Yo creo que Yogananda fue uno de esos personajes. [...] Era un ser inspirado [...] uno de los grandes. Él demostró la manera en que podemos alcanzar una clase de fe pura y verdadera: una fe universal».

En 1977, el gobierno de la India emitió un sello postal conmemorativo en honor del renombrado gurú y le homenajeó con las siguientes palabras: «En la vida de Paramahansa Yogananda, el ideal de amor a Dios y servicio a la humanidad se manifestó en su plenitud. [...] Aunque la mayor parte de su existencia transcurrió fuera de la India, podemos contarle entre nuestros grandes santos. Su obra continúa prosperando y refulgiendo cada vez más, atrayendo hacia la senda espiritual a personas de todas las latitudes».

Eruditos y periodistas se han hecho eco de esta valoración de la influencia que sigue teniendo Sri Yogananda. «Pocos libros han tenido un mayor impacto sobre la teología popular que la *Autobiografía de un yogui* de Paramahansa Yogananda», señala Phyllis Tickle, ex redactor religioso de la revista *Publishers Weekly.* Sus enseñanzas «dejaron una huella imborrable en el camino de la espiritualidad de Estados Unidos —escribió el Dr. Robert S. Ellwood, ex decano de la Facultad de Estudios Religiosos en la Universidad del Sur de California—. Yogananda, un ser extraordinario, profundo, dulce, poético, extático y embelesado con la vida cósmica, se ha convertido en una notabilidad que ha transformado el curso de la vida religiosa en Estados Unidos».

La obra espiritual y humanitaria que inició Paramahansa Yogananda continúa hoy en día bajo la dirección de Sri Mrinalini Mata, una de sus más cercanas discípulas y su sucesora como actual presidenta de *Self-Realization Fellowship/Yogoda Satsanga Society of India*[1]. Además de la publicación de las conferencias, escritos y charlas informales de Paramahansaji (entre los cuales se incluyen sus *Lecciones de Self-Realization Fellowship,* una serie completa de lecciones que se estudian en el hogar), la sociedad orienta a los miembros en su práctica de las enseñanzas de Sri Yogananda; supervisa las actividades de los templos, retiros y centros de meditación con que cuenta en todo el mundo, así como también las comunidades monásticas de monjes y monjas de *Self-Realization Fellowship;* y coordina, además, el funcionamiento del «Círculo mundial de oraciones», cuya finalidad es ayudar a quienes tienen necesidad de curación física, mental o espiritual, y contribuir a que exista mayor armonía entre todas las naciones.

[1] En la India, la obra de Paramahansa Yogananda se conoce como *Yogoda Satsanga Society.*

PARAMAHANSA YOGANANDA: UN YOGUI EN LA VIDA Y EN LA MUERTE

Paramahansa Yogananda entró en *mahasamadhi* (el abandono definitivo del cuerpo físico realizado en forma voluntaria y consciente por un yogui) el 7 de marzo de 1952, en Los Ángeles (California), luego de haber concluido su discurso en un banquete ofrecido en honor de S. E. Binay R. Sen, Embajador de la India.

El gran maestro universal demostró, tanto en la vida como en la muerte, el valor del yoga (conjunto de técnicas científicas utilizadas para alcanzar la comunión con Dios). Semanas después de su deceso, su rostro inmutable resplandecía con el divino fulgor de la incorruptibilidad.

El señor Harry T. Lowe, director del cementerio de Forest Lawn Memorial-Park de Glendale (en el cual reposa provisionalmente el cuerpo del gran maestro), remitió a *Self-Realization Fellowship* una carta certificada ante notario, de la cual se han extractado los párrafos siguientes:

«La ausencia de cualquier signo visible de descomposición en el cuerpo de Paramahansa Yogananda constituye el caso más extraordinario de nuestra experiencia. [...] Incluso veinte días después de su fallecimiento, no se apreciaba en su cuerpo desintegración física alguna. [...] Ningún indicio de moho se observaba en su piel, ni existía desecación visible en sus tejidos. Este estado de perfecta conservación de un cuerpo es, hasta donde podemos colegir de acuerdo con los anales del cementerio, un caso sin precedentes. [...] Cuando se recibió el cuerpo de Yogananda en el cementerio, nuestro personal esperaba observar, a través de la cubierta de vidrio del féretro, las manifestaciones habituales de la descomposición física progresiva. Pero nuestro asombro fue creciendo a medida que transcurrieron los días sin que se produjera ningún cambio visible en el cuerpo bajo observación. El cuerpo de Yogananda se encontraba aparentemente en un estado de extraordinaria inmutabilidad. [...]

»Nunca emanó de él olor alguno a descomposición. [...] El aspecto físico de Yogananda instantes antes de que se colocara en su lugar la cubierta de bronce de su féretro, el 27 de marzo, era exactamente igual al que presentaba el 7 del mismo mes, la noche de su deceso; se veía tan fresco e incorrupto como entonces. No existía razón alguna para afirmar, el 27 de marzo, que su cuerpo hubiera sufrido la más mínima desintegración aparente. Debido a estos motivos, manifestamos nuevamente que el caso de Paramahansa Yogananda es único en nuestra experiencia».

METAS E IDEALES
de
Self-Realization Fellowship

Según los estableció su fundador, Paramahansa Yogananda
Presidenta: Sri Mrinalini Mata

Divulgar en todas las naciones el conocimiento de técnicas científicas definidas, mediante cuya aplicación el hombre puede alcanzar una experiencia personal y directa de Dios.

Enseñar a los hombres que el propósito de la vida humana consiste en expandir, a través del esfuerzo personal, nuestras limitadas conciencias mortales, hasta que éstas lleguen a identificarse con la Conciencia Divina. Establecer con este objetivo templos de *Self-Realization Fellowship* en todo el mundo, destinados a la comunión con Dios y a estimular a los hombres a erigir templos individuales al Señor, tanto en sus hogares como en sus propios corazones.

Revelar la completa armonía, la unidad básica existente entre las enseñanzas del cristianismo y las del yoga, tal como fueran expresadas originalmente por Jesucristo y por Bhagavan Krishna respectivamente; y demostrar que las verdades contenidas en dichas enseñanzas constituyen los fundamentos científicos comunes a toda religión verdadera.

Destacar la única autopista divina en la cual convergen finalmente las sendas de todas las creencias religiosas verdaderas: la gran vía de la práctica diaria, científica y devocional de la meditación en Dios.

Liberar a la humanidad del triple sufrimiento que la agobia: las enfermedades físicas, las desarmonías mentales y la ignorancia espiritual.

Fomentar la práctica de la «simplicidad en el vivir y nobleza en el pensar»; y difundir un espíritu de confraternidad entre todos los pueblos, a través de la enseñanza del eterno principio que los une: su común filiación divina.

Demostrar la superioridad de la mente sobre el cuerpo y del alma sobre la mente.

Dominar el mal con el bien, el sufrimiento con el gozo, la crueldad con la bondad y la ignorancia con la sabiduría.

Armonizar la ciencia y la religión, a través de la comprensión de la unidad existente entre los principios básicos de ambas.

Promover el entendimiento cultural y espiritual entre Oriente y Occidente, estimulando el mutuo intercambio de las más nobles cualidades de ambos.

Servir a la humanidad, considerándola como nuestro propio Ser universal.

Publicada también por Self-Realization Fellowship...

Autobiografía de un yogui
Paramahansa Yogananda

Seleccionada como uno de los 100 mejores libros espirituales del siglo XX, esta célebre obra autobiográfica presenta un fascinante retrato de una de las figuras espirituales más ilustres de nuestro tiempo. Con cautivadora sinceridad, elocuencia y buen humor, Paramahansa Yogananda narra la inspirativa historia de su vida: las experiencias de su extraordinaria infancia; los encuentros que mantuvo con numerosos santos y sabios durante la búsqueda que emprendió en su juventud, a través de toda la India, en pos de un maestro iluminado; los diez años de entrenamiento que recibió en la ermita de un venerado maestro de yoga, así como también los treinta años en los que vivió y enseñó en Estados Unidos. Además, relata las ocasiones en que se reunió con Mahatma Gandhi, Rabindranath Tagore, Lutero Burbank, Teresa Neumann (la santa católica estigmatizada) y otras renombradas personalidades espirituales tanto de Oriente como de Occidente.

Autobiografía de un yogui no es sólo el relato hermosamente escrito de una vida excepcional, sino también una introducción profunda a la milenaria ciencia del yoga y su tradición inmemorial de la práctica de la meditación. El autor expone claramente las leyes sutiles, aunque bien definidas, que rigen tanto los sucesos comunes de la vida cotidiana como los acontecimientos extraordinarios que generalmente se consideran milagros. La subyugante historia de su vida constituye el trasfondo que permite apreciar y absorber de inolvidable manera los más hondos misterios de la existencia humana.

El libro (en su edición original en inglés) fue publicado por primera vez en 1946 y ampliado en 1951 con el material que agregó Paramahansa Yogananda. Desde entonces, *Self-Realization Fellowship* lo ha reimpreso sin interrupción. Ampliamente reconocida como una obra clásica de la literatura espiritual moderna, *Autobiografía de un yogui* ha sido traducida a muchos idiomas y se emplea como libro de texto y de consulta en un gran número de universidades. Este *bestseller* permanente ha sido acogido con entusiasmo por millones de lectores en el mundo entero.

* * *

«Un relato excepcional». —***The New York Times***

«Un estudio fascinante expuesto con claridad». —***Newsweek***

«Nunca antes se había escrito, ya sea en inglés u otra lengua europea, algo semejante a esta exposición del Yoga». —***Columbia University Press***

«Una auténtica revelación [...] podría ayudar a la humanidad a alcanzar una mejor comprensión de sí misma [...] autobiografía en su máxima expresión [...] escrita con delicioso ingenio e irresistible sinceridad [...] tan fascinante como una novela». —***News-Sentinel,*** Fort Wayne (Indiana)

«Una de las obras más importantes sobre el yoga y la filosofía espiritual de Oriente. [...] Un clásico en su género». —***Cuerpomente*** (España)

OTRAS OBRAS DE PARAMAHANSA YOGANANDA

Los libros mencionados a continuación se pueden adquirir en diversas librerías o solicitar a:
Self-Realization Fellowship
3880 San Rafael Avenue • Los Angeles, California 90065-3219, EE.UU.
Tel.: (323) 225-2471 • Fax: (323) 225-5088
www.yogananda-srf.org

***El vino del místico:** El* Rubaiyat *de Omar Khayyam. Una interpretación espiritual*

Un comentario inspirado que pone de manifiesto la ciencia mística de la comunión divina que se halla oculta tras la enigmática imaginería del *Rubaiyat.* Incluye 50 ilustraciones originales en color. Galardonado con el Premio Benjamin Franklin 1995 al mejor libro en la categoría de religión.

***El Yoga de Jesús:** Claves para comprender las enseñanzas ocultas de los Evangelios*

Este conciso libro, compuesto por una selección de textos provenientes de una obra profusamente elogiada de Paramahansa Yogananda y publicada en tres volúmenes, *La Segunda Venida de Cristo,* confirma que Jesús —al igual que los antiguos sabios y maestros de Oriente— no sólo conocía los fundamentos del yoga, sino que enseñó a sus discípulos esta ciencia universal cuya finalidad es alcanzar la unión con Dios. Sri Yogananda muestra que el mensaje de Jesús no promueve las divisiones sectarias; se trata más bien de un sendero unificador por medio del cual los buscadores de todas las religiones tienen la posibilidad de entrar en el reino de Dios.

***El Yoga del Bhagavad Guita:** Una introducción a la ciencia universal de la unión con Dios originaria de la India*

Este libro, una recopilación de textos seleccionados de la traducción y comentario del *Bhagavad Guita* (*God Talks With Arjuna* [Dios habla con Arjuna]) que realizó Paramahansa Yogananda —una exhaustiva obra muy elogiada por la crítica—, brinda a los buscadores de la verdad una introducción ideal a las eternas y universales enseñanzas del *Guita.* Por vez primera (en español) se presenta la secuencia completa e ininterrumpida de la traducción original (del sánscrito al inglés) que del *Bhagavad Guita* realizó Paramahansa Yogananda.

La búsqueda eterna

El volumen I de la antología de charlas y ensayos de Paramahansa Yogananda contiene 57 artículos que cubren numerosos aspectos de sus enseñanzas sobre «el arte de vivir». Explora aspectos poco conocidos y rara vez explicados de temas como la meditación, la vida después de la muerte, la naturaleza de la creación, la salud y la curación, los poderes ilimitados de la mente humana y la eterna búsqueda humana que sólo en Dios encuentra su plena satisfacción.

El Amante Cósmico

Constituye el volumen II de la antología de charlas y ensayos de Paramahansa Yogananda. Entre su amplia variedad de temas, se incluyen los siguientes: *Cómo cultivar el amor divino; Cómo armonizar los métodos físicos, mentales y espirituales de curación; Un mundo sin fronteras; Cómo controlar tu destino; El arte yóguico de superar la conciencia mortal y la muerte; El Amante Cósmico; Cómo encontrar el gozo en la vida.*

El viaje a la iluminación

El volumen III de la antología de charlas y ensayos de Paramahansa Yogananda presenta una combinación única de sabiduría, compasión, guía práctica y aliento en docenas de temas fascinantes, por ejemplo: *Cómo acelerar la evolución humana; Cómo manifestar juventud eterna;* y *Cómo percibir a Dios en la vida diaria.*

Donde brilla la luz: *Sabiduría e inspiración para afrontar los desafíos de la vida*

Gemas de sabiduría ordenadas por temas; una extraordinaria guía que los lectores podrán consultar rápidamente para obtener un tranquilizador sentido de orientación en momentos de incertidumbre o de crisis, o para lograr una renovada conciencia del siempre presente poder de Dios, al que podemos recurrir en nuestra vida diaria.

Vive sin miedo: *Despierta la fuerza interior de tu alma*

Paramahansa Yogananda nos enseña el camino para romper los grilletes del temor y nos revela el modo de vencer nuestros propios impedimentos psicológicos. *Vive sin miedo* es un testimonio de la transformación interior que podemos lograr si sólo abrigamos fe en la divinidad de nuestro verdadero ser: el alma.

Por qué Dios permite el mal y cómo superarlo

Paramahansa Yogananda ofrece fortaleza y solaz para afrontar los períodos de adversidad al esclarecer los misterios de la *lila* o drama de Dios. A través de este libro, el lector llegará a comprender el motivo por el cual la naturaleza de la creación es dual —la interacción divina entre el bien y el mal— y recibirá orientación sobre la forma de superar las más desafiantes circunstancias.

Triunfar en la vida

En este libro extraordinario, Paramahansa Yogananda nos muestra cómo alcanzar las metas superiores de la vida al manifestar el ilimitado potencial que se halla en nuestro interior. Él nos ofrece consejos prácticos para lograr el éxito, describe métodos definidos para crear felicidad perdurable y nos explica cómo podemos sobreponernos a la negatividad y la inercia al poner en acción el poder dinámico de nuestra voluntad.

Susurros de la Eternidad

Selección de oraciones y de las experiencias espirituales que Paramahansa Yogananda alcanzaba en elevados estados de conciencia durante la meditación. Expresadas con ritmo majestuoso y extraordinaria belleza poética, sus palabras revelan la inagotable variedad de la naturaleza de Dios y la infinita dulzura con la que Él responde a aquellos que le buscan.

La ciencia de la religión

En cada ser humano —escribe Paramahansa Yogananda— existe un íntimo e ineludible deseo: superar el sufrimiento y alcanzar la felicidad imperecedera. En esta obra, él explica cómo es posible satisfacer estos anhelos, examinando la efectividad relativa de las diferentes vías que conducen a dicha meta.

La paz interior: *El arte de ser calmadamente activo y activamente calmado*

Una guía práctica e inspiradora que ha sido recopilada de las charlas y escritos de Paramahansa Yogananda, la cual nos muestra cómo podemos permanecer «activamente calmados» al crear la paz interior mediante la meditación, y a estar «calmadamente activos» al concentrarnos en la serenidad y gozo de nuestra naturaleza esencial, a la vez que vivimos una vida dinámica, plena de satisfacciones y espiritualmente equilibrada.

En el santuario del alma: *Cómo orar para obtener la respuesta divina*

Esta recopilación de textos, extraídos de las obras de Paramahansa Yogananda, constituye un inspirador compañero, pleno de devoción, que nos revela cómo hacer de la oración una fuente diaria de amor, fortaleza y consejo.

Cómo conversar con Dios

Al explicar ambos aspectos de la naturaleza de Dios: el trascendente, como Espíritu universal; y el íntimo y personal, como Padre, Madre, Amigo y Amante de todos, Paramahansa Yogananda señala cuán cerca de cada uno de nosotros está el Señor y cómo podemos persuadirle a «romper su silencio» y respondernos de un modo tangible.

Meditaciones metafísicas

Más de 300 meditaciones, oraciones y afirmaciones que elevan el espíritu y pueden ser aplicadas para desarrollar e incrementar la salud y la vitalidad, la creatividad, la confianza en nosotros mismos y la calma, además de ayudarnos a vivir más plenamente en la conciencia de la gozosa presencia de Dios.

Afirmaciones científicas para la curación

Paramahansa Yogananda presenta en esta obra una profunda explicación de la ciencia de las afirmaciones, exponiendo con claridad por qué las afirmaciones surten efecto y cómo utilizar el poder de la palabra y del pensamiento, no sólo para lograr la curación sino también para realizar los cambios deseados en cada aspecto de nuestra vida. El libro incluye además una amplia variedad de afirmaciones.

Así hablaba Paramahansa Yogananda

Selección de máximas y sabios consejos que reflejan la sinceridad y amor que Paramahansa Yogananda expresaba al responder a cuantos acudían a solicitar su guía. Las anécdotas que aparecen en este libro —relatadas por sus discípulos más próximos— proporcionan al lector la oportunidad de participar, en cierto modo, en las situaciones que ellos vivieron con el Maestro.

La ley del éxito

Explica los principios dinámicos que nos permiten alcanzar nuestras metas en la vida y compendia las leyes universales que conducen al éxito y la realización, tanto en el ámbito personal y profesional como en el espiritual.

Dos ranas en apuros: *Un cuento sobre el valor y la esperanza*

Una encantadora parábola basada en una antigua fábula narrada por Paramahansa Yogananda. Este cuento deleitará tanto a niños como adultos con su cautivante relato y con su trasfondo de sabiduría universal, que nos muestra que nada es imposible cuando recurrimos a la fortaleza interior con la que Dios nos ha dotado.

GRABACIONES CON LA VOZ DE PARAMAHANSA YOGANANDA

(Sólo en inglés)

- *Awake in the Cosmic Dream*
- *Be a Smile Millionaire*
- *Beholding the One in All*
- *Follow the Path of Christ, Krishna, and the Masters*
- *In the Glory of the Spirit*
- *One Life Versus Reincarnation*
- *Removing All Sorrow and Suffering*
- *Self-Realization: The Inner and the Outer Path*
- *Songs of My Heart*
- *The Great Light of God*
- *To Make Heaven on Earth*

OTRAS PUBLICACIONES DE SELF-REALIZATION FELLOWSHIP

La ciencia sagrada *Swami Sri Yukteswar*

El gozo que buscas está en tu interior: *Consejos para elevar el nivel espiritual de la vida diaria* *Sri Daya Mata*

Sólo amor: *Cómo llevar una vida espiritual en un mundo cambiante* *Sri Daya Mata*

La intuición: *Guía del alma para tomar decisiones acertadas* *Sri Daya Mata*

En la quietud del corazón *Sri Daya Mata*

Mejda: *La familia, niñez y juventud de Paramahansa Yogananda* *Sananda Lal Ghosh*

El matrimonio espiritual *Hermano Anandamoy*

FOLLETO INFORMATIVO GRATUITO: *Un mundo de posibilidades jamás soñadas*

Las técnicas científicas de meditación que enseñó Paramahansa Yogananda —entre las que se incluye el *Kriya Yoga*—, así como su guía sobre la manera de llevar una vida espiritual equilibrada, se describen en las *Lecciones de Self-Realization Fellowship.* Si desea recibir mayor información al respecto, sírvase solicitar el folleto gratuito *Un mundo de posibilidades jamás soñadas.*

Contamos con un catálogo de las publicaciones y grabaciones de audio y vídeo realizadas por Self-Realization Fellowship, que se encuentra a disposición de quienes lo soliciten.

RECURSOS ADICIONALES RELACIONADOS CON LA CIENCIA DEL KRIYA YOGA QUE ENSEÑÓ PARAMAHANSA YOGANANDA

Self-Realization Fellowship se halla consagrada a ayudar desinteresadamente a los buscadores de la verdad en el mundo entero. Si desea información acerca de los ciclos de conferencias y clases que se imparten a lo largo del año, los oficios inspirativos y de meditación que se celebran en nuestros templos y centros alrededor del mundo, el calendario de retiros y otras actividades, le invitamos a visitar nuestro sitio web o ponerse en contacto con nuestra sede internacional:

www.yogananda-srf.org

Self-Realization Fellowship
3880 San Rafael Avenue
Los Angeles, CA 90065-3219
(323) 225-2471

LAS LECCIONES DE SELF-REALIZATION FELLOWSHIP

Guía e instrucciones personales de Paramahansa Yogananda sobre las técnicas yóguicas de meditación y los principios de la vida espiritual

Si se siente atraído hacia las verdades espirituales descritas en *La Segunda Venida de Cristo,* le invitamos a suscribirse a las *Lecciones de Self-Realization Fellowship.*

Paramahansa Yogananda creó esta serie de lecciones, aptas para su estudio en el hogar, con el fin de brindar a los buscadores sinceros la oportunidad de aprender y practicar las antiguas técnicas yóguicas de meditación presentadas en este libro —incluida la ciencia del *Kriya Yoga*—. Las *Lecciones* ofrecen también los prácticos consejos de Paramahansa Yogananda para lograr un equilibrado bienestar físico, mental y espiritual.

Las *Lecciones de Self-Realization Fellowship* están disponibles mediante una cuota simbólica (destinada a cubrir los gastos de impresión y de envío). A todos los estudiantes se les brinda, de forma gratuita, orientación personal sobre sus prácticas, por parte de monjes y monjas de *Self-Realization Fellowship.*

Para más información...

Hallará una explicación detallada acerca de las *Lecciones de Self-Realization Fellowship* en el folleto gratuito *Un mundo de posibilidades jamás soñadas.* Si desea recibir un ejemplar de dicho folleto y una solicitud de suscripción a las *Lecciones,* le sugerimos visitar nuestro sitio web o ponerse en contacto con nuestra sede internacional.

GLOSARIO

(Las siguientes definiciones sucintas se suministran como referencia práctica para el lector que no se encuentre familiarizado con los términos sánscritos y la filosofía del yoga descritos en las enseñanzas de Paramahansa Yogananda. Al consultar el Índice alfabético, en el volumen III, se podrán ubicar en el texto explicaciones más detalladas de los conceptos principales).

alma: Espíritu individualizado. El alma es la naturaleza verdadera e inmortal del ser humano y de todas las formas de vida; se encuentra sólo temporalmente cubierta por las vestimentas de los cuerpos causal, astral y físico. La naturaleza del alma es el Espíritu: Gozo siempre existente, siempre consciente y eternamente renovado.

Apara-Prakriti: (véase *Prakriti*).

Arjuna: el discípulo excelso a quien Bhagavan Krishna entregó el mensaje inmortal del *Bhagavad Guita;* uno de los cinco príncipes pandavas y figura central en la gran epopeya hindú, el *Mahabharata.*

ashram: una ermita espiritual; a menudo, un monasterio.

astral (cuerpo): el cuerpo sutil del ser humano hecho de luz, prana o vitatrones; la segunda de las tres envolturas que revisten sucesivamente al alma: el cuerpo causal, el cuerpo astral y el cuerpo físico. La energía del cuerpo astral vitaliza al cuerpo físico, así como la electricidad ilumina una bombilla. El cuerpo astral consta de 19 elementos: inteligencia, ego, sentimiento y mente (conciencia sensorial); cinco instrumentos de conocimiento (las facultades sensoriales que operan dentro de los órganos físicos de la vista, el oído, el olfato, el gusto y el tacto); cinco instrumentos de acción (las facultades ejecutivas dentro de los instrumentos físicos de procreación, excreción, habla, locomoción y ejercicio de la habilidad manual); y cinco instrumentos de la fuerza vital, que realizan las funciones de circulación, metabolismo, asimilación, cristalización y eliminación.

astral (luz): la luz sutil que emana de los vitatrones (véase *prana*); la esencia estructural del mundo astral. A través de la omnicomprensiva percepción intuitiva del alma, los devotos que alcanzan profundos estados de concentración en la meditación pueden percibir la luz astral, especialmente como el ojo espiritual.

astral (mundo): la esfera sutil de la creación del Señor, un universo de luz y color compuesto de fuerzas más sutiles que las atómicas, es decir, por vibraciones de la energía vital o vitatrones (véase *prana*). Cada ser, cada objeto, cada vibración en el plano material tiene un equivalente astral, pues la «maqueta» del universo material yace en el universo astral (cielo). Cuando tiene lugar la muerte física, el alma humana, revestida de un cuerpo astral de luz, asciende a uno de los planos astrales, superior o inferior, según sus méritos, para continuar su evolución espiritual en la mayor libertad de ese reino sutil. Allí permanece por un tiempo, kármicamente predeterminado, hasta su nuevo nacimiento en un cuerpo físico.

avatar: del sánscrito *avatara,* cuyas raíces son *ava,* «abajo», y *tri,* «pasar». Las almas que alcanzan la unión con el Espíritu y después retornan a la tierra para ayudar a la humanidad se denominan avatares o encarnaciones divinas.

avidya: literalmente, «no conocimiento», ignorancia; la manifestación de *maya,* la ilusión cósmica [o engaño cósmico] en el ser humano. Esencialmente, *avidya* es la ignorancia del hombre con respecto a su naturaleza divina y a la realidad única: el Espíritu.

Babaji: (véase *Mahavatar Babaji*).

Bhagavad Guita: «El canto (o la canción) del Señor». Antigua escritura de la India, cuyos dieciocho capítulos forman parte del sexto libro *(Bhishma Parva)* del poema épico *Mahabharata* y consisten en un diálogo entre el avatar Bhagavan Krishna y su discípulo Arjuna, en vísperas de la histórica batalla de Kurukshetra. El *Guita* es un profundo tratado sobre la ciencia del yoga (la unión con Dios); sus eternas enseñanzas conducen a la felicidad y al éxito en la vida diaria. El *Guita* es tanto un hecho histórico como una alegoría: una disertación espiritual sobre la batalla que se libra en el interior del ser humano, entre sus buenas y sus malas tendencias. Dependiendo del contexto, Krishna simboliza al gurú, al alma, o a Dios, mientras que Arjuna representa al devoto que aspira a conocer a Dios. Respecto a esta escritura universal, Mahatma Gandhi escribió: «Quienes mediten en el *Guita* cosecharán cada día un renovado gozo y una nueva comprensión. No existe, en verdad, un solo conflicto espiritual que el *Guita* no pueda resolver».

Cabe señalar aquí que las citas del *Bhagavad Guita* que aparecen en este libro proceden de la traducción del sánscrito al inglés que realizó Paramahansa Yogananda. La obra que comprende esa traducción completa se titula *God Talks With Arjuna: The Bhagavad Gita—Royal Science of God-Realization* (publicada por *Self-Realization Fellowship*).

Bhagavan Krishna: un avatar que fue rey en la antigua India muchos siglos antes de la era cristiana. En las escrituras hindúes, uno de los significados atribuidos a la palabra *Krishna* es «Espíritu omnisciente». Así pues, *Krishna* —al igual que el término *Cristo*— es un título espiritual que denota la estatura divina del avatar, su unidad con Dios. El título *Bhagavan* significa «Señor». En su temprana juventud, Krishna vivió como un pastor de vacas que deleitaba a sus compañeros con la música de su flauta. En el desempeño de este papel, a menudo se considera que Krishna representa al alma que toca la flauta de la meditación para guiar a todos los pensamientos descarriados de vuelta al redil de la omnisciencia.

Bhakti Yoga: la vía espiritual para llegar a Dios que enfatiza el amor, con una entrega total, como el medio más importante para alcanzar la comunión y la unión con Dios. (Véase *yoga*).

Brahma-Vishnu-Shiva: tres aspectos de la inmanencia de Dios en la creación; representan la función trina de la Inteligencia Crística *(Tat)* que guía las actividades de creación, preservación y disolución de la Naturaleza Cósmica. (Véase *Trinidad*).

Brahman (Brahma): Espíritu Absoluto. En ocasiones, Brahman aparece escrito en sánscrito como *Brahma,* con una *a* corta al final, pero el significado es el mismo: el Espíritu o Dios Padre, y no el concepto limitado de «Brahma el Creador» (que se pronuncia con una *ā* larga al final, *Brahmā*) perteneciente a la tríada Brahma-Vishnu-Shiva. (Véase *Brahma-Vishnu-Shiva*).

bulbo raquídeo: esta estructura situada en la base del cerebro (en el extremo superior de la médula espinal) es el principal punto de entrada de la fuerza vital (prana) en el cuerpo. Constituye el asiento del sexto centro cerebroespinal, cuya función es recibir y dirigir el flujo entrante de energía cósmica. La fuerza vital se almacena en el séptimo centro *(sahasrara),* ubicado en la parte superior del cerebro, y desde ese reservorio se distribuye a todas las partes del cuerpo. El centro sutil localizado a nivel del bulbo raquídeo es el interruptor principal que controla la entrada, almacenamiento y distribución de la fuerza vital.

casta: en su concepción original, no era una condición hereditaria sino una clasificación basada en las aptitudes naturales del ser humano. Éste ha de pasar, en su proceso evolutivo, por cuatro etapas distintas, que los antiguos sabios hindúes denominaron *Sudra, Vaisya, Kshatriya* y *Brahmin.* El *Sudra* está interesado primordialmente en satisfacer sus necesidades y deseos corporales; el trabajo físico es el que mejor se adapta a este estado de desarrollo. El *Vaisya* ambiciona tanto el lucro mundano como la satisfacción de los sentidos; tiene mayor capacidad creativa que el *Sudra* y busca ocupaciones tales como las de granjero, hombre de negocios, artista, o cualquier otra en la que su energía mental encuentre satisfacción. El *Kshatriya,* después de haber satisfecho a lo largo de muchas vidas los deseos propios de los estados de *Sudra* y *Vaisya,* comienza a buscar el significado de la vida; trata, por lo tanto, de superar sus malos hábitos, controlar sus sentidos y hacer lo que es correcto. Las ocupaciones de los *Kshatriyas* son las de nobles gobernantes, estadistas y guerreros. El *Brahmin* ha conquistado su naturaleza inferior, tiene una afinidad natural por las actividades espirituales y, puesto que conoce a Dios, es capaz de enseñar y ayudar a otros a liberarse.

causal (cuerpo): el hombre, en su condición de alma, es esencialmente un ser revestido de un cuerpo causal. Su cuerpo causal es una idea matriz de los cuerpos astral y físico. El cuerpo causal está compuesto de 35 elementos ideacionales que corresponden a los 19 elementos del cuerpo astral más los 16 elementos materiales básicos del cuerpo físico.

causal (mundo): tras el mundo físico de la materia (átomos, protones, electrones) y el sutil mundo astral de luminosa energía vital (vitatrones), se encuentra el mundo causal, o ideacional, del pensamiento (ideatrones). Después de que el ser humano ha evolucionado lo suficiente para trascender los universos físico y astral, pasa a residir en el universo causal. En la conciencia de los seres causales, los universos físico y astral se reducen a su esencia: pensamiento. Todo lo que el hombre físico pueda hacer en la imaginación, el hombre causal puede hacerlo en realidad, siendo la única limitación el pensamiento mismo. Finalmente, el ser humano se desprende de la última envoltura del alma —su cuerpo causal— para unirse con el Espíritu omnipresente, más allá de todos los reinos vibratorios.

centro crístico: el *Kutastha* o *ajna chakra,* situado a nivel del entrecejo y conectado directamente por polaridad con el bulbo raquídeo; centro de la voluntad y de la concentración, así como de la Conciencia Crística; asiento del ojo espiritual.

chakras: en el yoga, los siete centros ocultos de vida y conciencia situados en la espina dorsal y en el cerebro, que vitalizan a los cuerpos físico y astral del ser humano. Estos centros son llamados *chakras* («ruedas») porque la energía concentrada en cada uno de ellos es similar al cubo de una rueda del cual parten rayos de luz y energía vitales. Enumerados en orden ascendente, estos *chakras* son los siguientes: *muladhara* (el centro coccígeo, ubicado en la base de la espina dorsal), *svadhisthana* (el centro sacro, unos cinco centímetros por encima del *muladhara*), *manipura* (el centro lumbar, en el área opuesta al ombligo), *anahata* (el centro dorsal, en el área opuesta al corazón), *vishuddha* (el centro cervical, en la base del cuello), *ajna* (tradicionalmente localizado a nivel del entrecejo y, en realidad, directamente conectado por polaridad con el bulbo raquídeo; véase también *bulbo raquídeo* y *ojo espiritual*) y *sahasrara* (en la parte superior del cerebro).

Los siete centros son salidas o «puertas disimuladas», divinamente planificadas, atravesando las cuales el alma ha descendido al cuerpo y, a través de las cuales, deberá pasar nuevamente cuando ascienda mediante un proceso de meditación. El alma escapa hacia la Conciencia Cósmica subiendo siete peldaños sucesivos. En su ascensión consciente a través de los siete centros cerebroespinales abiertos o «despiertos», el alma viaja por la autopista que conduce al Infinito: la verdadera senda que el alma sigue en sentido inverso, para volver a unirse con Dios.

Generalmente, los tratados de yoga consideran *chakras* sólo a los seis centros inferiores, y se refieren por separado al *sahasrara* como el séptimo centro. A los siete centros, sin embargo, a menudo se les llama «lotos» (flores de loto), cuyos pétalos se abren —es decir, se vuelven hacia arriba— en el despertar espiritual, a medida que la vida y la conciencia ascienden por la espina dorsal.

chitta: sentimiento intuitivo; el agregado de conciencia al cual son inherentes *ahamkara* (ego), *buddhi* (intelecto) y *manas* (mente o conciencia sensorial).

Conciencia Cósmica: el Absoluto; el Espíritu trascendental que existe más allá de la creación; Dios Padre. También el estado de meditación denominado *samadhi,* en el que se experimenta la unión con Dios tanto más allá de la creación vibratoria como dentro de ella. (Véase *Trinidad*).

Conciencia Crística: la conciencia de Dios proyectada en forma inmanente en la creación entera. En las escrituras cristianas se le llama «el hijo unigénito», el único y puro reflejo de Dios Padre en la creación. En las escrituras hindúes se le denomina *Kutastha Chaitanya* o *Tat,* la conciencia universal, o inteligencia cósmica, del Espíritu presente en toda la creación. (Los términos «Conciencia Crística» e «Inteligencia Crística» son sinónimos, como también lo son «Cristo Cósmico» y «Cristo Infinito»). Es la conciencia universal, la unión con Dios, manifestada por Jesús, Krishna y otros avatares. Los grandes santos y los yoguis la conocen como *samadhi,* el estado de meditación en el cual la conciencia se identifica con la inteligencia divina existente en cada partícula de la creación; ellos sienten el universo entero como su propio cuerpo. (Véase *Trinidad*).

Conciencia de Krishna: Conciencia Crística; *Kutastha Chaitanya.* (Véase *Conciencia Crística*).

conciencia, estados de: en la conciencia mortal, el ser humano experimenta tres estados de conciencia: vigilia, sueño onírico y sueño profundo; pero no es consciente de su alma, la supraconciencia, ni tiene la experiencia personal de Dios. El hombre crístico, en cambio, sí tiene esta experiencia. De igual modo que el hombre mortal es consciente de todo su cuerpo, el hombre crístico es consciente de todo el universo y lo siente como su propio cuerpo. Más allá del estado de conciencia crística está la conciencia cósmica: la experiencia de la unidad con Dios tanto en su conciencia absoluta —más allá de la creación vibratoria— como en su omnipresencia manifestada en los mundos fenoménicos.

Cristo: el título honorífico de Jesús: Jesús el Cristo. Este término también denota la inteligencia universal de Dios inmanente en la creación (a la cual se hace referencia, en algunas ocasiones, como el Cristo Cósmico o el

Cristo Infinito) o se emplea en relación con los grandes maestros que han alcanzado la unidad con esa Conciencia Divina. (El vocablo griego *Christos* significa «ungido», al igual que la palabra hebrea *Messiah*). (Véase también *Conciencia Crística* y *Kutastha Chaitanya*).

dharma: los principios eternos de justicia que sustentan toda la creación; el deber inherente al ser humano de vivir en armonía con estos principios. (Véase también *Sanatana Dharma*).

diksha: iniciación espiritual; de la raíz verbal sánscrita *diksh,* «consagrarse». (Véase también *discípulo* y *Kriya Yoga*).

discípulo: aspirante espiritual que acude a un gurú para que él le lleve hasta Dios y, con este fin, establece una relación espiritual eterna con el gurú. En *Self-Realization Fellowship,* la relación gurú-discípulo se establece mediante la *diksha,* es decir, la iniciación en *Kriya Yoga.* (Véase también *gurú* y *Kriya Yoga*).

egoísmo: el ego es el principio denominado *ahamkara* (literalmente «yo hago») y es la causa básica de la dualidad o la separación aparente entre el hombre y su Creador. *Ahamkara* somete al ser humano al dominio de *maya,* bajo el cual el sujeto (ego) aparece falsamente como objeto; las criaturas imaginan que son las creadoras. Al eliminar la conciencia del ego, el ser humano despierta a su divina identidad, su unidad con la Vida Única: Dios.

Ejercicios Energéticos: Al igual que un pez está rodeado de agua, el ser humano está rodeado de energía cósmica. Los Ejercicios Energéticos, creados por Paramahansa Yogananda y enseñados en las *Lecciones de Self-Realization Fellowship,* capacitan al ser humano para recargar su cuerpo con esta energía cósmica o prana universal.

elementos (cinco): la Vibración Cósmica, *Om,* estructura toda la creación material —incluido el cuerpo físico humano— por medio de la manifestación de cinco *tattvas* (elementos): tierra, agua, fuego, aire y éter. Éstas son fuerzas estructurales, de naturaleza inteligente y vibratoria. Sin el elemento tierra, no existiría el estado de materia sólida; sin el elemento agua, no existiría el estado líquido; sin el elemento aire, no existiría el estado gaseoso; sin el elemento fuego, no habría calor; y sin el elemento éter, no existiría el sutil trasfondo necesario para proyectar la película del cosmos. En el cuerpo, el prana (la energía cósmica vibratoria) entra a través del bulbo raquídeo y luego se divide en las cinco corrientes elementales mediante la acción de los cinco *chakras* inferiores, es decir, los centros coccígeo (tierra), sacro (agua), lumbar (fuego), dorsal (aire) y cervical (éter). La denominación sánscrita de estos elementos es *prithivi, ap, tej, prana* y *akasha,* respectivamente.

energía cósmica: (véase *prana*).

Espíritu Santo: la sagrada Vibración Cósmica Inteligente que Dios proyecta para estructurar y sostener la creación a partir de su propia Esencia vibratoria. Constituye, por lo tanto, la Santa Presencia de Dios, su Palabra, omnipresente en el universo y en toda forma, el vehículo del perfecto reflejo universal de Dios o Conciencia Crística. El Paráclito, el Confortador, la Madre Naturaleza Cósmica, Prakriti. (Véase *Om* y *Trinidad*).

éter: la palabra sánscrita *akaśa,* traducida generalmente como «éter» o «espacio», se refiere de manera específica al elemento vibratorio más sutil que existe en el mundo material. (Véase *elementos*). El término deriva de *ā,* «hacia», y *kasha,* «ser visible, aparecer». *Akasha* es el sutil «trasfondo» sobre el cual se torna perceptible el universo material. «El espacio confiere dimensión a los objetos, mientras que el éter separa las imágenes —explicó Paramahansa Yogananda—. El espacio saturado de éter constituye la línea divisoria entre el cielo, o el mundo astral, y la tierra. Todas las fuerzas más sutiles que Dios ha creado están compuestas de luz, o formas hechas de pensamiento, y simplemente se hallan ocultas en el fondo de una vibración particular que se manifiesta como éter».

evangelios: la palabra «evangelio» (del latín «evangelĭum», y éste del griego «euangélion») significa literalmente «buena nueva».

Según los historiadores, en los años que siguieron inmediatamente a la ascensión de Jesús, los relatos sobre su vida se difundían más que nada de boca en boca; las diferentes comunidades que integraban el creciente movimiento cristiano tenían variadas recopilaciones de narraciones y dichos. Si bien la crucifixión y resurrección de Jesús ocurrieron en el año 30 d. C., el primero de los cuatro evangelios canónicos (la mayoría de los eruditos creen que fue el de Marcos) no se escribió sino hasta casi cuarenta años después. (Los cristianos primitivos consideraban las escrituras judías como sus libros sagrados; y, puesto que muchos esperaban el inminente regreso de Jesús a la tierra, aparentemente no sentían la necesidad de contar con más escrituras. Aun cuando las primeras epístolas o cartas pastorales del apóstol Pablo fueron escritas alrededor del año 50 o 52, ningún relato sistemático sobre la vida y enseñanzas de Jesús se había escrito hasta que apareció la narración de Marcos, aproximadamente en el año 70).

Los historiadores generalmente concuerdan en que tanto Mateo como Lucas se basaron en los escritos de Marcos; y ambos, además, podían consultar material de otras fuentes. Los eruditos atribuyen diferencias adicionales en el contenido y el énfasis de los cuatro evangelios (que se escribieron en distintos períodos entre los años 70 y 90 d. C.) a los sucesos y preocupaciones particulares que debían confrontar las comunidades cristianas independientes —algunas de ellas de origen judío, y otras, gentil— esparcidas en diversas regiones del Imperio Romano oriental a medida que el movimiento evolucionó en forma gradual desde sus raíces judías hasta transformarse en una religión totalmente independiente. (Se cree que el

Evangelio de Tomás, también citado en esta obra, fue compilado durante el mismo período que los cuatro evangelios canónicos, es decir, unas pocas décadas después de la ascensión de Jesús).

Con respecto a los autores de los cuatro evangelios que constituyen el Nuevo Testamento, Mateo y Juan, por supuesto, son los nombres de dos de los doce discípulos originales de Jesús. Marcos, según Papías, obispo de Hierápolis en Asia Menor (c. 130), era el asistente e «intérprete» de Pedro, discípulo de Jesús; y escribió lo que le escuchó a Pedro relatar acerca de las palabras y hechos de Jesús. En versiones surgidas al comienzo del cristianismo, se señala que Lucas era el compañero de viajes de Pablo, quien había conocido personalmente a Pedro, Juan y Santiago, hermano de Jesús. Para una perspectiva general acerca de lo que los historiadores conocen sobre la autoría de los Evangelios, véase *Three Gospels* [Tres Evangelios] (Simon and Schuster, Nueva York, 1997), del profesor Reynolds Price de la Universidad Duke.

fuerza vital: (véase *prana*).

Guiana Yoga: el sendero que conduce a la unión con Dios, mediante la transmutación de la capacidad discernidora del intelecto en la sabiduría omnisciente del alma.

gunas: los tres atributos de la Naturaleza: *tamas, rajas* y *sattva* —obstrucción, actividad y expansión, o masa, energía e inteligencia, respectivamente—. En el ser humano, las tres *gunas* se expresan como ignorancia o inercia, actividad o esfuerzo, y sabiduría.

gurú: maestro espiritual. Aunque la palabra *gurú* con frecuencia se usa en forma incorrecta, para designar a un mero profesor o instructor de cualquier tema, un verdadero gurú es un maestro divinamente iluminado que ha superado toda limitación y realizado su identidad con el Espíritu omnipresente. Tal maestro está singularmente capacitado para guiar a otros en su viaje interior hacia la realización divina.

Cuando un devoto está preparado para buscar a Dios con determinación, el Señor le envía un gurú. Mediante la sabiduría, inteligencia, realización espiritual y enseñanzas de este maestro, Dios guía al discípulo. El discípulo que sigue las enseñanzas y la disciplina del maestro podrá satisfacer el deseo de su alma de recibir el maná de la presencia de Dios. Un verdadero gurú, a quien Dios le ha encomendado ayudar a los buscadores espirituales sinceros, en respuesta al profundo anhelo de sus almas, no es un instructor común: es un vehículo humano, cuyo cuerpo, palabra, mente y espiritualidad Dios utiliza como un canal para atraer a las almas perdidas y guiarlas de regreso a su hogar de inmortalidad. Un gurú es una encarnación viviente de la verdad contenida en las escrituras; es un agente de salvación designado por Dios en respuesta a la exigencia del devoto de que le libere de la esclavitud de la materia.

«El cultivar la compañía del gurú —escribió Swami Sri Yukteswar en *La ciencia sagrada*— es no sólo encontrarse en su presencia física (ya que esto es a veces imposible), sino que significa principalmente mantenerle en nuestros corazones y sintonizarnos e identificarnos con él en principio». (Véase *maestro*).

Gurudeva: «maestro divino». Término sánscrito que denota respeto y se usa habitualmente para dirigirse o referirse al propio preceptor espiritual; a veces se traduce como «maestro».

Gurús de *Self-Realization Fellowship*: los Gurús de *Self-Realization Fellowship (Yogoda Satsanga Society of India)* son Jesucristo, Bhagavan Krishna y una sucesión de excelsos maestros de la era contemporánea: Mahavatar Babaji, Lahiri Mahasaya, Swami Sri Yukteswar y Paramahansa Yogananda. Demostrar la armonía y la unidad esencial que existe entre las enseñanzas de Jesucristo y los preceptos del yoga enseñados por Bhagavan Krishna constituye parte integrante de la labor encomendada a SRF. A través de sus sublimes enseñanzas y de su divina mediación, todos estos Gurús contribuyen al cumplimiento de la misión de *Self-Realization Fellowship* de ofrecer a toda la humanidad una ciencia espiritual práctica para alcanzar la unión con Dios.

Se denomina *guru-parampara* al traspaso del manto espiritual del gurú al discípulo que ha sido designado para continuar la sucesión espiritual del gurú. Así pues, la sucesión directa de gurús a la que perteneció Paramahansa Yogananda está formada por Mahavatar Babaji, Lahiri Mahasaya y Swami Sri Yukteswar.

Antes de su fallecimiento, Paramahansaji expresó que era el deseo de la Divinidad que él fuese el último en la sucesión de Gurús de *Self-Realization Fellowship*. Ningún discípulo o líder de su sociedad asumirá jamás el título de gurú. «Cuando me haya ido —dijo él—, las enseñanzas serán el gurú. [...] Por medio de las enseñanzas, estarás en sintonía conmigo y con los Gurús que me han enviado».

Al preguntársele sobre la sucesión en la presidencia de *Self-Realization Fellowship/Yogoda Satsanga Society of India*, él manifestó: «Al frente de esta sociedad siempre habrá hombres y mujeres de realización. Dios y los Gurús ya saben quiénes son; ellos servirán como mi sucesor espiritual y representante a cargo de todos los asuntos espirituales y administrativos».

hinduismo: (véase *Sanatana Dharma*).

ilusión cósmica [o engaño cósmico]: (véase *maya*).

intuición: facultad omnisciente del alma, que permite al ser humano obtener una percepción directa de la verdad sin la mediación de los sentidos.

ji: sufijo que agregado a los nombres y títulos en la India denota respeto, como por ejemplo: Gandhiji, Paramahansaji, Guruji.

karma: los efectos de la acciones realizadas en el pasado, ya sea en esta vida o en vidas anteriores; del sánscrito *kri,* «hacer». La ley del karma —según se expone en las escrituras hindúes— equilibra la relación entre la acción y la reacción, la causa y el efecto, la siembra y la cosecha. En el curso de la justicia natural, todo ser humano —a través de sus propios pensamientos y acciones— se convierte en el arquitecto de su propio destino. Cualesquiera que sean las energías que, sabia o insensatamente, una persona haya puesto en movimiento, éstas habrán de retornar a ella como su punto de partida, cual un círculo que debe completarse inexorablemente. La comprensión del karma, como la ley de la justicia, ayuda a liberar la mente humana de todo resentimiento contra Dios o contra los demás. Cada persona lleva consigo su propio karma, encarnación tras encarnación, hasta que la deuda se salda o es trascendida espiritualmente. (Véase *reencarnación*).

Las acciones acumuladas de los seres humanos dentro de las comunidades, las naciones o el mundo entero, constituyen el karma colectivo, que produce efectos locales o de largo alcance, de acuerdo con el grado y la preponderancia del bien o del mal. Los pensamientos y las acciones de cada individuo, por lo tanto, contribuyen al bien o al mal del mundo y sus habitantes.

Karma Yoga: sendero que conduce a Dios por medio de la acción y el servicio realizados con desapego. Mediante el servicio desinteresado, la ofrenda a Dios de los frutos de las propias acciones y el considerarle como el único Hacedor, el devoto se libera del ego y conoce a Dios. (Véase *yoga*).

Krishna: (véase *Bhagavan Krishna*).

Kriya Yoga: sagrada ciencia espiritual que nació en la India hace milenios; comprende ciertas técnicas de meditación cuya práctica regular conduce a la realización de Dios. Como ha explicado Paramahansa Yogananda, la raíz sánscrita de *kriya* es *kri,* que significa «hacer, actuar y reaccionar»; esa misma raíz se encuentra en la palabra *karma,* el principio natural de causa y efecto. Así pues, *Kriya Yoga* significa «unión (yoga) con el Infinito mediante cierta acción o rito *(kriya)*». El *Kriya Yoga* —un tipo de *Raja Yoga* (el «rey» de los sistemas del yoga o sistema «completo»)— ha sido ensalzado por Krishna en el *Bhagavad Guita* y Patanjali en los *Yoga Sutras.* La ciencia del *Kriya Yoga* fue restablecida en esta era por Mahavatar Babaji y constituye la *diksha* (iniciación espiritual) impartida por los Gurús de *Self-Realization Fellowship.* Desde el *mahasamadhi* de Paramahansa Yogananda, la *diksha* es conferida por la persona asignada como su representante espiritual, el presidente de *Self-Realization Fellowship/Yogoda Satsanga Society of India* (o alguien designado por el presidente). Para recibir la *diksha,* los miembros de *Self-Realization Fellowship* deben cumplir con ciertos requisitos espirituales preliminares. Quien ha recibido esta *diksha* es un *Kriya yogui* o *Kriyaban.* (Véase también *gurú* y *discípulo*).

kundalini: la poderosa corriente de energía vital creativa alojada en un sutil conducto enrollado que se encuentra en la base de la espina dorsal. Durante el estado ordinario de vigilia, la fuerza vital del cuerpo circula desde el cerebro en sentido descendente a lo largo de la columna vertebral y hacia fuera, a través de este conducto enrollado *(kundalini),* vitalizando el cuerpo físico y anudando a la forma mortal los cuerpos astral y causal, así como el alma que habita en su interior. En los estados más elevados de conciencia, que son el objetivo de la meditación, la energía *kundalini* se revierte de manera que circule nuevamente en sentido ascendente a lo largo de la espina dorsal para despertar las facultades espirituales latentes de los centros cerebroespinales *(chakras).* También llamada «fuerza serpentina» por su forma enrollada.

Kutastha Chaitanya: Conciencia Crística. La palabra sánscrita *kutastha* significa «aquello que permanece inalterable»; *chaitanya* significa «conciencia».

Lahiri Mahasaya: *Lahiri* era el nombre de familia de Shyama Charan Lahiri (1828-1895). *Mahasaya,* un título religioso sánscrito, significa «de mente vasta». Lahiri Mahasaya fue discípulo de Mahavatar Babaji y gurú de Swami Sri Yukteswar (el gurú de Paramahansa Yogananda). Fue a Lahiri Mahasaya a quien Babaji reveló la antigua y casi extinguida ciencia del *Kriya Yoga.* Considerado un *Yogavatar* («Encarnación del Yoga»), él fue una de las figuras primordiales del renacimiento del yoga en la India moderna. Lahiri Mahasaya instruyó y bendijo a innumerables buscadores de la verdad que acudieron a él, sin tener en cuenta a qué casta o credo perteneciesen. Fue un maestro semejante a Cristo, dotado de poderes sobrenaturales, pero también fue un hombre de familia con responsabilidades terrenales, que mostró al mundo moderno cómo es posible alcanzar un equilibrio perfecto en la vida al combinar la meditación y el correcto desempeño de los deberes externos. La vida de Lahiri Mahasaya se relata en el libro *Autobiografía de un yogui.*

Lecciones de Self-Realization Fellowship: las enseñanzas de Paramahansa Yogananda, que se envían a estudiantes de todo el mundo en forma de una serie de lecciones, las cuales se encuentran a disposición de quienes buscan sinceramente la verdad. Estas lecciones contienen las técnicas de meditación yoga que enseñó Paramahansa Yogananda e incluyen, para quienes cumplen con ciertos requisitos, la técnica de *Kriya Yoga.*

Madre Divina: el aspecto de Dios que se manifiesta activamente en la creación; la *shakti,* o poder, del Creador trascendente. Otros términos que denotan este aspecto de la Divinidad son *Om, Shakti,* el Espíritu Santo, la Vibración Cósmica Inteligente, la Naturaleza o *Prakriti.* Este concepto también indica el aspecto «personal» de Dios que encarna las cualidades de amor y compasión de una madre.

Las escrituras hindúes enseñan que Dios es a la vez inmanente y trascendente, personal e impersonal. Se le puede buscar ya sea como el Absoluto o como la manifestación de alguna de sus cualidades eternas —el amor, la sabiduría, la bienaventuranza, la luz—; también en la forma de un *ishta* (deidad); o bien como el Padre, la Madre o el Amigo.

maestro: aquel que ha alcanzado el autodominio. También, un término respetuoso para dirigirse al propio gurú.

Paramahansa Yogananda ha señalado: «las características por las que se distingue a un maestro no son de orden físico sino espiritual. [...] La prueba de que alguien es un maestro es proporcionada únicamente por su habilidad para entrar a voluntad en el estado sin aliento *(savikalpa samadhi)* y por el logro de la bienaventuranza inmutable *(nirvikalpa samadhi)*». (Véase *samadhi*).

Paramahansaji afirma además: «Todas las escrituras proclaman que el Señor creó al hombre a su imagen omnipotente. El ejercer control sobre el universo parece algo sobrenatural, pero en realidad tal poder es natural e inherente a quienes alcanzan "el perfecto recuerdo" de su origen divino. Los hombres de realización divina [...] están libres del principio-ego *(ahamkara)* y del surgimiento de deseos personales; las acciones de los verdaderos maestros se encuentran, sin esfuerzo alguno, en armonía con *rita*, la rectitud natural. En las palabras de Emerson, todos los grandes seres se convierten "no sólo en seres virtuosos, sino en la Virtud misma; se cumple así el propósito de la creación, y Dios queda complacido"».

mahasamadhi: del sánscrito *maha*, «grande», y *samadhi*. La última meditación, o comunión consciente con Dios, durante la cual un maestro que ha alcanzado la perfección se funde con el *Om* cósmico y abandona el cuerpo físico. Un maestro invariablemente conoce de antemano el momento que Dios ha señalado para que abandone su morada corporal. (Véase *samadhi*).

Mahavatar Babaji: el inmortal *mahavatar* («gran avatar») que, en 1861, confirió la iniciación en *Kriya Yoga* a Lahiri Mahasaya, restituyendo así al mundo la antigua técnica de salvación. Perennemente joven, Babaji ha vivido durante siglos en el Himalaya, otorgando una constante bendición al mundo. Su misión ha sido ayudar a los profetas a llevar a cabo las labores específicas que se les han encomendado. Se le han conferido numerosos títulos que indican su elevada estatura espiritual; sin embargo, el *mahavatar* ha adoptado generalmente el sencillo nombre de Babaji, que procede del sánscrito *baba*, «padre», y *ji*, un sufijo que denota respeto. En *Autobiografía de un yogui* se puede encontrar más información sobre su vida y su misión espiritual. (Véase *avatar*).

mal: la fuerza satánica que encubre a la omnipresencia divina en la creación, manifestándose como desarmonías en el ser humano y en la naturaleza. También es un término general aplicado a cualquier cosa que esté en oposición con la ley divina (véase *dharma*) y que, por consiguiente, induzca al ser humano a perder la conciencia de su unidad esencial con Dios y le impida alcanzar la realización divina.

Mantra Yoga: comunión divina alcanzada mediante la repetición, concentrada y devocional, de los sonidos de las palabras raíz que tienen una potencia vibratoria espiritualmente beneficiosa. (Véase *yoga*).

maya: el poder de engañar inherente a la estructura de la creación, en virtud del cual el Uno adopta la apariencia de muchos. *Maya,* el principio, denota relatividad, contraste, dualidad, inversión, estados opuestos; es el «Satanás» (literalmente, «el adversario» en hebreo) de los profetas del Antiguo Testamento, y el «demonio» que Cristo describió pintorescamente como un «homicida» y un «mentiroso», porque *«no hay verdad en él»* (*Juan* 8:44).

Paramahansa Yogananda ha escrito: «La palabra sánscrita *maya* significa "la medidora"; es el poder mágico existente en la creación, mediante el cual lo Inmensurable e Indivisible parece contener limitaciones y divisiones. *Maya* es la Naturaleza misma —los mundos fenoménicos en constante flujo y transición—, la antítesis de la Divinidad Inmutable.

»En el plan y juego *(lila)* de Dios, la única función de Satanás o *maya* es el tratar de alejar al hombre del Espíritu y de la Realidad, empujándole hacia la materia y la irrealidad. "[...] el diablo ha pecado desde el principio, y el Hijo de Dios se manifestó para deshacer las obras del diablo" (*I Juan* 3:8). La manifestación de la Conciencia Crística dentro del hombre mismo destruye sin esfuerzo alguno los engaños u "obras del diablo".

»*Maya* es el velo de la transitoriedad presente en la Naturaleza: el perpetuo devenir de la creación. Cada hombre debe levantar este velo para ver, tras él, al Creador, el Ser Inmutable, la Realidad eterna».

meditación: en sentido general, concentración interior cuyo objetivo es percibir a Dios. La auténtica meditación, *dhyana,* consiste en experimentar conscientemente a Dios mediante la percepción intuitiva. Este estado se alcanza solamente después de que el devoto ha logrado una concentración firme mediante la cual desconecta su atención de los sentidos y no es perturbado por impresiones sensoriales provenientes del mundo externo. *Dhyana* es la séptima etapa del Óctuple Sendero del Yoga descrito por Patanjali; la octava etapa es *samadhi,* la comunión o unión con Dios. (Véase *Patanjali*).

mente supraconsciente: la facultad omnisciente del alma de percibir la verdad directamente; intuición.

ojo espiritual: el ojo único de la intuición y de la percepción omnipresente, ubicado en el centro crístico *(Kutastha)* o *ajna chakra,* a nivel del entrecejo. El devoto que medita profundamente contempla el ojo espiritual como un anillo de luz dorada que circunda a una esfera de color azul opalescente, en cuyo centro se encuentra una estrella blanca de cinco puntas. Microcósmicamente, estas formas y colores representan, respectivamente: el reino vibratorio de la creación (la Naturaleza Cósmica, el Espíritu Santo), el Hijo o la inteligencia de Dios en la creación (la Conciencia Crística) y el Espíritu sin vibración, más allá de toda la creación vibratoria (Dios el Padre).

El ojo espiritual es la puerta de acceso a los estados supremos de conciencia divina. En la meditación profunda, a medida que la conciencia del devoto se adentra en el ojo espiritual y en los tres reinos allí compendiados, experimenta sucesivamente los siguientes estados: la supraconciencia, es decir, el siempre renovado gozo de la realización del alma, y la unión con Dios como *Om* o Espíritu Santo; la conciencia crística, la unión con la inteligencia universal de Dios presente en toda la creación; y la conciencia cósmica, la unión con la omnipresencia de Dios que se encuentra tanto más allá de la manifestación vibratoria como dentro de ella. (Véase también *conciencia, estados de; supraconciencia;* y *Conciencia Crística*).

Explicando un pasaje de Ezequiel (43:1-2), Paramahansa Yogananda ha escrito: «A través del ojo divino ubicado en la frente («el oriente»), el yogui remonta su conciencia hasta la omnipresencia, escuchando la Palabra u *Om,* el divino sonido de "aguas caudalosas": las vibraciones de luz que constituyen la única realidad de la creación». En palabras de Ezequiel: *«Me condujo luego hacia el pórtico que miraba a oriente. En aquel momento la gloria del Dios de Israel llegaba por la parte de oriente; emitía un ruido como de aguas caudalosas, y la tierra resplandecía de su gloria».*

Jesús también se refirió al ojo espiritual: *«Cuando tu ojo es único, todo tu cuerpo estará iluminado [...]*. Mira, pues, que la luz que hay en ti no sea oscuridad»* (*Lucas* 11:34-35).

Om (Aum): la palabra raíz sánscrita, o sonido primordial, que simboliza aquel aspecto de la Divinidad que crea y sostiene todas las cosas; la Vibración Cósmica. El *Om* de los Vedas se convirtió en el sagrado *Hum* de los tibetanos; en el *Amín* de los musulmanes; y en el *Amén* de los egipcios, griegos, romanos, judíos y cristianos. Las grandes religiones del mundo afirman que todo lo creado se origina en la energía vibratoria cósmica del *Om* o Amén, la Palabra (el Verbo) o el Espíritu Santo. *«En el principio existía la Palabra, la Palabra estaba junto a Dios, y la Palabra era Dios. [...] Todo se hizo por ella [la Palabra u Om], y sin ella nada se hizo»* (*Juan* 1:1, 3).

En hebreo, *Amén* significa *seguro, fiel. «Así habla el Amén, el Testigo fiel y veraz, el Principio de la creación de Dios»* (*Apocalipsis* 3:14). Así como la vibración de un motor produce cierto sonido, así el omnipresente sonido de *Om* da fiel testimonio de la actividad del «Motor Cósmico» que sustenta la vida, y cada partícula de la creación, mediante la energía vibratoria. En las *Lecciones de Self-Realization Fellowship,* Paramahansa Yogananda enseña ciertas técnicas de meditación cuya práctica aporta la experiencia directa de Dios, manifestado como el *Om* o Espíritu Santo. Esa gozosa comunión con el divino Poder invisible (*«el Paráclito [el Confortador], el Espíritu Santo», Juan* 14:26) es la verdadera base científica de la oración.

Orden monástica de *Self-Realization Fellowship:* Paramahansa Yogananda escribió lo siguiente (en su comentario sobre la estrofa VI:1 del *Bhagavad Guita*): «Para quienes se hallan en el mismo sendero que yo he seguido y se sienten también atraídos hacia la renunciación completa con el fin de buscar y servir a Dios mediante los ideales yóguicos de la meditación y de las acciones prescritas por el deber, he perpetuado en la orden monástica de *Self-Realization Fellowship/Yogoda Satsanga Society of India* la sucesión de *sannyas* de la Orden de Shankara, en la cual ingresé cuando recibí de mi Gurú los sagrados votos de un swami. La obra organizativa que Dios, mi Gurú y mis Paramgurús han emprendido a través de mí no es llevada a cabo por empleados seculares, sino por aquellos que han dedicado su vida a los más elevados objetivos de renunciación y amor a Dios».

Los monjes y monjas de la Orden residen en los *ashram* de la sociedad y sirven a la obra mundial de Paramahansa Yogananda de muy diversas maneras, entre las que se incluyen: llevar a cabo oficios en los templos de *Self-Realization Fellowship,* así como retiros, clases y otras tareas espirituales y ministeriales; guiar por correspondencia a miles de estudiantes de estas enseñanzas cada mes; y administrar las variadas actividades de beneficencia que desarrolla la sociedad.

paramahansa: título espiritual que designa a un maestro. Sólo un verdadero gurú puede conferir este título a un discípulo idóneo. *Paramahansa* significa literalmente «cisne supremo»; en las escrituras hindúes, el cisne o *hansa* simboliza el discernimiento espiritual. Swami Sri Yukteswar le otorgó dicho título a su amado discípulo Yogananda en 1935.

Patanjali: famoso exponente del yoga; un sabio de la antigüedad cuyos *Yoga Sutras* compendian los principios del sendero del yoga, dividiéndolo en ocho pasos: 1) las proscripciones morales *(yama);* 2) las observancias correctas *(niyama);* 3) la postura de meditación *(asana);* 4) el control de la fuerza vital *(pranayama);* 5) el recogimiento interior de la mente *(pratyahara);* 6) la concentración *(dharana);* 7) la meditación *(dhyana);* y 8) la unión con Dios *(samadhi).*

Prakriti: Naturaleza Cósmica; en general, el inteligente y creativo poder vibratorio proyectado desde el Espíritu, que se objetiva y se convierte en la manifestación trina (causal, astral y física) del universo y del microcosmos del ser humano.

Específicamente, Maha Prakriti es la Creativa e Indiferenciada Inteligencia primordial de Dios, la Madre Naturaleza Creativa o el Espíritu Santo, que a través de la Vibración Cósmica de su propio Ser hace surgir toda la creación. Para-Prakriti (Naturaleza Pura) y Apara-Prakriti (Naturaleza Impura) guardan correlación con la terminología cristiana de Espíritu Santo y Satanás: respectivamente, el poder creativo que expresa la inmanencia de la Presencia vibratoria de Dios en la creación, y el oscuro poder de la ilusión cósmica que oculta la Omnipresencia Divina.

prana: chispas de energía inteligente, más sutiles que la energía atómica, que constituyen la vida; en las escrituras hindúes reciben la designación colectiva de *prana,* término que Paramahansa Yogananda tradujo como «vitatrones». En esencia, son pensamientos condensados de Dios, sustancia del mundo astral y principio vital del cosmos físico. En el mundo físico hay dos tipos de prana: 1) la energía vibratoria cósmica omnipresente en el universo, que estructura y sostiene todo cuanto existe; 2) el prana específico o la energía que satura y sustenta cada cuerpo humano a través de cinco corrientes o funciones. La corriente *Prana* realiza la función de cristalización; la corriente *Vyana,* la de circulación; *Samana,* la de asimilación; *Udana,* la del metabolismo; y *Apana,* la de eliminación.

pranayama: control consciente del prana (la vibración creadora o energía que activa y sostiene la vida en el cuerpo). La ciencia yoga del *pranayama* es la vía directa que permite desconectar conscientemente la mente de las funciones vitales y percepciones sensoriales que atan al hombre a la conciencia corporal. El *pranayama* libera así la conciencia del ser humano para que pueda comulgar con Dios. Todas las técnicas científicas que conducen a la unión del alma con el Espíritu pueden clasificarse como yoga, y el *pranayama* es el mejor método yóguico para alcanzar esta unión divina.

Raja Yoga: el sendero «regio», o más elevado, que conduce a la unión con Dios. Enseña la meditación científica como el método supremo para alcanzar la realización divina, e incluye los aspectos esenciales y más elevados de todas las demás formas de yoga. Las enseñanzas de *Raja Yoga* de *Self-Realization Fellowship* proporcionan un esquema de vida que conduce al perfecto desarrollo del cuerpo, de la mente y del alma, basado en la meditación denominada *Kriya Yoga.* (Véase *yoga*).

Rajarsi Janakananda (James J . Lynn): amado discípulo de Paramahansa Yogananda y su primer sucesor como presidente y líder espiritual de *Self-Realization Fellowship/Yogoda Satsanga Society of India* hasta su fallecimiento el 20 de febrero de 1955. El Sr. Lynn recibió de Paramahansaji la iniciación en *Kriya Yoga* por primera vez en 1932. Su progreso espiritual fue tan rápido que el Gurú amorosamente lo llamaba «San Lynn», hasta que le confirió el título monástico de Rajarsi Janakananda en 1951.

realización del Ser *(Self)*: Paramahansa Yogananda definió la realización del Ser de la siguiente manera: «La realización del Ser consiste en saber —física, mental y espiritualmente— que somos uno con la omnipresencia de Dios; que no necesitamos orar para que ésta venga a nosotros, que no solamente estamos próximos a ella en todo momento, sino que la omnipresencia de Dios es nuestra propia omnipresencia, y nuestro ser es y será invariablemente siempre parte de la Divinidad. Lo único que necesitamos hacer es tomar mayor conciencia de ello».

reencarnación: doctrina según la cual los seres humanos se ven forzados por la ley de la evolución a encarnar una y otra vez en vidas progresivamente superiores; la evolución es retardada por las acciones y los deseos errados, y acelerada por los esfuerzos espirituales, hasta que finalmente se alcanza la realización del Ser y la unión con Dios. Habiendo así trascendido las limitaciones e imperfecciones de la conciencia mortal, el alma se libera para siempre de la necesidad compulsiva de reencarnar. *«Al vencedor le pondré de columna en el Santuario de mi Dios, y ya no saldrá de allí»* (*Apocalipsis* 3:12).

respiración: «El aflujo de innumerables corrientes cósmicas al ser humano mediante la respiración produce inquietud en su mente —ha escrito Paramahansa Yogananda—. De este modo, la respiración le liga a los efímeros mundos fenoménicos. Para escapar de los pesares de la transitoriedad y entrar en el bienaventurado reino de la Realidad, el yogui aprende a calmar el aliento por medio de la meditación científica».

rishis: seres excelsos que manifiestan la sabiduría divina; especialmente, los sabios iluminados de la antigua India a quienes les fueron revelados intuitivamente los Vedas.

sadhana: sendero de disciplina espiritual. Las instrucciones y prácticas específicas de meditación que el gurú prescribe a sus discípulos, quienes al seguirlas fielmente alcanzarán al final la realización divina.

samadhi: el peldaño más elevado del Óctuple Sendero del Yoga, tal como fue expuesto por el sabio Patanjali. El *samadhi* se alcanza cuando la persona que medita, el proceso de la meditación (por el cual la mente se retira de los sentidos, mediante el recogimiento interior) y el objeto de la meditación (Dios) se vuelven Uno. Paramahansa Yogananda ha explicado que «en los estados iniciales de la comunión con Dios *(savikalpa samadhi)* la conciencia del devoto se funde con el Espíritu Cósmico; su fuerza vital se retira del cuerpo, el cual aparenta estar "muerto", inmóvil y rígido. El yogui es completamente consciente del estado de animación suspendida en el que permanece su cuerpo. Sin embargo, a medida que progresa hacia estados espirituales más elevados *(nirvikalpa samadhi),* comulga con Dios sin que exista inmovilidad en su cuerpo y en su estado ordinario de vigilia, e incluso en medio de las apremiantes exigencias de los deberes mundanos». Ambos estados se caracterizan por la unión con la siempre nueva bienaventuranza del Espíritu, pero el estado de *nirvikalpa* lo experimentan sólo los maestros altamente avanzados.

Sanatana Dharma: literalmente «religión eterna». Nombre dado a las enseñanzas védicas en conjunto, las cuales fueron conocidas como hinduismo después de que los griegos denominaran *indos* o *hindúes* a las gentes que vivían a orillas del río Indo. (Véase *dharma*).

Satanás: literalmente, en hebreo, «el adversario». Satanás es la fuerza universal, consciente e independiente, que mantiene a todo y a todos engañados con la conciencia no espiritual de finitud y de separación de Dios. Para lograr este resultado, Satanás utiliza las armas de *maya* (ilusión cósmica) y *avidya* (ilusión individual, ignorancia). (Véase *maya*).

Sat-Chit-Ananda: término sánscrito para designar a Dios que expresa la naturaleza esencial del Espíritu como eterno Ser o Verdad *(Sat),* conciencia infinita *(Chit)* y siempre renovada Dicha *(Ananda).*

Sat-Tat-Om: *Sat,* la Verdad, el Absoluto, la Bienaventuranza; *Tat,* la inteligencia o conciencia universal; *Om,* la vibración cósmica inteligente y creadora, la palabra-símbolo de Dios. (Véase *Om* y *Trinidad*).

Self: (véase *Ser*).

Self-realization: (véase *realización del Ser*).

Self-Realization: modo abreviado de referirse a *Self-Realization Fellowship,* la sociedad fundada por Paramahansa Yogananda, el cual usaba él a menudo en charlas informales, diciendo por ejemplo «las enseñanzas de *Self-Realization*», «el sendero de *Self-Realization*», «la sede central de *Self-Realization* en Los Ángeles», etc.

Self-Realization Fellowship: la sociedad religiosa internacional, no sectaria, fundada por Paramahansa Yogananda en Estados Unidos en 1920 (y como *Yogoda Satsanga Society of India* en 1917), con la finalidad de difundir a través del mundo los principios espirituales y técnicas de meditación del *Kriya Yoga,* y fomentar un mayor entendimiento de la única Verdad subyacente a todas las religiones entre las personas de todas las razas, culturas y creencias. (Véase también «Metas e ideales de *Self-Realization Fellowship*», p. 596).

Paramahansa Yogananda ha explicado que el nombre de *Self-Realization Fellowship* significa «confraternidad con Dios a través de la realización del Ser, y amistad con todas las almas que buscan la verdad».

Desde su sede internacional en Los Ángeles (California), la sociedad publica las conferencias, escritos y charlas informales de Paramahansa Yogananda (así como su completa serie de *Lecciones de Self-Realization Fellowship,* aptas para el estudio en el hogar, y la revista *Self-Realization,* que él fundó en 1925); realiza grabaciones de audio y vídeo sobre sus enseñanzas; supervisa las actividades de los templos, retiros y centros de meditación de SRF, así como los programas para la juventud y las comunidades monásticas de la Orden de *Self-Realization;* lleva a cabo conferencias y ciclos de clases en diversas ciudades del mundo; y coordina el funcionamiento del «Círculo mundial de oraciones», una red de grupos e individuos dedicados a orar por las personas necesitadas de ayuda física, mental o espiritual, y por la paz y la armonía del mundo.

Self-Realization Magazine: una revista trimestral publicada por *Self-Realization Fellowship* que ofrece principalmente las charlas y escritos de Paramahansa Yogananda; incluye además otros artículos espirituales, informativos y prácticos, sobre temas de interés actual y de valor perdurable.

Ser *(Self):* con mayúscula, este término denota el *atman* o alma, que se diferencia de la individualidad del ego o de la personalidad. El Ser es el Espíritu individualizado, cuya naturaleza es el gozo siempre existente, siempre consciente, siempre renovado. A través de la meditación, se logra experimentar estas cualidades divinas propias del alma.

Shankara, Swami: citado a veces como *Adi* («el primero») *Shankaracharya* (*Shankara + acharya,* «maestro»); el filósofo más ilustre de la India. La época en que vivió es incierta; muchos eruditos la sitúan en el siglo VIII o a principios del siglo IX. Él habló de Dios no como una abstracción negativa, sino como Bienaventuranza siempre nueva y positiva, eterna y omnipresente. Shankara reorganizó la antigua Orden de los Swamis y fundó cuatro grandes *maths* (centros monásticos de educación espiritual), cuyos líderes, en sucesión apostólica, llevan el título de Jagadgurú Sri Shankaracharya. El significado de *Jagadgurú* es «maestro mundial».

siddha: literalmente «aquel que ha tenido éxito». Aquel que ha alcanzado la unión con Dios.

Sonido Cósmico: (véase *Om*).

Sri: título de respeto. Cuando se usa delante del nombre de una persona religiosa, significa «santo» o «venerado».

Sri Yukteswar, Swami: Swami Sri Yukteswar Giri (1855-1936), *Guianavatar,* o «Encarnación de la Sabiduría», de la India; gurú de Paramahansa Yogananda y paramgurú de los miembros *Kriyabanes* de *Self-Realization Fellowship.* Sri Yukteswarji era discípulo de Lahiri Mahasaya. A petición del gurú de Lahiri Mahasaya, Mahavatar Babaji, escribió *The Holy Science (La ciencia sagrada),* un tratado sobre la unidad básica que existe entre las escrituras cristianas e hindúes, y entrenó a Paramahansa Yogananda para su misión espiritual en el ámbito mundial: la difusión del *Kriya Yoga.* Paramahansaji ha descrito con amor la vida de Sri Yukteswarji en *Autobiografía de un yogui.*

supraconciencia: la eternamente gozosa conciencia del alma omnisciente, pura e intuitiva. El término se usa a veces, en un sentido general, para referirse a los diversos estados de *samadhi* experimentados en la meditación; y, en forma específica, para indicar el estado inicial de *samadhi,* en el cual se trasciende la conciencia del ego y se toma plena conciencia del propio Ser como alma, hecha a imagen de Dios. Siguen después los estados superiores de realización: la conciencia crística y la conciencia cósmica.

swami: miembro de la más antigua orden monástica de la India, que fue reorganizada en el siglo VIII, o a principios del siglo IX, por Swami Shankara. Un swami toma los votos formales de celibato y de renuncia a las ataduras y ambiciones mundanas; se dedica a la meditación y a servir a la humanidad. Existen diez denominaciones clasificatorias dentro de la venerable Orden de los Swamis, como por ejemplo: Giri, Puri, Bharati, Tirtha, Saraswati y otras. Swami Sri Yukteswar y Paramahansa Yogananda pertenecían a la rama *Giri* («montaña»). El término sánscrito *swami* significa «aquel que es uno con el Ser *(Swa)*».

Trinidad: cuando el Espíritu manifiesta la creación, se convierte en la Trinidad: el Padre, el Hijo y el Espíritu Santo, o *Sat, Tat, Om*. El Padre *(Sat)* es Dios como el Creador que existe más allá de la creación (la Conciencia Cósmica). El Hijo *(Tat)* es la omnipresente inteligencia de Dios que se encuentra en toda la creación (la Conciencia Crística o *Kutastha Chaitanya*). El Espíritu Santo *(Om)* es el poder vibratorio de Dios que se objetiva o se convierte en la creación.

En la Eternidad se han sucedido muchos ciclos de creación y disolución cósmica (véase *yuga*). En el momento de producirse la disolución cósmica, la Trinidad y todas las demás relatividades de la creación se funden con el Espíritu Absoluto.

Upanishads: los Upanishads o *Vedanta* (literalmente «el final de los Vedas»), que se encuentran en ciertas partes de los cuatro Vedas, son el compendio esencial que constituye la base doctrinal de la religión hindú.

Vedanta: literalmente «el final de los Vedas»; la filosofía proveniente de los Upanishads, o última porción de los Vedas. Shankara (siglo VIII o principios del IX) fue el principal exponente del Vedanta, que afirma que Dios es la única realidad y que la creación es esencialmente una ilusión o engaño. Como el ser humano es la única criatura capaz de concebir a Dios, el hombre mismo debe ser divino y, por consiguiente, su deber es tomar plena conciencia de su verdadera naturaleza.

Vedas: las cuatro escrituras de los hindúes: *Rig Veda, Sama Veda, Yajur Veda* y *Atharva Veda*. Son esencialmente una literatura compuesta de cantos, rituales y recitaciones para vitalizar y espiritualizar todas las fases de la vida y actividad del ser humano. Entre la vastedad de textos de la India, los Vedas (de la raíz sánscrita *vid*, «conocer») son las únicas escrituras que no se atribuyen a ningún autor. El *Rig Veda* señala un origen celestial a los himnos y nos dice que proceden de «los tiempos antiguos», revestidos con un lenguaje nuevo. Se dice que los cuatro Vedas —revelados divinamente, de una era a otra, a los *rishis* («seres iluminados»)— poseen *nityatva*, «carácter definitivo para toda la eternidad».

Vibración Cósmica Inteligente: (véase *Om*).
vitatrones: (véase *prana*).
yoga: del sánscrito *yuj,* «unión». El sentido más elevado de la palabra *yoga* en la filosofía hindú es la unión del alma individual con el Espíritu mediante métodos científicos de meditación. Dentro del espectro más amplio de la filosofía hindú, el yoga es uno de los seis sistemas ortodoxos: *Vedanta, Mimamsa, Sankhya, Vaisesika, Nyaya* y *Yoga.* Existen también varios métodos de yoga: *Hatha Yoga, Mantra Yoga, Laya Yoga, Karma Yoga, Guiana Yoga, Bhakti Yoga* y *Raja Yoga.* El *Raja Yoga,* el yoga «real» (regio) o completo, es el que enseña *Self-Realization Fellowship* y del cual Bhagavan Krishna habla elogiosamente a su discípulo Arjuna en el *Bhagavad Guita:* «El yogui es superior a los ascetas consagrados a la disciplina corporal, superior incluso a quienes siguen la senda de la sabiduría o la senda de la acción; ¡sé tú, oh Arjuna, un yogui!» (*Bhagavad Guita* VI:46). El sabio Patanjali, máximo exponente del yoga, ha delineado ocho pasos precisos mediante los cuales el *Raja yogui* alcanza el *samadhi,* o unión con Dios. Éstos son: 1) *yama,* la conducta moral; 2) *niyama,* las observancias religiosas; 3) *asana,* la postura correcta; 4) *pranayama,* el control del *prana,* las sutiles corrientes vitales; 5) *pratyahara,* el recogimiento interior, el retiro de los sentidos de los objetos externos; 6) *dharana,* la concentración; 7) *dhyana,* la meditación; y 8) *samadhi,* la experiencia supraconsciente, la unión con Dios.
Yogoda Satsanga Society of India: nombre con el cual se conoce en la India la sociedad fundada por Paramahansa Yogananda. *Yogoda Satsanga* fue fundada por él en 1917. Su sede central, *Yogoda Math,* está situada a la orilla del río Ganges en Dakshineswar, cerca de Calcuta. *Yogoda Satsanga Society* tiene una filial *(math)* en Ranchi, Jharkhand (antes llamado Bihar), y numerosos centros diseminados por toda la India. Además de los centros de meditación de *Yogoda,* la organización cuenta con veintidós instituciones educacionales, las cuales abarcan desde la escuela primaria hasta el nivel universitario. *Yogoda,* una palabra creada por Paramahansa Yogananda, se deriva de *yoga,* «unión, armonía, equilibrio», y *da,* «aquello que confiere». *Satsanga* significa «confraternidad divina» o «confraternidad con la Verdad». Para Occidente, Paramahansaji tradujo este nombre al inglés como *Self-Realization Fellowship.*
yogui: aquel que practica el yoga. Cualquiera que practique una técnica científica para alcanzar la unión divina es un yogui. Puede ser tanto una persona casada como soltera, alguien con responsabilidades mundanas o bien que haya tomado votos religiosos.
yuga: un ciclo o subperíodo de la creación, mencionado en los antiguos textos hindúes. Sri Yukteswar describe en *La ciencia sagrada* un Ciclo Equinoccial de 24.000 años y la posición actual de la humanidad dentro del

mismo. Este ciclo tiene lugar dentro del ciclo universal mucho más prolongado al que se refieren los textos antiguos, tal como fueron calculados por los antiguos *rishis* y que se indica en el capítulo 16 de *Autobiografía de un yogui.*

AGRADECIMIENTOS

Agradecemos al Ramakrishna-Vivekananda Center de Nueva York, editor de la traducción al inglés realizada por Swami Nikhilananda de *The Gospel of Sri Ramakrishna* (Nueva York, 1942), habernos permitido utilizar material de esa obra para traducirlo al español en el presente volumen.

La pintura «La transfiguración», de Carl Heinrich Bloch, aparece por cortesía de The Museum of National History ubicado en Frederiksborg Castle, Hillerød (Dinamarca).

La pintura «Cristo y el joven y rico dignatario», de Heinrich Hofmann, aparece por cortesía de The Riverside Church (Nueva York) y New York Graphic Society.

La pintura «Cristo con Marta y María», de Heinrich Hofmann, aparece por cortesía del Stadtmuseum Bautzen (Alemania).

El mapa de Palestina en tiempos del Nuevo Testamento incluye material elaborado por Bible Mapper (www.biblemapper.com).

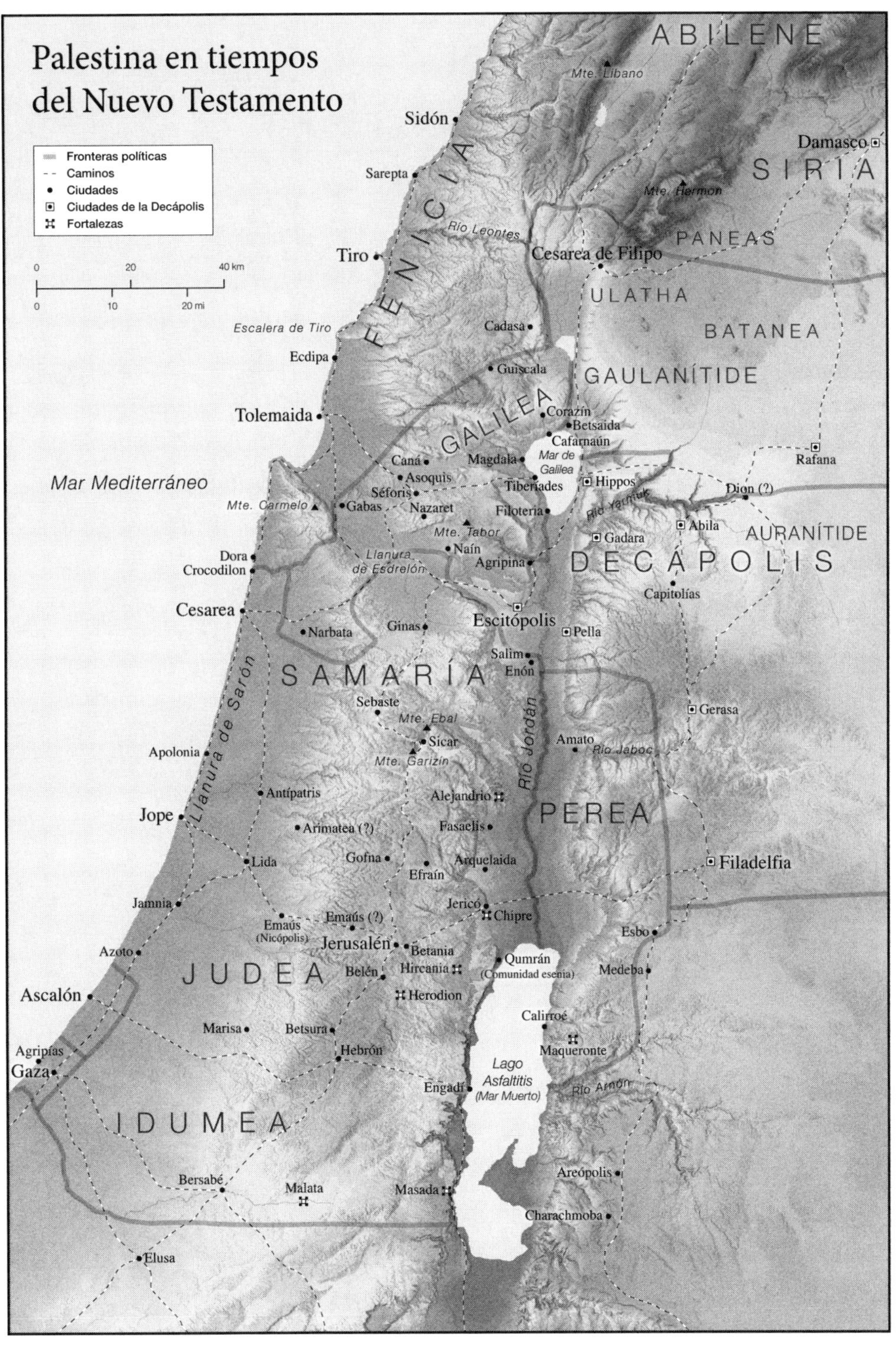
Palestina en tiempos del Nuevo Testamento
Fronteras políticas
Caminos
Ciudades
Ciudades de la Decápolis
Fortalezas
0 20 40 km
0 10 20 mi
ABILENE
Mte. Líbano
Sidón
Damasco
SIRIA
Sarepta
FENICIA
Mte. Hermon
Río Leontes
PANEAS
Tiro
Cesarea de Filipo
ULATHA
BATANEA
Escalera de Tiro
Cadasa
Ecdipa
Guiscala
GAULANÍTIDE
GALILEA
Tolemaida
Corazín
Betsaida
Cafarnaún
Mar de Galilea
Rafana
Caná
Magdala
Asoquis
Mar Mediterráneo
Tiberíades
Hippos
Séforis
Dion (?)
Mte. Carmelo
Gabas
Nazaret
Filoteria
Río Yarmuk
Abila
Mte. Tabor
Gadara
AURANÍTIDE
Naín
Dora
Llanura de Esdrelón
Agripina
DECÁPOLIS
Crocodilon
Capitolías
Cesarea
Escitópolis
Narbata
Ginas
Pella
Salim
Enón
SAMARÍA
Llanura de Sarón
Sebaste
Gerasa
Mte. Ebal
Sicar
Amato
Apolonia
Río Jaboc
Mte. Garizín
Río Jordán
Antípatris
Alejandrío
Jope
PEREA
Arimatea (?)
Fasaelis
Gofna
Arquelaida
Lida
Filadelfia
Efraín
Jamnia
Jericó
Chipre
Emaús (?)
Emaús (Nicópolis)
Esbo
Jerusalén
Azoto
Betania
Qumrán
(Comunidad esenia)
JUDEA
Belén
Hircania
Medeba
Ascalón
Herodion
Calirroé
Marisa
Betsura
Maqueronte
Agripías
Hebrón
Gaza
Lago Asfaltitis
(Mar Muerto)
Engadí
Río Arnón
IDUMEA
Areópolis
Bersabé
Malata
Masada
Charachmoba
Elusa

Índice de los discursos contenidos en los volúmenes I, II y III

Volumen I

Volumen II

Volumen III

Índice de los versículos del Evangelio comentados en este volumen

(Listados según el orden en que aparecen en la Biblia)

Evangelio según San Mateo

Evangelio según San Marcos

Evangelio según San Lucas

Evangelio según San Juan

Índice de otros versículos de la Biblia citados en este volumen

Antiguo Testamento

Nuevo Testamento

Índice de las estrofas del *Bhagavad Guita* citadas en este volumen